主体的・対話的で深く、理科学習指導要領を読む

「科学」と「科学的」から考える、人間なればの「理科」の学習

新保 修 [著]

東洋館出版社

はじめに

　「学制発布以来の大改革」とまで評する言葉も使われた今回の学習指導要領の改訂、2017（平成29）年に小学校版が告示、2年間の移行措置期間を経て2020（令和2）年度から全面実施され、今年度（令和6年度）は5年目に入ります。また、今年度から小学校では、改訂された教科書も使用されます。

　この間、「主体的・対話的で深い学び」実現に向けて取り組んでこられた現場の先生方の実感や手応えは如何だったでしょうか？

　前回「主体的・対話的で深く、新学習指導要領を読む（東洋館出版社）」を刊行してから3年、その間に「令和の日本型学校教育（個別最適な学びと、協働的な学びの実現）」の答申が出されたり、チャットGPTに代表されるAIの飛躍的な進歩が注目されてきたり、様々な教育的、社会的変化がありました。

　実は前回拙著を著した際に、「宿題」として残ったことがありました。それは今回の学習指導要領にある「新たな価値」という言葉の捉えについてです。

　拙著の終章では、「新たな価値」を「人間としての学び」に欠かせない「価値」と捉え、それはこれからの学び、つまり、これからの教育につながる大事なものではないかと結論づけましたが、その実態の追究はこれからという段階までの考察でした。

　折しも今世の中は、チャットGPTに代表されるAIの進歩に揺れ動いています。学習指導要領にも今回プログラミング教育が採用されましたが、それも含めて、AIの進歩が学校教育全体に与える影響は、今後も大きいと言わざるをえません。

　このような社会の大きな変化、そして「令和の日本型学校教育」など、前回までの検討の後に新たに加わった内容も含めて、前回残された「新たな価値」に関する検討を、今こそ自分なりに深める必要性を感じました。

　もう1つ、本書を著したいと思った理由は、実はこちらの方も1つ目に負けず大きな動機なのですが、前回の学習指導要領全体の検討を受けて、今度はこれからの「理科」学習を中心に検討したいと思ったからです。

　自分は現役時代、主に理科教育に関心を持って実践してきましたが、前回の執筆後、すぐに思ったのは、学習指導要領全体をこのように捉えた結果を受け、今度は理科について考えてみたら、どのような知見が得られるのか？という疑問と期待でした。

　今回の学習指導要領で示された、学びにおける「見方・考え方」の導入に代表される「子ども自身の捉え方」の重視は、これまでも理科が大事にしてきた学びの捉え方につながると考えられます。しかし、これまでの「見方や考え方」で捉えてきたことと記述の仕方が変わっただけで、これまでと同じ捉えと考えて良いのでしょうか？

　一方で、今話題になっているAIに代表される機械学習においては、この「見方・考え方」に対応するものは何でしょうか？そもそもそのような"もの"がAIにあるのでしょうか？

　そう考えてくると、人間が考える「理科」とはそもそもどのようなものかが気になってき

ます。そして、その母胎である「科学」の在り方にまで遡って考える必要があるのかもしれません。きっとその追究の先には、これからの、理科を含めた「学び」の方向が見えてくるのではないかと思われます。

このように考えてくると、結局は、理科も科学も、それを扱う「人間の学び」自体の追究が大事なのではないかと思い当たり、結局はそれが一つ目の動機である「新たな価値」の解明にもつながることに気付きました。

このように「新たな価値」の解明に収斂したこれからの「理科」の学びについて、自分なりに考えていくのが本書を書いたねらいです。

一方、本書では、学習指導要領の文章の考察だけに留まらず、それを理科という教科を通して「具体的な単元での検討」にまでつなげたいと考えました。いくら理屈を並べても、「では、実際の授業では、その考えはどう授業に生かされるの？」という疑問に答えられないようでは意味がないと思ったからです（十分に答えられているとは言えませんが）。

そこで本書では【理論編】の第Ⅰ部で学習指導要領理科編全体の構成を検討した後、第Ⅱ部の第1章で理科編の第1章「総説」を検討し、第2章で理科編第2章「理科の目標及び内容」について検討します。それらを受けて、第Ⅲ部で、ここまでの検討を受けて、これからの理科教育にとって（そして教育全般においても）大事と考えられる「主体性の育成」という観点から、「新たな価値」の実現を考えます。

そして、以上の検討を基にして【実践編】の第Ⅳ部では、「具体的単元の目標及び内容の検討事例」として、13単元を例に、ここまで述べてきた考えを元に具体的に検討します。

以上を踏まえ、最後の【綜合編】第Ⅴ部で、力足らずではありますが自分が捉えた「新たな価値」を超える、これからの学びについての思いを、「直観やイメージ、発想を育てる学びの実現」と題した提言として述べ、本書のまとめとしました。

本書では、前著同様、子供たちに「主体的・対話的で深い学び」が実現する授業を目指している以上、まず自ら「主体的・対話的で深い学び」を実感することが大事と考え、理科の「新学習指導要領」を「主体的・対話的で深く」読むこととしました。

そして、読んでいくうちに、これまでの学習指導要領と今回はどう変わったのか、それを検討することが「深い学び」につながることに気付きました。そこで、これまであまり読まずに授業してきた自身の反省や後悔も込めて、改めて過去の学習指導要領も必要に応じて読み直しながら今回の新学習指導要領の真意を読み解くこととし、その結果本書の題名は、「主体的・対話的で深く理科学習指導要領を読む」として、敢えて「新」を外すこととしました。

したがって本書は、「新たな価値」の解明に向けて、そしてその先に向けて、自分なりの「主体的・対話的で深い学び」で追究してきた軌跡であり、結果として随分回りくどかったり、また独りよがりな部分もあるかと思いますが、「そこは同感だ」とか、「そこは違うと思う」等、読者の皆様の批判的読みによって、新学習指導要領理科に関する皆様の、「主体的・対話的で深い学び」が少しでも実現でき、皆様の明日からの実践に、そして子供たちの成長に、少しでも役立ってくれれば、これ以上の喜びはありません。

令和6年4月　新保　修

目 次

全教科共通（総則編の内容）

「人間の持つ強み」とは何か？
本書 P406、「人間なればの知識
の再構成による理科の学び」

第1章　総説
1　改訂の経緯及び基本方針（P1〜P5）
(1) 改訂の経緯…現状の分析から答申まで（P1〜2）

［これから学校教育に求められること］…現在の状況を踏まえて（人工知能の飛躍的進化）→人間の持つ強み

①様々な変化に積極的に向き合い、（主体的）
②他者と協働して課題を解決していくことや、（対話的）
③様々な情報を見極め知識の概念的な理解を実現し情報を再構成するなどして新たな価値につなげていくこと、複雑な状況変化の中で目的を再構築できるようにすること。（深い学び）

「新たな価値」は、本書P248〔自分の考える「新しい価値」〕参照

※下線、（　）内は筆者

↓

平成28年12月21日中央教育審議会「答申」

平成26年11月文部科学大臣「諮問」

・"よりよい学校教育を通じてよりよい社会を創る"という目標を学校と社会が共有し、連携・協働しながら、新しい時代に求められる資質・能力を子供たちに育む「社会に開かれた教育課程」の実現を目指すため
(ア) 学習指導要領の枠組みを改善「学びの地図」→「新たな価値」につなげ、「目的を再構築」することができる

「資質・能力」育成のためのつながり

「学びの地図」
① 「何ができるようになるか」（育成を目指す資質・能力）
② 「何を学ぶか」（教科等を学ぶ意義と、教科等間・学校段階間のつながりを踏まえた教育課程の編成）
③ 「どのように学ぶか」（各教科等の指導計画の作成と実施、学習・指導の改善・充実）
④ 「子供一人一人の発達をどのように支援するか」（子供の発達を踏まえた指導）
⑤ 「何が身に付いたか」（学習評価の充実）
⑥ 「実施するために何が必要か」（学習指導要領の理念を実現するために必要な方策）

(イ)「カリキュラム・マネジメント」の実現を目指す

(2) 改訂の基本方針…答申を受けた今回の改訂（P2）…今回新たに加わった
①今回の改訂の基本的な考え方…ア「社会に開かれた教育課程」の重視、イ「確かな学力」の育成、ウ「豊かな心や健やかな体の育成」←(ア)(イ)
②育成を目指す資質・能力の明確化…「何のために学ぶか」の意義を共有しながら、ア「知識・技能」の習得、イ「思考力・判断力・表現力等」の育成、ウ「学びに向かう力・人間性等」の涵養←①、②
③「主体的・対話的で深い学び」の実現に向けた授業改善の推進…深い学びの鍵としての「見方・考え方」等6点に留意←③
④各学校におけるカリキュラム・マネジメントの推進…・実態に基づく教科等横断的な視点、実施状況の評価と改善、人的・物的な体制の改善←(イ)
⑤教育内容の主な改善事項…言語能力の確実な育成、理数教育の充実、伝統や文化に関する教育の充実、体験活動の充実、外国語教育の充実など←②

↓

2　理科改訂の趣旨（P5〜P8）

ここから理科の内容

［平成28年から］
(1) 平成20年改訂の学習指導要領の成果と課題を踏まえた理科の目標の在り方
課題「理科を学ぶ関心・意欲や意義・有用性」、「観察・実験の結果などを整理・分析した上での解釈・考察、説明などの資質・能力」に課題。→踏まえて「資質・能力の三つの柱」に沿った教科目標の整理、「見方・考え方」の検討
(2) 理科の具体的な改善事項…①教育課程の示し方の改善、②教育内容の改善・充実、③学習・指導の改善充実や教育環境の充実等

［答申を受けた改訂の要点］

「見方・考え方」は、本書P50、71、169等で検討

↓

3　理科改訂の要点（P8〜P11）…答申を踏まえて

(1)「目標の在り方」
(1)「知識及び技能」(2)「思考力・判断力・表現力等」(3)「学びに向かう力・人間性等」を示す
・「理科の見方・考え方」＝「児童が自然の事物・現象を捉えるための視点と考え方」を示す

(2) 内容の改善・充実
・「学びに向かう力・人間性等」は各学年の目標に、他の資質・能力、見方・考え方は各内容毎に示す・主体的な問題解決活動の重視→その理由は？（本書P105参照）

(3) 学習指導の改善・充実
・問題解決の各過程における必要な資質・能力の明確化

［具体的な内容］
・「思考力・判断力・表現力等」については、各学年で主に育成を目指す問題解決の力として具体的に示す→「思考力・判断力・表現力等」と「問題解決の力」の関係は？（本書P187〜参照）

第2章　理科の目標及び内容…理科全体（本書P111〜）
第1節　教科の目標（P12〜19）
第2節　理科の内容構成（P20〜26）
第3節　学年目標と学年内容の構成の考え方（P27〜28）

第3章　各学年の目標及び内容…学年毎
第1節　第3学年の目標及び内容（P29〜44）　　第2節　第4学年の目標及び内容（P45〜60）
第3節　第5学年の目標及び内容（P61〜74）　　第4節　第6学年の目標及び内容（P75〜93）

ここまで3　理科改訂の要点の、(1)「目標」と、(2)「内容」に対応、以下(3)「学習指導の改善・充実」に対応

第4章　指導計画の作成と内容の取扱い
1　指導計画作成上の配慮事項（P94〜98）
(1) 主体的・対話的で深い学びの実現に向けた授業改善
(2) 問題解決の力の育成
(3) 障害のある児童への指導
(4) 道徳科などとの関連

〜実際の「授業改善」に向けて〜
第Ⅳ部「具体的単元の目標及び内容の検討事例」として、「エネルギー」「粒子」「生命」「地球」から13単元の事例検討（本書P290〜）

2　内容の取扱いについての配慮事項（P98〜103）
(1) 言語活動の充実
(2) コンピュータや情報通信ネットワークなどの活用
(3) 体験的な学習活動の充実
(4) 自然災害との関連
(5) 主体的な問題解決の活動の充実、日常生活や他教科等との関連など
(6) 博物館や科学学習センターなどとの連携

3　事故防止、薬品などの管理（P103）

※（　）内のページ数は、理科編の該当するページ
矢印の色は関係した項目に原則対応

【理科の「見方・考え方」を使って「問題解決の力」を育む「問題解決の過程」で育成する「資質・能力」一覧表（自作）】

～小学校～

学年	「見方」＝「物事を捉える視点」／「考え方」		意味	内容	具体的には
エネルギー・粒子／生命・地球	「見方」＝「物事を捉える視点」 「考え方」 ※「解説」P13～14（ここでは学年毎の重点はないが、P26の分担を基にした）		※「解説」P13～14（ここでは学年毎の重点はないが、P26の分担を基にした）		
	「考え方」＝前回までの「問題解決の能力」を基に整理 （「考え方」＝前回までの「問題解決の能力」を基に整理）		ここが「考え方」に対応する（以下、同様）		
3年	「比較する」	意味	複数の自然の事象を対応させ比べること	①同時に複数の事象を比べる ②変化させた時間的な前後の関係で比べる	問題を見いだす際に、自然の事物・現象を比較し、差異点や共通点を明らかにすること。
4年	「関係付ける」		自然の事物・現象を様々な視点から結び付けること	①変化とそれに関わる要因を結び付ける ②既習の内容や生活経験と関わる自然の事物・現象の変化とそれに関わる要因を結び付ける	問題を解決したい際に、自然の事物・現象を既習の内容や生活経験と関係付けたりすること。
5年	「条件を制御する」		自然の事象・現象に影響を与えると考えられる要因について、どの要因が影響を与えるかを調べる際に、変化させる要因と変化させない要因を区別すること		解決したい問題について、解決の方法を発想する際に、制御すべき要因と制御しない要因を区別しながら計画的に観察・実験などを行うこと。
6年	「多面的に考える」		自然の事物・現象を複数の側面から考えること		問題を解決したい際に、自然の事物・現象について、複数の観察・実験などから得た結果を基に考察をしたりすることや、複数の側面から考えること。

理科で育成する「資質・能力」　※「解説」P26の図3

思考力・判断力・表現力等 （具体的な知識・技能は各単元に記載） ＝問題解決の力	学びに向かう力・人間性等 （具体的な知識・技能は各単元に記載） ※「解説」P26の図3
※「解説」P26の図3、「問題解決の力」は、P17「考え方」＝「問題解決の力」（＝新たに示された言葉） 「考え方」を使って、「問題解決の力」を育成する ※「比較しながら調べる活動を通して、自然の事物・現象について追究する中で、差異点や共通点を基に、問題を見いだし、表現すること。 ※「関係付けて調べる活動を通して、自然の事物・現象について追究する中で、既習の内容や生活経験を基に、根拠のある予想や仮説を発想し、表現すること。 ※「条件を制御しながら調べる活動を通して、自然の事物・現象について追究する中で、より妥当な考えをつくりだし、自分が既にもっている考えを検討し、より科学的なものに変容させること。 ※「多面的に調べる活動を通して、自然の事物・現象について追究する中で、目指す「資質・能力」を育成する。	生物を愛護する態度 生命を尊重する態度 主体的に問題解決しようとする態度 主体的に問題解決しようとする態度 生命・地球

※
・「問題解決の力」を踏まえて、各学年の「思考力・判断力・表現力等」が示されている。「見方」によって物事を捉え、「考え方」で思考する中で「問題解決の力」を育成し、「問題解決の過程」を経る中で、目指す「資質・能力」を育成する。
・「問題解決の力」（＝思考力・判断力・表現力。「見方・考え方」とは異なる）は、学年毎の「問題解決の展開」が重点（「課題把握」の3年から、「妥当な考えの解決」の6年まで）になっているが、全学年における育成が必要である。

15

理論編

「学習指導要領理科編解説」の構成に沿って、その内容を必要に応じて他資料などとも比較しながら「主体的・対話的で深く」検討していく。その中で、「科学」と「科学的」の関係を考えながら「見方・考え方」の重要性を検討し、科学（理科）を学ぶねらいと「新たな価値」との関係を考察していく中で、理科においてこれから大事になると思われる「主体性の育成」について考える。

第
1
章　全ての教科編に共通する
「総則」部分

1. 前回との違い

　内容を検討する前に、全体の構成を確認しておきたい。今回の解説編で特徴的なのは、理科に限らず全ての教科編において、最初に「総則編[1]」の「第1章総説」の「1　改訂の経緯及び基本方針（P1〜5）」部分がそのまま載っていることだ。それを受けて理科編[2]では、「2　理科改訂の趣旨、3　理科改訂の要点」と続いている。

　前回の学習指導要領[3]でも最初に第1章　総説の、「1　改訂の経緯（P1〜2）」があるが2ページ分と少なく、題名からも分かるように「経緯」のみで、今回の「基本方針」にあたる部分はない。（ちなみに前回の総則には、この1　改訂の経緯の後に、2　改訂の基本方針がある。今回はこの部分も含めて教科編に載せてある）。

　つまり、**今回の学習指導要領解説では最初に、小学校教育全体としての方針を含めた捉えが書かれているが、各教科編は、その全体の基本方針を受けて書かれているという編集方針がより明確になっている**と言える。これは何を意味しているのだろうか？

2. 共通の「総則」部分を受ける意味

　勿論、小学校なら小学校全体として教育しているわけだから、全体としての共通性や一貫した方針のあることが良いに決まっているのだが、それはこれまでも「総則」として示してあった。しかし今回は学習指導要領改訂に当たって、これまでとは異なり、総則編がきちんとできてから、それを基にして教科編が編集されたと聞いている。つまり、今回は、より総

則編と教科編のつながりが強くなったと言える。

これは、単に「つながりが強くなった」という言い方は正確ではなく、「方針も含めた総則編をきちんと基にして教科編がつくられた」と言うべきだろう。それが、今回の5ページにわたる、各教科に共通した「改訂の経緯及び基本方針」部分に現れていると考えられる。

今回のこの変化は何を意味するのだろうか？改めて学校教育においてどの教科にも共通することとは何かと考えてみると、当たり前だがそれは「子どもが学ぶ」ということだろう。ということは、今回は「総則で述べられている『子どもが学ぶ』」という捉えを、それぞれの教科が「その教科の特性や存在意義から考えて、どう捉えるか？」ということを大事にしていると言えるのではないだろうか？

当然これまでも理科なら理科、算数科なら算数科で、「その教科を子どもが学ぶとはどのようなことか？」を考えてきたはずである。しかし、今回はそれを、教科を越えて、そもそも「学ぶとはどのようなことか？」から考え、その共通した「学習観」と、それを実現させるための「基本方針」を、それぞれの教科の特性に合わせて具体化させようとしたと考えられる。

つまり私たちは、これからの教育では、「そもそも学ぶとはどのようなことか？」から考え、その共通理解の上に立ち、各教科学習は勿論、学校教育全体を行っていく必要があると考えられる。

したがって、本来は「総則編」全体をしっかり読んでからこの教科編に向かうべきだが、少なくともこのような関係を意識しながら総則編と共通する「1　改訂の経緯及び基本方針部分」を読み進め、必要に応じて総則編の他の部分も引用しながら考えていきたい。（なお、総則編全体の考察については、拙著「主体的・対話的で深く、新学習指導要領を読む」[4]を参照頂きたい）。

〔学習指導要領理科編を読む基本姿勢〕

今回の学習指導要領を読む際には、「そもそも（子どもが）学ぶとはどのようなことか？」という基本的な共通理解の上に立ち、それを実現させる各教科の取り組みを理解していくという基本姿勢が必要である。そのために、学習指導要領の理科に関する部分を読む前に、まず全教科に関する共通部分から読み進めていく必要がある。

---

3. 「第1章 総説」における、全教科共通部分

この、全教科共通の総説部分を基に、教科編を展開していくという流れは、解説編全体の文章構成に良く現れている。まずその内容を理解することが内容理解の上で大変重要と思われるので、ここでその文章構成を確認しておきたい。P10の〔学習指導要領理科編の構成表（以下「構成表」）を見ながら読み進めて欲しい。

まず第1章総説の、「1　改訂の経緯及び基本方針（P1〜5）」部分は、総則編と同様の内

容で、全教科共通である。その内容は（1）改訂の経緯と（2）改訂の基本方針に分かれている。今回（1）改訂の経緯に加えて、（2）改訂の基本方針が新たに加わったことは、前述した通りである。

　（1）改訂の経緯の「これから学校教育に求められること」にある「構成表」の①から③は、改訂当時の状況を踏まえて書かれたものだが、これらを読むと今回の改訂の目玉である「主体的・対話的で深い学び」に相当する内容がここに書かれているように思える（①が「主体的」、②が「対話的」、③がそれらを受けた「深い学び」に対応していると考えられる。構成表参照）。

　そして、これらの学びを実現するために文科大臣から出された「諮問[5]」を受けた「答申[6]」では、「学びの地図」として、「社会に開かれた教育課程」の実現という今回の学習指導要領改訂の理念実現のための、（ア）「①から⑥の学習指導要領の枠組みの改善」と（イ）「カリキュラム・マネジメント」の実現が書かれている。

　（ア）では、その中でもとりわけ①の「資質・能力の三つの柱（何ができるようになるか）」を明確にした上での②「何を学ぶか」の設定と、③「主体的・対話的で深い学び（どのように学ぶか）」が大事になってくると思われる。これに④から⑥を加えて、「資質・能力」育成のための学びを実現する「つながり」としての「学びの地図」として表し、そのような学びを実現させるために、（イ）「カリキュラム・マネジメント」の実現に取り組む、という構成になっていると考えられる。

　以上の（1）改訂の経緯を受けて、次に（2）改訂の基本方針として①から⑤までが書かれているが、経緯とのつながりを見てみると、①「今回の改訂の基本的な考え方」は、上記の（ア）、（イ）全体を受けていると考えられる。そして、②「育成を目指す資質・能力の明確化」は、「学びの地図」の①「何ができるようになるか」（育成を目指す資質・能力）と②「何を学ぶか」に対応し、③「主体的・対話的で深い学び」の実現に向けた授業改善の推進は③「どのように学ぶか」に、④各学校におけるカリキュラム・マネジメントの推進は（イ）「カリキュラム・マネジメント」の実現を目指すに、そして⑤教育内容の主な改善事項は、②「何を学ぶか」にそれぞれ対応していると考えられる。（構成表のピンクの←①等の番号）

　ここで、『③「主体的・対話的で深い学び」の実現に向けた授業改善の推進』は『③「どのように学ぶか」』に対応すると書いたが、これは「どのように学ぶか」の「どのように」を、単なる形式的な「学びの方法」ではなく、学ぶ対象の「質的な内容」、つまり「資質・能力」の内容的価値に関係した「それを獲得するための学び方」と考えることにより、「主体的・対話的で深い学び」による授業改善の推進を、単なる形式的な「手立て」と見るのではなく、その「資質・能力」を獲得するための具体的で**内容を伴った取り組みの姿**と考えるべきだろう。

　このように見てくると、**「学びの地図」の①から③は、指導の際には切っても切れない関係性を持ちながら、「主体的・対話的で深い学び」を通して実現していくもの**ではないかと考えられる。

　そのように捉えれば、例えば時々見られる「○○型学習スタイル」などと呼ばれる「ど

ように学ぶか」の「手立て」も、その「学び方」の「型」だけを取り出して指導するものと捉えているとしたら、それはあまり意味はないと思えるのだが、そこらについては後からも検討したい。

　このように改訂の経緯と基本方針を見ていくと、先に今回は「方針も含めた総則編をきちんと基にして教科編がつくられた」と書いたが、その「総則編」における経緯と基本方針のつながりが今回は上記のように明確に対応して書かれているからこそ、そこにつながる「教科編」との関係がより「きちんと（明確に）」に書かれるようになったのだと思われる。

　このような改訂の経緯と基本方針を受けて、次に「2　理科改訂の趣旨（P5～8）」が書かれている。ここからが理科の内容になる。どのように総則とつながりながら、「理科なれば」の考え方が出されていくのかを見ていくこととする。

第2章

「第1章 総説」から つながる理科関係部分

　引き続き、「構成表」に沿って見ていく。

　まず、「2　理科改訂の趣旨」として、平成28年の中央教育審議会答申内容の趣旨が述べられ、この答申を踏まえて「3　理科改訂の要点」が書かれている。そして、その要点を踏まえて「第2章　理科の目標及び内容」及び「第3章　各学年の目標及び内容」が書かれ、さらに「第4章　指導計画の作成と内容の取扱い」に続く構成になっている。

　その間のつながりをもう少し詳しく見ていく。

　「2　理科改訂の趣旨」には、(1) 平成20年改訂の学習指導要領の成果と課題を踏まえた理科の目標の在り方と、(2) 理科の具体的な改善事項が書かれている。

　(1) に書かれている「理科を学ぶ関心・意欲や意義・有用性」、「観察・実験の結果などを整理・分析した上での解釈・考察、説明などの資質・能力」に関する課題は、その上の今回の (2) 改訂の基本方針の、特に「②育成を目指す資質・能力の明確化」につながると考えられ、それを踏まえた「「資質・能力の三つの柱」に沿った教科目標の整理」や「「見方・考え方」の検討」という課題は、同じく (2) 改訂の基本方針の、②に加えて③「主体的・対話で深い学び」の実現に向けた授業改善の推進」につながると考えられる（構成表のピンクの矢印①参照）。

　このように「2　理科改訂の趣旨」は、<u>全体論に対応した（を受けた）展開</u>になっていると考えられるが、ここで、理科として特に全体論とのつながりで注意しなければならないのが<u>「見方・考え方」の検討</u>という表現である。ここで、その「見方・考え方」について確認してみる。

1.　理科における「見方・考え方」検討の重要性

　これまで理科では、今回の総則で示された「見方・考え方」の捉えも含めた「見方や考え方」を、非常に大事に考えてきた。その「見方や考え方」の代わりに、今回は、総則で示された「見方・考え方」を使って考えていこうということである。

　ここで考えなければならないのは、これまでの理科の考え方とうまく整合性をとって、「見方や考え方」から全教科共通の「見方・考え方」を使うようにしたという<u>手続きレベルの変更</u>なのか、それとも変えることにより、<u>理科にとってより好ましい取り組みに結び付く</u>

のかということである。ただし、「手続きレベルの変更」と書いたが、これは決して悪い意味ではない。例え手続きレベルの変更としても、全教科通しての取り組みにすることには大きな意義がある。それは、理科なら理科という教科の「見方・考え方」を育てていく上でも、全教科を通した「見方・考え方」に基づいた捉え方と連携していくことで、より教科横断的で豊かな、そして他教科でも使える「見方・考え方」が育つと考えられるからである。

　また、理科としての捉えがこれまでと変わるとしたら、それも注目すべきことである。どちらにしろ、この**"「見方・考え方」の検討"は、今回の学習指導要領改訂に伴って理科にとっては大切な問題**と思われ、今後詳しく考えていきたい。

2. 理科の具体的な改善事項

　話が少し先走ったが、改めて理科編の構成表に話を戻すと、次に書かれているのが（1）の成果と課題を受けた（2）理科の具体的な改善事項であり、その内容は①教育課程の示し方の改善、②教育内容の改善・充実、③学習・指導の改善充実や教育環境の充実等に分かれている。①では「資質・能力」を育成するための問題解決学習が実現する学びの過程の改善や、指導内容の示し方の改善を、②では主に理科を学ぶ関心・意欲や意義・有用性について、③では主に「主体的・対話的で深い学び」実現に向けての「見方・考え方」の重要性が書かれており、何れも（1）の成果と課題に対応している。

3. 理科改訂の要点

　ここまでの答申を踏まえた議論に基づいて、いよいよ今回の理科編として、「3　理科改訂の要点（P8〜11）」が、（1）目標の在り方、（2）内容の改善・充実、（3）学習指導の改善・充実の順番に書かれている。（1）目標の在り方は、その上の2　理科改訂の趣旨の（1）平成20年改訂の学習指導要領の成果と課題を踏まえた理科の同様の在り方を受け（構成表中のピンクの矢印②）、（2）内容の改善・充実、（3）学習指導の改善・充実は、同じく上の（2）理科の具体的な改善事項を受けている（構成表中のグリーンの矢印③）。

　（2）では、特に主体的な問題解決活動の重視を挙げているが、今後その意味を考えていきたい。また、（3）では、問題解決の過程において必要な資質・能力について書かれているが、"特に「思考力・判断力・表現力等」については、各学年で主に育成を目指す問題解決の力を具体的に示した。"と書かれている。ここは、理科でこれまでも大事にしてきた「問題解決の能力」との関係についても考えていきたい。

　これらを受け、以降は具体的な内容となり、第2章　理科の目標及び内容は、理科全体を対象に、第1節は上の3　理科改訂の要点の（1）目標の在り方を、第2節　理科の内容構成と、第3節　学年目標と学年内容の構成の考え方は、上の3　理科改訂の要点の（2）内容の改善・充実をそれぞれ受けている（構成表中のピンク④とグリーンの矢印⑤）。そしてそれらを受けて、第3章　各学年の目標及び内容が続いている。

一方、第４章　指導計画の作成と内容の取扱いは、3　理科改訂の要点の（3）学習指導の改善・充実を受けている（構成表中のグリーンの矢印⑥）。このように、**「2　理科改訂の趣旨」、「3　理科改訂の要点」は、「1　改訂の経緯及び基本方針」をきちんと受けて書かれており、**また理科改訂の趣旨の内容も、それぞれ対応しながらより具体的な内容へと書かれていることが分かる。これらの個々の対応については構成表中に矢印で示してあるので、確認して欲しい。

〔「学習指導要領理科編」を読む際の留意点〕

　今回の学習指導要領理科編では、総説にある「全体の改訂の経緯や基本方針」の内容を、理科の「改訂の趣旨」がきちんと受けており、それを基に理科の「改訂の要点」や「具体的な内容」が対応して書かれている。

　その構成を意識して、**「子供たちの学びを育む（総説１の１改訂の経緯及び基本方針）」ための「理科教育（2　理科改訂の趣旨、及びそれ以降）」という捉え**をしていくことが大事である。

　内容的には、特に「見方や考え方」から「見方・考え方」に変わった点や、問題解決の過程に必要な資質・能力としての「思考力・判断力・表現力等」と、"理科でこれまでも重視してきた「問題解決の力」（解説Ｐ9の下）"との関係についても考えていくことが重要である。

　それではここから、このような構成を意識しながら具体的な内容の検討に入る。

第Ⅱ部
学習指導要領解説「理科編」の具体的検討

第1章

「第1章　総説」について

第1節　総説の1　改訂の経緯及び基本方針（解説理科編P1）

　この部分は前述したように、全ての教科に共通する「前提（共通基盤）」として、総則編と同様の記述となっている。したがって、理科も含めて「学ぶ」とはどのようなことか？という捉えを大事に読み進めたい。

1.　改訂の経緯について（解説理科編 P1）

（1）これから求められる学び～新たな価値につなげ、目的を再構築する学び～

　ここではまず、これからの社会変化について書かれている。その中でも特に取り上げられているのが人工知能（AI）の飛躍的な進化についてであり、理科としても特に気になるのが以下の部分である。

　人工知能が自ら知識を概念的に理解し、思考し始めているとも言われ、雇用の在り方や学校において獲得する知識の意味にも大きく変化をもたらすものではないかとの予測も示されている。このことは同時に、人工知能がどれだけ進化し思考できるようになったとしても、その思考の目的を与えたり、目的の良さ・正しさ・美しさを判断したりできるのは人間の最も大きな強みであるということの再認識につながっている。

（学習指導要領解説　理科編 P1　下線筆者）

この部分は全ての教科等に共通する部分ではあるが、とりわけ人工知能に関する記述から否応なく理科学習との関わりが強く感じられ、「概念」や「概念的な理解」、「思考」、「知識」、そして思考の「目的」など、理科における学びにおいても根本的に大事と思われる言葉が並んでいる。そして、それらを受けた「人間の最も大きな強み」とは、理科も含めて何だろうという大きな疑問が出てくる。

　この部分の解釈、そしてこの疑問に対する自分なりの回答を出すことが、本書の大きな目的の１つと考える。（P211 参照）

　ところが、この部分に続いて、このような変化に対応してこれからの学校教育で求められる「回答」が実は書かれている。それが以下の部分である。

　このような時代にあって、学校教育には、子供たちが様々な変化に積極的に向き合い（**主体的**）、他者と協働して課題を解決していくことや（**対話的**）、様々な情報を見極め知識の概念的な理解を実現し情報を再構成する（**深い学び**）などして新たな価値をつなげていくこと、複雑な状況変化の中で目的を再構築することができるようにすることが求められている。

（学習指導要領解説　理科編 P1　下線、かっこ書き筆者）

　この部分を読んで真っ先に想起されることは何だろうか？それは、おそらくその記述内容から考えて、上記文中にそれぞれ括弧書きで筆者が書いた、「主体的、対話的、深い学び」との内容的な対応ではないだろうか？つまり、今回の学習指導要領でキャッチフレーズのように使われている「主体的・対話的で深い学び」の実現は、上に書いた「人工知能が飛躍的な進歩を遂げる今、人間の最も大きな強み」を発揮できるようにすることがそのねらいではないかと考えられる。そしてそれは「新たな価値につなげ、目的を再構築する学び」につながると言うことができるだろう。

　つまり、「人工知能が飛躍的な進歩を遂げる今、人間の最も大きな強み」とは、「新たな価値につなげ、目的を再構築する学び」だと述べている。

　したがって、それを実現させる「主体的・対話的で深い学び」を理解するためにも、上記文中にある「概念」や「概念的な理解」、「思考」、「知識」、そして思考の「目的」、さらには「情報の再構成」、「新たな価値」、そして「目的の再構築」などの言葉の意味理解が必要不可欠と考えられる。

　それらの言葉の理解の上で、上記に述べられている**「新たな価値につなげ、目的を再構築する学び」が「人間の最も大きな強み」だという真意を、理科学習を通して私たちなりに掴むのが、本書のねらいと考える。**

　さらに、上記引用文に続いて、これらは「本来、我が国の学校教育が大切にしてきたことであるものの、」と、これまでの捉えと全く異なるものではないと言いつつも「経験や知見をどのように継承していくかが課題となり」や、「子供たちを取り巻く環境の変化」にも触れ、これまでと全く同じものではないことを認めている。

　したがって、今回の学習指導要領の内容の理解には、これまでの内容と比較しながらその

共通点と相違点を確認していくことも大事になってくると思われる。

(2)「共有」と「連携・協働」の重要性〜感じた違和感と真のねらい〜

　第1章総説の（1）改訂の経緯では、ここまで今回の学習指導要領が求めていることを書いた後、それを受けた答申の内容が次のように書かれている。

　"よりよい学校教育を通じてよりよい社会を創る"という目標を学校と社会が共有し、連携・協働しながら、新しい時代に求められる資質・能力を子供たちに育む「社会に開かれた教育課程」の実現を目指し、学習指導要領等が、学校、家庭、地域の関係者が幅広く共有し活用できる「学びの地図」としての役割を果たすことができるよう、次の6点にわたってその枠組みを改善するとともに、各学校において教育課程を軸に学校教育の改善・充実の好循環を生み出す「カリキュラム・マネジメント」の実現を目指すことなどが求められた。

（学習指導要領解説　理科編P2　下線筆者）

　最初にこの部分を読んだ際、正直ここまでの文章の展開との違和感を感じた。それは、ここまでの、「新たな価値につなげ、目的を再構築する学び」をこれから子ども達に実現していこうというねらいから考えた場合、"よりよい学校教育を通じてよりよい社会を創る"という目標を学校と社会が共有することは、学校教育の大きな目標として納得できるが、このねらい実現のための実際的な取り組みとして、"新しい時代に求められる資質・能力を子供たちに育む「社会に開かれた教育課程」の実現を目指す"というのが、何だかピンとこなかったからだ。

　それは、なぜ「新しい時代に求められる資質・能力を子供たちに育む」ために「社会に開かれた教育課程」の実現を目指す必要があるのだろうか？という疑問だ。結局、学校教育は学校の中だけでなく、社会全体との連携の中で進めていかねばそのねらいに達成しないということならば、それはこれまでも当然のことであり、「新しい時代に求められる資質・能力を子供たちに育む」ためという今回のねらいに対して、今更メインにして言う程のことではないのではないかと思えたからだ。

　そこで考えなければならないのは、その下に書かれている、実現のための「学びの地図」の存在である。「学びの地図」とは、学習指導要領等を、学校、家庭、地域で共有し活用できるよう、その枠組みを改善させたものだが、その内容を見るとあることに気付く。それは、構成表の検討でも書いたように、学びの地図には①から⑥の項目があるが、これら各項目の内容が、「資質・能力」育成のための「手立て」として密接につながっているということである（だから地図なのだろうが）。

　特にそれが言えるのが①から③の関係だが、それを見ていくと、①は育成を目指す「資質・能力」で、これは学びのゴールである（何ができるようになるか）。

　②は、そのゴールにたどり着くまでの具体的な学習内容と言える（何を学ぶか）。そして③は、②を学びながら①にたどり着くための「学び方（どのように学ぶか）」と言え、この

学び方は、今回の提案である「主体的・対話的で深い学び」と言えるだろう。つまり①から③はバラバラの重点項目ではなく、①を実現するための、何を（②）、どのように学ぶか（③）という、互いに関連した、それこそ「学びの地図（どうゴールにたどっていけば良いのか）」と考えられる。

　このことは教師の立場から言えば、①の資質・能力の意義をきちんと掴み、その上で、それが身に付くような②の学習内容を構成し、それが③子供たち自身の力で獲得できるような「学び方」を指導することであり、その結果としての学びが「主体的・対話的で深い学び」の実現ということになるのだろう。これは、P20で「主体的・対話的で深い学び」は形式的な学習スタイルではない、と書いたことにもつながると思える。

　このように見てくると、①、②、③が互いにつながってこそ、求める学びが実現するということで、つまり**「学びの地図とは、求める学び実現のための道案内」**と言えないだろうか？そう考えれば、この「学びの地図」を理解すること自体が、求める学びの在り方を理解することにもなる。そしてそれは「学ぶとはどういうことか？」という「学び観」の提案とも言えるのではないかと思える。

　つまり、今回、学習指導要領をこの「学びの地図」の形として提案したということは、単なる「見やすい」等の形式的な改善という変化ではなく、この形式自体がこれから求める学びの姿そのものを現していると言えそうだ。

　そして、それがこれからの「学び」の在り方の提案と考えるならば、この「学びの地図」は、学校教育での「学び」だけに限らず、広く社会全体における「学び」にも共通するものと考えられるだろう。それを私たち教師や社会全体が共有して理解することで、初めて学校教育が社会でも生かされ、また社会教育も発展していくのではないだろうか？

　先に自分は「学校教育は学校の中だけでなく、社会全体との連携の中で進めていかねばそのねらいに達成しないということならば、それはこれまでも当然のことであり（P27）」と書いたが、改めて考えてみると、その思いはあくまで「学校が考える学びを社会と連携する」という、学校主体の考えからだった。しかし、この「学びの地図」が示す新しい学びの在り方は、学校は勿論、学校だけでなく社会全体で「これからの学び」について考え、その捉えを共有していかねば、冒頭に書かれていた「人工知能が自ら知識を概念的に理解し、思考し始めているとも言われ」ている社会の大きな変化にはついていけない、つまり**「学校内で完結した学びを社会に広げていくというような学びでは、学校が育成したい学び自体も実現しないし、社会における学びも進んでいかない」**ということと考えられる。これが**「社会に開かれた教育課程」の真の必要性、重要性**ではないだろうか？

　このように考えてくると、冒頭に書かれている改訂の経緯で気になった部分が思い起こされる。それは「今回求められている新たな価値につなげたり目的を再構築する」という基本方針を書いた文章（本書P26の引用部分）に続く、「このことは、本来、我が国の学校教育が大切にしてきたことであるものの」という文章から「教師の世代間のバランスの変化、子供たちを取り巻く環境の変化により、その実現が困難になってきた」という下りである（総説P1の下部分）。ここでは「我が国の学校教育が大切にしてきた」と書かれているが、

P20 に引用した「基本方針」は本当に「本来、我が国の学校教育が大切にしてきたこと」と言えるのだろうか？

（3）「社会に開かれた教育活動」の捉え直し〜自分の捉えとして〜

　文部科学省としては、「生きる力」の提案に始まり今回の学習指導要領まで、そのねらいは一貫してきたという姿勢を示しているだろうし、もっと遡ればデューイに代表される子供の主体性や協働性を大切にした新教育運動の展開にも遡るとは思うが、正直自分としては、今回の学習指導要領が提案している「学びの地図」に代表される「目指す学びの在り方」が今回検討されたことで、これからの学びの在り方に関する自分の捉えが随分深まったように思える。

　例えば「社会に開かれた教育課程」も、先に書いたようにもう私たち教師が"分かっている"内容を社会に開くという位置付けではなく、社会に開かれた教育活動として、**社会と共に学びの意味を理解しながらその実現を図る「社会に開かれた学び」でなくてはならない**と、今回の学習指導要領を読んで自分は受けとめたい。そして、そのような学びを実現させるための、このような視点に立った「カリキュラム・マネジメント」の実現も、当然求められることになってくるだろう。そう捉えるなら、私たち教師（少なくとも自分）が、これまで"分かっている"と思ってきた「学びの意味」が、実はまだ十分"わかっていなかった"または"足りない部分があった"という問題意識が、今回の「社会に開かれた学び」の実現を図るというねらいの背景にあるのではないだろうか？

（4）理科教育から考える「社会に開かれた学び」

　かつて「学校の理科、校門を出でず」という言葉があった。机上で学んだ理科が、実際の社会や自然の中では活用できない事を揶揄する意味だったと思える。そこには「実学」、つまり「社会で役に立つ理科、使える理科」教育の重要性、必要性、つまり「社会に開かれた理科の学び」の重要性を感じ取れる。

　では今回の「社会に開かれた学び」もそのような意味だろうか？自分はこれまでの検討から、少し違うような気がする。ここまで学習指導要領を読んできた結果、単に「社会に出て使える理科」という意味の、学校から出発する実学的な「開かれた学び」の意味だけではなく、この「開く」から、学校と社会双方の共通理解に基づいた**本当に「分かる（理解する）」ための「社会に開かれた学び」の必要性**を感じる。それは、「分かる」ことで「使える」ことにもつながるだろう。

　それは先に述べたように、学校での学びを一方通行的に社会に開くのではなく、学校（教師）と社会が、共に子供が「本当に分かる（理解する）」ことの意味を共通理解し、それを共有して子供に接したり学ばせたりすることが真の「社会に開かれた学び」であり、その結果として社会でも使える理科学習となるという考え方である。そして、それが今回の学習指導要領が目指す学びの実現につながるのではないだろうか。

2. 改訂の基本方針について（解説理科編 P2）

　以上の経緯を受けて、改訂の基本方針が5点書かれている（構成表参照）。これらは、今回教科編に新たに加わったものである。それぞれについて具体的に見ていきたい。

(1) ①今回の改訂の基本的な考え方（1点目　解説理科編 P2）

　ア、イ、ウ3点に分けて書かれている（構成表参照）。

・アは、「子供たちに求められている資質・能力とは何かを社会と共有し、連携する「社会に開かれた教育課程の重視」について述べており、その意義や内容についての自分の思いはここまで書いてきた。

・イの「「確かな学力」の育成」は、「知識及び技能の習得と思考力・判断力・表現力等の育成のバランスを重視する平成20年改訂の学習指導要領の枠組みや教育内容を維持した上で、知識の理解の質を更に高め、確かな学力を育成すること（P3）」とある。この文で、今回新たに加わった「知識の理解の質を更に高め」とは具体的にどのようなことなのだろうか？

・ウの「豊かな心や健やかな体の育成」については、道徳教育の充実や体験活動の重視、体育・健康に関する指導の充実が挙げられている。

・これら3点は、構成表のこの上に位置付いている「答申」の（ア）、（イ）を受けていると考えられる（構成表参照）。

(2)「知識の理解の質を更に高める」とは？…前回の学習指導要領から考える

　今回、イの「「確かな学力」の育成」において、「知識の理解の質を更に高め」とある。ということは逆に言うと、前回の学習指導要領においても、それなりに「知識の理解の質は

高」まってきていたと考えられる。それを受けて今回は、「更に」高めるのである。そこで、**今回「更に高めたいもの」とは何なのか**を考えてみたい。そこでその基になった平成20年改訂の学習指導要領総則編[7]の、この部分に関係すると思われる箇所を読んでみることにした。

第1章　総説

1　改訂の経緯

　（途中から）③「基礎的・基本的な知識・技能の習得」については「読み・書き・計算などの基礎的・基本的な知識・技能は、例えば、小学校低・中学年では体験的な理解や繰り返し学習を重視するなど、発達の段階に応じて徹底して習得させ、学習の基盤を構築していくことが大切との提言がなされた。この基盤の上に、④の思考力・判断力・表現力等をはぐくむために、観察・実験・レポートの作成、論述など知識・技能の活用を図る学習活動を発達の段階に応じて充実させるとともに、これらの学習活動の基盤となる言語に関する能力の育成のために、小学校低・中学年の国語科において音読・暗唱・漢字の読み書きなど基本的な力を定着させた上で、各教科等において、記録、要約、説明、論述といった学習活動に取り組む必要があると指摘した。

（以下略、下線筆者、平成20年学習指導要領解説　総則編P2　理科編P2）

　この文脈を読み取ると、「基礎的・基本的な知識・技能を徹底して習得させ、学習の基盤を構築し」、その習得を基盤として④の思考力・判断力・表現力等をはぐくむための観察・実験・レポートの作成、論述など「知識・技能の活用を図る学習活動」を充実させるとともに、これらの学習活動の基盤となる言語に関する能力の育成に取り組むことが必要であるということである。

　これが前回の学習指導要領における「知識の理解の質の高まり」ではないだろうか？具体的に内容を考察してみる。

①「知識・技能」に「基礎的・基本的」と付いている理由と意味

　ここで気になるのは、習得させる「知識・技能」に「基礎的・基本的」と付いていることである。「基礎的・基本的」に限定するのはなぜだろうか？それは、これに先だって出された答申[8]における、これからの7つの課題の中の③「基礎的・基本的な知識・技能の習得」から来ていると思われる。では、答申に課題として書かれているからそうなったのかと言うと、実は総則の1　改訂の経緯に、上記文に先立ち、「教育基本法改正、学校教育法改正が行われ、知・徳・体のバランス（教育基本法第2条　第1号）とともに、基礎的・基本的な知識・技能、思考力・判断力・表現力等及び学習意欲を重視し（学校教育法第30条第2項）、学校教育においてはこれらを調和的にはぐくむことが必要である旨が法律上規定されたところである。（総則P1、下線筆者）」との文がある。

　これを読むと、学校教育法の段階から「基礎的・基本的な知識・技能」という表現となっていることが分かる。因みに学校教育法第30条第2項を見ると、「②前項の場合においては、生涯にわたり学習する基盤が培われるよう、基礎的な知識及び技能を習得させるととも

に、これらを活用して課題を解決するために必要な思考力、判断力、表現力その他の能力を育み、主体的に学習に取り組む態度を養うことに、特に意を用いなければならない。(下線筆者)」とある[9]。ここでの「基礎的」は、「生涯にわたり学習する基盤」としての「基礎的」と考えられる。それがここでは「基礎的・基本的」という表現になっていると考えられる。

　そこから考えれば、この「基礎的・基本的」は、「生涯にわたり学習する基盤」としての「基礎的」という意味での「基礎的・基本的」と捉えれば良いと思われるが、一方、改訂の経緯に書かれていた「読み・書き・計算などの」という説明からは、真に必要な「生涯にわたり学習する基盤」というより、何となく「従来から初等教育において大事だと言われてきた知識・技能」としての「教え込みによる基礎・基本(本来はそういう意味ではないだろうが)」という捉え方をされてしまう心配があるのではないだろうか？この「教え込みによる」というイメージは、改訂の経緯にある「徹底して習得させ、学習の基盤を構築していく」という強め(？)の表現からも感じとられるかもしれない(個人的な感想だが)。

　しかし冷静に考えれば、「徹底」や「基盤の構築」は本来学習にとって大切なことで何の問題もないし、特に今回(20年時)の課題としての「基礎的・基本的な知識・技能の課題」からすれば、そのような提言をすることも必要ではあると思えるが、それが上に挙げた「固定的な知識・技能を教え込む」というようなニュアンスに捉えられると、問題と感じる。また、基礎的・基本的な知識・技能を「徹底して習得」させた後、「この基盤の上に」立って思考力・判断力・表現力等をはぐくむという表現からも、「知識の習得」と「思考力・判断力・表現力等」の育成が個々別々の段階を踏んでいるように感じてしまうのも、理解不足による自分の偏見からかもしれないが、「知識・技能」と「思考力・判断力・表現力等」育成の関係が、この時点では今ひとつはっきり打ち出せていないのではないかとも感じる。

　以上から、ここで「知識・技能」に「基礎的・基本的」と付いているのは、それが「生涯にわたり学習する基盤」として培われるものであるという捉えからだと捉えたい。また、その基盤の上に思考力・判断力・表現力等をはぐくむとはどのようなことなのか、ここまでの検討ではまだはっきりしないように思える。そこで、その関係性を次に見ていく。

②「知識・技能」と「思考力・判断力・表現力等」育成の関係①

　では、この改訂の経緯を受けて、基本方針はどうなっているのかを見てみる。

　それは20年では理科編にはなくて総則編のみに書かれている。

2　改訂の基本方針

　②知識・技能の習得と思考力・判断力・表現力等育成のバランスを重視すること。

　確かな学力を育成するためには、基礎的・基本的な知識・技能を確実に習得させること、これらを活用して課題を解決するために必要な思考力、判断力、表現力その他の能力をはぐくむことの双方が重要であり、これらのバランスを重視する必要がある。

　このため、各教科において基礎的・基本的な知識・技能の習得を重視するとともに、観察・実験やレポートの作成、論述など知識・技能の活用を図る学習活動を充実すること、さらに総合的な学習の時間を中心として行われる、教科等の枠を超えた横断的・総合的な課題について各教科

等で習得した知識・技能を相互に関連付けながら解決するといった探究活動の質的な充実を図ることなどにより思考力・判断力・表現力等を育成することとしている。また、これらの学習を通じて、その基盤となるのは言語に関する能力であり、国語科のみならず、各教科等においてその育成を重視している。さらに、学習意欲を向上させ、主体的に学習に取り組む態度を養うとともに、家庭との連携を図りながら、学習習慣を確立することを重視している。

　以上のような観点から、国語、社会、算数及び理科の授業時数を増加するとともに、高学年に外国語活動を新設した。

（平成20年学習指導要領解説　総則編P4　下線筆者）

　まず確認したいのは、確かな学力を育成するためには、知識及び技能の「習得」と、それを「活用」した思考力・判断力・表現力等の「育成」のバランスが大事と言っていることである。

　このバランスとは、基礎的・基本的な知識・技能の確実な習得と、これらを活用して課題を解決するために必要な思考力・判断力・表現力等の「育成」の、両方のバランスをとることが必要で、どちらか一方に偏った指導ではいけない、ということだろう。

　また、平成20年の総則では、同じく1改訂の経緯のP1で、教育基本法改正、学校教育法改正に基づいて「知・徳・体のバランス（教育基本法　第2条第1号）とともに、基礎的・基本的な知識・技能、思考力・判断力・表現力等及び学習意欲を重視し（学校教育法第30条第2項）、学校教育においてはこれらを調和的にはぐくむことが必要である」とある（下線筆者）。

　これらを読むと、平成20年改訂の学習指導要領の「知識及び技能の習得と思考力・判断力・表現力等の育成のバランスを重視する」とは、「知識・技能の習得を基盤とした思考力・判断力・表現力等の育成を、調和的にはぐくむ」ということだろう。つまりここでは、例えば天秤の左右別々に「知識・技能の習得」と「思考力・判断力・表現力等の育成」という「おもり」を乗せて、「同じ重要性としてのバランス」を保ちながらもそれぞれ独立したものとして確かな学力の育成を図るというような意味ではなく、「知識及び技能の習得と思考力・判断力・表現力等の育成」という2つの関係を、「知識・技能の習得を基盤としながら思考力・判断力・表現力等の育成を図る」という、「常にお互いの**習得と育成の関係性を持たせたバランスをとりながら調和的に**（共に）育成する」という関係と考えられる。

　ということは、思考力・判断力・表現力等の育成を図る際には、その基盤となる習得した知識・技能とは何かを吟味しながら学習を進めることは勿論大事だが、その前提となる知識・技能の習得を図る場面においても、知識・技能が思考力・判断力・表現力等の育成の基盤となる、つまり「活用されるもの」であることを意識させながら、それこそ「思考力・判断力・表現力等の育成とバランスをとりながら」習得させ、調和的に育成を図ることが重要と考えられるだろう。

　そのように、知識や技能が、思考力・判断力・表現力等の育成に活用されるものであること、さらにはそのようにして育成された思考力・判断力・表現力等の活用が新たな知識や技能の習得につながるという相互作用的な関係が、互いが影響する「バランス」をとりながら

調和的に育成するという表現になっているように思える。したがって、この「バランス」という表現は、例えば「知識や技能」も、「思考力・判断力・表現力等」も共に確かな学力の育成には大事であり、そのバランスをとりながら「調和的にはぐくむ」べきであるというような意味（先の天秤のイメージ）だけでなく、**互いの成長が互いに影響を与え**、そのバランスをとりながらの調和的な成長を図るようなものでなければ目指す確かな学力の育成には至らないという意味の、**相互作用的な**「調和的にはぐくむ」という意味も含まれると考えられる。

　そのように捉えるならば、先の「知・徳・体のバランス（教育基本法第2条第1号）とともに、」という表現も、知育・徳育・体育の育成は、バラバラではなく、相互作用的に「調和的にはぐくむ」ことでこそ実現することを言っていると考えられる。

③「知識・技能」と「思考力・判断力・表現力等」育成の関係②

　このように考えてくると、先に“「知識・技能」と「思考力・判断力・表現力等」育成の関係が今ひとつはっきり打ち出せていないのではないかとも感じる。（P32）”と書いた疑問が、自分なりに解けたように感じる。

　つまり、「知識・技能」と「思考力・判断力・表現力」は「調和的に」、「互いが関係し合うように」バランス良くはぐくむということではないかと思う。そう考えると、例えば知識は、それが知識として独立したものとして育まれるのではなく、知識は思考力等と関係し合いながら調和的に育まれると考えられるだろう。

　そのような捉えで再度20年の「改訂の基本方針」の後半を読むと、「基礎的・基本的な知識・技能の習得を重視するとともに、観察・実験やレポートの作成、論述など知識・技能の活用を図る学習活動を充実することなどにより思考力・判断力・表現力等を育成する」の「とともに、」は、「知識・技能の習得」と「知識・技能の活用」を別々に考えるのではなく「ともに」考えることで、「思考力・判断力・表現力等の育成」も「ともに」実現するということと考えられる。

④言語に関する能力、主体的、家庭との連携、授業時数の増加とは？

　ところで、20年改訂の基本方針は、最後に言語に関する能力、学習意欲を向上させる主体的態度の育成、そして家庭との連携の重要性について述べ、結論として国語、社会、算数及び理科の授業時数の増加と、高学年における外国語活動の新設を結論づけている(P25参照)。

　最初はこの結論へのつながりが唐突と感じていたが、ここまでの検討から考えれば、このつながりは、「知識の意味」を、「自ら獲得し、関連付けられるもの、思考力・判断力・表現力等を育成するもの」と捉えるならば、その習得の際に重要になる基本的な力としての言語能力、主体的に取り組んでいこうとする態度、そしてそのような知識観を共有する家庭との連携の重要性に関係してくるというつながりではないかと考えられる。特に言語能力は、各教科等の学習においては勿論、総合的な学習の時間等の教科横断的・総合的な学びにおける「探究的活動」において、教科横断的な「力」として重要になってくるだろう。主体的に取り組んでいこうとする態度も同様と考えられる。

　ただ、これらが結果としての授業時数の増加にどう結び付いていくのかは自分としてはよく分からないが、忘れてはならないのは、このような「学力の育成」観に基づく学習を実現

させるための授業時数の増加だということではないかということだ。また、家庭との連携などが、「知識のあり方」及び「確かな学力」の育成に「どう関係しているのか」も、この時点ではまだはっきりしていないように思える。それが今回の学習指導要領における「社会に開かれた教育課程」の実現や、その必要性、そしてそれによる「知識の理解の質を更に高める」ことにつながるのかもしれないが、それについては、この後から考えていきたい。

⑤「知識及び技能の習得と思考力・判断力・表現力等の育成のバランスを重視する」

　このように考えてきた結果、「知識及び技能の習得と思考力・判断力・表現力等の育成のバランスを重視する」学習の方向性は、その後に書かれている総合的な学習の時間などの教科等の枠を超えた横断的・総合的な課題についての説明に現れていると考えられる。

　つまり、「知識及び技能の習得」と「思考力・判断力・表現力等育成」の関係は、「習得した知識・技能を相互に関連付けながら解決するといった探究活動の質的な充実を図ることなどにより思考力・判断力・表現力等を育成することとしている」という関係で、「習得した知識・技能を相互に関連付けて活用させ、探究活動の質的な充実を図る」ことで、教科等の枠も超えた「思考力・判断力・表現力等の育成を更に目指す」ということだと考えられる。

　そう捉えるならば、「基礎的な、或いは基礎的・基本的な知識・技能」とは、「思考力・判断力・表現力等の育成」につながる知識・技能であり、新しく習得する「知識・技能」と「相互に関連付け合いながら」質的に高まっていくものだと考えられる。そして、**これが20年の学習指導要領段階における「知識の理解の質の高まり」**ではないかと考えられる。

　つまり**「知識・技能」とは、それだけで独立してあるものではなく、「思考力・判断力・表現力等」と、互いに関連し合いながら質的に高まり、創り上げられていくものという捉えが「知識の理解の質の高まり」**だと、改めて確認させられた。

⑥「知識の理解の質の高まり」と「習得・活用・探究の学習過程」

　このように考えてきた結果、改めて確認できた事がある。それは「習得した知識・技能を相互に関連付けて活用させ、探究活動の質的な充実を図ることで、思考力・判断力・表現力等の育成を目指す」という「目指す学習過程」のことである。これは囲み文字でも分かるように、これまで大事にしてきた「習得・活用・探究の学習過程」そのものと思える。つまり、**「確かな学力」育成に向けた「習得・活用・探究の学習過程」を実現することで「知識の理解の質の高まり」が可能になる**と言うことができるだろう。これが、20年の学習指導要領の「知識の理解の質を高める」ということだろう。

　そもそもこの「習得・活用・探究の学習過程」は、平成19年に提案されているが、その年には先述の学校教育法が改正されており、その前年には教育基本法が改正されている。したがって、この教育基本法や学校教育法に基づいて作成されたのが平成20年の学習指導要領ということになる。事実、平成19年改正の学校教育法の内容を読むと、今回（29年）の学習指導要領の考え方にしっかりつながっていることがわかる。

　それに対して、前述したように、20年総則にある「読み・書き・計算などの基礎的・基本的な知識・技能」や「徹底して習得させ、〜この基盤の上に」等の表記にこだわり過ぎて読んでしまうと、「知識は思考力と関係し合いながら調和的にはぐくむ」という趣旨が伝わ

りにくかったのではないかと個人的には思える。また、20年の理科編には、この「改訂の基本方針」の記載自体もなかったので、その点でも真意は伝わりにくかった（総則を読めば良いのだが）のではなかったかと思える。このように見てくると、今回の改訂に先立った20年の学習指導要領が目指した「知識の理解の質を高める」の真意を、再度確認することも今更ながらではあるが大事だと思える。

　以上、20年の学習指導要領を「知識の理解の質を高める」という観点から見てきたが、それは、そもそも今回加わった「知識の理解の質を更に高め」とはどのようなことなのかを考えるためだった。以上の検討を元に、その具体的内容を考えてみる。

(3)「知識の理解の質を更に高める」とは？…今回の学習指導要領

　前回の学習指導要領の検討から感じたのは、**「知識」の捉え方の深化**だった。それ以前は「固定化」され、教師から「与えられるもの」として考えられがちだった「知識」を、そうではなく、子供自らが「習得」し、それを「活用」することで「思考力、判断力、表現力等」を育むと捉え、さらに総合の学習も含めて、得られた知識を相互に関連付ける「探究」的な学びにより、思考力・判断力・表現力等を育成するという捉えは、確かに「知識」の捉え方を、「固定化した与えられたもの」という捉えから「自ら獲得し、関連付けられるもの、思考力・判断力・表現力等を育成するもの」という捉えに変えたと思われる。つまり、ここで「知識の理解の質」は一段階高まったと考えられる。

　では、その捉えを受けた今回の学習指導要領での「知識の理解の質を更に高める」とは、どのようなことなのだろうか？

　そこで気になるのが、(1) 改訂の経緯にある「人工知能が自ら知識を概念的に理解し、思考し始めているとも言われ、雇用の在り方や学校において獲得する知識の意味にも大きく変化をもたらすものではないかとの予測も示されている（P25の資料参照）」の、「知識」の捉え方、特に「知識の意味にも大きく変化をもたらす」箇所である。

　この「知識の意味」とは、どのようなことを指しているのだろうか？「人工知能自ら知識を概念的に理解し、思考し始めているとも言われ」とは、人工知能が知識を「固定化した知識」として記憶しているだけでなく、"「活用できる知識」としてその内容を理解し、思考し始めているとも言われている"ということではないだろうか？そう考えるなら、この人工知能における「知識の意味」やその「理解」、そしてそれを用いた「思考」は、これまで私たちが考えてきた「知識」や「理解」、「思考」などと、つまり私たち人間が扱う「知識」や「理解」、「思考」などと、そして20年の学習指導要領で捉えてきた「知識」の質と、どのような関係にあるのだろうか？

　どうやら今回の学習指導要領を理解する大事なポイントの一つは、この**「知識の意味」をどのように考え、今回提案している「知識の理解の質を更に高める」を、どう理解するか**にあると考えられる。

　したがって、その「知識の理解の質の高まり」が、今回提案している「新たな価値をつなげていくこと（P26）」を生み出していくと考えられ、さらにそれは「人間の最も大きな強

み」にも関係してくると思われる。その関係を下にまとめてみた。

〔「知識」の捉え方〕

〔前回の学習指導要領〕　　　　　　　　　　　〔今回の学習指導要領〕
「知識の理解の質の高まり」————→「知識の理解の質を更に高め」て「確かな学力を育成」
　　　　　　　　　　　　　　　————→「新たな価値」をつなげていく
　　　　　　　　　　　　　　　————→「人間の最も大きな強み」に関係

　ここではこの、今回の学習指導要領における「知識の理解の質の更なる高まり」とはどのようなものかについては、これ以上述べることはできない。なぜならそれに答えることこそが、本書の最終的な目的と思えるからである。そこで、この大きな「宿題」を常に念頭に置きながら、これから検討していきたい。

　以上の検討から、まずは「確かな学力」育成についての、前回の学習指導要領までの「知識の理解の質を高める」の捉え方について、自分の捉えも含めて以下の表と文章にまとめてみた。

〔「確かな学力」育成のための「習慣・活用・探究の過程」〕
―「知識の理解の質の更なる高まり」を検討するために―
「知識・技能」の習得・活用と、「思考力・判断力・表現力等」育成の関係
〜20年改訂の基本方針を踏まえて〜

〔20年の学習指導要領〕　　　　　　　　　　　　〔今回の学習指導要領〕
　　　　　　　　　　　　　　　　　　　　　　　※20年との関係を考える必要

① 知識・技能 の 習得 ←————————————

・**持っている「思考力・判断力・表現力」を用いて**

┌─────────────────────────┐
│〔各教科〕   │
│・基礎的・基本的な知識・技能を確実に 習得 │
└─────────────────────────┘

　習得した知識・技能を 活用 して

┌───────────────────────┐
│〔今回の学習指導要領〕   │
│知識の理解の質を更に高める   │
│「知識の意味」の捉え   │
│→「新たな価値」を生み出す   │
│→※人間の最も大きな強み   │
│○これからについて具体的に考え   │
│　るのが、本書のねらい   │
└───────────────────────┘

② 思考力・表現力・判断力等 の育成

・**新たな（高まった）「思考力・判断力・表現力」が育成**

┌───────────────────────────┐
│・観察・実験やレポートの作成、論述など知識・技能の 活用 を図る│
│　学習活動を充実   │
└───────────────────────────┘

　・**新たな（高まった）「思考力・判断力・表現力」を 活用（発揮） して**
　　　　　　　　　　　↓

┌───────────────────────────┐
│〔総合的な学習の時間等（横断的・総合的）〕   │
│・各教科等で習得した知識・技能を相互に 関連付け ながら解決する 探究 │
│　活動の質的な充実   │
└───────────────────────────┘

　　　　　　　　　　　↓
　 「確かな学力」の育成 ①と②のバランスを重視

・基盤となるのは言語に関する能力 **（教科等横断的に活用できる能力）**
・学習意欲を向上させ、主体的に学習に取り組む態度を養うとともに、家庭との連携を図る
　→ これらがどう「確かな学力」育成に関係してくるのかを考える必要がある。
◎「確かな学力」育成に向けた「習得・活用・探究の学習過程」を実現するための「知識の
　理解の質の高まり」
　→ この「知識の理解の質」を更に高めるのが、今回の学習指導要領のねらい（右上）
　　　　　　　　　　　　　　　　　　　　　※太字ゴシックは自分の考え

<table>
<tr><td>〔前回の学習指導要領を踏まえた今回の学習指導要領を考察する視点〕</td></tr>
</table>

〔前回の学習指導要領を踏まえた今回の学習指導要領を考察する視点〕

　「確かな学力」育成のためには、基本的な知識・技能を 習得 するとともに、それを 活用 して思考力・表現力・判断力等を育成することが重要であり、各教科等で習得した知識・技能を相互に関連付けながら解決する 探究 活動の質的な充実が求められる。この「習得・活用・探究の学習過程」における知識・技能の習得と思考力・判断力・表現力等育成のバランスを重視することが必要である。

　その際、この活動を実現させる言語能力の育成や主体的な態度、そして家庭との連携などが重要になってくる。

　ここまでが前回の学習指導要領で提案された内容だが、今回は、その「確かな学力」育成のために、育成を目指す資質・能力とは何かを、社会と共有、連携する「社会に開かれた教育課程」を重視していくことを提案している。

　そして、これに今回加わった「知識の理解の質を更に高める」とは、改めて今、私たちが求める「知識のあり方」を示しているのではないだろうか？

　その「今、私たちが求める知識」とは、「自ら知識を概念的に理解し、思考し始めている」とも言われている人工知能における「知識」に留まらない、**「人間なればの知識」** ではないだろうか？そして、それを持てることが「人間の最も大きな強み」であり、「新たな価値につなげ、目的を再構築する学び」につながると考えられる。では、その「人間なればの知識」とは、具体的にどのようなものなのか？それをこれから読み進めながら考えていくのが本書の目的である。

(4) ②育成を目指す資質・能力の明確化（2点目　解説理科編 P3）

　基本方針の1点目である「今回の改訂の基本的な考え方（上記の（1）、（2））」では、確かな学力育成のための資質・能力である知識・技能の習得と思考力・表現力・判断力等育成のバランスを重視した20年改訂の考え方に、今回、知識の理解の質の向上を加えることの必要性を述べているが、では、そのような「知識」も含めたこれから求められる資質・能力とは具体的にどのようなものなのかを考え、明確化させているのが、この2点目の「育成を目指す資質・能力の明確化」と考えられる。

　この部分を読むとその論旨は、このようなこれから目指す資質・能力は、これまで目指してきた「生きる力」であり、それに「汎用的な能力の育成を重視する世界的な潮流を踏まえつつ、知識及び技能と思考力、判断力、表現力等をバランスよく育成してきた我が国の学校教育の蓄積を生かしていく（これは20年のねらいそのもの！）」ことを重要視した結果、「生きる力」を以下の「資質・能力の三つの柱」として整理した、ということである。

「資質・能力の三つの柱」

ア「何を理解しているか、何ができるか（生きて働く「知識・技能」の習得）」

イ「理解していること・できることをどう使うか（未知の状況にも対応できる**「思考力、判断力、**

①「資質・能力の三つの柱」から考える「知識の理解の質を更に高める」とは

　この「資質・能力の三つの柱」に、今回求める「知識の理解の質を更に高める」が、どのように反映されているのだろうかを考えながら見ていきたい。

　まず注目したいのはアの「知識・技能」の項目に「生きて働く」とあることである。そしてイの「思考力、判断力、表現力等」の項目には、「理解していること・できることをどう使うか」とある。「理解していること・できること」とは、アの、習得した「知識・技能」のことである。つまり、「思考力、判断力、表現力等」とは、アの「理解していること・できること」という「知識・技能」をどう使うかの力であり、その際に使えるからこそ、アの「知識・技能」は、「生きて働く」ものでなくてはならないのである。

　つまり、「生きて働く知識・技能」を使うことで、「未知の状況にも対応できる、思考力、判断力、表現力等」が育成され、その結果「新しい（すなわち未知の状況にも対応できる）知識・技能」を習得できることにつながると考えられる。

　このようにアの「知識・技能」とイの「思考力、判断力、表現力等」の育成は、相互関係的で互いに離れがたく関係していることが分かる（下表）。

〔「資質・能力」間の育成の関係〕

①「生きて働く力」としての「ア.」を使うことで、「イ.」を育成する。 ↓	**ア.「知識・技能」** **イ.「思考力・判断力・表現力等」**	↑ ②育成した「イ.」を用いて新たな「ア.」を習得できる。

　しかし、この捉えは既に20年の学習指導要領で語られていたものだということが、ここまでの考察で分かっている。では「更に高まったもの」とは何だろうか？

②「生きる力」を再度検討する

　そこで、元々の考えの出発点であった「生きる力」に戻って考えてみる。「生きる力」とは、「基礎・基本を確実に身に付け、いかに社会が変化しようと、自ら問題を見付け、自ら学び、自ら考え、主体的に判断し、行動し、よりよく問題を解決する資質や能力、自らを律しつつ、他人とともに協調し、他人を思いやる心や感動する心などの豊かな人間性、たくましく生きるための健康や体力である」であった（第15期中教審答申「21世紀を展望した我が国の教育の在り方について」[10]）。

　これを読むと、ここまでの議論にはなかった学びに関する資質・能力として、「自ら問題を見付け、自ら学び、自ら考え、主体的に判断し、行動し、よりよく問題を解決する資質や能力」の存在に気付く。これは今回の資質・能力のウに相当すると考えられるが、ここだけ

がこれまでの自分の議論から浮いていることに気付いた。

　つまり、20年の「知識・技能」の在り方から考えてきた「学ぶ」という議論と、この三つ目の資質・能力とのつながりが見えていないと感じた。そう思って「資質・能力の三つの柱」提案後の学習指導要領を読んでいくと、以下の記述が気になってきた。

> 　今回の改訂では、知・徳・体にわたる「生きる力」を子供たちに育むために「何のために学ぶのか」という各教科等を学ぶ意義を共有しながら、授業の創意工夫や教科書等の教材の改善を引き出していくことができるようにするため、全ての教科等の目標及び内容を「知識及び技能」、「思考力、判断力、表現力等」、「学びに向かう力、人間性等」の三つの柱で再整理した。
>
> 　　　　　　　　　（平成29年学習指導要領解説　総則編、理科編ともP3　下線筆者）

　この部分は、前述の「資質・能力の三つの柱」に整理された「資質・能力」、つまり「生きる力」を子ども達に育むための「教師（指導者）の在り方」を述べている。

　ここでは、「生きる力」実現のために、「何のために学ぶのか」という、各教科等を学ぶ意義を教師が共有し、授業を改善していくことができるように、教科等の目標及び内容を、先の三つの柱で再整理したということが述べられている。

　これを読むと、「授業の創意工夫や教科書等の教材の改善を引き出していく」という、どちらかと言えばこれまで資質・能力の「知識・技能」や「思考力、判断力、表現力等」に関係して考えてきた部分も、「何のために学ぶのか」という「学びに向かう力・人間性等」に関係した資質・能力の育成を大事に書かれていることに気付く。これは、ここまでの自分の議論にはなかった内容である。

　その内容を読むと、何のためにその教科のそのような内容を学ぶのかという「学ぶ意義」を教師が明確に持て、共有できることが、「生きる力」にある「自ら問題を見つけ、自ら学び、自ら考え、主体的に判断し、行動し、よりよく問題を解決する資質や能力」の育成につながるのではないかと考えられる。

　ここに「教科等」と書かれている点に注目したい。つまり、漠然とした「自ら問題を見付け、自ら学び、自ら考え、主体的に判断し、行動し、よりよく問題を解決する資質や能力」ではなく、「対峙する教科の、対象としている内容」に関しての具体的な資質・能力なのである。ということは、教科の内容、つまり理科なら理科という教科の、**その教科で扱う知識や技能、思考力、判断力、表現力等と密接に関係した「何のために学ぶのか」という意義**と考えられる。このことは、後程検討する各教科の**「見方・考え方」の意義や重要性にも関係してくる**と思われる。

　このように見てくると、今回、全ての教科等の目標及び内容を「知識及び技能」、「思考力、判断力、表現力等」、「学びに向かう力、人間性等」の三つの柱で再整理したのは、「生きる力の育成」としてこれまでも大切にしてきた「知識及び技能」、「思考力、判断力、表現力等」の育成に加え、「学びに向かう力、人間性等」育成の重要性を私たち指導者が改めて認識するためであり、それが今回の「知識の理解の質を更に高める」ことにつながるという

ことではないかと考えられる。

　このことが子ども達の学びにどう影響するかというと、子ども達が、学びの対象としての事象を、どのような「自分なりの」「見方・考え方」で受け取れるかが、その子のその後の学びへの意欲や疑問などの在り方とつながり、それがやがては「何のために学ぶのか」という動機づけにつながると思えるからである。その具体的な検討は後程行いたい。

　したがって、その教科等を学ぶ意義を子ども達が実感することが、「資質・能力の三つの柱の中のウ「どのように社会・世界と関わり、よりよい人生を送るか（学びを人生や社会に活かそうとする「学びに向かう力・人間性等」の涵養」に当たるのではないかと考えられる。

③ここまでの「知識の理解の質を更に高める」とは？

　このように考えてくると、やや自分の思いが強すぎるかもしれないが、「知識の理解の質を更に高める」とは、"これまでは知識・技能を、専ら思考力、判断力、表現力等と関連したものと考えて知識の理解の質を上げてきたが、今回はさらに、その知識の育成は**「学びに向かう力・人間性等」とも関連している**と考えられる"ことで、**その質を更に高める**、ということではないだろうか？

　そして、その際に鍵になってくるのが、先に挙げた**「見方・考え方」**ではないかと思われる。この、子ども自身の「自分なりの」見方・考え方が、思考力、判断力、表現力等と関係することで、「理解の質が更に高まった知識」を獲得できるのではないかと考えられる。

　ここで再度確認したいのは、先に20年学習指導要領で、知識・技能と思考力、判断力、表現力等を考えた際、それぞれが独立した力として関係するのではなく、それぞれが互いに関連し、影響し合って高まっていくという双方向の関係としての捉えだったということだ。

　今回はその捉えを更に拡充させ、知識・技能と学びに向かう力・人間性等も、これらの資質・能力と、互いに独立したもの同士としてではなく、互いに関連し、影響し合って高まっていくという双方向の関係だと捉え、そのことで、「知識の理解の質を更に高める」と考えたのではないかということだ。

　しかし改めて振り返ってみれば、私たちはこれまでも、理科における「学びに向かう力・人間性等」に関係すると思われる「自然への向き合い方やその捉え方、生き物に対する生命観」などを、習得した知識と大いに関連する大事なものと考え、大切に授業してきたのではないだろうか？

　ただ、ここまでの検討を元に振り返れば、本当に育成された「思考力、判断力、表現力等」によって習得された「知識」に基づく、自然や生命に対する「学びに向かう力・人間性等」が涵養されてきたか、またこの自然や生命に対する「学びに向かう力・人間性等」が、より「知識」の習得に寄与してきたかと言えば、疑問に思うことがいくつも思い起こされる。例えば学んだことで、「学びに向かう力・人間性等」の大事な内容である「何のために学ぶのか」という学びへの動機が高まったかと言えば、学力調査の結果から見ても、小学校では理科は楽しいという意識は高いものの、中学校では将来役に立つという捉えは低くなる傾向にある。この「楽しい」の意味や、「将来役に立つ」の捉え方も個々にとって多岐に渡るだろうが、何れにしても「学ぶ目的」に課題が見られる大きな要因の一つは、この「知

識・技能」、「思考力、判断力、表現力等」、そして「学びに向かう力・人間性等」間の有機的な関連性の低さから来るのではないかと感じる。

またP20でも書いた、かつて「学校の理科校門を出でず」と言われたことも、この有機的な関連性の低さが大きな原因ではないかと感じる。

さらにこの課題は、「問題解決型学習」の在り方にも関係すると思われる。自分はこれまでの理科の「問題解決型学習」は理科なればの「特徴的で大事」な学習方法だと考え重視してきたし、今もその捉えに間違いはないと考えるが、ここまで考えてくると、その捉えにまだ足りない所があったのではないかと思える。

それは、「問題解決型学習」が、形式的な「型」重視の学びになっては元も子もないということは勿論だが、そのねらいが、所謂「内容の理解」、つまり「知識・技能」の理解と「思考力、判断力、表現力等」の習得に終始しており、「問題解決活動」そのものの価値付け、つまり「学びに向かう力・人間性等」に照らし合わせた価値の涵養までしっかり意識していたかということである。

この捉えの大事さに加え、もう1つここで注目したいのは、この「資質・能力の三つの柱」をつなぐ要として、「知識の理解の質を更に高める」と、敢えて「知識・技能」をあげていると考えられる点である。

先に「読み・書き・計算」という「知識・技能」について、その語感から受ける「知識・技能」の誤った捉え方（固定的で教え込まれるものという捉え）への危惧について書いた。また世間には、「これから必要なのは知識・技能ではない。それらはすぐに古くなり、使えなくなる。大事なのはそれらをつくり出す思考力、判断力、表現力だ」等という議論もある。この2つの議論に共通するのは「固定化した知識観」だ。

ここまでの議論から、「思考力、判断力、表現力等」の育成と密接に関係した「知識・技能」、そして今回の学習指導要領で提案された「知識・技能」と「学びに向かう力、人間性等」の涵養との関係を考えた結果、「知識の理解の質を更に高める」とは、この「学びに向かう力、人間性等」の涵養まで含めた「知識の在り方」を考え、その理解を求めていくということではないだろうか？と思える。

このように考えれば、「知識・技能」こそが、この三つの資質・能力をつなぐ要となることが分かり、上記に挙げた固定化した知識観は何れも間違いだということが明確になるだろう。

以上、ここまでの「知識の理解の質を更に高める」についての、自分なりの理解について考えを述べた。そのより深い理解については、この後の「見方・考え方」の議論も踏まえて行いたいが（P56へ）、一応ここまでのまとめをしておく。

〔今回の学習指導要領「知識の理解の質を更に高める」の「更に高める」とは？〕

今回の学習指導要領で「知識の理解の質を更に高める」と書かれているのは、確かな学力育成のための資質・能力である知識・技能の習得と思考力・表現力・判断力等育成のバランスを重視した20年改訂における「知識の理解の質を高めた」考え方に、**更にその質の向上を加える**ことの重要性を述べていると考える。

その更なる質の向上とは、「思考力、判断力、表現力等」が「未知の状況にも対応でき」て、「知識・技能」が「生きて働く」には、何のためにその教科等のそのような内容を学ぶのかという**「学ぶ意義」が明確に持て、そこから「自ら学ぶ意欲」を持てる**ことが必要だということではないだろうか。

　ここで「教科等」と書かれている点に注目したい。つまり「知識の理解の質を更に高める」とは、これまでは専ら知識・技能を思考力、判断力、表現力等と関連したものと考えて知識の理解の質を上げると考えてきたが、今回はさらに、その知識の育成は、**学ぶ教科等の具体的な内容（知識・技能）に関係した「学びに向かう力・人間性等」**とも関連していると考えられる。

　このように考えれば、この「教科等の内容」に関係していると思われる、**子ども自身からの「見方・考え方」**も、この「更に高める」ことに深く関係してくる重要なものと考えられる。

　以上のように考えた結果、「知識の理解の質を更に高める」ためには、「学びに向かう力・人間性等」の重要性が確認できると共に、これを含む「資質・能力の三つの柱」の育成を、「知識の理解の質」という、結果としての**「知識の習得」に収斂させている**点にも注目したい。

　以上のように考えれば、「資質・能力の三つの柱」はどれも大事で、離れがたく互いが関係して機能するものだが、敢えて言えばその育成の**基盤**として「学びに向かう力・人間性等」があり、**結果**としての要として「知識・技能」があり、それを**つないでいる**のが「思考力、判断力、表現力等」という捉えではないかと考えられる。

　つまり、「知識の理解の質を更に高める」の「更に高める」とは、学ぶ教科等の内容としての「知識・技能」の基盤には、「学びに向かう力・人間性等」があるという考え方を加えることで、習得する「知識・技能」の質が更に高まる、ということと考えられる。

　また、「更に高める」ことに関係してくる「教科等の内容」にも関係してくる「見方・考え方」については後程検討する。

以上の検討の結果、P37 の「まとめの表」を次ページのように改善した。

〔「確かな学力」育成のための「習得・活用・探究の過程」〕
～「知識の理解の質を更に高める」とは？～

〔20年の学習指導要領〕　　　　　　　　　　　　　　　　　〔今回の学習指導要領〕

① 知識・技能 の 習得 ←---------------------------

> 前回のここにつながっていた「知識の理解の質を更に高める」は、「資質・能力の三つの柱」のウ（下表参照）を介してア、イにも影響を及ぼし、「新たな価値」を生み出す「人間の最も大きな強み」とも言える大事なものと考えられる。

・持っている「思考力・判断力・表現力」を用いて

〔各教科〕
・基礎的・基本的な知識・技能を確実に習得

習得した知識・技能を 活用 して

② 思考力・表現力・判断力等 の育成
・新たな（高まった）「思考力・判断力・表現力」が育成

・観察・実験やレポートの作成、論述など知識・技能の活用を図る学習活動を充実

・新たな（高まった）「思考力・判断力・表現力」を 活用（発揮） して

↓

〔総合的な学習の時間等（横断的・総合的）〕
・各教科等で習得した知識・技能を相互に関連付けながら解決する 探究 活動の質的な充実

「習得・活用・探究の過程」を実現する

↓

確かな学力 の育成 ①と②のバランスを重視

・基盤となるのは言語に関する能力（教科等横断的に活用できる能力）
・学習意欲を向上させ、主体的に学習に取り組む態度を養うとともに、家庭との連携を図る

＋

〔今回（29年）の学習指導要領〕
「知識の理解の質を更に高める」

・「知識の理解の質を更に高める」とは、「新たな価値」を生み出す「知識」
　　　　　　　　　　　　　　→「人間の最も大きな強み」につながる

→その実現には、「何のためにその教科等のそのような内容を学ぶのか
→「学ぶ意義」が明確に持てることが必要

・ア、イは主に、前回の学習指導要領で提案した①「知識・技能」の 習得・活用 と、②思考力・判断力・表現力育成の関係
＋
・ウは、「生きる力」にある「自ら問題を見付け、自ら学び、自ら考え、主体的に判断し、行動し、よりよく問題を解決する資質や能力」の育成に関係

「資質・能力の三つの柱」
ア「何を理解しているか、何ができるか（生きて働く「知識・技能」の習得）」
イ「理解していること・できることをどう使うか（未知の状況にも対応できる「思考力、判断力、表現力等」の育成）
ウ「どのように社会・世界と関わり、よりよい人生を送るか（学びを人生や社会に活かそうとする「学びに向かう力・人間性等」の涵養）

→「知識の理解の質を更に高める」ことにつながる
→「人間の最も大きな強み」につながる
→「資質・能力の三つの柱」育成の要と考えられる

※「知識の理解の質」を更に高めることで、「知識」は、これまでの「思考力・判断力・表現力育成」を加えた理解の要になるだけでなく、「学びに向かう力・人間性等」涵養を含めた「理解」の要となる。その際、大事になるのが個々児童の「見方・考え方」。

（5）③「主体的・対話的で深い学び」の実現に向けた授業改善の推進（3点目解説理科編P3）

> 　子供たちが、<u>学習内容を人生や社会の在り方と結び付けて深く理解し</u>、これからの時代に求められる資質・能力を身に付け、生涯にわたって能動的に学び続けることができるようにするためには、これまでの学校教育の蓄積を生かし、<u>学習の質を一層高める授業改善の取組を活性化して</u>いくことが必要であり、我が国の優れた教育実践に見られる普遍的な視点である<u>「主体的・対話的で深い学び」</u>の実現に向けた授業改善（アクティブ・ラーニングの視点に立った授業改善）を推進することが求められる。
>
> 　　　　　（平成29年学習指導要領解説　総則編、理科編ともP3　下線筆者）

　この部分を読む際の課題と感じたのは、①、②と続けてこれから必要になる確かな学力育成のための「資質・能力」の明確化を検討してきた結果と、この③の「主体的・対話的で深い学び」実現に向けた授業改善の推進が、<u>どう結び付いているのか？</u>を考えることだった。つまり、「主体的・対話的で深い学び」が、どこから出てきたのか、ということだ。

　ここは「学習内容を人生や社会の在り方と結び付けて深く理解し」という文から始まっている。最初ここを読んだときは、なぜ急に人生や社会の在り方などという大きなものと学習内容を結び付けるところから始まるのだろう？と唐突な表現に感じた。しかし、1. 改訂の経緯についてで、"新しい時代に求められる資質・能力を子供たちに育む「社会に開かれた教育課程」の実現を目指す"というのが何だかピンとこなかったのが、学校だけでなく社会全体も学びの意味を共通理解しながらその実現を図る「社会に開かれた学び」という関わり方による共有でこそ、その実現ができることが分かった（P28）ことと、ここでの1点目、2点目と続けて検討していくことで、これからの学びは「知識の理解の質を更に高める」学びであり、それは「知識」を「思考力・判断力・表現力育成」の要と捉えるだけでなく、「学びに向かう力・人間性等」の涵養により初めて習得されるものと捉えることであると考えられ、そう捉えるなら、その捉えの延長として、<u>「学習内容を人生や社会の在り方と結び付けて深く理解」</u>していくことは、これからの学びの方向性と合致していると考えられることに気がついた。

　そのように捉えれば、今回の学習指導要領が求める「深い理解」の実現は、「目指す資質・能力の三つの柱」の中の、特にウ「学びに向かう力・人間性等の涵養」の実現如何に深く関係していると考えられそうだ。つまり、この「深い理解」のために教師は、1点目の「今回の改訂の基本的な考え方」で考えた「知識の理解の質を更に高める」こと、2点目の「育成を目指す資質・能力の明確化」で考えた「何のために学ぶのか」という各教科等を学ぶ意義を共有することが必要であり、それがこの3点目の「学習の質を一層高める授業改善の取組」につながっていると考えられる。つまり、「知識の理解の質を更に高める」という、「資質・能力」に関する目標実現のための、「学習の質を一層高める」ための「学び方」に関する「授業改善の取組」という関係になっているのではないかと思われる。

　このように考えた結果としての「確かな学力」育成のための「習得・活用・探究の過程」を

実現させる「授業改善の取組」が、この「主体的・対話的で深い学び」ではないだろうか？

このように見てくると、「主体的・対話的で深い学び」の実践が「資質・能力の三つの柱」に基づいた資質・能力の育成につながっていることが分かるが、その資質・能力の三つの柱は個々バラバラの柱ではなく、これまで考えてきたように、互いに深く関係していることにも留意して実践していくことが重要だと思える。

つまり、これまでも大事にしてきた「知識・技能」の**習得・活用**と、思考力・判断力・表現力等**育成**の関係を大切にすることは勿論（ここまでは前回の学習指導要領の考え方）、今回は三つ目の資質・能力である<u>**「学びに向かう力・人間性等」の涵養**を、「確かな学力」育成の要として考える</u>ことで、「知識の理解の質を更に高め」、その実現に向けた「学習の質を一層高める」ことを目指したのではないかと考えられる。そして、この三つの資質・能力をバランス良く育成するための具体的な授業改善が、「主体的・対話的で深い学び」と言えるだろう。

さらに、実はこの「主体的・対話的で深い学び」の「主体的」「対話的」「深い学び」もそれぞれバラバラではなく、互いに関係付けながら実現していくことが必要になってくると考えられるが、それについては後述する。

ただ、ここで気になるのが、この「主体的・対話的で深い学び」が、"我が国の優れた教育実践に見られる普遍的な視点である「主体的・対話的で深い学び」"として、唐突に（？）出されている点である。この記述からは、その導入の理論的な意味付けが読み取りにくく感じるがどうだろうか？（実戦経験を軽んじるつもりはないが）この「主体的・対話的で深い学び」の出方について考えながら、以下の記述を読んでいきたい。

① 「主体的・対話的で深い学び」の実現に向けた6点の授業改善について

目指す三つの資質・能力をバランスよく育成するための授業改善が「主体的・対話的で深い学び」と言え、その実現に向けた6つの留意点が以下に書かれている。最初のアは、この「主体的・対話的で深い学び」という授業改善が、これまでとは全く異なる指導方法ではないことを断っている。これは前述の、「主体的・対話的で深い学び」は、"我が国の優れた教育実践に見られる普遍的な視点である"という文に対応したものだろう。

ここでは、それに続くイ、ウ、エ、オ、カについて考えてみる。

ア （これまでの実践や指導方法を否定するものではないこと…略）

イ 授業の方法や技術の改善のみを意図するものではなく、児童生徒に目指す資質・能力を育むために「主体的な学び」、「対話的な学び」、「深い学び」の<u>視点で</u>、授業改善を進めるものであること。

ウ 各教科等において<u>通常行われている</u>学習活動（<u>言語活動、観察・実験、問題解決的な学習など</u>）の質を向上させることを主眼とするものであること。

エ 1回1回の授業で全ての学びが実現されるものではなく、単元や題材など内容や時間のまとまりの中で、<u>学習を見通し振り返る場面をどこに設定するか</u>、<u>グループなどで対話する場面をど</u>こに設定するか、<u>児童生徒が考える場面と教師が教える場面</u>をどのように組み立てるかを考え、

実現を図っていくものであること。

オ 深い学びの鍵として「見方・考え方」を働かせることが重要になること。各教科等の「見方・考え方」は、「どのような視点で物事を捉え、どのような考え方で思考していくのか」というその教科等ならではの物事を捉える視点や考え方である。各教科等を学ぶ本質的な意義の中核をなすものであり、教科等の学習と社会をつなぐものであることから、児童生徒が学習や人生において「見方・考え方」を自在に働かせることができるようにすることにこそ、教師の専門性が発揮されることが求められること。

カ 基礎的・基本的な知識及び技能の習得に課題がある場合には、その確実な習得を図ることを重視すること。

（平成 29 年学習指導要領解説　総則編、理科編とも P4　下線筆者）

・**イについて**…アで指導方法について言及していることに続き、イではその指導方法の改善は、目指す資質・能力を育むためのものであり、そのための「主体的な学び」、「対話的な学び」、「深い学び」の視点で授業改善を進めることが肝要であると書かれている。

　ここで、最初に「授業の方法や技術の改善のみを意図するものではなく、」と書かれている点に注意したい。これはどのような意味だろうか？「のみを意図するものではなく、」ということは、「授業の方法や技術の改善」も意図しているがそれだけではない、ということである。そしてその後に、"目指す資質・能力を育むために「主体的な学び」、「対話的な学び」、「深い学び」の視点で、授業改善を進めるものであること。"とある。つまり、単なる授業方法や技術の改善に留まらず、「主体的な学び」、「対話的な学び」、「深い学び」の視点で、「目指す資質・能力を育む」ように授業を改善していくことが重要ということである。確かに、ここまで見てきたように、「主体的・対話的で深い学び」は、目指す資質・能力を育むためのものだった。ということは、「主体的・対話的で深い学び」は、授業においてそれが実現したかどうかを評価するのが最終目標ではなく、それによって「目指す資質・能力」が育成されたかどうかを評価することが大事だということになる。

　そう考えれば、例えば「対話的な学び」を、その「形」としての「対話的な学び」の姿として評価し、授業にその「形」があったからといって、その成果としての「資質・能力」と切り離して評価するのは間違いと考えられる。「学びの姿」と「その結果」は、離れがたく結び付いており、その姿の実現が、目指す資質・能力の育成に結び付いていたかの評価を忘れてはいけないだろう。また、「主体的な学び」、「対話的な学び」、「深い学び」の視点で、と書かれていることに注目したい。これは後から述べるエにも関係するが、「学びの姿」とは総合的なもので、「これは主体的な学びの姿」、「これは対話的な学びの姿」等と、学習場面を単純に切り取っては見られないものだということが、この「視点で」ということだろう。例えば対話的な学びと見られる場面の中にも、個の学びとしての主体性や深い学びの姿があるからこそ、対話的な学びが意味を持ってくると考えられる。

　そう考えれば、子供の学びの様子をこの三つの学びの姿に分けて見るのではなく、常にこの三つの視点を持ちながら、学びの様子そのものを多面的な視点から見ていくことで、

子供の学びの姿を立体的に把握していくことが大事だと考えられる。その意味での「視点を持つこと」を大事にしたい。詳しくは、P107 の（2）②「主体的・対話的で深い学びの実現」について、で考える。

- **ウについて**…「主体的・対話的で深い学び」は、目指す資質・能力を育むためのもので、評価するのは「主体的・対話的で深い学び」によって「目指す資質・能力」が育成されたかどうかだと書いたが、最終的にはそうであっても、その過程の授業における評価で「目指す資質・能力」が育成されてきているかどうかをどう評価していけば良いのだろうか？その答えが、このウではないだろうか？つまり、特別な手立てや手法で評価していくのではなく、実際に行われている学習活動の中で、学びの質の向上から見ていく、或いはその質の向上を目指すということと考える。

　　ここで言う「質を向上させる」とは、「目指す資質・能力が育成されつつある」ということと考えるが、それは、具体的な学習場面における、「主体的・対話的で深い学び」の実現による、ここに挙げられている「言語活動、観察・実験、問題解決的な学習など」の質の向上による、目指す資質・能力の育成を図るということと考えられる。

　　このように書いてくると、資質・能力の育成に向けて、何だかいくつもの段階を踏んでややこしいように見えるかもしれないが、結局は授業において、何か特別なことをするのではなく、「主体的・対話的で深い学び」の視点を大切にした授業を進める中で、その授業が目指す学習活動を実現していくことで、目指す「資質・能力」育成を実現していくということになる。

- **「言語活動、観察・実験、問題解決的な学習など」について**

　　この部分で、「通常行われている学習活動」として（言語活動、観察・実験、問題解決的な学習など）と具体的に書かれている点に注目したい。「学習活動」として、なぜこれらを揚げたのだろうか？すぐに思い付くのは、国語科などを主とした「言語活動」、理科などの「観察・実験」活動、そして社会科や算数科、理科、それに総合的な学習の時間、さらには図工や音楽、体育なども含めた全教科に関係する「問題解決的な学習」活動というように、各教科等に重点的で特徴的な学習活動を揚げたのではないかということだ。

　　そう捉えるならば、これら各教科等の学習を、このような重点的な学習活動として分類した観点は何だろうか？それは本文にもある「質を向上させる」という観点ではないかと思える。例えば理科ならば、その教科の質を高める本質的な特徴は何と言っても「観察・実験」による学習活動であり、それを含めた「問題解決的な学習」に、その学びの特質、つまり学びの質を向上させる鍵があると言えるだろう。これは、その教科の存在価値と言って良いかもしれない。

　　したがって、それぞれの教科等の特色（存在価値）を考え、その学びの質を向上させる学習活動の実現に心がけることが、その教科における「主体的・対話的で深い学び」のねらいと考えられ、そのようなねらいを持ったはたらきかけによる学びが、目指す資質・能力の育成につながると考えられる。

　　ただ、ここで注意しておきたいのは、例えば理科においても言語活動は大変重要である

ということだ。それは「考える際の会話や文章記述」等という所謂一般的な言語活動としての重要性は勿論、例えば「モデル化して考える」等の思考活動も、考えを「記号化して現す」という意味では言語活動を伴っていると考えられる。言語活動の重要性については拙著「主体的・対話的で深く新学習指導要領を読む[4]」のP20やP176を参照して欲しいが、そこに載せられている例からも分かるように、何れの教科においても、言語活動は目指す資質・能力を育むために重要なものと言うことができるだろう。

・エについて…ここで言う学びの場面とは、「学習を見通し振り返る場面」が「主体的な学びの姿」、「グループなどで対話する場面」が「対話的な学びの姿」、そして「児童生徒が考える場面」が「深い学びの姿」に対応しているように見える。それならば、「教師が教える場面」は、どのような学びの姿に対応しているのだろうか？

まず考えなければならないのは、ここまでの議論を踏まえると、上述で三つの学びの場面に一対一に学びの姿をそれぞれ対応して考えたが、そもそもこの捉え方は適切かどうか？ということだ。

先にも書いたように、例えば「グループなどで対話する場面」は「対話的な学びの姿」に対応しているには違いないが、本来ならそこには「主体的な学びや深い学びの姿」もあるはずである。つまり、「場面」と「学びの姿」は1対1には対応していないということが大事で、イで書いた「学びの視点」の考え方が大事になると考えられる。

そのように考えると、「教師が教える場面」も、「児童生徒が考える場面」であるべきであり、「結局は「深い学びの姿」を求める場面であるべきであり、どちらを選ぶかということは、「児童生徒同士で考える場面」と「教師が教える場面」の、どちらがここで求める学びに向けて効果的かという、**より効果的な手法を考えた上での違い**と考えられる。

そのように考えれば、エの「1回1回の授業で全ての学びが実現されるものではなく、」というのは、三つの学びの姿の**「どれを今回の授業では重点的な現れとした学びの姿」として実現させるか**、ということだと考えられる。

時々、「○○型学習モデル」のような形で1時限の授業展開の中に「主体的」「対話的」「深い学び」の姿がそれぞれ時系列で位置付いている「授業モデル」を見ることがある。このようなモデルについて、このエの「1回1回の授業で全ての学びが実現されるものではなく、」を適用すると、このモデルは不適なようにも思える。

しかし授業者としては、例えばこの授業では「主体的の育成だけ」、「対話的の育成だけ」或いは「深い学びの育成だけ」というのも如何にも不自然に思えるだろうし、上述のように位置付ける気持ちも分からないではない。したがってこの「○○型学習モデル」のような学習モデルでは、この三つの学びの姿を「その軽重に留意しながら重点的に位置付けた」という捉え方もできるだろう。

しかし、だからと言って、毎時間、このように三つの学びの姿が「形式的」に現れる「授業モデル」を目指すのは適当なのだろうか？

実際の授業展開を考えてみると、「主体的」な学びの姿が重点的に現れたり、「対話的」な学びの姿が重点的に現れたり、そして「深い学び」により単元の目標に達するという時

間も確かにあるだろうが、大事なのは何よりこの三つの学びは独立しているわけではないということと、この「主体的・対話的で深い学び」によって得られる「資質・能力」は、単元を通してのものだということだ。

　そう考えれば、各授業の時間によって、どの学びが重点化するかの軽重は確かにあると思えるし、その軽重を意識した上での「○○型学習モデル」のような形の授業展開は考えられるかもしれない（但し、オで述べる「見方・考え方」を考慮しないモデルは不適と考える）が、ここで注意したいのは、何よりこの「主体的・対話的で深い学び」の場面の設定を機械的に（たとえ軽重を意識したとしても）、それぞれの姿を孤立的に行うことで、そのねらいを矮小化してしまわないように、ということではないかと思われる。

- **オについて**…ここで、今回の学習指導要領で重要な位置付けを占める「見方・考え方」が出てくる。これを重要と考えるのは、同じく重要と考える「主体的、対話的で深い学び」の「深い学びの鍵」と書かれているからである。どういうことかと言うと、ここまでは「どの教科の学びにおいても共通に大事なこと」として「主体的、対話的で深い学び」の実現の重要性を述べてきたが、実はその実現には、各教科固有の「見方・考え方」を働かせることが必要だということだ。この「見方・考え方」は、何より「子ども自身が、自分を取り巻く社会（生活）における自分の生活経験や学びの中」で育んできたものである。したがって、それが子どもにとっては「教科等の学習と社会（生活）をつなぐもの」になると考えられ、したがって、"学習や人生において「見方・考え方」を自在に働かせることができるようにすること"こそ「主体的、対話的で深い学び」には重要なことと考えられる。そこで、「教師の専門性が発揮されることが求められる」のである。ここからも、教科の本質を考えない、形だけの「主体的、対話的で深い学び」はあり得ないことがわかる。

　このように見てくると、「主体的、対話的で深い学び」を実現させる鍵となる「見方・考え方」の重要性が分かり、それは一般的な「見方・考え方」の捉えに留まらず、各教科特有の「見方・考え方」の重要性でもある。これについては、②で検討する。

- **カについて**…以上のように検討してきた結果からは、カに書かれている「基礎的・基本的な知識及び技能の習得に課題がある場合、その確実な習得を図る」という項目にある「確実な習得」という表現も、教師が一方的に教えるということではなく、児童が自分自身の学びとして納得して習得できることを念頭に指導することが肝要と考えられ、その形がどうであるかは問題ではない。

②「見方・考え方」について検討する

ア）「見方・考え方」の出所

　ここで「見方・考え方」は、「主体的・対話的で深い学び」の実現に向けた6つの留意点の1つとして、**"深い学びの鍵として"**という「深い学び」との強い関係付けで出てきている。突然出てきたようにも感じるが、ではこの後、総則ではどのように出てきているかを見ていくと、総則解説編では、第3節　教育課程の実施と学習評価の1　主体的・対話的で深い学びの実現に向けた授業改善の（1）主体的・対話的で深い学びの実現に向けた授業改善（第1章第3の1の（1））（P76）で以下のような形で出てくる。

> 　（1）第1の3の（1）から（3）までに示すこと（資質・能力の三つの柱）が偏りなく実現されるよう、単元や題材など内容や時間のまとまりを見通しながら、児童の<u>主体的・対話的で深い学び</u>の実現に向けた授業改善を行うこと。
>
> 　特に、各教科等において身に付けた知識及び技能を<u>活用</u>したり、思考力、判断力、表現力等や学びに向かう力、人間性等を<u>発揮</u>させたりして、学習の対象となる物事を捉え思考することにより、各教科等の特質に応じた<u>物事を捉える視点や考え方（以下「見方・考え方」という。）が鍛えられていくことに留意し</u>、児童が各教科等の特質に応じた見方・考え方を働かせながら、①<u>知識を相互に関連付けてより深く理解したり</u>、②<u>情報を精査して考えを形成したり</u>、③<u>問題を見いだして解決策を考えたり</u>、④<u>思いや考えを基に創造したりすることに向かう過程を重視した</u>学習の充実を図ること。
>
> （平成29年学習指導要領総則 P22、総則解説 P76、下線、括弧内、文字囲み、丸囲み番号は筆者）

イ）「見方・考え方」は、「資質・能力の三つの柱」育成のための「主体的・対話的で深い学び」の実現に向けた授業改善において鍛えられ、発揮される

　冒頭の「第1の3の（1）から（3）までに示すこと」とは、「資質・能力の三つの柱」のことである。つまり<u>「資質・能力の三つの柱」育成のための「主体的・対話的で深い学び」の実現に向けた授業改善</u>について述べるということである。

ウ）何が「特に」なのか？

　その授業実践についての具体的な文章がその後から書かれているのだが、「特に、」から始まり最後まで続く長い文章で、一度読んだだけではその真意はなかなか読み取れない。「特に」は何を指しているのだろうか？ここからは自分なりの解釈になるが、自分はこの「特に」は、<u>「各教科等の特質に応じた物事を捉える視点や考え方（以下「見方・考え方」という。）が鍛えられていくことに留意し、」</u>にかかっているのではないかと思う。つまり、「特に」は「見方・考え方」の重要性にかかっているのではないかと考える。

　その理由は、その前段階の「各教科等において身に付けた知識及び技能を活用したり、思考、判断力、表現力等や学びに向かう力、人間性等を発揮させたりして、学習の対象となる物事を捉え思考することにより、」は、前学習指導要領でも述べていた「習得、活用、探究」の学習活動を元にしており、それにここまで述べてきた「人間の最も大きな強み」につながる「学びに向かう力・人間性等」の涵養を加えた「資質・能力の三つの柱」育成の重要性を言っており、これらは目指す学びの実現に大切なことだが、特にそのこと自体はここで「特に」と言うほどの新しいことではないと思える。

　そこで今回、そのような学習をしていく際、「特に」<u>「各教科等の特質に応じた物事を捉える視点や考え方（以下「見方・考え方」という。）が鍛えられていくことに留意」</u>することが大事であり、「児童が（そのようにして鍛えられた）各教科等の特質に応じた見方・考え方を働かせながら、文中の①から④の「各教科等の特質に応じたた学習の充実を図ること。」を、主体的・対話的で深い学びの実現に向けて、上記の内容に加えて、「特に」大事で留意

すべきだと述べているのではないかと考える。それは文中に、ここまではあまり触れてこなかった「各教科等」、「各教科等の特質」という、教科等レベルに関する言葉が何度も現れてきていることからも伺い知れる。

つまり、「特に」ということで、ここまでは教科に限らず、知識及び技能の活用や、思考力、判断力、表現力等や学びに向かう力、人間性等を発揮（自分のまとめでは「活用」とも表記しているが）させたりする学びについて述べてきたが、ここでは、その際の、各教科等の特質に応じた「物事を捉える視点や考え方」を「見方・考え方」として示し、その重要性を述べていると考える。

そしてその「見方・考え方」は、「確かな学力」を育成するための「習得・活用・探究」という学びの過程を実現させる「主体的・対話的で深い学び」実現に向けた各教科等の特質に応じた授業改善によって「鍛えられていく（育っていく）」と共に、それを働かせることで、文中に記した①から④の「学習の充実を図ることができる」、ということである。

つまり、ここで、**学びの過程における「教科」の位置付け（価値付け）に、初めて触れられた**のではないかと思える。

エ）「見方・考え方」の両面性

この「見方・考え方」の、「鍛えられる」と同時に「学びに発揮される」という両面性は、これまで見てきた「知識・技能」の「習得」と「活用」の両面性、「思考力・判断力・表現力等」の「育成」と「発揮（活用）」の両面性と同様、「確かな学力」を育成するための「習得・活用・探究」という学びの過程における「両面性」として重要な特質と考えられ、授業を進めていく上で常に意識して鍛え、発揮させていくことが重要であると考える。

ただし「見方・考え方」の「両面性」は、「鍛えられる」という表現にあるように、**「元から子どもの中にあるものを鍛え、育てていく」**という捉えに基づいている点に注意が必要である。これについては後程詳しく考えてみる。

以上から分かるのは、総則解説において「見方・考え方」が出てくるのは、「資質・能力の三つの柱」育成のための「主体的・対話的で深い学び」の実現に向けた授業改善においてであり、特に各教科等の特質に応じた「深い学び」実現の鍵として出されていることが重要と考えられる。

オ）「見方・考え方」は、答申ではどのように出されているのだろうか？

このように「見方・考え方」を検討していくと、**「見方・考え方」は「深い学び」のための鍵**（学習指導要領総則編解説、理科編 P4 の表現）という位置付けで、それも「特に」「各教科等の特質に応じた物事を捉える視点や考え方」として重要な位置付けであると分かる。

つまりこの「見方・考え方（ものごとの捉え方や考え方）」は、**教科の学びにとって根本的に大切なもの**であると考えられ、したがって「主体的・対話的で深い学び」の実現に向けた授業改善には、教科の特質に応じた学習の充実が必要不可欠であり、それが文中の①から④と考えられる。

このように考えてくると、それほど大事な（特に教科学習にとって）「見方・考え方」が、総則編や教科解説編では、「主体的・対話的で深い学び」を実現させるためのものとし

て、しかも括弧付けで出されているのが何だかスッキリせず、そもそもこの「見方・考え方」が今回どのように出てきたのかを、一つ戻って「答申」で見てみることにした。

カ）答申における「見方・考え方」

　答申[6]では、「第5章　何ができるようになるか—育成を目指す資質・能力—（P27）」から資質・能力の話になり、「1　育成を目指す資質・能力についての基本的な考え方、2　資質・能力の三つの柱に基づく教育課程の枠組みの整理」と資質・能力に関する話が続き、その後「3　教科等を学ぶ意義の明確化」と教科に話が移り、その中で（各教科等の特質に応じた「見方・考え方」）と題して、ここから「見方・考え方」に話が展開していく（P33、下の資料参照）。

　その後、4.教科等を越えた全ての学習の基盤として育まれ活用される資質・能力、5.現代的な諸課題に対応して求められる資質・能力と、求められる資質・能力の三つの要素が述べられ、6.資質・能力の育成と、子供たちの発達や成長のつながりと続く。そして章が変わって第6章となり「何を学ぶか」ときて、その後の第7章で「どのように学ぶか」ということで、ここでようやく「主体的・対話的で深い学び」が出てくる（P49）。つまり、**答申では「主体的・対話的で深い学び」の前に「見方・考え方」が出されているのだ。**

　理科編の構成表（P14）を見ても、答申の「第5章　何ができるようになるか—育成を目指す資質・能力—」、「第6章　何を学ぶか」、「第7章　どのように学ぶか」は、それぞれ「学びの地図」の①、②、③に位置付いており、その中でも最も基本となる①の「資質・能力」にあたる答申の第5章の中に、「見方・考え方」が位置付いていることが分かる。

　この答申の展開を見ると、答申では随分「見方・考え方」つまり「教科」を学ぶ意義を大事にしていると感じる。それは、1.2の「資質・能力（の三つの柱）」の説明の後、すぐに3の「見方・考え方」、つまり教科の特質に話が移り、その後の4.5は、3も含めて教科等横断的に捉えた資質・能力の三つの要素であり、その共通基盤となる考え方は「教科」である。そして、これらの捉えを受けて、6.資質・能力の育成と、子供たちの発達や成長のつながりと話は展開していくからである。

　つまり答申では、ここまで一貫して「資質・能力の育成」に関係した「教科」からの捉えが論の中心であり、それを基に考えた（と思われる）教科等横断的に捉えた資質・能力の三つの要素が述べられ、それを受けて第6章の「何を学ぶか」、第7章の「どのように学ぶか」で、「主体的・対話的で深い学び」が出てくる展開になっていると思われる。

　この展開を見ると、「主体的・対話的で深い学び」の説明の中で括弧付きで「見方・考え方」を説明していた総則の解説（P76）と答申とでは、「見方・考え方」の扱いが随分異なるように感じる。

　では、答申において、「資質・能力」の説明の後にすぐ述べられている「見方・考え方」は、どのように書かれているのか見てみる。それが以下の文である。

（各教科等の特質に応じた「見方・考え方」）
○子どもたちは、各教科等における習得・活用・探究という学びの過程において、各教科等で習

得した概念（知識）を活用したり、身に付けた思考力を発揮させたりしながら、①知識を相互に関連付けてより深く理解したり、②情報を精査して考えを形成したり、③問題を見いだして解決策を考えたり、④思いや考えを基に創造したりすることに向かう。こうした学びを通じて、資質・能力がさらに伸ばされたり、新たな資質・能力が育まれたりしていく。

○その過程（習得・活用・探究という学びの過程）においては、"どのような視点で物事を捉え、どのような考え方で思考していくのか"という、物事を捉える視点や考え方も鍛えられていく。
（以下、省略）

○こうした各教科等の特質に応じた物事を捉える視点や考え方が「見方・考え方」であり、…以下、省略

（答申 P33、下線、括弧内、番号、太字は筆者）

全体を読んでまず気付くのは、「習得・活用・探究」という学びの過程の実現と、"どのような視点で物事を捉え、どのような考え方で思考していくのか"という「見方・考え方」が、**直接関係して書かれている**点である。

それはどのような関係かと言うと、出だしの「各教科等における習得・活用・探究という学びの過程」という、「各教科等」という表現と、「学びの過程」という表現を直接つなげて書いている点から伺われる関係である。

自分はこれまで、「確かな学力」を育成するための学びの過程として、「習得・活用・探究」を大事に考えてきた（P44 参照）。そこには、各教科等から考えるという、教科の特性に関する視点は正直なかった。つまり、「学ぶとはどのようなことか」から考えた「学びそのものの過程」という捉え方だった。

ところが答申では、教科の特徴によって、学習が「習得・活用・探究という学びの過程」において、文中の①から④の学びの特徴として実現してくるというのである。どうしてそのような違いが出てくるのかと言うと、それは"どのような視点で物事を捉え、どのような考え方で思考していくのか"という各教科における「見方・考え方」の違いがあるからであり、それが各教科等によって異なってくる各教科等の特徴（その存在理由でもある）とも考えられる。

この①から④は、P51 に引用した総則と同様であるが、総則ではこの①から④が、「主体的・対話的で深い学びの実現に向けた授業改善」という**「授業改善」の視点**で書かれているのに対して、答申では、"習得・活用・探究という学びの過程における、各教科等の特色を生かした「見方・考え方」の重要性"という、**各教科等における特徴ある「学びの過程」の視点**で書かれている点が異なっているように思える。

敢えてどちらの書き方がしっくり来るかと言えば、自分は正直、「見方・考え方」は元々教科等特有の知識の構造化に関係するものであり、したがって「習得・活用・探究」という学びの本質的な過程の実現に直接的に深く関係すると考えられ、その意味では答申の書き方の方がしっくりくるように思えるのだが、読者の皆さんはどうだろうか？

授業改善の視点と学びの過程の視点は同じと捉えればこの２つの捉えに違いはないが、

「改善」という語感から、「見方・考え方」が学びにおいて<u>本質的に大事なもの</u>だという捉えが弱くなるようでは困ると思える。

　（答申と総則の「見方・考え方の捉えの違い」については、具体的に理科の場合を通してP143で再度考える。）

　また、"「何のために学ぶのか」という各教科等を学ぶ意義を共有しながら"という今回の育成を目指す資質・能力の明確化から考えても、各教科等の「見方・考え方」の位置付けは「授業改善」以前の大事なものと考えられるのではないだろうか？これについては、次に述べる「見方・考え方」のもう1つの捉えが大事になってくると思われる。

キ）「見方・考え方」のもう1つの側面

　ここまで「見方・考え方」を、「各教科等の特質に応じた<u>物事を捉える視点や考え方</u>」という記述から考え、その教科に特有のもの、という捉え方をしてきたが、教科に分化する前の生活科における「見方・考え方」や、教科等の枠からはみ出した総合的な学習の時間における「探究的な見方・考え方」などを考えると、「教科等の見方・考え方ありき」という捉え方に疑問を感じる。例えば生活科の学習指導要領には「<u>既に有している見方・考え方を生かす（下線筆者）</u>」という表現がある。これは、小学校入学以前に子供は既に「自分なりの見方・考え方」を持っている（<u>既に有している</u>）ことを示し、それを「<u>生かす</u>」ということは、<u>それを元に育てていく</u>ということだろう。つまり、子供の中には、教科に分化する前に、既に（自然や社会などの対象に対する）自分なりの「見方・考え方」があると考えられる。そして、それを学校教育が、育ちやすいように教科毎の見方・考え方に便宜的に分けて指導しているとも考えられる。そして総合的な学習の時間では、その分類では補いきれない見方・考え方の育成や、また教科毎に分けて育ててきた見方・考え方を統合して、より自在に使える見方・考え方の育成を狙っているとも考えられる。

　これは、①の・**オについて**…で考えた「見方・考え方」が<u>「教科等の学習と社会（生活）をつなぐもの」</u>になると考えたことにもつながる（P50）だろう。

　このように、見方・考え方は**子供自身が自分の見方・考え方を生かしながら働かせるもの**であり、教師はそれを育てるが、外から与えて指導すべき（教える）ものではないという考えが**「生かす」**に現れ、「見方・考え方は評価対象ではない」ということの確認にもつながると考えられる（勿論、「見方・考え方」を働かせた結果としての「知識・技能」や「思考力・判断力・表現力等」は評価する）。

　このように見てくると、「見方・考え方」の、その教科に特有のものというここまでの捉えとは異なるもう1つの捉え、というより、それも含めてその根本となる**「人として持っている自分なりの物事を捉える視点や考え方」**という「見方・考え方」の根本的な「姿」が見えてくる。そう考えれば、「見方・考え方」は、それぞれ個々の「自分なりの捉え方や考え方」を大事にするということになり、個々の「学び観」、つまり自分は何を大事だと思い、何に価値を置いて学ぶか等の**「学び観」にも大きく関係してくる**と考えられる。

　それはひいては、その子供の"「何のために学ぶのか」という各教科等を学ぶ意義を共有しながら"という今回の育成を目指す資質・能力の明確化にも関係してくる重要なものと考

えられる。

このように見てくると、「見方・考え方」とは、「資質・能力の三つの柱」育成に向けた「習得・活用・探究」という「学びの構造」実現のための各教科等の特質を生かした、「主体的・対話的で深い学び」実現を図るための大事なものと考えられると思うがどうだろうか?

ここまでの「見方・考え方」の位置づけについてまとめると、以下のように考えられる。

〔「見方・考え方」の捉え方〕

・「資質・能力」育成のためには「習得・活用・探究」の実現が求められる。その実現のために欠かせないのが「見方・考え方」である。

・「見方・考え方」の捉えの1つは、ここまで教科全般で考えてきた「学びの実現の在り方」に、「教科の特性」を踏まえたのが「見方・考え方」という捉えである。言い換えると、「原理としての学びの在り方」として考えてきた「習得・活用・探究」の学びの過程を実現するのに必要なものとして、これまで主として知識及び技能と思考力・判断力・表現力等育成のバランスを重視して考えてきた流れに、今回は「学びに向かう力・人間性等」も加えて、実際の「学習や人生において「見方・考え方」を自在に働かせることができるように（オ）」、教科の特性としての「見方・考え方」の重要性を位置付けた、と言えるだろう。

・もう1つ大事な捉えは、その「見方・考え方」は、教師が与えるものではなく「その子なりの物事を捉える視点や考え方」と捉えることである。そこには、学ぶ者としての、子供の自主性や主体性の重要さがある。

・この両者の捉えによる働きかけで、真の学びが実現するということではないだろうか?

「見方・考え方」のこの2つの働きで、「習得・活用・探究という、どの教科においても共通に大切な原理としての学びの在り方」を基本に、真の実際的な「求める学びの在り方」が実現すると考えられる。そして、それを実現させていく「学びの姿」が、「主体的・対話的で深い学び」と言えるのではないだろうか?

そのような思いで再度総則P22の見方・考え方が出てくる箇所を読むと、「身に付けた知識及び技能を活用したり、思考力、判断力、表現力等や学びに向かう力、人間性等を発揮させたりして、学習の対象となる物事を捉え思考することにより、各教科等の特質に応じた物事を捉える視点や考え方（以下「見方・考え方」という。）が鍛えられていく」とあるように、「見方・考え方」は、「知識及び技能」や「思考力、判断力、表現力等」は勿論、「学びに向かう力、人間性等」にまで関係していることを改めて認識できる（上のまとめにある通り）。

③「知識の理解の質を更に高める」とは?②

これまで、(3)「知識の理解の質を更に高める」とは?…今回の学習指導要領（P36）と、(4)②育成を目指す資質・能力の明確化の「③ここまでの「知識の理解の質を更に高める」とは?（P41参照）」とで検討してきたことに、ここで考えた「見方・考え方」の議論も踏まえれば、「知識の理解の質を更に高める」の意味とは、「見方・考え方」の明確化と導入に

より、一般論としての学びではなく、各教科の特性を踏まえた、その教科なりの「知識の理解」を意識した学びを求めるようになることで、それは、**「個々の見方・考え方に基づいた主体的な学びによって実現する」**、ということと考えられる。

　そのように捉えると、総則の記述を「主体的・対話的で深い学びの実現に向けた授業改善」のための「見方・考え方」と、「見方・考え方」を手段的に捉えてしまうと、その真の捉えが弱くなる懸念があるだろう。「主体的・対話的で深い学び」の、特に「深い学び」は、「確かな学力」を育成するための「習得・活用・探究の過程」を実現する「学びの姿そのもの」であり、「見方・考え方」は、その実現の鍵と考えることが大事ではないだろうか？そのような総則に書かれている内容の「真意」をつかむためにも、今回の答申の内容を理解することが大事だと思える。

　そして、同時に注意したいのは、答申での「見方・考え方」の位置付けは、「主体的・対話的で深い学び」より「見方・考え方」が大事という意味ではなく、「習得・活用・探究」という学びの過程を子供自身の「見方・考え方」を働かせることで、はじめて「主体的・対話的で深い学び」が実現する、と捉えるべきだということだろう。

④「見方・考え方」を働かせる過程とは？

　総則も答申も、「見方・考え方」を働かせる過程を、①知識を相互に関連付けてより深く理解したり、②情報を精査して考えを形成したり、③問題を見いだして解決策を考えたり、④思いや考えを基に創造したりすることに向かう過程と考えている。これらの過程は、どこから出てきたのだろうか？以下の議論については拙著[4]に詳しいので、ここではその要旨のみ紹介する。（拙書P108〜参照）

ア）「見方・考え方」を働かせる過程は「深い学び」の過程である！

　この4つの過程がどこから出てきたのかを考える前に、まず、学習指導要領総則にある、「深い学び」の説明としてある以下の文を読んでみる。

〔「深い学び」の視点〕
③習得・活用・探究という学びの過程の中で、各教科等の特質に応じた「見方・考え方」を働かせながら、①知識を相互に関連付けてより深く理解したり、②情報を精査して考えを形成したり、③問題を見いだして解決策を考えたり、④思いや考えを基に創造したりすることに向かう「深い学び」が実現できているかという視点。

（総則解説P77、文中の番号、下線は筆者）

　これを読むと、「深い学び」とは、各教科等の特質に応じた「見方・考え方」を働かせながら「習得・活用・探究」という学びの過程を、①から④の学びに向かう姿であると言える。そして、「見方・考え方」を働かせた①から④の学びの「様相」は、P51で紹介した（5）③主体的・対話的で深い学びの実現に向けた授業改善の推進（P45）として示された「主体的・対話的で深い学び」の様相と**同じである**！

　ということは、**「主体的・対話的で深い学び」の実現は「深い学び」の実現にかかってお**

り、その実現には「見方・考え方」が大きく関わっている、ということが分かる。

イ）「深い学びの過程」はどこから来ているのか？

　では、この①から④の「深い学びの過程」はそもそもどこから来ているのだろうか？ということになる。考えられるのは、これらは「見方・考え方」に関係しているという点から考えれば、ここまで考えてきたように、それらは教科等の特質の違いに関係していそうだということである（P51参照）。

　詳しい解説は省くが、「①知識を相互に関連付けてより深く理解したり」は「深い学び全体」に言える大事な点で、「②情報を精査して考えを形成したり」は主に国語科などの言語活動を指し、「③問題を見いだして解決策を考えたり」は主に理科や社会科などの問題解決学習を指し、「④思いや考えを基に創造したりすることに向かう」は主に図工や音楽など、芸術表現を指していると考えられる。このように見てくると、「主体的・対話的で深い学び」の学習過程に、「見方・考え方」として関係してくる「教科等の特性」、そしてそれに伴う「個の見方・考え方」が如何に影響を与えているかが分かる。この間の詳しい経緯は拙著を参考にして欲しい。

ウ）「教師の専門性」とは？

　そしてオは、以上の考察の上に、（見方・考え方は）「各教科等を学ぶ本質的な意義の中核をなすものであり、教科等の学習と社会をつなぐものであることから、児童生徒が学習や人生において「見方・考え方」を自在に働かせることができるようにすることにこそ、教師の専門性が発揮されることが求められること。」と結んでいる。

　ここまでの議論から見えてきた「見方・考え方」の重要性から考えれば、それを子ども達に育てていくことが教師の大事な使命であり、またそれができる専門性が教師には必要不可欠ということは納得できる。

　つまり「教師の専門性」とは、単にその教科の内容に詳しいという教科の専門性だけでなく、その内容の本質をつかまえた上で、**それがどう子ども達の「自ら学ぶ」という学習につなげられるかを、特にその見方・考え方の面から考えることができる**という、教科の本質的な内容理解と、学びにおける子ども理解の**両方を備えた専門性**ということがわかる。

　ここまでの考察から考え、敢えてオの文章を分けて考えれば、「各教科等を学ぶ本質的な意義の中核をなす」は、「見方・考え方」が「教科等の特性」に基づいているという点を指し、「教科等の学習と社会をつなぐものである」は、「見方・考え方」が、社会に生きる「その子なりの物事を捉える視点や考え方」を重視していることを指していると考えられる。

　そのように捉えれば、見方・考え方は「学習や人生において」自在に働かせることが可能となり、その育成を支援することこそ教師の役割と考えられるだろう。このように考えれば「教師の専門性」とは、一つは理科で言えば、物理、化学、生物、地学等の「親学問の専門性に基づいた見方・考え方」を大切にできることであり、二つ目は、認知心理学等に基づいた「子供の分かり方」等を基に、「子供の自然の捉え方や物事の現象の分かり方等を理解した上での見方・考え方」を大切にできることと言えるだろう。

・**再びカについて**…ここまでの議論を踏まえて再度カを見れば、ここで言う「基礎的・基本

的な知識及び技能の習得に課題がある場合には、その確実な習得を図ることを重視すること。」の「確実な習得」とは、「基礎的・基本的な知識及び技能」を、例えば単なる繰り返しの練習や暗記などによって「身に付けさせよう」とするのではなく、ここまで述べてきた主体的・対話的で深い学びによる資質・能力の習得が目指す方向で進めていくべきだという点に留意すべきだろう。ここで、「主体的・対話的で深い学び」の実現に向けた授業改善の推進について、「見方・考え方」の位置付けを中心に、これまで考えてきたことを整理しておく。

〔「主体的・対話的で深い学び」の実現に向けた授業改善の推進について〕
〜「確かな学力」育成における「見方・考え方」の位置付けを中心に〜

これまで「確かな学力」を育てるという目標に向けて、「習得、活用、探究」という学びの過程の実現が求められてきた。

その実現のための「知識及び技能」の習得と「思考力、判断力、表現力等」育成のバランスを前回学習指導要領では重視してきたが、今回はそれに加えて「知識の理解の質を更に高める」ということで、「何のために学ぶのか」等、各教科等を学ぶ意義を共有する点などを含めて、全ての教科等の目標や内容を「知識及び技能」、「思考力、判断力、表現力等」に加え、「学びに向かう力、人間性等」の三つの柱で整理したと考えられる。

このようなこれまでの経緯を考えてみると、「習得、活用、探究」という学びの過程実現に向けて、当初は「知識及び技能の習得」と「思考力、判断力、表現力等の活用」の2つの資質・能力の育成に主眼が置かれていたと考えられるが、それが今回「何のために学ぶのか」等、各教科等を学ぶ意義の共有を大事にする点から、「学びに向かう力、人間性等」の重要性を改めて位置付けたように思える。そのように考えると、この3つを資質・能力から考えることにした意義は、大きく二つ考えられると思える。

一つは、「学びに向かう力、人間性等」育成も含めて実現する三つの資質・能力育成の重要性を確認した上で、その関係性を「知識の理解の質を更に高めた、確かな学力の育成」に資するという捉えに「まとめた」ということである。

それは、「知識及び技能」、「思考力、判断力、表現力等」、「学びに向かう力、人間性等」の三つの資質・能力はどれも大事で、何れかが特に大事ということでは勿論ないし、互いに離れがたく連携することで初めて確かな学力が育成されるという共通理解の上に立ち、敢えてその成果を「知識及び技能の習得」に集約するという構図である。

そうすることで、従来ありがちだった「固定化され与えられた知識」という知識観を払拭し、真の意味の知識観が共通理解されると考えられる。これにより、「知識は重要ではない」という意見や「思考力、判断力、表現力等こそが大事だ」等と言う極端な考えの間違いを正すことができるだろう。

また、評価がしやすいこともあるだろう。それは、結果としての知識の評価だけをすれば良いということではなく、その習得に至る思考力、判断力、表現力等の育成や学びに向かう力、人間性等の涵養も含めて、その関係性の中で評価できるということである。「知識観」の真の意味と

は、このような資質・能力間のつながりを前提とした知識観だと考えられる。

　二つ目の意義は、「学びに向かう力、人間性等」の育成を「資質」として位置付けることで、「何のために学ぶのか」という、人工知能にはない「動機づけ」の価値の確認ができることである。これが人間ゆえの「主体性」につながり、後程考える「主体的・対話的で深い学び」の中の「主体性」の重要性にもつながっていくと考えられるのだが、ここで注目したいのは"何のために学ぶのか"という共通した学ぶ意義を共有しながら"にある、「各教科等を学ぶ意義」の確認である。

　つまり、「学ぶ意義」を抽象的、全体的な捉えからではなく、「各教科等」と具体的に挙げ、例えば理科なら理科という教科を学ぶ意義を実感することで学びの主体者となり、「学びに向かう力、人間性等」が育成されるということである。そして、この「各教科等を学ぶ意義」に深く関係してくるのが、各教科等の**「見方・考え方」**ではないかと思われる。

　そう考えると、「見方・考え方」が「確かな学力」を育てるという目標に向けての「習得、活用、探究」という学びの過程の実現に、大きく関係していることが分かり、やがてそれが「主体的・対話的で深い学び」という、三つの資質・能力を関連させながら育成を図る学びの姿につながっていくと考えられる。

　それを一言で表したのが、今回の改訂の基本的な考え方で述べられていた**「知識の理解の質を更に高める」**ということではないだろうか？

（6）④各学校におけるカリキュラム・マネジメントの推進（4点目　解説理科編 P4）

　各学校においては、教科等の目標や内容を見通し、特に1学習の基盤となる資質・能力（①言語能力、②情報活用能力（情報モラルを含む。以下同じ。）、③問題発見・解決能力等）や2現代的な諸課題に対応して求められる資質・能力の育成のためには、教科等横断的な学習を充実することや、「主体的・対話的で深い学び」の実現に向けた授業改善を、単元や題材など内容や時間のまとまりを見通して行うことが求められる。（抜粋）

（学習指導要領総則解説、理科編とも P5、下線、番号は筆者）

①2つの「資質・能力」の捉え方

　ここまでの留意点を基に「主体的・対話的で深い学び」を実現していくわけだが、ここでは、その際のカリキュラム・マネジメントについての留意点が書かれている。

　紛らわしいのは「資質・能力」の捉え方である。ここまでの展開から考えれば、「資質・能力」と言えば「資質・能力の三つの柱」として示されていた「知識・技能」、「思考力・判断力・表現力等」、「学びに向かう力、人間性等」の三つが頭に浮かぶが、ここに書かれている「資質・能力」は、**1学習の基盤となる資質・能力**と、**2現代的な諸課題に対応して求められる資質・能力**の2種類である。つまり、これまでの「資質・能力」の捉え方と**切り口が異なる**と考えられる。

　これまで考えてきた「資質・能力」は、「三つの柱」、つまり「生きる力」の「観点」から

捉えた「資質・能力」を、その質で分けたものとでも言うべきものであり、これはどのような学びに対しても、人として学ぶ際に共通して大事な資質・能力とは何かという観点から捉えたものと考えられる。

　それに対して①と②で分けた後者は、「教科等の目標や内容を見通し」とあるように、「教科学習」という観点からの分け方であり、したがってその「教科学習という学習対象を見通す」という必要性からの、「カリキュラム・マネジメント」の観点からの「資質・能力」の捉えと考えられる。

　その結果、特に学習の基礎となる資質・能力と考えられるのが①であり、教科等横断的や現代的な諸課題に対応して求められる「資質・能力」が②と考えられるということではないかと考えられる。

②後者の「資質・能力」の捉え方

　ここでは、教科等の目標や内容を見通した、カリキュラム・マネジメントの推進ということで、後者の観点から資質・能力を検討している。

　まず①学習の基礎となる資質・能力を考えてみる。具体的には、①言語能力、②情報活用能力（情報モラルを含む。以下同じ。）、③問題発見・解決能力等の３つが書かれているが、これらが各教科等の目標や内容を見通した場合に、「各教科等において共通して求められる資質・能力」と考えられるということだろう。

　そこで気がついたのが、これらは先に考えた「深い学び」の視点（「見方・考え方」を働かせる過程）と関係しているのではないかということだ。

　「深い学び」の視点とは、「習得・活用・探究という学びの過程の中で、各教科等の特質に応じた「見方・考え方」を働かせながら、知識を相互に関連付けてより深く理解したり、①情報を精査して考えを形成したり、②問題を見いだして解決策を考えたり、③思いや考えを基に創造したりすることに向かう「深い学び」が実現できているかという視点。」だった（P52）。

　そして、この「深い学びの過程」はどこから来ているのか？ということで考えた結果、「情報を精査して考えを形成したり」は主に国語科などの言語活動を指し、「問題を見いだして解決策を考えたり」は主に理科や社会科などの問題解決学習を指し、「思いや考えを基に創造したりすることに向かう」は主に図工や音楽など、芸術表現を指していると考えられた（P52）。

　つまり、これらの視点は、それぞれ各教科の特質に対応していると考えられる。そこで、この「深い学び」の視点と、①の学習の基礎となる「資質・能力」を比較してみると、「深い学び」の視点の「①情報を精査して考えを形成したり」は学習の基礎となる「資質・能力」の「①言語能力、②情報活用能力」に、同じく「深い学び」の視点の「②問題を見いだして解決策を考えたり」は学習の基礎となる「資質・能力」の「③問題発見・解決能力」にそれぞれ対応していると考えられる。

　この対応の合致は偶然なのだろうか？自分は、そうではないと考える。「資質・能力の三つの柱」という、「人間の学び（生きる力）」から考えた必要な「資質・能力」と、「教科学

習（学習対象）の学び」から考えた①の学習の基礎となる「資質・能力」は、その見方によって「表現の仕方」は異なるが、内容的には「重なる」と考えて良いのではないだろうか？

　そう考えるのは、その重なりを実現させているのが、両者（人としての学びと教科の学び）に共通している、学習者としての「人」の「見方・考え方」ではないかと思うからである。

　なお「深い学び」の視点の、「③思いや考えを基に創造したりすること」は、「創造」という点で「学習の基礎となる資質・能力」とは区別されたのかもしれない。

　では、②現代的な諸課題に対応して求められる資質・能力は、どこから出てくるのだろうか？それは、①で育成した教科等に関する「資質・能力」を、教科等横断的に活用することで育ってくると考えられる。また、総合的な学習の時間の「総合に固有な見方・考え方」などを考えると、教科等で育てた見方・考え方だけでなく、それ以外の「考えるための技法」も必要になってくるのかもしれない。（ここらは拙著[4]P122参照）

　以上から、この①学習の基礎となる資質・能力と、②現代的な諸課題に対応して求められる資質・能力の両者を育成するための「単元や題材など内容や時間のまとまりを見通して行うことが求められる。」のであり、それは「主体的・対話的で深い学び」の実現に向けた授業改善を伴って、計画的に行われる必要があり、その計画性がカリキュラム・マネジメントを推進する理由になると考えられる。

③後者の「資質・能力」の育て方

　上記に続けて、以下の文章がある。

　これらの取組の実現のためには、学校全体として、児童生徒や学校、地域の実態を適切に把握し、教育内容や時間の配分、必要な人的・物的体制の確保、教育課程の実施状況に基づく改善などを通して、教育活動の質を向上させ、学習の効果の最大化を図るカリキュラム・マネジメントに努めることが求められる。

（学習指導要領総則解説、理科編ともP5、下線は筆者）

　ここでは、ここまで述べてきた「資質・能力」を育成するためのカリキュラム・マネジメントをどのように進めていけば良いのかを述べている。

　ここまでの検討から考えれば、文中にある「学校全体として」とは、上記に述べた"教科等横断的な学習を充実することや、「主体的・対話的で深い学び」の実現に向けた授業改善を、単元や題材など内容や時間のまとまりを見通して行うことが求められる。"という、学年を、そして全学年を通して取り組む必要があることを全職員が共通理解することが必要だという点からのものであり、「児童生徒や学校、地域の実態を適切に把握し、」とは、深い学びに関係する児童生徒の見方・考え方の実態を把握することの大事さや、その見方・考え方を育んできた、そして育んでいく地域の実態を適切に把握することの重要性を述べていると考えられる。

(7) ⑤教育内容の主な改善事項（5点目　解説理科編P5）

　言語能力の確実な育成、理数教育の充実、伝統や文化に関する教育の充実、体験活動の充実、外国語教育の充実などについて述べている。

　以上の各教科共通の「1　改訂の経緯及び基本方針」を検討した結果を受けて、「2　理科改訂の要旨」からは、理科の教科編のみの記述となり、1で述べた内容の「理科における具体化」が語られている。したがって、ここでここまでのまとめを兼ね、今後理科について考えて行くに当たっての視点を整理しておく。

〔「1 改訂の経緯及び基本方針」を踏まえた理科学習を検討する際の視点〕

① 「学ぶ」とはどういうことか？を、「知識の理解の質を更に高める」という、「知識」の在り方を中心に捉えた、育てるべき「人間の学び」として考える。

・人工知能が自ら知識を概念的に理解し、思考し始めているとも言われている現在、思考の目的を与えたり、目的の良さ・正しさ・美しさを判断したりできるのは人間の最も大きな強みであるということを踏まえて、**理科における学びを実現するための、獲得する知識の在り方**をどう捉えるか？

　→特に理科としての、「学びに向かう力・人間性」の位置付け

・理科で「知識の理解の質を更に高める」をどう理解するか、それがどのような「新たな価値」を生み出していくのかを前回の平成20年改訂と比較して考える必要がある。その比較を基に、理科における「資質・能力」や「人間の最も大きな強み」を考える。その理解を元に、理科における「概念」や「自然認識」についても考え、また、「何のために理科を学ぶのか」という学びの意義や動機についても考えたい。

　→理科の「教科としての意義」、及び「学びに向かう力・人間性」の検討

・理科で大切にしたい**自然の捉え方（自然観）や生き物に対する生命観**などが、習得された「知識」に基づく、育成された「思考力、判断力、表現力等」で、「学びに向かう力・人間性等」として涵養されていくとしたら、それは具体的にどのようなものなのだろうか？

　→理科学習の「目指すべき姿」

② 理科の特質に応じた「見方・考え方」を考える

・①のように「理科における学び」を考えたとき、教科の特質を表す面、そして元々子供の中にあり子供自身がそれを育てるという面から考えて、これまでの**「見方や考え方」との関係**も考慮しながら、「理科の見方・考え方」を検討する必要がある。

③ 「学び」を実現する具体的な理科教育の在り方は？

・①のような学びを実現し、「新たな価値をつなげていくこと、複雑な状況変化の中で目的を再構築することができるようにする」学びが「主体的・対話的で深い学び」による学びであるが、理科におけるその**具体的な姿**はどのようなもので、また理科における**「新たな価値」、「目的の再構築」**とはどのようなものだろうか？また、これに関係すると思われる理科における**「問題解決型学習」の在り方**とはどのようなものだろうか？

　→理科における「問題解決型学習」の特質から、理科の「主体的・対話的で深い学び」の在

り方を考える

④このような学びを実現するための「社会に開かれた教育課程」の実現を目指すとは、理科において具体的にどのようなことだろうか?

　→かつて言われた「学校の理科校門を出でず」という言葉とも比べて考える

⑤理科における「言語活動」の在り方を考える

・「会話や文章記述」等という所謂言語活動は勿論、例えば「モデル化して考える」等の表現活動も、理科においては思考活動に大きく関係する言語活動の一種と考えられる。その**具体的な在り方**や留意事項についても考える必要がある。

⑥理科における「教師の専門性」とは何か、「カリキュラム・マネジメント」の在り方についても考える

・以上述べたような「理科における学び」を実現するための、「教師の専門性」とは、どのようなものだろうか?

※これらに対する自分なりの回答を P220 にまとめてある。

第2節　2　理科改訂の趣旨（解説理科編P5）

1. 「答申」を踏まえた「理科改訂の趣旨」、の意味

　ここからの「2　理科改訂の要旨」では冒頭に、「平成 28 年 12 月の中央教育審議会答申において、教育課程の改訂の基本的な考え方、今回の改訂で充実すべき重要事項等及び各教科等別の主な改善事項が示された。小学校理科の改訂は、これらを踏まえて行ったものである（下線筆者）。」と書かれている。

　どうしてこの「理科改訂の趣旨」は、先の答申を踏まえて行ったのだろうか?ここまで検討してきた「1　改訂の経緯及び基本方針」を受けて行うべきではないのだろうか?

　前にも書いたように、この「1　改訂の経緯及び基本方針」部分は、「総則編」の最初と全く同じである。それは、今回の教科編は総則編を受けて作成されたからなのだが、この 1 章と 2 章のつながり部分を読むとそうではないようにも思える。ここからは自分の勝手な推測だが、例えば「総則編」を全てきちんと作成してからそれを基に「教科編」を作成するのでは時間的に間に合わないので、「総則編」、「教科編」共に、その共通の基盤となる「答申」を元に作成していくことで、「総則編」と「教科編」の整合性を図ったのではないかということだ。

　奈須氏によると、2014 年 11 月 20 日に文科大臣の諮問を受けてから、教育課程企画特別部会が設立されて議論が始まり、教科部会が始まったのは諮問から 10 ヶ月経てからだということだ[11]。

　そこで、この間の各部会の主な流れを見てみると、次表のようになる。

〔小学校学習指導要領解説　理科編発行までの主な会議の流れ〕
2014 年 11 月 20 日	文科大臣の諮問	
2015 年　1 月 29 日	**教育課程企画特別部会第 1 回会合**	
	「初等中等教育における教育課程の在り方について」	
11 月 10 日	**教育課程部会理科ワーキンググループ第 1 回会合**	
2016 年　5 月 25 日	**教育課程部会理科ワーキンググループ第 8 回会合（最終回）**	
8 月 19 日	教育課程企画特別部会第 20 回	
	「次期学習指導要領等に向けたこれまでの審議のまとめ（案）」	
	※26 回（2016 年 12 月 6 日で終了）	
8 月 26 日	教育課程部会第 98 回	
	「次期学習指導要領に向けたこれまでの審議のまとめ（案）」	
12 月 21 日	**中央教育審議会答申**	
2017 年　3 月	小学校学習指導要領告示	
7 月	**小学校学習指導要領総則編、理科編**	

　確かに 2014 年の文科大臣の諮問を受けてすぐ 2 ヶ月後に「教育課程企画特別部会」が設立されている。理科のワーキンググループはその約 10 ヶ月後に設立されている。その後、教育課程企画特別部会で新学習指導要領に向けての議論が固まってきたと思われる第 20 回会合が 2016 年 8 月 19 日にあり、同時期の 8 月 26 日に教育課程部会でも、「次期学習指導要領に向けたこれまでの審議のまとめ（案）」を出している。そして同年 12 月 21 日に答申が出されている。それを受けて 3 ヶ月後に「小学校学習指導要領告示」が、続いてその 4 ヶ月後に「総則編」と「理科編」が出されている。

　この経緯を見ると、理科ワーキンググループの最終回（第 8 回）は、教育課程企画特別部会の「次期学習指導要領に向けたこれまでの審議のまとめ（案）」提出の 3 ヶ月前に終了してはいるが、それまでの審議の内容は十分理科ワーキンググループの議論に反映されていたはずであり、その共通理解の結果が、2016 年 12 月の答申に反映されているものと思われる。したがって、実質的にはこの答申の内容が、「総則」と「各教科」の共通理解の基になっていたと考えても良いと思われる。

　そう考えるなら、「理科改訂の趣旨」が、先の答申を踏まえて行ったと書かれていても不思議はないし、答申を総則と共通理解するという点で「総則編」と「教科編」の整合性が図られていると言えそうだ。

　本当のところの経緯は分からないが、自分としてはここまで検討してきた総則を基盤とした「1　改訂の経緯及び基本方針」が、理科においてどのように具体化・実現化されているかに焦点を当てて見ていきたい。そこには、理科なればの捉え方や重点化もあるかもしれない。その意味でも、1 でまとめた〔「1　改訂の経緯及び基本方針」を踏まえた理科学習を検討する際の視点〕（P63）を意識しながら読み進めることが肝要と考える。

2. 平成 20 年改訂の学習指導要領の成果と課題を踏まえた理科の目標の在り方（解説理科編 P5）

(1) 平成 20 年改訂の学習指導要領の成果と課題

　答申に基づいて理科の改訂を行っていくということで、答申に示された以下の「成果と課題」の議論から出発している。

---

①平成 20 年改訂の学習指導要領の成果と課題

　PISA 2015 では、科学的リテラシーの平均得点は国際的に見ると高く、TIMSS 2015 では、1995 年以降の調査において最も良好な結果となっているといった成果が見られる。また TIMSS 2015 では、理科を学ぶことに対する関心・意欲や意義・有用性に対する認識について改善が見られる一方で、諸外国と比べると肯定的な回答の割合が低い状況にあることや、「観察・実験の結果などを整理・分析した上で、解釈・考察し、説明すること」などの資質・能力に課題が見られる。

（平成 29 年学習指導要領解説理科編 P5、下線筆者）

　学習指導要領の成果と課題を、PISA と TIMSS という 2 種類の学力調査の結果を元に分析している。

　PISA は「身に付けた知識や技能が実生活の様々な場面で直面する課題にどの程度活用できるかの評価」で、TIMSS は「学校教育で得た知識や技能がどの程度習得されているか」の評価であり、それぞれ調査の目的が異なる。

　学びの過程である「習得・活用・探究」との関係で言えば、TIMSS は既習の知識を活用して再構成された知識の意味理解と活用にあたる習得から活用段階を中心に検証し、PISA は、そうして得た再構成された知識を新たな問題に活用する探究段階を中心に検証するという関係性を持つと考えられる。やや乱暴な例えで言えば、TIMSS は全国学力調査のかつての A 問題に当たり、PISA は B 問題（或いはもっと発展的、統合的）に対応していると言えるかもしれない。

① PISA2015 の評価〜科学的リテラシーの評価について〜

　上記の文を読むと、科学的リテラシーは、PISA 2015 の結果を受けて「平均得点は国際的に見ると高い」という評価になっている。

　そこで PISA における科学的リテラシーとは何かを見てみると、"科学的な考えを持ち、科学に関連する諸問題に関与する能力として、「現象を科学的に説明する」こと、「科学的探究を評価して計画する」こと、「データと証拠を科学的に解釈する」こと。"と定義されている（下線筆者）。

　では、これらの内容に対する評価が高かったのかというと、上記文章の最後には"「観察・実験の結果などを整理・分析した上で、解釈・考察し、説明すること」などの資質・能力に課題が見られる。"とある。この「解釈」、「説明」という文言は、PISA における科学的リテラシー説明の文章にも見られる。つまり、科学的リテラシーの**平均得点が国際的に見**

て高くても、必ずしも良い結果とは言えないことが分かる。

※上記文中の"「観察・実験の結果などを整理・分析した上で、解釈・考察し、説明すること」などの資質・能力に課題が見られる"の文章は、"また TIMSS 2015 では、"に続く 1 文の中にあり、これは TIMSS 2015 の分析評価とも考えられるが、調査の性格から考えれば、それに該当するのは関心・意欲や意義・有用性に対するものであり、後半の下線部分は PISA に関するものであると捉えたいし、文科省による TIMSS 2015 の分析結果を見てもこの部分に当たるような考察はない。何より、どの調査からの分析と言うより、大事な科学的リテラシーに課題がある、ということの確認が、ここでは大事と考えられる。

② PISA 2018 の評価～読解力の評価について～

　ここには書かれていないが、実は次の PISA 2018 では調査の中心分野であった「読解力」の評価に課題が見られた。「読解リテラシー」とは「自らの目標を達成し、自らの知識と可能性を発揮させ、社会に参加するために、テキストを理解し、利用し、評価し、熟考し、これに取り組むこと（下線筆者）」とある。この調査結果が 2015 年より有意に低下し、「テキストから情報を探し出す問題や、テキストの質と信憑性を評価する問題」に課題があり、「自分の考えを他者に伝わるように根拠を示して説明すること」に引き続き課題があることが明らかになった。（「生徒の学習到達度調査」、国立教育政策研究所、下線筆者）

　敢えてここで、学習指導要領解説にはないこの結果を紹介したのは、この「読解力（読解リテラシー）」が、今回の学習指導要領で求める資質・能力の育成に、そして理科教育に大きく関係すると思ったからだ。

　その考えの前提として、先に述べた「テキスト」の捉え方がある。ここで言うテキストには、「文と段落から構成された物語、解説、記述、議論・説得、指示、文章または記録など」の「連続型テキスト」と、「データを視覚的に表現した図・グラフ、表・マトリクス、技術的な説明などの図、地図、書式など」の「非連続型テキスト」があるが（文科省、PISA（読解力）の結果分析と改善の方向）、この非連続型テキストは勿論のこと、観察や実験の記録や考察も含めた連続型テキストとしての読解力も、上記の説明を読めば科学的リテラシーを育てる理科学習に大いに関係することが分かる。

　この捉えについては異論はないと思うが、自分は更に、対象とする「自然現象」そのものや、それに関する自分の「イメージ図」や「モデル図」なども含めてこの「テキスト」と拡大的に捉え、そこから「何を、どう読み取るか」が大切だと考えたい。その大きな理由は、上記の「読解リテラシー」の文や調査結果にある「自ら」や「自分の考え」という表記にある。つまり、読解の基本は「自分は対象をどう捉えるのか（考えるのか）？」という「主体性」にあるのではないかと考えるからだ。そう考えれば、対象としての「自然現象」は勿論、それを自分は「どう捉えるか」という「イメージ図」や「モデル図」なども含めて「テキスト」と考えられないだろうか？

　つまり理科においては、「自然現象（観察や実験を含めて）」を「主体的に捉える力」こそ、大事な「（自然の）読解力」であると考えられ、それが科学的リテラシーに関係し、理科における「主体的・対話的で深い学び」につながっていくと考えたい。そして、それが理

科の「自然に対して主体的に臨む態度」、つまり「学びに向かう力・人間性等」につながるのではないかと思う。

　このように考えてくると、全体論から理科に入る際にまとめた、〔「1　改訂の経緯及び基本方針」を踏まえた理科学習を検討する際の視点（P63）〕の、「①「学ぶ」とはどういうことか？を、「知識の理解の質を更に高める」という、「知識」の在り方を中心に捉えた、育てるべき「人間の学び」として考える。」で、「何のために理科を学ぶのか」という学びの意義や動機について考えていたが、それを考える鍵は、この**「自分は自然をどう捉えるのか（考えるのか）？」という主体性**にあるのではないかと考えられる。

　また、これに関連して、読解力について続けて書かれている「自分の考えを他者に伝わるように根拠を示して説明すること」の課題も、事実を根拠に論を進める理科にとっては大事な課題と考えられる。

　このような読解力に対する解釈は、本来 PISA 2015 の評価を元に書かれた本文の考察に加えるべきではないかもしれないが、「主体的・対話的で深い学び」をより理解するために、現時点での考察ということでこれも加えて考えてみたい。

※理科の場合、「自然」を捉える「手段」としての「データを視覚的に表現した図・グラフ、表・マトリクス、技術的な説明などの図、地図、書式など」が考えられ、それを「テキスト」と捉えることに異存はないのだが、ここまでの議論から、児童の主体性をより大切にしたいと考える自分の思いから、「自然自体をどう捉えるか？」という全体的イメージも、「自然を、どのようなテキストとして捉えるか」と、発展的に考えていきたい。

　その点から考えれば、2022 年の PISA 調査結果が最近公表され、日本は科学的リテラシー 2 位、読解力 3 位と何れも順位を上げ、トップ水準を維持、特に前回 15 位だった読解力が大幅に改善したと報じられたが、理科に関して言えば「自分の考えを根拠を示して説明する」ことが、自然現象をどう捉えるかという「モデル図やイメージ図」での表現や、それも含めた様々な「非連続型テキスト」からの読解を元にしてどう行われ、そこに自らの「自然認識」がどのように現れていたかの子供自身の自覚や考察が大事であり、同時に教師がそれをどう読み取るかが大事になってくるだろう。

③ TIMSS と PISA 調査から、何が課題と言えるのか？

　TIMSS 調査では、児童・生徒を対象にした算数・数学、理科の問題の他に、児童・生徒、教師及び学校へのアンケートが実施されていることに注目したい。

　その結果が「理科を学ぶことに対する関心・意欲や意義・有用性に対する認識について改善が見られる」ものの、依然として課題がある、と書かれている。

　前章で、“「習得、活用、探究」という学びの過程実現のための「知識及び技能の習得」と「思考力、判断力、表現力等育成」のバランスに加えて、今回「知識の理解の質を更に高める」ということで、「見方・考え方」の意味、「何のために学ぶのか」等、各教科等を学ぶ意義を共有する点を含めて、教科等の目標や内容を「知識及び技能」、「思考力、判断力、表現力等」、「学びに向かう力、人間性等」の三つの柱で整理した”と書いた。

　この整理に沿ってやや乱暴に分けて言えば、先にも書いたように TIMSS 調査は、「習得・活用・探究」の学びの過程で、習得から活用段階の「知識及び技能の習得」と「思考力、判

断力、表現力等」育成を中心に検証すると共に、「何のために学ぶのか」等、各教科等を学ぶ意義に対応し、PISA調査は、そうして得た再構成された知識を新たな問題に活用する探究段階を中心に検証するという関係性を持つと考えられる。

　そうしてこの二者で、「知識の理解の質を更に高める」ということに対応するのではないかと考えられる。

　このように捉えれば、**TIMSSとPISAの調査結果を、「学びの状況」を検証する一連の流れの中で、総合的に関連させて見ていく必要**があるのではないかと感じる。このような観点で、ここに書かれている“理科を学ぶことに対する関心・意欲や意義・有用性に対する認識について改善が見られた一方で、諸外国と比べると肯定的な回答の割合が低い状況にあること㋐、「観察・実験の結果などを整理・分析した上で、解釈・考察し、説明すること」などの資質・能力に課題が見られる。”という課題を述べた文章は（下線、○印は筆者）、「関心・意欲や意義・有用性に対する認識」という「学びに向かう力、人間性等」面と、「観察・実験の結果などを整理・分析した上で、解釈・考察し、説明すること」という「知識及び技能」、「思考力、判断力、表現力等」という資質・能力面の両者に課題がある、と言っていると同時に、その2つをつなぐ㋑は、**この2つがそれぞれ独立して並列した課題ではなく、一つの関連した課題だと言っている**のではないかと考えたい。

　つまり、「観察・実験の結果などを整理・分析した上で、解釈・考察し、説明することなど」の「知識及び技能」、「思考力、判断力、表現力等」の資質・能力に関する課題は、「関心・意欲や意義・有用性に対する認識」などの「学びに向かう力・人間性等」の資質・能力に関する課題と連動して、一つの課題と考えるべきではないかということだ。これは前章で「見方・考え方」考察の際に述べた、「主体的・対話的で深い学び」という、三つの資質・能力を関連させながら育成を図る学びの姿につながっていくと考えられる。

　では、そのように課題を踏まえた上で、理科の目標をどのように考えるのか、次を読んでみる。

（2）課題を踏まえた理科の目標の在り方

---

②課題を踏まえた理科の目標の在り方（要旨を示す）

・理科の学習を通じて育成を目指す資質・能力の全体像の明確化とともに、資質・能力を育むために必要な学びの過程についての考え方を示すこと等を通じて、理科教育の改善・充実を図っていくことが必要。

・そのため、学校段階ごとの理科の教科目標を、「知識・技能」、「思考力・判断力・表現力等」、「学びに向かう力・人間性等」の三つの柱に沿って整理する。

（平成29年学習指導要領解説理科編P6の要旨、下線筆者）

　これを読むと、（1）で述べた課題に対応するためには、学校段階毎に目指す資質・能力の全体像を明確にすると共に、その資質・能力を育むために必要な「学びの過程」について

の考え方を示すことが必要であり、そのため、各校種ごとの理科の教科目標を、育成を目指す資質・能力の三つの柱に沿った整理を踏まえて示すことが求められている。

　この内容をここまでの自分なりの解釈を踏まえて読んでいく。まず、「目指す資質・能力の全体像」を明確にするとあるが、この全体像とは「生きる力」或いは「確かな学力」等として表されるレベルの、「知識及び技能」、「思考力、判断力、表現力等」、「学びに向かう力、人間性等」に分かれる前の「全体像」と考えられる。(1)で自分なりに考えた「課題」の捉えから言えば、「関心・意欲や意義・有用性に対する認識」という「学びに向かう力、人間性等」面と、「観察・実験の結果などを整理・分析した上で、解釈・考察し、説明すること」という「知識及び技能」、「思考力、判断力、表現力等」という資質・能力面の両者を関連させた「全体像」ということだろう（次の段落で、「そのため」として教科目標を、資質・能力の三つの柱に沿って整理していることからも明らか）。

　敢えてここで、この全体像の明確化を最初に出したのは、今回「知識の理解の質を更に高める」ということで提案されてきた、「何のために学ぶのか」等の「各教科等を学ぶ意義を含めて」と考えられる学力が、実は元々求めていた「生きる力」或いは「確かな学力」が狙っていた大事なものではなかったかという再確認からではないかと思われる。

　うまくは書けないが、"漠然とした、スローガンのような「生きる力」或いは「確かな学力」の表示"ではなく、結果としては三つに分けられる「知識及び技能」、「思考力、判断力、表現力等」に加えて、「何のために学ぶのか」等の「各教科等を学ぶ意義」を含めた「学びに向かう力、人間性等」も学力と捉えて、これら三者をバラバラではない互いに関連した「生きる力」という総体としての「資質・能力」として共通理解した上で、「知識の理解の質を更に高める」という観点から考えるという、互いに関連する「資質・能力の三つの柱」に沿った学力の整理と確認が、改めて大事になってくると、いうことではないかと考える。

①課題との関係

　このように考えると、ここで上記資料「①平成20年改訂の学習指導要領の成果と課題（P66）」で明らかになった「観察・実験の結果などを整理・分析した上で、解釈・考察し、説明することなど」の「知識及び技能」、「思考力、判断力、表現力等」の資質・能力に関する課題と、「関心・意欲や意義・有用性に対する認識」などの「学びに向かう力・人間性等」の資質・能力に関する課題の、2つの課題（P69参照）への取り組みの方向として、文中の②課題を踏まえた理科の目標の在り方における「育成を目指す資質・能力の全体像の明確化」と「資質・能力を育むために必要な学びの過程についての考え方を示す」ことが対応していると考えられる。

　つまり、(1)平成20年改訂の学習指導要領の成果と課題で考えたように、上記の資質・能力に関する2つの課題は、互いに連動した一つの課題と考えるべきであり、それが「育成を目指す資質・能力の全体像を明確化」し、それを実現させるための「資質・能力を育むために必要な学びの過程についての考え方を示す学びの過程」を考えるべきということだろう。

　そして、この「育成を目指す資質・能力の全体像の明確化」が今回の「資質・能力の三つの柱（互いの関係性を大事にした）」であり、その「資質・能力を育むために必要な学びの

過程が「問題解決の過程」と言えるのではないだろうか？

②学びの過程について

　このように考えてくると、上記資料「②課題を踏まえた理科の目標の在り方」に書かれた、「・理科の学習を通じて育成を目指す資質・能力の全体像の明確化とともに、資質・能力を育むために必要な学びの過程についての考え方を示すこと等を通じて、理科教育の改善・充実を図っていくことが必要。」は、「互いに連動した資質・能力の全体像を明確化する」とともに、それを育むための理科で言う「問題解決の過程」をしっかり示すということだろう。

　理科ではこれまでも「問題解決の過程」を大切に考えてきたが、これからは、上に述べた資質・能力の三つの柱の関係性、特に自分が課題と考えている「学びに向かう力、人間性等」と、「知識及び技能」、「思考力、判断力、表現力等」との関係を明らかにしながら、この「問題解決の過程」を考えていくことが大事になると考えられる。つまり、「学びに向かう力、人間性等」に関する**「主体性に学び続ける」**＝**「課題を常に自分事の課題として捉え続けていく学び」**の過程こそが、これから必要とされる「問題解決の過程」の要と言えるのではないだろうか？

（3）理科における「見方・考え方」について

③理科における「見方・考え方」（要旨を示す）

・従来、「科学的な見方や考え方」育成を重要な目標に位置付け、資質・能力を包括するものとして示してきた。

・今回は、資質・能力をより具体的なものとして示し、「見方・考え方」は資質・能力を育成する過程で働く、物事を捉える視点や考え方として全教科等を通して整理されたことを踏まえ、「理科の見方・考え方」を改めて検討することが必要。

（平成 29 年学習指導要領解説理科編 P6 の要旨、文責筆者、下線筆者）

　本文にあるように、これまでの理科で「見方や考え方」は「目標」だった。

　そこで、今回の「見方・考え方」をより深く理解するため、まずは前回の理科学習指導要領にある「見方や考え方」をここで確認しておく。

①前回の理科学習指導要領における「見方や考え方」

　見方や考え方とは、問題解決の活動によって児童が身に付ける方法や手続きと、その方法や手続きによって得られた結果及び概念を包含する。すなわち、これまで述べてきた問題解決の能力や自然を愛する心情、自然の事物・現象についての理解を基にして、見方や考え方が構築される。
（途中略）

　いずれにしても、理科の学習は、児童の既にもっている自然についての素朴な見方や考え方を、観察、実験などの問題解決の活動を通して、少しずつ科学的なものに変容させていく営みである

　前回の理科学習指導要領では、第 2 章理科の目標及び内容の中で「○科学的な見方や考え方を養うこと」と題して「見方や考え方」を上記のように説明している。

　大事なのは、その説明の前に「科学」とは何かという説明があることである。「科学的な見方や考え方」とあるように、まず「科学」とはどういうものかという理解が必要ということである。

　そこでは「科学とは、人間が長い時間をかけて構築してきたものであり、一つの文化として考えることができる。」という、構成主義的な捉えの文章から始まり、その後、実証性、再現性、客観性という「科学」が持つべき条件について述べている（平成 20 年学習指導要領解説理科編 P10）。

　その後で、見方や考え方の説明が「見方や考え方とは、問題解決の活動によって児童が身に付ける方法や手続きと、その方法や手続きによって得られた結果及び概念を包含する。すなわち、これまで述べてきた問題解決の能力や自然を愛する心情、自然の事物・現象についての理解を基にして、見方や考え方が構築される。」とある。その後、区分による違いなどにも触れた後、「いずれにしても、理科の学習は、児童の既にもっている自然についての素朴な見方や考え方を、観察、実験などの問題解決の活動を通して、少しずつ科学的なものに変容させていく営みであると考えることができる。」と上記の文に続く。

②「科学的な」と「見方や考え方」の関係

　上記のように読んでいくと、理科では「科学的な」と「見方や考え方」が切っても切れない関係にあるように思える。つまり、理科で言う「科学的」とは、「実証性、再現性、客観性」を伴った対処の仕方を重視する考え方であり、その**「科学的な対処の仕方」で対象に向かう「方法や手続き」と、その取り組みから得られた「結果及び概念」を、理科では「見方や考え方」と言うのである**。

　ところが、必ずしもそうは言えないような「見方や考え方」がある。それが、「いずれにしても」の後から書かれている「児童の既にもっている自然についての素朴な見方や考え方」である。これは、よく「素朴概念」等と言われているものだが、例えば「重い物は速く落ちる。飛んでいるボールには、その方向に力が働いている」等の、生活経験等からくる、多くは間違った概念である。これらの「素朴な見方や考え方」は、「科学的な対処の仕方」で対象に向かう「方法や手続き」と、その取り組みから得られた「結果及び概念」とは言えないだろう。しかし、そもそも「見方や考え方」は、このような素朴概念から出発するものであり、それに「科学的な対処の仕方」で向かうことで、少しずつその「方法や手続き」や得られる「結果及び概念」が科学的になっていくという風に考えられる。

③「見方・考え方」とは？今後検討が必要な点

　このように見てくると、今回の学習指導要領では、得られる資質・能力を、「より具体的なものとして示し（平成 29 年学習指導要領解説理科編 P11、下線筆者）と、資質・能力を

「見方や考え方」から外して明記した結果、その「残り」を「資質・能力を育成する過程で働く、物事を捉える視点や考え方」として考えることになり、それを「理科の見方・考え方」としたと考えられる。

　つまり、理科としては、これまで目標としてきた「科学的な見方や考え方を養う」という教科のねらいは変わらず、それを「資質・能力」と「見方・考え方」の二つに分けて考える、ということになったように思えるが、本当にそのような捉え方で良いのだろうか？そして分けたのは、単に全体論に合わせただけの形式的な変化と考えて良いのだろうか？

　そこで、今回の③理科における「見方・考え方」の最後が、"「理科の見方・考え方」を改めて検討することが必要。"とある点に留意し、今後検討していきたい。その際には、「科学的」と「見方・考え方」及び「資質・能力」の関係も大事になってくるだろう。

※この疑問に対する自分の考えは、〔「見方・考え方」と「見方や考え方」の違いから見た「目標」の捉え（P201）〕を参照

　それにつながる現時点での確認のためにも、ここまでの内容をまとめておく。

〔平成20年改訂の学習指導要領の成果と課題を踏まえた理科の目標の在り方について〕

(1) 課題として上げられている「理科を学ぶことに対する関心・意欲や意義・有用性に対する認識について肯定的な回答の割合が低い状況」という学びに向かう力・人間性面と、「観察・実験の結果などを整理・分析した上で、解釈・考察し、説明することなどの資質・能力に課題が見られる。」という知識・技能、思考力・判断力・表現力面の二つの課題は、学びに向かう力・人間性面である「自分はどう捉えるのか（考えるのか）？」という「主体性」を基盤とした**一つの課題と考えるべき**ではないか？これは今回の「主体的・対話的で深い学び」という、三つの資質・能力を関連させながら育成を図る学びの姿の在り方が、**主体的を基盤としているという自分の考え方にもつながっている。**

(2) 今回改訂の「資質・能力」を育むための「学びの過程」は、理科で言えば「問題解決の過程」と考えられる。(1)の課題から考えれば、「問題解決の過程」における「主体的・対話的で深い学び」は、主体的を基盤として考えるべきで、その中で、特に自分が課題と考えている**「学びに向かう力、人間性等」**と、**「知識及び技能」**、**「思考力、判断力、表現力等」との関係を明らかにする**ことが大事だと考えられる。

(3) 理科における**「見方・考え方」とは何か**？単にこれまで目標としてきた「科学的な見方や考え方を養う」の「見方や考え方」から、目標としての「資質・能力」を除いた後の「物事を捉える視点や考え方」と考えて良いのだろうか？その内容を検討していきたい。

　以上の「1. 平成20年改訂の学習指導要領の成果と課題を踏まえた理科の目標の在り方」を受けて、いよいよ次の具体的な改善事項に進みたい。

3. 理科の具体的な改善事項（解説理科編 P6）

　引き続き、中央教育審議会の答申（平成 28 年 12 月 21 日）の内容である。この答申を受けて理科の学習指導要領が作成されたことは前にも述べた。

　そこで、ここでは 1. 平成 20 年改訂の学習指導要領の成果と課題を踏まえた理科の目標の在り方を受けて、どのような改善事項が示されているかを検証する。

(1) ①「教育課程の示し方の改善」のⅰ）（解説理科編 P6）

---

①教育課程の示し方の改善

　ⅰ）資質・能力を育成する学びの過程についての考え方

　　理科においては、高等学校の例を示すと、課題の把握（発見）、課題の探究（追究）、課題の解決という探究の過程を通じた学習活動を行い、それぞれの過程において、資質・能力が育成されるよう指導の改善を図ることが必要である。（以下略）

　　　　　　　　　　　　　　　（平成 29 年学習指導要領解説理科編 P6、下線筆者）

---

①「理科においては、高等学校の例を示す」から始まる意味

　「理科においては、高等学校の例を示すと」と、わざわざ小学校の学習指導要領の解説編の最初に、高等学校理科の学びの過程を書いたのはなぜだろうか？

　それは高校での「探究の過程」が、小学校から高校まで一貫した「理科の学びの過程の基本でありゴールである」という点を確認し、理科としての指導の一貫性を強調したかったからだと思われる。つまり、指導者はこの学びの過程指導のスタートに当たる小学校段階で、ゴールである「探究の学びの過程」をしっかり理解し、その上で小学校段階ではどの程度まで指導するのかを把握して欲しいということだと考えられる。

②「追究」と「探究」の違いに注意

　「それぞれの過程において」とあるのは、「課題の把握（発見）、課題の探究（追究）、課題の解決」のそれぞれの過程のことで、その全体が「探究の過程」である。これを見ると、「課題の探究（追究）」というように、課題を把握した後の段階が、「探究の過程」全体の中の「探究（追究）」過程と書かれている。これまでの自分の実践を振り返っても、「探究の過程」と言えば、専ら学習課題が設定されてから後の、解決へ向かうまでの、この「探究（追究）」過程を考えていたように思う。勿論この段階も大事な探究場面には違いないが、ここでは、この前後の「課題の把握（発見）」、「課題の解決」段階も含めて、**全体を「探究の過程を通じた学習活動」**と書き、「それぞれの過程において、資質・能力が育成されるよう」にと書かれている点に注目したい。

　つまり、**課題の探究（追究）段階だけでなく、その課題の把握や解決段階も含めての「探究の過程」なのである。**その意味を込めて、「課題の探究（追究）」段階というように、わざわざ括弧付けを追加して、この段階だけが追究場面ではないと確認したのではないだろうか？

これは言葉を変えれば、「課題の把握（発見）」段階、「課題の解決」段階も「探究の過程」であり、したがってそれぞれの段階で育成される「探究」のための「資質・能力」があるということだろう。そして何よりこれらの段階においても、子ども達は「探究する」という意識を持っている、または持つように指導すべきである、ということだろう。

　「課題の解決」段階は「学びのまとめ」部分なので、そこで育てたい「探究」の資質・能力があることは納得できるが、「課題の把握（発見）」段階でも、育てたい「探究」の資質・能力があるということである。その思いが「課題の把握（発見）」の、特に**「発見」**という表現に現れているのではないかと思われる。

　つまり、「把握」に（発見）と加えているのは、課題は決して教師から与えられたものを「把握（確認）」するものではなく、**生徒自ら「発見」するもの**だということを意味しているのだろう。「発見」とは、人から与えられるものではなく「自ら気付く、見つける」ことである。そこには、「探究」に値する「もの」を発見できるための「資質・能力」が必要になってくるだろう。それは、単に「不思議だ」等という既習からの気付きだけでなく、そこから「知りたい、調べたい」等という前向きに取り組む意欲的な面、つまり探究的な学びの姿も含まれてくるはずである。

　つまり、「課題の把握（発見）」とは、課題の把握段階から、自らの問題意識に基づいた「追究の過程」であることを示していると考えられる。そして、生徒が「課題」を、「自分の課題」として自覚できることが「発見」の意味であり、意義だろう。そう考えれば、「課題の把握（発見）」段階では、**自ら"自分なりの"課題を見つける「学びに向かう主体的な態度」の育成**が、とりわけ大事な資質・能力の育成ということになるだろう。

　したがって、「それぞれの過程において、資質・能力が育成されるよう指導の改善を図ること」とは、「それぞれの過程において、その過程に最も必要とされる資質・能力が育成されるよう指導の改善を図ること」という意味と考えられ、それを意識した具体的な指導の改善が今後求められると考えられる。

　では、「課題の把握（発見）」段階で大事になる「自分の課題としての自覚」は、この段階で終わるのだろうか？そうではなく、それは「問題解決」の全段階に渡って続く追究活動のエネルギーとして重要なものと思われる。そして、この問題解決活動全体を「自分の課題解決のための探究の過程」として「自覚」しながら進めていく取り組み、これを「主体的な取り組み」と言うのではないかと思える。

　その意味でも、「課題の把握（発見）」から「課題の探究（追究）」、「課題の解決」段階までの全体を、「問題解決の探究の過程」として捉えることが改めて大事なことだと思われる。

③「する」と「なる」の違い

　問題解決活動全体を「自分の課題解決のための探究の過程」として「自覚」しながら主体的に進めていくことの重要性をより強く感じられるのが、これに続く以下の文である。

　　特に、このような探究の過程全体を生徒が主体的に遂行できるようにすることを目指すとともに、生徒が常に知的好奇心をもって身の回りの自然の事物・現象に接するようになることや、そ

の中で得た気付きから疑問を形成し、課題として設定することができるようになることを重視すべきである。

（平成 29 年学習指導要領解説理科編 P7、下線筆者）

前段落からのつながりで考えれば、探究の各過程で資質・能力が育成されるよう指導の改善を図る際、特に重要なのが「探究の過程全体を生徒が主体的に遂行できる」ことを目指すことであり、それは、この問題解決活動全体を、「自分の課題解決のための探究の過程」として「自覚」しながら進めていくことと考えられる。

上記文ではそれが、「目指すとともに、知的好奇心を持つようになることや、そこから得た気付きから課題を設定することができるようになることを重視すべきである。」と述べられている。

ここで注意したいのは「なる」という表現である。これは、「知的好奇心を持つようにしたり、そこから得た気付きから課題を設定することができようにする」のではない、ということである。これは、どのようなことを意味しているのだろうか？

うまくは説明できないが、教師は授業において、生徒が「主体的に取り組む」ように「する」ことを目指すのだが、それは決して生徒を「知的好奇心を持つようにしたり、そこから得た気付きから課題を設定することができようにする」ことを直接働き掛けるのではなく、生徒が自主的に「知的好奇心を持つようになったり、そこから得た気付きから課題を設定することができるようになったりすることを重視する」、ということではないだろうか？

それは、教師が「生徒が主体的に取り組むようにする」のではなく、そのような姿になることを目指しながらも、あくまでも生徒の中から「主体的な姿として現れてくる（〜のようになる）」ことを目指して取り組む、ということだと考えられる。それが現れているのが上記の文の「**主体的に遂行できるようにすることを目指す**」という表現だろう。

したがって、最後が「重視すべき」という表現になった理由は、これらの姿は教師が直接指導して引き出すものではなく、あくまでも「生徒の主体性の結果から現れる姿」と教師が自覚しながら「なる」ように重視して指導していくことが大事だという、指導する際の基本的な姿勢を表わしているのではないだろうか？つまり、あくまでもこのような主体的な姿は生徒自身が育むべきものであるという基本的な捉えから、「主体的に遂行できるようにする」ことを目指すとともに、「なる」ように「する」のではなく「重視する」という表現になったと考えられる。

④「主体性」のもう一つの捉え方

②では、「主体性」の解釈を、専ら学習を展開している授業中の「問題解決活動」場面で考えていたが、上記文章における「生徒が常に知的好奇心をもって身の回りの…」以下の文章を読むと、授業場面以外でも、生徒が常に知的好奇心を日頃の身の回りの自然の事物・現象から持ち、そこから気付きや疑問を持つことの重要性も言っているように読める。

このような捉えも含めると、この一連の文は「授業における探究の過程全体を生徒が主体的に取り組めるようにする（教師が指導する）ことが大事だが、それとともに、生徒が学習

場面だけでなく、日頃から知的好奇心をもって身の回りの自然の事物・現象に接するようになることや、その中で得た気付きから疑問を形成し、課題として設定することができるようになるように」していくことも大事である、と言っているようにも読める。

　このように読んでくると、「とともに」の前半は、まさに「主体的な学習」という目指す姿を現しているが、後半はその実現に向けての、生徒の中から自然に出てくる、授業における「主体性」に加えて、日頃の生活における「主体性」も大事にしていくことが大切だと書いているように感じる。

　「主体性」と言うと、ついその姿の現れとしての「知的好奇心の見られる姿」や「児童自身による課題設定の姿」そのものの「現れ」を「主体性」と取り、そのような姿にすることが目的化してしまうことはないだろうか？実はそうではなく、目指すのは「児童自身が（教師ができるようにするのではなく、）児童自身の力で知的好奇心が見られる姿になったり、課題設定ができるようになる」ということだろう。そしてそれは、授業場面に限らず、生活場面全般が対象になるだろう。

〔「主体性」と「見方・考え方」の類似点？〕

　このように「主体性」の特性を考えてくると、「見方・考え方」との類似点に気付く。

　主体性には「学びに向かう力・人間性等」という資質・能力に関係する「育成するもの」という面がある。しかし、その半面、日頃の気付きなどから「自ら育成していくもの」でもある。

　一方、ここまで見てきたように「見方・考え方」も、育成するものではなく、児童が自ら育成していくものだった。そしてそれが、同じく資質・能力である「思考力・判断力・表現力等」を育成していくようになる。

　このように比較してみると、この両者には何となく類似点があるように見える。

　「見方・考え方」は直接指導するものではないが、元からある見方・考え方を生かしながら児童の中で豊かに育てられるような環境を用意すると共に、それが適切な「思考力・判断力・表現力等」を育成していくように指導していくことが大事と考えられる。同じように「主体性」も、元からあるものを生かしながらそれが豊かに発揮できるような環境を用意すると共に、それがより適切に育っていくように育成していくことが大事になってくると考えられる。

　さらに、「知的好奇心をもって身の回りの自然の事物・現象に接するように」なったり、「その中で得た気付きから疑問を形成し、課題として設定することができるようになる」ような「主体性の育成」には、上記に述べた「見方・考え方」が大きく関係してくるという両者の関係性も考えられる。

　このように考えてくると指導者は、「見方・考え方」も、「主体性」も、元はその芽が子供の中にあり、子供自身がそれらを互いに関係付けながら育てていることを忘れず、その子供自身の「育てた力」が、「主体的・対話的で深い学び」という学びの姿や、そこから得られる「資質・能力」となることを、それらの育成の「根本」には「見方・考え方」があることを忘れてはいけないと思える。

　その意味では、**「見方・考え方」と「主体性」、そしてその関係性が、求める「学び」が実現す**

ここまでの考察から、自分の、理科における学びの捉えは以下のようになる。

> 〔「理科学習」における、「学び」の捉え〕
>
> 「資質・能力の三つの柱」育成のためには、「学びに向かう力・人間性等」を中心とした三つの資質・能力間の関係の重視が必要と考えられる。特に理科学習においては、自然現象に対する知的好奇心に基づいた「問題解決活動」における「主体的・対話的で深い学び」の推進が必要であり、とりわけその中の「主体的な学び」が、この学び推進の根本になると考えられる。そして、その「主体的な学び」が「深い学び」につながる際に大事な働きをするのが、同じく子供の中から育ってくる「見方・考え方」ではないだろうか。

⑤小学校における探究活動と、「主体性」の育て方

　ここまで、学びの過程における探究活動の重要性について考えてきたが、勿論、このような探究活動を、何もなしに子供の力だけで行えということではない。

　これは、高校を例にしたという点を再確認すると、例えば「課題の把握（発見）」段階においても、小学校の児童が自分の力だけで適切な課題を発見できるとは思えない。そこには当然教師の、発見に導く効果的な指導が必要だろう。

　しかし、そこには「学校種段階による配慮」以前に、「主体性」に関する指導の在り方への理解が必要ではないかと考える。次に、それについて考える。

⑥「主体的」に関する指導の在り方を考える〜主体性について考える①〜

　ここまで、「主体的・対話的で深い学びは、子供の主体性を基盤としている」、「学びには児童の主体性が大事だ」等と述べてきたが、その実体は、「見方・考え方」との類似性から考えても、「育てるもの」でもあり、子供が「自ら育てるもの」でもあると考えられる。

　その捉え方から考えた、「子供が主体的になるようにする」という「指導（働きかけ）の在り方」について具体的に考えてみたい。

1）「学習課題」は、子供が作るのか、教師が作るのか？

　「学習課題」は、子供が「自分が取り組みたくなる問題」であるべきであり、「自分事の課題解決」につながる大事なものだが、では「学習課題」＝「子供が作り出す課題」なのだろうか？それを意識しすぎて、何とか子供達の口から「教師が願っていた学習課題」を出させようとして、結果として教師が無理に誘導して課題を設定したり、時間をかけ過ぎて授業の後半の展開が苦しくなったりする授業を見ることがある（自分にもそのような経験があった）。

　平成28年に出版された国研ライブラリー「資質・能力理論編[12]」は、国立教育政策研究所が21世紀に向けて求められる資質・能力について提言した書で、今回の学習指導要領改訂に向けた熱い思いが伝わってくる報告だが、その中に、「児童生徒が自ら問いを作ることの難しさ」についての言及があり、そこでは「むしろ最初の問いは教員などの大人が出して、その問いを解決するところから次の問いが生まれるという展開があってもよいことが示

唆されます。(P147)」と書かれている。

　それに関係するのだが、自分は長年、子供達の夏休みの理科の自由研究の指導に取り組んできたが、自由研究の質を最も左右するのは、授業における学習課題に相当する研究のテーマだと実感している。そこで、「良い」研究テーマを何とか子供達の口（発想）から出させたいと様々に取り組んできたが、なかなかそうはいかないのが現実である。子供達から出てくる「テーマ候補」は、その場の思いつきや参考図書からの引用等が殆どだ。

　そんな経験を経て今感じているのは、テーマの元になるきっかけは、こちらから提示しても良いのではないか、そこから子供が「不思議だ、知りたい！やってみたい！」等と、「自分事の課題」としてくれれば良いのではないか？ということだ。

　ただ、研究のきっかけの提示の仕方には工夫が必要だ。その現象への出会わせ方には「何気なく出会わせ、子供自身が見つけたように思わせる」、「こんなのどう？」といくつか提示してみる、などいろいろあるだろう。何気なく出会わせられたら勿論良いが、そうはいかないこともあり、そこにはあまり拘らなくなった。むしろ大事なのは、その後の追究が自分事となっていることであり、特に解決につながる場面では、「自分が見つけた！」という思いを持てるよう、（いい意味で）仕組んでやることが大事だと思っている。こう書くと、全て指導者の手の平の上で子供が転がされているように感じるかもしれないが、実はそうではない。

　というのも、子供の研究に付き合いながら、こちらの「思い通り」にならない展開になり、子供と共に悩む場面のあることが、結果として「質の良い研究になる」条件であることが、長年やってきた中でだんだん分かってきたからだ。当初のこちらの想定通りにいかず、何とか解決のきっかけを掴みたいと子供と共に悩んでいるうちに、いつの間にか、こちらにとっても「自分事の研究」になっていたのである。

　急に自由研究の話題を持ち出したのは、授業実践にもこのことが言えるのかもしれないと思ったからである。

2）「子供たち自身で知識を再構成させる」ことが主体的なのだろうか？

　「学習課題」の設定段階における「子供の主体性」については上記のように考えるが、では解決段階ではどうだろうか？

　ここまで述べてきたように、学習とは「習得・活用・探究」の過程を通して既習の知識を活用して再構成された知識の体系を作り上げることで、それは新しい知識を獲得する活動と考えられるが、ではこの再構成による新しい知識の獲得は、必ず子供自身の手で行われるべきなのだろうか？それに関して、以下の文章がある[13]。

　　既有知識に基づいて新しい知識の獲得がなされることを仮定する「構成主義者」たちの学習理論には、共通の誤概念が存在する。それは、教師は新しい知識を直接的に教えるべきではなく、生徒たち自身で知識を構成させるべきであるという誤概念である。このような構成主義者たちの見解は、認知理論と教授理論を混同したものといえる。このような構成主義者は、「いかに教えるべきか」という教授法の問題には注意をはらわずに、ひたすら生徒たち自身に知識を構成させようと固執するのである。たしかに「魚は魚」や「地球は丸い」ことを子どもたちに教えた事例（説

明は省略）に明確に示されているように、単に説明をくり返すだけでは、誤概念はなかなか修正
されない。しかし、他方では、最初に自分で問題に取り組んだあとであれば直接的に説明し教え
るほうが効果的であることも多い。したがって教師は、生徒たちの既有知識に注意をはらい、必
要に応じて指針を与える説明をするべきである。

（「授業を変える」米国学術研究推進会議編著　北大路書房 P11 から、下線、かっこ内は筆者）

　自分も長い間、知識の再構成場面こそ「子供自身の手」で行うべきであり、そのための手
立てを行うのが教師の役割だと思ってきた。それが「わかった！なるほど、納得できた！」
という子供自身の「分かりの実感」につながると考えてきたからだ。

　しかし現実には、時間的にも、また子供たちの多様な実態によっても、「ひたすら生徒たち
自身に知識を構成させようと固執する」ことには無理があることが分かってきた。そしてそ
うなるのは、上記文中の「認知理論と教授理論を混同した」ことによることが分かってきた。

　つまり、「分かるとはどのようなことか（知識の再構成が必要）」という「認知理論」と、
「どのように学ばせるか（指導するか）」という「教授理論」を混同していたのだ。その混同
の１つの原因は、自分の「主体性」の捉え方にあったのではないかと思われる。つまり、
「学びの全ての段階を、子供自身の手で行わせることが主体性である」というような考えに
なっていたのではないかと思われる。それが、「子供たち自身で知識を再構成させる」こと
が主体的であり、それが「分かり」には必要だという考えにつながったのだと思える。

　勿論、子供たち自身の手で知識を再構成できるにこしたことはないが、大事なのは「再構
成させた知識が分かる」ことである。「再構成させた知識が分かる」とは、「馬から落ちて落
馬した」のような変な表現だが、この「分かる」という実感が大切であり、それは「再構
成」への過程を全て子供自身が行わなくても、時には教師からの適切な支援による「自身で
再構成に取り組んだ（分かった！という実感を伴う）経験」に基づき、「自分のわかり」が
可能になるのではないかと考え、敢えてこのような表現にした。

　したがって上記文中でも、「再構成させた知識をそのまま与える」ということではなく、
「必要に応じて指針を与える説明をするべき」と書かれている。つまり、「説明して分からせ
る」のではなく、**最終的に実感して「分かる（再構成する）」部分は子供自身に委ねられて
いる**と考える。その実現のためにも、上記文中にある「最初に自分で問題に取り組んだあと
であれば」という条件は大事だろう。やはり、自分自身が取り組む「経験」は大事であり、
それによる既有の知識と新たな知識から出てくる神経繊維のようなネットワークの線が、
「必要に応じて指針を与える説明をする」ことで、ネットワーク化されて自らつながり、「分
かる」と考えられる。

　このような意味で捉えれば、最終的に「子供たち自身で知識を再構成させることが主体
的」であり、それを狙っている、と言っても良いのかもしれない。このように考えてくる
と、**「主体的」は大事だが、その意味する具体的な姿を見失うことのないように指導してい
くことが、これからますます大事になってくる**のではないかと考えられる。

　蛇足になるが、P77 の〔「主体性」と「見方・考え方」の類似点？〕から考えれば、この

ような「主体性」に関する捉えは、「見方・考え方」にも通じるのではないかと思われる（例えば、「見方・考え方」は子供自身が育てるものだから、教師がその育成に関わる指導をしてはいけない等という誤った意見に対して）。

　以上の議論を基に、「探究的な問題解決活動」のポイントを自分なりにまとめれば以下のようになる。

〔探究的な「問題解決活動」のポイント〕

①探究の過程を大事にした理科の問題解決活動の実現には、その過程を<u>子供自身が主体的に遂行</u><u>できるように「する」</u>ことが何より大切である。

②同時に、子供が主体的に知的好奇心をもって身の回りの自然の事物・現象に接したり、そこからの気付きから疑問を持ち、<u>「自らの課題」</u>を設定<u>できるように「なる」</u>よう、指導していくことが学習場面、生活場面に関わらず、日頃から大事である。

③このように捉えれば、課題の設定は単元の当初だけに限らず、学びが深まっていく過程で<u>絶えず検証に基づいて行われ</u>、それに沿って問題解決活動が繰り返しなされることで<u>学びが深まっていく</u>と考えられる。その間、その活動に伴って知的好奇心を持って身の回りの自然の事物・現象に接する（働きかける）活動も、繰り返し行われると考えられる。

④この探究の過程全体を進めていける**原動力となるのが、児童の「主体性」**と考えられ、「主体的・対話的で深い学び」は、<u>主体的を基盤</u>としていると考えられる。その、児童の「主体性」の意味することを、「分かるとはどのようなことか（知識の再構成が必要）」という「認知理論」と、「どのように学ばせるか（指導するか）」という「教授理論」を混同することなく捉え、育て、尊重していくことが大事である。

⑤その**「児童の主体性」を支えているのが「見方・考え方」**であり、これまでの児童の「見方・考え方」を生かしながら、それを育てていくことで進む問題解決活動が、理科における「主体的・対話的で深い学び」であり、その展開の中で資質・能力の三つの柱に沿った「ねらい」が達成されるようにしていく必要がある。

---

(2) ①「教育課程の示し方の改善」の ii）（解説理科編 P7）

---

ii) 指導内容の示し方の改善

　各内容について、どのような学習過程において、どのような<u>「見方・考え方」</u>を働かせることにより、どのような「知識・技能」及び「思考力・判断力・表現力等」を身に付けることを目指すのかを示していくことが必要である。<u>その上で</u>、内容の系統性とともに、育成を目指す<u>資質・能力のつながり</u>を意識した構成、配列となるようにすることが必要である。

　「学びに向かう力・人間性等」については、内容ごとに大きく異なるものではないことから、各学年や各分野の「目標」において整理されたものを、全ての内容において<u>共通的に扱う</u>こととするのが適当である。

　上記文章の前半は、今回の改訂では児童の主体性が大事だ、というここまで考えてきた自分の捉えを念頭に読んでも十分納得できる。「児童の主体性」を支えていると考える「見方・考え方」を働かせることで「知識・技能」及び「思考力・判断力・表現力等」の育成を図るという構図だからだ。

　ところが、後半の、その「児童の主体性そのもの」を扱うと考えられる「学びに向かう力・人間性等」についての、「内容ごとに大きく異なるものではない」ので、"各学年や各分野の「目標」において整理されたものを、全ての内容において共通的に扱う"という表現は、いささか拍子抜けした感じがする。

　確かに「学びに向かう力・人間性等」そのものは単元によって大きく変わるものではないだろうが、だからといって単元毎にその内容を吟味する必要はないのだろうか。

　その代わりに大事なものとして注目されているのが、先の「見方・考え方」である。上文にあるように、<u>どのような「見方・考え方」</u>を働かせるかにより、どのような<u>「知識・技能」及び「思考力・判断力・表現力等」</u>を身に付けることを目指すのかという、<u>「見方・考え方」を出発点とした「知識・技能」及び「思考力・判断力・表現力等」との関係</u>が書かれており、それを基本として「内容の系統性」や育成を目指す「資質・能力」のつながりを意識した単元構成や配列を考えるということである。

　P45 の（5）③「主体的・対話的で深い学び」の実現に向けた授業改善の推進で、答申と解説の「見方・考え方」の扱いの違いを比較し、「見方・考え方」の重要性を考えたが、ここに至って改めて<u>「見方・考え方」の重要性</u>を再確認できる。つまり、P77 の〔「主体性」と「見方・考え方」の類似点？〕でも書いたように、子供の「見方・考え方」の重視は、<u>「主体性」を重視するという点に通じる</u>と考えられる。そう考えると、ここに「主体的」そのものの記述はないが、それを重視した形の「見方・考え方」の重視が書かれており、したがってそこを出発点とする「知識・技能」及び「思考力・判断力・表現力等」も、この主体性を基盤としている、という関係性を持つと考えられるし、また、そのような「知識・技能」や「思考力・判断力・表現力等」にしなければならないとも考えられる。

　このように見てくると、先に「学びに向かう力・人間性等」の扱いについて感じた違和感については、各単元で具体的に扱う「知識・技能」や「思考力・判断力・表現力等」を設定し、またその育成に当たる際には、そこに含まれるべき「学びに向かう力・人間性等」の"影響"について<u>具体的に考慮すべき</u>であり、その上で"各学年や各分野の「目標」において整理されたものを、全ての内容において<u>共通的に扱うこと</u>と"という意味と考えるべきではないかと考えるに至った。

　つまり、自分はこの「全ての内容において<u>共通的に扱うこと</u>」という文章の意味を、当初は、「学びに向かう力・人間性等」は「内容ごとに大きく異なるものではないことから、」いちいち各単元でそれに合ったものを設定する必要はなく、"各学年や各分野の「目標」において整理されたものを"、その学年や分野では共通したものとして、<u>どの単元でも同じよう</u>

に扱えば良い、」という意味と捉えていたため、当初は「何だか拍子抜けした感じがする」と感じていたのだ。

　しかし、上記のように捉えるならば、次に"各学年や各分野の「目標」において整理されたものを"の、「各学年や各分野の」の記述が気になってきた。先に「主体性」と「見方・考え方」は、共に児童の「思考力・判断力・表現力等」を育成していく「資質・能力」育成の「根本」ではないかという考えを述べたが（P78 の〔「理科学習」における、「学び」の捉え〕参照）、それに沿って考えれば、主体性に関係する「学びに向かう力・人間性等」も、その根本に当たると考えられる。

　すると「各学年や各分野の」という記述の「各学年」は、単なる児童の発達段階に沿ってという意味だけでなく、後から述べる〔「問題解決の力」育成のための学年に重点的な「考え方」〕（P185 参照）を考慮してということであり、「各分野」は、「エネルギー、粒子、生命、地球領域」に相当すると考えられる。

　つまり"各学年や各分野の「目標」において整理されたものを、全ての内容において共通的に扱うこと"とは、いちいち各単元でそれに合ったものを設定する必要はなく、"各学年や各分野の「目標」において整理されたものを"、その学年や分野では共通したものとして同じように扱えば良い、」という意味ではなく、"その学年や分野に適切な育てたい具体的な「見方・考え方」があり、その主体的な育成を目指した、**各学年や分野に共通した扱いを見越した**、その単元で**具体的な「学びに向かう力・人間性等」の育成を図るべき**"の意味ではないかと考えられる。

　つまり、「学びに向かう力・人間性等」は学年や分野が同じならあまり違いがないから同じように考えれば良いという意味ではなく、学年や分野が同じだからこそ、それぞれの学年や分野における共通性や系統性を生かしながら、対象とする単元に合ったものを設定すべきではないかと考えられる。

　したがって各単元で具体的に育成したい「知識・技能」や「思考力・判断力・表現力等」を設定する場合も、それが子供の主体性（「学びに向かう力・人間性等」）を大事にした「見方・考え方」を働かせながら育つように設定されることが重要と考えられ、「学びに向かう力・人間性等」も、そのように具体化されるべきではないかと考えたいが、これについては第3節の3　理科改訂の要点における、の 2（2）内容の改善・充実（P101）でも検討し、第Ⅳ部の具体的な単元例でも考えてみたい（7.「空気と水の性質（4 年）」P329、9.「物の溶け方（5 年）」P344 等参照）。

（3）②教育内容の改善・充実（解説理科編 P7）

　ⅰ）教育内容の見直し

　　国際調査において、日本の生徒は理科が「役に立つ」、「楽しい」との回答が国際平均より低く、理科の好きな子供が少ない状況を改善する必要がある。このため、生徒自身が観察、実験を中心とした探究の過程を通じて課題を解決したり、新たな課題を発見したりする経験を可能

な限り増加させていくことが重要であり、このことが理科の面白さを感じたり、理科の有用性を認識したりすることにつながっていくと考えられる。（後半省略）

（平成29年学習指導要領解説理科編P7、下線筆者）

①「役に立つ」、「楽しい」とする回答が低いことを課題とすることの意味

「役に立つ」、「楽しい」とする回答が低く、「理科の好きな子供が少ない状況を改善する必要がある。」とあるが、「好きな子供が少ない」を、そのまま「今後の課題」と捉えて良いのだろうか？

P66の資料「①平成20年改訂の学習指導要領の成果と課題」では、「観察・実験の結果などを整理・分析した上で、解釈・考察し、説明することなど」の「知識及び技能」、「思考力、判断力、表現力等」の資質・能力に関する課題と、「関心・意欲や意義・有用性に対する認識」などの「学びに向かう力・人間性等」の資質・能力に関する課題は、2つの課題のように見えるが、育成すべき資質・能力の全体像を考えた場合、互いが連動する一つの課題と考えるべきだと捉えてきた。（P69参照）そして、「主体的に学び続ける」＝「課題を常に自分事の課題として捉え続けていく学び」の過程こそが、これから必要とされる「問題解決の過程」と言えるのではないか？（P71）と考え、問題解決学習が実現する鍵は、子供の学びに対する「主体性」ではないかと考えてきた。

そこから考えるとこの"「役に立つ」、「楽しい」との回答が国際平均より低く、理科の好きな子供が少ない状況を改善する必要がある。"の真意は、単なる結果としての理科の好きな子を増やせば良いという意味ではなく、「知識及び技能」、「思考力、判断力、表現力等」の資質・能力の育成を含めたものと考えるべきだろう。

つまり、真に理科の好きな子供を増やすための課題とは、「知識及び技能」、「思考力、判断力、表現力等」、「学びに向かう力・人間性等」が互いに連携した形での資質・能力の高まりによる育成を図るための課題ということではないだろうか。

このような捉えができるかどうか、再度上記の文を読んでみる。

②「理科が好きな子」が意味すること

上記文では、理科が好きな子を増やすために「生徒自身が観察、実験を中心とした探究の過程を通じて課題を解決したり、新たな課題を発見したりする経験を可能な限り増加させていくことが重要」と書かれている。この「生徒自身」の取り組みや、「探究の過程を通した課題の解決や新たな問題の発見」は、①で書いた「主体的な問題解決学習」の姿と考えられる。したがってここでは、その「主体的な問題解決学習」の姿が、「理科の面白さを感じたり、理科の有用性を認識したりすることにつながっていくと考えられる。」という文章につながっていることになる。

そして、この「面白さ」や「有用性」が、生徒の言葉で言えば、文頭の「役に立つ」、「楽しい」という思いとして現れてくると思われ、結果としてその姿の現れが「理科が好きな子」の姿として現れるのであり、単なる「理科が好きな子」という訳ではないことに留意したい。

このような「理科が好きな子」の姿は、P81で「探究的な問題解決活動のポイント」とし

てまとめた、①探究の過程を子供自身が主体的に遂行できること、②子供が主体的に知的好奇心をもって身の回りの自然の事物・現象に接したり、「自らの課題」を設定できるようになること。とそのまま重なる。

つまり、目指す**「理科の好きな子供」とは、端的に言えば「自ら探究的な問題解決活動を進めていける子供」**ということになるだろう（本来「探究的な問題解決活動」に「自ら」も含まれるので二重の言い方になるが、敢えて確認のため）。

このことからも、「①平成20年改訂の学習指導要領の成果と課題」で出された2つの課題が、「理科の好きな子供」という切り口で一つにまとめられており、その「目に見える学びの姿」が「探究的な問題解決活動」と言えるだろう。

③「理科の好きな子供」と「楽しい」の問い直し

このように考えてくると、目指す「理科が好きな子供」とは、「自ら探究的な問題解決活動を進めていける」ことにより、「理科の面白さを感じたり、理科の有用性を認識したりすること」ができた結果、「理科が好きになった子供」と読める。

つまり、最初に書いてあった「役に立つ」や「楽しい」は、このような「子供自らの探究的な問題解決活動」により得られる「実感」から生まれるもので、単なる生活に「役に立つ」や、感覚的な「楽しい」等というものではないと考えられる。

そしてこのような実感を持つことの結果として、理科の好きな子供が増えることを目指していると考えられる。

現実の取り組みはどうだろうか？子供が理科を好きになることが大事だ、ということで様々な取り組みが行われたり、また「理科は好きですか？どんな所が好きですか？」等のアンケート調査もよく行われたりはしているが、上記に述べたような「好き」や「楽しい」の意味を考えた上でその育成を図る取り組みを実践し、その上で、その意味を子供に伝えてのアンケート調査等が行われているだろうか？

次の文章がある。

〔子どもの興味を調べるアンケートは役に立てられない〕

上記の標題は国語教育の巨人、大村はまの言葉である。大村氏はその著書[14]で、「よく子どもの興味をアンケートのようなものでとらえているのを見ることがあります。」と書き、「こういう興味のあることがわかったというのは、何らかの資料にはなるとは思いますから、その仕事そのものをどうとは思いません。」と続け、「しかし国語の単元の学習の展開のためには、そういうアンケートはちっとも役に立たないと思います。」と結論づけています。

さらに、「（アンケートに）よくある好きなこと、嫌いなこと、興味・関心のあるなし、その度合いなどをたずねる、あの答えに出てくるくらいのことは、教師はすでにちゃんととらえていると思います。聞くまでもありません。あの程度のことなら聞かなくても、私たちは自分の子どもについて知っています。そしてまた、アンケートで、この単元は面白かったかなどと聞く方があります。それを単元の結果の判断になさる方がありますが、これもなさけないことだと思います。

（以下略、「授業を創る」P30より、下線筆者）

自分は大村氏の足元にも及ばないし、ここまできっぱりと言う自信や覚悟もないが、いつも自分が「理科の授業では何が楽しいですか？」等のアンケートの結果やその分析、活用の仕方等を見たりすると感じることをズバリと書いていると思う。

この大村氏のまさに子供一人一人について「教師はすでにちゃんととらえている、私たちは自分の子供について知っています。」という強い自負心、そしてそんなアンケート結果で授業を判断することを「なさけないことだ」と言い切る態度は、第10節で検討する「令和の日本型学校教育」にある「個別最適な学びと協働的な学び」で、子供の平均値であるアンケートではなく、クラスの子供一人一人をしっかりと捉えている「個別最適な学び」を推進すべきだという考え方に通じるものと思われる。

④観察、実験の意義

例えば子供への「理科の時間では何が楽しいですか？」等のアンケート結果から「観察や実験が好き」等の結果を受けて、「もっと観察や実験等の活動時間を増やそう、楽しい実験をしよう」、「子供自身の手で観察や実験をさせることが大事だ。」等という形式的で短絡的な対応になってはいないだろうか？

確かに上記の文には「生徒自身が観察、実験を中心とした探究の過程を通じて課題を解決したり、」とあるが、敢えて理屈っぽく読めば、「生徒自身」という文が直接かかっているのは、「観察、実験」ではなく、「探究の過程を通じて課題を解決」ではないだろうか？生徒自身が観察や実験をするのが大切なことは勿論で、その価値を否定するものではないが、それは「探究の過程を通じて課題を解決」するためである。つまり、「生徒自身が観察、実験を中心とした探究の過程を通じて課題を解決したり、新たな課題を発見したりする経験を可能な限り増加させることが重要」という文の主旨は、「生徒自身が観察、実験を行うこと」自体にあるのではなく（全くないとは言わないが）、「そのことを通して探究の過程を通じて課題を解決したり、新たな課題を発見したりする経験を可能な限り増加させることが重要」だということと考えられる。

つまり、観察や実験を行うことは勿論大事で、観察や実験を通してこそ上記の探究の過程が実現するわけだし、さらに、自分の手でやることの実感から得られる情報や感情もとても貴重である。

ただ、その観察や実験を生徒自身にたくさん行わせればそれで良いということではなく、また楽しんでやれば良いということでもなく、その観察や実験活動が「探究の過程」の一部分だと生徒自身に自覚させて行わせることこそ重要だということである。つまり、生徒自身の課題意識に基づいた観察、実験を行うことが重要だということではないだろうか？したがって観察や実験の内容や場面によっては、生徒自身が手を下さずに視聴覚教材を扱ったり、教師実験の方が効果的な場合もありうるだろう。

⑤「理科が楽しい」把握の重要性

このように考えてきた結果、子供自身が「理科が楽しい、楽しくないを、どのように捉えているのか？」の把握の仕方が重要ではないかと考えられる。例えば子供によっては「実験や観察活動という体を動かす活動が座学より楽しい」等という意味での「楽しい」を想定し

て「楽しい理科授業を求めている」のかもしれない。しかし、本来は上に述べたような、理科という教科が目指している真の「楽しさ」を子供たちに実感させていくことが重要であり、またアンケート調査などをする場合も、その意味での「楽しさ」が検証できる方法で行うべきだろう。

⑥改めて捉える「理科が楽しい」

　このように見てくると、学習活動で大事なのは、「生徒自身が探究の過程を通じて課題を解決したり、新たな課題を発見したりする経験を可能な限り増加させること」で、理科学習の特性としては、その問題解決過程で、観察、実験を中心とした取り組みが効果的で重要になってくるということだろう。

　そして、このような学習における「楽しい」とは、「主体的・対話的で深い学び」により展開する問題解決活動の原動力でもあり、継続力でもあり、そして最終的に課題が解決した際の納得感や充実感にもつながるものと考えられる。つまり、この「楽しい」は、「探究の過程」の出発点である「課題の把握（発見）」段階から「課題の解決」に至るゴールまで、子供が学びの主体者として関わり続ける原動力と考えられ、そのゴールから更に先の学びへとつなげていく推進力でもあると考えられる。

　この「楽しさ」は理科に限ったものではなく「学びの楽しさ」でもあり、それが理科では、その特性としての「観察、実験を中心とした取り組み」の中に現れてくるということだろう。**この順番を曖昧にしては、「楽しい」の本質を見失うことになる**と思われる。

⑦改めて、「役に立つ」、「楽しい」が低いことの問題

　このように考えてくると、「役に立つ」、「楽しい」が低いことが示している問題点は、「理科の特性を活かした問題解決活動による探究学習」が十分に行われていないことにあり、それが理科の好きな子が少ない真の要因と考えられる。

　そこで、ここで確認しておきたいのは、この「役に立つ」、「楽しい」、「好き」等という意味を、教師がしっかり理解することの大切さである。例えば「役に立つ」には、単純に「生活の役に立つ」という意味も勿論あるし、そのように理解してアンケートに答える子供も多いだろうが、私たちが本当に求めたい「役に立つ」は、結果としての役に立つだけでなく、「理科（科学）のきまりや法則を、うまく役立てている」という理科的価値の実感に裏付けられた「役に立つ」だろう。

　例えば生活の中で様々に役立てられている「てこの原理」の「役に立つ」は、「小さな力で重い物を動かすことができる」という事実を、実生活の様々な場面で「事実」として確認（実感）できる「役に立つ」という気付きでもあるが、それが道具の用途によっては「小さな力で重い物を動かす（大きな力を生み出す、一般的なてこのはたらき）」場合があったり、逆に「小さな力にすることで、微妙な動きを生み出す（ピンセットや和ばさみの動きなど）」場合があることを、「モーメントの原理」を知ることでバラバラの「役に立つ」事実としてではなく、**一般化して理解できる、納得することのできる「知識」として、その「役立ち方」の理解が一層深まり、それが学びの「楽しさ」にもつながる**と考えられる。

　つまり、授業で学んだ「小さな力で大きな力を生み出す」という「モーメントの原理」

を、「大きな力を小さな力の調節として役立てる」という、新たな事象の発見（気付き）に役立てることができたのである。この発見が、「てこの原理」という「理科的価値」の一層の実感につながり、それが「学びの楽しさ」につながると考えられる。

　このように見てくると、この「役に立つ」と「楽しい」は、単に生活の役に立つと言うような実利的なレベルに留まらず、更に先の「理科的な」学びに向けての「役に立つ」と「楽しい」にもつながると考えられ、それが「好き」につながっていくのだろう。そして、それを可能にしているものが、**本質としての「理科の学習内容（この例では「てこの原理」）」の理解**だと考えられる。

　したがって、「理科の面白さを感じたり、理科の有用性を認識する」という「ねらい」は、学習内容の周辺に転がっている単なる興味を引く面白さや奇抜性、事実としての有用性を知るだけではなく、児童が学びの主体者として「主体的・対話的で深い学び」により展開する問題解決活動によって得られる「学びの本質」の理解だと考えられる。

　「問題解決的学習でこそ理科が好きになり楽しくなる。」、そんな授業を目指す共通理解が指導者には必要ではないだろうか？

⑧改めて、「教育内容の見直し」の意味すること

　以上のように考えてきたが、これが「教育内容の見直し」という標題で書かれている点を確認したい。ここまでの考察から考えると、「生徒自身が観察、実験すること」は、必ずしも大事ではないと言う風にとられるかもしれないが、そうではない。「生徒自身にとっての探究の過程」として「生徒自身が問題解決に向けての意欲と目的意識を持って観察、実験すること」が大事だということであり、観察、実験の活動ありきということではない、ということである。その意味で、「どんな実験や観察を、どんな意識でさせるのか？」という意味での「教育内容の見直し」と考えられる。

（4）②教育内容の改善・充実（後半）
プログラミング的思考の育成について（解説理科編 P7）

> ②教育内容の改善・充実
> 　ⅰ）教育内容の見直し（後半）
> 　　さらに、子供たちが将来どのような進路を選択したとしても、これからの時代に共通に<u>求められる力</u>を育むために、小学校段階での理科で重視してきた<u>問題解決の過程</u>において、<u>プログラミング的思考</u>の育成との<u>関連</u>が明確になるように（教育内容が）適切に位置付けられるようにするとともに、実施に当たっては、<u>児童一人一人の学びが一層充実するものとなるように十分配慮する</u>ことが必要である。
>
> 　　　　　　　　　　　　（平成 29 年学習指導要領解説理科編 P7、下線、括弧書き筆者）

　最初に言い訳になるが、自分は現役時代にプログラミング教育はしたことがなく、現場から離れて現在の状況もよく分からないまま書いていくので、誤解や思い込みがあることも考

えられるがそこはご了承願いたい。

さて、ここは「指導内容の見直し」の内容であることを考えると、「プログラミング的思考の育成との関連が明確になるように適切に位置付けられるようにする」とは、「指導内容が、プログラミング的思考の育成」と、しっかり関連付けられるようにする、ということと考えられる（文中の括弧書き）。では、そのような「プログラミング的思考」をなぜ育成するのかと言えば、「これからの時代に共通に求められる力を育むため」と書かれている。

普通に読めばこれは、コンピュータが日常的に使われるようになるこれからの時代に、それに振り回されるのではなく「使いこなせる力」を育むため、ということになるだろう。一方、この「これからの時代に共通に求められる力を育むため」の「求められる力」とは、ここまで何度も書いてきた「資質・能力の三つの柱」に基づく力だとも考えられる。つまり、「プログラミング的思考」は「思考」ということから、「育成を目指す資質・能力」の中の、特に「思考力・判断力・表現力等」に位置づく「思考力」に含まれると考えられる。

このように捉えると、「これからの時代に共通に求められる力としてのプログラミング的思考」とはどのような「思考力」で、これまで理科の「問題解決の過程」において大事にしてきた「思考力」とどのように関係しているのか（どう違うのか）が大事になってくると思われる。そして、これまで問題解決の過程で大事にしてきた理科として求める力の育成に加えて、これからの時代に共通に求められる力を育むためにプログラミング的思考の育成を図るという関係だと考えると、教育内容の改善・充実というこの項目から考え、教育内容をプログラミング的思考の育成との関連が明確になるように適切に位置付けることが大事であり、学びが一層充実するものとなるように十分配慮することが必要である、という風に読める。

つまり、これまで理科で大事にしてきた「思考力」育成に、時代の要請により「プログラミング的思考の育成」が加わったが、そのことで学びが一層充実するように「教育内容をプログラミング的思考の育成との関連が明確になるように適切に位置付けること」が大事だということである。

ということは、教育内容を検討する前に、これまで理科で大事にしてきた「思考力」と「プログラミング的思考力」の関係を明らかにする必要があるだろう。

では、これまで理科を含む教科で大事にしてきた「思考力」と、「プログラミング的思考」との関係は、どのようなものなのだろうか？そして、その関係の結果から、どう教育内容を適切に位置付ければ良いのだろうか？まず、総則（平成29年7月）で、「プログラミング的活動」自体を考えてみる。

①学習指導要領総則と理科編の関係から検討する

学習指導要領総則の第1章総則第2の2の（1）では、学習の基礎となる資質・能力としてア．言語能力、イ．情報活用能力、ウ．問題発見・解決能力の三つを示している（学習指導要領総則P48、下線筆者）。

そして総則P50から書かれているように、情報活用能力の中には「プログラミング的思考」も含まれている。さらに、第1章総則第3の1の（3）では、各教科等の特質に応じ、以下の学習活動を計画的に実施することと示されている。

　これを見ると、各教科等で身に付けたいのは、アに書かれている「学習の基盤として必要となる情報手段の基本的な操作を習得するための学習活動」に加え、イに書かれている、情報活用能力としての<u>「コンピュータに意図した処理を行わせるために必要な論理的思考力」</u>と言えるだろう。これが、これまで理科で目指してきた「思考力」に加わる「プログラミング的思考」と言えるのではないだろうか？（情報活用能力には、思考力だけでなく、知識・技能や学びに向かう力・人間性等も含まれている（学習指導要領総則 P51））

　そう捉えると、教科で扱う「プログラミング的思考」とは、<u>「その教科でコンピュータに意図した処理を行わせるために必要な論理的思考力を伴うもの」</u>と言えそうだ。つまり、理科の「プログラミング的思考」とは、<u>「理科でコンピュータに意図した処理を行わせるために必要な論理的思考力を伴うもの」</u>と言えそうだ。

　では、「理科」という教科で必要な「コンピュータに意図した処理を行わせるために必要な論理的思考力」とはどのようなものなのだろうか？それは他教科のそれとはどう違うのだろうか？そして、そもそもその思考力は、従来の理科で育ててきた思考力とどのような関係にあるのだろうか？

　その解決のヒントになりそうなのが、上述の理科編 P7 で「理科で重視してきた問題解決の過程において」と、わざわざ断っている所ではないだろうか？つまり、コンピュータを扱う思考力の育成は、これまで理科が大事にしてきた<u>問題解決活動に則り、しかもより促すものでなければならない</u>ということだろう。

　どうやら<u>コンピュータを扱う思考力の育成</u>を考えるには、これまでも理科で大事にしてきた「問題解決活動」について、<u>再度検討してみる必要</u>がありそうだ。

②学習指導要領理科編から検討する

　では、この総則を受けた理科編では、プログラミング的思考の育成はどのように書かれているのだろうか？それは第 4 章の 2 内容の取扱いについての配慮事項の（2）コンピュータや情報通信ネットワークなどの活用（P99）に書かれている。

応じて動作していることを考察し、更に条件を変えることにより、動作が変化することについて考える場面で取り扱うものとする。

（平成 29 年学習指導要領解説理科編 P99、下線筆者）

　注意しなければならないのは、上記文の文頭の「観察、実験などの指導に当たっては、指導内容に応じてコンピュータや情報通信ネットワークなどを適切に活用できるようにすること。」は、所謂 ICT の活用部分に当たり、今回 GIGA スクール構想などで一層重視されてはきたが、基本的にはこれまでも重視されてきた内容だということである。総則で出された「プログラミング的思考の育成と関連」については、それを踏まえての、その後の「また」からの部分である。

　その部分を読むと、総則のイに書かれた「コンピュータに意図した処理を行わせるために必要な、論理的思考力」の育成に関しては、コンピュータが「与えた条件に応じて動作していること」を考察し、更に「条件を変えることにより、動作が変化すること」について考えることと言える。さらにこれに続く解説には、「意図した処理を行うよう指示することができるといった体験を通して、身近な生活でコンピュータが活用されていることや、問題の解決には必要な手順があることに気付くことを重視している（理科編 P100）」とある。

③「プログラミング的思考」による問題解決とは

　このように見てくると、理科における「プログラミング的思考」による問題解決とは、「与えた条件に応じて動作するコンピュータの特性を活用して、条件を変えながら必要な手順に沿って意図した処理を行うことで解決を図る問題解決」と言える。この「問題解決」は、従来理科が大切にしてきた「問題解決」と、どのような関係なのだろうか？

　例えば 5 年生の「振り子の運動」の単元で、振り子の周期を決めている要因を考える場合、周期を変えるのは「糸の長さか振れ幅か、或いはおもりの重さか？」等という疑問が出てくる。ここでの問題解決とは、「糸の長さ、振れ幅、おもりの重さという、与えた条件に応じて、条件制御という必要な手順に沿って実験という処理を行うことで、周期を決めるのはどの条件かの解決を図る」と言えるだろう。

　プログラミングで良く使われる言葉で言えば、「もしおもりの重さを重くしても、周期が変わらないのなら、重さは周期変化に関係しないと分かる。重さでなければ、次に糸の長さや振れ幅を、順番に変えて調べていく」という、論理的思考力を育成する展開とも言えそうである。

　では、この「振り子の運動」における周期を求める「問題解決」も、「プログラミング的思考」による問題解決と言って良いのだろうか？自分は、基本的にはこのような問題解決過程の思考も、「プログラミング的思考」と言っても良いように感じる、というより、従来から大事にしてきた「問題解決過程の思考」に「プログラミング的思考」が含まれる、というのが正しいと思える。共に、「論理的思考力」育成のためだからである。

　ただ、これまでと違って「プログラミング的思考」で大事なのは、「与えた条件に応じて動作するコンピュータの特性を活用して、」という点だろう。では、このコンピュータによる「プログラミング的思考」の特性とは何だろう？

④「プログラミング的思考」による問題解決の特性

　プログラミング的思考による「問題解決」は、従来の理科で行ってきた「問題解決過程の思考」に含まれるのではないかと書いてきたが、異なる点にも気付いた。

　一つは、「対象への対応とその反応」の結果が即座に現れる点である。即座に反応が返ってくるため、「対応と反応」の関係が実感として分かりやすいという点があるだろう。また、その場で何回もやり直しができるという利点もある。

　それに対して一般の理科の観察や実験の場合は、「対応」と「結果」が出てくる間に一定の時間があり、その間の関係が実感しにくい面があるだろう。また、実際の観察や実験では条件設定がなかなか難しく、明確な結果が得られないこともある。

　例えば発芽の実験における個体差による結果のばらつきなど、特に生物関係にはそれが多いだろう。さらに、物理や化学関係では誤差などによる結果のばらつきの検討が必要になることもある。また、生物関係の観察や実験では、すぐにやり直しができないことも多い。

　これらに比べてコンピュータの場合は、時間的な遅延や個体差（機械毎の差）による違い、誤差への配慮などはあまり考える必要がなく、「対応と反応」の関係が即座に返ってきて、次の取り組みへと展開しやすい。つまり「原則的な問題解決の活動」が組みやすく結果が分かりやすいと考えられる。

　「原則的な問題解決の活動」と書いたのは、例えば上記で例にあげた発芽実験における個体差による結果のばらつきや、物理や化学関係での誤差の存在などは、本来、理科における論理的思考による問題解決活動を邪魔するものではなく、寧ろそれを高めるものと考えるからである。それらの「自然」が持つ本来の姿から生じる観察や実験の「困難」を考え、解釈しながら進めていくのが理科における**「本来の問題解決の活動」**と考えられるからだ。そのような考えに立ち、コンピュータによる問題解決活動の場合は、「基本的な問題解決活動」ではなく、それにつながる「原則的な問題解決活動」という表現にした。

　このように考えてくると、先に挙げた「振り子の周期」の問題なども、バーチャルに行うのではなく、実物で行うべきだろう。しかし、その実験方法における「プログラミング的思考（本来の問題解決の思考としての）」は大切になってくると思われる。

　以上から考えれば、これからの時代にますます大事になってくるコンピュータの活用なども踏まえた「プログラミング的思考」における「原則的な問題解決活動」育成については、「プログラミング的思考の育成との関連が明確になるよう（理科編 P7）」な教育内容において行われるべきであり、その一例が「電気の性質や働きを利用した道具があることを捉える学習など、（自分が自由に）与えた条件に応じて動作していることを考察し、更に条件を（自分が設定した通りに）変えることにより、動作が変化することについて考える場面（理科編 P99、括弧内は筆者）」ということなのだろう。

　ここで留意しなければならないのは、上述の P7 に書かれている「実施に当たっては、児童一人一人の学びが一層充実するものとなるように十分配慮することが必要である。」の部分である。この文章は、「プログラミング的思考」により処理しやすい「原則的な問題解決活動」であっても、「児童一人一人の学びを大事にする」という問題解決活動の本質を忘れ

て、機械的、画一的、形式的に行ってはいけない。ということを述べていると考えられる。「原則的」とは「共通に大事な基本」だが、だからといって「個々の学び」を無視した画一的、形式的な指導では、本来の問題解決活動から外れてしまうと考えられる。

　そして、「自然」を相手に考える理科としては、本来は「原則的な問題解決活動」により育った力も、「自然対象の実態に合った問題解決活動」に対する「問題解決力」にまで高めるべきだと考える。したがって、今回提案された具体的内容における「プログラミング的思考」による問題解決活動は、コンピュータを扱った原則的で基本的な形という位置付けで、その良さを実感させると共に、「自然対象の実態に合った問題解決活動」とは別物ではなく、その育成への基本的な位置付けという点でも考えるべきではないかと思える。

　このように考えてくると、「プログラミング的思考」による問題解決の力は、これからのコンピュータが日常生活で普通に使われる時代において必要になる利便性のある力だからというだけでなく、これまでも大事にしてきた「理科」という教科の「問題解決の力」を、現在の状況を生かしてより定着させ、高めるためのものでもあると考えることが大事だろう。

　したがって、そのような意識と見直しを持って指導していくことが、大切になってくるのではないかと思える。

⑤「原則的な問題解決活動」の意味

　「プログラミング的思考」がねらうと考える「原則的な問題解決活動」とは、「自然事象から切り離された、典型的で形式的な、分かりやすい問題解決活動」という意味ではないことを、再度確認しておきたい。

　例えば上でも考えた「振り子の周期の変化」の要因を探る場合にも、「おもりの重さ」、「糸の長さ」、「振れ幅」等とその要因を予想し、「どの検証結果がどうなったら、次はどこへ向かうか」等の実験計画における、その意味では「プログラミング的思考」が大事になってくると考えられる。しかし、その思考が生まれて来る過程は決して「自然現象」から切り離された形式的思考からではない。

　この場合、大事なのは、振り子の運動という実際の自然現象を見て、「はたして周期を変化させる要因は何か？」と予想し、その観点で実験の事象を観察することだと考える。振り子の重りの左右に振れる際の、真下や左右で振れる際の速度の変化や振れる様子を観察することから、上記の予想をすることが大事で、単に振り子を構成する要素としての「おもりの重さ」、「糸の長さ」、「振れ幅」を、機械的に予想として抽出することではない。したがって、検証実験でも、単に結果に注目するだけでなく、その重りの振れる様子にも目が行ってこそ、結果を解釈することができる。

　かつて振り子の学習が新しく導入された際、一時、その周期を機械的に測定する最新機器の活用が流行ったことがあったが、それを使った実験の様子を見ていると、多くの子供たちは「実際の振り子の振れる様子」を見るのではなく、機械が表示する周期のデジタル表示ばかり見ていた記憶がある。これが「形式的な問題解決活動」の姿ではないかと思う。つまり「予想の考え」とは切り離された、「自然事象から切り離された、典型的で形式的な」、ある意味「分かりやすい問題解決活動」と言えるだろう（プログラミング的思考による実験がこ

れと同じとは言わないが）。

　理科の問題解決活動は、その予想から考察まで、常に自然現象に基づいて考えながら進めていくことが大事だと思える。その意味では、今回学習指導要領が一例として示している「電気の性質や働きを利用した道具があることを捉える学習など、与えた条件に応じて動作していることを考察し、更に条件を変えることにより、動作が変化することについて考える場面」でも、実際の自然現象（電流の性質やそのエネルギーの捉え方など）に基づいた考えを基に意識して取り組むことが大事で、単にパズル的、ゲーム的に取り組むことのないようにすることが、真の「プログラミング的思考」を理科で育成する際に大事ではないかと思える。

　そして、この「原則的な問題解決活動」により育った力も、より「自然対象の実態に合った問題解決活動」に対する力にまで高めたりつなげていくべきだと考える。

⑥「原則的な問題解決活動」の、もう１つの意味

　「プログラミング的思考」による活動を、「原則的な問題解決活動」と捉えた場合、この思考がより効果的に働く領域があるのではないかと考えた（今回は、A区分の中の「電気の利用」での扱い）。

　話が飛ぶように思われるかもしれないが、元理科の教科調査官だった日置光久氏の著書[15]に、「新しい内容区分の考え方」という項目があり、そこでは自然の事物現象を「状況に入る学び」と「状況をつくる学び」に分けて学ぶ学習スタイルが提案されている。この考え方は現在の学習指導要領の考え方にもつながっており、ご存じの方も多いと思われるが、簡単に言えば「状況に入る学び」とは、現在の「B生命・地球」区分に対応する学びで、「情報量のきわめて多い自然の中にこちらから入っていく（同書P141）」学びで、それには視点を決めて観察や考察をしていく必要がある。

　一方「状況をつくる学び」とは、現在の「A物質・エネルギー」区分に対応する学びで、「事象を状況から切り取ってきて、実験として扱う（同書P141）」学びとなる。それは、自ら条件設定や制御をして、「時間と空間を制御しながら、子供が論理的に考え、自らの論理をつくっていく。そして、子供は論理を何度もつくり変えながら、学習を成立させていく（同書P140）」学びである。

　この「状況をつくる学び」がより関係してくるのが、「原則的な問題解決活動」の姿であり、その典型的な学びの姿（論理的）が、コンピュータを活用した「プログラミング的思考による学習活動」ではないだろうか（やや乱暴な捉え方かもしれない）。

　このように捉えれば、これから理科においても様々な場面でプログラミング的思考による学習活動が行われると思われるが、この、「状況との関係による学びの在り方」が、どんな場面で、どのように行われるのが効果的なのかを考える一つの基準になるのではないかと思われる。

⑦「プログラミング的思考」における「論理的思考力」と「問題解決力」

　ここまで述べてきたことから考えれば、理科の「プログラミング的思考」における「論理的思考力」とは、基本的には従来理科が大事にしてきた「問題解決力」と同様の普遍的な力と考えられるが、コンピュータの特性とその日常化を考慮して、それを「これからの時代に

共通に求められる力」と表現したのではないかと思われ、それをより効果的に育成していくことが、今後大事になってくると思われる。

〔理科における「プログラミング的思考」の育成について〕

・コンピュータが日常生活で普通に使われる時代において、その活用に必要な力について育成が求められるのが、"「プログラミング的思考」による問題解決"の力であり、それは「論理的思考力」育成につながる。

・「論理的思考力」育成という面から考えれば、この「プログラミング的思考」も、「問題解決力」につながる思考力と考えられ、「思考力・判断力・表現力等」という資質・能力育成の面から考えることが大事で、決して形式的な論理的思考力育成ということではない点に注意したい。

・その力を育成する場面は、「理科学習」から考えれば、対象の個体差や測定する際の誤差などを考慮せず、基本的な問題解決の展開に沿った問題解決の流れを理解でき、何回も実施でき、しかも即座にその結果が得られる「原則的な問題解決活動」の力が育成できる場面が適当だろう。その意味から学習指導要領では「電気の性質や働きを利用した道具があることを捉える学習」を具体的に挙げているが、その理由を上記の活用理由から理解し、それを踏まえて授業を行うことが大事だろう。

・実際に理科が対象とする自然は多様で、また働き掛けに応じてすぐに結果が出るものだけでもない。そのような自然に対処できる真の「問題解決活動」ができる力を育成するには、プログラミング的思考による学習においても、形式的で画一的な学びではなく、<u>「児童一人一人の学びを大事にする」という問題解決活動本来の本質を忘れてはならないだろう。</u>と考える。また、理科で扱う問題解決活動は基本的に自然現象に基づくものであり、プログラミング的活動や思考も、その活動における解決力を育成するものであることを忘れないことが大事であると考えられる。

---

(5) ③学習・指導の改善充実や教育環境の充実等の i)（解説理科編 P7）

---

③学習・指導の改善充実や教育環境の充実等

i)「主体的・対話的で深い学び」の実現

　「主体的な学び」、「対話的な学び」、「深い学び」の三つの視点から学習過程を更に質的に改善していくことが必要である。なお、これら三つの視点はそれぞれが独立しているものではなく、<u>相互に関連し合うもの</u>であることに留意が必要である。→❶意味

　その際、自然の事物・現象について、<u>「理科の見方・考え方」</u>を働かせて、探究の過程を通して学ぶことにより、<u>資質・能力</u>を獲得するとともに、「見方・考え方」<u>も</u>豊かで確かなものになると考えられる。→❷「見方・考え方」の重要性

　さらに、次の学習や日常生活などにおける<u>問題発見・解決</u>の場面において、獲得した資質・能力に<u>支えられた</u>「見方・考え方」を働かせることによって「深い学び」につながっていくも

のと考えられる。→❸「深い学び」

（学習指導要領解説理科編 P7、下線、ゴシック追加筆者）

①「相互に関連し合うもの」の意味＝「主体的な学び」、「対話的な学び」、「深い学び」の三つの視点の関連性

上記の文を読むと、これら三つの視点はそれぞれが独立しているものではなく、相互に関連し合うものであり、例えば学習過程を「「主体的な学び」という視点（メガネ）で見ればこのように見える（評価できる）から、学習過程をこのように改善していこう」という、1つの観点からの評価や分析から改善をしていくのではなく、「主体的な学び」、「対話的な学び」、「深い学び」の<u>三つの視点から総合的に</u>評価や分析をして改善を図るべきということだろう。→❶意味

学習指導要領改訂の移行期間からしばらくの間、授業の検討会などに参加すると、大判の模造紙などの横軸に「主体的な学び」、「対話的な学び」、「深い学び」の三つの視点を配置し、縦軸に「授業の導入、展開、終結」の時間軸を設けた計9枠のマトリクス表を作り、授業のどの場面でどのような「学びの視点」からの姿があったのかをその表に位置付けながら協議する姿が時々見られた。例えば終結場面での児童の、「最初はこのように考えていたが、○○さんの実験結果の分析を聞いて、自分の考えがこのように変わった。」等の発言を、考えが変容して深まった「深い学び」の姿として評価し、その欄に記入して評価する等の活動がしばしば見られた。しかし、本当にそのような評価で良いのだろうか？後からも述べるが、確かに「見方・考え方」を働かせながらより深く考えているこの発言は「深い学び」からのものと考えられる。しかし、「自己の学習活動を振り返って次につなげる」という面から考えると、この発言は同時に、自己変容を伴う「主体的」な学びの現れともとれるだろう。それを「深い学び」欄に限定するのは、この三つの視点の関連を無視していることになるのではないだろうか。

だからと言って「主体的な学び」、「対話的な学び」、「深い学び」それぞれの視点で授業を分析するのは良くないということではない。「授業」という総合体を、「主体的な学び」というメガネで見て、「対話的な学び」というメガネで見て、そして「深い学び」いうメガネで見ることによって、それぞれで異なる様相が見えてくる。大事なのは、<u>それらを関連付け、学びの有り様を再構成する</u>ことで、授業の真の姿が見えてくるということではないだろうか。

さすがに最近は上記のような検討会は見られなくなったが、「三つの観点の相互の関連の重要性」を再確認して授業を検討・評価し、その改善に努めたいと考える。

②なぜ三つの視点の関連を大事にするのか？

では、そもそもなぜ三つの視点の関連を大事にするのだろうか。総則のP76〜77の第3節の1（1）主体的・対話的で深い学びの実現に向けた授業改善（第1章第3の1の（1））を読むと、目指す「主体的・対話的で深い学びの姿」と「深い学び」の視点の表現が、<u>全く同じこと</u>に気付く。ここだけを読むと、<u>「深い学び」ができていれば「主体的・対話的で深い学びの姿」</u>が実現する、と考えても良さそうに思える。

そこで大事になってくるのが、この三つの視点が<u>**「相互に関連し合うものである」**</u>という表現である。つまり、「深い学び」の視点だけでは「主体的・対話的で深い学びの姿」に到達しないということだろう。双方が同じ表現なのにも関わらず、「深い学び」だけでは到達しないというのはおかしいと思われるかもしれないが、<u>「深い学び」として書かれている内容を実現するには、「主体的な学び」と「対話的な学び」が必要と考えたらどうだろう？</u>つまり、「主体的な学び」と「対話的な学び」、「深い学び」が並立して働き、「主体的・対話的で深い学びの姿」を実現させている<u>のではなく</u>、「主体的な学び」と「対話的な学び」の働きかけ<u>によって</u>「深い学び」が成り立ち、それによって「主体的・対話的で深い学びの姿」が実現するという捉えである。→❶意味

　図式化すると、下図のように「主体的な学び」、「対話的な学び」、「深い学び」の三つの視点が、「深い学び」の実現に向かって互いに集約して関連してこそ、「深い学び」で目指す「主体的・対話的で深い学びの姿」が実現した授業のゴールにたどり着けるという関係である。

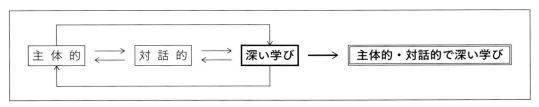

　では、理科ではこの部分をどう考えているのだろうか？理科の解説ではこの部分を「これらの三つの視点はそれぞれ独立しているものではなく、相互に関連し合うものであるが、児童の学びの本質としての重要な視点を異なる側面から捉えたものである。（理科解説P11 ②「主体的・対話的で深い学び」の実現）」と表現している。この「学びの本質としての重要な視点」とは、「主体的・対話的で深い学び」としての視点のことではないだろうか？

　つまり、この三つの視点とは、<u>「学びの本質としての重要な視点」</u>である「主体的・対話的で深い学び」を、<u>「相互に関連し合う」「異なる（三つの）側面から捉えた」</u>視点と捉えていると考えられる。

　そして、それを実現させる三つの視点の関連性は、「相互に関連し合う」以上は書かれていないが、上記の捉えに沿って、もう少し考えていく。その際に重要になってくるのが、「その際…働かせる」と書かれている「見方・考え方」ではないだろうか？

③「見方・考え方」の重要性

　では、理科で働かせる「見方・考え方」とはどんなものだろうか？詳しくは後から検討することにして、上記答申の続きを読むと「主体的・対話的で深い学び」を実現させる際、"自然の事物・現象について、「理科の見方・考え方」を働かせて、探究の過程を通して学ぶことにより、資質・能力を獲得するとともに、「見方・考え方」も豊かで確かなものになると考えられる。"とある。

　つまり、探究の過程を通して「主体的・対話的で深い学び」を実現させるには、「見方・考え方」を働かせることが必須の条件であり、その結果、目指す「資質・能力」を獲得するだけでなく、<u>「見方・考え方」自身も豊かで確かなものになると言うのである。</u>→❷「見

方・考え方」の重要性

④「深い学び」へのつながり

　さらに、次の学習や日常生活などで、獲得した資質・能力に支えられた「見方・考え方」を働かせることで「深い学び」につながっていくと書かれている。ここは、獲得した資質・能力を活用する「次の学習」の段階や日常生活に適用する「探究」段階での「深い学び」について書かれていると考えられる。

　では、「深い学び」は、ここに書かれている「探究」や、次の学習における「活用」段階の学びに限定されるのだろうか？そのように捉えれば、「深い学び」はかなり限定された"質の高い学び"になると考えられるが、ここではそのような学びに<u>も</u>つながっていくという捉えで、発展的な学びに限定されるものではないと考えたい。それについては後程「深い学び」についてで考えてみる。→❸「深い学び」

　以上の考察に基づき、「主体的・対話的で深い学び」を実現させる三つの視点の関係、それに関わる「見方・考え方」についてさらに考えてまとめたのが、下のまとめと図である。

　なお、(ⅱ) 教材や教育環境の充実については省略する（後程、黒板の活用については P380 で述べる）。

　〔「深い学び」と「主体的・対話的な学び」及び「見方・考え方」と、

　　　　　　　　　　　　　　「主体的・対話的で深い学び」実現の関係〕

1.「主体的・対話的な学び」における「深い学び」の重要性と、「主体的」の在り方

　ここまでの考察では、資質・能力の三つの柱を育成する「主体的・対話的で深い学び」が理科における「問題解決活動」であり、その探究の過程の<u>原動力となるのが「主体的（主体性）」</u>と考え、それを支えているのが<u>「見方・考え方」</u>と捉えてきた。

　このことと、ここで考えた「主体的・対話的で深い学び」の<u>主眼は「深い学び」である</u>、という論調と、どうつながるのだろうか？敢えて極端な言い方をすれば、「主体的・対話的で深い学び」で大事なのは、「主体的（主体性）」なのか「深い学び」なのかということである。

　自分はこの２つの観点（観点①「主体的」、観点②「深い学び」）による学びの捉えは対立するものではなく、一つの捉えと考えたい。その根拠となるのが、この２つをつなげる**キーワードを**<u>**「見方・考え方」と考える点**</u>にある。

　それは、先に P77 の〔「主体性」と「見方・考え方」の類似点？〕で述べた「見方・考え方」は主体的と大きく関係すると考えたこととつながってくる。

　つまり、"探究の過程全体を進めていける原動力となるのは児童の「主体性」だが、その主体性と関係した「見方・考え方」は、同時に教科の内容にも深く関係し、「深い学び」実現にも大きく関係している"と考えられるのではないだろうか、という捉えである（以下、下の図も参照）。

　育てたい資質・能力面で考えれば、「見方・考え方」は、子供自身の中から出てくるという面で「主体的（学びに向かう力・人間性）」に関係し、同時に「理科的な見方・考え方」という教科の内容面やその特性から出てくるという面では「知識・技能」、「思考力・判断力・表現力等）」にも関係していると考えられる。つまり、「見方・考え方」は、この三つの資質・能力を子供自身の中

で融合させていると考えられるのではないだろうか。その意味で、この「見方・考え方」によっ
てつながるものとしての「深い学び」と「主体的」の関係と解釈したい。

　このように捉えると、教科編で大事になってくる各教科の「見方・考え方」は、単なる「各教
科で大事」という各教科の内容に関係した限定的な位置付けに留まらず、学び全体を実現する過
程の中で、欠かせない大切な「学びを構成するピース（もの）」という位置付けであると考えるこ
とができそうだ。

2.「主体的・対話的で深い学びの実現」について

　ここまでの考察をまとめると、以下のようになる。

　目指す「主体的・対話的で深い学びの姿」と「深い学び」の視点の表現が同じなのは、「主体的
な学び」と「対話的な学び」の働きかけによって「深い学び」が実現するという、三つの視点が
「相互に関連し合うものである」 ことを示していると考えられる。

　そして、この「主体的・対話的で深い学びの姿」を実現する際に重要になってくるのが、「見
方・考え方」である。「見方・考え方」は、探究の過程全体を進めていける原動力としての「主体
性」を持続するものとして、また同時に、教科の内容に深く関係した「深い学び」実現にも大き
く関係する重要なものと考えられる。

　そして、「見方・考え方」を働かせた結果、目指す「資質・能力」を獲得するだけでなく、次の
学びへと向かう、より豊かな「主体性」、より「深い学び」へと向かう意欲が生まれ、「見方・考
え方」自身もより豊かで確かなものになるだろう。以上をまとめたのが下表になる。

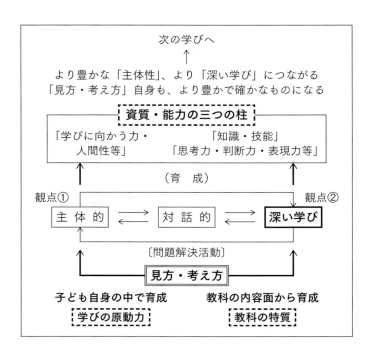

第3節　3　理科改訂の要点（学習指導要領解説理科編 P8）

　ここまでの答申を踏まえた改訂の観点が以下に示されている。そのポイントとして挙げられているのは次の2点である。

〔理科改訂の要点〕

①**資質・能力育成の観点**…自然に親しみ、見通しをもって観察、実験などを行い、その結果を基に考察し、結論を導き出す「問題解決の活動」の充実。

②**理科を学ぶことの意義や有用性の実感及び理科への関心を高める観点**…日常生活や社会との関連を重視。

（平成29年学習指導要領解説理科編 P8、要約筆者）

---

　①については、今回全教科で共通に目指す資質・能力の育成に当たるということで、理科としてその実現に向けての取り組みである「問題解決活動」の観点から、また②については、ここまでも考えてきた「主体性」に関係する関心・意欲や意義・有用性に関する観点からの提言であると考えられる。

　さらに言えば、ここまでの考察からも明らかなように、①の「自然に親しみ、見通しをもって」も、②の関心・意欲等の観点と関係しており、①、②を通して児童の主体性が大事であり、またそれと重なる深い学び面としての「見方・考え方」面も大事になってくると考えられる。つまり、①と②の関係性も大事になってくると思われる。

　以上、ここまでの議論から考えれば、ここでは改訂の観点が上記の2つと書かれているが、この2つは深く関係しており、最終的には一つ目の「資質・能力の育成」に帰すると考えられる。つまり、②教育内容の改善・充実（解説理科編 P7）の項目で書いた、「理科の好きな子供」とは端的に言えば「自ら探究的な問題解決活動を進めていける子供」（P83）という捉えから考えれば、「理科改訂の要点」とは、「理科好きな子供を育てる問題解決の過程を実現する授業」（その結果として、求める「資質・能力」の育成）の実現を図るということと考えられる。

　このように1つの課題と考えられるものを、ここで再度「2つの観点」として示したのは、「1つの課題」を解決するための「2つの観点」として、取り組みの観点を明確化したかったからだと解釈したい。

　この捉えを念頭に、以下（1）目標の在り方の①目標の示し方、②「理科の見方・考え方」の内容を確認し、これらを基に次の（2）内容の改善・充実について考えてみる。

1.（1）目標の在り方（解説理科編 P8）の要旨

①目標の示し方

〔目標の示し方〕

・どのような学習過程を通して資質・能力を育成するかを示し、それを受けて以下の3点を示した。

　（1）「知識及び技能」　（2）「思考力・判断力・表現力等」　（3）「学びに向かう力・人間性等」

〔各学年の目標〕

・「A 物質・エネルギー」、「B 生命・地球」の区分毎に

　①「知識及び技能」　②「思考力・判断力・表現力等」　③「学びに向かう力・人間性等」

　を示した。

（平成 29 年学習指導要領解説理科編 P8、要約筆者）

②「理科の見方・考え方」

〔「理科の見方・考え方」〕

・「見方・考え方」とは、各教科等の特質に応じた物事を捉える視点や考え方。

・各内容において、児童が自然の事物・現象を捉えるための視点や考え方を示し、それを軸とした授業改善の取り組みを活性化させ、理科における資質・能力の育成を図る。

（平成 29 年学習指導要領解説理科編 P8、抜粋要約筆者）

2.（2）内容の改善・充実（解説理科編 P9）について

（1）①指導内容の示し方について

・「A 物質・エネルギー」、「B 生命・地球」の内容区分で構成する。

・各内容において、児童が働かせる「見方・考え方」及び、育成を目指す「知識及び技能」、「思考力、判断力、表現力等」を示す。

・「学びに向かう力、人間性等」については、各学年の目標にそれぞれ示す。

（平成 29 年学習指導要領解説理科編 P9、抜粋要約下線筆者）

〔確認したいこと〕

　ここまで行ってきた考察を踏まえて、上記の文書を自分なりに解釈してみる。

・「見方・考え方」は「児童が働かせる」という大事な意味を再確認したい。「見方・考え方」は教師が指導して教えるものではなく、児童自身が働かせ、より豊かなものにしていくものである。それは、その学年で重点的に育てたい「問題解決の力」に必要な「見方・

考え方」を想定し（どのような見方・考え方が必要なのか？それに対して現時点の子ども達はどのような見方・考え方を持っているのか等）、その主体的な育成を目指すべきということである。

・「学びに向かう力、人間性等」の、各学年の目標にそれぞれ示すとは、単に児童の心身の発達段階に沿ってその学年に合ったものを示すというだけでなく、その学年の学習内容に関して重点的に必要な「見方・考え方」をも考慮して示すということだと考えられる。つまり、それらも考慮した上での、その学年の発達段階を考慮したその学年で重点的に育てたい「見方」や「問題解決の力（考え方も関係する、詳しくはP181の（2）現学習指導要領理科編における「問題解決の力」参照）」を活用する、「主体的に取り組む力や人間性」であり、単に学年が同じだからどの単元も「学びに向かう力、人間性等」は同じように考えれば良いという意味ではなく、学年や分野が同じだからこそ、それぞれの学年の学習内容や分野における共通性や系統性を生かせるようなものであるべきと考えられるのは前述した通りである。

(2) ②教育内容の見直しについて

・国際数学・理科教育動向調査（TIMSS 2015）で、小4年「理科は楽しい」は9割。「理科が得意」も増加傾向。これらの現状を踏まえ、これまでも重視してきた「自然の事物・現象に働きかけ、そこから問題を見いだし、主体的に問題を解決する活動や、新たな問題を発見する活動」を更に充実させることとした。（**①現状の把握について**）

・そこで、育成を目指す資質・能力のうち、「思考力・判断力・表現力等」育成の観点から、これまでも重視してきた問題解決の力を具体的に示し、より主体的に問題解決の活動を行うことができるようにした。（**②問題解決の力について　③「問題解決の力」と「問題解決の能力」について**）

・また、日常生活や他教科等との関連を図った学習活動や、目標を設定し、計測して制御するといった考え方に基づいた観察、実験や、ものづくりの活動の充実を図ったり、第5学年「流れる水の働きと土地の変化」、「天気の変化」、第6学年「土地のつくりと変化」（**何れもB領域**）において、自然災害との関連を図りながら学習内容の理解を深めたりすることにより、理科の面白さを感じたり、理科を学ぶことの意義や有用性を認識したりすることができるようにした。（**④理科を学ぶ面白さや意義、有用性について→主体性の育成**）

（平成29年学習指導要領解説理科編P9、抜粋要約下線、ゴシック筆者）

---

①現状の把握について（ここまでの議論の大事な振り返り）

　ここでは教育内容の見直しに当たり、TIMSS 2015における児童の質問紙調査の結果から「自然の事物・現象に働きかけ、そこから問題を見いだし、主体的に問題を解決する活動や、新たな問題を発見する活動」、つまり「問題解決学習」の更なる充実を課題として挙げている。

この意味する所を、ここまでの議論の展開を振り返って考えると「2. 平成20年改訂の学習指導要領の成果と課題を踏まえた理科の目標の在り方（P66）」では、TIMSS 2015とPISA 2015の双方からの成果と課題（科学的リテラシーの平均得点は国際的に見ると高いが問題解決学習は十分ではなく、また関心・意欲や意義・有用性に対する認識も低い）を挙げていた。そして、そこから考え、これらの成果と課題を踏まえて「主体的に学び続ける」＝「課題を常に自分事の課題として捉え続けていく学び」の過程こそが、これから求められる「問題解決の過程」と言えるのではないだろうか？と考えてきた（P71）。

　それを受けた2. 理科の具体的な改善事項の（3）②教育内容の改善・充実（解説理科編P7）「②教育内容の改善・充実」の「i）教育内容の見直し」では、TIMSS 2015からの表現である「理科が役に立つ、楽しい」の低さのみを課題にあげていた（P84）。

　しかし同時にそれを改善する手立てとして、文中では「このため」として、PISA 2015で課題だった問題解決学習の推進をあげていることから、自分はこの2つの課題克服を、「真の楽しさが実感できる問題解決学習」の推進という一つの形で提案し、そこで目指す「理科の好きな子供」とは、端的に言えば「自ら探究的な問題解決活動を進めていける子供」と言えるのではないかと考えてきた（P85）。

　そして、これら答申の内容を踏まえた結果として、この「②教育内容の見直し」では、ここにきて再びTIMSS 2015からの、今度は「理科は楽しい」、「理科が得意」が増加傾向だという現状を踏まえ、「自然の事物・現象に働きかけ、そこから問題を見いだし、主体的に問題を解決する活動や、新たな問題を発見する活動」という「問題解決活動」の改善・充実をあげている。

　この一連の流れから、これまで何回も触れてきた「子供の主体的な取り組みの態度」と「問題解決学習」の関係の大切さ（それが楽しさや学びの意義を生む）が再確認できるが、同時に、ここで改めてTIMSS 2015の結果から述べているということは、この関係の基本として大事なのは「子供の主体的な取り組みの態度」であると再確認しているのではないかと思える。但しそこでは、これまで何回も述べてきた“目指す「理科の好きな子供」とは、端的に言えば「自ら探究的な問題解決活動を進めていける子供」と考えられる”という捉えを忘れてはならないだろう。そう理解した上で、「理科は楽しい」、「理科が得意」が増加傾向だという現状を踏まえて述べているということは、私たちが求めている「問題解決活動」が実現しているかどうかを評価できる有力な評価項目が、この「理科は楽しい」、「理科が得意」ということではないだろうかと思われる。そして、これが正しい評価項目となるためにも、再度「理科は楽しい」、「理科が得意」の真の意味を、私たちが再確認して授業に臨むべきだと考えられる。

②問題解決の力について→「そこで」の重要性

　〜なぜ「問題解決の力」を具体的に示したのか？〜

　①で考えた、問題解決学習実現のための“基本として大事なのは「子供の主体的な取り組みの態度」である”という捉えが、文中の「そこで」に表れていると考えられる。

　つまりこの「そこで」には、①で考えた「主体的に問題を解決する活動や、新たな問題を

発見する活動」等の「主体性」を育成するためには、「思考力・判断力・表現力等」の育成という観点からの「問題解決の力」を具体的に示すことが重要であり、そのことが「より主体的な問題解決活動につながる」という、「主体性」と「思考力・判断力・表現力等」という、資質・能力間の関係付けを述べているのではないかと思える。

　どのような関係かと言えば、〔①で述べた大事な「主体性」を育成したい。そこで"育成を目指す資質・能力のうち、まず「思考力・判断力・表現力等」育成の観点から、これまでも重視してきた問題解決の力を具体的に示す"ことで「主体性」を育成し、"より主体的に問題解決の活動を行うことができるように"した〕という関係と考えられる。つまり「そこで」は、育てたい「主体性」と、その実現に必要不可避な「思考力・判断力・表現力等」との関係を述べていると考えられる。

　したがってこの見直しでは、その「主体性育成」のためにも大事な「思考力・判断力・表現力等」育成のため、理科における「思考力・判断力・表現力等」である「問題解決の力」を具体的に示すことが重要であると考えたのだろう。

〔空虚な「主体性」であってはならない〜主体性について考える②〜〕

　「⑥「主体的」に関する指導の在り方を考える〜主体性について考える①（P78）」で、主体性を「子ども発信の学び」としての外見的な姿に囚われ過ぎるべきではなく、その内容こそを大事にすべきと考えてきた。

　ここでも、**「主体性」を育成するためには、「思考力・判断力・表現力等」の育成という、その内容（質的）の観点からの「問題解決の力」を具体的に示すことがまず重要で**あり、そのことが「より主体的な問題解決活動につながる」という、「主体性」と「思考力・判断力・表現力等」の関係を述べている。

　「思考力・判断力・表現力等」育成の根底には「主体性」の存在が不可欠だということはよく言われるし真実だろうが、**逆に「思考力・判断力・表現力等」の育成を通してこそ「主体性」が培われるのも真実**と考えられる。具体的な「思考力・判断力・表現力等」の育成に基づかない**空虚な「主体性」**重視（単なる情緒的、感情的なもの）にならないよう、双方向的な「主体的な問題解決活動」の重視を意識しながら授業を進めていくことが大事ではないかと考えられる。

---

③「問題解決の力」と「問題解決の能力」について

　ここに、"これまでも重視してきた「問題解決の力」"という表現がある。ところが前回の理科編には「問題解決の力」という表現はなく（と思う）、代わりにあるのが「問題解決の能力」という言葉である。前回の理科の目標にもこの「問題解決の能力」という言葉があり、「問題解決の能力を育てること」と題して、それは「比較（3年）」や「関係付け（4年）」、「条件に目を向ける（5年）」、「推論（6年）」などをしながら調べる「能力」と記されている（H20年学習指導要領理科の解説編 P8）。

　一方、今回の理科編には上記資料のように「問題解決の力」という表現がある。そして、

P13 では、"問題解決の過程において、どのような考え方で思考していくかという「考え方」については、これまで理科で育成を目指してきた問題解決の能力を基に整理を行った。児童が問題解決の過程の中で用いる、比較、関係付け、条件制御、多面的に考えることなどといった考え方を「考え方」として整理することができる。"とある（下線筆者）。

　これらを読むと、単純に前回の「問題解決の能力」が、今回「考え方」として整理されたのではないか（一部「推論」が「多面的に考える」に変更されたが）とも思えるが、「（「考え方」は）問題解決の能力を基に整理を行った。」の「基に」を考えれば、「問題解決の能力」＝「考え方」と単純に捉えて良いのかが気になる。

　そもそも「問題解決の能力」は「能力」であり、資質・能力に当たるものだが、「考え方」は資質・能力ではない（後から詳しく考える）。

　この件については、第Ⅱ部第 2 章の第 3 節「見方・考え方」の検討の、4.「考え方」について（P178）で検討したい。

④理科を学ぶ面白さや意義、有用性について→「また」の意味

　ここに、理科を学ぶ面白さや意義を感じたり、有用性を認識できるように、日常生活や他教科等との関連を図った学習活動や自然災害との関連を図るよう「教育内容や活動の見直し」をするとあるのは、これまでの考察から考えれば、単純に目先の面白さや、また現状の自然災害の多さ等からの現実的な理解の必要性からというだけではなく、それらも含めたより広い意味での理科を学ぶ面白さや意義、有用性を考えながら見直しをしていくことが必要ということだと考えられる。

　つまり、この文節の文頭の「また」は、「他に、あるいは」と話題を変える「また」ではなく、「主体的に問題解決の活動を行うことができるように」するための「もう 1 つの留意点」という意味の付け加えと考えられる。

　このように書いてくると、「問題解決の力育成」が、一方的に「主体的な姿実現」に関係しているように捉えられるかもしれないが、勿論そうではなく、この二つの育成は、相互に関係しているという基本的な捉え方は、上記の〔空虚な「主体性」であってはならない〜主体性について考える②〜〕で書いた通りである。

（3）③小学校理科の内容の改善について

> 　従前と同様に「エネルギー」、「粒子」、「生命」、「地球」などの科学の基本的な概念を柱として構成し、科学に関する基本的な概念等の一層の定着を図ることができるようにしている。
>
> （平成 29 年学習指導要領解説理科編 P10 の抜粋、下線筆者）

　内容の構成はこれまでと同様の「基本的な概念」を柱としているということだが、ここまで考えてきた「理科で育てる資質・能力」と、この「概念」とはどのような関係なのだろうか？「エネルギー」、「粒子」、「生命」、「地球」は、この後出てくる「見方・考え方」の「見方」に関係してくる。「見方」と「概念」の関係については、第Ⅱ部第 2 章第 3 節の 5.「見

方」の出所は？〜「領域」について考える〜（P189）以降で考えてみたい。また、「知識」、「考え」、「概念」の違い、そして「自然観」との関係については、P203で考えてみる。

3. （3）学習指導の改善・充実（解説理科編P10）について

（1）①資質・能力を育成する学びの過程

> （3）学習指導の改善・充実
>
> ①資質・能力を育成する学びの過程
>
> ・従来、小学校理科では、問題解決の過程を通じた学習活動を重視してきた。
>
> 〔問題解決の過程〕
>
> ①自然の事物・現象に対する気付き→②問題の設定→③予想や仮説の設定→④検証計画の立案→⑤観察・実験の実施→⑥結果の処理→⑦考察・結論の導出
>
> ・このそれぞれの過程で、必要な資質・能力を明確化し、指導の改善を図ることが重要。
>
> ・特に「思考力・判断力・表現力等」については、各学年で主に育成を目指す**問題解決の力**を具体的に示す。
>
> 課題の把握（発見）、課題の探究（追究）、課題の解決という探究の過程
>
> （平成29年学習指導要領解説理科編P10の要旨、下線、文責筆者）

　ここは、（2）内容の改善・充実を受けての（3）学習指導の改善・充実という流れになる。（2）では特に、「問題解決の力」を具体的に示して、より主体的に問題解決の活動を行うことが重要だった。その展開の過程が上の①から⑦の問題解決の流れというように、一見羅列的な感じもするが、先の2理科改訂の趣旨の3. 理科の具体的な改善事項（P74）の①で、資質・能力を育成する学びの過程についての考え方を高校の例で示した際には、以下のような文章があった。

> ①教育課程の示し方の改善
>
> ⅰ）資質・能力を育成する学びの過程についての考え方
>
> 　理科においては、高等学校の例を示すと、課題の把握（発見）、課題の探究（追究）、課題の解決という探究の過程を通じた学習活動を行い、それぞれの過程において、資質・能力が育成されるよう指導の改善を図ることが必要である。（以下略）
>
> （平成29年学習指導要領解説理科編P7、再録）

　この高等学校の例（典型例）と比較すると、小学校における「探究の過程」は、①、②が「課題の把握（発見）」段階、③〜⑤が「課題の探究（追究）」段階、そして⑥、⑦が「課題の解決」段階に対応していると考えられる。

　この対応と、P75の「③「する」と「なる」の違い」で考えたことを合わせて考えると、

小学校の段階でも、「探究の過程全体を児童が主体的に遂行できるようにすることを目指す」ことが大事で、特に、「①自然の事物・現象に対する気付き→②問題の設定」における、「児童自らの気付きからの問題の設定」段階が、特に大事になってくると考えられる。

　また、上記の文では「思考力・判断力・表現力等」については、各学年で主に育成を目指す問題解決の力を具体的に示す。とあり、ここからも、**理科では「思考力・判断力・表現力等」とは問題解決の力だという捉え**は合っていたと改めて確認できる。

（2）②「主体的・対話的で深い学び」の実現

　全体論における「主体的・対話的で深い学び」の導入の際にも、「この記述からは、その導入の理論的な意味付けが読み取りにくく感じるがどうだろうか？（P46）」と書いたように、なぜ、そこまで述べてきた「資質・能力」を育成するための「問題解決的な学習過程」を実現する学びが「主体的・対話的で深い学び」なのかははっきりしないと考えてきた。

　この疑問について、ここまでの検討を振り返って考えてみる。

　第2節の2　理科改訂の趣旨の2. 平成20年改訂の学習指導要領の成果と課題を踏まえた理科の目標の在り方」では、理科の課題としては大きく「問題解決力」と「主体性」に課題のあることが分かった（P69）。

　そこから「(2) 課題を踏まえた理科の目標の在り方」で、理科の学習を通じて育成を図る「資質・能力（何を）」と、それを育む「学びの過程（どのように）」の明確化が必要になり（P71）、それが「探究の過程全体を児童が主体的に遂行できるようにすることを目指す」という、課題として揚げた「問題解決力」と「主体性」に関しての、教育課程の改善につながってきたと考えられる。

　そして、その教育課程の指導について、この「主体的・対話的で深い学び」が導入されてきているが、そのポイントは、「主体的な学び」、「対話的な学び」、「深い学び」それぞれがバラバラではなく、この三つの視点から総合的に評価や分析をして指導の改善を図るということ、そしてそこに「見方・考え方」を働かせることによって「深い学び」につながるという2点であった。

　そしてこの「見方・考え方」の関わり方は、「主体的学び（主体性)」と「深い学び（問題解決的な学びにおける物の捉え方）」の両方に関係しており、この関わり方が、この2つの学びをつなげていると考えてきた。

　このように見てくると、先の「問題解決的な学習過程」を実現する学びがなぜ「主体的・対話的で深い学び」なのかの疑問についての自分の回答は、「問題解決的な学習過程」実現の課題であった「問題解決力」と「主体性」の関係性を上記のように大切に考え、その関係性の実現を目指してきた結果が、「主体的学び」に関する「主体的」、「問題解決的な学び」に関する「深い学び」、そしてこの両者をつなげる「対話的な学び」の結果として「主体的・対話的で深い学び」の姿になったというものである。

　このような考えに立った時、以下のように明記してあることの意味を改めて意識することが大事だろう。

② 「主体的・対話的で深い学び」の実現

　「主体的・対話的で深い学び」の実現とは、「主体的な学び」、「対話的な学び」、「深い学び」の三つの視点に立った授業改善を図り、学校教育における質の高い学びを実現し、資質・能力を身に付け、生涯にわたって能動的に学び続けるようにすることである。

　（途中から）これらの三つの視点はそれぞれ独立しているものではなく、相互に関連し合うものであるが、児童の学びの本質としての重要な視点を異なる側面から捉えたものである。（以下省略）

（平成 29 年学習指導要領解説理科編 P11 から、下線筆者）

　前半の、「主体的・対話的で深い学び」の実現とは、生涯にわたって能動的に学び続けるようにすることである。」を読むと、この学びが目指すのは、自ら学び続ける主体的な学びの実現であることが分かる。その上で、後半の（途中から）以降を読むと、「三つの視点はそれぞれ独立しているものではなく」は、「主体的な学び」、「対話的な学び」、「深い学び」という三つの視点は、「主体的に問題解決できる子ども」を実現するための大切な視点を、互いに関連し合う三つの視点として分かりやすく現したものと考えられる。

　また、前半を読むと、「主体的・対話的で深い学び」の実現とは、授業改善の立場からの物言いであることを改めて確認させられる。これを短絡的に「主体的・対話的で深い学びができる子を目指す」と、「子供のあるべき姿」と捉えてしまうと、つい子供たちに「主体的な学びができるようになろう」、「今日の授業では対話的な学びができていただろうか？」、「深い学びができていたか？」等と聞いて、その結果で授業を評価してしまいがちになるのではないだろうか？それが先にも書いた、この三つの学びの視点を、教師も子ども達もバラバラに捉えてしまうことにもつながるのではないかと考えられる。

　この三つの視点は、あくまで子供の学びの姿を教師が「異なる視点から捉えたもの」である。したがって、この三つの視点を子供たちにも示して、その観点からの学びの姿や授業改善を子ども達と互いに目指すことは良いことだとは思うが、**それはあくまでも育ちたい、或いは育てたい学びの姿の異なる側面であることの確認と、その姿の実現によって得られる資質・能力こそが大事であることの共通理解が大事**だろう。

※③教材や教育環境の充実は省略。黒板については〔主体的・対話的な学びと黒板〕（P380）参照

(3)「第 2 章　理科の目標及び内容（P12）」に入る前の整理

　以上、これまでの考察から明らかになった点と課題（不明点）をまとめると、以下のようになる。これらを整理した上で第 2 章に進みたい。

〔第 1 章「総則」（全体論及び理科との関係）の整理〕

〔明らかになった点〕

・答申を踏まえた理科改訂の要点は、①資質・能力育成の観点からの「問題解決過程」

の充実と、②理科を学ぶことの意義や有用性の実感及び理科への関心を高める観点からの日常生活や社会との関連の重視であった。

・①、②の2点は深く関係しており、**「理科好きな子供を育てる問題解決の過程を実現する授業」**という**1つの目標**と考えることが大事であると共に、同時にそれを実現させるための**「2つの観点」**として認識し、取り組みの観点を明確化させることが大事である。

・このような取り組みにおいて育成を目指すのは、「知識及び技能」、「思考力、判断力、表現力等」、そして「学びに向かう力、人間性等」だが、その取り組みの際に児童が働かせるのが「見方・考え方」である。「見方・考え方」は教師が指導して教えるものではなく、児童自身が働かせ、より豊かなものにしていくものであることを忘れてはいけない。その点、**「見方・考え方」は「指導して育成する資質・能力」と「児童自らの主体性」の両方（「2つの観点」）に関係するものと言えるだろうし、そのような捉えが大事と思える。**

・「学びに向かう力、人間性等」は、各学年の目標にそれぞれ示すが、それも上記の1つの目標のための「2つの観点」から考えれば、単に児童の発達段階に沿った関心や意欲、人間性の発達を考慮して各学年で一律に考えるというものではなく、扱う単元の内容に即した具体的な「見方・考え方」に関する疑問や意欲、関心等を考慮して示すことが大事だと考えられる。つまり授業において「学びに向かう力、人間性等」を考えるとは、**内容的な「問題解決の力」に関係する、「主体的に取り組む力や人間性」の育成を図る**ことだと考えられる。

・このように考え、「1つの目標」のための「2つの観点」の関係を「学び方の言葉」で言うと、**"「主体的・対話的で深い学び」における「主体的」と「深い学び」の関係性が大事になってくる。"**と考えられ、両者をつなぐのが対話的学びと考えられる。主体的学びと深い学びのどちらが大事ということではないが、敢えて言えばその関係の**基盤になるのは「主体性」**と言えるのではないだろうか？それは、「理科の具体的な改善事項」で、学びの過程として示された〔問題解決の過程〕において、探究の過程全体を生徒が主体的に遂行できるようにすることを目指す、とあることからも言えるだろう。

〔これから検討していきたい課題〕
①「問題解決の力」と「問題解決の能力」の関係
　　"これまでも重視してきた「問題解決の力」"という表現があるが、前理科編には「問題解決の力」の言葉はなく、代わりにあるのが「問題解決の能力」という言葉である。
　　この2つの言葉の意味や関係性を考える必要がある。
　　→自分の回答はP178　4.「考え方」についての項目参照
②「概念」の意味

内容の構成はこれまでと同様「基本的な概念」を柱としているということだが、「理科で育てる資質・能力」と、「概念」とはどのような関係なのだろうか？

　　→自分の回答は P203 の、〔「知識」「考え」「概念」、そして「自然観」について〕参照

③「見方・考え方」の意味

　これまでの「見方や考え方」から「見方・考え方」に変わった。何がどう変わったのか？

　　→自分の回答は P143〔「見方・考え方」の出し方、総則と答申どちらが良いか？〕、P187〔「考え方」のまとめ〕、P199〔「見方」のまとめ〕などを参照。詳しくは、P16 の〔「キーワード」に関する目次〕の《見方・考え方について》等の項目参照。

④「主体性」の意義

　これまでの考察から、理科学習における「主体性」の意義は、ますます重要になると考えられるが、今回の改訂ではどのような位置付けになっているのだろうか？また、**主体性と科学の客観性の関係**も問題になってくるだろう。①の「問題解決の能力」とも関係付けて考える必要があるだろう。

　　→ここから検討していく中心課題となるが、主に P222 の第 6 節「これからの理科授業」の展望～「主体性」と「文化としての科学」の関係から考える～辺りから理科授業における「主体性」の意義について考え始め、「新たな価値」獲得に向けての取り組みも考えながら、P412 の〔人間なればの「知識の再構成」による理科の学び〕～個々の好奇心から始まる「自然認識」を深める「主体的な学び」～のまとめで、「知識・技能等」、「思考力・判断力・表現力等」という「科学的な資質・能力」と、「学びに向かう力・人間性等」の「主体的な資質・能力」を「見方・考え方」で統合する「主体性」に基づいた学びが、「人としての学び」と考えた。

第2章 「第2章 理科の目標及び内容（理科編 P12〜）」

ここまでの第1章「第1章　総説」についての考察を受けて、いよいよ今回の理科の教科目標を検討する。

第1節　教科の目標における「主体性」と「科学的」

1.　今回の理科の目標

〔今回の教科目標〕
　　自然に親しみ、理科の見方・考え方を働かせ、見通しをもって観察、実験を行うことなどを通して、
　　①→P12　　　　　　→P13　　　　　②→P14　　　③→P15
　　自然の事物・現象についての問題を 科学的に解決する ために必要な資質・能力を次のとおり育成する
　　　　　　⑤→P15
　　ことを目指す。

　　（1）自然の事物・現象についての理解を図り、観察・実験などに関する基本的な技能を身に付けるよ
　　　　　⑤　　　　　　　　　　　　　　　　　③→P17
　　　　うにする。→P16「知識及び技能」

　　（2）観察、実験などを行い、問題解決の力を養う。→ P17「思考力・判断力・表現力等」
　　　　　③　　　　　　　　③

　　（3）自然を愛する心情や主体的に問題解決しようとする態度を養う。→P17　「学びに向かう力・
　　　　　④　　　　　　　　　　③　　　　　　　　　　　　　　　　　　　　人間性等」
　　※番号は後述の平成20年目標との対応、→は解説編の内容との対応を示す
　　（平成29年学習指導要領解説理科編P12、下線、注意書き等は筆者、矢印の示すページに解説がある）

（1）主体性が大事〜全体の感想〜

　この目標を読んで最初に感じたことは、第1章で、これからの教育（理科も含めて）で大事だと考えてきた「主体性」が、理科という教科の特性を通して、まず最初に書かれているということである。というのも、先に理科で重要な「問題解決活動」では、今後「①自然の事物・現象に対する気付き→②問題の設定」における「自らの気付きからの問題の設定」という「主体性」が大事になってくると考えられる。（P107）」と書いたが、上記の教科目標の「自然に親しみ、理科の見方・考え方を働かせ、見通しをもって」から始まる本文の、「自然に親しみ」や「見通しをもって」は、**まさにこの「主体性」に対応している**と考えら

れるからである。勿論これは、問題設定場面だけでなく、その後の観察・実験活動における主体的な見通しを持った問題解決の取り組み全体における重要性も含んでのことである。

さらにここには、「主体性」と「知識・技能」、「思考力・判断力・表現力等」をつなぐと考えられる、これも重要な「見方・考え方」も今回新しく加わっている点も注目される。これは、先に〔「深い学び」と「主体的・対話的な学び」及び「見方・考え方」と、「主体的・対話的で深い学び」実現の関係〕（P98）でまとめた"育てたい資質・能力面で考えれば、「見方・考え方」は、子供自身の中から出てくるという面で「主体的（学びに向かう力・人間性）」に関係し、同時に「理科的な見方・考え方」という教科の内容面から出てくるという面では「知識・技能」、「思考力・判断力・表現力等）」にも関係していると考えられる。つまり、「見方・考え方」は、この三つの資質・能力を子供自身の中で融合させていると考えられる。"と書いたことに対応すると考えられる。

（2）全体の構成について

この出だしに続く今回の「目標」の構成を検討するために、前回の「目標」と比べてみる。
・平成 20 年（前回）の目標

〔**前回の教科目標**〕
　　自然に親しみ、見通しを持って観察、実験などを行い、問題解決の能力と自然を愛する心情を育てる
　　①→前文　　②→前文　　③→前文、（1）（2）　　③→（2）　　④→（3）
とともに、自然の事物・現象についての実感を伴った理解を図り、科学的な見方や考え方を養う。
　　　　　　　　⑤→前文、（1）
※番号は平成 29 年（今回）の目標との対応を示す
　　　　　　　　　　　　　　　（平成 20 年学習指導要領解説理科編 P7、下線、加筆は筆者）

文頭の「自然に親しみ、見通しを持って観察、実験などを行い、」の趣旨は、前回の学習指導要領も今回と同じく、児童の主体性を大切にした問題解決活動を進めることの重要性を言っていると考えられる。

その後の文章構成を読むと、「問題解決の能力」と「自然を愛する心情」という、敢えて分ければこの 2 つを育てるとともに、「自然の事物・現象についての実感を伴った理解」を図ることで、ゴールである「科学的な見方や考え方」を養う、という展開と考えられる。

これを P111 の今回の学習指導要領（特に今回の「資質・能力」という捉え方）と対応させて見てみると、「問題解決の能力」は資質・能力（2）の「思考力・判断力・表現力等」に、「自然を愛する心情」は（3）の「学びに向かう力・人間性等」に、そして「自然の事物・現象についての実感を伴った理解」は（1）の「知識及び技能」に、それぞれ対応していると考えられる。ただ、これらには、今回の（3）に含まれている「学びに向かう力」、つまり「主体的に問題解決していこうとする力」は、明確な形では含まれていないように思える点が異なる。

このような比較から考えれば、今回加わった「主体的に問題解決していこうとする力」である「学びに向かう力」も含めて、「主体性」の重要性が、前回から今回と、益々高まって

きていると言えるのではないだろうか。

　もう１つ考えなければならないのは、前回の「問題解決の能力（今回の「思考力・判断力・表現力等」）」と「自然を愛する心情（今回の「学びに向かう力・人間性等」）」の、２つの力を育てるとともに、「自然の事物・現象についての実感を伴った理解（今回の「知識及び技能」）」を図ることで、ゴールである「科学的な見方や考え方」を養うという展開を、今回の「資質・能力」の捉え方と比較した場合、既にこの三つの資質・能力を育てた上で「科学的な見方や考え方」を養うということならば、この「科学的な見方や考え方」とは何か？という疑問についてだ。

　実は、この疑問に関する検討の必要性は、現行の学習指導要領においても同様と考えられる。今回の目標にも「科学的に解決する　ために必要な資質・能力を次のとおり育成する」とあるように、最終的なゴールは資質・能力を育成した上での「科学的な解決」にあると考えられるからである。

　では、学びのゴールと考えられる前回の「科学的な見方や考え方」、今回の「科学的な解決」とはどのようなものなのだろうか？それを考えていくため、この両者に共通する、特に理科として特徴的な「科学的」とはそもそもどのようなことなのかについて検討する所から、この学習指導要領の目標の検討を始めたい。

（「科学的に解決する」の最終的な自分の捉えは P144 参照）

2. 「科学的に解決する」の「科学的」の意味の重要性

　理科における「問題解決活動」の特徴、そして目的は、「科学的に解決する」にあるということに疑問はないだろう。そこで、教科の目標を考察していくために、まず理科として最も教科の特徴を現していると思われる「科学的」について、過去の目標からの変遷を見ながら、今回の目標の「真のねらい」を検討してみたい。その際、前述した「主体性」の重要性との関連についても考えていきたい。

　平成に入ってから前回までの３回の学習指導要領の目標を見ると、「科学的な見方や考え方」という「目指すべきゴール」の中に「科学的な」という文言が何れも含まれている。それが今回は「科学的に解決する」という表現になっている。そこで、これらに共通する「科学的」がどのような意味で使われてきたのか、過去の目標に遡って検証してみる。

(1)「科学的」の意味と意義～過去の目標との比較検討～
①昭和 43 年の目標～自然認識に支えられた「科学的」～

　小学校理科の目標に「科学的」が入ってきたのはいつからだろうか。実は昭和 43 年（1968 年）からである。その年の目標は以下のようだった[16]。

　この目標に、「<u>自然の認識を深める</u>とともに、<u>科学的な能力と態度を育てる</u>」と出てくる。ここからは、目標が大きく「自然の認識を深めること」と、「科学的な能力と態度を育てる」ことの 2 つがあるように思える。

　そしてその下にはその育成のための 3 点があげられているが、1 点目には「<u>生物と生命現象</u>」、2 点目には「<u>物質の性質とその変化</u>」とあるように、それぞれ対象とする領域を意識した「自然の認識を深めること」のねらいが書かれているように思われる（1 点目は現在のB 生命・地球区分の中の生命、2 点目は A 物質・エネルギーと B 地球区分が対応）。

　そして 3 点目として、それら 1、2 の「自然の認識を深めること」のための「<u>科学的な能力と態度を育てる</u>」ことが書かれているのではないだろうか？

　このように見れば、2 つのねらいに見えた「<u>自然の認識を深めること</u>」と「<u>科学的な能力と態度を育てる</u>」ことは、「自然の認識を深める<u>ために</u>、<u>科学的な能力と態度を育てる</u>」という 1 つの目標とも考えられる。

　この昭和 43 年（1968 年）の理科学習指導要領に出てきた「<u>自然の認識を深める</u>」という言葉について、以前理科の教科調査官を務めた日置光久氏はその著書で次のように述べている [15]。

　「自然認識」という言葉が、教科の目標に示されている。自然認識は、自然という対象をもとにして、<u>子どもが認識していくこと</u>である。<u>認識というのは、思考のプロセスとその結果の両面を包含した表現</u>である。指導書には、この自然認識について次のように記されている。

　「今回、自然認識という表現を用いたのは、子どもが知識を<u>獲得していくプロセスを大切にしよう</u>というものである。」また、自然認識の具体としては次のように記されている。

　「空間的な認知や時間的な認知、その他の感覚に依存する認知。」

　結果としての知識だけでなく<u>子どもが知識を獲得していくプロセスを重視</u>し、<u>空間や時間感覚に依存してまとめていく重要性</u>を含めて、包括的に自然認識という言い方をしているのである。

　時間、空間というのは、科学の世界でもとりわけ大事なキーワードである。しかし、今までは対象の属性として取り扱ってきた。それを、ここでは教育として、もっと積極的に対象を認識する際の、子ども、すなわち主体側の枠組として活用しようという一つの主張である。そういう意味で、ここはもの自体は同じなのだが、その見方を変えた、位置付けを変えたということである。また、<u>感覚というのは、人間の基本的な情報獲得の手段であり、そういうものを理科で重視する</u>

べきだという考え方である。（この「感覚」についての自分の考えは P151 の「実感覚」を参照）

　理科というのは、子どもが自然の事物、現象に働きかける中で、感覚をフルに使って情報を集め、そこに自分の経験をしっかり関係付けて、時間と空間という枠組の意識で整理をかけていく。こういう考え方が新しく提唱されたのである。

（「展望日本型理科教育〜過去・現在・そして未来〜」P22　2005 年　日置光久著　下線、括弧筆者）

　ここで「自然認識」という言葉は、自然に対する「思考のプロセスとその結果を包含した言葉」と書かれている。つまり、「認識する」ということは、単に結果を獲得するだけでなく、その獲得のプロセスも含めて、という意味だろう。と言うよりは、その「獲得のプロセス」も含めないと、「自然を認識した」とは言えない、ということだろう。そのように考えれば、「自然の認識を深めるとともに、科学的な能力と態度を育てる」という目標は 2 つの目標ではなく、子供たちの「科学的な能力と態度を育てる」ことを通して「自然の認識を深める」という意味と考えられる。

　そこには「子供が知識を獲得していくプロセス」として、現在の学習指導要領の「習得、活用、探究」という獲得のプロセスの重要性につながる「学習観」が見られると思える。後半の、「理科というのは」部分は、その「プロセス」の具体的な紹介ではないだろうか。（因みに、「習得、活用、探究」という学びのプロセスが提案されたのは 2007 年）。

　このような「自然認識観」に立てば、この 1 から 3 は個々バラバラではなく、この「学びのプロセス」に沿って子供主体で関連しながら習得されていくという、現在の学力・学習観につながるものであると思われる。

　つまり、「自然認識」とは、自然という対象をもとにした、子供が認識していく過程とそこから得られた結果と考えられる。

〔「自然認識」と「見方や考え方」〕

　このように「自然認識」を捉えると、これは、その後長く目標だった「見方や考え方」につながるのではないかと思える。「見方や考え方」とは「問題解決の活動によって児童が身に付ける方法や手続きと、その方法や手続きによって得られた結果及び概念を包含する」というもので、「自然認識」の、「問題解決の活動によって児童が身に付ける方法や手続き」が「子供が認識していく過程」、「その方法や手続きによって得られた結果及び概念」が「そこから得られた結果」に対応すると考えられる。

〔「自然認識」と「科学的」〕

　では、このような「自然認識」を得るための、「科学的な能力と態度」の「科学的」とは何だろう？それは上記目標の文面から考えれば、「観察、実験などによって、論理的、客観的にとらえ」ることではないだろうか？これは現在の、「科学的とは、実証性、再現性、客観性などといった条件を検討する手続きを重視する（学習指導要領 P16）」という捉えに通じるだろう。

　このように「科学的」の出所を検討した結果、この「観察、実験などによって、論理的、客観的にとらえ」るという「科学的」は、学んでいる子どもの認識によるもの、つまり「科

学的」とは、「（人間の、子どもの）自然の捉え」によって得られた「自然認識」に基づいた<u>もの</u>という意味と考えられる。

このように「科学的」を捉え、その捉えに、この目標は「児童の主体性を大切にした問題解決活動を進めることの重要性を言っている」という点を合わせれば、**「科学的」とは「主体的」と深いつながりがある**と考えられる。

このように考えれば、「科学的」とは、「観察、実験などによって<u>論理的、客観的にとらえ</u>」ることであると共に、「<u>（人間の、子どもの）自然の捉え</u>」によって得られた「<u>自然認識</u>」<u>に基づいたもの</u>でもある、ということになる。「論理的、客観的なとらえ」という**客観性**と、「（人間、子ども）による自然の捉え」という**主観性**とは、**どのように両立するのだろうか？**今後、考えていきたい。（自分なりの回答は、P127参照）

なお、上記に紹介した書で、日置氏は以下のようにも述べている。

「著者は、昭和43年版学習指導要領が、我が国の理科教育の大きな基盤になっていると考えている。構造にしても、考え方や思想にしても、43年版が非常に大きな影響を現在（平成17年現在、筆者注）に及ぼしていると考えている（P22）」

「筆者は、日本型理科教育の基本的理念が、昭和43年版学習指導要領に表れていると考えている。理科教育の過去を振り返る上で重要なだけでなく、理科教育の未来を指向する上でも欠かせない考え方が盛り込まれている。それは、今後の理科教育を考えていく上でベースとするに値する考え方、内容であるといえる（P31）」

（「展望日本型理科教育〜過去・現在・そして未来〜」日置光久著）

このように、昭和43年の学習指導要領改訂が、現在に続く理科教育の大きな指針を示していたことは、ここまでの検討からも納得がいく。古い指導要領であり、直接見ることはあまりないだろうが、今改めて読んでみることに価値があるように感じる。

②昭和52年の目標〜「心情につながる科学的」〜

では、続く昭和52年の目標はどうだろうか？[17]

観察、実験などを通して、<u>自然を調べる能力と態度を育てる</u>とともに、自然の事物・現象についての理解を図り、自然を愛する豊かな心情を培う。

（昭和53年学習指導要領解説理科編、下線筆者）

まず気付くのは、43年に目標に入った<u>「科学的」が再びなくなり</u>、「自然の認識」もなくなったということである。この2つの変化は、ここまでの議論から考えれば、「自然の認識」がなくなった<u>から</u>「科学的」もなくなった、と言うのが正しい見方だろう。しかし、本当にこれらの考え方、捉え方がなくなってしまったのだろうか？

これについて日置氏は先の著書で、"43年版学習指導要領では、「自然の認識」という言い方をしていたが、これが「自然を調べる能力と態度」に変わった。（P25）"と書いてい

る。表現は変わったがその考え方は引き続いている、ということである。つまり「自然の認識」が、「自然を調べる能力と態度」と、より具体的な表現になったとも考えられる。

それならば、ここまでの議論から考えれば「科学的」もあって然るべきと思って目標の解説部分を読んでみたが、その言葉自体は見あたらない。しかし、「第3節　理科の目標」に先立つ「第2節　理科の性格」には、以下の文章があった。

理科は、小学校における8教科のうちの一つとして、自然の事物・現象を対象にし、それに対するはたらきかけを通して、自然から直接学びとる活動を行い、自然の事物・現象についての理解を図るとともに、科学的に考え正しく判断できる児童を育成する役割を担っている。(P5)

理科では、自然の事物・現象を観察したり、予想を立てて実験したりすることによって、物の状態や性質を理解し、現象に潜んでいる規則性を見いだしていく。その過程で、自然の認識の基礎となる科学的な見方、考え方、扱い方を伸ばすとともに、自然科学の基礎的概念を把握することができる。また、それに伴って発見の喜びや学習への情熱が育ち、自然を愛する豊かな心情が培われ、真理の追究への意志が強くなっていく。(P6)

(昭和53年学習指導要領小学校指導書理科編から、下線筆者)

これを読むと、小学校における理科という教科の役割として「科学的に考え判断できる力」育成が挙げられていることが分かる。続く文章では、その「科学的な見方、考え方、扱い方を伸ばすとともに、自然科学の基礎的概念を把握することができる」ことに伴って、「自然を愛する豊かな心情が培われる」と書かれ、それが「真理の追究への意志」を強めると書かれている。

これを読むと、この回の指導要領も「科学的」を大事に考えていたことが分かる。それに加えて、この回の目標に入った「自然を愛する豊かな心情」も、科学的な取り組みをしていくことによって、「それに伴って」育っていき、それは真理の追究への意志、つまりゴールへの意志を強めていくと書かれている。つまり「自然を愛する豊かな心情」は、「科学的」と別物ではなく、その延長上に位置付いていると考えられる。そのように捉えるなら、この回の改訂では、心情や態度面も含めて、より「科学的」の捉え方が深まった、或いは豊かになったと言えるのではないだろうか？

しかし、それならなぜ「科学的」という表現を目標で使わなかったのだろうか？この回の理科学習指導要領作成にも当たった武村重和氏と清水堯氏が編集した本に、以下の文章がある[18]。

理科では、問題を解決する科学的な能力や態度を養い、また、科学的な知識や概念を得させることを目標とするのであるが、小学校では特に、「自然を愛する豊かな心情を培う」ことが重要である。

(「小学校 新しい学習指導要領とその解説 理科」下線筆者)

これを読むと、「科学的」が付く「能力や態度、知識や概念」を理科では得させることが目標とはっきり書かれているが、その半面、小学校では「自然を愛する豊かな心情を培う」ことが特に重要と書かれている。

では、この目標とされる「能力や態度、知識や概念」がこの回の目標にないのかと言えば、「科学的」という表現はないが、「<u>自然を調べる能力と態度</u>を育てるとともに、自然の事物・現象についての<u>理解</u>を図り、」部分に書かれていると考えられる。

したがって目標に「科学的」という言葉こそないものの、「自然を調べる<u>能力と態度</u>、自然の事物・現象についての<u>理解</u>」という表現を通して、内容的には**「(人間の、子どもの)自然の捉え」によって得られた「自然認識」に基づいたもの**（P116）という意味の「科学的」を目指していると考えることができるだろう。

では、なぜ「科学的」という表現を入れなかったのかと言えば、これもあくまでも自分の考えだが、前回の昭和43年（1968年）の学習指導要領改訂の11年前の1957年に、当時のソ連が人工衛星スプートニクを打ち上げたことに衝撃を受けた所謂「スプートニクショック」が、この昭和43年の改訂にも或る程度の影響を与えたのではないかと思われる。

つまり当時の、もっと最先端の科学を教えるべきだというような動きや、加えて「教育の過程」のブルーナーの「どんなに最先端の科学でも、その本質は保ったまま子どもに教えることができる」という考え方が影響を与えたことも考えられる（ブルーナーの真に言いたかったことについては拙著「主体的・対話的で深く、新学習指導要領を読む」[4] P231を参照）のではないだろうか。

ここらの事情について自分には詳しく述べる力はないが、これらの影響もあり、理科教育を、より科学的（知識・技能や思考力等の面で）に捉えていこうとする動きが出てきたとも考えられる。それがこの43年の改訂にも影響を与えたのかもしれない。

その一方で、43年の目標で見てきた通り、「科学的」とは、「(人間の)自然認識の捉え」によって出てきたものであり、「児童の主体性を大切にした問題解決活動を進めていくことこそが重要である」という、現在にも通じる大事な、児童中心の学力観がその基本にあったことも間違いないと思える。

しかし、現実を見れば、結果として学習内容が高度になりすぎて、「落ちこぼれ」と言われる現象が社会的に問題になってきたことも事実である。そこで、52年の学習指導要領改訂では、敢えて「<u>科学的</u>」という言葉の強調を避けて、"小学校では特に、「自然を愛する豊かな心情を培う」"ことが重要である、という表現にしたのではないだろうか（少し乱暴な解釈のような気もするが）。したがってこの変化は、決して本来の意味の「科学的」な「自然を調べる<u>能力と態度</u>、自然の事物・現象についての<u>理解</u>」を軽視したものではないと考えられる。

この解釈に基づいて考えれば、これは、決して後ろ向きの変更とはいえないだろう。なぜなら、先にも書いたように、「理科」の目標を、「自然を調べる能力と態度」という「科学的」な「能力面、態度面」と、「自然の事物・現象についての理解」という、これも「科学的」な「知識面」としながらも、ゴールをそれらに関係する「自然を愛する豊かな心情を培

う」という、いうなれば「児童の主体性の育成」こそが大事だとつなげる文脈とも読み取れ、ここまで自分が大事に考えてきた「主体性」の意義を強調しているようにも思えるからである。しかし、その経緯を十分に意識しなければ、「自然を愛する豊かな心情を培う」の意味する所が、心情的な情感面に偏りすぎる危険性もあると思われるが、以上のような捉え方は自分のこだわり過ぎだろうか？

③平成元年の目標〜再び登場した「科学的」！〜

> 　自然に親しみ、観察、実験などを行い、問題解決の能力と自然を愛する心情を育てるとともに自然の事物・現象についての理解を図り、科学的な見方や考え方を培う
>
> （平成元年学習指導要領指導書理科編、下線筆者）

この回の改訂[19]では、今回の学習指導要領につながる大きな変化があったと考えられる。それは「問題解決の能力」が入ると共に、「科学的な」が再び入ったことである。

「科学的」については、解説部分で「○科学的な見方や考え方を養うこと」と項目を立て、「見方や考え方」を含めて解説している。そして、この部分には「科学」の内容部分も含めて書かれている。そこから「科学的部分」を取り出して読んでみると、「科学的」とは「論理的な手段を駆使して、客観的、普遍的な結論」を得ることであり、「合理的で実証的であるかどうかという観点から吟味」することであるとある。また、「同じ条件の下ではいつでも再現できるという具体物の再現性を手掛かりにして、」という記述や、「また、予想や仮説を事実によって検証する場面を大切にしたり、観察や実験によって得た情報を基に結論に至る吟味、考察の段階を丁寧に扱ったりすることによって、実証性や客観性のある見方や考え方を体得させることができるのである。」とある（平成元年学習指導要領解説理科編P13〜14から、下線筆者）。

これらの記述には、この後からの学習指導要領で書かれている「科学的」の条件である「実証性、再現性、客観性」が含まれていることが分かる。この前の昭和52年版にも「客観性」の表記はあったが、今回は「実証性、再現性、客観性」が全て揃って表記されている。

では、これら「実証性、再現性、客観性」はどうして入ってきたのだろうか？実は平成元年の改訂は、小学校低学年の理科がなくなり生活科が新設された改訂でもあった。「イ　改善の具体的事項」には、それを受けて「従前の低学年の内容のうち、生活科の学習内容になじみにくいものについては、中学年及び高学年の内容に統合し、自然に対する科学的な見方や考え方が深まるよう見直しを行う。（平成元年学習指導要領解説理科編P2から、下線筆者）」という記述がある。

このような「科学的な見方や考え方が深まる」見直しを受けて、「理科」としてより深まった、より教科としての**「理科」の特質が現れる、つまりより「科学的」な、そして「問題解決的」な取り組みが重視されてきた**のが平成元年の学習指導要領ではないだろうか？そう考えれば、その結果として「科学的な」の語句が再び目標に入り、その「科学的」の条件として、「実証性、再現性、客観性」が明確に出されたことも納得できる。そして、それに

伴い、科学的な課題追究が実現するような **「問題解決の能力」も、この回から明記されたの**
ではないかと考える。

　なお、この「問題解決の能力」は、43年目標の中の「3　自然の事物・現象についての原
因・結果の関係的な見方、考え方や定性的、定量的な処理の能力を育てるとともに、自然を
一体として考察する態度を養う（現在の思考力・判断力・表現力に相当）。」に相当すると思
えるが、この「問題解決の能力」については後から考えてみる（P183参照）。

④平成11年の目標[20]　〜構成主義の視点から「科学」と「科学的」を考える〜

　自然に親しみ、見通しをもって観察、実験などを行い、問題解決の能力と自然を愛する心情を
育てるとともに自然の事物・現象についての理解を図り、科学的な見方や考え方を培う

（平成11年学習指導要領解説理科編、下線筆者）

　「見通しをもって」が含まれた以外は前回と同じ表現である。「見通しをもって」は後から
考えることにすると、「科学的」に関しては前回同様の捉えと感じるかもしれないが、実は
解説を読むと、**大きく変わっている**ことが分かる。

　解説の14ページで「科学」について考え、そして「科学的」を説明しているが、前回と
は異なり「科学的」と「見方や考え方」を分けて、「科学的」についてきちんと説明してい
る。この部分が現在の学習指導要領につながる大事な部分と思えるので、少し長くなるが以
下に引用する。

---

　①まず、「科学的な」のうち「科学」について考えてみよう。現在、科学の理論や法則について
の考え方が、次に述べるように変化してきているといわれている。それは、科学の理論や法則は
科学者という人間と無関係に成立する、絶対的・普遍的なものであるという考え方から、科学の
理論や法則は科学者という人間が創造したものであるという考え方に転換してきているというこ
とである。この考え方によれば、科学はその時代に生きた科学者という人間が公認し共有したも
のであるということになる。**（ここまでが「科学」の説明）**②科学者という人間が公認し共有する
基本的な条件が、実証性や再現性、客観性などである**（ここからが「科学的」の説明で、以下に**
その解説が続く）

　人間の考えた仮説は、最初は主観的なものであるので、観察、実験などを通して、その妥当性
を検討する必要がある。このように観察、実験などによって仮説を検討できるという条件が実証
性である。

　仮説を観察、実験などを通して実証するとき、その結果が一過性で一定でないものは共有する
ことができない。そこで、同じ条件下では必ず同じ結果が得られるという条件が必要となり、こ
の条件が再現性ということになる。仮説が実証性や再現性という条件などを満足すると、多くの
人によって承認され共有されるようになる。このように、多くの人々によって承認され公認され
るという条件が客観性である。結論的に言えば、「科学的」とは実証性や再現性、客観性などの条
件を満たしたものであるといえよう。

　上記の文を読む際に、注意しなければならないのは、①の部分は「科学」の説明で、②の部分は「科学的」の説明と考えられるということだ。「科学」と「科学的」の違いや関係を意識しながら、以下そう考える理由も含めてこの文章を読んでみる。

ア）構成主義から考える「科学」の捉え方

　文頭で述べている「科学の理論や法則は科学者という人間と無関係に成立する、絶対的・普遍的なものであるという考え方から、科学の理論や法則は科学者という人間が創造したものである」という考えは、いわゆる構成主義的な考えから来ていると思われる。構成主義自体の考え方は古くからあり、教育分野に限ってもピアジェやヴィゴツキー、デューイなどの名前が思い浮かぶが、構成主義についての自分の理解は十分ではなく、ここでそれを真正面から取り上げる力量はとてもない。しかし、今考えている「科学」についての構成主義的な考え方として、そしてそれに基づく理科教育に大きな影響を与えたと思われるトマス・クーンの「科学革命の構造」に基づいて検討してみることで、この文章の意味を自分なりに読み取っていきたい。

　そのために、まずその考察の前提となる「知識観」の変遷について、簡単に確認しておきたい。

イ）実証主義の考え方

　構成主義以前に唱えられていた実証主義の基本的な考え方は、「現実は人と独立していて世界に存在している」というものである。つまり、「科学」で言うと、一定の方法に基づいた観察や実験を行い、結果を分析することで、**自然界に潜む「真実（真理）」を見つけ出すことができる**、という考えである。そして、この見つけた「真実（真理）」を人間の「こころ」に正確に写し取ったものを、「知識」と考える。という捉えである。

　これは学習指導要領解説文頭の「科学の理論や法則は科学者という人間と無関係に成立する、絶対的・普遍的なものであるという考え方」と言えるだろう。そして、学習指導要領では、この実証主義に基づいた考え方が現在変化してきているという展開だが、ではこの考え方は頭から間違った劣った考え方かというと、必ずしもそうは言えないのではないかと思える。実は自分も、そして誤解を恐れずに言えば自分と同年代かまたはさらに上の世代の方々（教師も含めて）の多くも、**「科学の真実（真理）」**とはそのようなものと考えていたのではないだろうか？

　この実証主義的な考え方は決して愚かな考え方ではないことは、それが出てきた事情を見ても納得できるだろう。実証主義が生まれる前、人間の思考を考えてきた19世紀後半の「心理学」では、「内観法」と呼ばれる被験者に直接尋ねる方法を行っていた。しかしその方法の「主観性」が問題視され、客観的な心理学を求めて提唱されたのが、この「実証主義（行動主義）」だった。その実証主義的科学観によれば、「現実は人と独立していて世界に存在している」ということになる。つまり、**自然の中には、観察する人間とは独立した「事実（真実）」が存在している**、という考え方であり、その意味では「客観的」であり「科学的」

でもあったと言えるのではないだろうか。

　この実証主義に支えられた教育は、与えられた明確な目標に向かって効率を上げて発達を進める近代社会の教育として、社会の発展に大いに寄与したと言える。誰もが認める「事実」としての真理が自然の中にはあるのだから、それを見つけるためにひたすら効率的に研究を進めていけば、いつかは「真理」が明らかになる、という考え方である。

　しかし、21世紀になり、「複雑性、不確実性、多様な価値の時代」を迎え、これまでの「実証主義」では立ちゆかなくなり、「構成主義」の考え方が次第に必要になってきたのである。

ウ）実証主義から構成主義へ、構成主義の考え方と「実証性や再現性、客観性」

　久保田賢一氏によれば、構成主義学習論のポイントは次の3つである[21]。

①学習とは、学習者自身が知識を構成していく過程である。

②知識は状況に依存している。そして、置かれている状況の中で知識を活用することに意味がある。

③学習は共同体の中での相互作用を通じて行われる。

　これらを読むと、「知識は学習者が構成されたものとして捉え、それを学習者同士の相互作用の中で作り出す」という、今回の「主体的・対話的で深い学び」に通じることが分かる。そして、この考え方から捉えた「科学」とは、上記文章にある「科学の理論や法則は科学者という人間が創造したものである」というものだろう。

エ）「科学」から「科学的」へ

　そして、その「科学」を創造した「科学者という人間が公認し共有する基本的な科学の条件が、実証性や再現性、客観性などである。」ということになる。つまり、①で述べた「科学」が成立する条件が、②以下に書かれている「実証性や再現性、客観性など」と言える。

　では、この実証主義から構成主義へのつながりから「科学」及び「科学的」の意味を考えてみたい。以下、「科学哲学（オカーシャ著）[22]」を参考に考えていく。

　同書によれば、上述のように、元々実証主義は、内観法などの主観的な方法から、より「客観的な方法に基づく考え方」として出されてきた。その典型的な対象が、客観的な方法や考え方により大いに発展してきた物理学に代表される「科学」だった。ところが実証主義者たちは、その科学の「発見の文脈」と「正当化の文脈」とを明確に区別し、「発見の文脈」を「主観的・心理的プロセス」と考え、「正当化の文脈」を客観的な論理の問題と考えた。そして同書では続けて「論理実証主義者なら、仮説にどうやってたどりついたかは重要ではないと言うだろう。いわく、大事なのはすでに得られた仮説がどうテストされるかである。なぜなら、それこそが科学を合理的な活動たらしめるものだから（同書P100、下線筆者）」と、書かれている。

　つまり、実証主義的な科学観では、ある課題があるとしたら、その課題に対して考える「予想や仮説」が、どのようにして生まれてきたのか？という「発見の文脈」は、外からは見えない「主観的・心理的プロセス」だとして扱わず、出された「予想や仮説」が正しいかどうかの、目に見える検証に当たる「正当化の文脈」こそが重要で、それを扱うということである。なぜならそこにこそ"目に見えるものだけを扱う"「科学」の「科学たる合理性が

ある」という考え方だからである。この「科学たる合理性」こそが、論理実証主義者の言う「仮説のテスト」であり、学習指導要領で言う、観察や実験における「実証性や再現性、客観性」に当たるように思える。

このように見てくると、この考え方は一見すると正しいように思えるし、このようにして捉えた「実証性や再現性、客観性」が「科学」の特徴、または「科学である条件」（「科学的」ではなく「科学」としている点に注意）のようにも思える。

しかしこの論理には大事な前提がある。それは、「予想や仮説」が正しいかどうかの検証は、『「理論」と「観察や実験事実」とは独立していて、「理論」と「観察や実験事実」の対比によって「正しい結論」が出される』という実証主義の基本的な考え方に立つということだ。これを覆したのがクーンの「科学革命の構造[23]」だった。

オ）クーンの「科学革命の構造」

クーンの「科学革命の構造」に関して、自分にはきちんと解説する力量も紙数もないが、今の議論に関係する部分に関して、自分なりの理解に基づいて簡単に述べたいと思うが、そこに大きな間違いはないと考え、論を進めたい。

クーンと言えば「パラダイム」の概念で有名である。おおまかに言えば科学におけるパラダイムとは、「その時点で科学者共同体が共通して受け入れている科学の考え方で、理論上の基本前提」と言えるだろう。例えば「天動説」も、それが信じられていた時代の、宇宙を捉える「パラダイム」だったと言える。

そのパラダイムの中で進展していく科学が「通常科学」と呼ばれているが、それが進展していくうちに、どうしてもそのパラダイムの中では説明できなくなって、新しいパラダイムに変わるのが「パラダイムの変換」である。例えば「天動説」から「地動説」に変わるのが「パラダイムの変換」であり、それが「科学革命」と呼ばれる。つまり、科学の考え方が基本的に変わってしまう（だから革命）のである。「科学革命」における「パラダイムの変換」を簡単に書いたが、実は事実はそう簡単に変わるのではなく、例えば「天動説」にしても、それではうまく説明できない観測事実が出てきても、何とか今のパラダイム（天動説）の中で説明しようと、様々な工夫や改良が行われてきた経緯がある（周転円の考え方など）し、実際それで説明できてきた事実もある。当時の観察記録との整合性を見てみると、周転円の考え方などを駆使して綿密に「工夫・改良」された天動説の方が、誕生間近の厳密性に欠ける地動説より観測結果に合っていたという記録もあるようだ。しかし、新たな観察記録も加わり、次々と周転円のような複雑な動きを想定していく必要が出てきて、「天動説のような複雑な考え方よりも、より単純で分かりやすい地動説の方が扱いやすい」という考え方が次第に多数を占めるようになってきて、「パラダイムの変換」が起こったのではないだろうか？この例からも分かるように、「理論」と「観察や実験事実」とは決して独立しているとは言えないことは明らかである（天動説と地動説にしても、少なくとも最終ゴールに達するまでは観察や実験事実では決着がつかなかった）。つまり、「理論」と「観察や実験事実」は、「このような観察や実験記録は、このような理論でしか説明がつかない。」といったような１対１の独立した関係ではなく、そこにはその観察者（科学者）が、どのような「考え

方、理論（パラダイム）」に基づいて観察や実験結果を「見ているか」という立ち位置によって、結果の解釈が異なってくるということである。極端な言い方をすれば、**観察者がどのような理論（パラダイム）に立った「見方（思い込み）」をしているかという「主観」によって、「結果（解釈）」が異なってくる**ということである。また、自己が属するパラダイムと食い違うような実験結果が出ても、パラダイムが違っているのではなく、自分の実験方法や観察結果の分析や精度に間違いがあったのではないかと考えがちでもある。これは科学の精神から考え、決して責められることではないだろうが、これもパラダイムの変換を妨げる要因の一つとなる。以上を簡単に言えば、**「観察結果や実験事実」は客観的なものではなく、それを「見る」人間の「（予想や仮説の基ともなる）考え方や捉え方」によって「異なった結果」として解釈される**、ということだろう（異なる考えの色のメガネで見ることで、同じ事象でも人によって異なった色に見える）。これは、"「予想や仮説」が正しいかどうかの検証は、「理論」と「観察や実験事実」とは独立していることから、その対比によって「正しい結論」が出ることで可能である"という実証主義の考え方を覆すものである。

　このように見てくると、「科学革命の構造」は、イ）で考えた、"「予想や仮説」を思い付く部分は「主観的・心理的プロセス」だから扱わず、出された「予想や仮説」が正しいかどうかの検証に当たる「正当化の文脈」こそが重要で、それを扱う所にこそ「科学」の「科学たる合理性」、つまり観察や実験における「実証性や再現性、客観性」がある"という実証主義の考え方を覆したと言えるのではないだろうか。

カ）「科学革命の構造」から考える「実証性や再現性、客観性」

　以上の考察を頭に置きながら上記の「平成11年学習指導要領解説理科編」を再度読んでみると、"まず、「科学的な」のうち「科学」について考えてみよう。"から、"この考え方によれば、科学はその時代に生きた科学者という人間が公認し共有したものであるということになる。"までの①部分は、まさに構成主義的な考え方に立った「科学」の捉え方であり、「科学革命」における「パラダイムの変換」に基づいた考えと言えるだろう。

　そのように考えれば、その後②以降に書かれている「科学者という人間が公認し共有する基本的な条件が、実証性や再現性、客観性などである。」の説明は、この「科学」が「科学として成立するための条件」ということになり、「科学自体」の説明ではないと言えるのではないだろうか？

　つまり、ここで出されている「実証性や再現性、客観性」は、実証主義的に考える理科（科学）の**「真理」を担保するものではなく**、「理科を学ぶ子ども達（人間）が、自分たちが創り上げてきた理論や法則を公認し、共有できる、**共通理解のための必要条件**」だと言えるだろう。（そもそも「真理」というもの自体があるかどうかは別として。それについては後から考える）。

　つまり、同じ「実証性や再現性、客観性」という「科学」に特徴的な検証のための条件の捉えも、実証主義と構成主義とでは、その捉え方に大きな違いがあると考えられる。

　では、このような「科学」や「科学的」に関する捉えは、ここで突然に出てきたのだろうか？その視点でもう一度、平成元年の学習指導要領に戻って見てみると、以下の文章が目に

留まった。

> 　また、「科学的な」見方や考え方と表現されているのは、合理的で実証的であるかどうかという観点から吟味された見方や考え方であるということの意味である。つまり、見るとか考えるとかいうこと自体は主観的な性格をもった活動であり、それをより一般的に承認されるかどうか、より普遍的でしかも実証性をもつかどうかといった角度から考察し吟味を加える必要があるということである。
>
> 　　　　　　　　　　　　　　（平成元年学習指導要領解説理科編 P14、下線筆者）

　ここでは、見方や考え方のもつ「主観的部分」を、合理的で実証的であるかどうかという観点から吟味することで、「より普遍的で実証的な見方や考え方」にしていくことが「科学的」である、と述べられている。

　これまでの考察を基に考えれば、この「主観的部分も含めた自然の捉え」が本来の「科学」の捉え方であり、それを「より普遍的で実証的な見方や考え方」にしていくことが「科学的」であると読める。

　最初に書かれている「科学的な見方や考え方」は、理科で求める「目標」であり、これを「科学」自体と捉えたい。言葉を変えればそれは「自然観」や「科学観」と言えるものではないだろうか？それには勿論子どもの「主観的部分」も含まれており、その捉え方が「科学的かどうか」を検証するのが「合理的で実証的であるかどうか」や「より普遍的でしかも実証性をもつかどうか」といった角度からの考察や吟味だろう。これは、「主観的部分」を、"「予想や仮説」を思い付く部分は「主観的・心理的プロセス」だから扱わない"と捉える実証主義的な考え方とは違い、構成主義的な捉え方をしていることが分かる。

　つまり、この平成元年度から目標の中に「科学的な」が再び明記されたことからも分かるように、ここから「科学的とはどのようなことか？」と、改めて問い直す動きが出てきたのではないかと思われる。

　しかもここでは、上記の検討から分かるように、これまで「科学的な見方や考え方」としての「科学」として「ひとまとめの捉え方」をしていたのを、「（科学的な）見方や考え方」という目指す「科学」と、それを担保するための「科学的」との関係から明らかにしようとする動きが出てきたと言えるのではないだろうか。

　そして、それを受けた平成11年版に出された「実証性や再現性、客観性」は、その後、今回の学習指導要領まで継続して掲載されてきた。

　自分もこれまで、この「科学としての条件」の大切さは意識してきたつもりだったが、ここまで学習指導要領の変遷を改めて検討してきた経緯を振り返ると、この「実証性や再現性、客観性」を、**「科学的手続きとしての正しさを判定する条件」**という捉えから扱っていたのか、または**「科学的真理としての正しさを判定する条件」**として扱っていたのかが曖昧だったように感じる。そして、その意識の違いや迷いは、日頃の授業における、子ども達への物言いや対応にも現れていたのではないかと反省させられる。

構成主義の考え方や、その中でも特に理科に関係するクーンの「パラダイム変換」による「科学革命」の考え方などは、一見すると小学校の理科教育には直接関係しないようにも感じられるし、その論の中には現在も物議を醸している点も確かにあるが、このように見てくると、決して日頃の理科の授業に無関係なものではなく、そのような視点で教材研究することの重要性や、何よりそのような考え方を基本に子ども達に接するのとしないのとでは、例えば1年間の授業においても、その影響はとても大きいのではないかと思うがどうだろうか？なお、このような考え方に基づく具体的な教材研究については、この後、第Ⅳ部でいくつか考えてみる。

キ）「気付きや予想、仮説」段階の学びをどう考えるか？

　このように見てくると、科学の捉え方が実証主義から構成主義へと変わってきたことが分かるが、確認したいのは実証主義が、「予想や仮説」がどのようにして生まれてきたのか？という「発見の文脈」は「主観的・心理的プロセス」として扱わず、その検証部分のみを対象にしてきたという点である。そして、構成主義的な考え方になり、その「検証」が、「実証性や再現性、客観性」だと考えてきたと思える（P123「科学たる合理性」こそが、学習指導要領で言う、観察や実験における「実証性や再現性、客観性」に当たるようにも思える。）点である。

　つまり、**実証主義における「実証性や再現性、客観性」は「真理の担保」であり、構成主義における「実証性や再現性、客観性」は「共通理解の条件」、と言うことができる**のではないだろうか。改めて、同じ言葉でも意味が異なっていることに注意したい。

　この捉えを基に考えたいのは、では実証主義では扱わなかった「発見の文脈」、つまり「気付きや予想、仮説」段階の学びをどう考えるかである。そこで平成11年の本文を見てみると、"人間の考えた仮説は、最初は主観的なものであるので、観察、実験などを通して、その妥当性を検討する必要がある（本書P120）。"という文章から再現性、客観性の説明に入っている。ここをどう考えれば良いだろうか。

　自分は、「最初は主観的なものである」という文章の真意は、「最初は個々の捉え方の違いにより捉え方がそれぞれ異なる"正確ではない"もの」、というような否定的な意味ではなく、ここには「個の捉えを尊重する」という前向きな気持ちが表れているのではないかと感じる。つまり、**主観からの出発を忘れてはいけない**ということである。なぜなら、そこから出発して構成主義的に捉えた「実証性や再現性、客観性」を経て得た「理論や法則」も実は絶対的なものではなく、その意味では「その学習集団（時代）の**"主観的な"共通理解**」と言えるからである。

　つまり、**「学びは個々の主観的な捉えからしか出発できず、それが集団として共通する主観的な捉えとして共通理解されることが学びである。」**と考えられるのではないだろうか。

　更に言えば、現在の科学の「理論や法則」も、「今の時代の**"主観的な"共通理解**」と言えるだろう。逆に言えば「主観的なもの」＝「正確ではないもの」という捉えは、「実証性や再現性、客観性」は「真理の担保」であり「正確なものを見付ける手立て」という実証主義的な誤った捉えにつながると言えるだろう。

※これに関して、「納得解を求める」と「正解を求めない」について、後程 11.「納得した理解」の捉えの確認（P381）で検討したい。

このように考えれば、「実証性や再現性、客観性」も単なる機械的な「検証方法」ではなく、**「主観的な捉えの共通理解としての検証方法」**と考えるべきであり、したがってそこから子供たちの「科学としての」豊かな考えや追究が生まれてくるように取り組むことが大事であり、そのように考える子供たちを育成していくべきと考える。

この「実証性、再現性、客観性」における、「客観的」であり、しかも「主観的」でもあるという捉えが、P116 で疑問となった、「論理的、客観的なとらえ」という「客観性」と、「（人間、子供）による自然の捉え」という「主観性」は、どのように両立するのだろうか？という課題に対する自分の回答である。

この後も、「実証性、再現性、客観性」に則って考える「科学的」と、そこから得られる「人」の「主観的」ともとれる「科学」の捉えについて考えていきたい。

そのように考えて改めて平成 11 年の学習指導要領解説を読むと（本書 P120）、例えば「観察、実験などによって仮説を検討できるという条件が実証性である。」とある。つまり「実証性」とは、単に結果がどうなるかという「事実」を検証するだけではなく、それが「考えた仮説通りかどうか」を調べるという、極めて主体的な取り組みとも考えられるが、まだそこまで明確には述べてはいないようにも思える。

ク）改めて実感する「主体性」の大事さと今後の課題

ここまで事ある毎に、その大事さを実感してきた「主体性」だが、「学びの出発点、そしてゴールとしての主観的な捉え」の大事さに気付いた今、実証主義では扱わなかった「発見の文脈」、つまり「気付きや予想、仮説」段階の学びも含めて、その重要性を改めて感じる。

このように考えてくると、改めて**「科学する（学ぶ）スタートは、個の主体性から」**という捉えが大事ではないかと考える。この「主体性」を大事にするという考え方は、今回の総則の考察からここまで見てきた中でも繰り返し出てきた一貫した考え方だが、「科学」を扱う理科という教科の特性から考えてもその重要性が更に明らかになってきたと思える。

その意味では、11 年段階ではそこまで主体性の重要性（「実証性や再現性、客観性」につながる意味での）は明確ではないと思われるが、この段階での検証場面に限った「実証性や再現性、客観性」の重要性に、この後、「主体性」がどのように関係していくかは注目すべき観点だろう。

〔「子供の素朴概念や予想、仮説などを大事にする理由」を改めて考える〕

学びの主体性の大事さを知り、子供主体の理科学習を大事にする授業者は、子供が元々持っている「素朴概念（その多くは間違っている）」や、学習課題に対する「予想や仮説」を大事にするだろう。

それは、その素朴概念や予想、仮説が「学びの出発点」になり、また学びへの意欲付けともなるからだろう。素朴概念などは学習後、その変容に気付いて、「自己の学びの足跡（認識の変容）」を捉える重要なものともなる。そのような意味で、「子供の素朴概念や予想、仮説」などを大事に

考えていくことは間違いではないし重要でもあると思える。

　しかし、それらを「子供が正しい結論を意欲的に導き出すためのきっかけや動機付け」としてしか捉えていないとしたら、それは限定的な捉え方と言えるのではないだろうか。なぜなら、そのような捉え方の根本には、「自然の真理」としての「正解」があり、それを獲得させるための「きっかけや動機づけ」としての素朴概念や予想、仮説があるという考え方があるのではないかと考えられるからだ。

　ここまでの議論から、自然の中に厳然とした「真理」があり、それを見付ける（気付かせる）ことが理科の学びだ、ということではなく、あくまで「自己（人間）の捉え方」を、「実証性、再現性、客観性」に基づいて「共通理解できるもの」として改善し、より明らかにしていくことが、「理科」としての営みと考えられる。

　そう考えれば、最初の「子供の素朴概念や予想、仮説などを大事にする理由」は、その後の学習への意欲付けのためだけではなく、「実証性、再現性、客観性」に基づいて「共通理解できるもの」として自ら明らかにしていく「出発点」だからだと考えられる。

〔子供に根強くある素朴概念の例と、その活用の重要性〕

　よく知られている子供の素朴概念には、「重い物ほど速く落ちる」や、「飛んでいるボールには、その方向に力が働いている」等がある。

　少し前の調査だが（1998年）、児童生徒に行った以下の興味ある意識調査がある[24]。

〔河川地形についての児童生徒の意識調査〕

①「川の上・中・下流付近の地形の特徴について」

・同じ石川県内でも、河川形態が異なる加賀地区と能登地区とでは、そこに住む児童の持つ川の地形のイメージがかなり異なっていた。

→大きな川が流れる加賀地区では、教科書のような上・中・下流の河川の特徴が見られるが、山が低く流れが緩くて短い能登地区では、上流でも田んぼの用水のような流れである。地元の特徴を掴んだ上で、他地域との比較から河川の特徴や働きに気付かせることが大事。

②「下流にある砂は、どこでどのようにしてできたか？」

・下流に砂が多い理由を、川の力（水力、速度）の変化に関係付けて説明できる児童は4割。上流の大きな岩が、下流に行くにつれて少しずつ削られて小さくなったと考える小学生が6割いる。

→（①、②に対して）地元の河川の特徴を大事にしつつ、他の地域との比較も取り入れたり、上流にも砂があることや、砂防ダムの存在にも気付かせるべきである。

③「河岸段丘は、どのようにしてできたか？」

・河岸段丘は、上流が隆起して急になってできるので、海面が低下してもできない、と答えた中学生が6割いる。

→実際は海面変動の場合が多い。その結果、下流から河岸段丘が形成されていく様子の紹介などが必要と思われる。

⑤ 「科学的な」の検討〜前回（平成20年）の目標と今回の目標との比較検討〜

　ここまでの11年改訂における「科学的」の考察を元に、それ以降から前回までの捉え方をまとめておく。検討する観点は、「主体性」との関係である。

　平成20年（前回）の目標

〔平成20年（前回）の教科目標〕
　　自然に親しみ、見通しを持って観察、実験などを行い、問題解決の能力と自然を愛する心情を育てる
　　①→前文　　　②→前文　　　③→前文、(1)(2)　　　③→(2)　　　④→(3)
　　とともに、自然の事物・現象についての実感を伴った理解を図り、科学的な 見方や考え方を養う。
　　　　　　　⑤→前文、(1)
　　　　　　　　　　　　　　　（平成20年学習指導要領解説理科編 P7、本書 P112 再録、下線、加筆は筆者）

　目標における「科学的な」の表現は「科学的な見方や考え方」で、前回の11年と同様である。前回からの変更は「実感を伴った」が入ったことだが、これについては3. 3つ目の「資質・能力」について（P209）で改めて考えることにして、ここでは「科学的な」の考察を進める。そこで解説を読むと、以下のような文章がある。

　　科学とは、人間が長い時間をかけて構築してきたものであり、一つの文化として考えることができる。（中略）
　　科学が、それ以外の文化と区別される基本的な条件としては、実証性、再現性、客観性などが考えられる。「科学的」ということは、これらの条件を検討する手続きを重視するという側面からとらえることができる。

　　　　　　　　　　　　　　　　　　　（平成20年学習指導要領解説理科編 P10、下線筆者）

　ここで注目されるのは**「科学とは一つの文化として考えることができる。」**という表現である。「科学」に対して「文化」という言葉は、この時初めて出てきた。おそらくこの表現は、前回（11年）の、「科学の理論や法則は科学者という人間が創造したものである（下線筆者）」という物言いから来たものだろう。広辞苑（第五版）によれば、文化とは「人間が自然に手を加えて形成してきた物心両面の成果。衣食住をはじめ技術・学問・芸術・道徳・宗教・政治など生活形成の様式と内容を含む（下線筆者）。」とあるように、一般に文化とは人間が創り出した、とても人間っぽいものと考えられる。一方科学は、「客観的で、その内容に人の介在はない」と一般的には捉えがちでもある。しかし、ここまでの議論から考えると、「科学は文化だ」という捉えは、「科学も所詮は人（科学者）によって形作られてきたものだ」という平成11年改訂の立場から考えれば理解できるし、「人間が作った」という意味の「文化」という言葉をここで使ったのも納得できるだろう。反面、このような「文化」という語句にまとめてしまうことで、平成11年改訂で語られた「科学」の持つ意味（P120）、つまり「科学の理論や法則は科学者という人間と無関係に成立する、絶対的・普遍的なものであるという考え方から、科学の理論や法則は科学者という人間が創造したものであるという考え方に転換してきているということである。この考え方によれば、科学はそ

の時代に生きた科学者という人間が公認し共有したものであるということになる（P120）。」という意味での「文化」という捉え方が、却って伝わりにくくなることも懸念されると思われる。

　それはともかく、かつて「科学の内容や結果に人の介在はない」と考える根拠となっていた科学の「実証性、再現性、客観性」は、実は「自然の真理に近づく条件」ではなく、「その集団（時代）の共通理解の必要条件」だという捉え（P124）から、この「文化」という言葉が来ているのだろう。

　以上から、平成20年の改訂では、「科学」の捉えを「文化」という一つの言葉で表現したことで、その性格付けをより明確化しようとしたと言えるだろう。

　一方、自分は「実証性、再現性、客観性」を「その集団（時代）における、『科学的』の共通理解の条件」としての単なる「検証方法」と割り切って考えることには疑問を感じ、自分なりの捉えを示していた（P127）が、その疑問に関しては、11年改訂を検討しても、あまり進展はなかったように感じる。

　そこで、ここまでのまとめを以下に書き、第2節では、「科学的」における、「実証性、再現性、客観性」という条件の重要性と、これまで「学び」を考える上で重要と考えてきた「主体性」との関係を意識しながら、今回の平成29年改訂の内容を具体的に見ていくことにする。

〔これまでの理科の教科目標のポイントである「主体性」と「科学的」〕

〜昭和43年改訂からの教科目標の変遷を踏まえて〜

・今回の「自然に親しみ、理科の見方・考え方を働かせ、見通しをもって」から始まる教科目標の書きぶりは、学ぶ子どもの主体性を何よりも大事にしていることを示していると考えられる。

・そして、この育てたい「学びに向かう力・人間性」と、「知識・技能」、「思考力・判断力・表現力等」という三つの資質・能力は、「見方・考え方」の二つの側面により、互いにつながり合っていると考えられる。

・「見方・考え方」の二つの側面とは、"見方・考え方は子ども自身の中から出てくる"という主体的な面とのつながりという側面と、"理科的な見方・考え方"という、「知識・技能」、「思考力・判断力・表現力等」という、教科の内容に関係する面とのつながりを示すという二つの側面である。この二つの側面に関係した「見方・考え方」が、この三つの資質・能力を、子ども自身の中で互いに融合させていると考えられる。

・理科の学びを考えるに当たって最も大事と考えられる「科学」と「科学的」については、「科学的」が目標に入った昭和43年改訂からの教科目標の検討から、目標には現在の資質・能力の三観点の出発点になる考え方が含まれており、そこには「子どもが知識を獲得していくプロセス」として、現在の学習指導要領の「習得、活用、探究」という獲得のプロセスの重要性につながる「学習観」が見られた。そして、深める「自然認識」とは、自然という対象をもとにして、子どもが認識していくことと考えられる。

・以上から考えれば、「科学」とは、「（人間の、子どもの）自然の捉え」によって捉えられた「自

然認識」と考えられる。そして「主体的」と深いつながりがあると考えられる。

・平成 11 年版の学習指導要領では、「科学」の捉え方を、上記の<u>「（人間の、子どもの）自然の捉え」によって捉えられた「自然認識」</u>という捉えを、「科学の理論や法則は<u>科学者</u>という人間が<u>創造したもの</u>であるという考え方に転換してきている」と、構成主義的な考え方の上に立ってより明確に示し、その「科学」を「人間が<u>公認し共有する基本的な条件が、実証性や再現性、客観性などである。</u>」と、「科学的」になる条件を挙げている。

・このような、「人間が創造したものとしての科学」に取り組むための「科学的」条件として、「<u>実証性や再現性、客観性</u>」が必要になるという両者の関係が大切になってくる。

・このような関係性は、その後今回の学習指導要領まで継続して掲載されてきたが、43 年改訂以来からの、「実証性や再現性、客観性」は、何れも「人間の捉え」によるものだという捉えを忘れてはいけないだろう。また、「実証性や再現性、客観性」は単なる「科学的かどうかを<u>機械的に判定する条件</u>」ではないことに注意したい。つまり、「実証性や再現性、客観性」を単なる「検証方法」と捉えるのではなく、「科学」としての、人間の持つ「自然観」とつなげて考えることで、「実証性や再現性、客観性」の検証は、単なる機械的な取り組みではなくなってくるだろう。

・このように「科学」と「科学的」を捉えた結果、今回まで使われている「実証性や再現性、客観性」は、実証主義的に考える理科（科学）の**「真理」を担保する条件ではなく**、「理科を学ぶ子ども達（人間）が、<u>自分たちが創り上げてきた</u>「科学」の理論や法則を公認し、共有できる、**共通理解のための条件**」だと言えるだろう。同じ言葉でも意味が異なっていることに注意したいし、このような「科学」と「科学的」の意味と関係性からも、**「科学する（学ぶ）スタートは、個の主体性から」**という捉えが大事だということを再確認したい。

・今回の学習指導要領にも「科学は文化だ」という表現があるが、そこに含まれる「人間が作った」という真の意味を、再度平成 11 年改訂に戻って確認することが大事だと思われる（これについては後程更に検討する）。

第 2 節　理科の目標及び内容

　ここからは、いよいよ今回の平成 29 年度の学習指導要領理科の目標及び内容の分析と考察を行う。

1．平成 29 年の目標

〔今回の教科目標〕
　自然に親しみ、理科の見方・考え方を働かせ、見通しをもって観察、実験を行うことなどを通して、自然の事物・現象についての問題を 科学的に解決する ために必要な資質・能力を次のとおり育成することを目指す。

（1）今回と前回までの「科学的」

　P111 に掲載した今回の目標を再掲したが、ここには「科学的に解決する」という文言がある。これまでの「科学的な見方や考え方を養う」というフレーズと異なる形になったのは、形式的には、今回の学習指導要領全体が「見方・考え方」を共通して使うことになり、それを働かせることによって資質・能力を育成し、科学的に解決するという目標になるという事情から来たのだろうと考えられる。

　しかし「目標」との関係を見てみると、前回の「科学的」が、「見方や考え方」が包含している「方法や手続きと、それによって得られた結果及び概念」全体を指すことで“「見方や考え方」を科学的に養うことが目標”とあることから、「結果及び概念だけでなく、方法や手続きも科学的に養う」ことが目標だったということが分かる。

　一方ここまでの自分の考察では、「科学」と「科学的」とは異なっており、「実証性、再現性、客観性」を検証する「方法や手続き」は「科学的」で、「結果及び概念」は「科学」である、と捉えてきた。

　この捉えに立てば、この「科学的」と考えられる「方法や手続き」と、「科学」と考えられる「結果及び概念」を、共に「科学的に養う」と一つの「目標」と捉えてきた、或いは表現してきたこれまでの表記に問題はなかったのだろうか？そこで、これまで考えてきた「科学」と「科学的」の捉え方を再度確認しながら、自分の捉えを再検討してみることにした。

（2）「科学的」の真の意味

　これまでの理科が昭和 43 年改訂から大事にしてきた、構成主義的な考え方の上に立って考えると、**「実証性、再現性、客観性」に則って考えることが「科学的」であり、そのようにして考えることが、自然の事物・現象を捉える方法としての「共通理解の必要条件」と言うことができる**（P130 のまとめ）。

　ただし、その「実証性、再現性、客観性」は、「科学的」かどうかを見極める単なる機械的な手続きかと言われればそうではなく、それは、考えている「学習集団（時代）の**“主観的な”共通理解」に基づく手続きと言えるのではないだろうか。なぜなら、「実証性、再現性、客観性」を検証する際には、検証する人の「主観的な捉え（考え方、自然観など）」が**検証に影響してくるからである（P127）。

　例えば天動説、地動説の論議でも書いたように、天動説という「科学」の考え方に立てば、天体の運動は、それなりに「実証性、再現性、客観性」に基づいた現象として「共通理解」ができることを述べてきた。したがって「実証性、再現性、客観性」は、真理を担保するものではないと言える。

このように考えれば、「実証性、再現性、客観性」も「科学的かどうか」を検証する単なる機械的な「検証方法」ではなく、検証する人（社会）の、「科学」としての**「主観的（社会的）な捉えの共通理解に基づく検証方法」**と考えるべきであり、だからこそ、その検証結果から人（社会）の捉えとしての「科学」の豊かな考えや追究が生まれてくるのではないかと考えられる。

　このように考えてくると、結論としては、「科学的」とは「実証性、再現性、客観性」に基づいて検証していく「手続き」だが、そこには検証する人（社会）の「科学」の捉え方が影響しており、このような「科学」と「科学的」の関係が大事ではないかと考えられる。

　この考えの上に立つと、前回までの理科にあった"「見方や考え方」を科学的に養うことが目標"という表現、つまり、「方法や手続き」と「結果及び概念」を共に「科学的に養う」という表現は、「方法や手続きと、それによって得られた結果及び概念」の双方ともに、検証する人（社会）の「科学」の捉え方が影響していると捉え、その意識を持って養っていく、と考えれば良いのではないかと思える。

　そう捉えれば、これまでの目標の表現と、自分が今回捉えてきた「科学」と「科学的」の関係も矛盾していないと考えられる。

(3) 今回の「科学的に解決する」を考える

　それでは以上の考察を元に、今回の「科学的に解決する」を考えてみる。前回は、「科学的に」という条件はあるものの、目標はあくまで「見方や考え方（「方法や手続き」と「結果及び概念」）」の育成、つまり今回の、「見方・考え方」と「資質・能力」を養うことと考えられるのに対して、今回は、"問題を科学的に解決するために必要な資質・能力を育成することを目標"とあるように、資質・能力の育成は勿論目標ではあるものの、その育成は、最終的な「科学的に解決するために」だと明確に書かれている。前節のまとめにも書いたように、**「科学する（学ぶ）スタートは、個の主体性から」**という捉えが大事だと考えれば（P130）、「科学的に解決する」を明確に示したことで、より「科学的な解決」を児童がすることが、最終的な目標としてより明確化され、重要視されているように思える。

　勿論、前回の「見方や考え方」も「科学的」ではあろうが、ここからはこれまで「科学的」の重要性を考えてきた自分のこだわり過ぎた解釈かもしれないが、前回は、「見方や考え方」の育成が最終的な目標だったのに対し、今回は「科学的に解決できる」ことこそ（それは子供が主体的に解決するということでもある）が最終的な目標と明確に示し、そのための三つの資質・能力の育成が大事と、より「科学的な問題解決」の意味を明確にし、同時に重視しているように思われる。つまり、三つの資質・能力の育成により、子供自身が「科学的に解決できる」ことこそが最終的な目標ということである。それは、より、子供自身による主体的な「問題解決」の重要性を言っているように感じるのだがどうだろうか？これについては、後程もう一度考えてみる。

(4) 今回の「科学的」の検討…目標の解説に、取り組みのための「手立て」まで書かれている理由

それではこの「科学的」を、今回の学習指導要領では実際にどのように捉えているのか、該当する部分を読んでみる。

○「自然の事物・現象についての問題を科学的に解決する」について

　児童が見いだした問題を解決していく際、理科では、**「科学的に解決する」**ということが重要である。…①新しく入った。

　科学とは、人間が長い時間をかけて構築してきたものであり、一つの文化として考えることができる。（中略）…②前回と同じ。

　科学が、それ以外の文化と区別される基本的な条件としては、実証性、再現性、客観性などが考えられる。（中略）…③前回と同じ。「科学」の捉え方（条件）を述べている。

　「科学的」ということは、これらの条件を検討する手続きを重視するという側面から捉えることができる。…④前回と同じ。「科学的」の捉え方を述べている。つまり、**「問題を科学的に解決する」**ということは、自然の事物・現象についての問題を、実証性、再現性、客観性などといった条件を検討する手続きを重視しながら解決していくということと考えられる。…⑤「（科学的に）解決する」部分の解説で、今回新しく加わった。このことで、「条件を検討する手続きを重視しながら解決していく」という「解決に向かう手続き」、つまり解決に向かう過程自体も目標に含まれていることが分かる。これが以降の「主体的で対話的な学び」の導入につながると考えられる。

　このような手続きを重視するためには、⑥**主体的で対話的な学び**が欠かせない。児童は、問題解決の活動の中で、互いの考えを尊重しながら話し合い、既にもっている自然の事物・現象についての考えを、少しずつ科学的なものに変容させていくのである。

　さらに、児童は、問題を科学的に解決することによって、一つの問題を解決するだけに留まらず、獲得した知識を適用して、「理科の見方・考え方」を働かせ、新たな問題を見いだし、その問題の解決に向かおうとする。この営みこそが問い続けることであり、自ら自然の事物・現象についての考えを少しずつ科学的なものに変容させることにつながるのである。そのためには、問題を解決することに喜びを感じるとともに、「知らないことがあることに気付く」ことにも価値を見いだすことができる児童を育成していくことが重要であると考えられる。…⑦獲得した**「理科の見方・考え方」**を働かせて、問い続ける学びこそが、これから求める「学びの姿」ではないだろうか？

（平成 29 年学習指導要領解説理科編 P16、ゴシック書き、下線筆者）

〔文中の留意点を解説しながらの考察〕

　まず文頭で、"児童が見いだした問題を解決していく際、理科では、「科学的に解決する」ということが重要である。"と、自分が「最終的な目標」と捉えた「科学的な解決」が新しく入っている（①部分）。何よりこのことが大事だということだろう。それを踏まえて、今回も前回同様「科学は人間が創り出してきた文化である」という「科学」の捉え方を述べている（②の部分）。

　そして、③の科学の基本的な条件としての「実証性、再現性、客観性など」を挙げ、「科

学的」ということは、これらの条件を検討する手続きを重視するという側面から捉えることができる。と書かれている内容（**④部分**）も前回と同じだが、今回はそれを受けて"つまり、**「問題を科学的に解決する」ということは、**"と、自分が「最終的な目標」と捉えた「科学的な解決」の説明に入っていく部分が加わった。それは、"自然の事物・現象についての問題を、実証性、再現性、客観性などといった条件を検討する<u>手続きを重視しながら解決していくということと考えられる。</u>"とある。

つまり、ここまでの文の構成を大まかに捉えると、<u>人間が創り出してきた文化としての「科学」の課題</u>を、「実証性、再現性、客観性など」という条件で検討することで<u>**「科学的な解決」のできる**</u>ことが、私たちの目指す理科教育の目標ということになるのではないだろうか。

この文意を確認してみると、「科学」の捉え方にしても、「科学的とは実証性、再現性、客観性などの条件を担保すること」にしても、前回と同様なことがわかる。ただ、それを駆使することが「科学的に解決する」ことにつながるという点が新しく書かれた点だろう。それを具体的に書いているのが、以下の**⑤**の部分である。そこでは、**「「問題を科学的に解決する」ということは、**実証性、再現性、客観性などといった条件を検討する<u>手続きを重視しながら解決していく</u>ということと考えられる"とあり、目指す「科学的な解決」には、「実証性、再現性、客観性などといった条件を検討する<u>手続きを重視</u>」していくことが大事だと、「手続きの重視」を述べている。そして、<u>その手続きとして「主体的で対話的な学び」が導入</u>されていると考えられる。

〔**⑥「主体的で対話的な学び」導入の意味**〕

「主体的で対話的な学び」の説明に入る際に、"児童は、問題解決の活動の中で、互いの考えを尊重しながら話し合い、既にもっている自然の事物・現象についての考えを、少しずつ科学的なものに変容させていくのである。"と、理科における問題解決活動の在り方を説明している。これを読むとまず気付くのが、この**問題解決活動の在り方が「主体的」**だということである。

つまり、「互いの考えを尊重しながら話し合い」の「対話的」学びも、「既にもっている自然の事物・現象についての考えを、少しずつ科学的なものに変容させていく」という学びも、共に「科学的に解決する」ための「主体的な学び」と言える。ここに、理科における問題解決活動と「主体的で対話的な学び」の関係が書かれているのではないだろうか？

これまでも課題となっていた（P45）<u>「主体的・対話的で深い学び」はどこから出てきたか？</u>という疑問に対するひとつの答えが、この関係性ではないかと思える（ここに「深い学び」のない理由についてはP142で考える。それは、上記において、"「既にもっている自然の事物・現象についての考えを、少しずつ科学的なものに変容させていく」という「主体的」な学び"と書いたが、それは「深い学び」にも関係するのではないかという疑問にも関係する）。

このように考えてくると、理科では、この「主体的で対話的な学び」という問題解決的な学びによる「科学的な解決」の実現が重要になってくるだろう。

<u>その科学的な解決の過程で、「実証性、再現性、客観性」が効いてくると考えられる。</u>つ

まり、他教科はともかく、**理科で「主体的で対話的な学び」が大事なのは、科学的な解決のための「実証性、再現性、客観性」担保のため**であり、それは「観察や実験結果を基にした**（実証性、再現性）**主体的な取り組みの元、互いの考えを尊重しながら話し合う対話的な学び**（客観性）**によって、既にもっている自然の事物・現象についての考えを、少しずつ科学的なものに変容させていく」という、問題解決の過程が実現することであり、「主体的で対話的な学び」が実現することでもある、と言えるだろう。

　そのように捉えるなら、やはり理科では、（3）でも書いたように、資質・能力の（1）、（2）、（3）を育成することが「最終的な目標」と言うよりは、その育成を通して「自然の事物・現象についての問題を児童が 科学的に解決する 」ことのできることが、最終的な目標と考えられるのではないだろうか？このように書くと、資質・能力の（1）、（2）、（3）が育成できることが、すなわち「科学的に解決できたこと」になるので同じことではないか？と言われそうだが、敢えてこのように書いたのは、（1）、（2）、（3）が個々別々に成されるということではなく、その「総合された姿」としての現れが結果としての「科学的に解決できた姿」という捉えだと考えたい（本来（1）、（2）、（3）が育成できるとは、そのような意味でもあるだろうが、確認のため）し、それができるのは「子供自身」の解決による、という点も強調したいからである。

　つまり、（1）、（2）、（3）が総合した結果として、「科学的な捉え、科学観、自然観のようなものが、子供の中から生まれる学び」として「科学的な解決ができる」という「目標」を確認したかったからである。それについては次の（5）で詳しく考えてみる。

　そして、そのような学びが実現したならば、⑦に書いたように、獲得した「理科の見方・考え方」を働かせて、問い続ける、本当に求める「学びの姿」が実現するのではないだろうか。これについては、（6）でさらに考えてみる。

　このように考えてくると、標題の（4）今回の「科学的」の検討…目標の解説に取り組みのための「手立て」まで書かれている理由、の回答は、これは"手立て"というより、それも含めて「目標」と言う方が良いと考えられるからではないかと思える。なぜなら、ここで言う**「主体的で対話的な学び」という「手立て」は、理科が求めている、「実証性、再現性、客観性などといった条件を検討しながら進める、「科学的な」問題解決活動そのもの」**と言えるからである。

　以上が、今回の学習指導要領の目標の解説に、取り組みのための「手立て」まで書かれている理由と考えられる。

（5）「資質・能力」育成と「科学的に解決する」の関係

　それでは次に、この資質・能力の（1）から（3）が育成できることと、「科学的に解決する」ことの関係について、より具体的に考えてみる。

　例えばある単元で、（1）の「知識・技能」の習得や、（2）の「思考力・判断力・表現力等」の育成という「目標」が実現できたならば、それは結果としてその単元の問題を「科学的に解決した」ことと同義と言えるのだろうか？結果から言えばそう言えるのかもしれない

が、その関係をもう少し具体的に検討したい。

　まずここで留意したいのは、"「科学的」とは、「科学」が重視する「実証性、再現性、客観性など」の条件を検討する手続きを重視する"ということだ。つまり理科においては、この「科学的な問題解決の過程」を「実証性、再現性、客観性などの条件を大切にしながら追究していく過程」を大事にするということであり、ここではその解決の過程が「主体的で対話的な学び」であると言っている。なぜこの過程が「主体的で対話的な学び」の過程となるのだろうか？それは、その下に書かれているように、「問題解決の活動の中で、互いの考えを（**主体的に**）尊重しながら話し合い（**対話的に**）、既にもっている（**自分の、自分たちの**）自然の事物・現象についての考えを、少しずつ科学的なものに（**主体的に**）変容させていく」「**深い学び**」につながる学び活動をしなければ、問題解決できないからである。

　このような学びの過程（手続き）が実現した結果として（1）から（3）の資質・能力が得られ、問題が「科学的に解決」できたと言えるのではないかと考えられる。

　したがって、先に書いたように（1）から（3）の資質・能力が得られれば、確かに「結果として」問題が「科学的に解決」したとは言えるが、そこには問題解決活動としての、「主体的で対話的な学び」という"手続き"が必要になってくると考えられる。

　このように考えてくると、先に"前回は「見方や考え方」の育成が最終的な目標だったのに対し、今回は「科学的に解決できる」ことこそが最終的な目標と明確に示し、そのための三つの資質・能力の育成が大事、と、より「科学的な問題解決」を重視しているように思われる。つまり、**三つの資質・能力の育成により、児童自身が「科学的に解決できる」ことこそが最終的な目標**ということである。それは、より、子供自身による主体的な「問題解決」の重要性を言っているように感じるのだがどうだろうか？これについては、後程もう一度考えてみる（P133）。"と書いたことについての自分なりの答えが出せそうである。

　それは、ここまで考えてきた、理科における「主体的で対話的な学び」とは、「実証性、再現性、客観性などといった条件を検討しながら進める「科学的な」問題解決活動」そのものという考え方に立てば、目標は、その学びの過程（手続き）が実現した結果として、資質・能力の（1）から（3）が得られ、問題が「科学的に解決」できることだと言え、そのような「科学的に解決できること」が、最終的な目標と言えるだろう。

　そのような目で、再度理科の目標を見ると、前回は「科学的な見方や考え方を養う」が目標であり、今回は「科学的に解決する」が目標である。つまり、同じ問題解決に向かうにしても、その目標が、前回は「教師が養う」のであり、**今回は「児童が解決する」**と考えられる点が大きく違うのではないだろうか？（勿論前回までも、児童が最終的に解決することを目指していたことは同じだろうが）

　つまり、三つの資質・能力は育成するが、それを用いて最終的に科学的に解決するのは児童だという目標の捉えがより明確になったと思われ、それが「科学的に解決できること」を最終的な目標として明示した理由ではないだろうか？

　目標の主語が、指導者から児童に変わったと言っても良いのではないかと思える。

　その"児童自身により「科学的に解決できる」"ための、「実証性、再現性、客観性などと

いった条件」を検討しながら進める問題解決活動のために、「主体的で対話的な学び」が必要になってくる、したがってそれも目標に含めた、ということではないだろうか？

　このように、「主体的で対話的な学び」の必要性と共に「科学的に解決するのは児童だ」という「捉え」が今回明確に出てきたことで、平成11年から提案してきた「科学とは人間が創り上げてきた一つの文化と考えることができる」という捉えが、より明確になったと思えるがどうだろうか？

　ここで、繰り返しになるかもしれないが、ここまで考えてきたこれまでの「科学的な見方や考え方」から「科学、科学的」にこだわって考えてきた、今回の「科学的な解決」について、まとめておきたい。

〔「科学」と「科学的」にこだわって考える「科学的に解決する」の意味〕

〜「自然認識」に支えられた「科学的」により創り上げられる「科学（自然認識）」〜

　今回の学習指導要領理科の目標は、「自然の事物・現象についての問題を、科学的に解決する」ことである。

　ここで大事なのは、その「解決」を「児童自身が行う」ことであると考える。

　それは、「実証性、再現性、客観性」に基づく「科学的」な方法や手続きで子供自身が解決を図り、「人間が創り上げた文化」としての「科学」を、自己の「自然認識」として獲得していくことである。その際注意したいのは、「科学的」である「実証性、再現性、客観性」による働き掛け自体も所謂

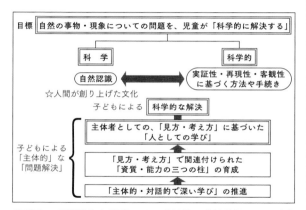

〔目標の「科学的な解決」と、「科学」「科学的」の関係〕

「客観的なもの」ではなく、人間（子供）が、それまでの自己の「自然認識」により捉えたものだということである。つまり、「科学的」という「方法や手続き」も、そこから得られる「科学」としての「自然認識」も、共に「人間の捉えによって、人間が創り上げたもの」だという捉えである。

　そしてこの取り組みにより、これまでの自己の「科学」としての「自然認識（自然の捉え）」を、より「科学的」に変えていくのが、「科学的な解決」であり、「科学の進歩」と考えられる。

　このように見てくると、昭和43年に初めて目標に入った「科学的」の表現は、52年に一度なくなり、平成元年に再び入り、11年には「科学」と「科学的」の関係が明確化され、そして20年には「科学は1つの文化」であると書かれてきたが、最初の昭和43年の目標に書かれていた「論理的、客観的にとらえ、自然の認識を深めるとともに、科学的な能力と態度を育てる。」の「自然の認識」について、「自然認識とは、自然という対象をもとにして、子供が認識していくことである。認識というのは、思考のプロセスとその結果の両面を包含した表現である。」と日置光久氏が書いていたように（本書P114）、この段階から、「科学とは、その取り組み段階も含めて、人間が

創り出してきたもの」という捉え、つまり「科学」及び「科学的」には、子ども（人間）の認識が根底にあるという捉えがあったと考えられる。

　このような「科学」と「科学的」の捉え方と、この目標は「児童の主体性を大切にした問題解決活動を進めることの重要性を言っている」という点を合わせれば、「科学」、「科学的」とも「主体的」と深いつながりがあると考えられる。

　そして、その「主体者」としての「見方・考え方」に基づいた「人としての学び」を実現させるのが、今回提案された「資質・能力の三つの柱」に基づく学びであり、したがって、この三つの資質・能力の育成にはそれらをつなぐ「見方・考え方」の育成が大事になってくることが分かる。そしてその学びを実現させるのが、学びの主体者としての子供の学びの在り方としての、「主体的・対話的で深い学び」であると考えられる。

(6)「主体的で対話的な学び」と「実証性、再現性、客観性などといった条件を検討しながら進める問題解決活動」の関係

　「主体的で対話的な学び」は理科に限らず全教科に共通する大事なものである。一方「実証性、再現性、客観性などといった条件を検討しながら進める問題解決活動」は、理科特有のものである。この両者を理科として結び付けているものは何かと考えるとき、想起されるのは平成11年までの学習指導要領を検討した際の、「科学する（学ぶ）スタートは、個の主体性から」という捉えではないかと考えられる。11年段階では、理科の特徴である「実証性や再現性、客観性」につながる意味での「主体性」の大事さはそれ程明確ではなかったが（P127参照）、ここに来て「実証性、再現性、客観性などといった条件を検討しながら進める問題解決活動」と、主体性の関係が明らかになってきたと思える。それは、**「主体的で対話的な学び」でこそ、求める「科学する」問題解決活動が実現する**という関係である。

　つまり、「主体的で対話的な学び」の解説にある、「互いの考えを尊重しながら話し合い、既にもっている自然の事物・現象についての考えを、少しずつ科学的なものに変容させていく」という下りで、お互いの考えを出し合うことで自分（主体）の考えを少しずつ科学的なものに変容させ、高めていくという「対話」が大事であり、そのためには勿論対話する個々が「主体者」として関わり合うことが重要になる、ということだろう。

　さらに、問題の解決に留まらず、「新たな問題を見いだして、問い続けていく」ことにつながると書かれている。これは「主体的な関わり」があってのことであり、その結果として"問題を解決することに喜びを感じるとともに、「知らないことがあることに気付く」ことにも価値を見いだすことができる"と書かれている。

　私たちは「問題の解決」に向かうことが授業のゴールと考えがちである。しかし、子供たちが本当に主体的に学んでいるなら、教師が設定したゴールの先に、さらに深く広く広がる理科の世界に見えてきた「知らないこと、興味をひくこと」に気付くはずであり、またその解決や探究に向けた好奇心を抱くはずである。まさに個々の学びの発展につながっていくのである。その根底には「主体的な問題解決」の姿勢や活動があると考えられる。

このように考察してくると、（4）今回の「科学的」の検討…目標の解説に取り組みのための「手立て」まで書かれている理由、の項で、「主体的で対話的な学び」という「手立て」は、理科が求めている「実証性、再現性、客観性などといった条件を検討しながら進める、「科学的な」問題解決活動そのもの」と考えられ、したがってこれは"手立て"というより、それも含めて「目標」と言う方が良いと考えられる（P136）と書いたが、これにここまでの考察を加えると、敢えて言えば、**「科学的に解決する」という結果を得ること、そのための「資質・能力」を育成するというだけに留まらず、その学びを通して「その先に自ら新たな課題や興味を見いだし、問い続け、解決していくことに喜びを見い出し、主体的に学び続けていく」ことこそが最終的な目標ではないか**と思えてきた。そしてそのキーワードは「主体的」ではないかと思える。

　最初は「手立て」と考えてきた「主体的な学び」が、それも含めて「目標」と考えた方が良いという考えに変わり、さらにそれこそが「最終的な学びの目標」ではないかと自分の考え方が変わってきた。

（7）「主体性」に支えられた問題解決活動

　このように考えて、P134の引用箇所にある「さらに、児童は、問題を科学的に解決することによって、」以下の文章を読むと、当面の課題である「一つの問題」を解決するだけでなく、新たな問題を見いだし「問い続ける」ことに価値があるとし、"この営みこそが問い続けることであり、自ら自然の事物・現象についての考えを少しずつ科学的なものに変容させることにつながるのである。"と書かれている。そして、その実現のためには、"問題を解決することに喜びを感じるとともに、「知らないことがあることに気付く」ことにも価値を見いだすことができる児童を育成していくことが重要であると考えられる。"と述べている。

　これは自ら新しい課題を追究していく「自己学習力」であり、その原動力は「知りたい、分かりたい」という好奇心だろうし、それを支えているのが主体性ではないだろうか？そのように考え、（4）の⑦では『獲得した「理科の見方・考え方」を働かせて、問い続ける学びこそが、これから求める「学びの姿」』ではないかと書いた。では、その後から学習指導要領に書かれている三つの資質・能力育成に関する目標を、この「主体的な学びの重要性」という観点から捉え直してみると、どのように読めるだろうか？

　まず、（3）自然を愛する心情や主体的に問題解決しようとする態度を養うこと（P18）の、「主体的に問題解決しようとする態度とは、一連の問題解決の活動を、児童自らが行おうとすることによって表出された姿である。」の文は、問題解決の活動とは、主体的な問題解決の姿に他ならないことを述べていると考えられる。次に（2）観察、実験などを行い、問題解決の力を養うこと（P17）は、どのような「捉え直し」ができるだろうか？

　ここでは、養う問題解決の力を学年毎に重点的に紹介している。

　例えば3学年では、「主に差異点や共通点を基に、問題を見いだすといった問題解決の力の育成を目指している。この力を育成するためには、複数の自然の事物・現象を比較し、その差異点や共通点を捉えること（考え方…筆者注）が大切である。」と書かれている。

どうして３年生ではこの「問題解決の力」と「考え方」を選んだのだろう。それは、３年生という児童の発達段階から考えた、まずは理科学習のスタートに当たって養いたい問題解決の力を育成するための「捉え方」として、これらを選んだのではないかと考えられる。つまり、子どもの発達段階として、「この学年なら、このような捉え方ならできるだろう」、或いは「理科」という、科学的な対象の捉え方を学ぶスタート段階として一際大切である等という、指導する側からの「質的な面」からの検討ということも勿論あるだろうが、「この学年段階の児童なら、このような考え方（３学年なら、対象を比較してその違いや共通点に関心が向く）に強く興味や関心が向くだろう」という、児童の発達段階から考えた意欲的な面からの選択も大きいのではないかと思える。それは児童の側から考えた、学びへの意欲、つまり主体的な学びの推進につながると考えられる。

　その取り組みの結果として、「(1) 自然の事物・現象についての理解を図り、観察、実験などに関する基本的な技能を身に付けるようにすること」を考えると、ここでは、児童があらかじめもっていた素朴概念を元に意味付けや関係付けをして、知識や理解をより妥当性の高いものに更新していくという、児童主体の構成主義的な考え方を基にした主体的な「問題解決活動」の在り方を述べていると考えられる。そして、"このことは、自然の事物・現象について、より深く理解することにつながっていくのである。このような理解は、その段階での児童の発達や経験に依存したものであるが、自然の事物・現象についての科学的な理解の一つと考えることができる。（P17、下線筆者）"と、述べているのは、理科における「問題解決活動」は、これまで述べてきた「科学は一つの文化である」という捉え方に基づいたものであることを示していると考えられ、これは子どもの主体性を大切にした科学的な「問題解決活動」の推進を目指していると考えられる。

　以上から、理科の目標は、「児童の主体性を大切にした理科の問題解決活動の在り方」について、三つの資質・能力の関連性を大事にしながら説明していると捉えることができるだろう。

〔どんな子供を育てたいか？（雑談から）〕

　かつて職員室などで同僚と雑談していた際、「どんな子供を育てたいか？」が話題になったことがある。問題のある表現ではあるが分かり易い区分として、「頭が良い、悪い」、「心が良い、悪い」の組合せで考えた時、一番良いのは「頭が良くて、心も良い」、次は「頭は悪いが心は良い」、その次は「頭が悪くて、心も悪い」、そして一番育てたくないのは「頭は良いが心は悪い」と、一致したことを覚えている。「頭は良いが心は悪く」育った子は、社会に大きな悪影響を及ぼすと考えたからだ。

　いくら雑談とは言え、人の資質や能力をこのようなステレオタイプに、しかも偏見のある表現で表すことは到底許されないことだが、敢えてここで紹介したのは、今回の学習指導要領を読み進めていくうちに、次第にこの「頭と心を分けて考える」という捉え方自体が間違っていたことに気付いたからだ。

　今回育てたい資質・能力として、子供自身の「学びに向かう力、人間性」が含まれたように、

その子の「頭」にある「知識・技能等」、「思考力・判断力・表現力等」と、「心」にある「学びたい、分かりたい、できるようになりたい」という「学びに向かう力、人間性」が、その子の「見方・考え方」で離れがたくつながることで、「頭」も「心」も一緒になって育っていくと考えられる（このつながり方もそんなに単純ではないだろうが）。

　したがって、「どんな子供を育てたいか？」と問われれば、結局は「自分の力で学んでいける子供を育てたい」ということになるだろう。それができる子供は、「頭」も「心」も、自分の力で「良く」育てていけるに違いない。「学習の主体は子供」ということを、私たちは改めて自覚する必要があると思われる。そして、家庭や社会環境等の影響は当然あるだろうが、何より忘れてはいけないのは、**そのような子供を育てるのは私たち教師だという誇りと責任、自覚（覚悟）だ**ろう。

（8）20年の目標を見直す

　以上の議論を踏まえ、改めて前回（20年）の指導要領を見てみると、「○科学的な見方や考え方を養うこと」の後半（P11）に、1行空けて、「ここまで、目標についてその意図するところを詳しく見てきたが、これを問題解決の流れに沿って考えると、次のように三つの重点に整理して考えることができる。」とあり、主体的な関わりの重要性や、問題解決の能力や態度育成の重要性、そして観察、実験などの結果の「整理、考察、表現などの活動」や「生活とのかかわりの中での見直し」などが書かれていることに目が留まった。当時はあまり気にしていなかったが、今改めてこの部分を読み直してみると、ここにも「目標」はただ独立したものではなく、それを実現させるための問題解決活動との関わり合いの中でこそ実現するものであり、それも含めて「目標」と考えるべきではないかという方向性が示されていたのではないかと思われる。そこにはここまで考えてきた「主体的」の大事さも含まれている。

　したがって、決して今回出てきた「主体的・対話的で深い学び」から、「主体性」に支えられた問題解決活動が突然出てきたのではないということを改めて確認させられた。

（9）なぜ「主体的で対話的な学び」なのか？〜見方・考え方の重要性〜

　ところで、ここまで読まれてきた読者の中にも、なぜ「主体的で対話的な学び」なのか、「主体的・対話的で深い学び」ではないのか？そこに違いがあるのか？等と疑問を持たれた方もいるのではないだろうか？実は自分も最初「主体的で対話的な学び」のフレーズを見た時は、「主体的・対話的で深い学び」ではないのか？と感じた。

　ここまでの検討を踏まえての、この疑問に対する自分の考えは「主体的で対話的な学び」は、理科における「実証性や再現性、客観性」の条件を検討する問題解決活動が実現する**「取り組み」**と捉えられるということである。つまり、「実証性や再現性、客観性」を担保する「決めて」は、授業という学びの集合体における互いの「主体的で対話的な学び」という取り組みだということではないだろうか。そうして、この手続きによって可能になった問題解決活動によって共通理解された結果が、「文化」として認知されていくと考える。そし

て、その**認知される過程に「深い学び」が生まれてくる**のではないだろうか？これは、本来互いに関係している「主体的で対話的な学び」と「深い学び」を、やや形式的に分けた考え方とも思えるが、敢えて分ければ、ここで「深い学び」が出てくると考えるのである。そう考えると、この「手立て」自体には、「深い学び」が含まれていないことになる。と言うよりも、「実証性、再現性、客観性」という、「科学的」を検証する「手立て」を、「主体的で対話的な学び」として進めていく中で、「深い学び」が実現してくると考えるべきではないかと思える。しかし、「実証性、再現性、客観性」の「手立て」を、「主体的で対話的な学び」として進めていく中で、どうしてそこから「深い学び」が実現してくるのだろうか？

　それは、自然事象に主体的に働きかける過程で、子ども達個々の「理科的な見方・考え方」が働くからではないかと考える。つまり、この「見方・考え方」が、検証の手続きとしての形式的な「実証性、再現性、客観性」ではない、**理科にとって意味のある**「実証性、再現性、客観性」としてくれることで、**理科的な自然認識につながる「深い学び」**が実現し、「科学」が実現してくるのではないかと考える。

　ここで言う「理科にとって意味のある」とは、子ども達個々の「理科的な見方・考え方」に基づいた、という意味である。

　そう考えると、この「理科的な見方・考え方」が、「主体的で対話的な学び」として進めてきた「実証性、再現性、客観性」の検証活動を、理科としての「深い学び」の実現につなげてくれているのではないかと考えられる。つまり、子ども達個々の中に予めある「見方・考え方」による「事象（自然）の捉え方」が、「実証性、再現性、客観性」による検証活動を「手立て」として意味のあるものとし、それが「科学的」な理科の「深い学び」の実現につなげてくれる橋渡しとなってくれる、と考えるのである。

　このように見てくると、改めて「見方・考え方」の重要性が実感されるとともに、その起源となる「主体性の大事さ（さらにそのための対話）」が、学びを「深い学び」へとつなげていく決め手になると思えるのだがどうだろうか？

　そこで、ここで児童の「見方・考え方」の重要性について再度考え（下の四角囲み）、この「見方・考え方」と「主体性」の関係の重要性を元に、〔「科学的に解決する」の意味と、そのための手立て〕についてまとめておく。そして、次の章では、この理科における「科学」と「科学的」について、更に深く考えてみることにする。

〔「見方・考え方」の出し方、総則と答申どちらが良いか？〕

　P50で、「見方・考え方」の「出し方」が、総則と答申では異なっていることについて、総則は「主体的・対話的で深い学びの実現に向けた授業改善」という「授業改善」の視点で、「主体的・対話的で深い学び」を紹介する場面で括弧付きで紹介されており、一方答申では"習得・活用・探究という学びの過程における「見方・考え方」の重要性"という、「学びの過程」の視点で、「主体的・対話的で深い学び」という学び方の前に紹介されている点が異なる、と書き、その時点では、答申の方が「見方・考え方」の重要性がわかるのではないか、と書いた。

　しかし、ここまで考えてくると、総則では、「主体的・対話的学び」を、「主体的・対話的で深

い学び」にするためにこそ「見方・考え方」が重要だという書き方で、「見方・考え方」がなければ「深い学び」ではないと、「見方・考え方」と「深い学び」のつながりを強調した書き方になっていると考えられる。

　一方答申では、「見方・考え方」が「習得・活用・探究という学びの過程」を実現させる「鍵」であることを言っている。

　これら両者を比べてみると、共に「学びの過程を実現させる鍵」として「見方・考え方」を扱っていることは同様だということに気付いた。したがってどちらが良いとはいえず、寧ろどちらの方向からも「見方・考え方」の重要性を実感することが大事ではないかと感じる。

〔「科学的に解決する」の意味と、そのための手立て〕

　今回の学習指導要領にある「科学的に解決する」とは、「文化」としての「個人、社会としての主観的な捉え」と考えられる「科学」を、科学的な問題解決の過程である「実証性、再現性、客観性」という手法で検証することと考えられ、その検証を実現させるためのものとして「個人、社会としての主観的な捉え」の育成を大切に考えた、「主体的で対話的な学び」という「手立て」が必要になってくると考えられる。

　つまり授業では、三つの資質・能力の育成が目標ではあるが、それぞれの「資質・能力」を別々に育成するのではなく、文化としての「科学」の捉え方から考えた、**「科学する（学ぶ）スタートは、個の主体性から」** という捉えの共通理解が、大事になってくるだろう。

　それは「科学的に解決する」ためには、「主体的で対話的な学び」を用いて児童自身が科学的に解決することが必要という捉えにつながり、その捉えの上に立った三つの資質・能力の育成により、児童自身が「科学的に解決する」という目標が実現できると考える。

　つまり、目標の主語は指導者目線ではなく児童目線であることを、今回の学習指導要領はより明確に表していると考えられる。そのように考えると、この「主体的で対話的な学び」を通して「深い学び」が実現するためには、同じく子ども達個々の主観的な捉えからなる、個々の「理科的な見方・考え方」の働くことが重要になってくることが分かる。

　結局、**子ども達個々の主観的な捉えからなる、個々の「理科的な見方・考え方」を子ども達自身が働かせ、交流することが、「科学的に解決する」という学びのゴールに向けて最も重要になってくる**と考えられる。そして、その学びの内容を担保するのが「科学的」と考えられる。

2.「科学」と「科学的」の関係

(1)「科学」と「科学的」の関係を再度検討する

　ここまで考えを進めてくるうちに、「実証性、再現性、客観性」という「科学的」であるための「条件」を検討する「手続き」と、「科学的に解決した結果」としての「科学」との関係が改めて重要に思えてきた。1. では、共に個の主観的な捉えに基づくという共通性を

持つことの重要性を確認してきたが、ここでその関係を、改めて考えてみたい。

　時々現場の先生方と話していると、「実証性、再現性、客観性の成り立つのが科学で、それを扱うのが理科の学習ですよね。」とか、「科学とは、実証性、再現性、客観性が成り立つ現象のことですよね。」等という言葉を聞くことがある。本当にそうだろうか？

　改めて学習指導要領を見ると、「科学とは、人間が長い時間をかけて構築してきたものであり、一つの文化として考えることができる。」とあり、「（中略）科学が、それ以外の文化と区別される基本的な条件としては、実証性、再現性、客観性などが考えられる。（中略）「科学的」ということは、これらの条件を検討する手続きを重視するという側面からとらえることができる。つまり、「問題を科学的に解決する」ということは、自然の事物・現象についての問題を、実証性、再現性、客観性などといった条件を検討する手続きを重視しながら解決していくということと考えられる。（平成29年学習指導要領解説理科編P16、下線筆者、本書P134）」とある。

　これを読むと、「科学」とは「人間が創り上げてきた文化」であり、「科学的」とは、「科学がそれ以外の文化とは異なる基本的な条件としての、実証性、再現性、客観性などの条件を重視しながら検討する手続き」であり、その手続きを重視した解決が「科学的な解決」ということと言える（これまでも書いてきたように）。

　このように「実証性、再現性、客観性」の条件を、「それ以外の文化とは異なる」条件と考えるならば、この「実証性、再現性、客観性」による「科学的であるかどうか」の担保は、**「科学であるための必要条件かもしれないが、十分条件ではない」**と言えるのではないだろうか？

　つまり、「人間が創り上げてきた文化としての科学」と、「実証性、再現性、客観性が担保される」ということは同等とは言えないのではないか、ということだ。

　自分がこれまで考えてきた結果としての「実証性、再現性、客観性」は、「それ以外の文化にも含まれる」主体性があってこそ成り立つと考えてきた。

　例えば先に例にあげた「天動説」は、コペルニクスが「地動説」を唱えた16世紀までは、その頃の技術としては「実証性、再現性、客観性」のある、「人間が創り上げてきた文化としての科学」だったと言えるだろう。その頃、明らかになってきた惑星の様々な動きを説明しようとして、周転円のように複雑でわかりにくい考え方を取り入れたものの、その結果「天動説」の考えを元に計算した結果はちゃんと現象を説明できて「実証性、再現性、客観性」が担保されたことで、「天動説」の考えは「科学」として成立していたと考えられる。つまり、「天動説」は、その時点における科学者達の「主体性」に基づいた「実証性、再現性、客観性」により担保された「科学」だったと言えるだろう。

　しかし、そのうちに「太陽の周りを地球が回っていると考えた方が、よりシンプルに現象を説明できる」という考えが、観察技術の向上もあってより強くなり、「地動説」に変わっていったという経緯があるようだ。つまり、ある時点では、「天動説」、「地動説」共に「実証性、再現性、客観性」は担保されていたにも関わらず、徐々に「人間が創り上げてきた文化としての科学」が「地動説」に傾いてきたのではないかと思われる。

勿論、その後の観測技術の発達で、「地動説」の捉えが簡単なだけでなく「真実」だということがわかるのだが、少なくとも「コペルニクス的転回」が起きたとされる時代には、このような状況だったと考えられる。

　そうすると「天動説」は、その時代においては、「実証性、再現性、客観性」が担保されていて「科学」だったにも関わらず、その後の時代では「科学ではなくなった」と言えないだろうか？そして、そうなったきっかけは、「実証性、再現性、客観性」に基づく「科学的な事実」からではなく、その当時の「人間が創り上げてきた文化としての科学」という、「人間の捉え方」の変化からだと言えるのではないかと思われる。

　これは、自分の思い込みも含むやや乱暴な推論だが、中世以来の「人間中心の宇宙観」、つまり、私達の住む地球が宇宙の中心であるべきである、という「科学観」への疑問や揺らぎが徐々に生まれてきたことが、その変化の大きな要因と考えられる。

　勿論そこには、従来の「天動説」の考え方による「実証性、再現性、客観性」の手続きが段々複雑になり、煩雑になってきたという現実も大きく関係してきただろうが、この「人間としての宇宙の捉え方」が、「天動説」を否定する決定打になったのではないかと考えられる。

　そう考えれば、「科学」には「実証性、再現性、客観性」の担保が必要だが、それがあるからと言って必ずしもそれが「科学」とは言えないのではないかと考えられる。これが、"「実証性、再現性、客観性」の担保は、「科学であるための必要条件かもしれないが、十分条件ではない」と言えるのではないだろうか？"と書いた理由である。

　しかし、この例は、所謂「科学革命」と言われるパラダイム変換の際の特殊な場合ではないか？と言う意見もあるかもしれない。しかし、そんな極端な場合だけでなく、「通常科学」の中でも、「その時代の人が共通理解として捉える"科学"」には、「実証性、再現性、客観性」だけでは明確にならない、個々の中に揺れや幅があるのではないかと思える（それがやがて大きな科学革命にもつながるのかもしれない）。

　このように考えてくると、私たちの理科教育からは遠い話のように思われるかもしれないが、実はこの「科学の捉え方」が、冒頭に挙げた「実証性、再現性、客観性の成り立つのが科学で、それを扱うのが理科の学習ですよね。」とか、「科学とは、実証性、再現性、客観性が成り立つ現象のことですよね。」等の、所謂「実証性、再現性、客観性」があればそれは「科学であり、理科授業なのだ」という捉えの間違いを示していると思われる。

　つまり、「科学的に解決する」という理科学習の目標は、単に形式的な「実証性、再現性、客観性などといった条件」に基づいた問題解決活動により「解決」できるということではなく、個々の子ども達の「考え方や自然観」に基づくものとして、またそれを育てるものとして「解決」できるということではないだろうか。

　そのように考えれば、学習指導要領解説理科編 P16 にある"つまり、**「問題を科学的に解決する」**ということは、自然の事物・現象についての問題を、実証性、再現性、客観性などといった条件を検討する手続きを重視しながら解決していくということと考えられる。（下線筆者）"という文章（P135 参照）が言っているのは、「実証性、再現性、客観性などといった条件を検討する手続き」を重視しながら解決していくことが「科学的に解決する」ことだ

が、その「手続き」自体が「問題を科学的に解決する」ということではなく、真に**「問題を科学的に解決する」とは**、その手続きを重視しながら、**個々の子ども達の「考え方や自然観」に基づいて「解決」していく**ということではないかと考えられる。

このように考えてくると、「実証性、再現性、客観性」があればそれは「科学であり、理科授業なのだ」という捉えは間違いであることが分かる。では、どうしてそのような間違いをしてしまうのだろうか？その理由は大きく２つ考えられる（互いに関係しているが）。

１つは、この「科学なのだ」の「科学」を、上記の間違えた捉え方をする場合、「人間が創り上げてきた文化としての科学」ではなく、「人間とは無関係に自然の中に存在する絶対的・普遍的なものだ」というかつての科学論と混同して捉えていることが多いということだ。したがってその「科学」は、人間の主体性とは独立した「実証性、再現性、客観性」という「科学的」の担保だけで捉えることができるという誤った考え方であり、それについては 1. でも議論した。

もう１つの間違いは、上記の考え方の上に立って授業で実験などをして、「実証性、再現性、客観性」が成立すれば、その「事実」が即「科学だ」と、その結果を「人間が創り上げてきた文化としての科学」、つまり「授業の中で自分たちが考えてきた科学」と勘違いしている、または混同しているということだ。

例えば５年生の「振り子の運動」の単元で、重りの重さが周期を変えるかどうかを調べる実験では、子ども達からの予想として、重りを重くすると「重りは振り子が振れるのを重さで邪魔しようとするから周期は遅くなる」という予想や、「重りは振り子が振れるのを重さで加速させようとするから周期は速くなる」等という、同じ現象に対して正反対の考え方による予想がよく出てくる。そして実験した結果、その結果の「実証性、再現性、客観性」から、「周期は重りの重さによって変わらない」という結果が出たとき、それを事実として受け入れるだけが「科学」だとしたら、これは果たして「人間が創り上げてきた文化としての科学」に基づく「理科」の授業と言えるだろうか？

少なくとも自分の「予想」を振り返り、「不思議だな？重さはどうして周期に関係しないのかな？自分の考え方のどこが違っていたのかな？納得するまでこれからも考えていきたいな。」等と、自分の捉えを大事に「主体的に学び続けていく」姿勢に結び付けていくことが「科学（理科）」の学びとして大事ではないかと思う。

なぜなら、それが「人間が創り上げてきた文化としての科学」に基づく、「理科」の在り方だと思うからだ。そこから、次第にその子の科学観や自然観が育っていくように思う。それが「科学」であり、「理科の学習」ではないだろうか？

しかし、そのような曖昧な思いを子供たちに持たせるくらいなら、予想は「変わるか、変わらないか」だけにして、その理由についての解釈は問題にせず、実験結果だけを受け入れたらどうか？という意見もあるかもしれない。しかし、その考えこそが、「実証性、再現性、客観性の成り立つのが科学で、それを扱うのが理科の学習ですよね。」とか、「科学とは、実証性、再現性、客観性が成り立つ現象のことですよね。」等という捉えそのものではないだろうか？そして、そのような「科学的」だけを求める授業を繰り返しても、決して私

達が理科の授業で求める科学観や自然観は育っていかないのではないかと思える。

　このように考えてくると、2つの課題として考えてきたことは、結局学ぶ子供たちの「主体性」を大事に考えてこなかったことに起因すると言えるだろう。

　これは、「人間が創り上げてきた文化としての科学」に結び付く「理科の捉え方」、そして「自然の捉え方」にもつながる、大事なことではないかと思えるが、どうだろうか。

　以上の議論を踏まえて、P138で考えた「科学的に解決する」の意味に、次の事項を新たに付け加える。

〔「科学」と「科学的」にこだわって考える「科学的に解決する」の意味（追加）〕

　「科学的な解決」を「児童自身が行う」ことの意義は、学習課題は解決する主体としての児童の自然認識に基づいた「実証性、再現性、客観性」に基づく「科学的」な方法や手続きによってのみでしか、解決されないという捉えにあると考えられる。

　したがって、**「問題を科学的に解決する」**とは、手続きとしての「実証性、再現性、客観性」を重視しながら、**個々の子供たちの「考え方や自然観」に基づいて「解決」していくということで**はないかと考えられる。

　つまり、「実証性、再現性、客観性」を検証しながら解決していくことが「科学的に解決する」ことだが、その検証の「手続き」自体が「問題を科学的に解決する」ということではなく、その手続きを重視しながら、**個々の子供たちの「考え方や自然観」に基づいて「解決」していくことこそが「科学的な解決」と考えられる。**

　これは後から考える「主体性」を持たないAIに「解決（科学的な解決）」はできるのか？という課題にもつながると思われる。

---

(2)「実証性、再現性、客観性」が求める「論理性」と「科学」の関係

　ここまで、“「実証性、再現性、客観性」の担保は、科学であるための必要条件かもしれないが、十分条件ではない”という、自分の考えに基づいて議論を進めてきたが、これは簡単に言うと、「実証性、再現性、客観性」によって担保される「論理性」は、科学そのものではない（必要条件かもしれないが十分条件ではない）という考えに辿り着くと思われる。

　ここまで突き詰めて考えてこなかった自分の現役時代を振り返ると、この「実証性、再現性、客観性」の担保を求めて授業をし、そこから得られた結果を「共通理解された科学の真実」として考えていたように思う。つまり、個々の子供たちから出された現象に対するそれぞれ異なるイメージや捉え方もそれぞれの子供の自然に対する捉え方として大事だと考えてはいたが（その点は評価されると思うが）、結局はそれらのイメージや捉え方が子供たちの共通項として重なる結果としての「実証性、再現性、客観性」によって検証できる「きまりや法則」を「科学」と捉えており、その点では、個々の捉え方も含めてこその「科学」という捉え方には、今一歩達していなかったと思える[25]。（2010年 全小理石川大会での提案"「見えないきまりや法則」を「見える化」する理科授業"）

先の振り子の例で言えば、「重さ」の、「周期」に対する影響の個々に異なる「考え方」は、予想として表出させて互いに意識化し、検証のための意欲化には役立つものの、結果の考察には十分生かされてはこなかったということである。これは難しい問題とは思うが、**学びの主体性、持続性にどう取り組んでいくべきか**を考えるとき、これからも考えていかねばならない大事なことと思える（P370、4.「事実の"理解"」だけで納得できるのか？から試論し、P390、15.「知識の再構成」の捉え直し、で自分なりの回答）。

　そこで、「実証性、再現性、客観性」が担保する「論理性」を考えてみた場合、その「科学的論理性」は「科学」そのものではないとはどのようなことなのか、もう少し考えてみることにした。

「実証性、再現性、客観性」に基づく「科学的」と「科学」の捉え方

　「実証性、再現性、客観性」に基づく「科学的」な捉え方は、決して「検証」という「論理的な面」ばかりではない、という自分の考えを述べてきたが、それは「実証性、再現性、客観性」の「論理面」を軽視するものでは勿論ない。

　寧ろ、その論理的な面が理科としての特徴であり大事な面なのだが、それが担保されたからと言って即それが「科学」ではない、ということだ。

　ところで数年前から、いろいろな所で「エビデンス」という言葉を聞くようになった。「科学的根拠」というような意味だろうが、敢えて言葉を変えて表現することで、何か、より重要で仰々しいことを言っているように感じるのは自分だけだろうか？

　この言葉は、コロナ禍に関わる薬の開発や臨床実験などにおける科学的データの信頼性などの重要性から、より頻繁に使われるようになった面もあると感じるが、一方、最近は自然科学に限らず、広く「科学的根拠」を示す場合にも使われているようである。

　その場合の「科学的根拠」とは、「実証性、再現性、客観性」に基づく「数字」が主なものではないだろうか？ 科学以外も含めて「科学的」が重要視され活用されるのは、ある意味歓迎することかもしれないが、そのことによって「科学的」＝「数字で表されること」と決めつけられたり、ひいては本来の自然科学における「科学的」も、「実証性、再現性、客観性」に基づく「数字で表されること」が全てと解釈されるようなことがあってはならないし、ましてやそれが「科学」そのものであると誤解されてしまうことがあるのではないかと危惧される。

---

(3)「科学」が求める「論理性」と、「科学」の関係

　「科学」における「論理性」の重要性と、自然に対する人としての捉え方の関係を考えていた際に、以下のような本との出合いがあった。

〔数学における「論理」〕

　「天才数学者たちの超・発想法[26]」という本の第6講に「数学を学んでも論理的になれない」というくだりがある。その中で、幾何の問題を「仮定→結論→証明」の順で解いていくことが「論

理的」だと考えている人がいるが、それは間違いで、そこには「論理的ではない」補助線を引くという行為があると書かれている。

「幾何の勉強をしていると、補助線の引き方にも何か決まりがあるように思えてきます。しかしそれは論理的ではなくて、図形の性質からわかることです。証明のための知恵です。生活のための知恵と同じで、必ずしも論理的ではないのです（P130）」と書かれている。

さらに、数学界のノーベル賞と言われるフィールズ賞を日本人として初めて受賞した小平邦彦氏は、その著書[27]で以下のように書いている。

「一般に、数学は緻密な論理によって組み立てられた学問であって、論理とまったく同じではないとしてもだいたい同じようなものと思われているけれども、じっさいには、数学は論理とはあまり関係がない。もちろん数学は論理に従わなければならない。しかし数学における論理の役割は、文学における文法のようなものであろう。文法にあった文章を書くこととそれをつなぎあわせて小説を書くことは全然別の問題であるごとく、論理的に正しい推論をすることとそれを積み重ねて数学の理論を構成することとはまったく次元の違う問題である（P6）」、「平面幾何では図形を見ながら論証を進める。図形を見るのは（脳の）右半球の働き、論証は左半球の働きであるから、平面幾何は左右の両半球を互に関連させて同時に訓練することになる。殊に証明のための補助線を引くには図形全体のパターンを眺めて総合的に判断することが必要である。ゆえにそれは右半球のための最も良い訓練である（P34、括弧書き、下線何れも筆者）。

自分はこれまで、「公理（公準）」から出発し、「定理」を論理的に証明しながらその体系を形作ってきた数学は、最も論理的なもので、数学＝論理的と考えてきた。しかし、上記のように考えれば、確かに数学の本質は「論理」ではないように思われる。

さらに次のように考えが膨らんだ。私たちが学校で教える（習う）幾何学は、三角形の内角の和が180度になるユークリッド幾何学で、平らな平面の世界の話だが、地球の表面のような球面や馬の鞍のような凹んだ曲面上では、三角形の内角の和は180度より大きくなったり小さくなったりする。つまり、「最初の約束事（どんな世界で考えるのか？）」により、結果が違ってくる。では、そのような世界（この場合は非ユークリッド幾何学）を考えついたのは「論理的」からだろうか？どうもそうではなく、それこそが「数学観」ともいうべき、その人が持つ「数学の捉え方（＝世界観）」ではないかと思われる。その世界の約束の中で、論理を使いながら論理的にその世界が構築されていくのが「数学」と言えるのではないだろうか。

また、ゲーデルの「不完全性定理」では（自分はよく理解できてはいないのですが）、自然数なら自然数という「数学世界」の中には、「正しいのに証明できないことがある」という、驚くべきことが明らかになっている。論理の追究だけでは解けない問題がある！ということである。このことからも「数学は論理だ」という物言いはできないと思われる。

（4）数学における「数覚」から考える、科学における「実感覚」
～「数覚」からの「数学的センス」と、「実感覚」からの「自然認識」～

今日の理科学習指導要領の基になったと言われる昭和43年版に出てきた「自然の認識を

深める」の「自然認識」について、日置光久氏はその著書[14]で、「自然認識は、自然という対象をもとにして、<u>子供が認識していくことである。認識というのは、思考のプロセスとその結果の両面を包含した表現</u>である。」と述べ、それは「空間的な認知や時間的な認知、その他の感覚に依存する認知。」であり、この「<u>感覚というのは、人間の基本的な情報獲得の手段であり、そういうものを理科で重視するべきである</u>」と述べ（同書 P113 参照、下線筆者）、自然認識を深める源は、「感覚」であると述べている。

　一方、先に紹介した数学者の小平邦彦氏はその著書[27]で、"数学を理解するということは数学的現象を「見る」ことであろう。"と述べ、この「見る」とは、"ある種の<u>感覚</u>によって知覚することである"と述べ、この感覚を「数覚」と呼び、"それは聴覚の鋭さ等と同様に、いわゆる頭のよしあしとは関係がない。"と述べている。そして、「<u>数学的センスの基礎となる感覚が数覚であると言って良い（同書 P7 〜）</u>」。と述べている（下線筆者）。

　理科では対象を捉える「感覚の大切さ」がよく言われるが、自分はこれまでこの「感覚」の重要性を、単なる情報収集の手段（見る、聞く、触る等）として重要だという程度にしか認識しておらず、それが「自然認識を深める源」という程大事なものという捉えはなかった。特に、「空間的、時間的な認知に関する感覚」の大切さについては充分認識してはいなかったように思う。そして、「空間的、時間的な感覚」を、上の表現で言うと「頭のよしあし」のような「認識」に関係するものと混同していたようである（その意味では、誤解した形で重要視はしていた）。

　上の数学との対比で考えてみると、理科で言う「空間的な認知や時間的な認知」を生み出す「感覚」が、数学で言う「数覚」ではないかと思い当たった。

　したがって、理科においては「空間的、時間的な認知に関する感覚」も含めた感覚を育てることこそが、自然認識を深めることにつながると言えるだろう。

　このことは、「空間的、時間的な認知」を育てるための「空間的、時間的な感覚」を育てる重要性を示していると共に、見る、聞く、触る等の五感による観察や実験などの実体験が大事なのは、その**「感覚」から「認知」を生み出し、自然認識を深めるため**だということの再認識の重要性を示していると言えるだろう。

　観察や実験による実体験が理科では大事だということは誰もが認めることだろうが、その理由として単に「体験することで興味・感心が湧く」とか「体験が実感を生む」等という漠然としたものではなく、その**<u>「実感覚（自分の造語）＝実感による感覚」</u>が、自然を理解し、自然認識を深めるためには必要不可欠なもの**なのだという捉えが大事になってくるだろう。

　このように、先にコラムとして書いた〔数学における「論理」〕で考えた数学の世界における「論理」を基に、理科と比較しながら考えてきて頭に浮かんだのが、「実証性、再現性、客観性」と「科学」、或いは「理科」との関係である。

「論理的」が「数学そのもの」ではないのと同様に、「実証性、再現性、客観性」も「科学そのもの、理科そのもの」ではないと言えるのではないだろうか？

　数学の世界には、幾何の問題で、決して論理からではない「補助線」を引くことのできる「知恵（「数覚」に関係すると思われる）」があるように、理科の世界でも、「実証性、再現

性、客観性」につながる「論理」からだけではない、「子供の生活や経験から生まれる知恵（「実感覚」に関係すると思われる）」、或いは「これまでの学びから育まれてきた、自分なりの自然観からのひらめきや思い、知恵」があると思われる。そして、理科の授業では、それらを大切にしていくことが、真の科学の力を育てていくのに重要ではないかと思える。

　そしてそれに関係するのが、児童の「知的好奇心」や「見方・考え方」ではないかと思うのだが、それについてはこれから検討していきたいと思う。

　蛇足だが、このように考えると数学や理科に限らず、他教科等の「論理」を柱に物事を考えていく領域や場面においても、その学びにおける「論理」の位置付けを検討していく必要があるのではないかと思われる。

(5)「文化」の持つ大事な意味

　ここまで、理科学習の一番のポイントである「科学」と「科学的」の意味を検討してきた結果、改めて11年改訂における「科学の理論や法則は<u>科学者という人間が創造したものである</u>という考え方に転換してきている（本書P120、平成11年学習指導要領解説理科編P14、下線筆者）」という記述の持つ重要性が実感できる。この後、この「科学に対する捉え方」は、20年、29年改訂にかけて「科学とは、人間が長い時間をかけて構築してきたものであり、一つの<u>文化</u>として考えることができる。」というフレーズに置き換わっているが、この「文化」という言葉の持つ意味をしっかりつかんでおくためにも、改めて11年改訂の解説を読み返すことが今大事なのではないかと思う。

　ここで、"人間が創造した「科学」"という捉え方について、さらに考察を進めた上で、改めて自分の考えとして以下にまとめておきたい。

3. "人間が創造した「科学」"の捉え方について

　ここでは"人間が創造した「科学」"について、「文化」としての意味、「科学の進歩」、そして「科学の真理」面から検討してみる。

(1)「文化」としての意味

〔「科学」の捉え方について①〜「文化」としての意味〜〕

　科学をどう捉えるかについては様々な意見や考えが昔からある。力足らずではあるが、「科学は文化である」という学習指導要領の基本的な捉え方について、自分なりに考えてみる。

（1）11年改訂までの流れ

　本文でも書いたように、昭和52年版にも「客観性」の表記はあったが平成元年の改訂で初めて「実証性、再現性、客観性」が全て揃って表記された辺りから、「科学」に対する新しい捉え方が学習指導要領にも本格的に現れてきたように感じる。では、平成元年の改訂から、急にこのような新しい考え方が生まれてきたのだろうか？

それに関して、元年改訂に先立つ昭和52年改訂で、文部省教科調査官として、そして平成元年度では理科編作成協力者として、まさにこの"変革期"に学習指導要領改訂に関わった当事者である、武村重和広島大学教授の著書「21世紀のカリキュラムはこうなる！」[28] が参考になる。本書は、平成11年2月発行で、この間の、またその後を含めた変遷を見るのに参考になるだろう。その著書の「(2) 理科教育のパラダイム変換」の中に、以下の記述がある。

---

②科学観

　自然科学は不変であり、恒常的で確かなものであり、自然の中に既に、自然科学が存在する、科学の方法は、一般的な方法が存在する、帰納的方法と演繹的方法により、科学の探究ができると考えることができる。…①元年度以前の捉え方

　他方では、科学は人間が創造したものであり、人間が自然を解釈したものととらえる考え方がある。自然の対象によって、自然の調べ方や方法が違い、多様であり、科学は暫定的で、変動していると考える人がいる。…②元年度以降の捉え方

　科学の変化の方向は、一直線上で、発展・深化しているようにみえることがあるが、他方では未知分野の多いところでは、確定したものがなく、多様な方向の違うベクトルで、議論されている。…③これからの科学観に関しての捉え方の議論

　　　　(21世紀のカリキュラムはこうなる！ P21 武村重和より　下線、ゴシック文筆者)

　これを読むと、平成元年度辺りを境に理科教育の在り方についての考え方が大きく揺れていたことが分かる。それ以前では①にあるように、帰納的方法と演繹的方法により科学の探究ができると考えられていたと思える（文中の「考えることができる」）。

　ちなみに、同じ武村氏が、同じく作成協力者であった清水堯氏と共に著いた「小学校新しい学習指導要領とその解説理科（昭和52年8月発行）[29]」には、「このように、自然を調べる過程では、帰納的な方法や演えき的な方法をくりかえし併用しながら、科学的な事実や原理・法則などを、体系的に理解していくのである。」という文がある。したがって、この時点ではまだ公的には①のような捉え方が一般的だったのだろう。しかし、その底では、徐々に②の捉え方が広まってきていたと考えられるが、この時点ではまだ、「そう考える人がいる」という程度の認識だったのだろう。

　これらの考えを受けて後半の③では、科学の進歩について、この時点での、武村氏本人の捉え方が書かれている。「一直線上で、発展・深化しているようにみえることがある」のは、これまでの科学観に立ったもの、或いは科学哲学者であるトーマス・クーン（後から解説）の考え方に寄れば、「現在のパラダイムに基づく通常科学の中」で考えられることで、①の元年度以前の捉え方に沿った考え方だろう。それに対して「未知分野の多いところでは」とあるのは、②の元年度以降の捉え方に対応したものと考えられるが、ここでは「未知分野への追究場面」に限定されており、「通常科学から科学革命」につながる可能性のある場面に限定してのことと考えられる。

　このように見てくると、全体的にはこの時点では①の考え方と②の考え方が混在しているようにも思え、その後の「科学観」の捉えの重要性を示唆しているようにも見えるが、何より「(2)

理科教育の<u>パラダイム変換</u>」と題した所からも、それ以後の理科教育の大変換を予期したものと言えるだろう。

（2）11年改訂の重要性

このように見てくると、「科学の理論や法則は科学者という人間と無関係に成立する、絶対的・普遍的なものであるという考え方から、科学の理論や法則は科学者という人間が<u>創造したもの</u>であるという考え方に<u>転換</u>してきているということである。（下線筆者）」と**言い切った**11年改訂が、如何に重要かということが改めて実感される。そして、それを受けることで、20年、29年改訂の「科学とは、人間が長い時間をかけて構築してきたものであり、一つの<u>文化</u>として考えることができる（下線筆者）。」という表現が初めて理解できると考えられる。したがって、この<u>11年改定の趣旨</u>を今一度私たちは確認することが<u>極めて重要</u>だと改めて感じる。

（3）「文化」の捉え方

ここで改めて「文化」という言葉の持つ意味について考えてみたい。学習指導要領では、「科学とは人間が長い時間をかけて構築してきた、実証性、再現性、客観性を伴う一つの文化」と捉えている。つまり、「人間が構築してきた、したがって場合によっては変わりうるもの」としての「文化」という言葉の意味と考えられる。では先述したクーンは、科学をどのように捉えていたのだろうか？次のような記述がある。

「クーンにとって科学とは、<u>社会的な営み</u>であることを本質とする。科学者共同体が存在し、共通のパラダイムの忠誠によってひとつに結ばれていることが、通常科学をすすめるための必要条件とされているからである。（「科学哲学」P119、下線筆者）」。

また、科学の文化性については、次のような文章もある。

「「はじめに」でも述べたように、近代科学の建前は、<u>様々な文化的イデオロギー（その根幹に宗教がある）とは「無縁」</u>であるという点である。それが「<u>普遍性</u>」という、科学について言い立てられる特性のなかでも、最も中心的なものであろう。（P83）」、「（現在の自然科学の学会の構成員があらゆる国々に解放されている事実を述べて）この事実は、現在の科学が<u>日常的な意味での文化に非依存的</u>であることを示していると言えよう。（P92）」、「<u>科学も文化の一つではあるが</u>、知識論に限って言えば、それは、本来の意味での文化に拘束されるというよりは、むしろ、それ自体が、本来の意味での文化からは何程か離脱した、それゆえ誤解を避けずに言えば「<u>無国籍</u>」の文化である、という側面があることを否定できない。そして、この「<u>無国籍性</u>」こそ、<u>科学が</u>「<u>普遍的</u>」と言われる所以でもあると思われる。（P97）」（以上「文化としての科学／技術」[30]、下線筆者）

これらの記述からは、科学は社会的な営みであるとしながらも、一般に言われる「文化」とは異なり、「<u>普遍性</u>」というキーワードを担保する限りにおいて共有できる「<u>文化</u>」だと言うことが言えるだろう。しかし、このように「一般的な文化」との違いをわざわざ述べるなら、<u>なぜ科学においても「文化」という言葉を敢えて使っているのだろうか？</u>自分が思うに、それは「科学」が**人との関係がない無機質なものではない**ということを重要視しているからではないだろうか？

同じく次の文がある。「このように考えてみると、科学という知的活動は、極めて自己閉鎖的で自己完結的であることが判る。<u>個々の科学者共同体の内部で、定まった手続きに則って、知識が</u>

生産され、その共同体固有の体系に累積され、その共同体の構成員の共有財産として利用され、消費される。（上記、P89）」

　これを読むと、やはり科学はその「パラダイム」を共有する集団の中で成り立つ「一つの文化」ということになるのだろう。ただ、他の文化と異なるのは、その文化を成り立たせているのが「普遍性」ということである。この「普遍性」を担保しているのが、学習指導要領で言う「実証性や再現性、客観性」ではないだろうか？では、この「普遍性」と「実証性や再現性、客観性」の関係について学習指導要領を見てみよう。

（4）学習指導要領にある「普遍性」

　そこで、学習指導要領に、この「普遍性（的）」という言葉が使われているのか？使われていたらどのような形で使われているのかを見てみることにした。

○科学的な見方や考え方を養うこと

　科学的な見方や考え方とは、具体的な自然の事物・現象について自ら得た情報の内容を単純化し、統一的に整理してまとめる仕方及びまとめられた概念を指している。別の言い方をすれば、論理的な手段を駆使して、客観的、普遍的な結論を得るまでの認識の方法及びそれによって得られた結論といってもよいものである。

（平成元年理科学習指導要領 P13、下線筆者）

○科学的な見方や考え方を養うこと

　まず、「科学的な」のうち「科学」について考えてみよう。現在、科学の理論や法則についての考え方が、次に述べるように変化してきているといわれている。それは、科学の理論や法則は科学者という人間と無関係に成立する、絶対的・普遍的なものであるという考え方から、科学の理論や法則は科学者という人間が創造したものであるという考え方に転換してきているということである。（中略）科学者という人間が公認し共有する基本的な条件が、実証性や再現性、客観性などである。

（P120 の一部再掲載平成 11 年学習指導要領解説理科編 P14、下線筆者）

※平成 20 年、29 学習指導要領解説理科編には、「普遍的」の用語はない（と思える）。

　平成元年、11 年とも「普遍的」は、「科学的な見方や考え方を養うこと」という、理科学習の目的に当たる大事な場面での「見方や考え方」の説明で使われている点で共通している。しかし、その使われ方は随分異なる。

　元年では、「見方や考え方」とは「論理的な手段を駆使して、客観的、普遍的な結論を得るまでの認識の方法及びそれによって得られた結論」と書かれており、「普遍的」が「客観的」とセットになって、「見方や考え方」を性格付けていることが分かる。

　これに対して 11 年改訂では、「科学の理論や法則は科学者という人間と無関係に成立する、絶対的・普遍的なものであるという考え方から、科学の理論や法則は科学者という人間が創造したものであるという考え方に転換してきているということである。」と、**「普遍的」は「見方や考え方」を性格付けるものではない、というように考え方が転換**してきている。そして、「普遍的」の

代わりに「科学者という人間が公認し共有する基本的な条件」としての「実証性や再現性、客観性など」が揚げられている。

　そして、ここで改めて「科学」自体を定義し直し、それが「絶対的・普遍的なもの」から「科学者という人間が創造したもの」に転換してきていると書かれている。

　この一連の流れを見れば、平成元年と11年における「普遍的」の意味する内容は異なっており、元年では「普遍的」が「客観的、普遍的」とセットになって使われており、今日で言う「実証性や再現性、客観性など」に対応するものとして書かれていると思える。

　それに対して11年では、「絶対的・普遍的なものであるという考え方から、科学の理論や法則は科学者という人間が創造したものであるという考え方に転換してきている」と、「普遍的」は、「科学者という人間が公認し共有する基本的な条件が、実証性や再現性、客観性など」という考え方と相反するものとして書かれている。

　つまり、**11年では、「普遍的」という用語は新しい科学の捉え方とは異なる捉え方**として使われていることが分かる。その証拠になるかは判らないが、これ以降、20年そして現行の29年の理科学習指導要領に「普遍的」の用語は見あたらない（と思う）。

　ここからも、これまでの科学の捉え方である「普遍的」から、これからの捉え方である「人間が公認し共有する条件としての実証性、再現性、客観性」に基づくものであるという11年の学習指導要領への変更の重要性が再確認できると思われる。

（5）改めて「普遍的、普遍性」を考える

　では「普遍的、普遍性」は、現在の科学論には合わない考え方なのだろうか？

　先に紹介した村上陽一郎氏の「文化としての科学／技術」に、次の文がある。「近代科学の建前は、様々な文化的イデオロギー（その根幹に宗教がある）とは「無縁」であるという点である。それが「普遍性」という、科学について言い立てられる特性のなかでも、最も中心的なものであろう。（P83）」、「その「無国籍性」こそ、科学が「普遍的」と言われる所以でもあると思われる。（P97）」

　この文も含めてこれまでの論議から考えると、「普遍的、普遍性」は、現在の科学論には合わない考え方ということではないと思える。つまり、「普遍性」という言葉の持つ本来の意味が今日の科学の考え方に合わないということではなく、学習指導要領のたどってきた中で、それまで使われてきた「普遍的」という言葉の意味（人間と無関係に成立する）が、合わなくなってきた、ということではないだろうか？

　以上の検討から思えるのは、私たちも日頃の授業に関する議論で、または授業の中などで「普遍性、普遍的」等という言葉を使うことがあるだろうが（さすがに小学校理科の授業時間中にはあまり使わないだろうが、教材研究や研究会などでは使用することもあるだろう）、その際には、この「普遍的（性）という言葉をどのような意味で自分は使っているのか？」を意識しながら授業や、その検討の話し合いを進めていくことが大事だろうと思われる。

（6）「文化としての科学」のもう1つの意味

　以上から、科学とは、人間が長い時間をかけて構築してきた「もの」であるという捉えに基づいて、ここでは「文化」という用語を使っていると考えられるが、もう1つ「文化」という用語

を使う意義に気付かせてくれたのが、下のノーベル賞を受賞した生物学者である大隅義典氏への
インタビュー記事[31]である。

> 　（日本の社会にも、基礎研究を支えようとする活動が出てきているという説明の下りに続
> けて）そんな力を合わせて、役に立つという尺度で価値を問うのではなく、長い目で科学を
> 支えられるようにしたい。芸術に感動し、スポーツ選手の活躍に勇気づけられるように、<u>文
> 化の一つとして科学をとらえる社会の実現</u>を、大隅さんは願っている。
>
> （「文化としての科学」を願う日本経済新聞 2022 年 7 月 24 日朝刊、下線筆者）

　上記の記事から分かるように、科学は単に人間が創り上げてきたから「文化」だ、と言うだけ
でなく、大隅氏の言われるように、それは役に立つという尺度で価値を問うのではなく、<u>「感動
し、勇気づけられるようなもの」</u>であるべきだ、という捉えから科学は「文化」と呼ぶにふさわ
しいし、そうあるべきだと自分も思える。これも、誤解を恐れずに言えば、「科学は主体的である
べきだ」という、ここまで考えてきた結果としての自分の捉えに共通する科学の捉え方だと思える。

（2）「科学の進歩」を考える

〔「科学」の捉え方について②〜「科学の進歩」を考える〜〕

　ここまで、科学の理論や法則とは、「人間が公認し共有する条件としての実証性、再現性、客観
性」に担保された「人間が創造したもの」であると捉え、それに基づく理科教育も、「人間が創造
したもの」としての「科学も文化の一つである」という考え方を基に捉えてきた。しかし、「文化」
という言葉からは、どうしても「科学の進歩」と言われるような「前進する」という科学に特徴
的な意味合いが弱いように自分には感じられた。例えば「文化」の代表的なものとしての「芸術」
は、過去から現代にかけて「進歩してきた」と言えるのだろうか？例えばルネサンス期の「モナ
リザ」の肖像画より、ピカソの描く「泣く女」の肖像画の方が進歩しているのだろうか？（自分
は進歩というより、捉え方の変化というのが適切な感じがする。しかし、その捉え方の変化に「進
歩」があるのかもしれない）

　そのように考えると、「文化」としての「科学の進歩」をどう捉えるかが疑問になってきた。そ
こで、ここからは専門的なことはよく分からず曖昧な点も多くあるが、自分なりに、「文化の一つ」
と考えられる「科学」の進歩について考えてみたい。

　先に紹介したクーンは「通約不可能性」という言葉で、例えばニュートンの考えるパラダイム
からアインシュタインの考えるパラダイムに移行した場合（科学革命）、どちらがより優秀かを比
較する中立的な言語は存在しない、と言っている。「優秀」を「進歩」と捉えれば、科学の進歩を
比較することはできないという風にもとれる。

　例えば「時間」とか「質量」という概念にしても、ニュートンとアインシュタインの両者の間
でそれらの言葉の持つ意味の変化が起きているので、同じ「時間」や「質量」という言葉を使っ

て議論をしても、両者の間ですれ違いが起こり議論が噛み合わないということだ。これを「通約不可能性」と言う。

　しかし、だからと言って、どちらが「良いか」を判定できないかというとそうではないとも言っている。私たちの言葉で言えば、「実証性、再現性、客観性」に基づく、自然の観察や実験結果により、どちらがより優れているか（より一般性があるか）を決めることができるだろうし、科学史がその判定を下している（後から例示して考える）。その意味では、科学は進歩していると言えるのではないだろうか。

　この件に関して哲学者の野家啓一氏は、「科学は連続的に進歩するものであり、それに伴って知識は右肩上がりに累積されていき、やがては真理の殿堂に到達ないしは接近する、という一種の進歩史観に対して、クーンは科学の歴史を直線的進歩ではなく、パラダイムの転換を軸にした山あり谷ありの断続的転換の歴史として特徴付けた。（「科学哲学への招待」P191）」と言っている[32]。つまり、科学は直線的ではなく科学革命を経ながら転換していくということである。では、この「パラダイムの転換を軸にした山あり谷ありの断続的転換」を「進歩」と言って良いのだろうか？

　先のニュートンとアインシュタインの例で考えれば、両者の「重力」に関する考え方は異なっており、それぞれの考え方に基づいた議論は「通約不可能性」で議論は噛み合わないかもしれないが、「実証性、再現性、客観性」に基づく自然の観察や実験結果の分析から、どちらがより「現実に合っているか」を決めることはできる。例えば、重力は空間上の物体間に生じる力だと考えたニュートンに対して、アインシュタインは重力とは物体が空間の形そのものに与える影響と考え、重力による空間の歪みが物体同士を引き付けていると考えた。よく知られているように、1919年の皆既日食の際、普段は太陽の明るさで観測できない太陽近くの星からの光を観察することができ、その位置が、太陽の影響のない場合の位置よりもずれていることを観測した。これは、太陽の重力により歪められた空間を星からの光が曲がって通過したためと考えられ、アインシュタインの考え方の方が、より「現実に合っている」ことを示した実験として有名である。

　したがってこれを「進歩」と言っても良いのではないかと思えるし、これが「人間が創造したもの」としての科学の持つ文化性ではないかと思える。

　また、ノーベル物理学賞を受賞したスティーブン・ワインバーグ氏は著書「科学の発見」の中で、「科学の進歩」と、その「行き先」について、次のような考えを述べている[33]。

　　（本書の「科学の発見」という題名を科学の「発明」ではなく「発見」にした理由は）「科学は、たまたま成し遂げられたさまざまな発明の歴史としてあるわけではなく、自然のありようこそが科学のありようを決めているのだ。」ということを指摘するためだった。現代科学は自然というものに合わせてうまくチューニングされた技術であり、未だ不完全とはいえ、この技術はちゃんと機能している。それは世界について確かな事実を知るための実践的な方法である。この意味で、科学とは人類に発見されるのを待っていた技術なのである。（中略）

　　「発見」という言葉を使ったもう一つの理由は、時代遅れの社会構成主義者と距離を置くためである。社会構成主義者とは、科学のプロセスのみならずその結果までも、特定の文化

や社会的環境が人工的につくりだしたのだ、と説明しようとする社会学者や哲学者や歴史家のことである。（P13）

　人類の世界の理解は蓄積していくものだ。その道のりは計画も予測も不可能だが、確かな知識へとつながっている。そして道中、われわれに喜びを与えてくれることだろう。

（「科学の発見」P327　スティーブン・ワインバーグ　下線筆者）

　1段落目を読むと、ワインバーグ氏は、「科学の発明」ではなく「発見」としたのは、「科学」が対象とする「自然」には、本来「自然のありよう」というものがあり、それに基づく「科学のありよう」つまり「世界についての確かな事実」があり、それを求めるための技術が「科学」なのであり、科学は、元々の「自然のありよう」によってその「ありよう」が決められるため、科学は「発明」されるものではなく「発見」されるものだと述べている。

　このように考えれば、科学とは、予め自然の中にあるものを「発見」していく「技術」ということになるのだろうか？「科学とは人類に発見されるのを待っていた技術なのである。」から考えれば、科学は人間の存在とは無関係に自然の中に存在するものなのだろうか？

　そうだとすればこれは、「科学の理論や法則は科学者という人間と無関係に成立する、絶対的・普遍的なものであるという考え方から、科学の理論や法則は科学者という人間が創造したものであるという考え方に転換してきているということである」という平成11年学習指導要領解説、理科編（下線筆者）から続いてきた今日の理科の捉え方とは異なる考えのようにも思える。

　そこで、続けて2段落目に進むと、社会構成主義者に対する随分辛辣な表現もあるが、「発見」という言葉を使ったもう一つの理由として、「科学のプロセスのみならずその結果までも、特定の文化や社会的環境が人工的につくりだしたのだ、と説明しようとする」ことへの批判がある。「科学のプロセスのみならず」ということは、「科学のプロセス」は、「特定の文化や社会的環境が人工的につくりだした」という点については賛同しているようだ。

　以上から、自分は以下のように考えたい。ワインバーグ氏は、まず、自然には「自然のありよう」というものが最初から存在していると考える。そして、その「自然のありよう」を捉える「科学」という技術のありようを、その「プロセス」と、そこから得られる「結果」とに分けて考え、その「プロセス」は特定の文化や社会的環境が人工的につくりだした（したがって時代や文明によって変化する）ものだと考えられるが、「結果」は、元々の「自然のありよう」があるので、それが「科学のありよう」を決め、したがって「科学」とは、「自然のありよう」を見付けるための、「人類に発見されるのを待っていた技術」と考えられると言っているのではないだろうか。

　例えば「重力」という「自然のありよう」を捉える「科学」の捉え方は、アリストテレスの考えた「在るべき場所に戻る」という考え方から、ガリレオを経てニュートンの「万有引力による遠達力」という考え方に変わり、さらにアインシュタインによる「重力場による時空のゆがみ」という考え方に変わってきたが、この捉え方の変遷は、単に人間が創り出してきた結果というだけでなく、「自然のありよう」を捉えるための「人類に発見されるのを待っていた技術」としての進歩と考える、ということではないだろうか。

　このように見てくると、「技術」という表現が気になるが、ここでは技術とは、「自然のありよ

う」を捉える「手立て（捉え方）」というような意味で使われていると考えられる。

　つまり、先の「科学とは人類に発見されるのを待っていた技術なのである。」という文章は、"自然のありようにうまくチューニングされた"科学は、「特定の文化や社会的環境」に影響されることで、一直線にその「自然のありよう」を発見することにはならないが、それでも世界について確かな事実を知るための実践的な方法として発展していく、という考え方に立っているのではないかと考えられる。そのように考えれば、この文章は、学習指導要領理科の考え方にも沿っているようにも考えられる。ただ、気になるのは「自然のありよう」が元々の自然の中に「ある」という考えである。これについて学習指導要領は、明確には述べていないように思われる。

　そしてワインバーグ氏は、この考えの上に立って、科学の結果としての人類の世界の理解は蓄積していくものだ、と「科学の進歩」に言及していると考えられる。

　以上の考察からは、やはり科学は進歩していくものと捉えてよさそうである。しかし、その進歩の先にはワインバーグ氏の言う「自然のありよう」というものが本当にあるのだろうか？それが決まった形としての「ゴール」としてあるなら、それはやはり「科学の理論や法則は科学者という人間と無関係に成立する、絶対的・普遍的なもの」という考え方に戻ってしまうのではないだろうか？

　これまでの自分の考察では、「科学の真理」のような決められたゴールは自然の中にはなく、人間が科学的な共通理解をしながら進めていくのが「科学」だという捉えだった。そして、その「進歩」という面を考えてみると、「より共通理解がとれ、汎用性のあるもの」へと進歩していくとも考えられる。

　では、そこには「より共通理解がとれ、汎用性のあるもの」という意味の進歩だけで、ワインバーグ氏の言う「自然のありよう」としての科学の方向性はないのだろうか？

　個人的な考えとしては、単に共通理解がとれ、汎用性のあるものというだけでない何らかの「科学としての方向性、自然のありよう」が、自然の中にあるような気もする。

　それは、この「科学としての方向性、自然のありよう」は、「人間が捉えること」だという点に関係してくると思われる。つまり、人が求めることができる「自然のありよう」が自然の中に「本質」としてあって、それを求めていくのが「科学」だという（以前の「科学」の捉え方）考え方ではなく、**何らかの「自然のありよう」は確かにあるかもしれないが、それを「人の捉え方」で捉えるのが「科学」**ではないかと思える。したがって、「自然のありよう」に近づこうとはするが、**捉えられるのは常に「人の捉えとしての自然のありよう（科学）」**ということではないだろうか？

　この疑問について深く考えさせてくれたのが、以下に引用する中谷宇吉郎の「科学の方法」の中の記述である。以下、少し長くなるが引用する[34]。

　　今日の科学の進歩は、いろいろな自然現象の中から、今日の科学に適した問題を抜き出して、それを解決していると見た方が妥当である。もっとくわしくいえば、現代の科学の方法が、その実態を調べるのに非常に有利であるもの、すなわち自然現象の中のそういう特殊な面が科学によって開発されているのである。（中略）やってみることができるという、そういう

問題についてのみ、科学は成り立つものなのである。(P2)

　こういうふうに考えてくると、自然界には、固定した実態が、どこかにかくされていて、それを人間が科学によって探していくうちに、うまくいったときには見付けることができる、というようなものではないことが分かる。科学が発見した物の実態もまた法則も、こういう意味では、人間と自然との共同作品である。(この後、この「作品」の評価は芸術家が作る作品とは違うと述べ、それは作ったものを評価する物差しが違う点を挙げ、その物差しは「これまで得られている科学の知識の集積」で、その物差しに当てはめて自然を見ていく際の「見ること自身」は、「科学に現在使われているいろいろな思考形式の眼を通じて行われる。とある。これが学習指導要領で言う「実証性、再現性、客観性」ではないのだろうかと自分は考える。)そういうふうにして、自然界から掘り出し得たものが、科学そのものなのである。従って科学の本質は、人間と自然との協同作品という点にある。(P22)

　自然界には、ほんとうの法則が埋もれていて、宝探しをしている人間が、いろいろ探しているうちに、そのものずばりにぶつかって、それをつかまえたというふうに、考えてよさそうにも思われる。しかしよく考えてみると、ほんとうはそうではないのである。こういうことを論ずる場合、一番大きな問題は、一体自然界に法則というものがあるかないかという点である。今までの考え方では、法則があるということは、証明できることではないので、法則があると仮定して組み立てたものが科学なのである。もっともそういう仮定のもとに組立てた科学が、今日のように発展し、つぎつぎと自然に対する新しい知識が得られているという意味では、法則が実際に存在するといってもよい（それが「自然のありよう」から来ているのではないだろうか）。しかしたびたびいったように、自然界から現在の科学に適した面を抜き出して、法則を作っているのである。(P188)

（「科学の方法」中谷宇吉郎　1958 年初版　下線、括弧内筆者）

　自分がこれまで読んだ科学とはなにかについて書かれた本の中で、最も考えさせられ感銘を受けた、そして最も分かりやすいと感じたのが本書で、自分の考えも加えて長く引用したが、大事な部分ばかりと思える。

　これを読んだ自分の解釈は、自然に法則性はあるのかないのか？と問われれば、人間が「ある思考形式の眼」を持って見た場合に、その眼を通しての「法則性」が現れてくる場合には、自然の中にもその見方をした場合に現れる何らかの法則性があると考えられ、したがって**「法則性」は「人間と自然との協同作品」**と考えられる（したがって「文化」）、ということだ。このように考えると理科の学習とは、この「ある思考形式の眼」を持って自然を見て、「実証性、再現性、客観性」による科学的な検証から「法則性」を見つけ出していくという営みのことだろう（科学の取り組みも基本的には同じ）。

　そのように考えればワインバーグ氏の、「科学」は人間が勝手に発明したものではなく、「自然の中にある"ありよう"を人間が発見したものだ」という捉えは、「科学」は自然の中の「ありよう（人間がある見方から勝手に見付けた"法則"ではなく、その元となるもっと混沌としたものだが、確かに自然の中に"ある"もの）」を、人間が「科学的な視点」から「法則として発見した

もの」と考えられ、これが中谷氏の「人間と自然との協同作品」につながると考えられるだろう。したがってワインバーグ氏の、「現代科学は<u>自然というものに合わせてうまくチューニングされた技術であり、</u>」という物言いは、中谷氏の言う"人間が「ある思考形式の眼」を持って見た場合に、その眼を通しての、その時点におけるうまく自然を説明できるような「法則性」が現れてくる"ということに当たるのだろう。

そしてワインバーグ氏は、この考えの上に立って、<u>人類の世界の理解は蓄積していくものだ、</u>と「科学の進歩」に言及しているが、同じく中谷氏も、本書の最後を、「科学は、自然と人間との協同作品であるならば、これは<u>永久に変貌しつづけ、かつ進化していくべきもの</u>であろう。(P202)」と結んでいる。

このように考えれば、ゴールとしてあるように見える「自然のありよう」も、「自然と人間との協同作品」として、その姿を徐々に私たちに見せてくれるものと考えられる。つまり、「<u>科学の理論や法則は科学者という人間と無関係に成立する、絶対的・普遍的なもの」という考え方ではない</u>、ということである。

以上の考察から、自分は「科学はやはり進歩していく」ものと捉えるべきだと思える。但し、それはゴールとして"ある"「自然のありよう」に向かっての進歩と言うより、「自然と人間との協同作品」として、**人間の「自然認識」として進歩していく**と言う方が適切だろう。したがって科学は、人間が自然を追究し科学に取り組んでいく限り、中谷氏の言うように<u>永久に変貌しつづけ、かつ進化していくべきもの</u>と言えるだろう。

科学が自然と人間の協同作品であるからこそ、人間の関わりようによって進化し続けるという「科学の進歩」に関する中谷氏のこの科学観は、今日の最も進んだ科学観そのものとも言えるのではないだろうか？そして、それが現在、小学校の理科授業の在り方にも影響を与えてきている。

このような考えが、半世紀以上も昔に述べられていたことにびっくりすると共に、このような科学者が日本にいたことを誇りに思い、今一度私たちもしっかり読んで考えるべきではないかと思う。

（3）「科学の真理」を考える

〔「科学」の捉え方について③〜「科学の真理」を考える〜〕

(2)「科学の進歩」を考える、の中では、科学の「真理」ついても触れてきた。それによると、科学とは「自然のありよう」としての「真理」に向かって進化していく営みではなく、その「自然のありよう」から、人間が創り出した現在の科学に適した面を抜き出して、そこから法則を作っていく営みと考えられる。では、「科学の真理」というものはないのだろうか？或いは、あるけれども人間には捉えられないものなのだろうか？

ここでは著名な数学者であり理論物理学者でもあったアンリ・ポアンカレが書いた名著である「科学と仮説[35]」から、いくつかの部分を抜粋し、それを基に考えてみることにする。

> 科学はわたしたちの目の前で、日々、有効に働いている。これは科学が実在の何かを教えてくれているのでなければ起こりえないことだ。ただし、科学の手が届くのは、単純な教条主義者が思っているように物そのものではなく、物と物の関係だけである。これらの関係以外にわたしたちが知ることのできる存在はない。これが、本書でわたしたちが到達することになる結論である。(P10)
>
> したがって力学の原理は二つの異なる側面を持っている。一方では、それらは実験に基づく真理だし、ほぼ孤立した系ではきわめて高い精度で正しいことが確かめられている。他方では、宇宙全体に適用できる公準であり、こちらは厳密に正しいとみなされている。これらの公準が、その母胎である実験的真理にはなかった一般性と確実性を持っているのは、つまるところこれらが単なる規約だからにすぎない。(P172)
>
> 原理は規約であり、定義が変装したものである。とはいえ、元々は実験則から引き出されたものだ。わたしたちの精神がそれらの実験則に絶対的な価値を与え、言ってみれば原理に格上げしたのである。(P173)
>
> ではどういう実験が良い実験なのだろうか。良い実験とは、単なる孤立した事実とは別のことを教えてくれる実験である。予測させてくれる実験、言い換えると、一般化を許す実験である。なぜなら、一般化をせずに予測することは不可能だからだ。(P180)
>
> まず、どんな一般化も、自然の統一性と単純さへの信念をある程度は前提としていることに注意しよう。(P183)
>
> (「科学と仮説」アンリ・ポアンカレ、ちくま学芸文庫、下線筆者)

ポアンカレも、「科学が実在の何かを教えてくれている」のは間違いないと言っている。しかしそれは私たちがこれまで普通に思っていた「科学の真理」というようなものではなく、「物と物の関係だけ」にすぎないと言っている。そして、力学を例にして、その「物と物との関係」で直接検証できるのが「実験に基づく」真理であり、それを一般化した「公準」や「原理」としているのは、「私たち人間の精神」である、と言っている。

この考え方は、「科学」の捉え方について（2）で考えた中谷宇吉郎の科学観にも通じるところがある。さらにポアンカレは、ではそのような「公準」や「原理」につながる「良い実験」とは何かを考え、それは「予測させてくれる実験」、つまり「一般化を許す実験」である、と述べている。言い換えれば「良い実験」とは「原理」を導き出してくれる実験ということだろう。確かに、一般化されることで「公準」や「原理」として使えることになるのだろう。しかしここには大きな前提がある。それは、「どんな一般化も、自然の統一性と単純さへの信念をある程度は前提としている」ということである。

つまり、「自然の振る舞いには、何かしらの"規則性"があり、しかもそれは"より単純化されたものだ"」という**「仮説」に基づいている**ということだろう。例えば天体の動きで考えれば、「天動説」にしても「地動説」にしても、並列されて議論されていた時代にあっては、それぞれなりの「規則性」がある点でそれぞれ「科学」であったが、次第に"より単純化されたもの"として

の「地動説」の方が勝っている、という捉えになってきたのだろう。

　そう言うと、何だか壮大な話で、日頃の理科授業とはあまり関係ないように思えるかもしれないが、考えてみれば私たちも授業で学習課題を設定し、それを解決するための観察や実験をした場合、ごく当然の取り組みとして、**「この結果から何らかの規則性や一般性を求めよう（分かったことは何か？）」**等と子ども達に投げかけるのではないだろうか？

　実はそんなものはないかもしれないし、あると保障するものもないかもしれないが、「ある」という前提で考えているのである（勿論教科書にある観察や実験である以上は、そこにはきまりや法則はあるのだが、科学の正しい前提の考え方として）。

　また、その説明にしても「より単純でわかりやすい説」を優先的に採用するのではないだろうか？（所謂「オッカムの剃刀」の考え方だが、これも有効だが仮説である）

　その実験で得られた結果についても、ポアンカレは、以下のように書いている。

　実験から得られるのは一定数の孤立した点だけなので、それらを一つの連続した曲線でつなぐ必要がある。これはれっきとした一般化だ。しかしわたしたちはそれ以上のことをする。わたしたちの描く曲線は、観測点の間を縫ってそれらの近くを通るが、観測点そのものは通らない。したがってわたしたちは実験を一般化するばかりか、それを訂正もするのだ。もしこのような訂正を施さず、実験だけで本当に満足する物理学者がいたとしたら、その人は何とも異様な法則を述べなくてはならないだろう。剥き出しの事実だけでは不十分なのだ。だからこそわたしたちには秩序ある科学、いやむしろ系統だった科学が必要なのである。

　よく先入観なしに実験すべきだと言われる。これはできない相談だ。そんなことをすれば実験が不毛になるだけではない。たとえそうしたくてもできはしないだろう。誰でも自分なりの世界観を持っていて、これはそう簡単に崩れるものではない。

（「科学と仮説」アンリ・ポアンカレ　ちくま学芸文庫、P181、下線筆者）

　確かに実験結果をグラフ化するような場合、私たちはそのまま点をつないで凸凹の折れ線グラフにするのではなく、全体の変化の傾向を見ながら、**「そこに一定の変化のきまりがある」**と想定して、必ずしも測定点を通らない「ありそうな」直線なり曲線を引いている。

　このように見てくると、確かに、単に「物と物の関係だけ」を表している実験の結果からきまりや法則を作っているのは、**「私たち人間の精神」**であり、そこには個々の人間の**「自分なりの世界観」**が働くと共に、一方で人類共通の**「自然の統一性と単純さへの信念」**があるという不思議さを感じるし、これは何も科学者の世界だけでなく、**日頃の自分たちの理科の授業でも言える**ことだと思われる。

　また、「先入観なしに実験すべきだと言われる。これはできない相談だ。」という下りは、今日の構成主義の考え方そのものと言えるだろう。

　以上から改めて「科学の真理」について考えると、中谷氏が言うように、自然界に宝物のように科学の真理があるのではないが、「自然のありよう」としての何らかの「姿」が自然の中にあるからこそ、「そこから何らかの規則性や一般性を求めよう」という「人間の持つ科学観」に基づい

た「自然のありよう、科学のありよう」が導かれてくると考えられる。

　その意味では、**"「自然が持つ、科学の真理に当たるようなもの」は永遠に分からないが、それを見つけようとする人間の働き掛けに基づく「自然の捉え方、科学の在り方」は、徐々に進歩していくと考えて良いのかもしれない、"** というのが自分の結論である。

　以上の検討から、(2) の「科学の進歩」と、(3) の「科学の真理」は、<u>内容的に</u>互いに切っても切れない関係にあると思われる。

　このポアンカレの「科学と仮説」が書かれたのは 1902 年（明治 35 年）のことであり、中谷宇吉郎の「科学の方法」のさらに 50 年以上も前であることを考えれば、中谷宇吉郎もこのポアンカレの考え方に影響を受けていたのかもしれない。何れにしても、今自分たちの携わっている理科教育を、そしてそれを日々授業している私たちの実践を、ポアンカレや中谷が見ればどう思うだろうか、と考えさせられる。

※なお、例えば現代の生物学者である池田清彦氏も「科学は真理をではなく同一性（構造や形式）
　の追求をめざす（構造主義科学論の冒険）」と同様な考え方を示している[36]。

　以上の、「文化」としての「科学の捉え方①」、「進歩」から考えた「科学の捉え方②」、そして「真理」から考えた「科学の捉え方③」の考察を踏まえて、学習指導要領の目標と解説から考えられる、「科学」と「科学的」、「科学的に解決する」の意味を、自分なりにまとめ、授業にどのように関係してくるのかを、以下のように考える。

　先に書いたこれまでの学習指導要領理科の目標及び内容の変遷から検討したまとめ〔「科学」と「科学的」にこだって考える「科学的に解決する」の意味〕（P148）と、内容的に重複する部分もあるが、それも含めてのまとめとしたい。

〔目標と解説から考える「科学」と「科学的」、「科学的に解決する」の関係〕
〜「実証性、再現性、客観性」という「科学的であるための条件」の意味〜

　三つの資質・能力の育成は目標ではあるものの、「 科学的に解決する ために必要な資質・能力を次のとおり育成する」とあるように、理科では「科学的な解決」が教科における最終的な目標と考えられる。

　しかし、その「科学的に解決する」を理解するには、まず「科学」の意味を理解しておくことが肝要である。

　「科学」とは、<u>人間が創り出してきた文化</u>であることをまず理解することが大事であり、その上に立って「科学的に解決する」とは実証性、再現性、客観性などといった条件を検討する<u>手続きを重視しながら解決していく</u>ということと考えられ、その具体的な手続きの姿として「主体的で対話的な学び」が導入されてきたと考えられる。

　このように捉えれば、この「実証性、再現性、客観性」などといった条件を検討する、理科における「主体的で対話的な学び」は、「手続き」というより、<u>それも含めた全体が、「科学的に解決する」ために実現が求められる「目標」</u>と言う方が良いのではないかと思える。さらに、その学びを通して「自ら新たな問題を見いだして、問い続け、解決していくことに喜びを見い出し、

主体的に学び続けていく」ことこそが最終的な目標ではないかと考えれば、目標達成のキーワードは、これまでも重要と考えてきた「主体的（主体性）」ではないかと思える。

　前回の目標にある「科学的な見方や考え方を養う」という教師主体とも取れるような表現から、今回「科学的に解決する」と子供主体が明確な目標になったのも、この「主体的（主体性）」の重要性の表れではないだろうか。

　まとめると、三つの資質・能力は「育成」するが、それを用いて科学的に解決するのは子供自身だということである。その、**"子供自身により「科学的に解決できる」"ための、「実証性、再現性、客観性などといった条件」を検討しながら進める問題解決活動のために、「主体的で対話的な学び」が必要になってくる**、ということと考えられる。

　そこで、この「主体的で対話的な学び」として進めてきた「実証性、再現性、客観性」の検証活動を、理科としての「深い学び」の実現につなげてくれるのが、これも子供自身が主体的な捉えとして自ら育んでいく**「理科的な見方・考え方」**と考えられる。

　以上の議論の出発点になっているのは、**「科学」とは人間が創り出してきた文化**であり、「科学的に解決する」とは、実証性、再現性、客観性などといった条件を検討する手続きを重視しながら解決していくという捉えだった。

　そこに戻って考えれば、「実証性、再現性、客観性」による「科学的であるかどうか」の検証による担保は、**「事象の受け留めが、科学であるための必要条件かもしれないが、十分条件ではない」**と言うことができると考える。

　そう捉えれば、理科の授業において、この「科学」の意味を忘れて機械的に「実証性、再現性、客観性」を検証していくのは、真の「科学的な解決」に向かう授業とは言えないと思われるし、P137で述べたように、それまでの自然認識に基づいた「実証性、再現性、客観性」を検証したとしても、それだけでは、真の「科学的な解決」につながる「自然認識」の深まりや高まりとは言えないだろう。

　私たちが目指す真の「科学的な解決」には、子供自身の「科学」の捉え方（自然認識）に基づく**「理科的な見方・考え方」**を働かせる必要性と重要性が必要だろう。それについては次節で検討する。

〔「科学が、それ以外の文化と区別される基本的な条件」について〕

　学習指導要領解説には、「科学」の説明の中で「科学が、それ以外の文化と区別される基本的な条件としては、実証性、再現性、客観性などが考えられる（P16）」とある。

　この「それ以外の文化と区別される基本的な条件」を、「主体的な受けとめ方から独立した論理的なものであるという条件」と受けとめてはいないだろうか？確かに科学以外の文化である文学や美術等は、それらは人間が「どう受けとめるか」という「人の心情や感覚を含む主体的な受けとめ方」を大切にしてきた。それと対比し、科学に対してはそうではなく、論理的な受けとめ方をするという意味で、上のような受けとめ方をしてしまいがちではないだろうか？

　しかし、ここまでの考察から考えれば、科学（理科）の場合も、考える主体としての「人」の受けとめ方は同じように大事なのであり（したがって「文化」と言える）、その中に科学としての論理的な部分を必要条件として含んでいる点が他と異なる、ということと考えられる。

したがってここまでの考察から、「科学」における、その論理的な要素である「実証性、再現性、客観性」に基づく考察にも、<u>主体者としての「人」の捉えが含まれるべきではないか、だからこそ科学は文化たりうる</u>というのが自分の考えである。

〔古典物理学（科学）を通して「理科」を学ぶことと、現代の物理学（科学）の世界で生きていることの関係について〕

現役時代に理科の授業をしている際、物質や時間、空間の捉え方まで変化してきている現代物理学、そしてその成果を実際に活用した世界に生きている私たちが、相変わらず古典物理学を教授し続けているという現実をどう考えるか？という疑問が少なからずあった。

そこで、理科や科学の在り方についてここまで考えてきたことを基に、古典物理学に代表される科学を扱い続けていることに対する自分なりの考えを述べたいと思う。

すぐ思い付くのは、子ども達が生活している中で見たり聞いたり、触れたりする「日常科学」の中の現象の理解は、現代物理学を近似した古典物理学で十分であり、実際それが実感できるものでもある、という回答だろう。また、真の姿である現代物理学に則っての授業では、例えば小学生には難しすぎて理解できないだろう、という面も勿論あるだろう。

しかし、ここまで考えてきた結果、科学（理科）として大事なのは、**「客観的な事実」ありきではなく、「人としての認識」に基づくという「科学」の捉え方**だった。その捉え方は、<u>古典的な科学であろうと現代科学であろうと同じではないか</u>と考えられる。それが、小学校で古典物理学を教えることの、もう１つの意義を与えてくれるのではないだろうか？

その意味で、古典的な科学から現代科学への変容を指摘したクーンのパラダイム論は、古典的な科学の世界の中で考えている小学校理科教育の世界には直接は関係しないかもしれないが、上記に述べたような「科学」の捉え方（「客観的な事実」ありきではなく、「人としての認識」に基づくという「科学」の捉え方）として、小学校でも大事になってくると考えられる。

蛇足にはなるが、このように考えると、先に述べた“ルネサンス期の「モナリザ」の肖像画より、ピカソの描く「泣く女」の肖像画の方が進歩しているのだろうか？”という疑問（P157）には、絵画を評価するパラダイムが変化した、と言えるのではないだろうか？（だからといって、「モナリザ」の評価が落ちるということではないという点が、科学とは異なると思えるが）

つまり、<u>本書で考えてきたような「科学」の捉え方（古典物理対象でも現代物理対象にも共通した認知心理学に基づく捉え方）を学ぶことこそが、本質的な学びであり、古典物理学としての「理科」と、現代の物理学（科学）に共通し、そして学校での学びと生活での学びをつなげると考えられるのではないだろうか。</u>

したがって教師は、そのことを意識して、古典的な内容に固執することなく、逆に現代的な内容に先走りすることなく、**その両者に共通する「科学（理科）の考え方」の育成こそが大事なの**だと意識しながら指導していくことが重要ではないかと思える。

〔クーンの「科学革命」の捉え方への疑問〕

ここまで考えてきた「科学」の捉え方、及びそれに基づいた科学（理科）教育の在り方は、大きく言うと、構成主義の考え方に基づいたクーンの、所謂「科学革命」の考え方に基づくものだった。ニュートンとアインシュタインの理論の対比は、その典型的な例である。

しかし、改めて振り返ってみると、その理論の説明に出てくる事例はどの本を読んでも似たり寄ったりの限定したものであることが多い。クーンの論文を尊重しているからかもしれないが、もう少し多くの事例が出てきてもよさそうであるが、殆どが物理領域の、それも限られた事例のように思える（自分の勉強不足もあるだろうが）。

自分は現役時代、何年か石川県教育センター（当時）の所員として地学関係の研究や指導等をさせていただいたことがある。高校時代にも地学は履修したことがなく、大学は物理だったので、特に地域の地質等を調査する地学巡検は、新鮮な感動と共に戸惑うことも多かった。地学に長けた同僚のお陰で、随分教えていただくことができたが、例えば同じ石川県でも、能登地方と加賀地方の地質や地形の状況は大きく異なっており、何故そのようになっているかについて「物理的な捉え方」に慣れていた自分は、つい「統一した規則性」を求めたくなるのだが、地学専門の同僚はそうではなく、「ローカルな規則性」で説明しようとする。能登を、加賀を、日本を、そして世界の地質を統一的に説明できる「考え方」がないのか？と、当時は説明を聞く度に、何度となく歯がゆい思いをしていた。

勿論、地学に統一的で科学的なきまりが全くないわけではないが（教科書にも載っているように）、しかし「このきまりを当てはめて、どんな場合にもピタッと説明できる」ということが少なかったように思えた。そんな経験から、何となく「同じ科学と言っても、物理と地学とでは、その"分かり方"が違うのかな？」等とぼんやりと考えていた。

そんな時に都城秋穂氏の「科学革命とは何か」という本と出合った[37]。副題に、「クーンのパラダイム説を超えて！」とある。詳しい紹介はできないが、著者によれば、「物理学上の典型的な理論は、一般に演繹的階層構造をもっている。多くの科学哲学者たちは、すべての科学上の知識あるいは理論がそのような構造をもつべきだと考える傾向があった。（中略）しかし科学のなかでも物理学よりほかの分野には、演繹的階層構造を持つ理論は少なく、ある一つの理論がそれとは違う理論を持つことは、かならずしもその理論が不完全あるいは未完成なためではなく、科学の性質が分野や対象によって違うことからくるのだろうと私は考えている。(P287)」として地質学を取り上げて、その知識や理論の構造を物理学と比較している。

そして（詳しい紹介は省くが）「典型的な物理理論は演繹的階層構造をもつが、そのほかの科学分野には複合構造をもつ理論が多い。（中略）クーンは科学革命を、科学者共同体が一つのパラダイムから、それとは違うパラダイムに転換することとして定義したが、パラダイムのない研究分野にでも科学革命が起こる場合があるので、本章では科学革命というものを、もっと広い見地から見直すことにしよう。(P305)」と書いている。そして「クーンやラカトシュにかぎらず、従来の哲学では多くの場合、科学理論という言葉によって、実は物理理論のことを考えていた。(P305)」と書いている（下線は全て筆者）。

ここでこの文章を引用したのは、自分の「捉え方」への反省からである。本書でも、「自分はこう考える」と結論づけ、それに則って全て考えていこうとする傾向が、考え方の柔軟性をなくしているのかもしれない。悪い意味での「物理的」な考え方が強いのかもしれない。そのことを忘れず、この後も検討していきたい。

※「物理的」な考え方が強いのかもしれないと書いたが、実は物理に限っても、「理解の構造」を示す例は、多くの書物で「斜面の問題に関しての、初心者と熟達者のスキーマのネットワーク表現の違い」[38]等で示している事例などに限られ、果たして物理全般でこのような考え方が一般的に成り立つのか、そしてそれが教育に役立てられるのかは疑問に思えることもある。先に書いたニュートンとアインシュタインの理論の対比もよく見られる例であるが、これも含めてもう少し「理解の構造」の一般化が図れるのかを考えてみる必要があるように思える。

第3節　「見方・考え方」の検討

　　前章での考察から、「科学的」とは、科学が、それ以外の文化とは異なる基本的な条件としての「実証性、再現性、客観性などの条件」を重視しながら検討する「手続き」であり、その手続きを重視した「科学的な解決」の際に働かせる「見方・考え方」によって得られる結果こそが、「人間が創り上げてきた文化」としての「科学」である、と考えられる。

　　このように捉えれば、「科学的」という手続きによって「科学」を実現させてきた流れの中で、重要な働きとして「見方・考え方」の役割があると考えられる。この、「科学」の成立にとって非常に大事と思われる「見方・考え方」について、P71ではこれまでの「見方や考え方」と比較しながら検討し、「理科の見方・考え方」とは「資質・能力を育成する過程で働く、物事を捉える視点や考え方」であると捉え、更にそれは直接指導するものではなく、児童が自ら育成していくものであるという点から見れば、「主体的」と類似性があると考えてきた（P77）。

　　さらに、「児童の主体性」を支えているのが「見方・考え方」であり、これまでの「見方・考え方」を生かしながら、それを育てていくことで進む問題解決活動が理科における「主体的・対話的で深い学び」であり、その展開の中で資質・能力の三つの柱に沿った「ねらい」が達成されると考えてきた経緯を思い浮かべると、「見方・考え方」は、対象を「科学的」に捉える際に、「主体的」に働くことによって「主体的・対話的で深い学び」による問題解決活動を実現させ、「科学」として対象を認識できる要となるものと考えられるのではないかと思える（次ページ図）。

〔「科学」と「科学的」、「見方・考え方」を関係付ける「主体的・対話的で深い学び（問題解決活動）」〕

　これまでも、このような「見方・考え方」の重要性を考えてきた（P97 ③「見方・考え方」の重要性）し、「主体的・対話的で深い学び」との関係で言えば、資質・能力を獲得するとともに、「見方・考え方」も豊かで確かなものになるという相互作用の関係であることも分かってきた（P77）。これらをまとめたのが P98 ～ 99 にある。

　以上の経緯を踏まえて、改めて「見方・考え方」自体を検討してみたい。

　ところで、前回の学習指導要領との最も大きな違いは「見方や考え方」が「見方・考え方」に変わった点である。そこで、まず、その「見方や考え方」を再確認してみる。

1.「見方や考え方」

　見方や考え方とは、問題解決の活動によって児童が身に付ける方法や手続きと、その方法や手続きによって得られた結果及び概念を包含する。すなわち、これまで述べてきた問題解決の能力や自然を愛する心情、自然の事物・現象についての理解を基にして、見方や考え方が構築される。見方や考え方には、短い時間で習得されるものや長い時間をかけて形成されるものなど、様々なものがある。

　見方や考え方は、「A 物質・エネルギー」、「B 生命・地球」のそれぞれの内容区分によっても異なっている。いずれにしても、理科の学習は、児童の既にもっている自然についての素朴な見方や考え方を、観察、実験などの問題解決の活動を通して、少しずつ科学的なものに変容させていく営みであると考えることができる。

（平成 20 年学習指導要領解説理科編 P10、下線は筆者、一部本書 P64 再掲）

(1)「方法や手続き」、「結果及び概念」とは

　冒頭に "「見方や考え方」は、問題解決の活動によって児童が身に付ける「方法や手続き」と、それによって得られた「結果及び概念」の二つを含むものである"、とある。

　この「方法や手続き」と「結果及び概念」に当たるものは、それぞれ何だろうか？「すなわち」以降を読むと、「これまで述べてきた問題解決の能力や自然を愛する心情、自然の事物・現象についての理解」を基にして、「見方や考え方が」構築される。とあるので、単純に対応させれば、「方法や手続き」に当たるのが「これまで述べてきた問題解決の能力や自

然を愛する心情、自然の事物・現象についての理解」で、それらを基にして構築されるのが「結果及び概念」と読めそうである（最終的に構築される「見方や考え方」の中には、「方法や手続き」も含まれてはいるが）。

　つまり「見方や考え方」は、①「問題解決の能力や自然を愛する心情、自然の事物・現象についての理解」という「方法や手続き」と、それを基にして構築された②「結果及び概念」からなっていると捉えられそうである。

　しかし、本当にそう理解していいのだろうか？問題解決のための「能力」や、自然を愛する「心情」、そして自然の事物・現象についての「理解」等の、「能力」、「心情」、「理解」は、「方法や手続き」と言って良いのだろうか？そうだとしたら、そこから得られる「結果及び概念」とは何だろうか？

（2）「を基にして」の意味

　自分も平成元年度から学習指導要領の目標に入ってきた「見方や考え方」の育成を目指して現役時代は授業を行ってきたつもりだが、振り返ってみればその捉え方をあまり厳密に考えず、「問題解決のための力」を付けるのが「方法や手続き」の育成（①の中の「問題解決の能力」に当たる）で、それを働かせた結果、達成されるのが「単元の目標」であり（①の中の「問題解決の能力」以外の部分）、それはすなわち②の「結果及び概念」というような漠然とした捉えだった。

　今改めて考えてみれば、①の中の「問題解決の能力」以外の部分と②との関係が曖昧だったことに気付く。その結果、このように捉えると、①を「を基にして」見方や考え方が構築される、という上記の文の意味が分からなくなる。

　更に今回疑問が湧いてきたのは、①の「問題解決の能力や自然を愛する心情、自然の事物・現象についての理解」という部分は、それぞれ今回育成したい「資質・能力」である「思考力・判断力・表現力等」、「学びに向かう力、人間性等」、「知識・技能」に対応するのではないかと思ったからだ。もしそうなら、これらは今回の学習指導要領では「目指すべきもの」なのに、「方法や手続き」と位置付けるのは（今回の視点に立ってだが）おかしいと感じたからだ。

　そこで思い出したのが、P133の（3）今回の「科学的に解決する」を考える、で書いた、"前回は「見方や考え方」の育成が最終的な目標だったのに対し、今回は「科学的に解決できる」ことこそが最終的な目標と明確に示し、そのための三つの資質・能力の育成が大事、と、より「科学的な問題解決」を重視しているように思われる。つまり、三つの資質・能力の育成により、児童自身が「科学的に解決できる」ことこそが最終的な目標ということである。"という文章である。これは、前回と今回の学習指導要領の書き方の違いについて書いた文だが、ここまでの検討から考えれば、その目指している先は前回も今回と同様、「科学的に解決できる」ことであると思われ、それが前回では上記文中の「結果及び概念」を得ることという表現になったのではないかと思われる。

　つまり、今回の学習指導要領で、「三つの資質・能力の育成」を目標としながら、最終的

に目指しているのは「科学的な解決」と捉えたのと同じように、前回も「資質・能力」に当たる①の「問題解決の能力や自然を愛する心情、自然の事物・現象についての理解」を目標としながらも（したがってこれらは「見方や考え方に含まれる」）、最終的に目指しているのはそれを基にして構築された②「結果及び概念」という、「科学的に解決できる」こと、という関係になっていると考えられるのではないかということだ。

（3）「問題解決の能力」と「考え方」の関係

このように考えて上記の文の「理科の学習は、児童の既にもっている自然についての<u>素朴な見方や考え方</u>を、観察、実験などの問題解決の活動を通して、<u>少しずつ科学的なものに変容させていく営み</u>であると考えることができる。」という文章を読むと、今回の「見方・考え方」に相当する「素朴な見方や考え方」を、今回の「資質・能力」に相当する<u>「問題解決の活動を通して」</u>、<u>「科学的なもの」</u>つまり「科学的な見方・考え方」に変容させていく、というように読めるのではないだろうか？

ここらの議論の決着は、今回の見方・考え方の検討まで待つことにして、以上考えた結果を図式化したのが右図の「見方や考え方」の構造図である。

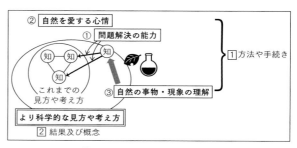

〔「見方や考え方」の構造図〕

図に沿って説明すると、児童は学習に入る前に、その学習対象に対する自分なりの「これまでの見方や考え方」による「知識」を持っている（「知識」が構成されたのが内側の円）。それは、これまでの学習によって得られた「知識」が、自分なりの「理解」に基づいてつながり、「概念」となっているものである（図の「知識」が三角形につながっている様子）。

つまり図で言うと、「知識」とは、「見方や考え方」を構成している「要素の一つ」である図の㊼であり、それを獲得することが③「自然の事物・現象の理解」である。そして、その「理解」とは、それら要素間を「どのようにつなぐか」という「つなぎ方」であり、それを可能にするのが図の①「問題解決の能力」と捉える。そして、その「知識」と「つなぎ方（理解）」で出来上がった「全体（ネットワーク）」を「概念」と捉え、この①「方法や手続き」と②「結果及び概念」全体を、「見方や考え方」と捉える。このように「見方や考え方」を捉えると、①の①「問題解決の能力」、②「自然を愛する心情」、③「自然の事物・現象の理解」は、新しく学んだことにより得られる②「結果及び概念」を得るための、①「方法や手続き」と捉えることもできると思われるが、それ自体単なる「方法や手続き」ではなく、<u>理科の「問題解決の活動」</u>そのものであると考えられる。（②「自然を愛する心情」については図中に明確には位置付けていないが、①や③を得る際に全体的に働くものと考えたい）。

この捉えが妥当なものか、以下、この捉え方を基に「学び」を考えていくと、これまであった「見方や考え方（内側の円）」に、新しく学んだ③「自然の事物・現象の知識」が図

中の㉗として加わり、それがこれまでの「見方や考え方」とつながることで「自然の事物・現象の理解」として、その「知識」は「新たな理解のネットワーク」の中に位置付けされることになる（外側の大きな円）。この「理解する」ことが「方法や手続き」の「手続き」と考えられる。つまり「理解」とは、「知識」自体ではなく、それを既存の構成された「見方や考え方」と「つなげる」という"動的な手続き"と考える。但し「知識」自体を「理解された動的なもの」として考えるという捉え方が、今回の学習指導要領ではより強調されている気がする。詳しくは後述（P175 からの〔「学び」における「見方・考え方」の位置付け〕）。

　その「理解（つまりこれまでの「見方や考え方」としての知識とネットワークとのつながり方）」を促すのが、②「自然を愛する心情」に支えられた①「問題解決の能力」と考えられる。つまり、この２つが「方法や手続き」の「方法」と考えられる。

　こうして、敢えて言えば①、②の「方法」と③の「手続き」による①「方法や手続き」によって、②「結果及び概念」が得られると考える。

　この一連の捉えは、特に平成 11 年改訂の理科学習指導要領から強調されてきた構成主義的な学習観にも合致すると思われる。

2. 「見方・考え方」

　では、今回出てきた「見方・考え方」は、どのように考えられるだろうか？

○「理科の見方・考え方を働かせ」について

　理解においては、従来、「①科学的な見方や考え方」を育成することを重要な目標として位置付け、資質・能力を包含するものとして示してきた。見方や考え方とは、「問題解決の活動によって児童が身に付ける方法や手続きと、その方法や手続きによって得られた結果及び概念を包含する。」という表現で示してきたところである。（先述の平成 20 年の表記通り）

　しかし、今回の改訂では、資質・能力をより具体的なものとして示し、「見方・考え方」は資質・能力を育成する過程で児童が働かせる「物事を捉える視点や考え方」であること、更には教科等ごとの特徴があり、各教科等を学ぶ本質的な意義や中核をなすものとして全教科等を通して整理されたことを踏まえ、理科の特質に応じ、「②理科の見方・考え方」として、改めて検討した。

　問題解決の過程において、自然の事物・現象をどのような視点で捉えるかという「見方」については、理科を構成する領域ごとの特徴から整理を行った。（以下、省略）

　問題解決の過程において、どのような考え方で思考していくかという「考え方」については、これまで理科で育成を目指してきた問題解決の能力を基に整理を行った。児童が問題解決の過程の中で用いる、比較、関係付け、条件制御、多面的に考えることなどといった考え方を「考え方」として整理することができる。（以下省略）

　なお、「見方・考え方」は、問題解決の活動を通して育成を目指す資質・能力としての「知識」や「思考力、判断力、表現力等」とは異なることに留意が必要である。

（平成 29 年学習指導要領解説理科編 P13、括弧書き、下線、番号は筆者）

(1)「①科学的な見方や考え方」から「②理科の見方・考え方」へ

　まず気付くのが、これまでの「①科学的な見方や考え方」から、今回は「②理科の見方・考え方」へと、「見方や考え方」から「見方・考え方」に変わっただけでなく、それが示している対象が「科学的」から「理科」に変わっている点だ。

　そこで思い出すのが、理科の目標について、前回は「科学的な 見方や考え方を養う。」とあったのが、今回は「科学的に解決する ために必要な資質・能力を次のとおり育成する」と「科学的」が修飾する言葉が「見方や考え方」から今回は「解決する」に変わり、そのために「資質・能力」を育成すると変わっている点だ。

　それを整理したのが下表である。

〔「科学的な見方や考え方」と「理科の見方・考え方」の関係〕

前回	目標「科学的」な **「見方や考え方を養う」**
今回	目標「科学的に解決する」ための **「資質・能力の育成」**

そのための理科の「見方・考え方」（教科としての特徴）

　まず確認したいのは、「科学的」が修飾している「見方や考え方（前回）」も、「解決する（今回）」も、共に「目標」だということだ。つまり理科においては、従来と変わらず「科学的な問題解決活動の実現とそれによる解決」が教科の目標であり、それらを含めたものが「見方や考え方」で、今回、その解決のために「働かせるもの」として、目標とは別に位置付けたのが、理科の「見方・考え方」と言えるだろう。

　では、なぜ「見方・考え方」を、「科学的な見方・考え方」とせず、「理科の見方・考え方」としたのだろう。これまでも考えてきたように、「見方・考え方」の根本は「児童の捉え方」であり、それは教科学習が始まる以前の生活の中からも児童の中に育ってきているものであることから、**「見方・考え方」の中には、「科学的」以前のものも含まれる**と考えられる。それら（必ずしも「科学的」ではないもの）も含めて「理科的な見方・考え方」と表現したのではないだろうか？そして、それが次第に「科学的な見方・考え方」になっていくと考えられ、その変容を大事に考え、「理科の見方・考え方」としたのではないかと考えられる。

　また、今回は「見方・考え方」を全教科共通で位置付けたという点から、「理科の」と、教科名を冠したという現実的な面もあるだろう。

(2)「資質・能力」と「見方・考え方」の区別や関係性

　「見方・考え方」を説明している学習指導要領理科の解説編 P4 には、"なお、「見方・考え方」は、問題解決の活動を通して育成を目指す資質・能力としての「知識」や「思考力、判断力、表現力等」とは異なることに留意が必要である。"との一文がある。

　ここまでの検討から考えれば、「見方・考え方」は資質・能力としての「知識・技能」や「思考力、判断力、表現力等」とは異なり、それらの育成を支え、またそれらによって育つものでもあることは明白で、その違いは明らかだが、このように敢えて一文を加えた理由は

何だろうか？

　一つは、理科がこれまでも「見方や考え方」として資質・能力に当たる部分は勿論、その実現を支える「見方・考え方」に当たる部分の育成を、一括して目指してきたことから、この二つの関係性を再度明確にしたかったからではないだろうか。

　これまでの理科教育の取り組みの立場からすれば、この「一括して目指す」という捉えこそが大事であり、「資質・能力」と「見方・考え方」は離れがたく結び付いているという捉えの重要性は、これまでもこれからも変わらないと思える。だからこそ、その関係性をしっかり掴んでおくことが大事だということだろう。

　もう一つ自分が大事だと思うのは、上に述べたことと関係あるのだが、この一文で、より「見方・考え方」の重要性を確認したかったからではないか？ということである。「見方・考え方」は「指導の目標」として位置付け、その実現を図るのがねらいではなく、あくまでも子供たちの中から育ってくることを目指し、それを用いて「子供自身の力」で（或いはそのように子供自身が思うようにして）「指導の目標」としての資質・能力の実現を図ることが、真の問題解決活動と考えられるからだ。

　したがってこの表現は、先に述べたように「資質・能力」と「見方・考え方」は離れがたく結び付いてはいるものの、両者は同じ性質のものではなく、理科で目標とする「科学的な問題解決活動実現」のためには、「見方・考え方」を、つまり「子供自身による見方・考え方の育ち」を如何に大事にしなければならないかを述べていると思える。そのように考えれば、この「見方・考え方」によって獲得される「資質・能力」こそが「真の資質・能力（変な表現だが、子供自身の見方・考え方によって身に付いた、という意味で）」であり、その「見方・考え方」は獲得の際に用いられるだけでなく、そのことで一層育てられることになり、その「成長した見方・考え方」は、当面の「資質・能力」に限定されず、その後の多くの事象の「捉え方」に生かされていくと考えられると思うのだが、どうだろうか？

　以上を元に、先の〔「見方や考え方」の構造〕図を今回の「見方・考え方」に沿ったものに変えたのが、次の図である。

〔「学び」における「見方・考え方」の位置付け〕

　これまで「見方・考え方」は子供が自ら育成していくものであるという基本的な立場に立って捉えてきた。

　その上に立って考えれば、「見方・考え方」は「子供の主体性」に支えられているものと考えられる（次ページ図の　見方・考え方　の上半分）。

　また"資質・能力を育成する過程で児童が働かせる「物事を捉える視点や考え方」でもある"（次ページ図の　見方・考え方　の下半分）という捉えから考えれば、「自然対象」の観察から始まる理科学習は、図のように考えられるのではないだろうか？以下、図に沿って説明する。

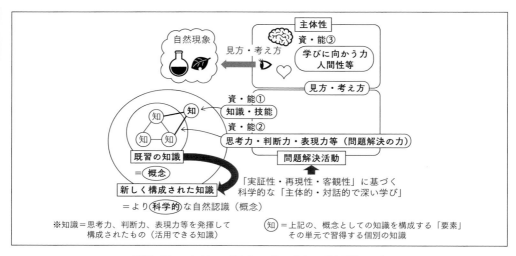

〔「学び」における「見方・考え方」の位置付け図〕

（図の解説）

　子供は、自分のこれまでの「見方・考え方」で自然現象を捉えようとする。そこには、「見方・考え方」の「主体性」面（不思議だ、解決したい等という関心・意欲面だけでなく、粘り強く取り組みたい、学びを深めたい、学びを生かしたい等の学びに向かう力、人間性等に関係する面も含む）＝図の（見方・考え方）の上半分と、「知的な問題解決活動」に関係する面（不思議だ、なぜだろう？等という疑問）＝図の（見方・考え方）の下半分があると考えられ、この両者で、理科の「問題解決活動」〔「学び」における「見方・考え方」の位置付け図〕を実現させると考える（図の上半分部分）。

　図で言うと、「見方・考え方」の「主体性」面は資質・能力③「学びに向かう力、人間性等」に関係し、「知的な問題解決活動」面は資質・能力①「知識・技能」と、資質・能力②「思考力・判断力・表現力等」に主に関係してくると考えられる。

　この両者の側面からなる「見方・考え方」で対象を捉えることで、これまで持っていた「既習の知識」に、新しい「知識の要素＝個別の知識（図中の㉑）」を加えることができる。さらに、この新しい「知識の要素」を「既習の知識（これは「使える知識＝概念」として構成されたもの）」とつなげることで、より科学的な（広い、深い）「新しく構成された知識（概念）」を獲得することができ、ここが「問題解決活動」の核心と考える（ねらいとする「資質・能力」を獲得でき、同時に「見方・考え方」も育つ）。ここで前回の図（P172）と「知識」の捉え方が異なってきたことに注意したい。

　前回は、この「知識の要素＝個別の知識（図中の㉑）」を「知識」と捉えていたが、今回はそれが**「活用できる知識」として構成されたもの**を「知識」と捉えている。ここが P173 で、"**「知識」自体を「理解された動的なもの」として考える**という捉えが、今回の学習指導要領ではより強調されている気がする。詳しくは後述。"と書いたことに相当する。

　そして、この一連の学びの過程を可能にするのが、「実証性・再現性・客観性」に基づく科学的な、「主体的・対話的で深い学び」の学習の実現と考えられる。

自分はこれまで、このような学びを実現しているのは、おおまかに言えば「学びたい（不思議だ、解決したい等）」という「主体性」と、「どうしたらそれを解決できるか」という「問題解決活動」の両者だと考え、その両者をどのように効果的に連携させながら授業を進めていくかが大事だと考えてきたが、今回の「見方・考え方」を考えてみて、実はこの両者を結び付けていたのは、**「主体性」と「問題解決の力」の双方に関係する、この「見方・考え方」ではないかと思い当**たった。そしてその双方との結び付きでこそ、本当の「問題解決活動」が実現できるのであり、そのポイントは、**「見方・考え方は、子ども自身の中にあり、子ども自身が育てるものである」**ということである、と考えられるのではないだろうか。

　　子供の主体性を大事に授業を進めることの重要性は、ここまで何度も確認してきたつもりだが、それは単なる"情緒的な面"を大事にするということではないことが、この「見方・考え方」を考えることでより一層確認することができたと思う。

(3)「主体的・対話的で深い学び」が形式的にならないために

　　理科に限らず、各教科論では「見方・考え方」が、その教科ならではのものと強調されている。授業では「主体的・対話的で深い学び」により、これから必要な力（資質・能力）を育てていくわけだが、そこでは、この見方・考え方を大事にした「主体的・対話的で深い学び」でなければその育成はおぼつかないだろう。

　　そのように考えれば、例えば「主体的・対話的で深い学び」を「学びの形式」とし、その形式を「見方・考え方」を働かせながら進めていく、というような分けた捉え方は間違いだろう。したがって、時々見られる「〜型学習スタイル」等も、その内容的価値（見方・考え方）から切り離したものになっては、授業は形式的、形骸的なものになってしまう恐れがあると考えられる。

　　それでは、以後、この「見方・考え方」を具体的に見ていく。「見方」と「考え方」の違いを意識しながら、その関係性も見ていくため、まず「見方」と「考え方」について述べ、その後詳しく「見方・考え方」について検討していくこととする。

3.「見方」について〜導入として〜

　　まず「見方」についてだが、学習指導要領には、"問題解決の過程において、自然の事物・現象をどのような視点で捉えるかという「見方」については、理科を構成する領域毎の特徴から整理を行った（P13、下線筆者）。"とある。そこに書かれている内容をまとめたのが、右表であ

〔「見方」＝理科を構成する領域毎の特徴で整理〕	
領域（概念）	見方（捉え方）
「エネルギー」	主として「量的・関係的な視点」で捉える
「粒子」	主として「質的・実体的な視点」で捉える
「生命」	主として「多様性と共通性の視点」で捉える
「地球」	主として「時間的・空間的な視点」で捉える

※これら以外にも、理科だけでなく様々な場面で用いられる「原因と結果」をはじめとして、「部分と全体」「定性と定量」などの視点もある。

（学習指導要領理科編解説P13から）

る。そして、この領域毎に分けた「見方」に沿って、「小学校・中学校理科の、領域毎の内容構成表」が、学習指導要領解説の P22 ～ 25 に掲載されている。

　したがって、「見方」について詳しく検討するには、この整理をした基になる「領域」についてまず見ていく必要があるが、これは後述する「考え方」との関係にも触れて見ていく必要があるので、先に「考え方」についてまとめておく。

4.「考え方」について

　「考え方」については、以下のように書かれている（本書 P173 再録）。

> 　問題解決の過程において、どのような考え方で思考していくかという「考え方」については、これまで理科で育成を目指してきた問題解決の能力を基に整理を行った。児童が問題解決の過程の中で用いる、比較、関係付け、条件制御、多面的に考えることなどといった考え方を「考え方」として整理することができる。
>
> （平成 29 年学習指導要領解説理科編、P13、下線筆者）

　ここから、「考え方」は「問題解決の過程」における、これまで理科で育成を目指してきた「問題解決の能力」を元に整理されたものであることが分かる。

　この「考え方」を検討するにあたって、2.（2）内容の改善・充実（解説理科編 P9）についての項目の、（2）②教育内容の見直しについてで書いた、③「問題解決の力」と「問題解決の能力」について（P104 参照）］では、"これまでも重視してきた「問題解決の力」という表現がある。ところが前理科編には「問題解決の力」という言葉はなく（と思う）、代わりにあるのが「問題解決の能力」という言葉である（理科の目標にもある）。この 2 つはどのように違うのだろうか？また、その関係はどうなっているのだろうか？これについては第 2 章の考察で行いたい。"と書いた。ここではその宿題から考え始めたい。

（1）「問題解決の能力」
①前学習指導要領にある「問題解決の能力」

　まず、前学習指導要領理科編にある「問題解決の能力」を確認してみる。目標には、「問題解決の能力と自然を愛する心情を育てるとともに、自然の事物・現象についての実感を伴った理解を図り、科学的な見方や考え方を養う」とある。

　この「問題解決の能力」の育成と「科学的な見方や考え方を養う」こととの関係については、1.「見方や考え方」で、「資質・能力」に当たる「問題解決の能力や自然を愛する心情、自然の事物・現象についての理解」を目標としながらも、最終的に目指しているのはそれを基にして構築された「結果及び概念」とし、この関係全体を含めて「科学的な見方や考え方の育成」と考えてきた。（P170）

　この考えを裏付けるように、○問題解決の能力を育てること（理科編 P8）には、「科学的

な見方や考え方（目標）をもつようになる問題解決の過程」の中で、「問題解決の能力が育成される（括弧書き、下線は筆者）。」とあり、確かに問題解決の能力は、目標達成のための過程で使われるものと分かる。

　続けて問題解決の能力について、「問題解決の過程の中で育成される能力」として具体的に、3年生での「比較」、4年生の「関係付け」、5年生の「条件」、6年生の「推論」しながら調べることができる能力として示されている。つまり、「比較」、「関係付け」、「条件」、「推論」しながら調べる能力が、「問題解決の能力」と言える。さらに目標を読むと、問題解決の能力は「育てるとともに」「科学的な見方や考え方を養う」とある。

　また、P8では"「科学的な見方や考え方をもつようになる問題解決の過程」の中で、問題解決の能力が育成される。"とある。つまり「問題解決の能力」は、単に「使われるだけ」のものではなく、「育成される」ものでもあることが分かる。これらを読むと、「問題解決の能力」と、目標である「科学的な見方や考え方を養う」の関係は、「科学的な見方や考え方を養う」という目標のために「問題解決の能力」を使うという関係であり、同時にその過程の中で「問題解決の能力」自身もまた育成されるという関係であると考えられ、この関係も含めて「科学的な見方や考え方を養う」と言えるのではないだろうか。以上をまとめると、以下のようになるだろう。

〔前学習指導要領における「問題解決の能力」〕

　「問題解決の能力」とは、「科学的な見方や考え方を養うという理科学習の目標のための問題解決の過程の中」で、「使いながら、その過程で自分自身も育成される」ものであり、具体的には、3年生での「比較」、4年生の「関係付け」、5年生の「条件」、6年生の「推論」をしながら調べる能力だと言える。

　そしてそれは、「科学的な見方や考え方」を養うための単なる「手立て」ではなく、それ自身も含めて「科学的な見方や考え方の育成」と考えられる価値あるものだと言える。

---

②現学習指導要領にある「問題解決の能力」

　では、現学習指導要領での「問題解決の能力」の扱いはどうなっているだろうか？

　P104の③「問題解決の力」と「問題解決の能力」についてで、"単純に前回の「問題解決の能力」が、今回「考え方」として整理されたのではないか（一部「推論」が「多面的に考える」に変更されたが）と考えられるが、「（「考え方」が）問題解決の能力を基に整理を行った。」という「基に」という辺りがはっきりしない。"と書いたが、その点について考えながら読んでいく。

　総則編のP47には、「2 教科等横断的な視点に立った資質・能力」の（1）学習の基礎となる資質・能力の中に、「問題発見・解決能力等の学習の基盤となる資質・能力（P48、下線筆者）」として、「問題解決の能力」に相当すると思われる力が位置付いている。この記述から、**今回の学習指導要領における「問題解決の能力」は、目指す「資質・能力」**と言えるだろう。そして、より詳しくは続く「ウ　問題発見・解決能力」に、以下のようにある。

ウ　問題発見・解決能力

　各教科等において**（ということは理科も含む）**、物事の中から問題を見いだし、その問題を定義し解決の方向性を決定し、解決方法を探して計画を立て、結果を予測しながら実行し、振り返って次の問題発見・解決につなげていく過程を重視した深い学びの実現を図ることを通じて、各教科等のそれぞれの分野における問題の発見・解決に必要な力を身に付けられるようにするとともに、総合的な学習の時間における横断的・総合的な探究課題や、特別活動における集団や自己の生活上の課題に取り組むことなどを通じて、各教科等で身に付けた力が総合的に活用できるようにすることが重要である。

（平成 29 年学習指導要領解説総則編 P51、下線、括弧内筆者）

　上記の「物事の中から〜つなげていく過程」の下線は、理科で言う「問題解決の過程」そのものである。と言うより、理科も含めての一般的な問題解決の過程だろう。その学びの過程の実現を図ることを通じて身に付けられる、「問題の発見・解決に必要な力」が、この「問題発見・解決能力」と考えられる。

　このように見てくると、ここでは「資質・能力」と「問題の発見・解決に必要な力」、「問題発見・解決能力」は、何れも同じようなレベルの意味で使っていると考えて良いのではないかと思える。

　「同じようなレベル」と分かりにくい書き方をしたのは、「問題の発見・解決に必要な力」、「問題発見・解決能力」は、「資質・能力」の中でも、総則 P51 にあるように、「学習の基盤となる資質・能力」の中の「ウ問題発見・解決能力」に位置付いていることによる。そこでは「資質・能力」を、教科等横断的な視点に立って考えており、ここまで「理科」という教科で考えてきた「資質・能力の三つの柱」からの視点からではない。そこには「問題発見・解決能力」と並んで「言語能力」や「情報活用能力」等も書かれている。確かにこれらは全ての教科学習に共通する必要な資質・能力と考えられるが、「資質・能力の三つの柱」とはその分類の観点が異なる。しかし、レベルとしては同じ「資質・能力」ということで、このような書き方をした。

③現学習指導要領の「問題発見・解決能力」と、前学習指導要領理科の「問題解決の能力」の比較

　以上の考察を元に、現学習指導要領総則にある「問題発見・解決能力」と、前学習指導要領理科にある「問題解決の能力」を比較したらどうなるだろうか？現学習指導要領では上述のように、「問題発見・解決能力」は求める「資質・能力」、つまり**授業のゴール**に位置付くと考えられる。一方、前学習指導要領理科での「問題解決の能力」はと言うと、「科学的な見方や考え方を養う」という、**ゴールのための問題解決の過程の中で**「使いながら、その過程で自分自身も育成される」もの（P179 のまとめ参照）だった。

　このように比較すると、この 2 つの「問題解決の能力」は違うように見える。しかし、本当にそうだろうか？ここで自分自身の曖昧な言葉遣いに気付いた。それは「ゴール」とい

う言葉の使い方である。

P136 の（5）「資質・能力」育成と「科学的に解決する」の関係で考えたように、今回の理科の目標では、「三つの資質・能力の育成により、児童自身が「科学的に解決できる」ことこそが最終的な目標」と考えてきた。つまり求める「資質・能力」に位置付く「問題発見・解決能力」の育成自身は、最終的なゴールではないと考えてきた。そう考えれば、前回の「科学的な見方や考え方を養う」という目標（今回の「科学的に解決できる」というゴールを含む）のための「問題解決の能力」も、同じような位置付けと考えられる。

（2）現学習指導要領理科編における「問題解決の力」

そこで、理科における「問題解決学習」において求める、「問題発見・解決能力」と同じく求める資質・能力として、「資質・能力の三つの柱」の観点から位置付いているのが、「思考力、判断力、表現力等」に相当する「問題解決の力」ではないだろうか？

①「問題解決の力」は「資質・能力」か？

「理科改訂の要点」部分の「②教育内容の見直し」部分に、そして「学習指導の改善・充実」の「①資質・能力を育成する学びの過程」に、それぞれ以下の文章がある。

> そこで、育成を目指す資質・能力のうち、「思考力、判断力、表現力等」の育成の観点から、これまでも重視してきた問題解決の力を具体的に示し、より主体的に問題解決の活動を行うことができるようにした。（平成29年学習指導要領解説理科編 P9、下線筆者）
>
> そこで、小学校理科で育成を目指す資質・能力を「知識及び技能」、「思考力、判断力、表現力等」、「学びに向かう力、人間性等」の三つの柱に沿って整理し、より具体的なものとして示した。特に、「思考力、判断力、表現力等」、については、各学年で主に育成を目指す問題解決の力を具体的に示した。
>
> （平成29年学習指導要領解説理科編 P11、下線筆者）

ここに「問題解決の力」が出てくる。読むと、それは"育成を目指す資質・能力のうち特に「思考力、判断力、表現力等」育成の観点"から、具体的に示されたもの、ということである。では、この「問題解決の力」は「育成を目指す資質・能力」そのものなのだろうか？

そこで理科の目標を改めて見てみると、「（2）観察、実験などを行い、問題解決の力を養う。」（P12下線筆者）とある。（2）には総則編で示されているように、全教科において資質・能力としての「思考力、判断力、表現力等」を記述することになっていることから考えると、「問題解決の力」とは、「思考力、判断力、表現力等」として求める「資質・能力」そのものと言えるのではないかと思える。

つまり、理科で言う「問題解決の力」とは、「資質・能力の三つの柱」の中の「思考力、判断力、表現力等」に当たるものと考えられる。

上記文では、続けて"特に、「思考力、判断力、表現力等」については、各学年で主に育成を目指す問題解決の力を具体的に示した。"と書かれている。

ということは、**資質・能力としての「思考力、判断力、表現力等」を、理科では各学年で主に育成を目指す「問題解決の力」として「具体的に」表した**、ということになる。

②「問題解決の力」と「思考力、判断力、表現力等」の関係

　一方、「問題解決の力」の育成は以下のように説明されている。

　児童が自然の事物・現象に親しむ中で興味・関心を持ち、そこから問題を見いだし、予想や仮説を基に観察、実験などを行い、結果を整理し、その結果を基に結論を導き出すといった<u>問題解決の過程</u>の中で、<u>問題解決の力</u>が育成される。

（平成29年学習指導要領理科編 P17、下線筆者）

　つまり、理科に特徴的な「問題解決の過程」の中で必要になり、また育成される力が「問題解決の力」であり、それが「資質・能力」的には「思考力、判断力、表現力等」に当たるということだろう。

　このように見てくると、理科ではなぜ目標を「思考力、判断力、表現力等の育成」と書かずに「問題解決の力の育成」と書いたのかの理由が自分なりに見えてきたように感じる。つまり、理科に特徴的でしかも大事な「問題解決の過程」による学びに必要な「思考力、判断力、表現力等」ということを意識して、「問題解決の力」と書いたのではないだろうか。

　また、それを各学年毎に具体的に示したという点も、「問題解決の力の育成」という表現から考えれば、分かりやすくて納得がいく。

③「問題解決の力」と「問題解決の能力」、「思考力、判断力、表現力等」の関係

　このように考えてくると、「思考力・判断力・表現力等」に対応する「資質・能力」を、「問題解決の力」という表現にしたのは、上に述べたようにその内容をより具体的に示すということと、もう1つ、「思考力・判断力・表現力等」育成には、問題発見・解決能力育成が<u>必要不可欠</u>だということを、確認（強調）したかったから、「問題解決」という言葉を使ったのではないか思われる。

　自分が思うには、「(2) 観察、実験などを行い、問題解決の力を養う。」という理科の目標の表現には、"その単元の内容として育てたい資質・能力の三つの柱としての「思考力、判断力、表現力等」の育成には、その実現に必要な<u>問題解決学習</u>に伴う「学習の基盤となる資質・能力」としての「問題発見・解決能力」の育成が何よりも必須である"という考えが込められているのではないかと考える。つまり、「問題解決学習」の典型と考えられる「理科」においては、この教科学習としての「思考力、判断力、表現力等」の育成（資質・能力三つの柱）と、<u>問題発見・解決能力</u>の育成（学習の基盤となる資質・能力）が、**「問題」という共通語を介して、<u>離れがたく結び付いている</u>**と考えるからである。

　本来教科としての「資質・能力」を書く「思考力、判断力、表現力等」の目標に、「学習の基盤となる資質・能力」の影響を加えることはおかしいことかもしれないが、それほど離れがたく、総体として理科学習にとって大事な資質・能力なのだ、という思いも込められているのではないかと思うのだが、これはややうがった捉えかもしれない。

しかし、そう考えるならば、理科の授業においては、「思考力、判断力、表現力等」の育成を、単なるその単元の内容レベルで考えるのではなく、理科としての子どもの問題解決活動の育成や問題解決能力の育成を大事にしながら進めていくべきであり、問題解決活動を、その学習内容から切り離された形式的な活動にしてはならないということも、より確認できるだろう。

④ 「問題解決の能力」と「考え方」の関係

続けて学習指導要領を読んでいくと、以下の文がある。

○ 「理科の見方・考え方を働かせ」について

（途中から）問題解決の過程において、どのような考え方で思考していくかという「考え方」については、これまで理科で育成を目指してきた問題解決の能力を基に整理を行った。児童が問題解決の過程の中で用いる、比較、関係付け、条件制御、多面的に考えるなどといった考え方を「考え方」として整理することができる。「比較する」とは、複数の自然の事物・現象を対応させ比べることである。比較には、同時に複数の自然の事物・現象を比べたり、ある自然の事物・現象の変化を時間的な前後の関係で比べたりすることなどがある。具体的には、問題を見いだす際に、自然の事物・現象を比較し、差異点や共通点を明らかにすることなどが考えられる。（以下略）

（平成29年学習指導要領解説理科編 P13、下線筆者）

今回の理科編にも、上記のように「問題解決の能力」という文言があるが、ここに、「考え方」については、「これまで理科で育成を目指してきた問題解決の能力を基に整理を行った」とある点が、これまで気になっていた。ここまでの議論を踏まえると、この「問題解決の能力を基に」するとは、「資質・能力」に位置付く「問題発見・解決能力」を基にして、という意味と考えられる。具体的には、どのような意味なのだろうか？

まず、「これまで理科で育成を目指してきた問題解決の能力」については、前回の学習指導要領には、以下のように書かれている。

「（問題解決の能力として）小学校理科では、第3学年では身近な自然の事物・現象を比較しながら調べることが、第4学年では自然の事物・現象を働きや時間などと関係付けながら調べることが、第5学年では自然の事物・現象の変化や働きをそれらにかかわる条件に目を向けながら調べることが、第6学年では、自然の事物・現象についての要因や規則性、関係を推論しながら調べることが示されている。これらの問題解決の能力は、…（以下略、H20年学習指導要解説理科編領 P8、下線筆者）」。

これを見ると前回は、今回の「考え方」に当たる下線部分の、「比較、関係付け、条件制御、多面的に考える（今回とは内容的に異なる）」と、理科に特徴的な「身近な自然、時間、変化や動き、要因や規則性、関係（点線の下線部分）」をつなげて調べる活動を行うことを、**今回の全教科を対象とする「問題発見・解決能力」に当たる「問題解決の能力」としていたように考えられる。**したがって今回は、前回の「問題解決の能力」に当たる「問題発見・解決能力」を、「資質・能力」として位置付けたことで、前回の「問題解決の能力」に

含まれていた「考え方」に当たる部分を、**「考え方」として、資質・能力と別個に明示した**と考えられる。

　したがって、「これまで理科で育成を目指してきた問題解決の能力を基に整理を行った」とは、これまで資質・能力としての力と「考え方」とを合わせて「問題解決の能力」としてきたのを、資質・能力としての力の育成を基に考えた時、そのために必要な「考え方」として整理した、ということではないかと思われる。

　その点にも留意してまとめたのが、巻頭の資料②〔理科の「見方・考え方」を使って「問題解決の力」を育む「問題解決の過程」で育成する「資質・能力」表（自作）である。以上を下記にまとめておく。

〔「問題解決の能力」と「問題解決の力」、「考え方」の関係〕

　理科で言う「問題解決の能力」は、前回の学習指導要領においても今回においても同じ「能力」を指しているが、今回は目指す「科学的な解決」のために必要な「学習の基盤となる資質・能力」としての「問題発見・解決能力」を位置付け、それを実現させるためのものとして、別個に「考え方」を明確に位置付けていると考えられる（「問題解決の能力」と「考え方」の関係）。

　さらに、同じく「科学的な解決」のために必要な「教科学習としての資質・能力」としての、「思考力・判断力・表現力等」が、上の「問題発見・解決能力」と一緒になって、理科の問題解決学習が実現すると考えられる。

　このように、「問題発見・解決能力」と「思考力・判断力・表現力等」が資質・能力として一緒になってこそ理科の「問題解決学習」が実現すると考えられ、そこで、この「問題解決」という点を強調して、「思考力・判断力・表現力等」を、「問題解決の力」と表現したのではないかと考える。

（3）「問題解決の力」と「問題解決の能力」、「思考力、判断力、表現力等」の関係②

　以上を基に、再度「問題解決の力」と「問題解決の能力」、「思考力、判断力、表現力等」の関係を考えてみる。

---

(2) 観察、実験などを行い、問題解決の力を養うこと

　児童が自然の事物・現象に親しむ中で興味・関心をもち、そこから問題を見いだし、予想や仮説を基に観察、実験などを行い、結果を整理し、その結果を基に結論を導きだすといった問題解決の過程の中で、問題解決の力が育成される。小学校では、学年を通して育成を目指す問題解決の力を示している。

　第3学年では、主に差異点や共通点を基に、問題を見いだすといった問題解決の力の育成を目指している。この力を育成するためには、複数の自然の事物・現象を比較し、その差異点や共通点を捉えることが大切である。（以下各学年の解説、省略）

（平成29年学習指導要領解説理科編 P17、下線筆者）

上記は、理科の教科目標について解説している箇所の中の一文であるが、この「(2) 観察、実験などを行い、問題解決の力を養うこと」は、(2) で検討したように、育成を目指す資質・能力の中の「思考力・判断力・表現力等」の部分に当たり、その力は下線のように、問題解決の過程の中で育成される。

　そして、各学年で重点的に育成を目指す「問題解決の力」、つまり「思考力・判断力・表現力等」の育成を伴う「問題解決活動」を紹介しているのだが、3 年生の部分を見ると、この「問題解決の力」を育成するには「複数の自然の事物・現象を比較し、その差異点や共通点を捉えることが大切」とある。

　この部分は、学習指導要領解説理科編 P13 で、「比較する」という「考え方」を、"「比較する」とは、複数の自然の事物・現象を対応させ比べることである。" と述べ、「具体的には、問題を見いだす際に、自然の事物・現象を比較し、差異点や共通点を明らかにすることなどが考えられる。」と紹介した文と同じである。

　つまり、「問題解決の力」は、「問題発見・解決能力」に関係する問題解決の過程で育成され、その育成には「見方・考え方」の「考え方」が必要という関係にあることが分かる（勿論、問題解決には「見方」も必要だが、ここでは特に「問題解決の過程」の意味において）。

　その関係は、巻頭の〔理科の「見方・考え方」を使って「問題解決の力」を育む「問題解決の過程」で育成する「資質・能力」表（自作）〕中の「見方・考え方」欄の、各学年の「具体的内容（◯で囲った内容）」が、そのまま各学年の「問題解決の力（ゴシック体）」と合わさって、各学年の「思考力・判断力・表現力等」になっていると考えられる。

　以下 4 年生から 6 年生についても、同様の文の構成で書かれている。つまりここでは、**「それぞれの学年で主に育成を目指す問題解決の力を明示して、その育成のために必要な「考え方」を述べている**（理科編 P17 参照）ことが分かる。

　つまり、理科における「思考力、判断力、表現力等」は、「問題解決」の過程で「問題発見・解決能力」を伴う「問題解決の力」を育成することで培われ、その育成のための理科的な「考え方」が重要になってくる、ということが分かる。

　そして、「思考力、判断力、表現力等」に相当する各学年の学習に適した「問題解決の力」と、それを育成するための「考え方」を具体的に示すことで、その具体的な取り組みの実現を図ろうとした、ということではないだろうか。

　以上をまとめたのが下表である。

〔「問題解決の力」育成のための各学年に重点的な「考え方」〕

	育成を目指す「問題解決の力」＝問題解決活動に必要な「思考力・判断力・表現力等」	左の「問題解決の力」をつくり出すために大事な「考え方（下線部分）」
3年	差異点や共通点を基に、問題を見いだす力	複数の自然の事物・現象を比較し、その差異点や共通点を捉える
4年	既習の内容や生活経験を基に、根拠のある予想や仮説を発想する力	自然の事物・現象同士を関係付けたり、自然の事物・現象と既習の内容や生活経験と関係付けたりする

5年	予想や仮説を基に、解決の方法を発想する力	自然の事物・現象に影響を与えると考える要因を予想し、どの要因が影響を与えるかを調べる際に、これらの条件を制御するといった考え方を用いる
6年	より妥当な考え（自分が既にもっている考えを検討し、より科学的なものに変容）をつくりだす力	自然の事物・現象を多面的に考える

　この考えを元に学習指導要領解説 P26 の「図３思考力、判断力、表現力等及び学びに向かう力、人間性等に関する学習指導要領の主な記載」を見ると、「思考力、判断力、表現力等」と「問題解決の力」、「考え方」は、以下のような関係になると考えられる。

　また、以上の「問題解決の能力」と「問題解決の力」という用語を、前回と今回の学習指導要領での使用を比較し、理科で求めるゴールとの関係でまとめたのが、その次の図である。

〔「思考力・判断力・表現力等」と「問題解決の力」、「考え方」の関係〕

図３ 思考力、判断力、表現力等及び学びに向かう力、人間性等に関する学習指導要領の主な記載
〜「見方・考え方」の「考え方」の観点から〜

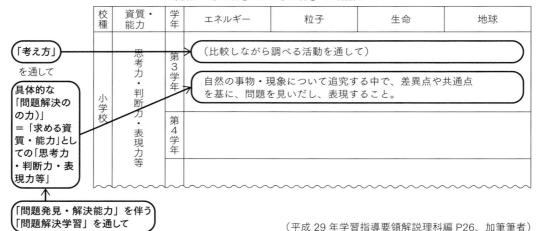

（平成 29 年学習指導要領解説理科編 P26、加筆筆者）

〔前と現の学習指導要領における「問題解決の能力」と「問題解決の力」〕

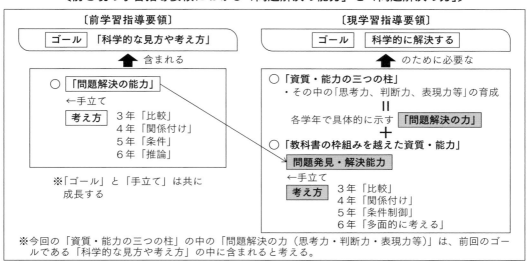

> 〔「考え方」のまとめ〕
> 　結局「考え方」とは、「科学的な解決」を目指す問題解決の過程の中で、必要な「資質・能力」としての「問題発見・解決能力」育成を目指すための「どのような考え方で思考していくか」というもので、学年毎に、3年「比較」、4年「関係付け」、5年「条件制御」、6年「多面的に考える」と重点がある。この「問題発見・解決能力」と、「問題解決の力」を明確にし、この二つの「資質・能力」の育成によって「科学的な解決」を目指すという、理科の「ゴール」が明確になったと考えられる。

(4)「問題発見・解決能力」という表記について

　今回、前回の「問題解決の能力」に対応する能力が、「問題発見・解決能力」と書かれている点に注目したい。というのは、今回加わった「問題発見能力」も、「学びに向かう力、人間性等」と同じく、学ぶ児童の「主体性」が重要視されていると感じるからだ。

　自分はこれまで、「問題解決学習」と言えば「問題解決の力（思考力・判断力・表現力等）」を伴った「問題解決能力」により実現すると短絡的に考えていたが、それだけではなく、学ぶ個からの好奇心や疑問から始まる主体的な「問題発見能力」も、同じように大事な「問題解決のための能力」だという捉えが、この表現から、これから益々大事になってくるのではないかと思われる。

> 〔「問題解決の力」育成のための「考え方」と学年の関係について〕
> 　学年毎に重点的に育成したい「問題解決の力」と、それに対応する「考え方」をP185にまとめたが、この学年毎の重点区分について考えたい。
> 　学習指導要領解説にも、「これらの問題解決の力は、その学年で中心的に育成するものであるが、実際の指導に当たっては、他の学年で掲げている問題解決の力の育成についても十分に配慮することや、内容区分や単元の特性によって扱い方が異なること、中学校における学習につなげていくことにも留意する必要がある。(P18)」と書かれているように、あくまでこれらは重点で、「その学年だけで」ということでは勿論ない。しかし、重点というからには、やはりその力や考え方の育成を、当該学年では意識して考えていくべきだろう。
> 　それは分かるのだが、自分がこれまで何となく「これはちょっと他とは別では？」と考えてきた「問題解決の力」が、6年の「より妥当な考え（自分が既にもっている考えを検討し、より科学的なものに変容）をつくりだす力」である。
> 　例えば「水溶液の性質」の単元における「より妥当な考え」が現れる場面とは、自分はこれまでの「物理的な溶ける」という考えから、新しい「化学的な溶ける」の考えに変容するような場面と考え、この「より妥当な考え」を持つことはかなり高度なことと捉えてきた。
> 　また、この「より妥当な考え」には、「理科は一つの文化である」という捉え方も含まれているのではないかと考えられる。つまり、これには「最終的な正解はない」という、文化としての科学の本質的な捉え方も含まれていると捉え、6年生或いは少なくとも高学年でなくては、この「よ

り妥当な考え」は扱えないのではないか、と考えてきた。そしてそこには、子供自身が「（自分の考えは）より妥当だ」と自覚できる、メタ認知につながる「主体性」の重要性、必要性も含まれていると考えてきた。

　このように考えに立ち、自分は中学年等では、この「より妥当な考え」の育成及び自覚は難しいのではないかと考えてきたが、ここまで考えてきて本当にそうだろうか？という疑問が湧いてきた。

　そもそも理科が重視する問題解決の学習は、元々自分の「見方・考え方」からの「自分の課題（疑問）」から始まり、その解決に向かう取り組みであった。そうであれば子供たちが本来目指すべきゴールは、予め用意された「決められたゴール」ではなく、自分の見方・考え方で納得できるような「（自分なりの）最適な解決」、つまり「自分なりの、より妥当な考え」ではないだろうか？勿論その問題解決活動の過程では、見方・考え方自身もこれまでとは異なるものに変容していくはずである。

　このように考えれば、この方向性は、中学年だから難しい、というようなものではないのではないかと思われてきた。そこで思い付いたのが「生活科」の存在である。生活科は何よりも個々の「見方・考え方」を大事にしてきた教科ではないだろうか。しかし、では本人の見方・考え方に沿えば、結果は何でもありかと言えば、そんなことはないだろう。生活科については不案内だが、やはり授業を通した目指すべき「見方・考え方」の変容（成長？）があり、それに沿った「その子らしい最適な解決」、つまり「より妥当な考え」が得られるのがねらいではないかと考えられる。

　ところが３年生になると「理科」という教科ができ、そこでは「習得しなければならない知識」が明確になってくる。自分はその明確な知識習得のために「より妥当な考え」を持たせることが、高度で難しいことと思ってしまったのではないだろうか、と気がついた。

　ここまでの経緯から考えると、「より妥当な考え」は「持たせる」のではなく、子供が「自ら持つ」ものであり、それを生かしながら学びを進めていくことはどの学年にとっても同様で、また重要なことだろう。「習得しなければならない知識」だからと言って、その子らしい「最適な解決」、つまり「より妥当な考え」を子どもに求めるという姿勢を変える必要はなく、またそのことが知識の習得にとってことさら難しいことと捉えるのも間違いだということに気付いた。結局、知識の在り方について、分かっていたつもりになっていて、本当には分かっていなかったのではないかと気付かされた。

　したがって、この「知識観」から来る理科における「正解」の捉え方も、低学年から、例えば観察や実験の結果をどう捉えるか（教科書の「正解」の確認ととるか、自分が見つけ、再構成して解釈した結果ととるか）という、教師の姿勢で随分変わってくると思うし、そのような取り組みの中で、その学年なりの「より妥当な考え」の価値にも、子供たちは気付いてくると思うのだが、どうだろうか？言うは易く行うは難しだが、少なくともこのような心構えを持って授業を進めることが大事ではないかと思える。

5. 「見方」の出所は？ ～「領域」について考える～

「考え方」がはっきりしたことを受けて、再び「見方」に戻って、その出所である「領域」について考えてみる。

(1) 「領域」の捉え方の変遷から「見方・考え方」を考える

3. で考えたように、<u>「見方」は、理科の領域毎の特徴から整理した</u>ということだが、この「見方」が「領域毎の特徴」からどのように出てきたのか、領域との関係はどうなのかについて、学習指導要領の変遷に沿って簡単に振り返ってみる。

平成元年度の学習指導要領では、「見方」は「考え方」と共に、「科学的な見方や考え方」の説明の中の、今回の「見方・考え方」に相当する箇所として、「自ら得た情報の内容を単純化し、統一的に整理してまとめる仕方」であり、「論理的な手段を駆使して、客観的、普遍的な結論を得るまでの認識の方法」とある（理科編解説P13）。読んでみて分かるように、この記述の中では、「見方」と「考え方」は明確には区別されていないように思える。

しかし領域との関係を見てみると、その後の「第2節理科の内容」の、「1内容構成の考え方」に、A 生物とその環境、B 物質とエネルギー、C 地球と宇宙の区分が書かれており、「2 各区分の内容」で、「自然の事物・現象を大まかに分けたこの区分は、<u>同時にそれを調べる観点や方法の違い</u>、<u>あるいは対象に対する見方や考え方の違いによって分けられたと考えてもよいものである</u>。（理科編解説P25、下線筆者）」と書かれている。

この「同時に」とは、A、B、C区分に分ける分け方には、対象とする「自然の特徴」から分ける分け方と「同時に」、それを調べる人（児童）の観点や方法の違い、あるいは対象に対する人（児童）の見方や考え方の違いによって分ける分け方があると考えてもよいものである、ということを言っていると考えられる。

つまり、最初は対象とする「自然自体の特徴」という、<u>対象の特徴から直にA、B、C区分の特徴を考えていた</u>のだが、その特徴は同時に、自然を調べる主体者としての児童の「<u>調べる観点や方法の違い</u>」によって明らかになる（勿論その観点や方法は、対象自体の特徴に即しているのだが）と考えてもよく、これは、<u>あるいは</u>、調べる児童の、対象に対する「見方や考え方の違い」、つまり、調べる観点の特徴から考えられる単なる「調べる観点や方法の違い」だけでなく、それまでに児童が持っているA、B、C区分に関する「見方や考え方」に基づいた「調べる観点や方法の違い」によって明らかになると考えられる、ということではないだろうか？

このように考えると、この「同時に」の前後で、「対象からの特徴としてのA、B、C区分」という捉え方から、「対象を捉える<u>捉え方の特徴</u>としてのA、B、C区分」というように、「<u>区分の特徴が生まれる起点</u>」が、「<u>対象</u>」から「<u>その特徴を捉える児童の捉え方</u>」に<u>重心が変わってきている</u>と考えられる（再度、その特徴は対象の中にあることは確認の上で）。

ここが大きな捉え方の変化だが、ここはこれまでも見てきた、平成元年度からの「理科（科学）の自然の捉え方」の変遷に沿ったものだろう。そして、「あるいは」以降の「見方や

考え方の違い」は、今回の「見方・考え方」を明確にした点にも関係しているように思える。

　この記述から、この時点での「理科の区分」は、"同時に見方や考え方の違いによって分けられたと「考えても良い」"という、やや"消極的な書き方"ではあるが、単に対象とする自然現象の「科学的な特徴の違い」からだけではなく、同時に、それを調べる<u>人間（児童）の「対象の捉え方（見方や考え方）」も考慮して考えていこう</u>という考え方を、現していると考えられる。

　さらに、「第2節理科の内容」に「1内容構成の考え方、2各区分の内容」として各区分の捉え方が詳しく書かれており、特に「2各区分の内容」では、各領域毎にその捉え方の概要と、3年から6年までの具体的な捉え方を詳しく紹介している点が注目される。

　元々この三区分は昭和43年の改訂で初めて出されたもので、その時点から、「自然の特性とともに、それに応じた子供の認識の特徴、<u>この両方から</u>構成されたという意味で、画期的なものであった。森羅万象の自然の事物・現象について、どのようにその内容を整理していくかという整理の仕方がはじめて、<u>子供の認識に沿って考えられたのである</u>（展望日本型理科教育 [15] P35、日置光久、下線筆者）。」という捉え方で設定されていたが、この元年度では、その捉え方が具体的に「見方や考え方」との関係で、より明確に示されていると考えられる。

(2) 平成11年の「領域」の捉え方

　では「科学的」の捉え方が、より子供の捉え方を重視する構成主義的な考え方を基に大きく変わった平成11年は、どうだっただろうか？

　11年の「○科学的な見方や考え方を養うこと」には、先に注目した「科学的な」の説明の後、「見方や考え方」について以下のように書かれている。

　また、児童のもつ自然の事物・現象についての見方や考え方は、<u>その生活や学習経験の違いによって多種多様なものがあり</u>、「A生物とその環境」、「B物質とエネルギー」、「C地球と宇宙」という対象によっても異なってくる。いずれにしても理科の学習は、<u>児童の既有しているさまざまな自然についての素朴な見方や考え方</u>を、観察、実験などの問題解決の活動を通して、<u>少しずつ科学的なものに変容させていく</u>営みであると考えることができよう。

（平成11年学習指導要領解説理科編、P15、下線筆者）

　ここでは、「見方や考え方」には児童の生活や学習経験の違いによって多種多様なものがあると、<u>子供の捉え方から出発し</u>、またそれは"「A生物とその環境」、「B物質とエネルギー」、「C地球と宇宙」という対象によっても異なってくる。"と、科学の区分による特徴的な「見方や考え方」を示している。

　つまり、最初にA、B、C区分の特徴ありき、という捉え方ではなく、あくまでそれを捉えようとする児童の見方や考え方の在り方やその変容を大切にしている。

　そしてこれらを、「いずれにしても」以降の文で、理科の学習とは、児童の持つ素朴な見方・考え方を少しずつ科学的なものに変容させていくという営みであるとまとめており、こ

れは、「○科学的な見方や考え方を養うこと」の前半で述べられていた「科学的な」の説明にある「文化としての科学」の捉え方につながる考え方と思われる。

　つまり全体的に読むと、対象となる物の特徴からだけではなく、それをどう受けとめるか（見方）という、**「こちら側の捉え方」こそ「理科の学習」**だという文脈で、「理科の区分」も、その考え方の上に立ってなされていると捉えられ、"「理科の区分」は、見方や考え方の違いによって分けられたと「考えても良い」"という元年の学習指導要領と比べ、より子供の捉え方を重視した方向になってきているのではないかとも思われる。

　一方、元年にはA、B、C各区分の捉え方が、各領域毎に学年を追って詳しく書かれていたのに対し、11年にはそのような「区分の内容」について書かれた部分がない。では、領域毎の捉えが弱くなったのかというと、11年ではそれが「第2節学年目標と学年内容の構成の考え方」の「1学年目標の構成の考え方」として、目標との関係で書かれていることがわかる。以下にその部分を引用する。

　また、各学年の目標は、児童の発達や特性を考慮して、「A生物とその環境」、「B物質とエネルギー」、「C地球と宇宙」の三つの内容区分に対応させるとともに、働き掛ける自然の事物・現象とその扱いの程度を示している。

　各学年のA、B、Cのそれぞれの内容の目標には、以下の諸点が共通して取り上げられている。

①各学年毎に、例えば、「…動物や植物を…」、「…ときの現象を…」、「…の様子を…」、などのように、児童が働き掛ける対象を、また、「…を比較しながら…」、「…と関係付けながら…」などのように児童が対象に働き掛ける視点を、あわせて示している。

②教科の目標に問題解決の能力の育成を重視したことを受けて、児童が事象を比べたり、変化と関係する要因を見いだしたり、計画的に観察、実験を行ったり、多面的に考察したりするなど、各学年で重点を置いて育成すべき問題解決の能力を目標として位置付けている。

③教科の目標については、科学的な見方や考え方を養うことが揚げられていることを受けて、学年の目標に各学年で構築することが期待される科学的な見方や考え方を示している。（以下略）

（平成11年学習指導要領解説理科編、P16、下線筆者）

　このように、A、B、C区分としてそれぞれを説明するのではなく、そもそも「目標と区分とはどのような関係にあるのか」という関係性の説明から入っているのがこの年の特徴であるが、何より前文で「児童の発達や特性を考慮して、」と、まず子供ありきで考えている点が重要であると考える。つまり、平成元年度の"「理科の区分」は、同時に見方や考え方の違いによって分けられたと「考えても良い」"という、やや消極的な書き方から、より児童中心の捉え方になったと考えられる。ではその内容を具体的に見ていく。

①「見方」と「考え方」の区別

　①に書かれているのは、「…を比較しながら…」、「…と関係付けながら…」などで、これらの表現を見ると、今回の「考え方（3年「複数の自然の事物・現象を比較し、その差異点や共通点を捉える」4年「自然の事物・現象同士を関係付けたり、自然の事物・現象と既習

の内容や生活経験と関係付けたりする)」に該当するものとも思われるが、一方「児童が対象に働き掛ける視点」とあることから、これらは「見方」とも考えられる。対象を「比較しながら見る」という「見方」、「関係付けながら見る」という「見方」と考えれば、これらを「見方」と考える捉え方とも考えられ、何だかすっきりしない。

一方②は、「問題解決の能力の育成を重視」とあるように、今回の「考え方」に相当すると考えられる。「児童が事象を比べたり、変化と関係する要因を見いだしたり、計画的に観察、実験を行ったり、多面的に考察したりするなど」は、そのまま今回の「考え方（上記に挙げた）」に相当すると考えられるだろう。

このように、②は「考え方」に相当すると捉えれば、①は「見方」と捉えるべきではないかと思えるが、上に書いたように何だかすっきりしない。そもそも「見方」と「考え方」の違いは何なのだろうか？この疑問について考えるため、P177で先に検討した「見方」を思い出しながら考えていく。

②「見方」と「考え方」の違い

ここまで「見方」と「考え方」について考えてきて、それぞれ分かったつもりでいたが、ここにきてその違いが曖昧になってきたように思える。そこで、当時はこの2つがきちんと分かれて書かれてはいなかった平成11年の「見方」と「考え方」を、今日の「見方・考え方」から検討してみることにした。

例として3年生の「物質とエネルギー」の最初に書かれている「光の性質」単元の解説を見てみる。

ここでは、平面鏡で日光を反射させたり、虫眼鏡で日光を集めたりして調べ、日光の進み方をとらえるようにする。また、反射した日光を重ねたり、集めた日光を物に当てたりしたときの現象を比較して、物の明るさや暖かさに違いがあることをとらえるようにする。

これらの活動を通して、平面鏡や虫眼鏡を用いたときの光の進み方や、物に日光を当てたときの明るさや暖かさの変化にかかわる光の性質についての見方や考え方をもつようにする、また、物に光が当たったときの様子を比較して追究する能力を育てるとともに、平面鏡や虫眼鏡を利用したものづくりや活動などを通して、光の性質について興味・関心をもって追究する態度を育てることがねらいである。

（平成11年学習指導要領解説理科編、P22、下線筆者）

ここには、課題となっていた「比較」という表現について、「現象の比較」と「様子の比較」が出ている。

ア）「現象の比較」について

まず「現象の比較」について考えてみる。「反射した日光を重ねたり、集めた日光を物に当てたりしたときの現象を比較して、物の明るさや暖かさに違いがあることをとらえる」とあるので、「当てる日光の量（反射した日光を重ねたり、集めた日光を物に当てたり）とそれによって変わる現象の違い（物の明るさや暖かさに違いがある）」という「伴って変わる

二つの量の関係（日光の量を増やすと、明るくなる・暖かくなる）」を、「現象の比較」として表していることが分かる。

　そこで３年生の「見方」の表（P177）を見てみると、この単元が該当する「エネルギー欄」には、"主として「量的・関係的な視点」で捉える"とある。この場合で言えば、「当てる光の量を変えることで、当てた場合と当てない場合や、当てる量の違いの関係を見ていこう」という、「光の量」と「それによる現象の違い」の関係を見ていこうということと考えられる。**したがってこの「現象の比較」は、「見方」と考えられる。**

イ）「様子の比較」について

　一方、「物に光が当たったときの様子を比較して追究する」の「様子の比較」は、P185の〔「問題解決の力」育成のための「考え方」〕表にある３年生の「複数の自然の事物・現象を比較し、その差異点や共通点を捉える」に相当する「考え方」と言えるだろう。

　したがって、この２つの「比較」を見てみると、明らかに**ア）の「現象の比較」は「量的・関係的視点」からの「見方」で、イ）の「様子の比較」は「考え方」であることが分かり**、「比較」という言葉が入っていたから、比較＝比べる＝「考え方」と短絡的に捉えていたことが間違っていたと分かった。

　この結果、平成11年の「１学年同様の構成の考え方」に書かれていた①部分は、やはり「見方」に関する記述だったということが了解できた。このように、単純に「言葉」だけで「見方」、「考え方」と決められないことについては、P291の「風とゴムの力の働き（３年）」やP320の「電流の働き（４年）」の実践例でも考えてみる。

③平成元年と11年の「見方や考え方」の比較

　ここで、平成元年と11年の「見方や考え方」の記述を比較してみた。

　科学的な 見方や考え方とは、 具体的な自然の事物・現象について自ら得た情報の内容を単純化し、統一的に整理して①まとめる仕方及びまとめられた概念を指している。別の言い方をすれば、論理的な手段を駆使して、客観的、普遍的な結論を得るまでの②認識の方法及びそれによって得られた結論といってもよいものである。

　　　　　　　　　　　　　　　　　　（平成元年学習指導要領解説理科編、P13、下線、番号筆者）

　見方や考え方とは、 問題解決の活動によって児童が習得する③方法や手続きと、その方法や手続きによって得られた結果及び概念の両方を意味する。問題解決の活動を累積することによって、④児童が構築していく自然に対する感じ方や考え方も見方や考え方に含めてよいと考えられる。

　　　　　　　　　　　　　　　　　　（平成11年学習指導要領解説理科編、P15、下線、番号筆者）

　比べてみると、多少の表現の違いはあっても、①と③に示した部分の内容はほぼ同じと考えられる。つまり「見方や考え方」とは、平成元年から一貫して「問題解決の活動によって児童が身に付ける方法や手続きと、その方法や手続きによって得られた結果及び概念を包含する（平成20年）という、前回の学習指導要領につながる捉え方であったことが分かる。そして②は、「別の言い方をすれば」と書かれているように、①の言い換えと考えられる。

では、平成元年にはなかった④はどうだろうか？

　ここからは、ややこだわった自分なりの解釈になるかもしれないが、④を読むと、これまでは「自然の事物・現象について」の「見方や考え方」について、「方法や手続きと、それによって得られた結果及び概念」、つまり「問題解決の経緯と、それによって得られた結果及び概念」という「問題解決の主たる骨組み」がシンプルに書かれていたのが、ここに来て、この活動を積み重ねることで、「児童が構築していく自然に対する感じ方や考え方」が生まれ、それも「見方や考え方に含めてよいと考えられる。」ということではないかと思われる。

　つまり、これまでの「見方や考え方」は、具体的な「自然の事物・現象に対して」の「見方や考え方」だったのが、11年では、「この活動の積み重ねによって児童の中に、「自然に対する感じ方や考え方」、つまり「自然」という大きな枠組みに対する概念も構築されてきて、それも「見方や考え方に含めてよい」と書かれているのではないかと考える。

　そう思って再度解説を読み直してみると、元年度では「具体的」な自然の事物・現象が対象だったのが、11年では「児童が構築していく自然」に対する、ということで、「自然」に対する概念自体も同じ「概念」という言葉だが、平成元年に書かれている「見方や考え方」に含まれている「概念」とは、対象としている「自然の事物・現象に対して」の捉え方だが、11年の「概念」は、「自然全体に対する感じ方や考え方」ではないだろうか？

　なぜここに来てこのような捉え方が出てきたのかと言えば、この11年が、子供の捉え方を重視する構成主義的な考え方を重視してきたことと無関係ではないだろうと思えるからだ（P120、④平成11年の目標〜構成主義から「科学」と「科学的」を考える〜参照）。つまり「自然」という「もの」自体の、子供の捉え方の重視である。

　そして、この「自然に対する感じ方や考え方」を大事にしたのが、今回の「見方・考え方」ではないだろうか？今考えている「領域」という面で考えれば、学ぶ児童の捉えにおいても、「領域」という面からの見方や考え方を大事にしていこうということと考えられる。

　では、これを受けた平成20年は、どうだろうか？

（3）平成20年の「領域」の捉え方
①「A物質・エネルギー」、「B生命・地球」の区分になった理由①

　20年の学習指導要領になると、「第2節理科の内容区分」という1節が入って、「内容区分」が「A物質・エネルギー」、「B生命・地球」と大きく変わった。

　それは「2理科改訂の要旨（P2）」にあるように、「理数教育の国際的な通用性が一層問われ」る中、「科学的な概念の理解など基礎的・基本的な知識・技能の確実な定着を図る観点から「エネルギー」、「粒子」、「生命」、「地球」などの科学の基本的な見方や概念を柱として、子供たちの発達の段階を踏まえ、小・中・高等学校を通じた理科の内容の構造化を図る方向で改善する。（解説編理科P3）」という理由からだろう。

　ここで注意したいのは、「科学的な概念の理解など基礎的・基本的な知識・技能の確実な定着を図る観点から」と言えば、つい「科学の系統性、専門性を大事にした学習の推進のための内容区分」と考えてしまいがちだが、それだけではなく、「だからこそ」学ぶ子供たち

の「見方や概念」を大事にして「子供たちの発達の段階を踏まえ」ていこうと考えているという点だ。

つまり、科学における「物、化、生、地」の領域区分に対応した「エネルギー」、「粒子」、「生命」、「地球」の分け方は、一見科学の論理としての各分野の特徴からの区分と見られそうだが、それだけでなく、「人（子供）がどのように自然を見て、どう捉えるか」という科学の基本的な「見方」や「概念」を基にした分け方からも捉え、そこに「子供たちの発達の段階」を加えることで、小・中・高等学校を通じた理科の内容の構造化を図る、ということと考えられるからだ。

このように捉えると、ここまで学習指導要領が変わる度に徐々に子ども主体になってきた「科学の捉え方」が、「自然としての特徴も、それを捉える児童の見方や考え方も大事」という、両者を共に大事に考えてきたこれまでの捉え方から、「自然を捉える児童の見方や考え方、概念を大切に、その上に立って自然の特徴を捉える」という捉え方に更に前進したのではないかと思われる。

では、その更に前進した結果として、これまでの「A 生物とその環境」、「B 物質とエネルギー」、「C 地球と宇宙」という小学校特有の区分から「A 物質・エネルギー」、「B 生命・地球」の区分に変わったのだろうか？

それに応えるのが、この年に提案された解説編 P4 の（ii）改善の具体的事項に書かれた以下の記述ではないかと思える。

（ア）領域構成については、児童の学び方の特性や二つの分野で構成されている中学校との接続などを考慮して、現行の「生物とその環境」、「物質とエネルギー」、「地球と宇宙」を改め、「物質・エネルギー」、「生命・地球」とする。

現行学習指導要領の三つの領域構成は、昭和43年告示の学習指導要領で初めて採用されたものである。これは、小学校の児童の①発達の段階やものの見方や考え方の特性に沿ったものである。今回、さらに、②児童が自ら条件を制御して実験を行い、規則性を帰納したり、③一定の視点を意識しながら自然を全体と部分で観察して、特徴を整理したりする児童の学び方の特性とともに、中学校の「第1分野」、「第2分野」との整合性も加味して、新たに「物質・エネルギー」、「生命・地球」の二つの領域構成とするものである。

（H20年学習指導要領理科解説編 P4、下線、番号①②筆者）

これを読むと、それまでの「生物とその環境」、「物質とエネルギー」、「地球と宇宙」を改め、「物質・エネルギー」、「生命・地球」とした第一の理由は、上記の①から、「児童の学び方の特性」からだということが分かる。

振り返れば、この三つの領域構成が提示された昭和43年告示の学習指導要領からここまで、教科の論理だけではなく「児童の発達の段階やものの見方や考え方の特性に沿ったもの」として、児童の意識を大切に領域構成が考えられてきたが、この年、「さらに」という

ことで、上記②、③である「児童の学び方」が加わったことが、「物質・エネルギー」、「生命・地球」区分になった理由だと述べている。

これは具体的に、これまでと何が変わったのだろうか？

②「Ａ物質・エネルギー」、「Ｂ生命・地球」の区分になった理由②

…児童の「ものの見方や考え方」に「学び方」を加える

しかし考えてみれば、そもそも科学の論理としての各分野の特徴から考えた区分と、児童の学び方から考えた区分が一致するのはなぜだろうか？それについては、P94のプログラミング的思考の⑥「原則的な問題解決活動」で考えた「新しい内容区分の考え方」が参考になるのではないかと考える。

つまり、子供たちが自然に対して学ぶ際に自然現象を捉える「状況に入る学び」と「状況をつくる学び」という学習スタイル、つまり児童の自然の捉え方が、それぞれ「Ｂ生命・地球」区分と「Ａ物質・エネルギー」区分の「自然の特徴」に合っていたということではないだろうか？

それは、物理や化学のような「Ａ物質・エネルギー」区分の学び方と、生物や地学のような「Ｂ生命・地球」区分の学び方が異なっているという、<u>「見方や考え方の違いから来る学び方の特性」</u>から考えたということではないだろうか？そして、この学び方の違いは、「Ａ物質・エネルギー」、「Ｂ生命・地球」区分の自然の特徴から来ていると考えられる。

対象を観察や実験をしながら調べる際に、例えば実験室の中で「<u>②児童が自ら条件を制御</u>して実験を行い、規則性を帰納する」、つまり対象を周りの「自然」から「孤立」させて、条件を人為的に色々変えたり、何回も同じ条件で検証したりできるという物理や化学実験の様な場合と、「<u>③一定の視点を意識しながら自然を全体と部分で観察する</u>」生物や地学の観察のように、実験室の中ではできずに自然の中に出ていって、その自然の中での対象を、時間的にも（生物の成長、地層のでき方など）、空間的にも（地層のでき方、天体の動きなど）大きなスケールの中で、一定の観察の視点を持ちながら、対象がそれを含む自然の中で、どう全体と部分で相互作用しながら変化していくのかを見ていかねばならない場合の違いによる、「児童の学び方の特性」の違いと考えられる。

そのように捉えると、「さらに」で、11年の「自然を捉える児童の見方や考え方を大切に、自然の特徴を捉える」という捉え方を、ここではより明確に具体的にしたのではないかと考えられる。

敢えて言えばこの分け方は、**対象とする自然の特徴と、それを観察する児童（というよりは人間）の見方の特徴を、「学ぶ」という観点から総合させた区分**ではないかと思われる。その分け方を「学び方の特性」として、「エネルギー」、「粒子」、「生命」、「地球」の４領域を、「物質・エネルギー」、「生命・地球」の２区分で捉える視点としたのではないだろうか。

そして、その結果が「内容の構成表」だと考えられ、その方向性は、今回の学習指導要領にも、そのまま受け継がれてきていると思われる。

③「領域」と「視点」、「見方」の関係について

では、例えば「エネルギー」という「領域」での、"主として「量的・関係的な視点」で

捉える"という「見方」における、「領域」、「視点」、「見方」は、それぞれどのような関係になるのだろうか？

　広辞苑によれば「視点」は「ものを見る立場」、「見方」は「見る方法。見て考える方法。」等と考えられる。また、学習指導要領には、"「見方・考え方」は資質・能力を育成する過程で児童が働かせる「物事を捉える視点や考え方」であること（P13、下線筆者）"、"問題解決の過程において、自然の事物・現象をどのような視点で捉えるかという「見方」については、理科を構成する領域ごとの特徴から整理を行った。（P13、下線筆者）"という文章がある。これらの表現から、**「見方」とは対象を「どのような視点で捉えるかという」**ものであると言える。

　敢えて理屈っぽい言い方になるが、これらから考えられるのは、「視点」とはあくまでも「どのように対象を捉えるか」という対象の捉え方であり、「見方」とは、では、今回は対象を「どのような視点で捉えるか」という「視点の捉え方」ではないかと思える。

　例えば、「量的・関係的な視点」、「質的・実体的な視点」、「共通性・多様性の視点」、「時間的・空間的な視点」など、物事を捉える様々な「視点」があるが、これらだけでは「見方」ではなく、対象に対峙したとき、例えば「量的・関係的な視点」で見ていこうとする「対象へ向かう姿勢、対象の捉え方」が、「見方」になってくるのだと思われる。

　つまり「見方」には、「このような視点で対象を捉えていこう」という「主体者」としての子どもの意識が顕著に現れているように感じる。そして、その**見方の基になる「視点」の特徴が「領域」毎にある**ということではないだろうか。

　学習指導要領には"「見方・考え方」は資質・能力を育成する過程で児童が働かせる「物事を捉える視点や考え方」であること、（P13）"とある点から考えれば、「見方とは物事を捉える視点」である、と単純に言っても良いのだろうが、なぜこんな理屈っぽいことを考えるかというと、広辞苑にもあるように、「視点」は「ものを見る立場」、「見方」は「見る方法。見て考える方法。」で、観察する主体である子供たちが、どのような「視点（立場）」で見るかによって対象の「見方（捉え方）」も変わり、そこから例えば「エネルギー」的な見方等の概念的な「見方」が生まれてくるという関係があると思うからである。

　そう考えると、「見方＝視点」と単純には言えないような気がしてくる。そして、そこに深く関係してくるのが「領域」だと考える。概念的な「見方」が育ってきたならば、今度は自然現象を逆に、例えば「エネルギー的」な「概念的な見方（領域）」…これは「視点」ではない、を持って見ることで、対象を「量的・関係的な視点」で捉えることができ、その「視点」から、今まで見えなかった（気付かなかった）「見方」で、対象を捉える（考える、認識する）こともできるようになり、対象を「より概念的（エネルギー等の領域）」に捉えることができるようになるのではないかと考えられる。

　「斜面の問題に関しての、初心者と熟達者のスキーマのネットワーク表現の違い」を例として、力学における「エネルギー保存の法則」や「ニュートンの力の法則」などの教科の本質を使いこなせることの大事さを挙げた実例[37]がよく知られているが、これも概念的な「見方」が育ったことによる「量的・関係的な視点」によって、問題解決力が育成された例と考

えられる。

　このような理由から、一連の「領域」、「視点」、「見方」の関係が大事ではないかと思える。なお、このように見てきた結果、「見方」は「領域」に深く関係していることがわかり、**「見方」は三つの資質・能力の中の、理科に特徴的な「概念」、つまり「知識・技能」に特に関係している**と考えられる。

　以上の「見方」の分析から見えてきた問題解決学習における「見方」の果たす役割を考えると、P186 のまとめで書いた、<u>「考え方」は、「資質・能力」としての「問題解決の能力（力）」、つまり問題解決活動の中で「思考力・判断力・表現力等」を育成するために大事なものである</u>、という「考え方」の果たす役割と、「見方」の果たす役割とは異なっており、「資質・能力の三つの柱」育成のための、**「見方」と「考え方」の果たす役割がそれぞれ異なっている**ことが分かる。

（4）今回（平成 29 年）の「領域」の捉え方

　「領域」に関する考え方としての「内容の構成表」の方向性は、今回の学習指導要領にも、そのまま受け継がれていると思われると書いたが、20 年と比較して微妙に変化している点がある。それは「見方や考え方」から「見方・考え方」に変わったことに関係しているのだが、それについて A 物質・エネルギー区分を例に考えてみる。

1　A 物質・エネルギー

　身近な自然の事物・現象の<u>中に</u>（多く）は、時間、空間の尺度の小さい範囲内で直接実験を行うことにより、対象の特徴や変化に伴う現象や働きを、何度も人為的に再現させて調べることができやすいという特性をもっているものがある。児童は、このような特性を持った対象に主体的、計画的に操作や制御を通して働きかけ、追究することにより、対象の性質や働き、規則性など<u>についての考え</u>（の見方や考え方）を構築することができる。主にこのような対象の特性や児童の構築する<u>考え</u>（見方や考え方）などに対応した学習の内容区分が A「物質・エネルギー」である。（なお、本内容区分は、基本的な考え方において、前回の「B 物質とエネルギー」を引き継いでいるものである。）

　「A 物質・エネルギー」の指導に当たっては、実験の結果から得られた性質や働き、規則性などを活用したものづくりを充実させるとともに、「エネルギー」、「粒子」といった科学の基本的な<u>概念等</u>（見方や概念）を柱として、内容の系統性が図られていることに留意する必要がある。（以下略）

（平成 29 年学習指導要領解説理科編、P20、下線、かっこ内筆者）

　上記文中のかっこ内は 20 年の表記であり、下線部分はそれに対する今回の変更点である。20 年から 29 年の変更点が分かりやすいように並べて記述してみた。比べてわかるように、大きな捉えに変更はないが、「見方や考え方」から「見方・考え方」への変更に伴って、いくつか表現が変わっている。

　始めの方の、「多く」が「中に」に変わったことには大きな違いはないと思うが、次の

「見方や考え方」が「考え」に変わっているのは大きな違いと言える。

　「見方や考え方」には「方法や手続きと、それによって得られた結果及び概念」が含まれていたことから、今回ここで「構築する」のは、「結果及び概念」に相当する「考え」ということだろう。「方法や手続き」としての「見方・考え方」を、構築するものとしての「考え」と明確に区別したことで、「何を用いて（見方・考え方）」、「何を構築するのか（考え）」と、その関係をはっきりさせたのだと思う。

　また、「見方・考え方」は、**構築するものではなく、自ら育てるものである**、という捉えも、ここには含まれているのではないだろうか。そして、「考え」という"柔らかい"表現をしたのは、それが高まっていく「概念」と区別して表現したかったからかもしれない。

　また、後半の「見方や概念」が「概念等」に変わったのも、「エネルギー」や「粒子」等といった捉えは科学の基本的な「概念」であり、今回はその「概念」を捉える「見方」と区別する必要があるからだろう。

　したがって、前回と同様な形の「内容の構成表（理科解説P22〜25）」だが、その校種部分の「エネルギー」等と書かれている部分は「概念」を、その下の「エネルギーの捉え方」、「エネルギーの変換と保存」、「エネルギー資源の有効利用」等と書かれている部分は、この「エネルギー」という概念を"主として「量的・関係的な視点」で捉える"という「視点」で見た場合の、対象に即したより具体的な「概念」と言えるのではないかと思われる（下図参照、他の領域も同様）。

図1 小学校理科の「エネルギー」を柱とした内容の構成（P22）
〜「見方・考え方」の「見方」の観点から〜

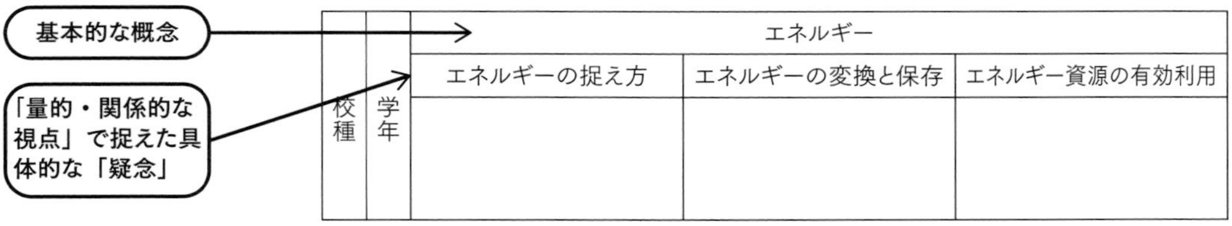

基本的な概念 →			エネルギー		
「量的・関係的な視点」で捉えた具体的な「疑念」 →	校種	学年	エネルギーの捉え方	エネルギーの変換と保存	エネルギー資源の有効利用

6.「見方」について（まとめ）

　ここまで、3. で「見方」について一度考え、その際「見方」を整理をした基になる「領域」について見ていく必要に気付き、それを考えるには「考え方」との関係にも触れて見ていく必要があることが分かり、4. で「考え方」について考え、その後、5. で「見方」の出所を探るために「領域」について考えた。以上を受けて、自分の個人的な見解も含めて、ここで「見方」についてまとめておく。

〔「見方」のまとめ〕
　「見方」とは、主に「資質・能力」としての「知識・技能等」を育成するために大事な「物事を捉える視点」と言えるが、「見方」と「視点」は同じものではなく、「視点」

とはあくまでも「どのように対象を捉えるか」という対象の捉え方であり、「見方」とは、では今回は対象を「どのような視点で捉えるか」という「視点の捉え方」ではないかと考えたい。

　つまり、問題解決の過程において、自然の事物・現象をどのような視点（量的・関係的な視点等）で捉えるかという「見方（エネルギー概念的な見方等）」という関係である。

　そして、概念的な「見方（エネルギー的な等、領域から見る）」が育ってきたならば、今度は自然現象を逆に「概念的な見方（領域）」から見ることで、対象を「量的・関係的な視点」で捉えることができ、その「視点」から、今まで見えなかった（気付かなかった）「見方」で、対象を捉える（考える、認識する）こともできるようになり、対象を「より概念的（エネルギー等の領域）」に捉えることができるようになるのではないかと考えられる。

7.「見方・考え方」について

　ここまでの考察を基に、「見方・考え方」とはどのようなものかについて、自分なりの捉えをまとめておきたい。

〔理科における「見方・考え方」のまとめ〕

　「見方・考え方」の一番のポイントは、それが児童自らが育てるものだという点だろう。

　理科における「見方・考え方」は、学校教育を受ける前から子どもの中に、自然事象に対する自分自身の「受けとめ（素朴概念）」として育まれてきたものと考えられる。それは、その子なりの感性やこだわり、経験から育まれてきたものであり、学校ではそれを大切にしながら育てていくことが大事になるだろう。それは、子どもの**「主体性を大事にする」**ということでもある。

　そこから出発した「見方・考え方」は、教科で育てたい資質・能力との関係で考えれば、「見方」は主に理科という教科に特徴的な「概念」に関係する**「知識・技能」の習得に関係し**、「考え方」は「問題解決の能力（力）」と結び付いて**「思考力・判断力・表現力等」の活用に関係**していると言えるだろう。

　このつながりから考えれば、資質・能力の育成には、児童が自ら持ち、育ててきた「見方・考え方」を生かしながら、「児童からの主体的働き掛け」を基に育てていこうという、主体性の重要性を改めて感じる。

　因みにもう１つの資質・能力である「学びに向かう力、人間性」は、これら全体を包む、主体性の共通基盤になるものと考えられる。

8. 「見方・考え方」と「見方や考え方」の違いから「目標」を考える

　では、このような「見方・考え方」は、「目標」とどのような関係にあるのだろうか？これまでの検討を元に、「見方や考え方」と「内容構成」の関係と比較しながらまとめてみる。

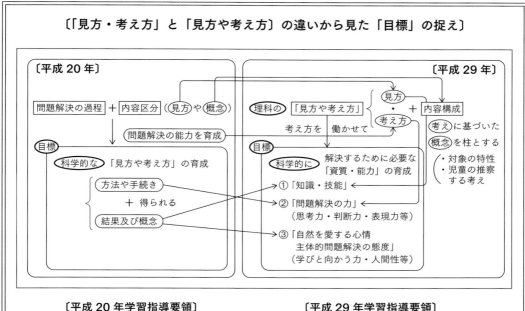

　　〔平成 20 年学習指導要領〕　　　　　　　〔平成 29 年学習指導要領〕

1. 20年の「問題解決の能力」、「内容区分」の捉え方

　図の左部分の平成20年は、「興味・関心」から問題を見いだし、予想や仮説を基に観察、実験などを行い、結果を整理し、相互に話し合う中から結論として科学的な見方や考え方をもつようになる「問題解決の過程」の中で、「比較、関連付け、条件に目を向ける、推論などの「問題解決の能力」が育成される（以上20年学習指導要領解説理科編 P8 から）」ことで、目標とする、科学的な「見方や考え方」を育成することになる。

　以上から、20年の「問題解決の能力」は29年の「見方・考え方」の「考え方（比較、関係付け、条件制御、多面的に考える等）」に、「働かせるもの」として対応する（「問題解決の能力を育成」から「考え方」に向かう矢印）とともに、「②問題解決の力」につながる（「考え方」から「問題解決の力」に向かう矢印）と考えられる。

2. 20年の「内容区分」と29年の「見方・考え方」と「内容構成」の関係

　「見方や概念」を柱として整理されていた20年の「内容区分」は、29年の「内容構成」になると「考えに基づいた概念を柱とする」になり、「見方」が消えている。

　20年では例えば「エネルギー」や「粒子」などの「内容区分」は、「科学の基本的な見方や概念（P12）」と捉えていたが（上記表のように）、29年には"「エネルギー」といった科学の基本的な概念等は（P20）"と、「エネルギー」の「内容区分」の捉え方から「見方」を外している。

つまり、20年では「エネルギー」という「内容区分」を、"そのような「見方」で対象を捉えることで得られる「概念」"と、「見方」と「概念」の両方の意味から捉えていたのが、29年では、対象を「量的・関係的な視点」で捉えるという「見方」は、「エネルギー」という「概念」を捉えるための「見方」であると捉え、**「見方」と、そこから得られる「概念」という「内容構成」を明確に分けている**と考えられる。

　したがって20年の内容区分にある「見方」や「概念」の内、「概念」は、29年の内容構成の「概念」に移ったと考えられる。そして「見方」は、同じく29年の「見方・考え方」の「見方」に移ったと考えられ、それぞれ矢印で結んだ。

3．29年の「内容構成」にある「考え」

　では29年の内容構成にある「考えに基づいた概念」の、「考え」とは何だろうか？"対象の性質や働き、規則性などについて考えを構築することができる。主にこのような対象の特性や児童の構築する考えなどに対応した学習の内容区分が「A 物質・エネルギー」である（29年学習指導要領解説理科編P20、下線筆者）。"という記述から考えれば、「考え」とは構築されていくものであり、**「考え」とは「概念」に対して「基づくもの」であると考えれば、概念を構成していく「知識」に相当するのではないか**と考えられる。その「考え」を「知識」と書かなかったのは（知識観にもよるが）、「知識」が「概念」に育っていく「過程としての知識、概念に近いもの」という捉えで、敢えて「知識」と区別したものとして「考え」としたのではないかと個人的には思っている。したがって「内容構成」は、「資質・能力」の「知識・技能」とも矢印で結んだ。

4．「見方・考え方」と「資質・能力の三つの柱」の関係

　このように見てくると20年の内容区分にあった「見方」と「概念」は、29年の「見方」と「考えに基づいた概念」になったと考えられ、共に理科の内容に密接に関係することから、既に述べたように、**「見方」は「資質・能力の三つの柱」の中の「知識・技能」に関係している**ことが改めて理解できる。同様に、20年の「問題解決の能力」からの**「考え方」は、「思考力・判断力・表現力等」に関係してくる**と考えられる。

5．20年の目標と29年の目標の比較

　以上を踏まえて20年と29年の理科の目標を比べてみると、20年の「方法や手続き」は29年の②「問題解決の力（思考力・判断力・表現力等）」に、「結果及び概念」は①「知識・技能」と③「自然を愛する心情、主体的問題解決の態度（学びに向かう力、人間性等）」に相当すると考えられる。そして共に「科学的」という共通の立場に立っている。以上の比較から見れば、理科の目標は、今回の学習指導要領に変わったからといって、その実質的な内容は変わっていないのではないかと考えられる。

　ただ、大事な変更点（と言うか、重点の変更と言うか）は、児童が自らの感じ方や考え方で自ら育成を図る**「見方・考え方」を、目標と区別した**ことである（勿論、この「見方・考え方」を育成することも目標と言えばそうだが、最終的な「資質・能力」育成を目標と位置付けた場合）。このように「見方・考え方」の位置付けを明確化したことで、児童の「どのような」主体性（「見方・考え方」）を大切に、「どのような」資

質・能力を育成すべきか（「三つの柱」）という「学びの構造」が明確になったと考えられ、これが今回の学習指導要領改訂の大事な点だろうと思われる。

6. 改めて「見方や考え方」を振り返る

　以上の考察を踏まえて、前回までの理科の「見方や考え方」を見たとき、改めてその記述をなぜ「見方や考え方」としていたか？という点が気になった。

　これまでの"「科学的な見方や考え方」を育成する"という「目標」と、今回の"「科学的に解決する」ために必要な「資質・能力」を育成する"という「目標」の関係を図の矢印で見ると、今回は育成したい「資質・能力」と、そのために必要な理科に特有な「見方・考え方」との関係が明確に示されていることが分かる。また今回は、この三つの資質・能力の育成を目指すが、本当に目指すのは「科学的な解決」であると自分は捉えてきた。

　その意味では今回の記述の方が、**より目標とそのための「手立て」の関係が明確になった**と言えそうだが、一方これまでの「科学的な見方や考え方の育成」では、「目標」と「手立て」を一緒に表現していたことで、改めて理科が**結果だけでなく**、それを獲得するまでの児童の**「見方・考え方」や「問題解決活動」を如何に大事にしてきたか**が分かるのではないだろうか？

　このように捉えれば、今回の理科の学習指導要領の基本的な目標の捉え方にこれまでと大きな違いはなく、また、今回の学習指導要領改訂において全教科で共通した「見方・考え方」の採用に理科も機械的に追随したということでもなく、理科には教科が求める方向性は既にあり、それを今回はより明確化したと考えたいのだが、これはいささか理科贔屓だろうか？

〔「知識」「考え」「概念」、そして「自然観」について〕

　本書ではここまでの議論で、「知識」や「考え」、「概念」等の用語をあまり厳密に考えることなく用いてきたが、それらの違いや関係についての自分の捉えを、ここで一度整理しておきたい。

①知識と概念の関係について

　自分は「知識」とは「知識を形作る要素が構成されたもの」である、と捉えてきた。では、それは「概念」とは違うのだろうか？「中教審初等中等教育分科会報告（2016年）」の（次期改訂における「知識」とは何か）には、"「知識」については、事実的な知識のみならず、…いわゆる概念的な知識を含むものである。（下線筆者）"という記述がある。

　自分はこれまで「事実的な知識」を「知識の要素」、その「事実的な知識を構成したもの」を所謂「知識」と考えてきたが、ここから考えれば、この「知識」は、「概念的な知識」と、そこから発展する「概念」につながっていくのではないかと考える。

　例をあげて考えると、小学校3年生理科の「重さとかさ」の単元で扱う「粘土の塊の形を変えても、ちぎって細かくしても、全体の重さは変わらない。」というねらいの中の、「粘土の塊の形を変えた結果、全体の重さは変わらない」や「粘土の塊をちぎって細かくした結果、全体の重さ

は変わらない」というのは「事実的な知識（知識の要素）」で、そこから「物（粘土）は、姿・形を変えても、その重さは変わらない」というのが所謂「知識」としての「概念的な知識」、そして「この世の物は、急になくなったり消えたりするのではなく、姿形は変わっても、或いは見えなくなっても、必ず有るのだ」という、この場合の例も含めた一般的な捉えが「質量保存の法則」という「概念」ではないだろうか？したがって、「事実的な知識」から「概念的な知識」に、そして「概念」に、思考の発達段階に沿って、「知識」は深化していくのではないかと考える。

②「考え」、「自然認識」とは？

　「考え」とは、「知識」が「概念」に育っていく「過程としての知識」であり、「概念に近いもの」という捉えで、敢えて「知識」と区別したのではないかという捉えは前にも述べた。そして、①で述べた「事実的な知識」から「概念」へと拡大・深化していく過程を「考え」と総称したと考える。そして、その「概念」が、「理科」という教科としての捉え方にまでなったのが「自然観（認識）」ではないかと考えられ、この間の「知識」から「概念」、そして「自然観」と拡大・深化していったものの総称が「考え」ではないかと思える。

③「資質・能力」としての「概念」、「自然認識」

　以上の捉え方を「資質・能力」という言葉に照らし合わせるとどうなるだろうか？「資質・能力」レベルで考えれば、「事実的な知識」は「資質・能力」には当たらず、その構成要素と考えられるのではないだろうか？概念的な知識になってこそ「資質・能力」としての「知識」と言えそうだ。それが拡大・深化していくことで「概念」、そして「自然認識」となっていくと考えるが、その際には、資質・能力としての「思考力・判断力・表現力等」と「学びに向かう力、人間性等」の関与が、より強くなっていくだろう。特に「自然観」に関しては、「学びに向かう力、人間性等」がより大きく影響してくると考えられる。

第4節　今回の学習指導要領の意義

1.　今回の学習指導要領改訂の真の意義を理科から考える

　ここまで、前回と今回の理科の学習指導要領を比較しながら、「問題解決の能力」の捉え方、及び「問題解決の力」との関係や、「見方や考え方」と「見方・考え方」の違いや関係などについて、「目標」と関係付けながら考えてきた。

　改めて、では、なぜ今回このような全教科で共通した「資質・能力」と、それに関係する「見方・考え方」の在り方を明確に設定したのだろうか？単なる全教科の足並みを揃えるということだけではなさそうだ。上記のまとめでも、今回の「見方・考え方」の採用について、理科にはその方向性があったと考えられると書いたが、そもそも理科に限らず、今回「なぜ、そのような捉え方や表現にしたのか？」という「考え」があるはずだ。つまり、今回の学習指導要領改訂の真の意義は何だろうか、ということである。

　そう思うと、真っ先に頭に浮かぶのが第1章の総説にある「1 改訂の経緯及び基本方針」

だ。そこには、なぜ今回このような取り組みをしたのかの概観が書かれているはずだ。

　それについては本書の（2）「共有」と「連携・協働」の重要性～感じた違和感と真のねらい～（P27）で検討し、今回の改訂のねらいについて、次のように自分の考えをまとめた。"学校からの一方通行の学びを社会に開くのではなく、学校（教師）と社会が、共に「本当に分かる（理解する）」ことの意味を共通理解し、それを共有して子供に接したり学ばせたりすることが「社会に開かれた学び」であり、その結果として社会でも使える理科学習となり、それが今回の学習指導要領の目指す学びの実現につながると考えられる（P29）。"

　このまとめからは、「社会に開かれた学び」の実現が、主に今回の学習指導要領改訂の真の意義と言えるだろう。しかし、この「社会に開かれた学び」の実現で共通理解したい「本当に分かる（理解する）」ことの意味とは何だろう？

　ここまで検討してきた「理科」の観点から見直した時、この「本当に分かる（理解する）」ことに関して真っ先に頭に浮かんだのが、平成11年改訂の学習指導要領にあった「科学の理論や法則は科学者という人間と無関係に成立する、絶対的・普遍的なものであるという考え方から、科学の理論や法則は<u>科学者という人間が創造したもの</u>であるという考え方に<u>転換してきている</u>ということである。（下線筆者）」という文章である（P120）。

　しかしこの主張は平成11年改訂の学習指導要領の際のものであり、今回新しく出たものではない。ただこれを受けて、平成20年、29年（現）改訂の「科学とは、人間が長い時間をかけて構築してきたものであり、一つの<u>文化</u>として考えることができる（下線筆者）。」という表現につながっていったと考えられることは前にも書いた通り、その「科学観」の捉え方は、それから一貫して変わっていない。

　そこでこの、「科学観」を述べている文章の「科学」を「理科」に、「科学者」を「児童」に置きかえると、**「理科の理論や法則は、児童という人間が創造したものである」**となり、そこから考えられるのは、これは<u>**「理科の授業における学習（学び）観」**の転換にもつながっていく</u>と捉えられるのではないかということだ。

　その現れの1つが、これまでの「児童の学び」主体に考えてきた理科の区分の捉え方の変遷であり、その流れを受けた最終段階として、今回の「学びの構造」を明確にしたことによるゴールとしての「資質・能力の三つの柱」の明確化であり、もう1つが、それを児童自身が獲得できるための、「主体的・対話的で深い学び」による、「主体性」と「問題解決活動」を結び付ける「見方・考え方」の提案ではないだろうか？

　つまり、本書の前半で考えてきた学習指導要領の変遷に伴う「科学観の変遷」が、ここまで考えてきた今回の「資質・能力」を基盤とした「理科の学習（学び）観」につながっているのではないか、ひいてはそれが理科も含む「主体的・対話的で深い学び」という「指導観」にもつながってきたのではないかと気付いたのだ。後から考え直せば、それは当たり前のこと（教科の捉えの変化に伴って、その学び方、指導の仕方も変わるのは当然）とも思えるが、自分は眼が見開かされた思いがした。

　具体的に、その内容を振り返ってみる。

　第3節のまとめで、今回も前回までの学習指導要領も、「科学的な解決」を目指すという

目標は同じだが、今回は、そのために目指す「資質・能力」と、「手立て（「見方・考え方」の育成や「問題解決活動」の推進など）」の関係が明確になった、と書いて、これまでと基本的な目標の捉え方には大きな違いはない旨の考えを書いたが（P202）、上記の「科学（理科）観」からの「学習（学び）観」のつながりを考えれば、「学習（学び）観」として、「見方・考え方」は、教師が指導して教える「目的」ではなく、児童自らが育てていく「目的のためのもの」であり、それを<u>自分自身で育てる</u>からこそ、「目標（資質・能力）」も、教師から与えられた「もの」ではなく、<u>自ら獲得したもの</u>になると考えられる。そして、このように考える「学習（学び）観」が、その実現を図る「理科の指導観」の変化にもつながっていくと考えられる。

このように考えれば、今回**「資質・能力」と「見方・考え方」の関係を明確にすることで、「子どもの分かり」をより意識した「学習（学び）観」を、そして「指導観」を明確にしたかったのではないか**と考えられる。そしてこれが、<u>今回の学習指導要領改訂の大きな意義</u>と考えられるのではないだろうか。

P203 で、"今回の学習指導要領改訂において全教科で共通した「見方・考え方」の採用に理科も機械的に追随したということでもなく、<u>理科には教科が求める方向性は既にあり、それを今回はより明確化した</u>と考えたいのだが、これはいささか理科贔屓だろうか？"と書いたが、「見方や考え方」として、「資質・能力」と「見方・考え方」両者を大事にするという点においては、これまでの学習指導要領の価値は不変だが、その「見方・考え方」は「<u>児童自らが学び取る</u>」という点、そして「学び取る内容（資質・能力）」にも「<u>児童自らが学び取る</u>」という「学びに向かう力、人間性等（資質・能力③）」を位置付けたという「学習（学び）観」を明らかにしたという点、そしてそれに関する「指導観」を、「主体的・対話的で深く学ぶ」という学びの実現で示したという点で、今回の学習指導要領の価値があるように思える。

同時に、ここで考えたことは、理科だけでなく<u>全教科にも言える</u>ことではないかとも思える。つまり、「各教科の学び（理論や法則等、その教科なればの学び）は、<u>児童という人間が創造したものである</u>」という捉えである。

そのように捉えれば、今回の改訂の価値は、**「児童の学びを基盤においた全教科における教科観の捉え直しという共通理解に基づいた、学び観の転換、ひいては指導観の転換」**と考えることもできると思えるが、どうだろうか？

以上を一覧にまとめたのが次表である。

〔前回と今回の、理科における「問題解決の能力」や「見方」や「考え方」の関係〕

※（　）内のページは学習指導要領理科編

〔前回と今回に共通する捉え方〕　　　　　　　　〔今　回〕

〔総則〕・要素からの捉え

〔理科学習の基本的な捉え方〕
「科学の理論や法則は科学者という
人間が創造したものである」
↓
「理科学習の理論や法則は児童という
人間が創造したものである」

〔資質・能力の三つの要素〕
①教科等の枠組みを踏まえた「資質・能力」
②教科等の枠組みを越えた「資質・能力」
　（1）学習の基盤となる資質・能力
　　・言語能力　　・情報活用能力
　　・問題発見・解決能力　等
　（2）現代的な諸課題に対応して求められる資
　　質・能力

〔前　回〕
〔目標〕

科学的な
「見方や考え方」を養う
・問題解決の活動により身に付
ける
①方法や手続き
②それにより得られた結果及
び概念（P10）

・観点からの捉え

〔目標〕

〔資質・能力の三つの柱〕
科学的に解決するために必要な資質・能力の育
成　※3つの「資質・能力」の関係性が大事
　（1）理解と技能
　（2）問題解決の力　＝　思考力・判断力・
　（3）心情、問題解決の態度　表現力等の具体化

（2）問題解決の力を「具体的に示したもの」

問題解決の力…「考え方」と関連させて
・問題解決の過程で育成（前回と同じ）
〔学年を通して育成する〕　※「考え方」としての
3年…「差異点や共通点を基に、問題を見いだす力」←（「比較」が大切）
4年…「根拠のある予想や仮説を発想する力」←（「関係付け」が大切）
5年…「予想や仮説を基に、解決の方法を発想する力」←（「条件制御」が大切）
6年…「より妥当な考えをつくりだす力」←（「多面的に考える」が大切）
（P17）

〔手立て〕

自然に親しみ、
見通しをもって観察、実験などを行い、
問題解決の能力と
自然を愛する心情を育てるとともに、
自然の事物・現象についての実感を
伴った理解を図る

問題解決の能力　（P8）
・問題解決の過程で育成
〔学年を通して育成する〕
3年…事物・現象の「比較」
4年…働きや時間と「関係付け」
5年…変化やはたらきとそれに
　　「かかわる条件」
6年…要因や規則性、関係の「推論」

自然に親しみ、理科の見方・考え方を働かせ
見通しをもって観察、実験を行うことなどを通して、

見方・考え方
・資質・能力を育成する過程で児童が働かせる「物
事を捉える視点や考え方」

見方
・「エネルギー」量的・関係的
・「粒子」質的・実体的
・「生命」共通性・多様性
・「地球」時間的・空間的
　　　　　　　　　　　　　　など

考え方…「問題解決の能力」を基に整理
・問題解決の過程の中で用いる、「比較」、「関係付
け」、「条件制御」、「多面的に考える」など
（P13）

・今回の「問題解決の力」は、求める「資質・能力」
の一つである。
・前回の「見方や考え方」は養うもので、今回の「見
方・考え方」は児童が働かせるもの。
・前回は「見方や考え方」を養う問題解決の過程で
育成するのが「問題解決の能力」で、今回は児童
自らの「見方」により物事を捉え、「考え方」で
思考する中で「問題解決の力」を育成し、その力
による「問題解決の過程」で、目指す「見方・考え方」
を育成する。

〔今回の学習指導要領の意義〕

児童の学びを基盤とした「教科観」の捉え直しに
よる「学び観」、「指導観」の転換　＝児童の「主体的」
な取り組み（資質・能力③と「見方・考え方」の
重視）が学びの基本

2. 「問題解決の能力」と「問題発見・解決能力」 〜「発見」が加わった理由〜

　ここまでの検討から、前回の学習指導要領における「問題解決の能力」という表現に、今回「問題発見・解決能力」と「発見」が加わったのはどうしてだろうか？

　ここまでの考察から考えてみると、問題解決の過程は、その問題設定から後の追究過程だけが大事なのではなくて、その問題設定ができることそのもの、つまり問題発見に大きな意義があると考えられる。そこには当然、今回大事と考えられる「児童の主体性」が必要不可欠になってくる（自ら不思議に気付いたり、好奇心を持つことの大切さ）と思われる。今回、その意義も含めて、「問題発見・解決能力」としたのではないだろうか。

参考資料　　　〔「資質・能力の三つの柱」と「資質・能力の三つの要素」〕

　「問題解決の能力」とはどのような力かを考えるに当たり、学習指導要領解説総則編 P51 のウ問題発見・解決能力の表記（P98）を基に、それは「資質・能力」だと考えたが、そもそもこの表記は総則の第 2 節教育課程の編成の、2 教科等横断的な視点に立った資質・能力の中にある（総則の P46 〜）。

　そこには（1）学習の基盤となる資質・能力として、ア言語能力、イ情報活用能力、そしてウ問題発見・解決能力が書かれており、続いて（2）現代的な諸課題に対応して求められる資質・能力が書かれている。

　この部分が「教科等横断的な視点に立った資質・能力」ということなので、当然この他に「各教科の視点に立った資質・能力」もある（それは各教科編に具体的に書かれている）はずである。

　まとめると「求める資質・能力」は、以下のように考えられる。

〔教科等横断的な視点から考えられる「求める資質・能力」〕

①教科等の枠組みを踏まえた「資質・能力」

②教科等の枠組みを越えた「資質・能力」があり、その中には

　（1）学習の基盤となる資質・能力←**ウ問題発見・解決能力はここにある**

　（2）現代的な諸課題に対応して求められる資質・能力がある

（学習指導要領解説総則編 P46 から）

　自分は①の教科等の枠組みを踏まえた「資質・能力」も、今回の趣旨を踏まえ、教科等横断的な視点から考えた「その教科なればこそその資質・能力」という視点から考えた。

　この表を見ると、教科等横断的な視点から考えられる「求める資質・能力」は、①と、②の（1）、（2）の合わせて三点と考えられる。これらを仮に「資質・能力の三つの要素」と呼ぶと、この「資質・能力の三つの要素」と、これまでお馴染みの「資質・能力の三つの柱」との関係はどうなっているのだろうか？

　学習指導要領にそれについての明確な記述はないが、「資質・能力の三つの柱」と「資質・能力

の三つの要素」は、「身に付けたい資質・能力」を、それぞれ異なる観点から見たものではないかと思える。

　つまり資質・能力のうち、学ぶ教科の性格面から見て、その教科に必要な資質・能力が①教科等の枠組みを踏まえた「資質・能力」で、その教科に限らず共通して必要な資質・能力が、②教科等の枠組みを越えた「資質・能力」で、そこにはどの教科の学習にも必要になってくる（1）学習の基盤となる資質・能力がある。また、総合的な学習の時間などの、教科学習以外に必要になってくる（2）現代的な諸課題に対応して求められる資質・能力もある。これらを示したのが、上のまとめと考える。

　これを見ると、これまで専ら教科の枠組みで検討してきた「資質・能力の三つの柱」は、「資質・能力の三つの要素」の中の①教科等の枠組みを踏まえた「資質・能力」に対応しているとも考えられそうだが、「資質・能力の三つの柱」が「生きる力」という教育全体の目標から出てきたことを考えれば、①の中に限定するのは間違いだろう。

　自分はこれまで「資質・能力」を考える際、得てして教科における「資質・能力の三つの柱」にばかり目が向きがちだったが、この検討から、同時に「資質・能力の三つの要素」からも考えることが真の「生きる力」育成にとって大事ではないかと感じる。

　そのような思いを込めて、上記の表では、〔資質・能力の三つの要素〕という自分なりの造語を使ってみた。

3．3つ目の「資質・能力」について

（1）「自然を愛する心情」が、資質・能力の1つとして位置づいた意義は？

　これまでの理科の教科目標では、「自然を愛する心情」は、「問題解決の能力」という、「科学的な見方や考え方を養う」ゴールのための問題解決の過程の中で「使いながら、その過程でそれ自身も育成される」もの（P129、H20年の目標）という形で位置付いていた。つまり、「自然を愛する心情」も、「科学的な見方や考え方を養う」というゴールのために使われ、育成される、という位置付けと考えられる（手立てとゴールの関係は、あまり決め決めではないとは思うが）。

　それに対して今回の目標では、「（3）自然を愛する心情や主体的に問題解決しようとする態度を養う。」というように、**「自然を愛する心情」を「資質・能力」に含めて**、「科学的に解決するために必要な資質・能力」と明確化し、「自然を愛する心情」を個別扱いせずに「力」として、他の「力」と同等に扱い、「科学的に解決するための資質・能力」とまとめた意義は、ここまでの検討からも大きいと思われる。

　それは、「自然を愛する心情」を**「育成する（できる）、目的としての力」**と明確に位置づけたと考えられるからだ。

（2）「自然を愛する心情」と共に「主体的に問題解決しようとする態度」が3つ目の資質・能力として位置づいた意義は？

この３番目の資質・能力を見ると、前回の目標にあった「自然を愛する心情」がここに位置付いていると共に、「主体的に問題解決しようとする態度」も同じく位置付いていることが分かる。これらは「心情と態度」ということで１つにまとまっているとも考えられるが、共に「育成する（できる）ことのできる、目的としての力」と捉えることが大事だろう。

　前回も目標の中に「自然を愛する心情」は含まれていたが（最終的な目標ではないようだが）、では前回は、３番目の資質・能力である「主体的に問題解決していこうとする力」は目標に含まれていなかったのだろうか？そこで再度読んでみると、「自然の事物・現象についての実感を伴った理解を図ること」の説明の中に以下のような文章があったことに目が留まった。

○自然の事物・現象についての実感を伴った理解を図ること

（「実感を伴った理解」を三つの側面から考える説明の二つ目の説明から）

　第二に「実感を伴った理解」とは、主体的な問題解決を通して得られる理解である。自らの問題意識に支えられ、見通しをもって観察、実験を中心とした問題解決に取り組むことにより、一人一人の児童が自ら問題解決を行ったという実感を伴った理解を図ることができる。これは、理解がより確かなものになり、知識や技能の確実な習得に資するものである。

（平成20年学習指導要領解説理科編P10、下線は筆者）

　これは、「実感を伴った理解」に含まれる３つの内容（①具体的な体験を通して形づくられる理解、②主体的な問題解決を通して得られる理解、③実際の自然や生活との関係への認識を含む理解）の中の２番目の説明に関する内容だが、これを読むと、文中の「主体的な問題解決」や「自らの問題意識に支えられ、見通しをもって」などの表現から、前回も「主体的に問題解決していこうとする力」は大事にしていたことが分かる。異なるのは、前回はそれを「実感を伴った理解」の中に位置付け、「知識や技能の確実な習得に資するものである」と、つまり「理解」につなげていた点である。

　勿論その捉えは基本的には大事であり間違いではないだろうが、敢えて言えば今回は、「主体的に問題解決していこうとする力」は、「知識や技能の確実な習得」という「理解」のためだけでなく（それはそれで大きなねらいだが）、「それ自体」が目指すべき「資質・能力」としての目標として大きな意義を持っている、と言えるのではないだろうか。

　この“「知識や技能の確実な習得」のためだけでなく”という自分の捉えのニュアンスが伝えにくいのだが、というのも結局「主体性」を育てるゴールは、「知識や技能の確実な習得」、つまりは「理解」のためではないのか？という考えは基本的には間違いではないと思えるし（主体性がなければ、真の知識や技能の確実な習得、つまり理解はなされないという意味で）、教育の大きなねらいはそこにあるのは間違いないと思えるのだが、敢えて「主体性」はそのためだけでなく、「主体的に取り組んでいく態度」そのものとしての価値があると考え、それが目標にもなるというのが自分の捉えである。

例えば**「主体的に取り組んでいく態度」でもある「好奇心」**は、「習得させたい知識や技能」という目的（ねらい）のあるなしに限らず湧いてくるものだが、そのような「態度（好奇心に限らないかもしれないが）」が持てる、持ち続けることができるという「資質**そのもの**」が、学習の対象が何であるに関わらずこれから大事になってくるのではないかと思われる。

　そこで思い出されるのが、今回の学習指導要領の冒頭部分の検討で、人工知能（AI）と人間を比較して、**「人間の最も大きな強み」とは何かを考える**という大きな課題があったことである（P26 参照）。この「人間の最も大きな強み」に対して、「好奇心」は、その回答候補の一つではないかと思えるのだがどうだろうか？さらに自分は**「好奇心」も含めて、主体性はこれからの「人間の学び」を考えていく際の大きな課題となるだろうと感じる**（これについては、この後も続けて考えるので、ここではここまでにしておきたい）。

　以上を踏まえて前回の「実感を伴った理解」の解説を読むと、理解のあり方を説明しながら、最終的には「知識や技能の確実な習得に資するものである。」という、「知識や技能の確実な習得」、つまり「知識や技能の在り方」を「主体性」の面から説明しているのではないかと思え、前回も「主体的に問題解決していこうとする力」は大事にしていたことが分かるが、同時に「主体性自身」の価値についての踏み込みは、今回の改訂を待たなければならなかったのではないかと思える。

　現場では、「知識や技能」についてはさすがに教え込めばいいというような乱暴な捉えはなくなったと思えるが、それでも「理解（思考力・判断力・表現力等）」の方が「知識・技能」より大事だ、またはその逆だ等という捉えはまだあると思う。

　それに対して前回の学習指導要領では、その両者の関係性こそ大事だという立場で、理解された知識や技能こそが真の「知識・技能」であることをここで言っているのだろう。そして、その知識・技能を習得する際の、"「実感を伴った理解」とは、主体的な問題解決を通してこそ得られる理解である。"として、「実感」という言葉に表されている「主体性」の重要性も表していると考えられる。

　それを踏まえた今回の学習指導要領では、この「主体性」を、「知識・技能」を「理解されたもの」として取得する際に必要な「もの」という手段的な捉えから、より大切な、三つ目の資質・能力として位置付けた、と言えるのではないだろうか？

　そしてそこには、**"理解された知識・理解の習得のためだけではない"「主体性自身の大事な役割（好奇心など）」があるのではないか？**というのが、自分の考えである。

（3）前回の「実感を伴った理解」がなくなった理由

　（2）で考えた、前回の理科学習指導要領にあった「実感を伴った理解」が今回はなくなっているが、ここまでの議論を踏まえて考えると、その内容である①「具体的な体験を通して形づくられる理解」は、自然への主体的な取り組みにより得られる理解であり、②「主体的な問題解決を通して得られる理解」は勿論、③「実際の自然や生活との関係の認識を含む理解」も、自分を取り巻く自然や生活との主体的な関係から得られる理解であり、3点とも、「主体性」の必要性、重要性から、今回の「資質・能力の三つの柱」の中の資質・能力（3）

に関係して位置付いていると考えられる。

したがって今回、「実感を伴った理解」はなくなったのではなく、資質・能力の中の、特に「知識・技能」と「学びに向かう力・人間性等」との関係に含まれたと考えた方が良いと思われる。

4.「見通しを持って」について

「見通しを持って」は前回に引き続き今回も目標に含まれているが、その具体的な内容は同じだろうか？下の関係箇所を読んでみると、前回も今回も「見通しをもつ」ことの意義が2つ書かれていて、大まかには同じ内容である。しかし、詳しく見ていくと、いくつか留意するべき点が見えてくるように思える。

〔今回の「見通しをもつ」〕

「見通しをもつ」とは、児童が自然に親しむことによって見いだした問題に対して、予想や仮説をもち、それらを基にして<u>観察、実験などの解決の方法を発想</u>することである。児童が「見通しをもつ」ことには、以下のような意義が考えられる。

①児童は、既習の内容や生活経験を基にしながら、問題の解決を図るための<u>根拠のある予想や仮説</u>、さらには、それを確かめるための観察、実験の方法を<u>発想</u>することになる。これは、児童が自分で発想した予想や仮説、そして、それらを確かめるために発想した解決の方法で観察、実験などを行うということであり、<u>このようにして**（とは、自ら「発想した」という点において）**</u>得られた観察、実験の結果においても、<u>自らの活動としての認識をもつ</u>ことになる。<u>このことにより**（自ら「発想した」ことにより、「自らの活動としての認識をもつ」ことで）**</u>、観察、実験は児童自らの主体的な問題解決の活動となるのである。

②また、児童が見通しをもつことにより、予想や仮説と観察、実験の結果の一致、不一致が明確になる。両者が一致した場合には、児童は予想や仮説を確認したことになる。一方、両者が一致しない場合には、児童は予想や仮説、又はそれらを基にして<u>発想</u>した解決の方法を振り返り、それらを見直し、再検討を加えることになる。③いずれの場合でも、予想や仮説又は<u>解決の方法の妥当性</u>を検討したという意味において意義があり、価値があるものである。このような過程を通して、児童は、**（自らの発想を基にした）**<u>自らの考えを大切にしながらも、他者の考えや意見を受け入れ**（取り入れ）**</u>、様々な観点から自らの考えを柔軟に見直し、その妥当性を検討する態度を身に付けることになると考えられる。

（平成29年学習指導要領解説理科編P15、括弧内、番号、下線は筆者）

〔前回の「見通しをもつ」〕

（途中から）「見通しをもつ」とは、児童が自然に親しむことによって見いだした問題に対して、<u>予想や仮説</u>をもち、それらを基にして<u>観察、実験などの計画や方法を工夫して考える</u>ことである。

児童が「見通しをもつ」ことには、以下のような意義が考えられる。

①児童は、自らの生活経験や学習経験を基にしながら、問題の解決を図るために見通しをもつことになる。ここでの「見通し」は児童自らが発想したものであるため、観察、実験が意欲的なものになることが考えられる。このような意欲的な観察、実験の活動を行うことにより、その結果においても自らの活動の結果としての認識をもつことになる。このことにより、観察、実験は児童自らの主体的な問題解決活動となるのである。

②また、児童が見通しをもつことにより、予想や仮説と観察、実験の結果の一致、不一致が明確になる。両者が一致した場合には、児童は予想や仮説を確認したことになる。一方、両者が一致しない場合には、児童は予想や仮説を振り返り、それらを見直し、再検討を加えることになる。③いずれの場合でも、予想や仮説の妥当性を検討したという意味において意義があり、価値があるものである。このような過程を通して、児童は自らの考えを絶えず見直し、検討する態度を身に付けることになると考えられる。

（平成20年学習指導要領解説理科編P7、番号、括弧書き、下線は筆者）

　前回も今回も、文章構成は同様で、文中の①、②、③がそれぞれ対応している。以下、それぞれについて比較しながら検討する。

（1）今回のポイントは「発想」…文中の①に関して

　前回と今回の、学習指導要領の①に当たる該当部分を読む。前回では、まず「見通しをもつ」とは、の冒頭部分で、「予想や仮説をもち、それらを基にして観察、実験などの計画や方法を工夫して考えることである。」とある。

　それに対して今回は、「予想や仮説をもち、それらを基にして観察、実験などの解決の方法を発想することである。」とある。

　比べると分かるように、前回は「観察、実験などの計画や方法」という「やり方」を工夫していたのに対して、今回は「観察、実験などの解決の方法を発想すること」とある。つまり、同じ観察や実験でも、前回は「予想や仮説を基に、その検証のやり方を工夫する」ことが「見通しをもつ」ことであるのに対して、今回は「予想や仮説を基に、その解決の方法を発想すること」が「見通しをもつ」ことと捉えている。と言うことは、今回は「観察、実験などの計画や方法」を、「やり方（計画や方法）」として「工夫」するものと捉えるのではなく、「解決の方法」として、これら全体を「発想する」ものと捉えている点が異なると考えられる。

　勿論前回の「観察や実験の工夫」にも当然、「課題を解決するための」という見通しはあったはずだが、今回はそれを「工夫」という表現から、より明確な「解決方法の発想」としての「観察や実験の発想」と明記している点が注目される。

　しかし前回の①部分にも“ここでの「見通し」は児童自らが発想したものであるため、”と「発想」の記述があるではないかと言われそうだが、ここでは「予想としての見通し」の「発想」であり、そのため「観察、実験が意欲的なものになる」という文脈である。つまり

この「発想」は「予想」段階に限られ、それは「観察・実験の意欲化」が目的と、限定的な「発想」だと考えられる。

　それに対して今回は、冒頭から後の本文を読むと「発想」という文言が多く出てくる（下線部分）。読んでいくと、「発想」は予想や仮説だけでなく観察、実験などの解決の方法も含めて、それこそ問題解決過程の全体で、児童が主体的に関わる姿として出ている。そして、この、児童の「発想」を重要視する捉え方を可能にしたのが、「予想や仮説」段階に書かれている、前回にはなかった「根拠のある予想や仮説」という表現ではないだろうか。

　なぜなら、「児童が自分で発想した予想や仮説、そして、それらを確かめるために発想した解決の方法で観察、実験などを行うということであり、」という問題解決過程が可能になるのは、発想した予想や仮説が自分なりに根拠のあるものだからこそであり、その根拠に基づいているからこそ、確かめるための解決の方法を発想できると考えるからである。

　そして、その結果として、文中にある「このようにして」自らの活動としての認識をもち、「このことにより」自らの主体的な問題解決の活動となるのである。

　つまり、**「発想を大事にした予想や仮説、観察や実験活動」が、「主体的な問題解決活動」につながる**と考えられる。

　「発想」という言葉のニュアンスから、何となく「思いつき、学びのきっかけ」等のイメージを持ちがちかもしれないが、私たちは、この「発想」の重要性を再確認すべきだろう。

　ここで思い出すのは、P208で考えた「問題解決の力」と考えられる「問題発見・解決能力」に、今回「発見」が加わったのはどうしてだろうか？という検討である。そこでは、問題解決の過程はその問題設定から後の追究過程だけが大事なのではなくて、その問題設定ができることそのもの、つまり問題発見に大きな意義があるからだと考えた。この考えとつなげて考えれば、ここではこの「発見」も含めて、問題解決活動全体を通しての「発想」の大切さを確認しているのではないだろうか？勿論それは、発想する主体としての、子ども達個々の主体性を大切にするということにつながる。

　蛇足になるが、ここでは「根拠のある予想や仮説」の大事さを述べたが、これは「理屈に合った予想」というような硬い意味の「根拠」ではないと思われる。「根拠」というと何となく理屈っぽく硬いイメージに捉えがちだが、ここで言う「根拠」とは「自分なりの思い、考え」、つまり「発想」に基づいたという意味と捉えたい。

　自分はここまでの本書の考察で、児童の「意欲面」が如何に大事かということを度々述べてきた。その点から見れば、前回の学習指導要領が、「問題の解決を図るための見通しを自ら発想することで、観察、実験が意欲的になり主体的な問題解決活動になる（前回の①）」と、意欲を大事にしている点は大いに共感できるが、今回はその「意欲」が、①に「根拠のある予想や仮説、さらには、それを確かめるための観察、実験の方法を発想する」ことで「主体的な問題解決の活動」につながると書かれているように、「意欲」が「発想」することにつながる、或いは「発想」を拡張しているのではないかと思われる。

　児童自らの「発想」は、当然「意欲」が生み出すものであり、しかもその「発想」は予想や仮説だけに留まらず、観察、実験にまで及び、その活動自体を自らの活動と認識しながら

進めることで、児童自らの主体的な問題解決の活動となるだろう。

　したがって、今回の文章には「意欲的」という言葉こそないが、敢えて言えば「意欲面」という言葉から受けがちな心情的、情緒的な面に留まらず、「発想」というキーワードで貫かれた「児童自らの主体的な問題解決の活動」を目指すということであり、それは児童が「見通しを持つ、持ち続ける」という姿となって現れてくるのではないかと思われる。

　ここからも、大きく言えば、今回身に付けるべき「資質・能力」として、意欲的な面も含めた「主体的に関わる力、人間性」を「育てるべき力」として、三つの資質・能力の一つとして明確に位置付けたことの重要性にも関係しているのではないかと思われるし、その三つの資質・能力間の関係性も大事ではないか（それぞれ独立していてはねらいは育成できない）と思われる。

(2)「解決の方法の妥当性」…文中の②に関して

　次に、予想や仮説と観察、実験の結果の一致、不一致に対する科学的な取り組み方についての記述があるが、前回も今回も基本的には同じ記述だが、(1)で述べたように今回は、両者が一致しない場合には、予想や仮説自体の検証に加えて、「又はそれらを基にして発想した解決の方法を」と、「解決の方法」自体の検証が加わっている。前回の「予想や仮説を振り返り、それらを見直し、再検討を加えることになる」と比較すると、今回はより「発想した予想や仮説」が本当に正しいのかの検証は勿論、その検証のための観察や実験の方法も含めて検証していこうということである。つまり、「観察や実験の方法」を単なる「方法」と捉えるのではなく、そこには「予想や仮説を考えた発想」が「方法という形で生きており」、それを「予想や仮説は勿論、やり方レベルでも妥当だったのか？」と検証していこうという、「工夫」レベルを超えた、もっと根本的な点における検証も含まれるのではないかと考えられる。

　したがって②の部分の記述は前回も今回もほぼ同じ表現だが、①との関係から、今回は**「発想」を解決方法にまでつなげることにより、一層考え方レベルまで含めた主体的な問題解決活動の実現につなげていく点を、大事にしている**のではないかと考えられる。

(3)「主体的・対話的で深い学び」の姿勢…文中の③に関して

　前回のこの部分の記述を読むと、ここまでの展開を受けて「予想や仮説の妥当性」を検討する過程の価値について述べ、このような過程を通して、児童が自らの考えを絶えず見直し、検討していく態度を身に付けることを述べている。

　これはこれで「予想や仮説」という「自分の考え」を大切に問題解決活動を主体的に進めていく点で意義があるが、今回はそれに「解決の方法の妥当性の検討」も加えたことで、「予想や仮説という考え」だけでなく、より問題解決活動全体として意識しながら検討していくことの大切さを言っているように思える。

　そして、この「解決の方法の妥当性」も加えたことで、より観察や実験の方法や結果という、グループや学級という他者との関わり合いにおける結果の検討も大事になってくるだろ

う。その検討の過程では、本文にあるような「自らの考えを大切にしながらも、他者の考えや意見を受け入れ（取り入れ）、様々な観点から自らの考えを柔軟に見直し、その妥当性を検討する態度を身に付けること」が大事になってくると考えられる。これは、今回提案された「主体的・対話的で深い学び」の「対話的学び」の重要性にもつながってくるだろう。あくまでも自分の考えを大事にしながらも、だからこそ、そのより良い変容のための対話的な学びを大事にするということだろう。

このように「見通しをもつ」を検討していくと、その「問題解決活動としての見通しをもつ」ことの重要性と、それを単元全体で持続させていくための「主体的な取り組み」の重要性を改めて感じる。

以上から、今回の「見通しをもつ」が示している「問題解決活動」における「主体的取り組み」の重要性についてまとめておく。

〔今回の「見通しをもつ」に込められた「発想」の重要性〕

今回の「見通しをもつ」には、課題に対して持つ、根拠のある予想や仮説は勿論、それを確かめるための観察、実験の方法を発想することも含まれている。

したがって、自ら発想した予想や仮説、それらを確かめるために発想した解決の方法で観察、実験などを行うことで得られた観察、実験の結果について、自らの活動としての認識をもつことになり、その結果、観察、実験は児童自らの主体的な問題解決の活動となる。

つまり、観察や実験の検証は、予想や仮説自体の検証に留まらず、その予想や仮説に基づく「計画や方法の工夫」自体の検討も含めて、「考え方（発想）として妥当だったのか？」を検討することになる。

このように「解決の方法の妥当性」を加えたことで、観察や実験の方法や結果という、グループや学級という他者との関わり合いにおける検討も重要になってきて、これが今回の「対話的な学び」の重要性にもつながってくると考えられる。

---

5. 「自然に親しみ」について

最後に目標の冒頭に出てくる「自然に親しみ」について考える。この表現は前回と同じだが、今回の解説部分では「関心や意欲を持って対象と関わることにより、自ら問題を見いだし、」までは前回と同じだが、前回は続けて「以降の学習活動の基盤を構築することである。」と、「自然に親しみ」は「自ら問題を見いだし学習を進めていく基盤づくり」のために重要であるように思え、ややねらいが曖昧（基盤作りという表現）な表現になっているようにも感じるが、それが逆に「親しみ」という表現に現れる、良い意味での曖昧さなのかもしれない。

それに対して今回は、「（自ら問題を見いだし、）それを追究していく活動を行うとともに、見いだした問題を追及し、解決していく中で、新たな課題を見いだし、繰り返し自然の

事物・現象に関わっていくこと」とあるように、表現が具体的で、主体的に、そして連続して追究し、解決していくことができ、そこから新たな課題追究につなげていける、つまり連続して発展していく「問題解決活動」の本来の姿を希求していけるような「自然に親しみ」であることが分かる。

　因みに中学校の目標と比較すると、中学校ではこの「自然に親しみ」は、「自然の事物・現象に関わり」に対応している。つまり、小学校の「自然に親しむ」とは中学校の「自然に関わる」につながるということで、ここまでの考察から考えれば、その「親しむ」とは「関わる」だが、単に関わるのではなく、上記にあるような連続して発展していく「問題解決活動」を実現できるような「主体的な学び」につながるような関わり方といえるだろうし、そのような「関わり方」につながるのが「親しむ」と言えるだろう。

　したがって、「自然に親しみ」は、「親しむ」という語感から受ける感情的な面や学習の導入時の興味・関心的な面はこれまで同様に大事だと思うが、それだけでなく、問題解決的な学習全体に関わる大事な学びの姿勢と捉えることが、これから益々大事になってくると思われる（これについては、P391〔「自然に親しみ」実現のための一つの手立て〕でも考える）。

第5節　「教科の目標」全体を振り返って

　以上のように理科の教科目標を考察してきた結果、全体的に児童の意欲に基づく「主体性」が何よりも大事だという考えで貫かれているように感じる。それはそもそも11年の「科学（理科）」の捉え方から来ていると考えられるが、その捉え方を支えている構成主義的な考え方から言えば、理科に限らず「全ての学びは主体性が何より大事」という考えにつながっていると考えても良いのかもしれない。

　ここまで検討してきた理科の学びについての考察の足跡を、学習指導要領解説の構成（目次）と比較しながら振り返ることで、再度「理科の目標」の意味することについて考えを整理してみたい。整理したのが、次ページからの「対応表」及び「振り返り」、「回答」である。
※表内の四角囲み番号は、本書の考察の順番

〔理科学習指導要領検討の振り返り〕

　理科の目標や内容を考えるに当たって、自分はまず、理科学習を進める際に最も基本的で大事な特徴としての**「科学的」とは何か?**という考察から始めた。

　そこで過去の学習指導要領からの変遷を、実証主義から構成主義への移行と比較しながら検討することで、「実証性、再現性、客観性」などといった「科学的」である条件を検討しながら進める問題解決活動は、「真理」を担保するものではなく、<u>共通理解のための活動と考えることができる</u>と考えた（表中の数字 P113〜は関連する本書のページ、1は本書で述べてきた順番、以下同様）。

　次にこの捉えを基に、今回の学習指導要領を検討した結果、**「主体的で対話的な学び」の重要性**が見えてきた。なぜなら、上で述べた「実証性、再現性、客観性」に基づく「科学的」かどうかの検討には、学級集団の「主観的な共通理解」が必要だからである。つまり「主体的で対話的な学び」とは、「科学」の妥当性を担保する「実証性や再現性、客観性」の条件を、他の教科であればその教科の「正しさ（妥当性）」を担保する条件を、学びの主体者としての児童が、互いに検討し合いながら学んでいくための大切な「学び方」だと考えられるからである（2、P131〜）。

　このように見てくると、「人間が創造したものとしての科学」という理科教育で「ねらうもの」と、「どのようにしてそれを身に付けていけるか」という「科学的であるための条件」を検証する活動は、共に「学び」という過程の中で、**「人間」という主体がその基盤となっているという共通認識を持つという点から考えられるべきで、この両者は切り離されない**ことが分かる。

　今回の学習指導要領では、「何が大事か」だけでなく、「それをどのように身に付けていくか」という**「学び方」までを「目標」として揚げている点に特徴がある**と言われるが、それはこのような考え方、つまり<u>「ねらうもの」と「どのようにそれを身に付けていけるか」という活動は切り離すことができない</u>という捉え方から来ているものと思われる。そう捉えれば、「どのように身に付けていくか」は、単なる「学び方」という「方法」以上のものであることも分かる（3、P134）。

　この検討の結果、(1) 自然の事物・現象についての理解を図り、観察、実験などに関する基本的な技能を身に付けるという目標達成には、**(7)「主体性」に支えられた科学的な問題解決活動**（4、P140）が必要になってくると考えられる。

　このように「科学的」について考察してきたが、では肝心の「科学」はどう捉えれば良いのかということで、2.「科学」と「科学的」の関係 (P144) で、〔科学における「論理」〕、(1)「文化」としての意味、(2)「科学の進歩」を考える、(3)「科学の真理を考える」等の面から科学を考察し、「科学」の理論や法則は<u>「科学者という人間が創造したものである」</u>と考えられ、その捉えの上に立つと、「実証性、再現性、客観性などといった「科学的」であるための条件は、予め自然の中にあると考える<u>「科学としてのありよう（真実とは異なる）」</u>を見付けるための条件ではなく、私たち人間に共通理解された「文化としての科学」として捉えるための必要条件と捉えるべきと考えられる。そう考えると、科学 (学ぶ) とは**「個の主体性（人間が自然をどう捉えるか）」**からスタートし、その捉えを**「実証性、再現性、客観性などといった科学的であるための条件」**に**づいて互いに交流することで私たちが創っていくもの」**と考えられる（5、P165）。

このように、目標の実現には個々の子ども達の「主体性」が出発点として大事になることから考えれば、その主体性から生まれる個々の子供たちの「自然をどう捉え、考えるか?」という**「見方」や「考え方」の重要性**も再認識される（**6**、P169）。

　そこで「見方」について検討を始めた結果（**7**、P177）、「考え方」の検討がまず必要と考え、(4)「考え方」について（**8**、P178）検討した。

　その検討の中で、「理科の問題解決学習」を実現させるための、各教科共通の「問題解決の能力」と、教科特有の「思考力、判断力、表現力等」としての「問題解決の力」、そして「考え方」の関係が明らかになり（**9**、P184）、それを受けた(3)「問題解決の力」と「問題解決の能力」そして「思考力、判断力、表現力等」の関係も、教科特有の「考え方」との関係を重視した「思考力、判断力、表現力等」を「問題解決の力」として示し、それを育成する問題解決の過程での「問題解決の能力」の育成が大事であるという位置付けと考えられる（**10**、P184）。

　この検討結果も受けてP188から「見方」の検討を進め（**11**、P189）、7.「見方・考え方」としてまとめた（**12**、P200）。

　以上の検討過程で、前回まで「問題解決の能力」の中で考えてきた「比較」、「関係付け」などは、今回「考え方」として位置付けられ、一方、学習指導要領全体における「問題解決の能力」は、今回「問題発見・解決能力」として、一般的な問題解決学習を実現させる「資質・能力」として示されているという関係が明らかになった（**9** 指導要領総則編P51、P184）。

　このように、その教科なりの「見方・考え方」の育成を図り、「問題解決活動」を経る中で学びが深まることで、「主体的・対話的な学び」は**「主体的・対話的で深い学び」**を実現していくと考えられる。

　これまでの検討を振り返ってみると、その議論の根底には常に子供の「主体性」の存在があった。そしてその主体性は、単に取り組みへの意欲や興味・関心を高めるだけでなく、問題解決していく取り組みの質そのものも高め、問題解決を充実、継続・発展させていくものと考えられることが分かってきた。

　このように考えていけば、「学び」の実現には資質・能力の三つ目である、「自然を愛する心情や主体的に問題解決しようとする態度を養うこと(P18)」が、その学びの基盤として重要であることが見えてきた（**13**、P209）。

　以上を振り返れば、改めて、資質・能力の三つの柱は、互いに関連していること、それも「主体性」を一つの柱としてつながっていると考えられる。

　このように「主体性」の意義を捉えると、今回記述がなくなった「実感を伴った」の内容は、この「主体性」に含まれていると考えられる（**14**、P211）。

　また、前回と同じ表現である「自然に親しみ」は、以上の議論を踏まえ、**連続して発展していく「問題解決活動」の本来の姿を希求していけるような「自然に親しみ」**の意味であると考えられ、この言葉に、小学校で目指している理科の問題解決活動の求める「姿」が込められているように思われる（**15**、P216）。

〔『「1 改訂の経緯及び基本方針」を踏まえた理科学習を検討する際の視点』
への、現時点での回答〕

　P63 で、学び全体に対する「改訂の経緯及び基本方針」の検討を踏まえ、理科学習を検討する際の視点を立てたが、ここまで理科学習を検討してきた結果を踏まえて、その視点に対する自分なりの回答をここでまとめておく。

　概略的で分かりにくい不十分なまとめではあるが、詳しくは本文を確認していただきたい。

①「学ぶ」とはどういうことか？を、「知識の理解の質を更に高める」という、「知識」の在り方を中心に捉えた、育てるべき「人間の学び」として考える。

→理科で言う「学ぶ」とは、科学に関する知的好奇心からの主体的な問題解決活動により知識と問題解決力を得ること。そして得た結果とその経緯に生き甲斐を感じることが、学びの主体者としての「知識の理解の質を更に高める」ことにつながり、それは結果的に社会の役にも立つことにつながると考える。

②理科の特質に応じた「見方・考え方」を考える

→「見方・考え方」は、個の主体性から生まれるという捉えが大事。理科における「見方・考え方」は、自然に対する個の経験やこだわりの中から生まれたもので、それは理科という学問と、人としての自然の捉え方（素朴概念も含めて）の双方をつなぎながら、知的好奇心からの主体的な問題解決活動を進めていくために大事なものであり、何より子ども自らの力で育てていくものである。

③「学び」を実現する具体的な理科教育の在り方は？

→A「物質・エネルギー」とB「生命・地球」という「見方」と、問題解決の過程でどのような考え方で思考していくかという「考え方」に基づいた「問題解決活動」を、「実証性、再現性、客観性」といった科学的条件を検討しながら子どもの主体性を大事に進めることで、「問題解決の力」を始めとする「資質・能力」を育成していくのが、理科教育における学びの姿であると考える。

④このような学びを実現するための「社会に開かれた教育課程」の実現を目指すとは、理科において具体的にどのようなことだろうか？

→学校での学びを社会に開くのではなく、社会と共に学びを育てていくことが、社会の中で生きていく子どもの「見方・考え方」を育てることにつながり、ひいてはそれが「学校での学びが、社会でも生きる」ことにつながる。これは理科に限らず、全ての教科教育等において言えることだろう。

⑤理科における「言語活動」の在り方を考える

→「言語活動」とは、広く自分の考えや思いを内外に現しながら自分の考えを明確にしたり確認したり、他と共有したりすることで考えを広め育てていく活動と捉えた上で、理科における「言語活動」を考えた場合、文字や言語によるやり取りは勿論、表やグラフ、図や実物などを用いて表現することは勿論、モデル化やイメージ化なども含めて「言語活動」と考えられ、それを育成していくことが大事と考える。

⑥理科における「教師の専門性」とは何か、「カリキュラム・マネジメント」の在り方についても考える

→①から⑤を理解し、それを互いに共有しながら授業を進めていくこと、特に教科としての理科の専門性と、子ども理解の両方が大事と捉え、それをつなげているのが子どもの「見方・考え方」と考えて研究し、実践していくのが教師の専門性と考える。そのような共通理解の上に立ち、個人の中で、或いは学校として、社会として、学びの計画を立て、共通理解しながら実践していくことがカリキュラム・マネジメントと言えるのではないだろうか。

第6節 「これからの理科授業」の展望
～「主体性」と「文化としての科学」の関係から考える～

ここまでの考察に基づいて、これからの理科授業について、力不足ではあるが自分なりの考えを述べたいと思う。

1. 「科学」と「理科学習」の関係から見える「主体性」の重要性

これからの理科学習を考えるにあたり、その出発点となるのは、"「科学」とは自然に予め潜む「真理」を見付けるものではなく、「人間が創り上げた文化」だ"という「科学観」だろう。つまり、「自然をどのように見るか（解釈するか）」という、人間の捉え方から科学が出発するという点を再確認したい。

これまでの検討から考えれば、科学の「問題解決活動」とは、人が「自然」という対象と向き合い、主体的に働き掛けることから始まり、その自然からの「反応」をどう理解するかという「解釈」から深まり、進歩していくものと考えられ、その「働き掛け、反応」による「解釈」の深まり、進歩を「科学」として担保するのが「実証性、再現性、客観性」であり、その結果として「科学の発見や法則」が導かれてくると考えられる。

この点から理科の学習を考えると、理科の問題解決活動も、児童が対象に関わる主体的な活動（働き掛け）から始まり、個々の見方や考え方に基づいた「対象の捉え方」の「自分なりの理解」を、「実証性、再現性、客観性」に基づいて全体の共通理解として認め、深め、そしてきまりや法則として明らかにしていく活動と考えられる。

その活動のスタートは、個々の児童が予め持っている「素朴概念」であり、それを支えている「個々の見方・考え方」だろう。何より学びには児童の主体性が大事とこれまで何度も言ってきたが、それはこの学びのスタートが、個々の児童の「素朴概念」であり、それを支えている「個々の見方・考え方」だという点にもあると考えられる。

自分なりの「素朴概念」や「見方・考え方」を持った児童が、それとは異なる現象に出会えば、「どうしてだろう？」と自然に疑問が生まれる。それが主体的な学びの出発点になるだろう。

したがって教師は、何よりこの「主体性」を大切に、つまりは児童の問題解決の意欲の持続を大切に授業を展開していく必要がある。その手立てが、同時に「主体的・対話的で深い学び」の出発点にもなるのではないだろうか？

2. 「主体的な学び」に取り組む際の留意点

　一つ確認しておきたいのは、この「主体的」は、「教師が予め設定した、理科的事実としてのゴールありきの"主体的な"学び」ではない、ということである。

　これまで何回も確認してきたように、理科が足場とする科学は、「人間が創り上げた文化」である。授業においては、この「人間が創り上げた文化」とは「人間としての先人が創り上げた文化」としての「理科」という意味もあるだろうが、大事なのは、その授業においては、**「児童が創り上げた文化」としての「理科」を尊重し**、追究すべきということである。

　つまり、「教師が予め想定した授業のゴール（自然界に元々ある「真理」と捉えたゴール）」に向けて展開している活動は、如何に児童が意欲的に、活発に"主体的に"活動しているように見えても、それは本来の、求めるの「主体的」ではない、ということである。

　このように書くと、「理想はそうかもしれないが、実際の授業では限られた時間で本時の目標も達成しなければならないし、年間の指導計画もある。何より、求めるゴールは（科学の最先端ではないのだから）、誰もが「真理（事実）」として認めているきまりや法則として明確になっているものではないのか？」という意見が出てきそうである。勿論本時の目標は必要だし、年間で指導すべき内容も保障するべきである。そしてゴールとしてあるのは、「真理（事実）」として広く認められている「きまりや法則」だろう。

　しかし大事なのは、例えば教師が、本時のゴールを、「事実としての目標」、つまり「自然界に元々ある真理と捉えたゴール」と捉え、「その達成のために、児童の興味や関心を高めて、意欲的に追究させるようにする」のが「主体的」だと捉えているなら、**それは間違いだ**ということだ。

　1. の終わりに、"児童が、自分の「素朴概念」や「見方」で、それとは異なる現象に出会えば、「どうしてだろう？」と自然に疑問が生まれる。それが主体的な学びの出発点となるだろう。"と書いたが、それを目指しての「手立て」としてよく言われるのが、児童の素朴概念を裏切るような事象を提示して、「なぜだろう？」と追究の動機となる疑問を持たせることなどだろう。

　この手立ては勿論悪くはないが、しかし、その「手立て」を上記のような「主体的」の捉え方、つまり、事実としてのゴールありきで、その達成のために予想を裏切る現象に出合わせ、意欲付けとしての「主体的」を高めるという捉え方に基づいてとるということであってはならない、ということである。

　では自分の言う「主体的」とは何かと言うと、当然本時の「目標」は必要で、その達成を目指すのは勿論だが、予め「正解（元々ある真理としての本時の目標）があり、それを子供に見付けさせる」という授業観ではなく、子供たちが「自分（たち）の考えた仮説に基づい

て追究し、そこから見付けた「自分たちの結論」が、教師の想定した「本時の目標」に重なる、という授業観に基づく「主体的」である。

　このように書くと、「それはその通りで自分もそのように考えて授業をしている」という意見も聞こえてきそうだが、この教師の「授業観」の違いによって、子供の予想や考えに対する教師の物言いや、実験や観察結果に対しての対応が、微妙に異なってくると思われるし、それは重なると授業の姿や子供の育ちに、大きな違いになってくると思われる点に注意したい。

　同時に「それは分かるが、その理想論だけで進めると、授業のゴールまでなかなか達しなかったり、また理科が苦手な子が却って混乱する危険性もある。」というような意見も聞こえてきそうである。

　これらは現場にいればもっともな意見とも思えるが、大事なのはこれが「授業観」だということである。教師がこのような授業観を持って授業を進めることが大事だということである。

　このように書くと、何だか尻つぼみのように聞こえるかもしれないし、また、そのような「教師の内にある授業観」がそれ程、授業の展開に影響を与えるのか？という疑問も出てくるかもしれないが、例えば各班で行った実験結果が、1つの班だけ「真理（事実）」として認められているきまりや法則と異なった場合、「どうしてこの班だけ間違ったのだろうか？」と考えるのではなく、「この班だけ他の班と異なった結果が出たのはどうしてだろう？」と、学級全体でその要因を考え、最終的に学級としての「結論」を出すというのが、この「授業観」に立った展開である。

　毎時間このような授業観に則った授業を受けていれば、子供も自然にこの授業観に沿った「理科の学び観、自然の捉え」に近づいてくるのではないかと考えられる。

　そうだとすれば、これは決して小さなことでも、無理なことでもなく、重大な、そしてやらなければならないことではないかと考えられるがどうだろうか。

　このような授業観に沿った授業であるかどうか、それが分かる一つの現れとして、「授業のゴール」に達した際の子どもの姿として、**「さらなる疑問や興味に向かっての姿勢」が見られるかどうか**、が揚げられるだろう。

　「自分（たち）の考えた仮説に基づいて追究し、そこから得られた「自分たちの結論」が、結果として教師の想定した「本時の目標」に重なる、という授業観に基づく授業を進めていれば、子ども達は自分なりの疑問や興味、こだわりから出発した学びを続け、教師が想定した「本時の目標」または「単元の目標」という「当面の解決」ができても、そこからさらに深まり広がった疑問や興味への思いが出てくるはずである。

　逆にこのような授業観を基に授業を進めていなければ、子供は「教師が求めている"正解"は何か？」という考えで、教科書に書かれている「正解」を先取りして取り組もうとするかもしれない。そして、実験や観察結果を「実証性、再現性、客観性」に基づいて考察する場合も、「実証性、再現性、客観性」は教科書に書かれている「正解」の「証拠」としての「確認」の「道具」としか捉えないだろうし、教科書と異なった結果が出た場合は、自分たちの取り組みを「間違い」として処理することになるだろう。そして、「自分たちが発見

したこと」を担保するものとしての価値を「実証性、再現性、客観性」に求めることもないだろう。

　こうなれば子供たちは、科学における「実証性、再現性、客観性」の真の意義を実感しないまま理科の学習を終えることになってしまうことだろう。

　その結果、いつの間にか「理科の学び」は、先人の見つけた「真理」を後付けするものになり、"主体的"は、観察や実験活動に対する単なる興味付けや関心を持たせるための意欲付け程度になってしまうのではないだろうか？

　先に、子供の素朴概念を裏切るような事象を提示して、「なぜだろう？」と追究の動機となる疑問を持たせる手立てについての疑問を書いたが、その手立て自身に課題があるのではなく、その手立てによって「教師が求めている"正解"は何なんだろう？」と考えて追究していくことが問題なのだ。そうならないためにも、**日頃の授業の端々に現れる（理科に限らず）「教師の内にある授業観」の在り方が大事**になってくると思われる。

※この「授業観」の例を、第Ⅲ部の具体的な単元検討の 6.「電流の働き（4 年）」の（3）「検流計」を提供する際の子供の意識の重要性（P326）に示した。

3. 「主体的」と「科学的」の、「近い」関係を自覚する

　2. で、「目標」＝「事実としての真理を習得する」ありきで、「その達成のために、児童の興味や関心を高めて、意欲的に追究させるようにする」というのは、真の「主体的」ではないと、"主体的"の捉え方の問題点を書いたが、これは追究する内容である「科学」の言葉で言えば、予め「自然の真理」があると考え、それを見付けていく（確認する）ということの問題点と重なると考えられる。

　つまり、理科の授業での、教師の設定した目標ありきでそれを目指す学習は「主体的」ではないのと同様、神が設定した（？）「自然の真理」があると考え、それを見付けようとするのも「科学的」ではないということだ。

　このように、ここまでの議論から考えれば、「主体的」の重要さと「科学観」の重要さは、実は一致していると言えそうだ。ここまで、ことある毎に、学びには「主体性」が一番大事だと書いてきたが、ここに至って、それが理科にとってはもう 1 つ大事だと考えてきた「科学」の捉え、つまり**「科学観」の重要性と、実はつながっている**ことを再確認しておきたい。

4. 理科授業から考える「これからの授業」
　　〜「主体性」と「文化」の関係から考える〜

　以上のように、「これからの理科授業」を「主体性」と「文化としての科学」の関係から考えてきた結果、この両者が非常に近い関係であることが分かってきた。

　その意味で、学びには「主体性」が一番大事だと改めて言えそうだが、この関係は、理科

に限らず他教科の学びにも、「主体性」と「文化としての教科」の関係から考えれば、同じように言えるのではないかと考えられる。ここまでことある毎に「今回の改訂では主体性が一番大事ではないか」と書いてきたが、他教科も含めて、その結論が自分なりには出たような気がする。

　この「主体性が大事」という考え方は、当然一人一人の主体性が大事という、個々の児童の捉え方の重要性、個々の児童の価値を見つめる学びの重要性につながっていくだろう。それが、今回の学習指導要領告示後に出された「令和の日本型学校教育」につながるのではないかと思われるが、それについては第10節（P258）で考えたい。

第7節　「新たな価値」から、これからの授業を考える

　ここまでの検討で、今回の理科学習指導要領に関する自分なりの「主体的・対話的で深い学び」による検討は一応の結論を得たと考える。

　そこで冒頭のP26に書いた、総則の"「新たな価値につなげ、目的を再構築する学び」が「人間の最も大きな強み」だという真意を、理科学習を通して私たちなりに掴むのが、本書のねらいと考える。"という文をここで振り返ってみると、この文の真意は、「自然をどのように見るか（解釈するか）という、人間の捉え方」から出発した「問題解決活動」によって、「自然」と向き合い、人間の主体的な働き掛けに対する「反応」への「解釈」の「深まりや進歩」を、「実証性、再現性、客観性」により担保していった結果として、「科学の発見や法則」が導かれてくるという意味だと考えられ、これが、「人間の最も大きな強み」による「目的を再構築する学び」と考えられるということだろう。

　しかし、ここで気になる言葉が見えてきた。上記の文中にある「新たな価値」という言葉である。この言葉自体については、これまで全く触れてこなかったが、この「新たな価値」とは、何を意味しているのだろう？何が「新た」なんだろうか？

　最後に、これからの理科授業の在り方を、この言葉をきっかけにもう少し先まで視野を広げて考えてみたい。

　文科省が発刊している「初等教育資料」に、「新たな価値を生み出す豊かな創造性の育成」という特集がある[39]（下線筆者）。

　読んでみると、習得と探究を活用でつなぐ探究的な学びによる創造性の育成により新たな価値が生み出されるということで、専ら「創造性の育成」に重点を置いた論調になっているように思えるが、自分が知りたい「新たな価値」とはどのようなものかについては直接は触れていないように感じた（自分の読み方にも問題があるとは思うが）。読んでみて、敢えて自分の捉えを言えば、「新たな価値」とは、自分の見方・考え方で創造した「ものの捉え方」に対する価値で、それを「自分なりの価値ある捉えとして実感する」ことが「新たな価値」で、それが「創造性の育成」からつながるのではないかと思える。

　しかし、ここで言う「自分なりの価値ある捉え」とは何だろうか？そこで、「新たな価値」につ

いて、自分なりに考えてみることにした。

1. 「人間の持つ強み」と「新たな価値」

「新たな価値」という言葉が登場する総則解説の冒頭部分の要約を下に紹介する。

第1章　総説

1　改訂の経緯及び基本方針

(1) 改訂の経緯

　今の子供たちやこれから誕生する子供たちが、成人して社会で活躍する頃には、我が国は、厳しい挑戦の時代を迎えていると予想される。(生産年齢人口の減少、グローバル化の進展や絶え間ない技術革新等の課題が出され) 一人一人が持続可能な社会の担い手として、その多様性を原動力とし、質的な豊かさを伴った個人と社会の成長につながる①新たな価値を生み出していくことが期待される。

　(こうした変化の一つとして、人工知能（AI）が飛躍的な進化を遂げ、人工知能がどれだけ進化し思考できるようになったとしても、その思考の目的を与えたり、目的のよさ・正しさ・美しさを判断したりできるのは人間の最も大きな強みであることを述べている)。

　このような時代にあって、学校教育には、子供たちが様々な変化に積極的に向き合い、他者と協働して課題を解決していくことや、様々な情報を見極め知識の概念的な理解を実現し情報を再構成するなどして②新たな価値につなげていくこと、複雑な状況変化の中で目的を再構築することができるようにすることが求められている。

(小学校学習指導要領解説　総則編　第1章　総説1　改訂の経緯及び基本方針 (1) 改訂の経緯 P1より　下線、番号、かっこ内の要約は筆者)

　「新たな価値」という言葉が最初に出てくるのは①部分だが、ここではこれからの社会の困難な状況を上げ、「一人一人が持続可能な社会の担い手として、その多様性を原動力とし、質的な豊かさを伴った個人と社会の成長につながる」ものとして、「新たな価値」を生み出していくことの重要性が述べられている。

　ここからは、「新たな価値」とは「個々がその多様性を原動力として生み出すもので、質的な豊かさを伴った個人と社会の成長につながる」ものと考えられる。

　つまり、これからの時代に必要な「新たな価値」の実現には、一人一人の「多様性」が大事であり、その「新たな価値」は、社会の多くの課題を質的に解決させてその成長を促すと共に、個々の人々の質的な豊かさをも実現させていくものである、と述べている。しかしここで新たな価値そのものは何かを言っているわけではない。

　これに続けて、人工知能（AI）が飛躍的な進化を遂げながらも、思考の目的を与えたり、目的のよさ・正しさ・美しさを判断したりできる人間の最も大きな強みを指摘した後、「こ

のような時代にあって、学校教育には、子供たちが様々な変化に積極的に向き合い、他者と協働して課題を解決していくことや、様々な情報を見極め知識の概念的な理解を実現し情報を再構成するなどして②新たな価値につなげていくこと、複雑な状況変化の中で目的を再構築することができるようにすることが求められている。」と述べている。

　この部分を敢えて分析的に捉えれば、「様々な変化に積極的に向き合い」は「主体的」、「他者と協働して課題を解決していくこと」は「対話的」、そして「様々な情報を見極め知識の概念的な理解を実現し情報を再構成するなどして新たな価値につなげていくこと」は「深い学び」に対応すると考えられ、これらは「主体的・対話的で深い学び」という今次学習指導要領で目指している学びの姿を表しているのではないかと考えられる。そして、続く「複雑な状況変化の中で目的を再構築すること」は、そのような「主体的・対話的で深い学び」によって次の新たな「複雑な状況下での学び」へ向かう、つまり、自ら目的を新たな方向や段階へと持って、進んでいくこと、と捉えられるのではないだろうか？

　そのように捉えると、この「新たな価値」は、「主体的・対話的で深い学び」によって生み出されると考えられる。第Ⅱ部第1章第1節の2. 改訂の基本方針についての (5) ③「主体的・対話的で深い学び」の実現に向けた授業改善の推進（P45）を出発点として、これまで「主体的・対話的で深い学び」について考えてきたが、ここで、これまでの捉えに、この「新たな価値」を加えて考える必要がありそうだ。

　以上の分析から、総則では「新たな価値」そのものが何かを言っているわけではないように思えるが、それが何であるかをこれから考えるため、ここに書かれている「新たな価値」実現の必要性と、その手立てについて、自分なりにまとめておく。

〔「新たな価値」実現の必要性と、その手立て（総則から）〕

　これからの社会における多くの課題を、質的に解決させて成長を促すと共に、個々の人々の質的な豊かさを実現させるには、「新たな価値」の実現が必要であり、そのためには、個々の人々の「多様性」が大事になってくる。

＝「新たな価値」実現のための条件（多様性）と、実現した姿（質的な豊かさを伴った個人と社会の成長）

　人工知能が進化し思考できるようになったとしても、その思考の目的を与えたり、目的のよさ・正しさ・美しさを判断したりできるのは人間の最も大きな強みであり、これらは個々の人々の「多様性」から出てくるものではないだろうか？その人間の持つ強みを生かした学びの姿が「主体的・対話的で深い学び」と考えられる。

＝実現のための「多様性」を生かした学びとしての「主体的・対話的で深い学び」

　したがって、これから必要になる「新たな価値」の実現には、個々の人々の「多様性」を生かした「主体的・対話的で深い学び」が何より必要になってくるだろう。そしてそれが、質的な豊かさを伴った個人と社会の成長につながると考えられる。

〔説明〕やや自分の思いが強く出過ぎた分かりにくいまとめだとは思うが、キーワードは

個々の人々の「多様性」と考える。一段落にあるように、「新たな価値」の実現で目指すのは、社会の課題の解決と共に個々の人々の質的な豊かさであり、それらの実現は、結局は「個々の人々の多様性」がポイントになっているという捉えである（理由はこれから述べる）。

その次の段落で人工知能に対する「人間の最も大きな強み」として、「思考の目的を与えたり、目的のよさ・正しさ・美しさを判断したりできる」ことを挙げているが、自分はこれらは上の段落とのつながりで「個の多様性」とつなげて考えたい。なぜなら、人間の、人工知能と比べて異なる最も大きな強みとは、個々が自分の目的を持ったり、そのよさ・正しさ・美しさを自分なりに感じたりしながら思考することで、その結果について自分なりに納得したり、それに満足したりすることができると共に、他の人からの刺激（多様性）により、更に次の学びへとつなげていくことができる、したくなる、と捉えるからである。言葉を変えれば、これは「人間にしかない個の多様性」の強みと言えるのではないだろうか。

しかし、まだ自分なりの「価値観」を持ったり、学びを継続させていくことの「原点」を「多様性」に置いた点に疑問を持たれる方もいるかもしれないが、その理由として自分はこの部分を、これまで理科教育で考えてきた「科学」に対する基本的な考え方とつなげて考えたい。

つまり、科学は既に述べてきたように「人間が作りだした文化」と考えられ、それに基盤を置く理科学習も同様に考えてきた。理科学習のスタートは、個々の子供の持つ「素朴概念」からと考えられるが、それは個々によって異なる「多様性」から生まれるものであり、だからこそ理科の学びの追究は、個々が各々の「多様な」こだわりや価値観に基づいて「主体的」に行われ、またそれが互いに関わり合いながら化学反応を起こして深まっていくものと考えられる。つまり**「多様性」は「主体性」に、そして「協働性」につながる**と考えられる（これは、後程令和の日本型学校教育で述べる、「個に応じた指導」を学習者視点から整理したものが「個別最適な学び」という記述の、「個に応じた指導」が「多様性」、「個別最適な学び」が「主体性」につながっていくという考えにつながる）。

このように捉えた上で、その人間の持つ強みを生かした学びの姿が「主体的・対話的で深い学び」ではないかと考えたい。

このような捉えから考えれば、先に"「主体的・対話的で深い学び」の捉えに、「新たな価値」を加えて考える必要がありそうだ"と書いたが、それはこれまで「主体的」を専ら個の側から見てきた、多様な「人としての学びへの対応の在り方」という捉えだけでなく、学びの集団としての多様性に満ちた**「個々に異なる人としての学びの協働」**への価値も含めているのではないかと気付いた。それは、「質的な豊かさを伴った個人と社会の成長につながる」という、総則の目指す所にもつながると考えられる。

振り返ってみれば、これまで考えてきた「個の学び」を大事に考えるという見方は、あくまでそれぞれの「個の学び」を基点に考えてきたことであり、それは「学ぶとはどのようなことか？」という所から出発した「個の学習の在り方」からの見方だった。

そこに加える「個々に異なる人としての学び」の価値とは、例えば「自分の学びが良かったと思っていたが、あんな良い学びがあるんだな。」とか、「人によって様々な、それぞれに価値ある学びがあるんだな。」等と、**学び合う集団自体の価値や意義**に気付くということと考える。この集団の学びの良さは、最終的には個の学びにもつながってくるのだが、単に自分の学びに役立つという価値だけでなく、そんな個が作る「学習集団自体の価値」も同様に大事ではないかと思える。それが「新たな価値」につながるのではないだろうか？

そのように考えれば、この文にある"個々の人々の「多様性」"とは、個々バラバラという意味の「多様性」ではなく、互いに対話的に連携しながらも「個の多様性」を生かして学ぶ「学習集団」における「多様性」の姿であり、教師はその「連携の姿」を俯瞰しながら指導していくことが大事になると考えられる。

考えてみれば**「多様性」という言葉自体が、全体を俯瞰した見方からのものであり、個々の児童にとっては「自分の学びの姿」**なのである。

このような捉えから考えれば、この「(1) 改訂の経緯」は総説の冒頭で、今回求めている「主体的・対話的で深い学び」の方向性を、人工知能にはない「個々の学びに視点を置いた主体的な学び」に置き（これは、これまで自分が考えてきた基本的姿勢）、さらにそのような学びに、個々が関わり合う学級や社会集団において進めていくことまで含めて（ここで検討した「学習集団自体の価値」）「人間としての学び」と考えていたのではないだろうか。そして、その実現に向けた際のキーワードとして見えてきたのが、この「新たな価値」という言葉ではないだろうか。

どうやらこの「新たな価値」は、これまでの自分の「主体的・対話的で深い学び」の捉え方に、そして自分が考えてきたこれからの理科教育の在り方に、もう1つ広がりや深まりを与えてくれそうな気がする。

しかし、改めて上記の基本方針を読んでみても、上のまとめを書いてみても、肝心の「新たな価値」自身はどのようなものか、何が「新しい」のかはまだよく分からない。そこで、「新たな価値」とはどのようなものかについて、更に検討してみることにした。

2. 「新たな価値」とは何か？

では、この「新たな価値」とは、具体的にどのようなものなのだろうか？調べてみると、実は学習指導要領作成のスタートに当たる文科大臣の諮問に、既にその言葉が入っていたことに気付いた。以下の通りである。

> 今の子供たちやこれから誕生する子供たちが、成人して社会で活躍する頃には、我が国は、厳しい挑戦の時代を迎えていると予想されます。生産年齢人口の減少、グローバル化の進展や絶え間ない技術革新等により、社会構造や雇用環境は大きく変化し、子供たちが就くことになる職業の在り方についても、現在とは様変わりするだろうと指摘されています。また、成熟社会を迎え

　この文章は、総則の解説の 1 段落目と殆ど同じである。つまり、これからの課題を乗り越え、個人と社会の豊かさを追求していくためには、「新たな価値」が必要ということを述べている。そして、その原動力として「一人一人の多様性」を挙げているのも共通しており、新たな価値実現の必要性と、その手立ての関係は、総則と同様である。そして、求めるべき「新たな価値」が何であるかが明確には書かれていない点も同様である。

（1）答申における「新たな価値」と比較して検討する

　そこで、総則に最も近い「答申」を見てみると、第 2 章　2030 年の社会と子供たちの未来、の（予想困難な時代に、一人一人が未来の創り手となる）、に、以下のように「新たな価値」が出てくる。

○人工知能は与えられた目的の中での処理であるのに対して、人間は目的を自ら考え出すことができ、自ら目的を設定して追究し、自分の考えをまとめたり、答えのない課題に対して目的に応じた納得解を見いだしたりすることができるという強みを持っている。という趣旨を述べている…筆者要約

○このために必要な力を成長の中で育んでいるのが、**人間の学習**である。解き方があらかじめ定まった問題を効率的に解いたり、定められた手続を効率的にこなしたりすることにとどまらず、直面する様々な変化を柔軟に受け止め、感性を豊かに働かせながら、どのような未来を創っていくのか、どのように社会や人生をよりよいものにしていくのかを考え、主体的に学び続けて自ら能力を引き出し、自分なりに試行錯誤したり、多様な他者と協働したりして、**新たな価値**を生み出していくために必要な力を身に付け、子供たち一人一人が、予測できない変化に受け身で対処するのではなく、主体的に向き合って関わり合い、その過程を通して、自らの可能性を発揮し、よりよい社会と幸福な人生の創り手となっていけるようにすることが重要である。

（答申 P10、下線、ゴシック筆者）

　筆者が要約した 1 段落目は、総則にある「人間の最も大きな強み」に相当する部分だろう。そして、そのような力を育んでいるのが「人間の学習」だと言っている。

　そして 2 段落ではこの「人間の学習」について説明している。長い 1 文の説明で、一読ではなかなかその趣旨がつかみにくいが、「一人一人が主体的に学び続けて自ら能力を引き出し、自分なりに試行錯誤したり、多様な他者と協働したりして、新たな価値を生み出していくために必要な力を身に付け、」の部分は、「主体的・対話的で深い学び」に相当すると考えられ、下線部分からそのポイントは一人一人の「主体性」であると考えられるが、1. で検討した「学習集団自体の価値」もそこに関係してくると思われる。そして、続いての記述

は、そのようにして生み出した**「新たな価値」とは、「自らの可能性を発揮し、よりよい社会と幸福な人生の創り手となっていける」ようなもの**ということではないかと考えられる。

ここからも、この「新たな価値」とは、主体的で多様な個の、一人一人の「学び」から出発し、それが多様な他者との協働による「学習集団自体の価値」も高めることで、幸福な自己とより良い社会形成に役立つという、これまでの自分の捉えに基づくものであると考えられる。

ここで、諮問、答申、総則の順に「新たな価値」が目指す姿を比べると、以下のようになる。

〔「新たな価値」が目指す姿〕

・<u>個人</u>と<u>社会</u>の豊かさを追求していく（諮問）
・<u>自らの可能性を発揮し、よりよい社会と幸福な人生の創り手となっていける</u>（答申）
・<u>質的な豊かさ</u>を伴った<u>個人</u>と<u>社会</u>の成長（総則）

比較すると、「新たな価値」が実現した姿として共通なのは、「個人と社会の成長」だが、それは「質的な豊かさを伴った個人と社会の成長」の姿である。そして、この「質的な豊かさ」とは、学ぶ個々が「自らの可能性を発揮し、よりよい社会と幸福な人生の創り手となっていける」姿であり、その「人間の学習」の取り組みの結果として、よりよい社会の実現があると考える。

これまでの自分の捉えで言えば、「一人一人の主体的で多様な個々の学びとその協働こそが、自らの可能性を発揮することになり、それが自己の幸福な人生を実現できると共に、よりよい社会の創り手ともなる」ということだろう。

これは具体的にどのような姿なのだろうか？

それは、「学ぶ子ども達一人一人が、それぞれ自分なりの感性や考えに基づいた力を発揮して課題に取り組み、その結果としてよりよい社会を形作る主体となったり、<u>自分なりの幸福な人生を送れる。</u>」という姿ではないだろうか？

ここで大事に思えるのは、この「自分なりの感性や考え」や「自分なりの幸福な人生」という点である。どのような感性や考えが良いとか、幸福な人生とはこのようなもの、という画一的で客観的なものがあるのではなく、「<u>その子にとっての</u>」貴重な感性や考え、幸福な人生ということである。

つまり、これから重要になる「人間の学習」においては、「答えのない課題」にどう<u>自分なりの「納得解」</u>を得られるかが大事になってきており、そのためにはこのような「自分なりの感性や考え」に基づいて取り組み、その結果として「自分なりの幸福な人生」が実現することが大切になってくると考えられる。では、改めて、それを実現させる「新たな価値」とは何だろうか？

実は、答申のP10の欄外には「新たな価値」の説明が次のように書かれている。「ここで言う<u>新たな価値とは</u>、グローバルな規模でのイノベーションのような大規模なものに限られるものではなく、地域課題や身近な生活上の課題を<u>自分なりに解決し</u>、<u>自他の人生や生活を</u>

豊かなものとしていくという様々な工夫なども含むものである。」（下線筆者）。

ここでも直接「新たな価値」を規定しているわけではないが、「新たな価値」とは大規模なものに限らず、身近な課題に対して自分なりに解決したり、人生や生活を豊かにしていくという工夫も含まれる、という条件的な説明をしている。

そこで、ここまで自分が考えてきた新たな価値が「実現させるもの」と、この「新たな価値」の条件の説明を比較すると重なる点がある。それは、自分の考えの「実現させるもの」にある「自分なりの幸福な人生」と、この「新たな価値」の説明にある「自他の人生や生活を豊かなものとしていく」である。

(2)「自分の人生」と「深い学び」との関係

ここまでの考察から、新たな価値が「実現させるもの」は、「自分なりの幸福な人生」や、「自他の人生や生活を豊かなものとしていくこと」だと考えられる。共通するのは「自分の人生」という点である。

自分はここまで、理科の学習に限らず、今回の学習指導要領が目指しているのは「資質・能力の三つの柱」から明らかになった「資質・能力」の育成であり、「主体的・対話的で深い学び」によってそれを実現させることと捉えてきた。そして、その実現への筋道を、「主体的・対話的で深い学び」の、特に「深い学び」面に注目して考え、P176 の〔「学び」における「見方・考え方」の位置付け〕図にあるように、「深い学び」とは、「既習の知識」から「新しく構成された知識」を構成する際に働くものと考え、これまでの「見方・考え方」から新たな「見方・考え方」に変わり（成長し）、新たな知識の体系を獲得すること、子どもの言葉で言えば、「なるほど、分かった、できた！」等の「学びの納得」から「学びの価値」を実感できる学びと考えてきた。

この「深い学び」を今振り返って見ると、「深い学び」による「学びの価値」として扱っていたのは、専ら「結果として再構成された知識の体系」そのものの価値であり、それは、その獲得の際の「なるほど、分かった、できた！」等の「学びの納得」から実感できる「学びの価値」であった。

しかしそれは、「新たな価値」が目指す「自分なりの幸福な人生」や、「自他の人生や生活を豊かなものとしていくこと」、つまり「自分の人生」に関係した「価値」だったのだろうか？

(3)「新たな価値」と「自分の人生」

そんなことを考えていた所、文部科学省教科調査官（当時）の鳴川哲也氏の著書「理科の授業を形づくるもの」で、以下のような文章に出合った[40]。

> 理科では問題解決の活動を通して、新しく更新された知識を得ることになりますが、これが子どもにとっての「新たな価値」と言えるでしょうか？自然の事物・現象について理解を深めることはできます。しかし、それが「新たな価値」と言えるようになるためには、その知識を得るこ

とで、自他の人生や生活が豊かなものになることが重要だと思うのです。そのためには、獲得した知識を、自然の事物・現象や日常生活に当てはめて、その知識を得たことが、自他の人生や生活にとってどのような意味をもつのかについて考えることが大切になります。学んで得た知識をもとにして、もう一度自然の事物・現象や日常生活を見直す活動が重要になると思うのです。
（P151）

（「理科の授業を形づくるもの」鳴川哲也　下線筆者）

　鳴川氏のこの提言は、自分がここまで考えてきたこと、そして抱いた疑問につながるものと感じた。つまり、これまで考えてきた「深い学び」によって新しく更新された知識を得ても、それが、「子どもにとって」の「新たな価値」と言えるのだろうかという疑問から始まり、新しい知識を得るだけでなく、それによって「自他の人生や生活が豊かなものになることが重要だ」と述べているからだ。

　おそらくここで言う「子どもにとっての」とは、学習する子ども一般という意味での「子どもにとっての」ではなく、見方・考え方や感じ方がそれぞれ異なる「個々の子ども」にとっての、という意味ではないだろうか？つまり、「新たな価値」の受けとめ方は、個々の子どもにとって本来異なる（共通する点もあるだろうが）ものと言え、それが大事だと考えているのではないかと思える。

　そして鳴川氏は、「そのためには」ということで、獲得した知識が「新たな価値」になるためには、それを自然の事物・現象や日常生活に当てはめることで自他の人生や生活にとってどのような意味をもつのかについて考えることが大切で、そのことによってもう一度自然の事物・現象や日常生活を見直す活動が重要になる、と述べている。つまり鳴川氏の考える「新たな価値」とは、「獲得した知識を、自然の事物・現象や日常生活に当てはめて考えることで得られる、その知識の、自他の人生や生活を豊かなものにできるような価値」のことではないかと考えられる。

　自分なりの言葉で言えば、「結果として再構成された知識の体系」そのものの価値を、再度「自分事の学び」による「自分事の知識」として見直すことで生まれてくる、自他の人生や生活を豊かなものにできたものが「新たな価値」と言えるのではないかと思える。

（4）「新たな価値」と「資質・能力（何ができるようになるか）の獲得」

　新学習指導要領が育成を目指している「資質・能力」の、「何ができるようになるか」という意味を、この「新たな価値」との関係から改めて考えてみる。

　これまで「できること」とは、再構成された知識や技能を獲得できること、と捉えてきた。

　それは、例えば算数の問題で、その「やり方」を理解して「できて」、「わかったつもり」になるだけでなく、適用問題が解けることなどを通して、その「やり方」の意味や価値が実感でき、その後新たな場面（問題）に遭遇した時にも、使える知識や技能として意識に浮かび、解くことができることで、一層その「やり方」の意味や価値が実感されるという捉えだった。しかし、このような教師が設定した「ゴール」の実現だけでは、ここまで考えてき

た「新たな価値」獲得から考えれば、不十分と言えないだろうか？

　と言うのも、新学習指導要領で言う「できることが大事」と言う意味を、これまで考えてきた「新たな価値」の鍵になる「主体性」を意識して考えれば、当事者である子ども達自身が「その意味や価値を、<u>自分なりに分かった上で</u>できることが大事」という意味と考えられるからである。

　この、「自分なりに分かった上で」が意味する心情的面と意識的な面について考えてみる。

　心情的な面で言えば、「自分なりに考えたり取り組んだりして分かったこと、できたこと」で、自分が今までより**「良い自分（価値ある存在）」**になったという自覚が生まれると思われる。

　その自覚が、意識的な面としての「ここまでは分かった」という「わかりの内容（範囲）」から生まれてくる「もっと深く広く探究したい」という、新たな疑問や次の段階への追究の意欲をより高めたり、「その価値を生活場面を含めて他の場面に適用したくなったりする」姿を生むのではないかと思われる。

　なぜならこの「自分なりに分かる、できる」は、対峙している問題を「自分事」として、つまり「自分に価値ある問題」として「<u>主体的に</u>」受けとめる所から始まると考えられるからである。つまり、そこから出発した学びは、個々の持つ「学びの意味や価値観」、つまり「もっと学びたい」や「生活に役立てたい」等につながるだろうし、ひいては自分が「生きている意味や価値観」につながっていくと考えられるからである。

　これは具体的には授業において、どのような学びの姿として現れるのだろうか？

　一つは、<u>教師がその授業で「ゴール」とした目標に満足せず、さらにその先へと自分なりの疑問や興味を持って学び続けようとする姿勢</u>に現れるのではないだろうか？「自分事の課題」と受けとめて追究しているならば、特に理科などではもっと詳しく、深く、或いは他の場面に適用してもっと一般化して考えたいとか、実験や観察している際に出てきた新たな疑問に対して興味を持ち、もっと追究したい等の姿が現れてくるはずである。主体的な学びの代表的な姿である夏休みの自由研究への取り組みなどを思い浮かべれば、そのイメージができるだろう。

　これはP234で考えた、「教師が予め想定した授業のゴール」に向かう授業ではなく、「児童が創り上げた文化」としての「理科」を尊重し、追究する授業の考え方と同じである。

　また、ノートの振り返り等に、自分の追究の姿に関して、それが正しい結論に達したかどうかは別にして、その過程の在り方について価値付けをしていたり、学習を通して自分の「捉え」がどのように変容したのかを価値付けて書いていたりする姿に、学習前より「良い自分（価値ある存在）」になったという自覚が現れているように感じる。

　以下のような文章がある[12]。

　毎回の授業で、先生が用意した課題を解いて終わりになるだけですと、授業と授業がつながっていきません。これに対して、解けなかった問題や解いて生まれた疑問を自分で考え続けることや、面白かった話を家庭や地域に帰って話すことなどができるようになると、学びがつながり、

持続的な学びが生まれてきます。それは、学習者が学びのゴールを自ら引き上げていく過程だとも言えます。この「意図的学習」と呼ばれる学習過程は、次のような研究から見えてきました。

（中略）

　子供がこうした学びを学校で行えるようになれば、単なる学習スキルや学習方略を学ぶ「自己調整学習」を超えた「意図的学習」が可能になります。意図的学習とは、教師の定めたゴールを超えて、子供自らが長期間にわたって獲得したい知識や能力を自分で見定め、持続的に学び続けていく過程のことです。教師の設定した正解に到達できれば終わりになる「正解到達型」のゴールのゴールではなく、到達したら次のゴールが探せる「目標創出型」のゴールが追求されるのです。

　　　　　　　（〔国研ライブラリー〕「資質・能力」国立教育政策研究所、P132、下線筆者）

　ここで言う「意図的学習」が、自分の考える「結果として再構成された知識の体系」そのものの価値を、再度「自分事の学び」による「自分事の知識」として見直すことで生まれてくる「新たな価値」の一つの姿ではないかと思う。

　ただし、先に夏休みの自由研究を例にあげたが、あれは分かり易い典型例で、通常の授業であのような取り組みは時間的にも、また全員への対応的にも不可能である。ただ、一般の授業においても「意図的学習」が目指している、学ぶ子供の主体的な取り組みによる「追究意識がつながった単元学習」の推進が大事であり、そこには可能な範囲で個々の「自分事の学び」が実現するような手立てや取り組みが大事だと考えられる。

　このような「自分ごとの学び」を通して、子供は「自他の人生や生活を豊かなものにできるような価値」、つまり「新しい価値」を実感できるのではないかと思う。

　以上を元に、鳴川氏の言う「学んで得た知識をもとにして、もう一度自然の事物・現象や日常生活を見直す活動が重要になると思うのです。」を読み直すと、単なる「学んで得た知識」が実際の生活に役立つとか使える等という現実的な意義を越えて、また、教師の設計した単元の流れに沿って、例えば算数の「適用問題」や理科で教師の用意した「適用場面（てこの学習で、身近な生活の中でのてこの機能探し等）」などを通して教師主導で「見直す」だけでもなく、学習者自身の「自分事の学び」を通しての「意図的学習」によって、もう一度自分を取り巻く自然の事物・現象や自分たちの日常生活を「見直したくなる」ということではないかと考えられ、それを含めて「見直す」と表現したのではないかと思える（自分の思い込みによる読み違いならすみません）。

　このように、**自ら追究していくことで、学びが自身の人生観や生き方の価値にまで影響を与え、自他の人生や生活をより豊かなものしていくことの価値、そしてそのような追究をしていく自分自身の姿の価値に気付くことの価値、それが「新たな価値」ではないか**と思う。

　このような価値に個々の人々が気付き、それが社会の共有認識になれば、それが答申の言う「グローバルな規模でのイノベーション」につながるのではないかと思われる。

（5）「新たな価値」と「深い学びへの過程」

　このように考えてくると、上に述べた、獲得した知識を自然の事物・現象や日常生活に当

てはめる段階だけでなく、「その知識を獲得していく段階、さらにそれを振り返る段階（所謂メタ認知場面）」、つまり「深い学び」への過程にも「新たな価値」があるのではないかと思えてきた。

　なぜなら、「自他の人生や生活が豊かなものになること」の中の、特に「自己の人生や生活が豊かなものになること」については、獲得への取り組み過程そのものに「自分なりの取り組みのこだわりや思い」が溢れており、その追究場面における気付きや発見、そして追究の苦しみや解決した時の喜び、或いはうまく行かなかった経過も含めて、そこから「自然の不思議さや巧みさ」という「自然の豊かさ」に気付くと共に、それに気付いた「自分の良さや成長」も感じることで、「自己の人生が豊かなものになること」を実感できると考えられるからだ。

　「自然の中にはこんな素敵なきまりや法則があるということ（自然や生活の豊かさ）に気付いた素晴らしさ」、そして「それを見つけることのできた自分自身の"良さ（自分の成長、自分の生き方や人生の豊かさ）"を実感する喜び、充実感」、それらが、「自己の人生や生活を豊かなものにする（人生の考え方、捉え方や生活の見え方が変わってくる）」「新たな価値」ではないかと考えられる。

　このように考えてくると、先に述べた、獲得した知識を自然の事物・現象や日常生活に当てはめることで気付く「自他の人生や生活にとってどのような意味をもつのか」も、単に「物質的や機能的に自分の人生や生活を豊かにしてくれるという価値」への納得だけでなく、自分たちの生き方（人生や生活）から価値を考えていくからこそ得られる「新たな価値」だと、結局はつながる同じような考え方ではないかとも思われる。ただ自分のこだわりとしては、この「新たな価値」の基盤となるのは、その学びの過程や振り返りから得られる「自分の人生を豊かにする価値」ではないかと思うが、それについては引き続いて考えていきたい。

　以上の捉えも含め、「新たな価値」を以下のように考える。

〔自分が考える「新たな価値」〕
～「自分なりの価値ある捉え」とは何だろうか？の回答～
〔これまで考えてきた「学びの価値」〕
　「結果として再構成された知識の体系」そのものの価値
＝「なるほど、分かった、できた！」等、授業で設定した「学びの価値」を実感できる、これまで考えてきた「深い学び」による価値。

＋

〔新たな価値〕
　「再構成された知識の体系」を、価値ある「自分の力」として実感する価値、及びそれを獲得できた自分の取り組みの有り様や、生活や社会に役立つことに対して感じる喜びや充実感という、「新たな価値」
＝授業で定めたゴールだけにこだわらず、学習者自身の「自分事の学び」に沿って学び続けるこ

とで得られる結果を<u>自分の力として実感</u>し、その力が社会や生活に役立ち、何よりそれを獲得できた自分の取り組みの経緯に対して<u>自分の人生や生活を、そして社会を豊かなものとしていくことに役立っているという実感や幸福感が持てる</u>ことで、よりよい社会と幸福な人生の創り手となっていけるのではないかと考えられる価値。

※このように考えてくると、当初「新たな価値」を考えていた際に重きを置いていた「よりよい社会の実現」面が弱くなったようにも見えるが、実は「幸福な人生」という個の願いを実現させるためには、社会における「他者との協働」が不可欠であり、そのような協働ができる社会の実現が「よりよい社会の実現」と考えたい。

3. 「新たな価値」から、これからの学びを考える

「新たな価値」を自分なりに明らかにしたことが、これまでの「学習」に対する自分の捉えにどう影響を与えるのか、これからの学びをどう考えたらよいのかを検討しながら考えていきたい。

(1)「新たな価値」の何が「新しい」のか?

これまでと比べて、「新たな価値」の何が「新しい」のだろうか?改めて2.に書いた自分なりの「新たな価値」の捉えを元にまとめておきたい。

これまでの学習指導要領では、特に平成元年度の改訂辺りから知識の構造化などを大事にした構成主義的な学びの在り方を重視した「分かること」に関する「学びの価値」が述べられてきたように思える。これはこれで「学びの在り方」を捉える大事な提言だったと思えるが、その捉えの中心は、(少なくとも自分は)やはり<u>「知識の構造化」</u>の価値にあったように思う。

今回そこに「学ぶ主体としての<u>子供自身の価値付け</u>、つまり授業で獲得した知識を「知識」として価値付けすることに留まらず、**自分の生き方にまで影響を及ぼすような価値付け**」を加えた(明確にした)ことが「新たな」ではないかと捉える。つまり、**「自他の人生や生活を豊かなものにしたり、よりよい社会と幸福な人生の創り手となることができるような」**学びであると、学び手である**子供自身が自覚し、実感できるような学び**であるという点が**「新たな(学びの)価値」**ではないだろうか。

その点では、自分自身の学びを自覚、実感できないAIの「学び」と比較としての、人間の学びの「新たな価値」としての自覚の重要性という意味もあるのではないかと思える。それを答申では**「人間の学習」**と言っているのだろう(P231)。

この「新たな価値」の獲得を可能にするのは、「学ぶ主体としての<u>子供自身の価値付け</u>」、具体的には「自分事の学び」として授業に参加し、授業のゴールに留まらず自分なりのこだわりを大切に学び続けることの実現だろう。

勿論、このような「学び」に対する捉えが、教師側にこれまで全くなかったのかと言えば

そんなことはないだろうし、全く新しいということでもないとは思うが、厳しい挑戦の時代を迎え、また AI の驚異的な発達が見られる今日、それだからこそ改めて「人間なればこその学びの価値」が見えてきたのだと思われ、それが、「よりよい社会と幸福な人生の創り手となること（及びその自覚）」の価値をより明確にしたのではないかと思われる。今回の学習指導要領で言われている「社会に開かれた教育課程」の目指す所も、これに通じているのではないかと考えられる。

（2）「新たな価値」と「個性重視」の関係

　今回の学習指導要領で求められている「深い学びによる資質・能力の育成」について、これまで自分は、P176 の〔「学び」における「見方・考え方」の位置付け図〕にあるように、「深い学び」とは、「既習の知識」から「新しく構成された知識」を構成する際の学びの姿と考えてきた。これは、これまでの「見方や考え方」から新たな「見方・考え方」に変わり（成長し）、新たな知識の体系を獲得する際の学びの姿である。子どもの言葉で言えば、「なるほど、分かった、できた！」等の「学びの納得」から「学びの価値」を実感できる学びの姿である。

　しかし、「新たな価値」を検討した今、これまで「深い学び」として扱っていたのは、専ら、その授業で目指してきた「結果としての再構成された知識の体系」そのもの、或いはその捉えの実感（なるほど、分かった、できた！等）の範囲に留まり、それを、自分事の学びの中で獲得することができた「自分自身の力」を価値あるものと実感することや、その「力」が自分の人生や生活を、そして社会を豊かなものとしていくことに役立っているという「価値付け」にまで高めるにはまだ考えが十分には及んでいなかったことに気付いた（全くなかったということはない）。

　このように「新たな価値」を考えれば、子供たち一人一人が「自分事の学び」としてこだわりながら、自分の学びの「あるべき姿、ゴール」を目指して「自らの可能性を発揮」しながら学び続けてきた「主体的・対話的で深い学び」の結果が、個々に即した個性的な学びを大事にした学習になるのは当然であり、結果としてその学びは子供たち個々の「多様性」や「個性の重視」にもつながっていくことになると考えられる。

　今日、学びにおける「個性の重視」や「多様性」が言われるが、「個性の重視」や「多様性」自体が指導の目的ではなく、個々の子供が「自らの可能性を発揮」しながら「自分事の学び」として学習を進めていけるような「深い学び」のできることが指導の目的であり、そのための手段、或いはその結果が個性重視や多様性になるということではないかと考えられる。

（3）「新たな価値」から考える「人間なればこその学び」

　このように「新たな価値」を見てくると、その本質はこれまで考えてきた「主体的・対話的で深い学び」で目指す学びの姿につながるものであることが分かる。

　そしてその学びの本質は、「人間なればこその学び」を強調していると思える。

さらに、この「人間なればこその学び」には２つの意味があることが見えてきた。

　１つは、「機械としての人工知能に対しての、種としての人間にしかできない学び」という、「機械と人間の違い」に重点を置いた意味であり、もう１つは「一人一人の多様性を大切にした主体的な学習による学び」という、「個々の人間の違いによる学びの違い」に重点を置いた意味である（この２つは、主体的に学ぶという「人間の学び」という点で、関係はしているが）。

　これまで自分は、この「人間なればこその学び」の意味・意義を、専ら前者の「機械としての人工知能と、種としての人間との対比」で考え、総則にもある「思考の目的を与えたり、目的のよさ・正しさ・美しさを判断したりできる人間の最も大きな強み」に注目して理解していた。

　これは「機械と人間の違い」に重点を置いた捉えであり、その捉えの重要性に間違いはないとは思うが、反面ここでは人間の捉えを、「機械」と対比した「主としての人間」という、その意味では「人間」を画一的に捉えていたとも言える。

　そこで、もう１つの「個々の人間の違いによる学びの違い」に重点を置く捉えのあることにも気付いた。

　人工知能は、与えられた問題に対して「１つの正解」しか示さない。人工知能によって回答が異なってくることがあれば、それはどちらかに不具合があったり、または性能の違いによるものであり、「最も良い正解」は、結局は１つに定まってくるはずだろう。

　それに対して人の「正解」は、その人の「思考の目的、目的のよさ・正しさ・美しさの判断」等により、異なってくると考えられる（勿論、算数の答えのように、或いは国語にしても共通すべき理解の共通点としての正解はあるとして）。

　これは、どの人の回答が良いということではなく、人としての多様性の表れと考えられる。では、それらの回答が"正しいものかどうか？"を最終的に判定するものは何かと言えば、それが個々の「自らの可能性を発揮し、よりよい社会と幸福な人生の創り手となっていけるものかどうか」という観点ではないだろうか？

　随分話が漠然として大きくなったように思われるかもしれない。そこで、この「個の多様性」が、人それぞれ自分なりの「価値観」につながり、それが個々の「自らの可能性を発揮し、よりよい社会と幸福な人生の創り手となっていける」という考えを、理科学習では具体的にどのように捉えられるのか、次に考えてみたい。

（4）理科学習における、「新たな価値」から考える「人間なればこその学び」

　「個の多様性」が、人それぞれ自分なりの「価値観」につながるという考え方は、科学は「人間が作りだした文化」という「科学」に対する基本的な考え方、つまり「予め定められた科学としての有り様」が自然の中にあるという考え方ではなく、「人間の個の多様性によってつくり出されてきたものとしての科学」という考え方につながると考えられる。つまり「人間なればこその学び」とは、人間が持つ強みとしての「個の多様性」を生かした学びのことで、「人間が作りだした科学」という「文化」を価値付けるものと考えられるのでは

ないだろうか。そして、その「価値付け」を客観的に"正しいものかどうか?"と判定するものが「実証性、再現性、客観性」だと考えられる。

4. 「新たな価値」とは? 「理科（科学）を学ぶねらい」

　ここまで「新たな価値」について様々に検討を加えてきた結果、自分の中で浮かんできた疑問がある。それは、理科（科学）を「学ぶねらい」に関することで、大袈裟に言うと「科学（理科）という学問をするねらいとは何か」についてである。

　これまでの検討してきた「新たな価値」は、"「再構成された知識の体系」を、価値ある「自分の力」として実感する価値、及びそれを獲得できた自分の取り組みの有り様や、生活や社会に役立つことに対して感じる喜びや充実感"、"個々の「自らの可能性を発揮し、よりよい社会と幸福な人生の創り手となっていけるもの（P237）」と考えてきた。

　この「新たな価値」とは、言葉を変えれば、「これから求められる学びのねらい」と考えられる。その観点で上の「新たな価値」を見ると、それを大きく、「生活や社会を豊かにする価値」と「自分の人生を豊かにする価値」と考えられる。勿論両者は互いに関係はするが（例えば生活や社会を豊かにできたことで感じる幸福感や充実感など）、自分は理科（科学）においては特に、「自分の人生を豊かにする価値」の育成が重要ではないかとこれまで考えてきた（それが結果として、「生活や社会を豊かにする価値」を高めるという考え）。

　ノーベル賞やフィールズ賞などを受賞した科学者や数学者などの発言にも、「何かに役立つかどうかなんて考えてこなかった。純粋に、なぜだろう?と科学（数学）における真理を極めることが自分の研究のねらいであり、それを続けてこられたことが自分の幸福である。」という趣旨の言葉がよく聞かれる。

　20世紀最高の理論物理学者とも言われるアインシュタインも、「わたしが科学の仕事をするのは、自然界のもつ秘密を理解したいという強いあこがれからであって、ほかの気持ちはいっさいありません。一方、正義を愛するわたしの気持ちと、社会の向上に役立ちたいという努力は、科学的興味とは無関係のものです（1949年の手紙から）[41]。」と述べている。他にも多くの科学者などが同様な内容を、「研究すること（学ぶこと）のねらい」として述べてきたように思える。

　この「学ぶことのねらい」は、ここまで考えてきた「人間なればこその学び」としての「新たな価値」、つまり「人生を豊かにする価値」と考えて良いのだろうか?そしてその価値は、「生活を豊かにする価値」や「社会を豊かなものとしていくことに役立つ価値」とはどのように関係するのだろうか?

　これまで自分が考えてきたように、「学ぶことのねらい」は「人生を豊かにする価値」につながり、それは結果として、「生活や社会を豊かにする価値」を高める、と楽観的に考えて良いのだろうか?更に今の時代は、このような「研究すること（学ぶこと）のねらい」を無条件に容認（推奨）しているのだろうか?

　このような疑問を持つのは、最近は特に、生命科学等を中心に「社会に役立つ研究が大事

（つまり、生活や社会を豊かにする価値が大事）」という意見も多く出されているし、原子力関係の研究等では、ずっと以前から研究と社会との関係が重要視、問題視されてきた経緯がある。また近年日本の科学力の停滞の危機に向けての「科学行政や科学者の在り方」についての議論も盛んである。

このような「科学との向き合い方」への意識は近年益々高まってきており、それが教育に及ぼす影響も ESD や STEAM、SDGs 教育推進等も含めて、益々強くなってきていると感じる。

そんな時代状況の中で、ただ純粋に、学習する内容の理論としての面白さや素晴らしさに気付かせるだけでなく、それがどう私たちの生活や社会に生かされているか、大事か等ということに気付かせることこそがこれからの教育では大事だという考え方も一層強まってきているように感じる。

一方、先に述べた「純粋な科学的探究への思い」も、ずっと研究者の中にあったと思われるし、それを強調する意見も、特にこれからの日本の科学発展の危機から最近目にすることも多い。

科学の研究と理科学習の違いは勿論あるだろうが、これらの現状を踏まえ、共に「科学」を追究するという点から、「科学（理科）を学ぶことのねらい」を、「新たな価値」につながる「生活を豊かにする価値」や「人生を豊かにする価値」との関係から、力不足で個人的ではあるが次節で少し考え、これからの理科学習の在り方を自分なりに探ってみたい。

第8節　「科学を学ぶねらい」と「新たな価値」

1.「純粋な発見の喜び」と「使えることの価値」

まず科学者の意見についていくつか見ていきたい。科学者にとって科学に取り組むねらいは、先に述べたように「純粋な発見の喜び」と「使えることの価値＝生活や社会を豊かにする」の両者が考えられるだろう。勿論この「使える」は、便利な道具として使えるという実利的で単純な意味だけでなく、原子力の活用の在り方や SDGs 等を考慮した科学技術や科学の在り方等も含めての「人としてのあるべき使い方」でもある。科学者自身はこれらについてどのように考えているのだろうか？そこからこれからの理科教育への指針が見えてこないだろうか？以下に、いくつか実例を紹介しながら考えていきたい。

2.「問い」を発する能力の重要性

・いまの日本の教育で重視されていることは何かといえば、「できる」ということである。「できる」ことが評価される。（中略）それでは「できる」というのはどういうことか。一般には試験に出た問題を「解く力」のあることを意味する。問われた内容に対して効率的に、エレガントな答えを出せる子が「できる子」というわけだ。「解く力」を発揮するためには、まずその分野

に対する知識が必要とされる。そこから「学ぶ」という必要感が出てくるのは言うまでもないだろう。（中略）しかし、サイエンス、あるいはそれをも含めて、学問の世界では、<u>「なぜなのか」という問いと「本当なのか」という批判性</u>、この二つの意識をもって、現実に対すること、その意識がなければ、研究を進めることも、新しい発見をなすことも、まず不可能だと言ってもいいだろう。（P140〜）

・研究者にとってもっとも大切な資質として、<u>問いを発する能力</u>について述べた。それでは<u>研究者の喜び</u>とは何だろうか。（中略）何とか所期の目的を達成し、正しい「答え」にたどり着く。ここに研究者としての醍醐味がある…と一般には考えられるだろう。しかし、<u>それは最も大きな喜びではなかったような気がする</u>。（中略）せっかく正しい「答え」を得たにもかかわらず、すぐその向こうに新たな「問い」が見えてしまうといった、<u>自然のもつ奥深さが魅力であった</u>ような気がする。（中略）そのような「問い」と「答え」のいたちごっこ、あるいは「仮説」と「検証」の繰り返しの中で、徐々に自分の研究対象が、<u>大きな一つの図としてまとまっていく</u>醍醐味は、他には代えられない喜びである。（P147〜）

（「未来の科学者たちへ」42 第Ⅲ部「役に立つ」の呪縛から飛び立とう第五章「解く」ではなく「問う」を（永田和宏）から、下線筆者）

　永田氏の言うように、確かに自分たちは子ども達が「わかる、できる」ことを目指して授業を進めてきた。その「わかる、できる」が、単に試験で良い点を取るということではなく、これまで述べてきた構成主義的な考え方を踏まえてのものと捉えた上で、永田氏が大事にしている「問いを発する能力」の重要性を、ここまでの考察につながる大事なものとして確認したい。

　それは、第3節4の（4）「問題発見・解決能力」という表記について（P187）で考えた「問題解決の能力」に対応する能力が、今回「問題発見と解決の能力」と、「問題発見」が加わった表現で書かれている点から考えられる、「問題解決の能力」としての「問題発見能力」の重視、つまり「問いを発する能力」の重視につながると思われる。そしてそれは、求める「問題解決力」には、「とりあえずの解決をした後の、次の学びにつながる疑問や興味」の出てくることが大事だと、第6節「これからの理科授業」の展望の4. 理科授業から考える「これからの授業」（P225）でも述べたことにつながると考えられる。

　そして、上記文章で言う問題解決活動の中で生まれてくる「問い」とは、単に脈絡なく出てくる問いではなく、**これまでの自分の捉え方に基づいて出てくる**問いであり、一つの問いが解決できる毎に自己の概念の体系化が進み、さらにその概念を<u>深化・発展</u>させるような問いが生まれてくるものであり、こうした連続した問題解決活動の中で、自分なりの「概念世界」が徐々に形作られていくと考えられる。その経緯を<u>「大きな一つの図としてまとまっていく」</u>と表しているのではないだろうか？

　つまり、問いを発し続けながら「自分なりの知の体系を構造化している」と考えられ、その構造が出来上がっていくことに、そしてそこからさらに新たな疑問が出てくることに「自然の奥深さ」の魅力を感じ、そこに学び甲斐や喜びを感じているのだろう。これが、決して

"正しい「答え」にたどり着く"ことだけが喜びではないと言っていることの理由と思われる。

　つまり、問題解決活動の中で**「問いを発し続けながら自分なりの知の体系を構造化していく際の学び甲斐や喜び」が「新たな価値」につながり**、それが永田氏の言う「研究者の喜び」ではないかと思える。

　この「研究者の喜び」は、前述した第6節「これからの理科授業」の展望で述べた"「授業のゴール」に達した際の子供の姿としての、「さらなる疑問や興味に向かっての姿勢」が見られるかどうか、に重なるだろう。自分なりの疑問や興味、こだわりから出発した学びならば、「当面の解決」ができても、そこからさらに深まり広がった疑問や興味への思いが出てくるはずである。（P224）"につながるものと考えれば、これは研究者の追究と同様な姿と考えられるだろう。

　つまり、研究者における「問いを発し続けながら」という姿と、理科授業における子供の姿としての、「さらなる疑問や興味に向かっての姿勢」は、同じような学びの姿と考えられる。

　そしてこれらは、研究者と子供の違いはあるものの、問題解決的な展開の中で生まれてくる次の疑問への「知的好奇心」が、その出発点になっている点において、同じではないかと考えられる。そしてさらにはそれが、研究や理科授業における「人間ならではの学び」の実現につながるのではないだろうか？

3. 「科学」と「技術」の違いから「科学教育」を考える

・「科学を文化の一つとして認識して欲しい」。まずは科学とは何かを考えてみよう。

・長らく日本では、科学と技術は一つのものとして捉えられてきて、「科学技術」という言葉で語られてきた。科学は技術のための基礎という考えが定着している。しかし科学（サイエンス）は、技術（テクノロジー）と明らかに違った概念である。

・科学は「発見」という言葉で語られる、自然の持つ構造や原理・法則性に関する人類の蓄積してきた知の体系である。したがって科学は未知の課題に対する予見性を持つ。一方、技術は、人類の福祉や利便性に貢献する人工物の創造に関する知識の体系であり、「発明」という言葉で表される。（中略）（近年、両者の境界が曖昧になってきていると論じて）しかし両者が厳然として「違う」という認識は大変重要だと思う。なぜなら、日本では、科学の価値を「如何に役立つか」という視点でのみ評価する風潮が根強く、その風潮に対峙する上で、重要な視点だと思うからだ。（P176）

・科学は人間が生来持っている知りたいという欲求、知的好奇心から発するものである。（P179）

・応用科学の基になるから基礎科学が大事なのではない。（P204）

・「役に立つ」という発想から離れ、知的好奇心から出てくるものが基礎科学だと思います。しかし知の体系として人類に貢献しています。（P206）

（「未来の科学者たちへ」[42] 第III部「役に立つ」の呪縛から飛び立とう第六章科学を文化に（大隅良

　ここでは「科学」と「技術」の違いを「発見」と「発明」の違いに比して述べており、これらを「科学技術」とまとめて表現する点に、混乱の原因があると述べている。大事なのは"日本では、科学の価値を「如何に役立つか」という視点でのみ評価する風潮が根強く、その風潮に対峙する上で、重要な視点だと思うからだ。"という意見であり、「科学は人間が生来持っている知りたいという欲求、知的好奇心から発するものである」という考えである。

　この捉えは、2. の永田氏の考えに通じ、また、「科学の技術的有効性」と科学本来が持つであろう「意義」の違いは、先に述べた「何かに役立つかどうかなんて考えていない。純粋に、なぜだろう？と科学（数学）における真理を極めることが、自分の研究のねらいである。」という、多くの学者がこれまで述べてきた「科学」に対する思いにも通じると考える。

　では、このような素朴な科学者の思いは「正統なものか」という点を考える時、次にある「科学は人間が生来持っている知りたいという欲求、知的好奇心から発するものである。」という記述が大事になってくるだろう。なぜならこの「欲求や知的好奇心」が、先の永田氏の文にある"「なぜなのか」という問いと「本当なのか」という批判性、そこからの問いを発する能力"に通じると思うからである。

　この2つをつなげて考えれば、"科学とは本来、人間が生来から持っている自然に対する知りたいという知的好奇心から生まれてくるものであり、それが「なぜなのか」とか「本当なのか」という疑問になって現れてくる"ということになるだろう。そのように捉えれば、先の素朴な科学者の思いは「正統なものかどうか」云々というレベルの問題ではなく、またそれは科学者固有の思いでもなく、**学ぶ存在としての全ての人の、あるべき姿**に通じる普遍的な「思い」ではないかと考えられる。

　そう考えれば、**好奇心から疑問につながり、追究していく問題解決の流れの本流は、「如何に役立つか」ではないと考えられる**。もっと言えば、科学においても、また理科教育においても、「如何に役立つか」を主とすれば、科学の、そして理科の本来の知的な問題解決活動、そしてそれを通した資質・能力の育成に障害が出るのではないかとさえ思われる。

　今の時代の趨勢から言えば、暴論のように聞こえるかもしれないが、この捉えをどう考えるか、特に「科学」の出発点と考えられる「知的好奇心」の意義について、もう少し考えてみる。

4. 「科学」における「知的好奇心」の意義 …「精神の自由」

・（コダックカメラの発明者であるイーストマンに、著者のフレクスナーが科学において最も有益な研究をしたのは誰かと聞いて、イーストマンがマルコーニだと答えたのに対して、彼の発明した無線やラジオは大いに役立っているが、それらに対して真に貢献したのは、その理論的研究をしたマクスウェルと、電磁波の検出と実証をしたヘルツだと答え）ヘルツとマクスウェル

は、実用的価値など考えていなかったということです。さらには、科学の歴史を通して、後に人類にとって有益だと判明する真に重大な発見のほとんどは、有用性を追う人々ではなく、単に自らの好奇心を満たそうとした人々によってなされた、ということです。（中略）「好奇心は、結果的に役に立つか否かにかかわらず、おそらく近代的思考のとりわけ優れた特徴です。（中略）そして、けっして制約されてはならないものなのです。

・教育機関は好奇心の育成に務めるべきであり、好奇心は有用性の追求から解放されるほど、人間の幸福のみならず、同じく重要な知的関心の満足に寄与しやすくなります。その知的関心こそが、現代の知的生活を支配する情熱だと言えるでしょう。（以上 P70 ～）

・ここまで述べてきた考察が強調するのは―強調するまでもないかもしれないが―精神と知性の自由こそ、圧倒的に重要だということだ。わたしは実験科学や数学について語ってきたが、この主張は、音楽や芸術など、制約されない人間精神が表出するあらゆる活動に等しく当てはまる。そのような活動は、自らを磨き向上しようとする人の魂に満足をもたらすというだけで、十分に正当化される。（P90）

・精神の自由を重んじることは、科学分野であれ、人文学分野であれ、独創性よりはるかに重要である。なぜなら、それは人間どうしのあらゆる相違を受け入れることを意味するからだ。（P93）

（「役に立たない」科学が役に立つ [43] エイブラハム・フレクスナー、ロベルト・ダイクラーフ要約、下線筆者）

　ここでは実用的価値など考えていなかった「知的好奇心」が、如何に科学の発展に貢献したかを述べている。そして、なぜ「知的好奇心」が科学の発展を実現できたのかというと、それが制約されてはならないものとして働き、役に立つとか立たない等の価値観から「自由」だったからだと考えられる。

　さらに、この「自由な精神」の重要性を科学だけでなく、音楽や芸術などと共通に考えている点が注目される。この、好奇心の「自由さ」が持つ科学と音楽や芸術の共通性は、先に〔「科学」の捉え方について①～「文化」としての意味～（P152）〕の中の（6）「文化としての科学」のもう１つの意味で述べた、大隅義典氏の「文化の一つとして科学をとらえる社会の実現（P157）」という考え方にも通じると思われる。

　つまり大隅氏が述べていた「芸術に感動し、スポーツ選手の活躍に勇気づけられる」とは、**その「自由な精神」に心を動かされていたから**と考えられるからだ。そしてそれは同じく科学にとっても重要なものと考えられる。

　この考え方は 3. で自分が "素朴な科学者の思いは「正統なものかどうか」云々というレベルの問題ではなく、またそれは科学者固有の思いでもなく、学ぶ存在としての全ての人の、あるべき姿に通じる「思い」ではないか" と述べた考えと通じるものと思える。

　上記文章で「好奇心は、結果的に役に立つか否かにかかわらず、おそらく近代的思考のとりわけ優れた特徴です。」と書いているが、この「好奇心」が自由に生まれてくる「自由な精神」こそが、近代的思考の特徴だと言っているのだろう。そしてそれが、「精神と知性の

自由」を、保障してくれていると考えられる。

　そのように考えれば、「教育機関は好奇心の育成に務めるべき」と述べている理由も、自ずと納得がいく。「好奇心は有用性の追求から解放されるほど、人間の幸福のみならず、同じく重要な知的関心の満足に寄与しやすくなります。」とあるが、この「人間の幸福」は、これまで考えてきた「新たな価値」につながる「生活を豊かにする価値」、「人生を豊かにする価値」に相当し、「知的関心の満足」は、「自分なりに構成してきた知識（概念）への満足」に相当するのではないかと思われる。

　さらに、「有用性の追求から解放されるほど」とあることから考えると、「生活を豊かにする価値」とは、単なる「生活に役に立つ、便利」ということよりも、より「人生を豊かにする価値（精神的豊かさのようなものか？）」に近いものではないかと思われる。

　このように考えてくると、自分がこれまで学びにとって最も大事と考えてきた**「知的好奇心」とは、実は近代的思考の特徴としての「自由な精神」を現しているもの**と言えるのではないだろうか？

　もう１つ注意したいのは、「精神の自由を重んじることは、科学分野であれ、人文学分野であれ、独創性よりはるかに重要である。なぜなら、それは人間どうしのあらゆる相違を受け入れることを意味するからだ。」の部分である。この「相違を受け入れること」こそ、近代的思考の特徴としての「自由な精神」そのものであり、その「相違」こそが、個々の知的好奇心から生まれると考えられるからだ。

　自分はこれまでの授業において、クラスの誰もが考えつくような一般的でよくある予想や実験方法、考察などよりも、自分らしい（その子らしい）、他とは異なった独創性のあるものに価値を置いてきたように思える。今振り返って考えてみれば、それは「自分らしい」という「個」を重んじるというよりも、結果として他と比べた「独創性」の方をより重んじていたように思える。

　しかしここでは、その独創性よりもはるかに重要なのが「精神の自由」であり、そこから出てくる「個々の好奇心」だと述べている。確かに、自由な精神から「自分なりの好奇心」が生まれ、そこから「自分なりの自由な発想や予想、実験方法、考察」などが生まれてくるのだろう。その結果としてそれが独創的かどうかは、また別の問題で、**大事なのは「自分なりの好奇心から生まれてきたかどうか」**だろう。

　そして、それが大事な理由として著者が挙げている「それは人間どうしのあらゆる相違を受け入れることを意味するからだ。」というのは、まさに今回の学習指導要領が大事にしている**「個を大事にする」**ということだろう。これは、個の好奇心から始まる「自由な学び」が真の問題解決活動を実現するという「学びの自立性」と、それは同時に個々の「多様性」を大事にすることでもあるという、学習指導要領が出された後に出された「『令和の日本型学校教育』の構築を目指して（答申）[44]」で提起された、「個別最適な学びと協働的な学びの一体的な充実」そのものといえるのではないかと思われる。これについては項を改めて後に考える。

5. 「科学」における「有用性」から授業を考える

　ここまでの考察から、科学の発展においての、そして科学教育に限らず精神の自由を重んじる教育活動における「知的好奇心」の重要性が見えてきたが、ここで再度、その「有用性」の位置付けについて考えてみたい。

「有用性という言葉を捨てて、人間の精神を解放せよ」

　私は、研究室でおこなわれるすべてのことが、いずれ思いがけない形で実用化されるとか、最終的に実用化されることがその正当性の証だとか、言っているわけではない。そうではなく、「有用性」という言葉を捨てて、人間の精神を解放せよ、と主張しているのだ。

（IAS（プリンストン高等研究所）創設者エイブラハム・フレクスナー、P41）

「役に立つ」と「役に立たない」の間に境界はない

　「役に立つ」知識と「役に立たない」知識との間に、不明瞭で人為的な境界を無理やり引くのはもうやめよう。（IAS 現所長ロベルト・ダイラクラーク、P44）

（以上「役に立たない」研究の未来[45]、初田哲男）

　「役に立たない知識は有益だ」というフレクスナーの主張は、現在においていっそう重要であり、さらに広い分野において真実であり続けている。なぜなら、第一に、フレクスナーがエレガントに論じたように、基礎研究はそれ自体が知識を向上させるからだ。基礎研究は、可能なかぎり上流まで知識を探究し、実践的な応用やさらに進んだ研究へと緩慢ながら着実につながるアイデアを生み出していく。よく言われるように、知識は唯一、使えば使うほど増える資源なのだ。（ロベルト・ダイラクラーク）

（「役に立たない」科学が役に立つ[43]P30 下線筆者）

　これらの議論を読むと、好奇心から出発した基礎研究は「役に立つか立たないか」と、その有用性を議論することに意味はなく、こうして生まれた基礎研究こそ知識を向上させ、新しい知識を生み出していく力のあることが分かる。逆に言うと、このような精神の自由から生まれる好奇心が発揮されない限り、「使えば使うほど増える資源」としての「知識」、言うなれば「使える知識」は獲得できないと言えるだろう。と言うことは、基礎研究が結果として「有用性」を導き出せる、「使える知識」を生み出しているということなのだろうか？

　さらに、ここまで科学者の考える、主に基礎研究の意義と、その有用性の関係について様々に見てきたが、これらは私たちの考える理科教育とどのように関係してくるのだろうか？

　ここに書いた、知的好奇心により獲得できる "「使えば使うほど増える資源」としての「知識」" とは、理科学習に当てはめて考えると、これまで私たちが理科の授業で習得されると考えてきた「自分が納得した形で獲得、構成した知識」であり、それは新しい事象と対峙した際、それを「使う」ことで「さらに再構成された新たな知識」として獲得できる「使える知識」といったものだろう。そして、この一連の学習の過程を実現させるスタートが、子どもの自由な精神からの「知的好奇心」ということになる。

つまり、ここまで考えてきた、科学者の基礎研究に向かう意識やその問題解決活動の在り方は、私たちが理科学習で求めている、学習に向かう意識や問題解決活動の在り方と原則的には同様だと考えても良いのではないかと思われる。

　科学の最先端を扱う科学者の、それも本質的な内容を扱う基礎研究への取り組み方と、小学生の理科学習に対する取り組み方が同様に考えられるというと、あまりに極端で暴論のように聞こえるかもしれない。かつて「子どもは小さな科学者だ」と言い、高度で難解な授業展開に陥ってしまった苦い経験なども踏まえなければならないが、ここでは、科学と同様に、理科学者においても「役に立つか立たないか」等という、追究の方向性に予め制約を持たせるのではなく、あくまで個々の子ども達の自由な知的好奇心から学びを出発させることの重要性を確認し、強調したい。

　その点から、学習における「使える知識」を以下のように考えたい。

〔「使える知識」の意味…科学者と子供の学びを比較して〕

　自分はこれまでも、真の知識とは「使える知識である」と考えてきた。しかし、その「使える」とは専ら、学習の中で新たな知識を得て、知のネットワークを再構成させることでより充実した「使える知識」が得られるというように、「使える」とは次の知識を再構成できるという捉え方が主で、社会や生活でも「役に立つ知識」として「使える知識」でもあることの重要性は、それとは別に、やや軽く考えていたように思う（例えば「てこの原理」が生活の中で役立っていることなど）。

　確かに、上記資料にもあるように「基礎研究はそれ自体が知識を向上させる」ものなので、学校で学ぶ「知識」は「基礎研究」に当たる重要なものと捉えれば、それを再構成しながら発展させていくことは「使える知識」として勿論大事だし、一方その「知識」は、先のマルコーニの無線やラジオの発明と電磁波の研究をしたマクスウェルの「電磁波論」の関係にある、生活に「使える知識」としての意義もあるだろう。

　そのように捉えれば、“「てこの原理」が生活の中で役立っていることの有用性”を強調するのではなく、そのような有用性を意識しつつ、それを生み出した**“「てこの原理」自体の価値”**、つまり、**次の知識を再構成できる「使える知識」としての価値を再実感させること**がまず大事だと思える。単に新たな知識を再構成できたという有用性だけでなく、そのことで得られた生活や社会における有用性の実感から、そこに留まることなく、**改めて「使える知識」が再構成できたことの有用性を実感する**ということである。

以上を受けて、次のまとめとしたい。

〔科学の有用性を理科学習でどう扱えば良いのだろうか？〕

　これまでの議論を踏まえると、授業で社会における科学の有用性を重視することは余り良くないことのように思われるかもしれないが、勿論そうではない。学習指導要領にも、理科が「役に立つ」と感じる子が平均より低く、理科の有用性を認識させることの大事さが書かれている。さらに現在は持続可能な世界の実現に向けてのSDGsの目標達成を目指す教育や、実社会とのつな

がりを大切にした STEAM 教育の充実も叫ばれている。これらは、これからの時代、私たち地球に住む人類が幸せに暮らしていけるための大事な取り組みである。

ただ、ここまでの議論で確認したいのは、この「役に立つ」を具体的で即効的な現実の生活や社会で「役に立つ」と狭く捉えてしまうことで、<u>その取り組み自体を学びの目的としてしまい、理科の学びにおける個々の子ども達の学びの動機（目的・目標）を、その有用性に揃えてしまうことに問題はないかと感じる</u>ということだ。次々と再構成していけるような知識を、その理論面だけでなく生活面でも「役に立つ」実感と共に獲得し、そこから自らの自然観を創り上げていくことこそが重要だと考える。

勿論子ども達の中には、自然を守りたいという動機から「海の豊かさを守ろう」等という学びの目標を持つ子もいるだろうし、世の中の役に立ちたいという動機から「温暖化を防ぎたい」等という目標を持つ子もいるだろう。それはそれで問題ないが、全員を現実課題への有用性の目標に揃えることを目指すとしたらそこに疑問を感じるということだ。

なぜならそこには、これまでの議論から浮かんでくる、<u>個によって様々に異なると思われる学びへの知的好奇心を一つに揃えてしまうことへの疑問</u>と、<u>最初から社会に役立つ有用な学びを目指すという制限をかけることへの疑問</u>を感じるからだ。目的に制限をかけることで、その学びの結果も自ずと制限がかかった「役に立つ」になると思われる。

したがって、子供が、自分の知的好奇心に従って学んできた結果、その学びで得た**これからの学びに「使える知識」**が、例えば「海の豊かさを守ろう」、「温暖化を防ぎたい」等という、これからの人類にとって大切な課題解決に大いに役立つと捉え、それがこれからの理科を学んでいく自分の意欲や動機の向上、生き方の変容等にもつながっていく、そのような学びの進め方が、特に小学校の理科では大事なのではないだろうか？

しかしこのように考えた、自分の考える知的好奇心に従って学んできた結果が、社会に役立つ課題解決に果たしてつながると言えるのだろうか？それについては次に考えたい。

結局、最初から（知識として制限された）有用性を目標とするスローガンを揚げることで、子供たち個々の、自分なりの知的好奇心がキャッチする不思議や疑問を潰してしまわないようにすることが大事だと思われるがどうだろうか？

6. 「新たな価値」と「有用性」の関係 ～「価値ある知的好奇心」の育成～

ここまで様々に「科学の有用性」について考えてきた結果、授業では有用性を先に意識させて考えさせるよりも、自由な知的好奇心の発揮を大切に考えることが、次の知識を生み出していけるような真の知識の獲得に、そして「新たな価値」につながる「生活を豊かにする価値」と「人生を豊かにする価値」の育成に有効であると考えられる。

しかし現実には今、地球温暖化を始め、SDGs 教育推進も言われているように、これらの危機克服に生かそうとする「科学の有用性」を実感させることが喫緊の課題であるようにも

思われる。

　そのように考えた場合、知的好奇心から出発して次々に新しい知識を生み出していく学びの中から、自然に、または必然的に、今日の社会で必要とされている「科学の有用性」への気付きも生まれてくると言えるのだろうか？という疑問が、次に大きな課題として浮かび上がってくる。

　この「純粋な学び」と「社会に役立つ学び（有用性）」の関係については、例えば物理学者の大栗博司氏は著書[46]の中で、次のように述べている。「科学者が自らの価値観に導かれて行う価値ある研究は、科学の発展につながる普遍的な研究であり、それは長い目で見て大きな役に立つ」（同書P306の要約、下線筆者）。また、最近の新聞[47]においても、「理論物理学者の仕事は理論的な道具をつくること。それはたくさんの人に使ってもらえる汎用性の高い道具です。研究者の研ぎすまされた好奇心から生まれた道具は、しばしば普遍的な価値を持ちます。」と述べている。

　最初の文にある「自らの価値観」とは、それまで研究してきた科学者本人の自然認識から出てくるものであり、そこからその価値観を充実・発展させる新たな「価値観」が生まれ、それが「科学の発展につながる普遍的な研究」につながるのではないだろうか。なぜなら、この「自らの価値観」は「価値ある研究」につながると考えられるからである。

　どうしてそう言えるかというと、この「自らの価値観」は、これまで続けてきた研究により磨かれ、改善され、明確になってきた「自然を捉えるのに適切な価値観」と考えられ、それはその次の文章にある「研ぎすまされた好奇心から生まれた」ものと言えるだろうからである。そのような価値観に基づいた研究ならば、「より自然の神秘、本質を捉えることができる」「価値ある研究」を実現できると考えられる。そしてそのような「価値ある研究」の成果は、「原理」としての一般性や汎用性があることで、必ずいろいろな役に立つはずだと考えられるのではないだろうか。

　この捉え方は、先に引用したロベルト・ダイラクラークの、「基礎研究はそれ自体が知識を向上させる。知識は唯一、使えば使うほど増える資源なのだ。」という考えにも通じるだろう。つまり、ここで言う「自らの価値観」に導かれた研究は、結局は「社会に役立つ（有用性）知識」を生み出すと考えられるのではないだろうか。

　先に紹介した「科学と仮説」の中でポアンカレも、「価値のある科学はより多くの科学の発展を進める」と書いている。

7. 「科学者自らの価値観」と「価値ある知的好奇心」の関係

　それでは、この大事な「科学者自らの価値観」とは、そもそもどこから生まれてくるのだろうか？

　それは、科学者自身の「自由な好奇心」から生まれてくるのではないだろうか？最初は本当に子どもが素朴に持つような好奇心から始まり（実は小学生の頃の好奇心がその出発点だったかもしれない）、それが研究を進めていく中で自身の知識の構造が深化・充実してい

き、そこから生まれる好奇心は、徐々に、自然に、課題の解決に適切につながる科学的に「価値ある好奇心」になっていくのではないだろうか？

　ここで"課題の解決に適切につながる科学的に「価値ある好奇心」"と書いたのは、適切な知識の構造化から生まれた好奇心は、自由で自然な好奇心であっても、自然の探究につながる「価値ある好奇心」だと考えられるからである。

　このように考えると、私たちが理科の授業で期待したい子供の好奇心とは、提示する事象を子供が見た時に、「自由である」ことは勿論大事だが、「何でもよい」ということではなく、これまでの学びを反映した個々それぞれなりの科学的な好奇心であることが大事なのではないだろうか。

　このように書くと、好奇心が「自由である」ことと、「これまでの学びを反映したものであること」という「制約がある」こととは、矛盾しているように思えるかもしれないが、そうではなく、上に書いたような「適切な知識の構造化から生まれた（その意味では制約があるとも言えるが）、自由な好奇心」が持続していくような、問題解決の学習が連続していく「学び」を実現していくことこそが、これからの教師に求められる授業ではないだろうか？

　言うなれば、**これまでの経験や学びを踏まえた「探究心」に基づく「知的好奇心」が、学習のねらいの方向に向かって持続、発展していく授業の実現**が、これから大事になってくると言えるのではないだろうか。

　これは P243 で"問題解決活動の中で生まれてくる「問い」は、単に脈絡なく出てくるものではなく、**これまでの自分の捉え方に基づいて出てくる**のであり、一つの問いが解決できる毎に自己の概念の体系化が進み、さらにそれを深化・発展させるための問いが生まれ、こうした連続した問題解決活動の中で、自分なりの「概念世界」が形作られていくと考えられる。"と述べた「問い」が、結局は**「価値ある知的好奇心」**と深く関係していることを示している。

　このように考えてきた結果、誤解を恐れずに敢えて書けば、子供自身が「自由な好奇心」から学びを進めていると**自覚できるような**「価値ある好奇心」を、持続させながら学びを展開していけるように、教師は、単元構成や授業の展開、そのための児童理解や教材研究に取り組んでいくことが重要になってくると考えられる。

8. 「価値ある知的好奇心」と「真正な学び」の関係

　それでは、「新たな価値」獲得のための「価値ある知的好奇心」はどのように育成していけば良いのだろうか？そこに、「真正な学び」の考え方が注目されると考えられる。

　「真正な学び」とは、自分なりの捉えを基に簡単に言うと、授業において「分かりやすく、考えやすく」する配慮が過ぎると、結局は学びが子どもの日常経験や現実から離れてしまい、本来「どこでも使える知識」の獲得を目指していたはずが、結局はテストの穴埋め問題以外は「どこでも使えない知識」の獲得になってしまうのではないかという、危惧に対して出てきた考え方である。

つまり、学びは簡単には転移せず、「学ぶ」にはその知識が現に生きて働いている<u>本物の社会的実践に学習者が当事者として参画する</u>ことが必要であり、そのような状況で得られた「学び」こそ実際に使える「本物の学び」だという捉えである。

　この「学び観」に立った学習が**「真正な学習」**と呼ばれ、これは「authentic（オーセンティック）な学習」の訳語で、「本物の学習」と訳されることもある。

　したがって「真正（オーセンティック）な学び」とは、「私たちが学習できる場面や内容の設定は、一般化、抽象化されたものではなく、具体的で自分に関係するものに限られる」という考え方に立った学びのことと言える。

　具体的で自分に関係するようにするとは、課題やその設定を無理矢理に一般化した結果、子どもの実体験や感覚と合わないような場面や内容の設定に<u>するのではなく</u>、子どもの置かれている環境や実態に合わせた、つまり<u>本物の社会的実践に参画する</u>ものとして学びをデザインすることである。そのことで、子どもは取り組みへの意欲と見通しを持って学習を追究していくことができると考えられる。

　このように見てくると、この「取り組みへの意欲と見通しを持つ」ことが、本書で大事と考えてきた「知的好奇心」とつながるのではないかと思える。

　自分は、この「真正な学び」を最初に知った時は、この学びの目的は、単純に「現実に使える知識や技能の獲得」ではないかと捉えていた。まさしく、「学校の理科、校門を出でず」への解決策である。そして、この目的を実現するための「手立て」が「自分の日常経験や現実に基づくことから生まれる"現実的な好奇心"」だと捉えていた。そのせいか、何だかこの「真正な学び」は、功利主義的な、現実重視的な理科学習の捉え方のような気もして、あまり馴染めない気もしていた。

　しかし、ここまで「理科学習（科学）の目的」を検討してきた結果、「真正な学び」は本当に「現実に使える知識や技能の獲得」が真の目的と考えて良いのか？という疑問が湧いてきた。

　実は「真正な学び」の真の目的は、現実に合った学びをすることで「現実に使える知識を獲得する」ことではなく、「価値ある知的好奇心」を生み出すことで、そこから理科なら理科としての真に価値ある「新たな価値」を獲得していくことが真の目的ではないだろうか？と思えてきたのだ。

　つまり、<u>「真正な学び」は、「生活に役立つ」こと、及びその実感がその最終的な目的ではなく、生活に役立つことを通して、その学びの理科なら理科としての教科としての「価値ある知的好奇心」を生み出し、そこから、これからの学びと「使える知識」につながる**「新たな価値」を獲得できる、実感できることに真の目的がある**</u>のではないだろうか、と思えてきたのだ。

　自分の身の回りの様々な場面を通して、獲得させたい知識や技能について、「価値ある知的好奇心」を通して繰り返し体験させることで、その知識や技能自体の価値の獲得や実感がより充実し、確実なものになると考えられ、それこそが「真正な学び」の真のねらいではないかと考えられる。

　このように考えれば、「新たな価値」獲得のための「価値ある知的好奇心」は、「真正な学

び」により育てられると考えられる。

　例えば「てこの規則性」の学習で言えば、生活の中で様々に使われている「てこのきまり」を学ぶことで、「生活への活用を知ることで、てこの重要性を実感する」ことが、理科学習における真の学びの目的ではなく（それも大事ではあるが）、生活への活用を通して「てこの原理の真の意味を実感する」ことで、これからの学びに「使える知識」の獲得につなげることこそ、真の目的と言えるのではないだろうか。そして、それを実現させてくれるのが「真正な学び」と言える。

　したがって、この真正な学びの根底には「科学として、そして理科教育としての理解」があり、それを実現させていくには、教師の「（理科なら理科という）教科学習の、価値ある知的好奇心からつながる教科及び教材の本質に関する専門性」が必要だと考える。それが、今回示された「見方・考え方」の重要性にもつながると考えられる。

　子ども達の、学習における「見方・考え方」の重要性についてはこれまでも何回も述べてきたが、実はその育成に先立つ（当然ではあるが）教師の教材研究における、その教科の本質からの「見方・考え方」の検討と把握こそが重要になってくると改めて思われる。その具体的な取り組みについては、第IV部の単元の検討例で紹介したい。

9. 「新たな価値」としての「科学を学ぶねらい」と「知的好奇心」の関係

　以上を踏まえて、改めて「科学を学ぶねらい」と「新たな価値」の関係を考える。以下、次ページの図と対応させながら読み進めて欲しい。

　自分の考えた「新たな価値」とは、「自己の学びが、自他の人生や生活を豊かなものにしたり、よりよい社会と幸福な人生の創り手となることができるような学びであると自分自身が自覚し、実感できるような学びであると実感する」ことであった。（P236）

　ここまでの検討を基に、理科で言う「新たな価値」における「生活を豊かにする価値」と「人生を豊かにする価値」を考えてみた場合、敢えて言うと、まず大事になってくるのは、純粋な科学（理科）の発見や学びの喜びであると考えられる。それは、問いを発し続けながら知の体系を構造化していく「問題解決的な学び（研究）」における追究の過程や得られた結果による学び甲斐や喜びと考えられるが、それを可能にするのが「自由で価値ある知的好奇心」と考えられる（図参照）。

　そのような好奇心により得られた「価値ある研究結果」だからこそ、「新たな価値」における「生活を豊かにする価値」につながる「使える価値」の実現に役立つと考えられる。このような学びの出発点に当たる「好奇心」は、機械にはない、個々の人間によって多様な「人間ならではの強み」と考えられる。そして、この「好奇心」を育成していくのが「真正な学び」の目的だろう。その結果、「人間の学び」としての「価値ある学び」が実現するのではないだろうか。

　なお、このように「生活を豊かにする価値」と「人生を豊かにする価値」は互いに関係付

けられるし、また子供の中には、「ぜひ生活（社会）を豊かにしたい」等という強い思いを
まず学びの動機（知的好奇心に当たる）として持つ子のいることも考えられるだろう。その
場合にはそれがその子の「人生を豊かにする価値」そのものと考えても良いように思える。
また、「真正な学び」で検討したように、自分たちの生活に関連した様々な場面における
「学びの場面」を経験することで、「真の教科としての本質的な価値」を獲得することができ
き、それが「自分の人生を豊かにする価値」の実現につながると考えられる。

　したがって、この2つの価値を機械的に分けて考えることには意味がないと考え、最初
に「敢えて言うと」と分けた所から考え始めたが、結論としては、「自分の人生を豊かにす
る価値」の実現を主としながらも、「生活や社会を豊かにする価値」との効果的な関係性を
大事にしながら、何より子ども一人一人の、自らの「知的好奇心」によって導き出される
「自らの価値観」を大事にする学びを進めることで、「新たな価値」としての「科学（理科）」
を学ぶねらいが達成できると考えたい。以上をまとめたのが下図である。

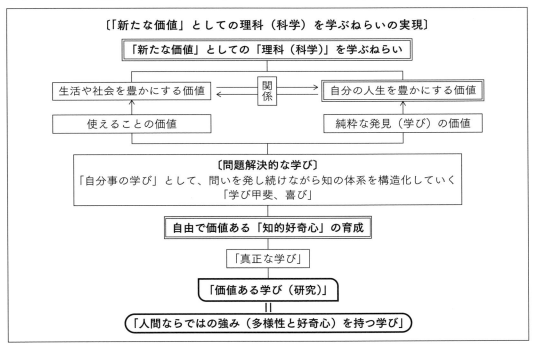

〔参考資料〕　　　〔教科の良さや美しさを実感して欲しいというねらい〕
　合田哲雄氏（当時内閣府審議官）の、「数学の先生は、どうしても数学的な良さや美しさを伝え
たいと思われるかもしれませんが、それを全員が直感的に理解できるとは限りません。数学的な
見方・考え方を働かせた社会課題の解決など、社会生活に引き寄せて授業をしていただきたいと
思います。[48]」というインタビュー記事を読むと、この「数学の先生」への提言は、「理科の先生」
にも当てはまると思われる。
　「知的好奇心から始まる学び」という考え方から出発すると、どうしてもこのような「教科の本
質の良さや美しさ」を実感して欲しいという思いが正直湧いてくる。それが、学ぶ子供たちの、

世界を見る見方や考え方を変え、人生を豊かにしてくれると思うからだ。しかしそれを「全ての子どもに同じように実感して欲しい」というのは、確かにそれこそ個に応じた学びを否定することにもつながるだろう。

しかし、教科の本質の良さや美しさを実感して欲しいという「ねらい」の方向性自体は間違ってはいないと思う（それがその教科の存在理由にもつながると考える）。その思いから上記の文を読めば、「社会課題の解決など、社会生活に引き寄せて授業をしていただきたい。」というのは、社会問題の解決のための学習を目指すということが最終的なねらいではなく、その学びによって、その教科が社会問題の解決に役立ったという事実から、改めてその子なりの教科の本質の良さや美しさを実感して欲しいということがその趣旨ではないかと思われる。それは、言葉を変えれば、人ごとではない、そして同じようにではない、その子にとっての「自分ごとの学びである」ということだと自分は捉えたい。つまり、「自分の生活の中の学び（の実感）」ということだ。

大事なのは、子供たち一人一人が、「自分の知的好奇心」に基づいた「自分事の学び」を進めていけることではないかと考える。

第9節 「新たな価値」を実現できる、これからの理科授業

では、これから大切になると思われる「新たな価値」を実現できる理科授業とはどのようなものなのだろうか？これまでの議論を踏まえて、それを考えたい。

第7、8節で考えた「新たな価値」とは、「再構成された知識の体系」を、「自分の力」として価値あるものと実感することの価値、及びそれを獲得できた自分の取り組みの有り様に対して感じる喜びや充実感という価値であった。そして、この「新たな価値」によって、「再構成された知識」が、自分の人生や生活を、そして社会を豊かなものとしていくことに役立っているという実感や幸福感が持て、より良い社会と幸福な人生の創り手となっていけるのではないかと考えてきた。

そこから考えれば、これからの理科授業においては、「獲得される知識」が、学問的に価値あるもの、自分たちの暮らしに役立つと実感されることは勿論、その獲得がこれからの自分の学びを更に成長させてくれるものであるという実感、そしてそれを獲得できた「自分の学び」に対する納得や価値付け、喜び、そして充実感をも実感できるような指導が一層大切になってくるだろう。そして、そのような取り組みを単元や学年毎に積み重ねていくことで、そのような「学び」を重ねてきた「自分の成長や生き方（ちょっと大袈裟かもしれないが）」そのものに対する充実感や喜びも持てるようにしていくことが重要ではないかと考えられる。

そして、それを可能にするのは、子供たち一人一人が、「自らの可能性を発揮」しながら「自分事の学び」として学習を進めていける「深い学び」が実現・継続していくことだろう。

このような、「自らの学びを自覚しながらの学び」は、「種としての人間」なればこその学びであり、「思考の目的を考えたり、目的のよさ・正しさ・美しさを判断したり（総則の基

本方針）」しながらの「学び」と言えるだろう。同時にこの学びは、個々の子供がそれぞれに、「自分なりに考えたり、感じたり、判断したり」することによる学びでもあり、それらは学ぶ子供たち個々の**「精神の自由」**から出てくると考えられる。

　したがって授業においては、この「人間なればこその学び」としての「良さ」を大事に、それが発揮され成長していけるための個を、そしてそれが実現できる学習環境を大事にしていくことが必要になってくると考えられる。

　そして、その「良さ」が授業において具体的に現れてくるのが、個々の**「知的好奇心」**であり、それを大事にすることが**「個性の尊重」**と考えられる。この「個性の尊重」とは、授業において、個々の考えを教師が尊重すると共に、子供たちの間でも、それぞれの相違を尊重し合うということであり、つまりは**「個の尊重」**ということになる。

　その結果、独創的な考えや取り組み、互いの高まりが可能になると考えられる。

　このような授業は、児童の**「学びの自立性」**と、個々の**「多様性」**、そして**「協働的な学び」**という様相になって現れてくると考えられる。そして、この「多様性」は、個々の**「主体性」**から生まれてくると思われる。

　では、このような授業を可能にする根本である「知的好奇心」の育成に向けて、どのように取り組めば良いのだろうか？先の検討によれば、「真正な学び」をどのように実現するかということである（P255の図参照）。

　理科の場合は、それぞれの児童が持つ素朴概念に基づく好奇心を大切にすることが、その出発点と考えられる。教師はそれをしっかり把握し、それを徐々に、自然に課題の解決につながるような「価値ある知的好奇心」に高め、向かわせることが大切と考えられる。

　具体的には、このような「価値ある知的好奇心」が、子供の自由な発想や思いから出てくるような事象の提示の仕方や場の設定、そしてそれが持続発展していく単元設計が大事になってくるだろう。そのためには、それを可能にするための子どもの見方・考え方の調査や把握、それを基にした深い教材研究に基づいた単元構成や教材開発等が重要になってくる。さらには、子どもの見方・考え方の育成を意識した学年間の単元の関係や系統性に基づく教材研究が、大事なポイントとなってくるだろう。子どもの見方・考え方の調査や把握の重要性については、〔**「子供に根強くある素朴概念の例と、その活用の重要性」**〕（P128）でも述べているが、第Ⅳ部の3年「太陽と地面の様子」単元でも方位概念に関して触れている。

　このように、その単元に関する子どもの素朴概念も含めて見方・考え方の実態を踏まえ、個々の捉えやこだわりの違いも大切にしながら、「価値ある知的好奇心」に沿って授業を進めていくことは、口で言う程簡単ではないが、互いの捉えの違いや共通点を共有させながら認め合い、互いの考えを深め合っていく展開が重要になってくると考えられる。

　このような授業展開を通した、「新たな価値」による「自他の人生や生活を豊かにしていく」学びとは、単に「物質的や機能的に自分達の人生や生活を豊かにしてくれる、使える価値」への納得した学びだけでなく、寧ろ自分自身の生活の在り方や生き方、生き甲斐にまで影響していくような「新たな価値」につながる実感を伴った学びと考えられる。

　つまり、目に見える形としての「もの」だけでなく、その人の「自己のキャリア形成の方

向性」に沿った育ちを促し、実感させてくれるものではないかと思える。

　この学びは、自分の主体性を大事にした学びであり、外から示されたゴールではない、自分自身の目指すゴールに向けた学びである。具体的には、授業における「本時のゴール」に達しただけでは満足せず、そこから生まれる新たな自分の疑問やこだわり、関心などから「それに続くゴール」に向けて学び続ける姿である。

　そこでは、素朴概念から始まる純粋な「知りたい」という動機から始まり、「自然の在り方」に関するきまりや法則性の追究に向かい、やがてそこから得られた「自然観」が、自分の生き方や社会の在り方を考えることにまでつながっていく、そしてその「追究自体」の在り方や「自然観」が、「自分の人生や生活を豊かにしてくれる」、そんな自覚を生み出すような学びではないかと思われる。

　ここまで、第7節「新たな価値」から、これからの授業を考えるにおける、の、4.「新たな価値」とは「理科（科学）を学ぶねらい」で、アインシュタインが述べた、「わたしが科学の仕事をするのは、自然界のもつ秘密を理解したいという強いあこがれからであって、ほかの気持ちはいっさいありません。一方、正義を愛するわたしの気持ちと、社会の向上に役立ちたいという努力は、科学的興味とは無関係のものです。」という科学者の多く見られる考え（P241）を出発点として、「理科（科学）を学ぶねらい」を検討してきたが、同じくアインシュタインは第2次世界大戦終了後に、次のようなメッセージを発表している[49]。「科学者には、原子力が人類を皆殺しにするために用いられないように制御しなければならないという、すべてのものに優先する責任が負わされている（下線筆者、同書P146）」。

　アインシュタインは純粋科学の偉大な発展と共に、例えば核兵器廃絶と科学技術の平和利用を訴えた、「ラッセル＝アインシュタイン宣言」でも有名である。また、広島に投下された原爆を作るきっかけとなった手紙を、ルーズベルト大統領に送ったことを終生後悔していた。

　自身がユダヤ人であることから迫害された経験も含めて、彼のこのような平和主義的な考え方や行動は広く知られているが、空間と時間を「平等な関係」として捉えることで見つけ出した相対性理論も、彼自身は上述のように「正義を愛するわたしの気持ちと、社会の向上に役立ちたいという努力」とは無関係と述べているが、自分はこれらは、アインシュタインという一人の人間の中から生まれてきた、人間と自然に対する「同じ考え方、感じ方、捉え方、信念」に基づく、平等で自由な精神から出てきたように感じられてならない。

　何だか話が大きくなり、「授業をする以前の人としての考え方、授業をする際の心得」のようになってしまったが、結局は授業に対する教師の構え、つまり「教師の持つ自然観、児童観、指導観、授業観」が決定的に大事なのではないかと思う。

　このような思いを持って、第Ⅳ部では、十分ではないが具体的な単元における指導要領の内容を検討してみるが、その前にもう1つ検討してみたいことがある。

第10節　「新たな価値」と「令和の日本型学校教育」

　2017年に今回の学習指導要領が告示されてから4年後の2021年1月26日に中央教育審

議会から「『令和の日本型学校教育』の構築を目指して〜全ての子供たちの可能性を引き出す、個別最適な学びと、協働的な学びの実現〜（答申）[44]」が出された。

　自分は当初、最近の GIGA スクール構想や学校における働き方改革の推進、そしてコロナ禍などに対する現状への対策が、この答申のねらいではないかと捉え、「せっかく新学習指導要領を読み、その実践に取り組もうとしている時に、また新しいことが出たのか。」と、あまり好意的には捉えていなかった。

　しかし、実はこの答申を求めた文科大臣の諮問が出されたのが、今回の学習指導要領が告示された 2017 年の 2 年後の 2019 年 4 月で、答申が出たのが 2021 年 1 月 26 日、我が国における最初のコロナ感染者が出たのが 2020 年 1 月 15 日だったことを踏まえれば、コロナ禍の前、もっと言えば新学習指導要領告示後からの小学校の移行期間（2018、19 年）中に諮問が出されており、どうやら新学習指導要領の実施状況やコロナ禍における現状から諮問されたのではなく、その諮問を受けた検討の過程の中で、コロナ禍等の現状も踏まえた答申となったというのが実際のようである。

　それを裏付けるように、GIGA スクール構想や働き方改革に相当すると思われる内容も、諮問の（理由）の 1 ページ目に、"平成 28 年 12 月の中央教育審議会の答申「幼稚園、小学校、中学校、高等学校及び特別支援学校の学習指導要領等の改善及び必要な方策等について」を受けて改訂された学習指導要領の下で、それらの力を着実に育んでいくことが必要です。"と書かれている。つまり「今次学習指導要領の下で」ということで、これらの内容は、今回の学習指導要領と別に唐突に出てきたものではなく、その実現のために出されてきたことがわかる。

　では、自分が特に気になっていた「主体的・対話的で深い学び」との関係だが、これ関して以下の記述がある[50]。

　未来の社会を見据え、児童生徒の資質・能力を育成するに当たっては、このような学習指導要領の趣旨を踏まえ、「個別最適な学び」と「協働的な学び」という観点から学習指導の充実の方向性を改めて捉え直し、これまで培われてきた工夫とともに、ICT の新たな可能性を指導に生かすことで、主体的・対話的で深い学びの実現に向けた授業改善につなげていくことが重要と考えられます。

（「学習指導要領の趣旨の実現に向けた個別最適な学びと協働的な学びの一体的な充実に関する参考資料（令和 3 年 3 月版）」P7、文部科学省初等中等局教育課程課、下線筆者）

**　つまり、「個別最適な学び」と「協働的な学び」は、「主体的・対話的で深い学び」実現のための「観点」という位置付け**であることが分かる。

　そこで、ここではその内容の全体的な検討ではなく、自分がここまでの新学習指導要領の検討の結果、これからの教育で一番大事だと考えた「新たな価値」の実現について、どのように書かれているかに絞って検討してみたい。

1. 「令和の日本型学校教育」に「新たな価値」は書かれているか？

　結論から言えば、「新たな価値」という言葉は、この答申には見あたらない（と思う）。では、これからの教育ではこの「新たな価値」こそが大事と考えた自分の捉え方は間違っていたのだろうか？または、この「令和の日本型学校教育」の求める「価値」は、「新たな価値」とは別物なのだろうか？そこで再度答申を読んでみると、下に引用した部分が気になった。

第1部　総論

　1. 急激に変化する時代の中で育むべき資質・能力

○（現在の社会状況を述べている…省略）

○このように急激に変化する時代の中で、我が国の学校教育には、一人一人の児童生徒が、<u>自分のよさや可能性を認識する</u>とともに、あらゆる他者を価値のある存在として尊重し、多様な人々と協働しながら様々な社会的変化を乗り越え、<u>豊かな人生を切り拓き</u>、<u>持続可能な社会の創り手となる</u>ことができるよう、その資質・能力を育成することが求められている。（P3、下線筆者）

（「令和の日本型学校教育」の構築を目指して〜全ての子供たちの可能性を引き出す、個別最適な学びと、協働的な学びの実現〜（答申）令和3年1月26日中央教育審議会）

　これは「答申」の出だし（総論）の一部分である。標題にあるように、これから育てたい「資質・能力」、つまり教育の目標とすることについて書かれている大事な部分である。

　最初に、新学習指導要領で述べた「社会の変化が加速度を増し、複雑で予測困難となっている現状」を指摘し、新型コロナウイルス感染症がその一例であると述べた（上記の省略部分）後に続くのが上記の文である。

　一方、自分が考えてきた「新たな価値」とは、"<u>「再構成された知識の体系」を、価値ある「自分の力」として実感する価値</u>、及びそれを獲得できた自分の取り組みの有り様や、生活や社会に役立つことに対して感じる喜びや充実感という「新たな価値」"（P237）であった。

　比較すると、答申の文の<u>「自分のよさや可能性を認識する」</u>は、"<u>価値ある「自分の力」として実感する価値</u>"に通じ、<u>「豊かな人生を切り拓き、持続可能な社会の創り手となる」</u>は、"それを獲得できた自分の取り組みの有り様（豊かな人生を切り拓きに対応）や、<u>生活や社会に役立つことに対して感じる喜びや充実感（持続可能な社会の創り手となるに対応）という「新たな価値」</u>"に通じると考えられるのではないだろうか。

　このように捉えれば、この「令和の日本型学校教育」の目指すところも、自分の考える「新たな価値」の実現とあまり違いはないようだ。そうだとしたら、逆に、この「新たな価値」について、<u>学習指導要領の解釈から何らかの進展や具体化がなされているのだろうか？</u>そこで、その観点から内容を検討してみることにした。

2. 「個別最適な学びと協働的な学び」

　「令和の日本型学校教育」のポイントは、その副題にもある「個別最適な学びと協働的な学びの実現」だろう。そこで、これと「新たな価値」との関係を検討してみることにした。

　実は、今回「個別最適な学びと協働的な学び」が出されてきた経緯については、答申が出される1日前に出された「教育課程部会における審議のまとめ（令和3年1月25日中央教育審議会初等中等教育分科会教育課程部会）[50]」の2ページにある、2. 個別最適な学びと協働的な学びに詳しく書かれているので、そこから検討を始めたい。

3. 「個別最適な学び」

　まず（1）個に応じた指導と個別最適な学びについてということで「個別最適な学びと協働的な学び」の、「個別最適な学び」について書かれている。紙数の関係もあり、そのポイントを下記に記す。

---

1. 個別最適な学びと協働的な学び
(1) 個に応じた指導と個別最適な学びについて
・学習指導要領では昭和33年当時からずっと「個人差」に留意し、「個性」を生かす教育の実現を目指してきた。平成元年度はそのための「個に応じた指導」が挙げられた。
・「個に応じた指導」は、「子供の興味・関心を生かした自主的、主体的な学習」のため。
・平成28年答申では、子供一人一人の興味や関心、発達や学習の課題等を踏まえ、それぞれの個性に応じた学びを引き出し、一人一人の資質・能力を高めていくことが重要であるとされている。また、特に新学習指導要領では、「個に応じた指導」の一層の重視が必要とされている。
・新型コロナウイルス感染症による臨時休業の長期化により、多様な子供一人一人が自立した学習者として学び続けていけるようになっているか、が改めて焦点化され、「個に応じた指導」の充実が必要とされた。
・その「個に応じた指導」の在り方を、より具体的に以下に示す。（以上要約文責筆者）
○全ての子供に基礎的・基本的な知識・技能を確実に習得させ、思考力・判断力・表現力等や、自ら学習を調整しながら粘り強く学習に取り組む態度等を育成するためには、教師が支援の必要な子供により重点的な指導を行うことなどで効果的な指導を実現することや、子供一人一人の特性や学習進度、学習到達度等に応じ、指導方法・教材や学習時間等の柔軟な提供・設定を行うことなどの「指導の個別化」が必要である。
○基礎的・基本的な知識・技能や、言語能力、情報活用能力、問題発見・解決能力等の学習の基盤となる資質・能力等を土台として、幼児期からの様々な場を通じての体験活動から得た子供の興味・関心・キャリア形成の方向性等に応じ、探究において課題の設定、情報の収集、整理・分析、まとめ・表現を行う等、教師が子供一人一人に応じた学習活動や学習課題に取り組む機会を提供することで、子供自身が学習が最適となるよう調整する「学習の個性化」も必要である。

○以上の「指導の個別化」と「学習の個性化」を教師視点から整理した概念が「個に応じた指導」
であり、この「個に応じた指導」を学習者視点から整理した概念が「個別最適な学び」である。
（P3）
（「教育課程部会における審議のまとめ」令和3年1月25日中央教育審議会初等中等教育分科会教
育課程部会 P2〜3の要旨、文責筆者）

（1）一貫して追及してきた「個に応じた指導」の現実
上記の内容構成を下図に示した。

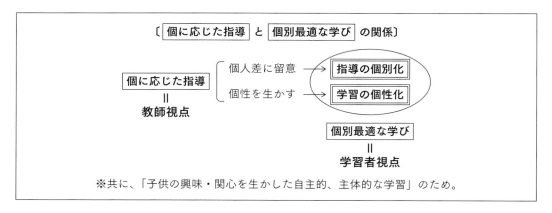

この文を読んでまず確認したいのは、「個に応じた指導」はこれまでもずっと目指してき
たということである。ただ、留意したいのはそれは専ら「教師視点」からだったという点だ
ろう。

その内容には「個人差」に留意する面と「個性」を生かす面とがあり、それらは共に「子
供の興味・関心を生かした自主的、主体的な学習」を目指すものであった。

ところが今回のコロナ禍で、「子供一人一人が自立した学習者」になっていたかどうかが
浮き彫りになり、"「個に応じた指導」の充実が必要とされた。"とある。どうして「個に応
じた指導」の充実がコロナ禍で課題になったのだろう。

コロナ禍における家庭での「自主的学習」の実情を見聞きすると、その多くは、学校や教
育委員会等の用意したプリントや、パソコン等からの情報提供を受けての、これまでの学習
の復習が多くを占め、新しい単元に関しても、説明を元にしたドリル的な取り組みや、決
まった展開に沿って書き込むプリント学習的なものが多かったようである（地域や学校によ
り差はあるだろうが）。つまり、子どもにとっては受動的な取り組みが主となっていたよう
に感じる。これは、"「個に応じた指導」が目指す「子供の興味・関心を生かした自主的、主
体的な学習」のため"という「自主的、主体的」というねらいの実現になっていたのだろう
か？このコロナ禍における「学びの現実」の表出が、図らずもこれまでの「個に応じた指
導」の課題を浮き彫りにしたのではないだろうか？

自分のこれまでの取り組みへの反省も込めて振り返れば、「個に応じた指導」の中の、特

に「個人差に留意」する点においては、「子供の興味・関心を生かした自主的、主体的な学習」というよりも、まず「分からせたい」という意識が先に立ってしまいがちだったような気がする。それが今回コロナ禍の中で、プリント学習的なものに多く取り組んだという実態につながったのではないかと推測される。

　この現状は、結局、子供自身が自分の力で学力向上を目指す学習ができるようにこれまで指導してきたのか、そのような取り組みに自信を持っていたのかという、私たち自身のこれまでの取り組みへの厳しい現実を示していたように思える。

　つまり、今回のコロナ禍によって、図らずもこれまで一貫して追及してきたはずの、「個に応じた指導」の現実があからさまになったと言えるのではないだろうか？

　上記の例で言えば、特に「個人差」に関した指導での、子どもの自主性や主体性の意義を、教師は十分理解していなかったということである。

　そこで、このような「個に応じた指導」における課題を念頭に置いて、その課題を解決するための「指導の個別化」と「学習の個性化」とはどのようなことか、要約部分の下から書かれている部分を見ていこう。

（2）「個に応じた指導」を実現する、個人差に留意した「指導の個別化」

　まず、「個に応じた指導」を実現するための「指導の個別化」について次の〇で述べている。

　ここでは、資質・能力の三つの柱に沿ってその育成を図る際、①支援の必要な子供により重点的な指導を行うこと、②子供一人一人の特性や学習進度、学習到達度等に応じ、指導方法・教材や学習時間等の柔軟な提供・設定を行うことなどという、主に２点からの「指導の個別化」が必要と書かれている。

　気を付けたいのは、①の支援の必要な子供への重点的な指導に関しても、②が大事になってくるのではないかということだ。自分も含めて、①の支援の必要な子供には、まず「できるようにすること」が何より大事だと考え、②に書かれている子供一人一人の特性や学習進度、学習到達度等の、特に「特性」をあまり考えずに「結果を求める」取り組みを急いできたのではないかということだ。

　この「特性」には、例えばその子の「問題を考える際や取り組む際の特性（じっくり考えるタイプ、図などに書き出してから視覚的に考えるのが得意なタイプなど）」も含まれると考えられるし、「学習進度、学習到達度等」に関しても、単にできる、できないだけでなく、「どのような考え方をしているのか、そのことでどのような理解まで進んでいるのか」等の、決してテストなどの点数だけでは評価できない内容も含んでいると考えられる。

　したがって、例えば計算のできない子に指導する際には、当座の計算をできるよう指導するだけでなく、その指導により、その子自身がこれからそのような計算に取り組んでいく際の取り組み方の分かりにつながることが大事であり、更に自らそのような計算にも今後粘り強く取り組んでいこうとする関心・意欲付けにもつながることが大事だと考えられる。

　上記の支援の必要な子に限らず、個に応じた指導をする際には、目の前の計算を「形式的に解ける」よう指導するのではなく、その意味を理解させることで関連した問題も解けるよ

うになる力を付けることが大事であり、さらにその指導の過程で、その計算法や考え方も、教師から与えられたものというより自分が気付き、見つけてきたという捉えができることで、これからも進んで考えていきたいという意欲を持てるようにしていくことが大事と考えられる。それが、先に挙げた"子供一人一人の特性や学習進度、学習到達度等に応じ、指導方法・教材や学習時間等の柔軟な提供・設定を行うことなどの「指導の個別化」"ではないかと思える。

　このように見てくると、「個に応じた指導」をする際に大事にしたいのが、資質・能力の三つ目に当たる"子供に「自ら学習を調整しながら粘り強く学習に取り組む態度等を育成する」"ことで、そのことで真に使える「知識・技能」の習得や、活用できる「思考力・判断力・表現力等」の育成が計られるということではないかと思える。そして、これは「支援の必要な子供により重点的な指導を行う」際に、より一層大事になってくるだろう。

　このように書くと理想論のように聞こえるかもしれないが、そうするための指導者としての具体的な「手立て」は様々に工夫できると思われる。ただ、大事なのは、このような、**児童の側に立った「学び観」に基づいた「指導観」を持つこと**だと考える。この「児童の側に立った」ということが、今回の「個別最適な学び」という学習者視点からの物言いになるのだろう。

〔「指導の個別化」について〕

　「個に応じた指導」を実現する「指導の個別化」には、何より子供一人一人に対しての、「**自ら学習を調整しながら粘り強く学習に取り組む態度等を育成する**」ことを意識しながらの指導が**大切**と考えられる。

　それが「支援の必要な子供に対する個人差」に対応する指導であっても、それも含めた「子供一人一人の特性や学習進度、学習到達度等に関する個人差」に対する指導方法、教材や学習時間等の柔軟な提供・設定を行うことなどの指導であっても、同様と考えられる。

　このように、「個に応じた指導」を、**児童の側に立った「学び観」**に基づいた「個人差に留意」して行うことを、「指導の個別化」と捉えた。それは、学習者視点からの「個別最適な学び」が実現することにつながると考えられる。

（3）「個に応じた指導」を実現する、個性を生かした「学習の個性化」

　次の○では、「個に応じた指導」を実現するためのもう1つの、"「個性」を生かす面"としての「学習の個性化」について書かれている。

　ここで留意したいのは、これは「探究において課題の設定、情報の収集、整理・分析、まとめ・表現を行う等」と書かれているように、子供一人一人（の個性）に応じた学習活動や学習課題に取り組む探究場面が対象と考えられることだ。その場合には、子供自身が学習が最適となるよう調整する「学習の個性化」も必要である、と述べている。

　ところで、この「調整」をするのは誰だろうか？それは学習する「子供自身」である。教

師はそのために「子供一人一人に応じた学習活動や学習課題に取り組む機会を提供する」だけである。では、その提供だけで子供たちは自ら学習が最適となるよう調整することができるのだろうか?

実はそれをねらい、それを可能にするのが、今回の提案である"「個に応じた指導」は、「子供の興味・関心・キャリア形成の方向性等に応じ」、「子供の興味・関心を生かした自主的、主体的な学習」のため"に行うということだろう。これは口で言うほど簡単なことではないが、少なくとも言えそうなのは、この取り組みの根本にあるのが、実は(2)の「個人差」でも書いた、「自ら学習を調整しながら粘り強く学習に取り組む態度等を育成する」という資質・能力育成ではないかと考える。

つまり、これは**「学びに向かう力、人間性」の育成**であり、自分のこだわりで言えば**主体性や好奇心の育成**であり、ひいてはそれが今考えている**「新たな価値」**にもつながってくるのではないかと考えが先走るが、それは後程考えるとして、とにかくここに来て、(2)の「個人差」も(3)の「個性化」も、「自ら学習を調整しながら粘り強く学習に取り組む態度等を育成する」という、「子ども自身の学習への向かい方」が重要ではないかと考えられる。

そのように考えれば、この「学習の個性化」は、**本格的な探究活動だけに限らず、理科で言えば各々の予想に沿った自由試行的な検証実験への取り組みなど、日常的な授業の中にも部分的に多く含まれると自分は考えたい**。以上から、「個に応じた指導」を実現する「学習の個性化」を、以下のように考えたい。

〔「学習の個性化」について〕

「個に応じた指導」を実現する「学習の個性化」には、教師が子供の興味・関心・キャリア形成の方向性等に応じて、子供一人一人に応じた学習活動や学習課題に取り組む機会を提供することが大事だが、何よりそのことで、子供自身が、学習が最適となるよう調整する「学習の個性化」を実現することが大事である。それには、(2)の「個人差」の場合と同じく、子供一人一人に「**自ら学習を調整しながら粘り強く学習に取り組む態度等を育成する**」ことを意識しながらの指導が**大切**と考えられる。

このように、「個に応じた指導」の「個性を生かす」部分を、**児童の側に立った「学び観」**に基づいた「学習の個別化」と捉えた。それは「個別最適な学び」という学習者視点からの物言いともなる。

---

(4)「個に応じた指導」と「個別最適な学び」～なぜ言い換えたのか?～

このように見てくると、児童の「個人差」に留意した「指導の個別化」と、「個性」を生かした「学習の個性化」によって、「個に応じた指導」が実現すると言えるが、その実現のポイントは、子供一人一人に「自ら学習を調整しながら粘り強く学習に取り組む態度等を育成する」ことではないかと考えてきた。つまり、最終的に「個に応じた指導」が実現するかどうかは、先にも触れたように「子供自身の学習への向かい方」如何によるのではないかと考えられる。

そして次の○では、この「個に応じた指導」を学習者視点から整理した概念が「個別最適な学び」である。と述べている。どうして「個に応じた指導」を、学習者視点からの「個別最適な学び」と言い換えたのだろうか？

それはここまでの考察からも明らかなように、「個に応じた指導」のための「指導の個別化」と「学習の個性化」が実現するには、「教師視点」からの取り組みだけでなく、学習者自身による**「学習者視点」からの意識と取り組みが何より必要**だからだろう。つまり、その子に合ったと「教師視点」で考えてきた取り組みが、子供自身による「学習者視点」から考えても合っていたかということだ。

ここには注意が必要で、この「学習者視点」から考える、というのは、教師が学習者視点に立って見るだけではなく、本当に学習者自身が自分の視点で見るということも含むということだ。

例えば、その子に合った指導をしてきたと教師側から考えてきた「個に応じた指導」が、はたして子供自身が「自分に合った個別最適な学び」と捉えているか、ということである（指導の個別化）。また、子供一人一人に応じた学習活動や学習課題に取り組む機会を提供することで、子供自身が学習が最適となるよう調整したと教師が考えても、子供自身が「学習が自分にとって最適となるよう調整した個別最適な学び」と捉えていたかということである（学習の個性化）。

このように、教師が目指す「個に応じた指導」の実現には、個々の子供が自覚して進めていく「個別最適な学び」の実現が欠かせないことから、このような「両者からの表現」になったのではないかと思える。当たり前だが、学習の主役は「子供自身」だということであるが、その「主役」自身の捉えが大事だということである。

〔「個に応じた指導」と「個別最適な学び」の関係〕

私たちは児童の「個人差」に留意し、「個性」を生かす教育の実現をずっと図ってきたが、これまではそれを「個に応じた指導」という教師側からの視点で表現してきた。そこに今回は、「個別最適な学び」という児童の視点からの表現も加えた。

このような児童の視点からの表現を加えたのは、何より児童側の視点に立った「児童自身による学びの自覚」が、これからの学びの実現に必要と考えられるからだろう。

「個に応じた指導」とは、教師がそれぞれの児童に対して行う個々に応じた適切な指導という意味であり、「個別最適な学び」とは、その「個に応じた指導」による学びが、**個々の学ぶ児童個人にとって個々に最適な学びである**ということである。したがって、この２つの関係はと言えば、**「個別最適な学び」が成立してこそ、「個に応じた指導」が成り立つ**と言える関係だろう。

4.「協働的な学び」

協働的な学びについては、以下のように書かれている。

（2）協働的な学びについて

○「個別最適な学び」が「孤立した学び」に陥らないよう、これまでも「日本型学校教育」において重視されてきた、探究的な学習や体験活動などを通じ、子供同士で、あるいは地域の方々をはじめ多様な他者と協働しながら、あらゆる他者を価値のある存在として尊重し、様々な社会的な変化を乗り越え、持続可能な社会の創り手となることができるよう、必要な資質・能力を育成する「協働的な学び」を充実することも重要である。

○「協働的な学び」においては、集団の中で個が埋没してしまうことがないよう、「主体的・対話的で深い学び」の実現に向けた授業改善につなげ、子供一人一人のよい点や可能性を生かすことで、異なる考え方が組み合わさり、よりよい学び（**個々にとって**）を生み出していくようにすることが大切である。例えば、優れた一斉授業は集団の中での個人に着目した指導や、子供同士の学び合い、多様な他者とともに問題の発見や解決に挑む授業展開などを内包するものであり、このような視点から授業改善を図っていくことが期待される。個々の子供の特性等も踏まえた上で、「協働的な学び」が充実するようきめ細かな工夫を行うことが重要である。

（「教育課程部会における審議のまとめ」令和3年1月25日中央教育審議会初等中等教育分科会教育課程部会 P4、括弧内、下線は筆者）

　これを読むと、協働的な学びは「個別最適な学び」が実現するため、という位置付けであることが分かる。またそのように考えると、「協働的な学び」とは、互いの「個別最適な学び」が高め合う学びであるとも考えられる。

　ところで自分はこれまで、この「協働」と「主体的・対話的で深い学び」の「対話」を、漠然と同じようなものと捉えていた。しかし改めて調べてみると、「協働とは協力して働くこと（広辞苑）」とある。つまり、協働には「ある目的に向かって、共に協力して取り組む」という意味があることがわかる。

　そのように捉えると、上記にある協働的な学びの例としての「地域の方々をはじめ多様な他者」の存在は、地域の方々をはじめ多様な他者の力を得ることで児童が自分の課題を解決するためだけの存在ではなく、協働することで、地域の方々や多様な他者の方々も、共に課題を解決していこうということだと考えられる。

　そこで、改めて「主体的・対話的で深い学び」における「対話」を見てみると、この「対話」には「子供同士の協働、教職員や地域の人との対話、先哲の考え方を手掛かりにして（総則編 P77、下線筆者）」とあるように、「子供同士の協働に加えて、教職員や地域の人との対話、先哲の考え方の手掛かり」が含まれているということに気付いた。つまり、「主体的・対話的で深い学び」の「対話」には、共に課題を解決していこうという「教職員や地域の人、そして先哲の考え方との協働」は含まれていないのではないかと考えられる。

　しかし、先哲の考え方との協働は別として、ここに来て、今回の「協働的な学び」では、総則の捉えに加えて「教職員や地域の人との協働」もあり得ることを提案しているのではないだろうか？

例えば地域の人をゲストティーチャーとしてお呼びする授業があるが、これを元々の「対話」から考えれば、その場合は地域の人は単なる「解決のための情報の提供者」という位置付けになるが（互いに「対話」はするにしても）、今回の「協働」という関係から考えれば、**「共に課題を解決していくための協働者」**と考えられる場合もあるということである。

　例えば社会科での「地域の商店街を活性化しよう。」などの課題解決学習では、その学びの成果は児童は勿論、ゲストティーチャーや取材対象となった商店街の人々にも還元されるはずである。

　つまり、子供たちとの「対話（協働）」により、地域の方々も課題に対するなにがしかの理解や気付きを得られることもあるのではないかということである。

　また、「教職員との協働」は、自分の経験から言ってもとても大事なものではないかと思える。自分は教師として、自分が持っている知識や技能を教えるだけでなく、子供と共に授業の中で考え取り組む（協働）中で、自分も新たな気付きを得られたり、新たに学ぶことができ成長できたことを何回も経験してきた。それは「教師としての指導技術を学ぶ」ということだけではなく、真に学習対象に関しての新たな見方・考え方に授業の中で気付いたり、自分自身の深い学びを実感したりできたことだ（その経験の価値は、結局は子供に還元される）。

　その意味では、そんな時には教師自身にも「個別最適な学び」が実現していたと言えるのではないだろうか（例えば第Ⅳ部で考える「磁石（３年）」の単元での、磁力により鉄が磁石になることで釘が磁石に付く、という捉えについて等）。

　さらに言えば、そのように協働しながら学んでいる教師の姿勢も、子供たちの学びの意欲に大きな影響を与えているのではないかと思える。

　このように考えると、上記の「あらゆる他者を価値のある存在として尊重し」とは、子供たち同士も含めて、地域の方々や多様な他者の方々、そして教師も含めて、共に課題を解決していこうとする大事な価値ある存在として考えるべきではないだろうか？そしてそのように「学び」の在り方を考えることが、子供たち一人一人にとっての「個別最適な学び」を保障する授業を進めていける、教師の根本的な「授業の捉え」ではないかと感じる。

　このように見てくると、「個別最適な学び」というと何となく個々ばらばらの学びと考えられやすいがそうではなく、互いに協働することで実現するということを１点目では述べていると考えられる。

　この協働が大事という１点目を受けた２つ目の○では、“「協働的な学び」においては、集団の中で個が埋没してしまうことがないよう、「主体的・対話的で深い学び」の実現に向けた授業改善につなげ”ることが大事と、１点目の留意点のようなつながりで、「個別最適な学び」が「孤立した学び」に陥らないような「協働的な学び」という位置付けで書かれているように思える。それはその通りなのだが、ここでの議論を踏まえれば、「対話的な学び」も、自己の学びだけでなく、関わった他者も高める「協働」の意味も含めるという捉えを加えても良いのではないかと個人的には思える。

　ここまでの議論を踏まえれば、ここで言っているのは、「集団の中で個が埋没してしまう」ような授業は、そもそも「協働的な学び」になっていない、ということだろう。

自分の授業における反省も踏まえてだが、この文にある「よりよい学びを生み出し」を、これまでは「クラス全体として、よりよい学びを生み出した（目標に達成した）」と捉えがちだったし、「個々の子供の特性等も踏まえた上で、『協働的な学び』が充実するよう」も、「クラス全体の学びが目標に達成するよう、個々の子供の特性を活用する」と、何れもクラス全体からの視点から考えがちだったと反省させられる。

　以上の検討から、「協働的な学び」とは、「互いに学び合い、高め合うための学び」であり、それは個々の子供の「個別最適な学び」が実現するための学びではないかと考えられそうだ。

　しかし一方で、前述の「教育課程部会における審議のまとめ（P266）」にある、"子供同士で、あるいは地域の方々をはじめ多様な他者と協働しながら、あらゆる他者を価値のある存在として尊重し、様々な社会的な変化を乗り越え、持続可能な社会の創り手となることができるよう、必要な資質・能力を育成する「協働的な学び」を充実することも重要である。（下線筆者）"を読むと、それだけが目的ではなく、「協働的な学び」自体も、「持続可能な社会」を創るための大事な学びでもあると考えられる。

　つまり、「協働的な学び」は「個別最適な学び」の実現にとって、なくてはならない関係にあるとは思うのだが、同時に**「協働的な学び」自体が可能にする「持続可能な社会」の実現**のためにも、大事な学びであると考えられる。

〔改めて「協働的な学び」から考える、「主体的・協働的な学び」〕

　このように、令和3年に出された「教育課程部会における審議のまとめ」を検討してくると、「協働的な学び」は、「個別最適な学び」を実現させ、「主体的・対話的で深い学び」の実現に向けた授業改善につなげることが、その目的であると考えられる一方、そのような学びが可能にする「持続可能な社会」自体の実現のためでもあると考えられる。そこで思い出したのが、そもそも今回の「主体的・対話的で深い学び」が提案される前に、それが「主体的・協働的な学び（いわゆるアクティブ・ラーニング）」という形で、そこに「協働的」が含まれて提案されていたことだ。

　この「主体的・協働的な学び（いわゆるアクティブ・ラーニング）」が「主体的・対話的で深い学び」という表現に変わっていった経緯についての自分の考えは、拙著[4]のP83以降に詳しく書いたが、その結果を簡単に書けば、「主体的・協働的な学び（いわゆるアクティブ・ラーニング）」に目指す「深い学び」の概念は含まれていたのだが、「主体的・協働的な学び（いわゆるアクティブ・ラーニング）」という表現ではそれが伝わりにくい（形式的にとられる）懸念もあり、「主体的・対話的で深い学び」という表現に変わったのではないかということだ。

　では、この「主体的・協働的な学び（いわゆるアクティブ・ラーニング）」はどこから出てきたのかと言うと、それは今回の学習指導要領作成に向けての諮問[5]からであった。そこで、改めてこの諮問の中の「協働」に関する部分を読んでみると、以下のような記述が目に留まった。

これからの我が国の課題を揚げた後で、「我が国の将来を担う子供たちには、こうした変化を乗り越え、<u>伝統や文化に立脚し</u>、高い志や意欲を持つ自立した人間として、他者と<u>協働</u>しながら価値の創造に挑み、<u>未来を切り開いていく力</u>を身に付けることが求められます。（下線筆者）」とある。これを今読むと、「協働」は、「個別最適な学び」を実現させるためには勿論だが、我が国の伝統や文化に立脚しながら、価値の創造に挑み、未来を切り開いていくことで、「持続可能な社会」を実現していくためにも必要であることが分かる。

　したがってこの「協働」は、単なる「対話」ではなく、ここで検討した「深い学びを伴う協働」であり、それは、個の「主体的学び」を育てるためにも、そして「持続可能な社会」を実現するためにも必要不可欠なものであると考えられる（自分はどうしてもこれまで、個の主体的な学びに重きを置きすぎる傾向があった）。

　このように考えれば、"「協働的な学び」は「個別最適な学び」の実現にとって、なくてはならない関係にあるとは思われるが、同時に<u>「協働的な学び」自体が可能にする</u><u>「持続可能な社会」の実現</u>のためにも、大事な学びであると考えられる。（P269）"という自分の捉えは、この「主体的・協働的な学び」の「協働的な学び」と相通じるものがあるのではないかと気付かされた。

　勿論、「個別最適な学びと協働的な学び」の「協働的な学び」は、「主体的・対話的で深い学び」実現のための「観点」という位置付け（P260）なのだが、そこには、「主体的・対話的で深い学び」で自分が大切だと考えてきた「主体性」という共通基盤があるような気がする。

　先の、「学習指導要領の趣旨の実現に向けた個別最適な学びと協働的な学びの一体的な充実に関する参考資料（令和3年3月版）」の「1. 本資料作成の趣旨」には、「多様な子供たちを誰一人取り残すことなく育成する**「個別最適な学び」**と、子供たちの多様な個性を最大限に生かす**「協働的な学び」の一体的な充実**が図られることが求められるとされています。（P1）」とあるが、この「多様な子供たち」を育成する**「個別最適な学び」の実現には**、個々の多様な個性を最大限に生かした**「協働的な学び」**による関わり合いが必要であり、また、**個々の**多様な個性を最大限に生かした「協働的な学び」の実現には、**「個別最適な学び」**による多様な子供たちの関わり合いが必要になってくるだろう。**その結果、多様な個々による**「価値の創造に挑み、未来を切り開いていく力」によって、「持続可能な社会」が実現していくものと考えられる。それが「一体的な充実を図る」ということではないだろうか。

　協同でも、共同でもない「協働」的学びが、今回の学習指導要領が目指す「知識の理解の質」を更に高めた「確かな学力」の育成につながり、「新たな価値」を生み出していくことにつながるのではないかと考えられる。

　今回の学習指導要領作成に当たっての諮問段階からあった「主体的」と「協働的」という言葉の意味と関係を、今一度確認してみることも大事ではないかと思える。

5. 「個別最適な学びと協働的な学び」と「新たな価値」

　ここで、以上見てきた「個別最適な学びと協働的な学び」と、「新たな価値」の関係を検討してみる。

　自分がこれまでこれからの教育で大事だと考えてきた「新たな価値」とは、「再構成された知識の体系」を、「自分の力」として価値あるものと実感することの価値、及びそれを獲得できた自分の取り組みの有り様に対して感じる喜びや充実感という価値であった。そして、この「新たな価値」によって、「再構成された知識」が、自分の人生や生活を、そして社会を豊かなものとしていくことに役立っているという実感や幸福感が持て、よりよい社会と幸福な人生の創り手となっていけるのではないかと考えてきた（P237）。

　この中の、「それ（価値あるもの）を獲得できた自分の取り組みの有り様に対して感じる喜びや充実感という価値」部分が、特に「個別最適な学び」の意義に関係しているように思える。それは「個別最適な学び」とは、子供自身が「学習が自分にとって最適となるよう調整した個別最適な学び」であると捉え、そのように納得しながら学び続けることから、「自分の取り組みの有り様に対して持つ喜びや充実感」という価値が実感されると思うからである。そして、そのような学びを実現させるものが、学び合う者が互いに行う「協働的な学び」であると考えられる。

　このように見てくると、「学ぶ主体としての個」を大切にした、「新たな価値」を求める教育が、これから益々大切になってくるのではないだろうか？そしてそれを支援する有効な「手立て」として打ち出されたのが、今回注目されている GIGA スクール構想による「一人一台端末」や「ネットワーク環境の日常的な活用の推進」等と考えられる。これらの取り組みにあたっては、このような、学習指導要領に基づく「ねらい」からの具体的な活動の推進という点を忘れてはならないだろう。

　このように考えてくると、先に「令和の日本型学校教育」の提案により、「新たな価値」について、学習指導要領の解釈から何らかの進展や具体化がなされているのかという自分の疑問（P260）を書いたが、その回答としては、これまで大事にしてきた「個に応じた指導」を、内容は同じながら、子供の視点から捉える「個別最適な学び」の実現を図ると捉え直したことで、同じく子供主体の考え方を重視する「新たな価値」の実現の一層の重要性を再確認すると共に、より明確で具体的な取り組みがなされてきたと考えられる。

　そして、この考え方の根底にあるのが、これまで学習指導要領の分析で考えてきたように、学ぶ子供たち個々の「精神の自由」から出てくる個々の「知的好奇心」こそが学びの原点であり、それを保障するのが「個性の尊重」であり、つまりは「個の尊重」という考え方である。そして、そこを貫いて流れているのが、個々の**「主体性」から生まれてくる「学びの自立性」の重要性**だろう。

6.「主体的・対話的で深い学び」と「令和の日本型学校教育」の関係

　先に"せっかく新学習指導要領を読み、「主体的・対話的で深い学び」の実践に取り組もうとしていた時に、個別最適な学びと協働的な学びの実現を目指す「令和の日本型学校教育」が出されたことに最初はあまり好意的には考えていなかった（P259）"と書いたが、以上のような検討を踏まえた上で再度考えると、この「令和の日本型学校教育」は、何より**子供自身が「本当にわかる」ことこそが、「主体的・対話的で深い学び」で目指していたことであり、そのための子供自身が実感する「個別最適な学び」が大事であり、そのための「協働的な学び」を大事にする必要がある**、と言っているのではないかと気がついた。これからも、あくまで「主体的・対話的で深い学び」の実現を目指すと同時に、それが目指すのは、子供自身が「本当にわかる」ことなのだということを再確認することが重要と考えられる。

第11節　これからの学びと「新たな価値」 〜ここまでのまとめ〜

1.　改めて考える「新たな価値」の出発点としての「知識の理解の質を更に高め」

　ここまで「新たな価値」について様々に考えてきたが、改めて思い起こすと気がついたことがある。それは、今回の学習指導要領改訂の基本方針について検討した際の「知識の理解の質を更に高め」についてである。

　「知識の理解の質を更に高める」については P42 で、「確かな学力育成のための資質・能力である知識・技能の習得と思考力・表現力・判断力等育成のバランスを重視した 20 年改訂における「知識の理解の質」をさらに高めた考え方」であり、それは「生きる力」にある「自ら問題を見付け、自ら学び、自ら考え、主体的に判断し、行動し、よりよく問題を解決する資質や能力」の育成が、その要となると考えてきた。そして今回提案した「資質・能力の三つの柱」の育成の基盤として「学びに向かう力・人間性等」があり、結果としての「知識・技能」がある、という捉えと考えてきた。

　つまり、「知識の理解の質を更に高める」の「**更に高める**」とは、**"学ぶ教科等の内容としての「知識・技能」習得の基盤には、「学びに向かう力・人間性等」があるという考え方"を加える（再確認する）ことで、習得する「知識・技能」の質が「更に高まる」、ということではないか**というのが自分の捉えであり、それを実現させていくのが今回の「主体的・対話的で深い学び」と考えられる。その結果として「学習の質」が高まる（解説編 P3）と書かれているのではないだろうか、という捉えである。

　この考え方に、更に「見方・考え方」の分析からの、「個々の見方・考え方に基づく主体的な学び」が、「知識の理解の質を更に高める」ことにつながると考えてきた（P56）。

　このように見てくると、**今回の「知識の理解の質を更に高める」ことこそが、学びにおける「新たな価値」を求める学びにつながるのではないのか**と思われる。

つまり、個々の学びの原点である「知的好奇心」を、「知識・技能」、「思考力・判断力、表現力等」と、「学びに向かう力、人間性等（主体性）」とを橋渡しする「見方・考え方」の価値を大事にしながら、「個性の尊重」を大事に学びを進めていくことで、「知識の理解の質が更に高まり」、それが、これから求める「新たな価値」の育成につながるのではないかと考えられる。

　この「令和の日本型学校教育」を含めた今回の学習指導要領の捉えによって、<u>子ども主体の考え方を重視する「新たな価値」の実現の一層の重要性が再確認されると共に、より明確で具体的な取り組みが提案されてきた</u>と考えられる。

　そして、この考え方の根底にあるのが、これまで学習指導要領の分析で考えてきたように、学ぶ子ども達個々の「精神の自由」から出てくる個々の「知的好奇心」こそが学びの原点であり、それを保障するのが「個性の尊重」であり、つまりは「個の尊重」という考え方だろう。そして、そこを貫いて流れているのが、個々の「主体性」から生まれてくる「学びの自立性」の重要性と考えられる。

2.「協働的な学び」と「新たな価値」の関係

　ここまで、「新たな価値」実現のための、専ら子ども個人の変容の在り方を中心に考えてきた。つまり、「新たな価値」によって、「再構成された知識」が、子供たち一人一人の人生や生活を、そして社会を豊かなものとしていくという捉えである。

　それは、「社会を豊かなものとしていく」のは、あくまで子供たち一人一人の人生や生活が豊かになった結果という捉えだった。しかし、個人と社会との関係には、大事な相互作用の関係があるのではないかと思わせる次の様な文章（要約）が目に留まった。

・「第6期科学技術・イノベーション基本計画（21年3月）」のイノベーション基本計画の3つの柱の3番目に「一人ひとりの多様な幸せと課題への挑戦を実現する教育・人材育成」を掲げ、初等中等教育にウイングを広げた。

・コロナ禍で、学校の横並び文化や、社会全体の同調圧力という問題が浮き彫りになった。これはイノベーションの最大の敵。経済的価値だけでなく、公正や尊厳などの社会的な価値も含めて、<u>新しい価値を生み出す</u>ことも含まれる。

・科学技術基本法を「科学技術・イノベーション基本法」（21年4月施行）に変えた際、イノベーションの定義も変えている。新商品または新役務の開発という経済的価値だけでなく、<u>「その他の創造的活動」</u>として、<u>社会的価値</u>も含めたものとされた。それには、異なる文化や考え方との対話、他者との<u>協働</u>が不可欠。

・令和答申が重ねて強調しているように、公教育には個別最適な学びだけでなく、<u>社会につながる協働的な学び</u>が不可欠。

（「学習指導要領「次期改訂」をどうする」48 から合田哲雄氏のインタビュー部分の要約、文責、下線筆者）

ここに、「新しい価値」という言葉のあることに注目したい。元々は「科学技術・イノベーション基本法」からのものだが、その初等・中等教育に関する内容として、イノベーションの定義を経済的価値だけでなく「その他の創造的活動」として、広く「社会的価値」も含めたものとされている。

　この新たに加えられた「社会的価値」には、「異なる文化や考え方との対話、他者との協働が不可欠」ということで、ここには、自分がこれまで「新たな価値」として考えてきた、「再構成された知識」が子供たち一人一人の人生や生活を、そして社会を豊かなものとしていくという「創造的活動」が主要なものとして含まれていると考えられる。なぜなら、「異なる文化や考え方との対話、他者との協働」が「再構成された知識」を創り出すと考えられるからである。

　このように考えてくると、確かに「新たな価値」が目指しているのは、まずは個々の子供の「人生や生活を豊かにしていく学び」と考えられるが、同時にその実現が可能になるには、社会全体がそれを価値あるものとして共有して認め、推奨していくことが必要なのではないかということだ。

　つまり自分はこれまで、個と社会の関係を、個から社会への働きかけや影響を主に考えていたが、上記の文章から、社会全体で共有した認識による社会から個の育ちへの働きかけの重要性も感じた。

　そのように考えると、「公教育には個別最適な学びだけでなく、社会につながる協働的な学びが不可欠。」という一文には、これまで考えていた「個別最適な学びには、協働的な学びが不可欠」という、個の学びを中心に考えていた「協働的な学び」の捉えと共に、「社会につながる協働的な学び」の実現こそが、社会全体で「新たな価値」を実現していくことにつながるという、社会から個への働き掛けという捉え、さらには協働による社会自体の「新たな価値の実現」も含まれているのではないかと感じた。うまくは書けないが、「協働的な学び」について、「個別最適な学び」実現のための「協働的な学び」という位置付けだけでなく、「協働的な学び」の、「学びを互いに協働する」という「働き自体」が、社会全体としての価値も高めることになる、ということだと考えられる。それが、「個別最適な学びと、協働的な学びの実現」というように、この両者を並列的に謳った理由ではないだろうか。

3. 「人間の最も大きな強み」とは何か？ の回答

　本書の冒頭で、AIにも負けないような「人間の最も大きな強み」とは何かという疑問への回答を得ることが、本書の大きな目的の1つだと書いた。その自分なりの回答を出す段階に来たと感じる。

　ここまでの議論を踏まえれば、この「人間の最も大きな強み」とは、AIに勝つとか負けるとかいうことではなく、また、「AIにはできないことをやる」等という、AIを過度に意識したものでもなく、人が人として大事な「学び」の特性そのもののことであり、結果としてそれがAIには真似ることができない「人間の最も大きな強み」になると捉えたい。

具体的にその「最も大きな強み」とは、これまでの議論を踏まえて言うと**「知的好奇心に基づいた主体的な問題解決をし続けていける能力」**であると考える。そして、この能力の源泉は、**「この問題解決活動自体、及びその取り組みによる自分自身の『学びの再構成による』成長や変容を、やり甲斐や生き甲斐と実感できる能力」**であり、この能力こそが「人間の最も大きな強み」ではないかと考えられる。言葉を変えれば、この能力が、ここまで考えてきた「新たな価値」と言えるのではないだろうか？

つまり、自ら進んで課題の解決に取り組み続け、次々と問題解決をし続けると共に、それに伴う学びの再構成により常に自己変容をし続けていける、そしてそのような「自己の有り様」に、やり甲斐や生き甲斐を感じることができる、そのような能力を持てることが「新たな価値」の獲得であり、これこそが人間としての強みではないだろうか？

更に言うならば、そのような取り組みを「個」としてだけでなく、「集団（社会）」として続けていけることで、より「個の取り組み」が充実し、さらに「集団（社会）としての取り組み＝社会の有り様」自体も充実していけるという、「集団として生きていく人間としての強み」ということではないだろうか？

第10節から考えてきた「令和の日本型学校教育」における「個別最適な学びと協働的な学び」を「新たな価値」の面から考察してきた結果も加えて、理科を窓口とした自分なりの「これからの学び」について考えてきたここまでの考えを、文章と一覧図で以下にまとめてみる。

〔**「新たな価値」から考えるこれからの学び（理科を中心に）**〕
〜以下の展開図（P279）と見比べながら読んで下さい〜

①学ぶことの意味付け①＝「これまでの価値」付け

　…前回までの学習指導要領の捉え

・**「科学」と「科学的」の関係**…「科学の理論や法則は科学者という人間が創造したものである」という「科学」に対する構成主義的な考え方に立ち、その「科学」を「人間が公認し共有する基本的な条件が、実証性や再現性、客観性などである。」と、「科学」が「科学的」になるための条件を考える。

・**「科学」と「主体性」の関係**…したがって、人間が創造した「科学」とは元々、「人間（子供）の自然の捉え」による「自然認識」から生まれてきたものと考えられ、「科学」は人間の「主体性」と深いつながりがあると考えられる。

・**「実証性や再現性、客観性」という「科学的」条件の捉え方**…このように、「科学」と「科学的」の関係を捉えた結果、「実証性や再現性、客観性」とは、理科（科学）の「真理」を担保する条件ではなく、「理科を学ぶ子供たち（人間）が、自分たちが創り上げてきた理論や法則を公認し、共有できる、共通理解のための必要条件」と言える。

・**「理科（科学）学習」のスタート**…このような「科学」と「科学的」の意味と関係から考えれば、**「科学する（理科を学ぶ）スタートは、個の主体性から」**という捉

えが、一層大事だと考えられる。

②学ぶことの意義付け②＝新たに加えた「新たな価値」を中心に
　…今回の学習指導要領の捉え
　・「人間の最も大きな強み」と「新たな価値」の関係…社会の大きな変化を伴う今だ
　　からこそ「人間の最も大きな強み」を伸ばす教育が必要であり、それが「新たな価
　　値につなげ、目的を再構築する学び」の取り組みにつながると考えられる。
　・「新たな価値」と「知識の理解の質を更に高める」、「学びに向かう力・人間性等（資
　　質・能力）」の関係…「新たな価値につなげ、目的を再構築する学び」を実現するに
　　は、「学ぶ意義」が明確に持て、「自ら学ぶ意欲」を持てることが必要と考える。今
　　回、前回よりも「知識の理解の質を更に高める」とあるが、これは、知識や技能の
　　習得の基盤には、「自ら学ぶ意欲」に関係する「学びに向かう力・人間性等」が必
　　要不可欠であるということと考えられる。つまり、「資質・能力の三つの柱」はど
　　れも大切で離れがたく関係しているが、敢えて言えばその育成の基盤として「学び
　　に向かう力・人間性等」の涵養があり、学びの経緯における「思考力・判断力・表
　　現力等」の育成、そして結果としての「知識・技能」の習得があるという捉えでは
　　ないかと考えられる。
　　　　これは①で考えた、前回の、「科学する（理科を学ぶ）スタートは、個の主体性
　　から」という捉えが大事だという考えにつながると考えられる。
　・「育成するもの」と「自ら育成するもの」…「学びに向かう力・人間性等」は、資
　　質・能力として育成するものだが、その基盤となる「主体性」には、「児童自ら育
　　成していくもの」という面がある。同じく児童が自ら育成し「思考力・判断力・表
　　現力等」を育てるものとして、「見方・考え方」がある。「自ら育成する」という共
　　通の基盤において、「見方・考え方」と「主体性」、は共に「学び」の根本として重
　　要であると考えられる。
　・「学ぶことの意味付け」としての「新たな価値」…このように見てくると、学ぶ主
　　体としての子供自身が、どのように学びへの意欲を持ち、学びを価値付けるかが、
　　重要になってくる。そのポイントは、誰のためでもない「自分ごとの学び」である
　　ということだろう。
　　　　このように、これまで大事にしてきた「学ぶことの意味付け」を、どう子供たち
　　一人一人の「学ぶことの意義付け」につなげていくかの重要性を提案したのが、今
　　回の「新たな価値」ではないかと考える。
　・「生き方、生き甲斐につながる学びの実感」としての「新たな価値」…つまり、こ
　　れまでの「分かった、できた」という「学び」の実感を、単に「物質的や機能的に
　　自分達の人生や生活を豊かにしてくれる、使える価値」へとつなげるだけの学びで
　　はなく、寧ろ「子供たち一人一人の、自分自身の生活の在り方や生き方、生き甲斐
　　にまで影響していくような学びの実感」につなげていくことが「新たな価値」であ

ると考える。

　言い換えれば、目に見える形としての「もの」を獲得するための学びだけでなく、その人の<u>**「自己のキャリア形成の方向性」**に沿った学び</u>であり、外から示されたゴールではない、<u>**自分自身の目指すゴールに向けた、主体性を大事にした学び**</u>であると考えられる。

　具体的には、授業における「本時のゴール」に達しただけでは満足せず、自分の疑問やこだわりから「自分が設定し続ける次のゴール」に向けて学び続ける「学びの姿」である。

　これまで取り組んできた<u>「学ぶことの意味」</u>を大切にした学びに、この<u>「学ぶことの意義」</u>を改めて確認して取り組むことで、真に子供たち一人一人が<u>「人として学ぶ意義のある学習」</u>を、主体的に進めていけると考えられる。

　このような学びを、個人として、そして集団として進めていけることが、「人間の最も大きな強み」と言えるだろう。そして、**その学びを実現させるのが「主体的、対話的で深い学び」**と言える。

③「純粋な学び」と「社会に役立つ（有用性）」の関係
　…科学、及び理科教育の意義を考える

・理科を学ぶことの意義…理科を学ぶことの意義は「純粋な学び」としての追究にあるのか、「社会に役立つ（有用性）」にあるのかは対立するものではなく、**自らの価値ある好奇心に導かれた学びは普遍的な学びにつながり、それゆえそれは応用や活用面での有用性にもつながっていく**と考えられる。したがって私たちは、子供が持つ素朴な見方や考え方、自然観に基づいた**「価値ある知的好奇心」**を生かしながら、学習を進めていく必要がある。

④学ぶことの意味付けと意義付けを実現するため
　…「令和の日本型学校教育」

・**「人として学ぶ意義のある学習」とは**…以上の考察から、子供たち一人一人が「人として学ぶ意義のある学習」を、主体的に進めていける教育を進めることが肝要だが、そのためには、**「個人差」に留意した、「個性」を生かす教育**が大事である。その取り組みはこれまでも続けられてきたが、改めて今<u>「個に応じた指導」の重要性</u>が言われてきたのは、②、③の「学ぶことの意義」から考えれば、<u>「個々の子供の知的好奇心に基づいた興味・関心を生かした自主的、主体的な学習」</u>の重要性が、今の時代にこそ重要になってきたからだろう。

・**「個に応じた指導」充実の必要性**…そこに今回、新型コロナウイルス感染症による臨時休業の長期化により、多様な子供たち一人一人が自立した学習者として学び続けていけるようになっているかが改めて問題視され、そこから<u>「個に応じた指導」の充実</u>が改めて必要とされ、「令和の日本型学校教育」の提案にも影響を与えたと

考えられる。

　課題は、子供たち一人一人が自立した学習者になり得ていないことであり、それを克服するための、「支援の必要な子供に、より重点的な指導を行うことなどで効果的な指導を実現する」ことや、「子供一人一人の特性や学習進度、学習到達度等に応じ、指導方法・教材や学習時間等の柔軟な提供・設定を行うこと」などの**「指導の個別化」**が提案されたが、大事なのは、これらの手立ては、**子供自身が「自ら学習を調整しながら粘り強く学習に取り組む態度等」を育成するため**だということである。これに加えて、子供の興味・関心・キャリア形成の方向性等に応じ、課題の設定、情報の収集、整理・分析、まとめ・表現を行う等、教師が子供一人一人に応じた学習活動や学習課題に取り組む機会を提供することで、**子供自身が学習が最適となるよう調整する「学習の個性化」**も必要である。

- **学習者視点からの「個別最適な学び」の重要性**…ここで大事なのは、この「指導の個別化」と「学習の個性化」は、共に教師が意識して指導するだけでは実現せず、**子供自身が意識して進めることが重要**だということである。そこでこれらを、教師視点から整理した概念が「個に応じた指導」、そして、この「個に応じた指導」を学習者視点から整理した概念を**「個別最適な学び」**と改めて表記し、両者からの捉えが重要であることを改めて確認していると考えられる。

- **「令和の日本型学校教育」の位置付け**…このように見てくると、「令和の日本型学校教育」は、今回の学習指導要領に新たに加えたものではなく、今の情報社会の活用、そして、新型コロナウイルス感染症により見えてきた課題を踏まえて、より今回の学習指導要領の提案、つまり**「子供自身が実感する学ぶことの意義付け」**を大事にしていこうということで提案されたものと考えられる。そして、この実現こそが「人間としての最も大きな強み」につながるのではないだろうか？

⑤ 「新たな価値」を実現させる、社会の捉え方の重要性

- ここまで主に、個人に着目した「個別最適な学び」の観点から「新たな価値」の実現を考えてきたが、社会との関係を考えた場合、「社会につながる協働的な学び」の実現こそが個人の学びを実現させること、そして、「新たな価値」の重要性を共有し実現していけるような「社会の実現」自体の価値を忘れてはならないだろう。

〔結論として〕

「人間の最も大きな強み」を「新たな価値」との関係から考える

- 自らの知的好奇心に基づき、自ら進んで問題解決活動に取り組み続け、自己変容をし続けていける、そこにやり甲斐や生き甲斐を感じることができる、それが「新たな価値」であり、これこそが「人間としての最も大きな強み」であり、その育成を、社会全体との関わり合いを大切にしながら図っていくのがこれからの「個に応じた指導」であり、「個別最適な学び」の実現ではないだろうか？

以上を一覧としてまとめたのが下図である。

〔「新たな価値」実現への理科教育の展開（案）〕

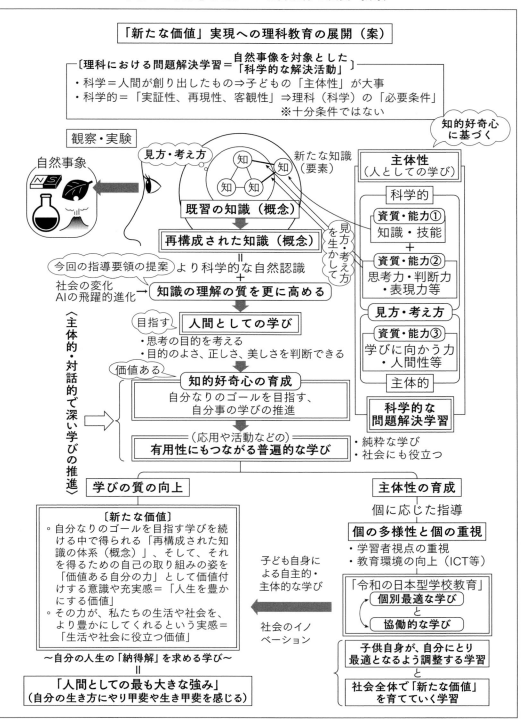

〔前回までの学習指導要領〕

　構成主義的な考え方を基に、「学ぶ」とは、「既習の知識（概念）」に新たな知識（要素）が有機的につながることで「再構成された知識（概念）」が形成される過程と考える。理科ではその際に「実証性、再現性、客観性」を吟味することで「より科学的な自然認識（概念）」が得られる。

　その際に働くのは基本的に「知識・技能」と「思考力・判断力・表現力等」だが、「主体的」である「科学的姿勢」がその際に大切なことから、「学ぶ個の主体性」の重要性が見えてくる。（前ページ図中の、知識が再構成される左図と、右の資質・能力①、②、③の関係）

〔今回の学習指導要領〕

　前回の学習指導要領を受け、また社会の大きな変化も伴い、ますます「人間なればの学び」を目指す教育の重要性が増し、それが今回の「新たな価値につなげ、目的を再構築する学び」という「人間の最も大きな強み」を生かした学びの実現へとつながる。

　この「新たな価値」の実現には、「学ぶ意義」が明確に持て「自ら学ぶ意欲」を持てることが必要で、特に「資質・能力③」の「学びに向かう力・人間性等」という「主体的態度」の育成が重要になると考えられる。

　この「資質・能力③」に関係した「見方・考え方」が、同じく関係する資質・能力①、②による「科学的追究」との間を橋渡しすることで、「主体性」に基づく「科学的な問題解決活動」が可能になる。その意味で「見方・考え方」は、「主体性と理科的概念を兼ねたもの」として重要である（図中の「主体性」と「科学的な問題解決活動」に囲まれ、「見方・考え方」でつながった「資質・能力」の①、②、③の関係）。

　このように考えると、「知識の理解の質を更に高める」とは「人間としての学びができるようになること」であり、それは、自分の思考の目的を考えたり、その目的のよさ、正しさ、美しさなどを判断できることであると考えられる。そして、その基盤としてあるのは、自然の不思議を知りたいという「知的好奇心」だろう。それは個々の思いから出てくるものであり、“自分なりのゴールを目指す「自分事の学び」の推進”につながる。これが、これから目指す「新たな価値」の実現につながるのだろう。

　それを実現させていく学びが、「主体的・対話的で深い学び」と考えられる。そして、ここから「個の多様性」、そして「個の重視」の重要性が再認識され、次の「令和の日本型学校教育」の推進につながると考えられる。

〔「令和の日本型学校教育」の提案及びその先を見据えて〕

　「令和の日本型学校教育」は、「知識の理解の質の向上」のために必要な、「人としての学び」実現のため、個々の子供たちの学びを保障するためのものと考えられる。その基本は「子供自身による自主的・主体的な学び」ということであり、それが「個別最適な学び」という、子供主体の言葉に表れている。そこで、「個別最適な学び」と「協働的な学び」の関係を考えてみる。

「個別最適な学び」は、学校における「協働的な学び」の推進を軽んじているのではなく、寧ろその推進によって、真の「個別最適な学び」が実現すると考えられる。そして、その結果、真の協働的な社会が実現していくと考えられる。なぜなら、「個別最適な学び」が実現するには、それを価値付けする社会共通の価値観の醸成が重要になると考えられるからだ。その価値観を広げるのは「協働的な学び」の推進だろう。したがって**「協働的な学び」は、直接的な「個別最適な学び」実現のためだけでなく、社会全体の「協働的な学び」の価値観を高めるためにも必要である**と考える。

　このように、「令和の日本型学校教育」は「学習指導要領」に新しいものを加えたものではなく、その「新たな価値」実現のためのものであるという捉えが大事だと考える。

　以上の考察から「新たな価値」を実現するこれからの理科教育の展開とは、自然の不思議を知りたいという、自然対象に対する「知的好奇心」から出発した「自分事の学び」の推進による、「自分の人生の納得解」を得るための、最終的には**「自己の在り方、存在観」を求め続ける営み**であると考えられる。

〔「二律背反的な対立的捉えの誤り」の、誤った捉え方〕

　これまで、知識が大事か、思考力、判断力、表現力が大事か等の「二律背反的」な対立的捉えの誤りについて度々書いてきた。

　しかしそれは、「知識も大事、思考力、判断力、表現力も大事」という、「あれもこれも大事」という単なる並列的で独立した要素の集合という捉えではない。

　「習得、活用、探究」も、知識や思考力、判断力、表現力も含む「資質・能力の三つの要素」も、「主体的、対話的で深い学び」も、そしてここで検討した「個別最適な学びと協働的な学び」も全て、それぞれにおける要素は「二律背反的」な位置付けではないが、しかしどの要素も「個々別々に大事」ということではなく、自分の捉えでは、何れにおける要素も「学ぶ主体」としての意識を出発点として互いに関連し、つながっていると考えられる。

　さらにそれぞれの学びも、主体に基づいて「思考力、判断力、表現力」を「活用」して「主体的、対話的で深い学び」を展開することで、「協働的な学び」を生かした「個別最適な学び」により「探究」の学びが実現し、「生きて働く知識」が「習得」できる関係にあると考えられる（随分乱暴な書き方だが）。

　つまり、「あれもこれも大事」ということで（その捉え自体は間違ってはいないだろうが）、それらの間の大事な関係を軽視した指導を行えば、却って子ども達は混乱し、余計な負荷の多い授業を受け、結局目指す学びの実現は困難になると考えられる。

「主体性の育成」から
「新たな価値」実現を考える

　ここまで、学習指導要領理科や総則の検討を基に、様々な関係資料や文献なども参考にしながら考察してきた結果、一貫してこれからの理科教育で大切なのは、一言で言えば児童の「主体性の育成」ではないかと考えてきたが、そのことについて最近の世の中の動向も見ながら再度考えてみたい。

1. 「チャットGPT」と「主体性」
～チャットGPTから「考え」を得ることはできるか？～

　最近「チャットGPT」に代表されるAIについての報道が目につく。自分はこの件に関して全くの素人だが、チャットGPTが作る文章をどう考えるか？特に教育の世界でどう考えるかが気になる。なぜなら、ここまで自分が大切に考えてきた「主体性の育成」との関係がよく分からないからだ。そこで自分なりに考えてみたい。

　過日の報道（NHKのインタビュー）で、チャットGPT開発者は、かつて「計算機」の導入を考えたときと同じように、チャットGPTは「適切な使い方」をすれば良いというような発言をしていた。しかし、「計算機」とチャットGPTは同じだろうか？「適切な使い方」とは、どのような使い方だろうか？

　自分が確認しておきたいと思うのは、チャットGPTの文章には「考え（思想）」がなく、したがって、その基となる「主体性」もなく、その文章は確率的に「ありそうな（関係する）事項」を、「整合性がありそうに」つなげただけの文章と考えられるということだ。

　自分は本書で、「科学」に関するクーンの「科学革命」の文章に対して、それに異を唱える都城秋穂氏の文章を紹介して検討したが（P168）、それは、それぞれの「文章」には、それぞれの著者の「思想（考え方）」、つまり「主体性」があることを前提とした上での検討だった。そして、その検討における「自分の主張」も、解釈する自分の力量に限定はされるものの、自分の主体性からのものであった。

　学者の書く文章に限らず、どのような文章でも、意見や考えを述べるような文章なら、浅い、深いに関わらず、そこには筆者の、その意見や考えのバックボーンになる考えや思想が、つまり主体性が、その根底にあるはずである。したがって私達は、目の前の文章を読みながら、実は、その見えない考えや思想の持ち主に対して、自分達なりに考えたり意見を

持ったりして、それを発信するのだと思う。

　しかしチャット GPT の書いた文章には、その基となる「考え（思想）」、つまり「主体性」がないと思われる。要求された事項に関しての様々な情報を集め、それをもっともらしくつなぎ合わせただけの文章には、その根本となる一貫した考えの論理や筋道があるはずがないからである。（あるように見えるかもしれないが）。

　その点で、**「チャット GPT」から「考え（思想）」を得ることはできない**と考える。

　一方でそのことを認めながらも、チャット GPT が書いた文章には様々な知見からの物言いがあり、自分で文章を書くときの参考にすれば良いのではないか？等という意見もあるが、このように見てくると、「チャット GPT の書いた、筆者としての一貫した考えのない文章」に対して、「この文章にはこのような考え（思想）があるのではないか」等と考えながら参考にすることには意味がないことが分かる。

　せいぜい「このような表現方法もあるのか」等と、表現レベルで参考にする程度ではないだろうか？または、自分が詳しく知っている内容についてなら、断片的に参考になる「情報」をいくつか拾えるかもしれない。その意味では役に立つこともあると考えられる。

　また、これも先日 NHK の番組で紹介していた、目が不自由な人が、製品の箱に記入してある様々な情報（成分、賞味期限、製造場所など）から必要な場所を音声出力で聞き取る場合など、必要に応じて情報を取捨選択してくれるチャット GPT の機能の便利さを述べていたが、そのような活用の有益性はあると思われる。

　但し、ここで検討したいのは「考えを得る」という、学びの目的からのものであり、その点からの吟味が、特に学習場面での活用を考える場合は大事だと思える。

2.「チャット GPT」と「理科教育」

　チャット GPT には主体性がないので、考えを持てない。この「考え（思想）」を持てることが AI にはできない「人間なればの強み」と考えれば、例えば「科学」と「科学的」の関係で考えてきた、「実証性、再現性、客観性」という「科学的」かどうかの「判定」という面は、機械的に検証するという意味においては AI でも「解決」できるかもしれないが、**「自然をどう捉えるか」という「考え」に基づいた「科学」自体は、人間にしか扱えないのではないか**と思われる。

　さらに言えば、先にも述べたように、「実証性、再現性、客観性」も機械的にではなく、「科学」の捉え方と結び付けて検証していくとしたならば（自分はそうあるべきと考えるが）、これもまたチャット GPT の扱いでは不可能と言えるだろう。

　理科の授業では、「自分は現象をどう捉えるのか？それはどのような考えからなのか？」を過去の自分や周りの友達の「考え」と比較しながら考え、自分の「自然の捉え」、つまり「自然観」を再構築して深化・拡大していくことが大事だと考えてきた。つまり、**自分なりの「自然観」を対象に主体的に学びを進め、それを自分なりに明らかにしていくことが理科の学習**だと考えられる。

この考えに立てば、このような学びの姿勢は、理科に限らず全ての学びにも共通するのではないだろうか。例えば国語で説明文なり物語文を読む場合、筆者はどのような考えの基にそれを書いたと考えるのかを、自分なりの物語観に立った捉えを友達の捉えと比較したりしながら見つめ直し、深めていくことが常に大事になってくるだろう（これは物語文を書いた作者がどういう人物で、どんな経歴を持っていたか等を知ることが必ずしも必要ということではない。その文章全体の根底に、一貫して流れている筆者の考え方や感じ方が、物語の主人公や説明文の展開の中にどのように存在しているのかを、読者が自分の「物語観や説明文観（こんな言葉はないだろうが）」に基づいて主体的に読み取るということだろう。それは、実際に作者がどう思っていたかに必ずしも一致する必要もないのではないかとさえ思える。最終的には、読者がどう考えているかが大事なのではないだろうか？。

　このように考えてくると、3. "人間が創造した「科学」の捉え方について（P152）で考えた理科における「自然のありよう」などの、「人間の学び」の対象が何なのかが大切になってくると考えられる。一方、チャットGPTの作成した文章や、そこから見えてくるように思える「考え」には、そのような「対象」に当たるものはなく、したがって「人間の学び」の対象にはなり得ないというのが自分の考えである。

　つまり、「自分の考える自然のありよう」ではなく、「これまで蓄積されてきた自然のありよう」からしか出発できないAIには、コペルニクスの天動説から地動説への変換や、ニュートンの考えるパラダイムからアインシュタインの考えるパラダイムに変換した科学革命は実現不可能と考えられる。

　この後も、チャットGPTに類したAI、さらにはより優れたAIも開発されてくるだろうが、自分はここに述べたような捉えを明確に持ち、適切な活用を図ることが今後益々大事ではないかと思える。

〔「記号接地問題」と「自然に基づく理科学習」〕

　言語学者の今井むつみ氏と認知科学者の秋田喜美氏の共著「言語の本質[52]」によれば、「ことばの意味を本当に理解するためには、まるごとの対象についての身体的な経験を持たなければならない（P iii）」とある。これが言語習得における「記号接地問題」である。そして、では習得する言葉は全て身体に直接つながっていなければならないか（接地する）というと、その必要はなく、「最初の一群のことばが身体に接地していればよい。（P126）」とある。

　そして、「現在のニューラルネット型AIは記号接地をせずに学習をすることができ、人間の創造性は実現できないにしろ、普通の人間よりもずっと大量の知識を蓄え、知識を使って説明を行い、問題を解決できる。一方、人間はどうだろう。（P190）」と書いて、そもそも記号接地して学ぶことでAIにはできない創造性を実現できるはずの人間が、その身体や自分の経験に接地できていない問題点を挙げている。

　これを読むと、「AI vs. 教科書が読めない子どもたち[53]」で新井紀子氏が、「AIと同じ間違いをする人間（P207）」として、現在の子ども達の学習状況を分析し、子ども達の能力は「AIに似ています。AIに似ているということは、AIに代替されやすい能力だということです。（P230）」と述

べ、AI に代替されない人材とは「意味を理解する能力」を持つ人材だと述べている（P232）ことに通じると思われる。

以上のような知見に基づいて「自然に基づく理科学習」の実現という点から考えれば、**「自然の意味を本当に理解するためには、まるごとの対象についての身体的な経験を持たなければならず」**、その意味では特にその最初の小学校段階までの経験が自己の自然認識として特に大切だと考えられると共に、その後の学習では、それを生かしながらの学び（必ずしも直接接地していなくても良い場合もある）を実現していくことが重要だと思われ、それが AI などにはマネできない人間の創造性を育むことにつながると考えられる。ここからも、「まるごとの対象についての身体的な経験」の重要性という点で、8.「価値ある知的好奇心」と「真正な学び」の関係（P252）で考えた「真正な学び」の重要性を再確認できるだろう。

先日、日経サイエンス[54]にあった「ChatGpT にはこんな数学パズルで勝てる」では、「2 つのミサイルが互いを撃ち落とすように飛んでいる。1 つは時速 9000 マイル、もう 1 つは時速 2 万 1000 マイル。両者の発射地点は 1317 マイル離れている。紙と鉛筆を使わずに、衝突 1 分前に両者がどれだけ離れているか計算しなさい。」という問題が紹介されていた。正解は、両者が 1 時間に近づく速さは 9000＋2 万 1000＝3 万マイルだから、1 分間には 60 で割って 500 マイルになる。衝突 1 分前ということだから、この 500 マイルが正解である。

ところが ChatGpT は、ここでは不用だった「発射地点は 1317 マイル離れている」という情報を使って、間違った解答をしたというのだ。先生方は、算数の文章題などで、解答に不用な数値や情報を入れた場合、それを使って「形式的」に問題を解こうとする子ども達の姿を見たことはないだろうか？「提供された情報は、全て使わなければならない」と考えるこの姿は、まさに「意味を理解する能力」を持たない、「AI と同じ間違いをする人間」そのものと言えるだろう。

その意味では、理科学習における、価値ある好奇心に基づいた「経験」の意義を、今一度考えてみる必要があるだろう。

※因みに、拙著「主体的・対話的で深く、新学習指導要領を読む[4]」では、似たような問題（列車のすれ違い問題）を、「構成された知識」と「イメージ」との関係から扱い、イメージを伴って構成された知識でなければ、本当に使える知識にはならないということを述べた。AI の登場により、この「イメージを伴った構成された知識」の持てることが、人間の人間たる特性であることが改めて実感できる。

3. 学びの対象としての「自然」の捉え方

では、理科が学びの対象とする「自然」には、チャット GPT が書く文章とは異なる、「自然自体」の「考え（真理）」にあたる「もの」があるのだろうか？

それについての自分の考えは、先に"中谷が言うように、自然界に宝物のように科学の真理があるのではないが、「自然のありよう」としての何らかの「姿」が自然の中にあるからこそ、「そこから何らかの規則性や一般性を求めよう」という「人間の持つ科学観」に基づいた「自然のありよう、科学のありよう」が導かれてくると考えられる（P165）。"と書い

たように、対象とする「自然の中」には、「自然のありよう」があると考えられるし、したがって少なくともそのような前提に立って、考えを深めていけるというのが自分の考えである。

4.「自分の頭で考える」ということの意味

　このチャット GPT の出現に対して、東京大学や京都大学の学長などが生徒に向けて、「自分の頭で考えること」の大事さを訴えているという報道があった。

　改めて、「自分の頭で考えること」とはどのようなことだろうか？この言葉は、自分も子ども達に幾度となく投げかけてきたものでもあり、おそらく読者の皆さんも大事にしてきた分かり切ったことのようにも思えるが、改めてここまでの議論を元に、「自分の頭で考える」とはどのようなことかを考えてみたい。

　「自分の頭で考える」とは、本書でのこれまでの自分の検討から考えれば、"自分の「見方・考え方」を用いて、これまでの「自分の既習の知識」、それを創り出してきた「思考力・判断力・表現力等」を駆使しながら、対象に「自らの追究意欲」を持って取り組むこと"と考えられる。

　但し、ここで大事になってくるのは、その学びの「対象」だろう。それは、上記に述べたように、科学（理科）で言えば、<u>「自然のありよう」としての何らかの「姿」を持つ「自然」と捉えた「もの」であり、自分も含めて「自分の頭で考えた人」により、そこから「法則やきまり」等と捉えた「もの」を導き出せるものであるべきではないだろうか？つまり、そのような「対象」であると自分が認めたことで、初めて「自分の頭で考える」ことができる、または「自分の頭で考える甲斐があり、価値がある」</u>と言えるのではないだろうか？

5.「納得解を求める」と「正解を求める」について

　このように「自分の頭で考えた」結果、得られるのは、自分なりの<u>「納得解」</u>だろう。それに対して<u>「正解は求めなくて良いのか？」</u>という疑問も出てくるだろう。

　しかし、「正解」とは何だろう？かつて、教員志望の大学生達を対象にした研修で、6年生の「水溶液の性質」単元の、「塩酸にアルミ片を入れると水素が発生し、残った液体を蒸発乾固するとアルミとは性質が異なる固体が発生する実験を行った後、子供たちがこの現象をどのように解釈するかという授業」における、子供たちが実際に描いた「モデル図」について検討させたことがあった。

　ある子供の、「アルミから水素が出て、その出た後の残りと塩酸がくっ付いて、白い粉（塩化アルミ）になった（この児童は、アルミを水素ともう1つの「何か」との化合物と考えていた）というモデル図を提示し、自分が教師だったらこれをどう評価するかと聞いたところ、学生達は一様に「このモデル図は間違いだ」と答えた。理由を聞くと「正解」である実際の化学反応式と異なるからということだった。

　しかし、子供たちの行った実験から得られる結果と、このモデル図の考え方には矛盾はな

い。また、反応をしっかり観察すればするほど、アルミの表面から水素の泡がわき出てくるようにも見える。つまり、ここまでの学びから考えれば、このモデル図の考え方は、実験結果を説明できる「納得解」と言えるのではないだろうか？

　そう言える大切なポイントは、このモデル図は、これまで習ってきた物理的な溶解（塩が水に溶ける現象など）とは異なる、「化学反応（元とは異なる物になる）により溶ける」という考え方に気付いている点である。

　「正解を求めなくても良いのか？」という疑問によくある「正解」とは、この場合で言うと「科学的に承認された、世の中に広く認められている答え」だろうが、この場合の子どものモデル図は、その授業の中で子ども達が、観察や実験結果を元に「自分の頭で考えた、これまで得られた結果に矛盾のないもの」であり、それを学級で検討すれば、「実証性、再現性、客観性」に基づく「（学級内で）科学的に承認されたもの」になる可能性は十分にある。

　この例のように、「自分の頭で考える」ことを大事にするならば、「正解」としてのゴールは**「自分なりの納得解」**ではないだろうか。

　勿論それは、自分勝手に考えた「独りよがりの解」という意味ではないし、今回の例で言えば、求める「化学反応」という考え方もクリアしている必要がある。

　この後、それが所謂「正解」にたどり着くまでには、その「納得解」が「正解」になるような、更なる取り組みが必要になってくるはずである（この場合で言えば、例えばアルミは化合物ではない、塩酸は水素原子を含んだ化合物であるという事実の提供、またはそれに気付くような追加実験の提供など）。

　その過程の中で、これまで「正解」と考えられていたことが、実はそうではなかったという「事実」が見つかるのが「発見」であり、それが「科学の進歩」につながると考えられる。その意味では、現在の科学の「正解」も、現時点での「納得解」と考えられるだろう。

　このように考えてきた結果、チャットGPTが求めているのは「納得解」に基づいた「正解」ではなく、直接「世の中に認められる正解」、或いは「そのつぎはぎ」ではないかと考えられる。改めて人間の学習とは何かと、その価値を考えさせられる。

6.　「主体性を育む」という意味と「新たな価値」

　自分が本書で一貫して追究してきた「子供の学び」の実現については、結局は、学ぶ子供の「主体性を育てること」が一番大事だと結論付けてきた。

　改めてその「主体性」を考えてみると、当たり前だがそれは、「主体（子供）」があってのものである。そしてこの「主体がある」とは、上に述べてきた「自分の頭で考える子供である」ということである。さらに言えば、「自分の頭で考えられる子供」の育成ではなく、**子供とは本来「自分の頭で考える存在」**と受けとめたい。

　そのように「子供」を捉えれば、本書でも検討してきたように、見方・考え方は子供自身が自ら育んでいくものであるように、子供には本来「主体」があるということは、「主体性」も本来子供の中にあり、それは子供自らが育んでいくべきもので、教師はそれを支援してい

くということになる。

　ただし、ここまでの議論を振り返って敢えて言えば、それは「主体性を育む」という（敢えて言えば）概念的な言葉にまとめるのではなく、子供という存在を**「自分の頭で考える存在と捉え、それを認め、大切にしながら、一つの解決に続く新しい課題を見付け、その解決に向けてさらに自分で考え続けていける」**ように育てていくことを目指すことであり、それは「知識の理解の質を更に高め」て「確かな学力を育成」するという「主体性に支えられた知識や技能」を創り続けることができることであり、それが「新たな価値」を獲得できる「人間としての学び」ではないだろうか。それは、AIにはない、個々の人間における「個別最適な学び」とも言えるだろう。

　では、改めて、そのような「新たな価値」を獲得できる「人間としての学び」には、何が必要だろうか？

　それには、「わかる」ことで得られる知識や技能、思考力・判断力・表現力等の向上は勿論必要だが、その**「知識の再構成」を実現させていく、知的好奇心に基づく「実感」**こそが、これからの主体的な学び、生き方を支え続けていく、つまり「新たな価値」を獲得していくための一番大事なものではないかというのが、ここまで考えてきた自分の捉えである（この「実感」には、「わかった、できた」という、内容の「納得の実感」と、「わかった、できた」という「自己肯定の喜びの実感」がある）。

　そして、その実現のための授業に取り組んでいくことが、今後益々大事になってくると考えた時、この"「わかる」という「知識の再構成」"自体の「実感」とは何か？どう育んでいけば良いのか、その「具体化」が課題になって見えてきた。

　そこで、それについて、第Ⅳ部で具体的ないくつかの単元について考察し、そのことについて考えてみることにした。

〔児童の学びに求める「知的好奇心」とは？〕

　自分が学びの出発点と考える児童の「好奇心」について、ここまで「自由な好奇心」、「価値ある好奇心」、「知的好奇心」など、様々な言い方をしてきた。

　ここで、改めて求める「好奇心」とは何かについてまとめておきたい。

　一般に「好奇心」と呼ばれるものの対象はいろいろある。例えば「幽霊はいるか？」というような疑問に対する好奇心もある。理科（科学）教育の立場から言えば、自分がそこに求める「好奇心」は、物理法則に基づいた「好奇心」である。但しそれは、物理法則ありきの固いものではなく（そもそもそれでは真の好奇心ではないだろう）、これまでの理科（科学）的な「見方・考え方」から自然に生まれる「自由な」好奇心であり、したがってこれまでの自己の経験や学びを踏まえた「探究心」に基づく「知的好奇心」と言えるだろう。

　その点から考えれば、「幽霊なんて科学的に考えればいるはずはない。」等と当初から考える捉え方は、「知的」でも何でもない。

　これからの理科の学びに求められるのは、「自分の内から自然にわき出てくる、これまでの科学的な見方・考え方に基づいた、探究したい！という知的好奇心」ではないだろうか。

実践編

「理論編」を受けて、具体的な単元を、理科の特徴である「見方」と、問題解決学習の特徴である「考え方」の面から、検討してみる。

第Ⅳ部
具体的単元の目標
及び内容の検討事例

　ここからは、具体的な単元をいくつか例にして、これまで述べてきた考え方に基づいていくつかの単元の内容を具体的に検討していきたい。

　検討する際のポイントは、先に述べた"「知識の再構成」を実現させていく「実感」"の在り方を考えていくことであり、具体的には、この「知識の再構成」を実現させる「わかった、できた」という**「納得の実感」**と、**「自己肯定の喜びの実感」**の２点について、その両方に関係する**「見方・考え方」**を中心に検討していきたい。

　その理由は、ここまで新学習指導要領を検討してきて明らかになった、何より子ども達の問題解決に向かう主体性を今回はより大事にしているという点に関して、その主体性と教科の本質とを結び付けるのが上記の「納得の実感」と、「自己肯定の喜びの実感」の両方に関係する「見方・考え方」だという捉え方からである。

　理科に関して言えば、特に「好奇心」の育成と継続を重点とした主体性の育成と、科学の本質の解明に向かう、科学的な「問題解決の力」を育む「問題解決の過程」の実現とが、理科の「見方・考え方」の育成と活用を介してどのようになされ、「新たな価値」の獲得につながる、「実感」を伴った求める「資質・能力」獲得の実現につながっているかが検討のポイントである。

　したがってどの単元の検討においても、その内容を網羅的に扱うものではないし、明日の授業に直ちに使えるような即効性のあるものでもないだろうが、先生方がその単元の授業の在り方を根本的に考える際の参考になればと考えている。

　なお、単元の授業設計を考える際は、〔**理科の「見方・考え方」を使って「問題解決の力」を育む「問題解決の過程」で育成する「資質・能力」（自作）**〕表（P15）を、参考にして欲しい。

第1章 「力」という「エネルギー」を主として扱う単元

1. 「風とゴムの力の働き（3年）」
エネルギーとしての「力」を実感する最初の単元

1. 学習指導要領の目標

> 風とゴムの働きについて、力と物の動く様子に着目して、それらを比較しながら調べる活動を通して、次の事項を身に付けることができるよう指導する。
>
> ア　次のことを理解するとともに、観察、実験などに関する技能を身に付けること。
>
> （ア）　風の力は、物を動かすことができること。また、風の力の大きさを変えると、物が動く様子も変わること。
>
> （イ）　ゴムの力は、物を動かすことができること。また、ゴムの力の大きさを変えると、動く様子も変わること。
>
> イ　風とゴムの力で物が動く様子について追究する中で、差異点や共通点を基に、風とゴムの力の働きについての問題を見いだし、表現すること。
>
> （学習指導要領解説理科編の目標、下線筆者）

〔見方・考え方〕

(1) 見方…「エネルギーの捉え方」＝主として量的・関係的な視点

(2) 考え方…「比較する」＝差異点や共通点を明らかにする

2. 「量的・関係的」な視点からの「見方」

・「量的」な捉え方とは、例えば「風の力は扇風機の目盛りで、ゴムの力は長さや本数で」というような「数字としての見える化」による量的な捉えと考えられる。確かにそれは客観的な比較のためには重要だが、同時に、それが数字だけの捉えにならないよう、これまでの「生活科」の取り組み等とも関連させた、体感による「量」の「実感」が大事になってくるだろう。

・2つの「関係的」な捉えが大事

　一方、「関係的な視点」に関しては、以下の2点が大事になってくるだろう。

①風、ゴムそれぞれにおける、「（量的に表した）力」と「物の動く様子」の関係＝「力が大きいほど、働き（物の動く様子）も大きくなる」という関係。

②風でもゴムでも①の「関係」は、同じように成り立つという関係＝これは、「風」と「ゴム」2つの素材を扱う理由になる。つまり、風とゴムのように力を働かせる物は違うが、共に「力」という「エネルギー」を発する①の関係を持つという点では、同じ（関係）ということ。これは、「風」と「ゴム」の働きを「エネルギー的」に見た時に、同じように働くとして見ることができる「見方」につながる。

3.「見方」を生かした「比較する」＝差異点や共通点を明らかにする「考え方」

・ここでは「量的・関係的な見方」から得られた実験結果を「比較」しながら検討する「考え方」が重要で、以下の3点に留意することが大事と思われる。

①実験結果の比較から傾向を導き出すための検証には、少なくとも3点（風の力の弱、中、強など）による比較が必要ではないか？（変化の傾向をつかむには、少なくとも3点の観測結果の比較が必要になる）

②比較による「関係性」を捉えるには、結果を表だけでなくグラフ化するなどして視覚的に変化や傾向が見やすいようにすることが大事（学年の発達段階を考え、●シールを貼ったグラフ化などの工夫が必要になるだろう）。

③各グループでの実験などで関係性を見つけた後、各々の結果を学級全体で比較することで共有し、差異点や共通点を明らかにしながら検討し、学級としてのより普遍的なきまりとして理解することが重要（客観性）。そのためにも、学級全体の結果が比較しやすいグラフ化などの手立てが有効になってくるだろう。

4.「力」を意識させる最初の単元

単元名がこれまで「風やゴムの働き」だったのが、新学習指導要領では「風とゴムの力の働き」に変わった。目標も、前回は「風やゴムの働きについての考えをもつことができるようにする」とあるのが、今回は「風とゴムの働きについて、力と物の動く様子に着目して、」と、風とゴムの「双方」について「力」の働きを扱うことを明確にしている。

つまり、扱う「風とゴム」双方の「力」を生み出す特徴を「比較」することで、その特徴や共通性を明確にし、**「力」を実感させて指導する**ということだろう。

同じく「力」を明確にするという考えは、4年「空気と水の性質」の「と」に共通した「圧す力」という表現にも、また、前回の5年「電流の働き」が今回「電流がつくる磁力」に変化した「磁力」などの表現にも現れている。これらは、「力」が子ども達にとって、最も実感しやすい「エネルギー」の現れでもあることを念頭に、そのエネルギーとしての「力」の捉えを重要視した上での変化ではないだろうか。

このような今回の学習指導要領の学年を貫いた単元名の変化は、**理科の「見方・考え方」を育成するための「科学の本質」としての「エネルギー」概念を、より明確に、また系統的に扱うため**ではないかと考えられる。

したがって、本単元は、その大切な「エネルギー」概念を学ぶ出発点となる**「力」を扱う最初の単元**と考えられ、そのことを教師は意識して指導していきたいものである。

5. 「力」の意識化に関する課題

　では、そのように大事な「力」を、どのように子ども達に意識させていけば良いのだろうか？例えば、「風の強さによって、物の動き方はどのように変わるのだろうか」を考えるとする。そこで、送風機を使って、風で動く車に風を当て、風の強さの違いでどれくらいの距離を動くかを調べるとする。その結果から子ども達は、「風が強い方が遠くまで動いた」という事実をつかむだろう。そこで「では、風にはどのような働きがあると言えるかな？」等と聞いたら、「風には物を動かす働きがある、風が強い方が物を動かす働きは大きくなる」等と答えが返ってきて、授業はねらいに達したように思える。しかし、子ども達はこの「働き」という言葉を「力（エネルギー）」と捉えて（実感して）使っているのだろうか？教師の「どのような働きがあると言えるかな？」という問いの言葉に対応させて、そう言っているだけではないだろうか？

　そこで続けて、「風が強いということは、風の何が強いの？」等と聞いて「力」という言葉を子ども達の中から無理矢理（？）出させたとしても、それは実感を伴わない単なる「言葉」の押しつけではないだろうか。どうしたら「力」の存在に気付かせることができるだろうか？

6. 「力」の実感を持たせ、意識化させる手立て

　風の強さの違いでどれくらい動くかを送風機で調べる実験を見ていると、子ども達は送風機のダイヤル（強、中、弱）と車の動く距離の関係だけに目が行きがちで、風の力の変化にはあまり意識が行っていないことが多い。そのことで、**（強、中、弱）の「風の強さ」に相当する「風の力」が実感されていない**ことが、「風には物を動かす働きがある」ことを実感できない一つの原因なのではと考えられる。

　つまり、（強、中、弱）の「風の強さ」に相当するエネルギーを、送風機のモーターが出しているという実感が弱いと考えられる。

　そこで、例えば実験する前に、「（強、中、弱）の風の力はどれくらいだろうか？」などの意識で、送風機の（強、中、弱）の風の「力の強さ」を、手や顔に風を当てる等して実感させたらどうだろうか？ここで「（強）の風の力はすごいな〜」等の実感を持った上で実験を行えば、「あの風の力（パワーというかもしれない）が車を遠くまで動かしたんだ。」「風の力には、物を動かす働きがあるんだ。」等の、**実感を伴った結論**につながるのではないだろうか。

　また、すぐに送風機の実験に入る前に、団扇などで車をあおがせる等の実験をさせることで、「強い風を起こすには、大きな力がいるんだな」等と、風の強さと力の関係を実感できるかもしれない。

　この「実感」に基づく「力」の意識が、送風機の「物を動かす力」に気付かせ、それが「風が物を動かす働き」の実感につながると考えられる。

　それが次の、ゴムを引っぱる手の力の実感が、ゴムが「物を動かす力」に気付かせるきっかけになり、それが「物を動かす働き」に同じようにつながることに気付かせることになる

だろう。これは、この後の「エネルギーの変換と保存」につながる大事な気付きともなる。そのためにも「体感による実感」を、大事にしたいものである。

　また、この単元は、理科において実験結果を数値化して表やグラフ等にまとめて検証する最初の単元であり、それはそれで大変重要で価値あること（5. でも触れる）だが、そればかりに気を取られ、その基となる「力」の実感を忘れないようにしたいものである。

7．３年生で大切にしたい「考え方」

　学習指導要領では、問題解決の力を育成するために大切な「考え方」を、学年毎に重点化しており、右下表のように３年生は「比較する」が「考え方」として重要視されている。

　この単元では、風とゴムの「力と動く様子（距離など）の関係」を「比較する」ことで、「力が大きいほど、働きは大きくなる」という関係に気付くことが「考え方」として大事になってくるだろう。

　ここで注意したいのは、この「比較」という「考え方」は、「力の大きさ」と「はたらき」を「関係付ける」というエネルギー領域における「量的・関係的」な「見方」を伴って働いているという点である。

学年	考え方
３年	「比較する」
４年	「関係付ける」
５年	「条件を制御する」
６年	「多面的に考える」

〔学年毎に重視したい「考え方」〕

　この「量的・関係的」という「見方」は、右表を一見すると、４年の「考え方」である「関係付ける」と混同しがちであるが、「考え方」の「関係付ける」は、「自然の事物・現象と既習の内容や生活経験とを関係付けたり、自然の事物・現象の変化とそれに関わる要因を関係付けたりする（指導要領理科編 P14）」もので、「エネルギー的に捉える」という「見方」とは別物である。

　例えば「関係付ける」という「考え方」を主とする４年生の「電流の働き」単元での「電池の直列と並列つなぎによる明るさの変化」は、「つなぎ方によって明るさが変わる」という、「事物の変化とそれに関わる要因を関係付け」た「考え方」によるもので、「エネルギー的」な「見方」からではないので、「量的・関係的な見方」とは言えないだろう。しかし、その変化の要因を考えれば、そこには「エネルギーの変換と保存」というこの単元の「見方」があると考えられ、「見方」と「考え方」をバラバラに考えることには意味はないが、それぞれの「ねらい」を明確に捉え、関連させながら効果的に指導していくことが大事だろうと思われる。

　したがってここでは、「力と動く様子（距離など）の関係」を、「個人（グループ）」内で、そして「グループ毎の結果」として互いに比較することが「考え方」として大事になってくるだろう。勿論そこでは、エネルギー的に捉えた「見方」との関係で考えることが大事であるが、この「見方」と「考え方」を混同せず、それぞれの育成を関係させながら指導を図っていくことが大事になってくるだろう。

8．「力」というエネルギー的な見方の重要性

　2. で「力」というエネルギー的な見方が前回の指導要領より重要視されている点につい

て触れたが、例にあげた単元以外にも、3年「磁石の性質」における「磁石に近付けると磁石になる物があること」、「磁石が物を引き付ける力は、磁石と物の距離によって変わる」が加わったこと等の改訂による、「見えない磁力の遠達力」としての性質への気付き、そして従来からある6年「てこの規則性」の「てこを傾けるはたらき」と「力」の違いなど、今回は、単元間、学年間を見通したエネルギー的な見方を重視した、系統的な「力」指導の重要性が益々高まってきたと考えられる。磁石については後程詳しく考えてみる。

2. 「振り子の運動（5年）」…「条件制御」「平均」「再現性」等の意味を理解した上で主体的に実験を進め、その結果の解釈や考察が大事な単元

1. 学習指導要領の目標

> 振り子の運動の規則性について、振り子が1往復する時間に着目して、おもりの重さや振り子の長さなどの条件を制御しながら調べる活動を通して、次の事項を身に付けることができるよう指導する。
>
> ア　次のことを理解するとともに、観察、実験などに関する技能を身に付けること。
>
> （ア）　振り子が1往復する時間は、おもりの重さなどによっては変わらないが、振り子の長さによって変わること。
>
> イ　振り子の運動の規則性について追究する中で、振り子が1往復する時間に関係する条件についての予想や仮説を基に、解決の方法を発想し、表現すること。
>
> （学習指導要領解説理科編の目標、下線筆者）

〔見方・考え方〕
（1）見方…「エネルギーの捉え方」＝主として量的・関係的な視点
（2）考え方…「条件を制御する」＝変化とそれに関わる要因を関係付ける

2. 機械的に進めず、条件の意味や必要性を実感することが大事…「見方」を意識した「考え方」育成の重要性

　この単元では「振り子の周期を決めているのはどのような条件か」を調べるために、「おもりの重さ、振り子の長さ、振れ幅」などを変え、「条件を制御」しながら実験を進めることが大事になる。

　この単元の「考え方」として大切な「条件制御」は、1学期の「植物の発芽と成長」でも重要だった。しかし、期間があくと忘れている可能性もあるし、植物と振り子という、対象が異なる面もある。**もう一度丁寧に「条件制御」の必要性について理解させることが大事になるだろう**（「植物の発芽と成長」単元の前に「振り子の運動」を扱う教科書もある）。

　その際に大事になるのは、形式的な「考え方」としての「条件制御」の一般論ではなく、

この単元の「見方」に関係した条件制御の必要性であると考える。

例えば「おもりの重さは周期に関係するのか？」等の課題に対する「予想（関係すると思う等）」が出た場合、検証は「その予想の基になっている見方や考え方を検証するには、どのような実験を行うべきか？」という具体的な実験方法の検討場面を通してなされるべきであり、実験装置の組み立てや実験方法が、教科書や教師の示す方法を追認するだけの単なる作業にならないよう気を付ける必要がある。

それはどのようなことかと言うと、例えばおもりの重さについて調べる場合、「重いと動きにくいので遅くなる」、「重いと勢いがついて速くなる」等、おもりの持つ「エネルギー」についての相反する「見方」に基づいた異なる考えが予想として出されることがある。これを検証するには、単に重さ以外の条件を揃えて周期を計るという条件制御の考え方に基づいた実験をするだけでなく、その実験の際に、動いている時の振り子の振れ方（動き出しの速さや振れている最中の速さ）を観察し、予想の是非を検証しようとする意識が大事になる。このように、実験方法や、それに伴って何を観測することが大事になってくるかが、量的・関係的な視点としての「見方」によって異なってくる。

すると、おもりが重い場合も軽い場合も、動き出しの速さは遅く、真下に向かってだんだんと速くなり、その後また遅くなる、というように同じような動きをすることに気付く。その事実への気付きから、実験前の自分の「見方」への問い直しが生まれてくる。

このような様々な見方を大事にすることは、単に数値の結果だけでなく、予想の考え方の検証も含めて「結果を納得」できることにつながると考えられる。6年の重点でもある「多面的に考える」ことにもつながるだろう。

このように、子供たちの持つ見方や考えに基づいた、意味のある条件制御を行い、その見方や考えに基づいた観測をすることが重要だと思われる（これについては、P370の4.「事実の"理解"」だけで納得できるのか？で、更に考えてみる）。

3.「実験活動」の意味を考える大事な機会…「実証性、再現性、客観性」の大切さが実感できる単元

この単元は、「平均」や「表やグラフの書き方や読み方」など、理科実験に大切な基本的「技能」を扱う貴重な単元とも言える。これらも「やり方」を教えるだけでは、単なる「作業」になってしまう。

まず、なぜそのような実験をすれば、仮説が検証できるかの理解、つまり「実証性」の理解が大事となる。例えば「おもりの重さによって振り子の周期は変わるのだろうか？」を調べる場合、おもりの重さ以外の条件を変えないという条件制御の意識は勿論大事だが、そこには「おもりの重さによって糸の長さが変化しないこと」等の、「隠れた条件制御」も大事になってくる。

また、「平均」をとる必要性を実感させるには、例えば教師が振らせた振り子の1往復を何人かにストップウォッチで計らせて、そのズレから誤差の存在に気付かせ、どのようにしたらより正確に実験できるかを考えさせる。その中から、何回かの測定の平均をとることの

必要性も出てくるだろうし、「誤差」の存在にも気付くだろう。また、1往復でなく、10回往復する時間を計って平均する等の工夫が、誤差を減らすことになるのではないか、ストップウォッチによる測定は同じ人が続けてやった方が「再現性」が高まり、誤差が減るのではないか、等の工夫も出てくるだろう。

　そして、出てきた結果については全グループの結果を比較して、そこから「きまり」を見つける方が「客観性」がより高まるだろうという見通しも出てくるだろう。

　こうした「実験やその結果の考察のやり方」の改善は、科学的であるための条件である「実証性、再現性、客観性」担保の重要性に大きく関係すると思われる。

　ところが、これらの留意点などを、「正しい結果」が得られる実験ができるように"良かれ"と考え、「注意点」等として「実験やその考察のやり方」等を事前に一方的に与えてしまっては、逆に児童の主体的な実験活動を妨げることになるだろう。

　また、班毎の結果を出し合って全体で考察する際には、同じような重さや長さに揃えた振り子でやる方法や、班毎に好きな（異なる）重さや長さでやる方法も考えられるが、揃えると班毎の「僅かな違い」が気になり、自由にすると互いに「比較して共通点」を見つけることが難しくなる半面、他の班の結果と合わせて、総合的に「きまり」を見付ける（長さの変化による周期の変わり方を広い範囲で見てみる等）という協働的な活動も可能になる。

　「客観性」を見つけるため、今のクラスの実態を見て、どのような力を付ければ良いのかという「知識・技能」や「思考力・判断力・表現力等」の育成だけでなく、「学びに向かう力、人間性等」という主体的な問題解決の態度育成も考えながら、この学級ではどう進めていけばより良いか考えて進めていくことが大事だろう。

4．教師の基本的な「内容の理解」が大切…授業場面で慌てないために①
（1）振れ幅と周期は「関係する」！

　振り子の「周期」と「振れ幅」は関係しないと言うが、振れ角が大きくなると振り子は「単振動」ではなくなり、周期も変わってくる。また、あまり大きく振らせると糸がたわんで正確な実験にならない。何度くらいまで振らしても周期は変わらないと言えるのか、事前に確かめておく必要がある。

（2）「糸の長さ」から「振り子の長さ」に変化

　前回の学習指導要領では「糸の長さ」とあったのが、今回は**「振り子の長さ」**に変わっている。どこが違うのだろうか？一般に「糸の長さ」と言えば、振り子を取り付けた点（手に持つ所）からおもりの設置点までの「糸の長さ」だろうが、「振り子の長さ」と言えば、「振り子を取り付けた点からおもりの重心までの長さ」になる。たいして変わらないようにも思えるが、例えばおもりを縦に2、3個ぶら下げると、おもり全体の重心の位置は大きく下がり、糸の長さより振り子の長さはかなり長くなり、周期は大きく延びる。

　ただ、子供に周期を変化させる要因を予想させると最初は「糸の長さ」と言うだろうし、それをその場で否定するのも不自然なので、そのまま授業を進めて良いと思うが、この「おもりの付け方による周期の変化」などに気付く場面があれば、重心についても軽く触れて、

正しくは「振り子の長さ」だと理解させれば良いだろう。ただ形式的に「振り子の長さと言おう」等と指摘してもあまり意味はないだろう。

（3）糸の「伸び」について

　おもりの重さで周期は変わらないはずだが、実は重くすると周期が伸びることがある。糸がおもりの重さで伸びることが原因である。したがって実験では、伸びにくい釣用のテグスを使うなどの予備実験が大事になる。

5．基本的な「データの扱いの理解」が大切になる…授業場面で慌てないために②

（1）平均のとり方について

　例えば重さと周期の関係を調べた結果、3回の測定値のうち1回だけが他と随分違った値になったとする。そんな場合は、何か測定に不都合があったと考えて、その値は使わず、もう1回やり直す必要がある。

（2）「誤差」の考え方について

　本来「誤差」の理解は難しい。例えばおもりの重さを重くしたとき、周期が右表のようになったとする。この結果から、どう考えたら良いのだろうか？

〔おもりの重さとふりこの周期の関係〕

重さ	1回目	2回目	3回目	平均
10g	1.4	1.3	1.3	1.3
20g	1.5	1.4	1.4	1.4

　20gの方の平均が0.1秒多いので、Aさんは「おもりが重くなると周期は伸びた」と考えた。それに対してBさんは、「0.1秒はわずかなので、周期は変わらない」と考えた。また、Cさんは、おもりの重さによって周期は変わらないと知っていたので、「変わらない。」と結論した。誰が正しいのだろうか？

　この表を見ると、確かに平均の差は0.1秒で小さいが、1回目から3回目<u>「全てで20gの方が大きく」</u>なっている。したがってこれは「誤差」ではなく、**「真実」**と考えられる。**「誤差」とは本来、本当の値より、大きくなったり小さくなったりするもの**だが、ここでは全てで10gの値より大きくなっているので明らかに「おもりが重くなると周期は伸びている」と言える（厳密には3回の結果では不十分で、少なくとも5回程度は必要と思われるが）。したがってBさんは間違いになる。しかし、平均値だけを比べて、周期が伸びたというAさんの考えも不十分だろう。なぜなら「0.1秒」という差が、1.3秒や1.4秒という値と比べて、大きいのか小さいのかの評価がされてないからである。また、結果を知っていたCさんも、この実験結果の表から出した結果ではないので良くないことになる。

　では正解は何だろうか？実は、おもりの重さで糸が伸びたことで、周期が伸びてしまったのが真相である！　このような問題解決の場面を、わざわざ設けることは時間的にも難しいかもしれないが、「条件制御」の大事さと難しさに気付かせる機会があれば、是非取り組ませたいものである。

※蛇足になるが、誤差論から言えば「本当の値」は「ない」と言える。興味のある方は関連の書物などを読まれると良いだろう。先述した中谷宇吉郎「科学の方法」[34]の「三　測定の精度（P40）」などは、分かりやすくて面白い。

6.「エネルギーの捉え方」としての「見方」について改めて考える

　ここまで考えてきて、改めてこの単元における「見方」としての「エネルギーの捉え方」について考えてみる。

　「エネルギーの捉え方」としては、ここでは主として量的・関係的な視点で見ることであり、「振り子が1往復する時間（周期）」と「おもりの重さや振り子の長さなど」を量的・関係的な視点で捉える「見方」が大事ということだろう。では、それは具体的にはどのようなことなのだろうか？

　例えば振り子の周期を決めるものとして、「振り子が1往復する時間は、おもりの重さに関係する」と、重さとの関係の「見方」に基づく予想が子供から出たとする。この「見方」は、量的・関係的な視点で見た「エネルギーの捉え方」と言えるのだろうか？つまり、**本人には、「エネルギー」という観点からの「見方」の意識があるのだろうか？**

　1. で、「見方」に関係した条件制御の必要性を述べたが、例えばそこで書いた「おもりの重さと周期の関係」を考える際の、「おもりはどのように振れるか？」という予想の根拠となるのが、重さと振れ方に関係した「量的・関係的な視点から捉える『見方』」であり、その視点から考えることが、「エネルギー」という「見方」を基に「考える」ことであると考えられる。それを子供に自覚させるためには、形式的な条件制御ではなく、より見方を大事にした授業を進めていくことが大事になってくると考えられる。

　具体的には、「どうしてそのように予想するのか」を問うことで、「おもりが重いので、振れようとする力（或いは勢い）が大きくなって周期は速くなる」や、「おもりが重いので、振れようとする力（或いは動き出そうとする力）が小さくなって周期は遅くなる」等の、同じ「重さ」という「力」を意識した相反する予想が出てくるのではないだろうか。そしてこれらは、「重さと振れやすさ」の関係を、**「エネルギー的に見た自分なりの見方」**だと考えられる。言い換えれば、これらが「振り子が1往復する時間」と「おもりの重さや振り子の長さなど」を、自分なりの量的・関係的な視点で捉えた「見方」と言えるだろう。

　この単元は、「物に働く力のエネルギー」という「見方」で見れば、3年の「風とゴムの力のはたらき」と、6年の「てこの規則性」の間に位置付くと考えられる。

　そして、「風とゴムの力のはたらき」でも「てこの規則性」でも、学習指導要領の目標には「力」という言葉が含まれているが、その間に位置付くこの「振り子の運動」には、解説も含めて「力」という言葉が見られない。地球の重力という「見えない力」がおもりに働くことによって起こる現象を扱っているからかもしれない。

　しかし、この単元で「エネルギー的に見る見方」を育てるには、この**「力」概念を意識した「見方」が大事ではないか**と思える。

　つまりこの単元では、あからさまに「力」という言葉は出てこないし、また「エネルギー」という言葉を使う十分な共通理解も子供たちにはできてはいないと思えるが、それでも、それに対する子供たちの「見方」を育てていくことが大事な単元ではないかと思われる。

　したがって、必ずしも「力」という言葉を使わなくても、振り子の振れる運動を上記の例のように「エネルギー的に見る」見方を大事にすることが肝要と思われる。

そのためにも、「予想した自分の見方」を子供たちに自覚させることが大事だろう。

上に例として挙げた「重さと振れやすさ」に関係する「見方」は、子供たちの生活経験等からくる「素朴概念」に基づく見方で、根拠も乏しいかもしれないし、個人的な見方に限られるようなこともあるだろうが、それらを大事にしながら、その検証に必要な条件制御をした実験と観察方法を検討していくことで、「おもりの重さや振り子の長さなど」を量的・関係的な視点で捉えていく「見方」が育ってくるし、実験結果も単なる事実としての「結果」としてでなく、**自分なりの「見方」をもって納得する**ことが出来るのではないだろうか？

したがって教師は、子供が「おもりの動きと周期」に関する「見方」を自分なりの変容をしながら自ら育てていくことを大事にし、個々の「見方（の変容）」を大事にした授業の実現に心がけたいものである。

おもりの重さや振り子の振れ幅などの働きをエネルギー的に捉えることで、実験を単なる数値結果を出す「手立て」と捉えるのではなく、**振り子の振れ方を観察しながら「現象」として捉えることの大事さ**を述べてきたが、その結果の納得は、実験結果が出たからと言ってすぐできるものではない。それについては、〔事象（現象）と事実、それをつなぐ理論（P338）〕、及び4.「事実の"理解"」だけで納得できるのか（P370）？で、更に考えてみる。

3. 「てこの規則性（6年）」…「てこを傾ける働き」の意味の実感が重要な単元

1．学習指導要領の目標

てこの規則性について、力を加える位置や力の大きさに着目して、てこの働きを<u>多面的</u>に調べる活動を通して、次の事項を身に付けることができるよう指導する。

ア　次のことを理解するとともに、観察、実験などに関する技能を身に付けること。

（ア）　力を加える位置や力の大きさを変えると、てこを傾ける働きが変わり、てこがつり合うときにはそれらの間に規則性があること。

（イ）　身の回りには、てこの規則性を利用した道具があること。

イ　てこの規則性について追究する中で、力を加える位置や力の大きさとてこの働きとの関係について、<u>より妥当な考え</u>をつくりだし、<u>表現</u>すること。

（学習指導要領解説理科編の目標、下線筆者）

〔見方・考え方〕
（1）見方…「エネルギーの捉え方」＝主として量的・関係的な視点
（2）考え方…「多面的に考える」＝自然の事物・現象を複数の側面（互いの予想や仮説、複数の観察や実験など）から考える→より妥当な考えをつくりだす

2.「言葉の意味」を意識して指導することが重要な単元…「見方」

　本単元で大事にしたい見方は「エネルギーの捉え方」である。そのことを念頭に、まず、間違いやすい言葉を整理しておく。

> ①てこを傾けるはたらき…力を加える「位置」や「大きさ」を変えると変わる<u>はたらき</u>。「位置×大きさ」で表される「モーメント」のこと。**この「はたらき」を「力」と勘違いする子が多い。**
> ②てこのはたらきの規則性…①のてこを傾けるはたらきが、力を加える位置や力の大きさで、どのように変わるのかという規則性のこと。具体的には支点からの距離や力の大きさに比例する、という規則性。
> ③てこのつり合いの条件…②の「てこを傾けるはたらきの規則性」により、力点側と作用点側とで、てこを傾けるはたらきが同じ大きさになることがつり合いの条件になる。つまり、つり合う時には「てこを傾けるはたらき」が支点の両側で同じ大きさになるということで、「てこのつりあい」を、「てこを傾けるはたらき」を通してエネルギー的に捉えることができる。

3.「てこを傾けるはたらき」という言葉をどう導入するか？

　2. で書いた「てこを傾けるはたらき」という言葉は、子供たちには聞き慣れない言葉だろう。「モーメント」を意味する大事な理科用語だが、予習や塾などで知っている場合は別として、子ども達の中からこの言葉を出させるには無理がある。大事なのは、この**言葉そのものより、その捉え方（見方）を子ども達の中から出す**ことだろう。

　この単元は、一般的には重いおもりを持ち上げる等の体験活動から入り、その際の「手応え」の違い（軽い、重い等）を実験用てこで数値化し、作用点（おもりを下げた方）側と力点（力を入れる方）側がつり合う時の、「重りの重さと位置」と「力の大きさと位置」の関係を調べ、その結果を元に「つり合うきまり」を見つけるという展開が多い。

　最初の体感場面では、力点を支点から離せば離す程軽く感じるし、実際バネばかり等で持ち上げる力を量っても軽い力で持ち上がるので、子供の中には「重りの重さ（作用点側）は、力点を支点から離す程軽くなる。」等と考える場合がある。

　しかし、作用点側の重りの重さを量ってみれば、当然力点の位置に関わらず重りの重さは不変である。そこで、<u>支点から力点までの距離を変えただけで、なぜ持ち上げられる力が変化するのか？支点から力点までの距離を大きくする程、持ち上げられる力は小さくなるようだが、そこに何かきまりがあるのだろうか？</u>等の疑問が湧いてくる。このような追究の意識の流れで学習を展開していくことが必要ではないだろうか？

　その結果、重さ（力）と（距離）を掛け算したものが、てこの左右で常に一定であるときに釣り合うというきまりを見つけることで、なぜ支点から力点を離せば小さな力で持ち上げることができるのかが説明（納得）できることになる。

　つまり、**重さ（力）でも長さ（距離）でもない、その２つを掛け算した「傾ける働きの大きさ」が、その場所の支点からの距離における「持ち上げる力」を決めていた**ことを見つ

けることになる。そこでこの「2つを掛け算したものによる働き（それは当然「力」ではない）」を「てこを傾けるはたらき」と言うと、教師側から説明すれば良いだろう。そのことで、2. の①に書いた、「はたらき」と「力」の混同などもなくなると思われる。

　このような追究の意識がないと、てこがつりあう時の「支点からの距離」と「力点の重さ（力）」と、作用点側の「支点からの距離」と「作用点にかかる重さ」との間に、「何か関係はないだろうか？」のような、理科的な追究の意義を忘れた単なる**「パズル的な発見」**を求める学習展開になってしまう恐れがあるだろう。

〔参考資料〕　　　　　〔「てこのきまり」が成り立つ真の理由について〕

　授業では実験によるてこの左右の釣り合いから「てこのきまり」を見つけたが、この発見は、実は「支点から力点までの距離を変えただけで、なぜ持ち上げられる力が変化するのか？」という疑問には直接的には答えていない。釣り合う真の理由は何だろうか？

　アルキメデスはそれを説明したと言っているが、有名な科学哲学者だったエルンスト・マッハはその著書「マッハ力学」[55] で、次のように述べている。

> 　アルキメデスとその後継者の業績を初めて読むと、すばらしいもののように思われるが、厳密に考えてみれば、その正当性が疑わしくなってくる。単に、<u>等距離にある等しい重量はつりあうという仮定だけから出発</u>して、オモリの重さとテコの柄の長さの反比例関係が導き出された！こんなことがどうしてできるのであろうか。
> 　つりあいは重さと長さに依存して決まるという単なる定性的関係がすでに哲学的に私達の頭の中からひねり出すことはできず、<u>経験に待たねばならない</u>のだから、この依存関係の定量的な形を、すなわち反比例性を思弁的方法で発見するようなことは、いよいよできないであろう。
>
> （「マッハ力学」P13、エルンスト・マッハ　下線筆者）

　詳しい説明は省くが、<u>等距離にある等しい重量はつりあうという仮定</u>は、左右対称という観点から考えて良しとしても、そこからだけから出発した「てこが釣り合う条件」は、アルキメデスが巧妙に説明している「釣り合いの原理」からは導き出されないということである。真の説明や、それに関する課題について、以下の文で考えてみる。

　先に「重さ（力）と（距離）を掛け算したものが、てこの左右で常に一定であるというきまりを見つけることで、なぜ支点から力点を離せば小さな力で持ち上げることができるかが説明（納得）できることになる。」と書いたが、実はこの「発見」は、「釣り合いのきまり」を見つけただけで、**「真の釣り合う理由」を見つけたわけではない。**真にその理由を追及してきた子には、この「解決」は納得できないだろう。

　この疑問の真の解決は、上の囲みで述べたアルキメデスの「釣り合いの原理」からではなく、エネルギー保存則に待たねばならないだろう。そこで、主体的な問題解決に取り組んで

きた児童の中には、釣り合いの条件を見付けただけの授業の展開に、疑問や物足りなさを感じる子もいるかもしれない。

この疑問や解決への思いは、先に述べた「意図的学習（P236）」につながる貴重なものと考えられ、今すぐには解決できなくてもその取り組みの姿勢は大いに誉め、認め、これからもその疑問を持ち続けて欲しいと伝えたいものである。

　自分はかつてこの単元の授業をした際、モーメントの式の「うでの長さ」は、重りや押す力の「移動距離（円弧）」に対応すると考え、「支点に近い力点を押すと、大きな力がいるが、重りの移動距離は少なくてすむ。一方、支点から遠い力点では、小さな力ですむが、重りの移動距離は大きい。結局、距離で得をすれば力で損をし、力で得をすれば距離で損をする。つまり、重りを持ち上げるのに必要なエネルギーは力点の場所によらずどちらも同じだ。」という、いわば「エネルギー保存の法則」とも言うべき「きまり」を、子供たちと一緒に導き出したことがある。

　このような授業展開になったのは、子供たちが、**「なぜ釣り合いの式が成り立つのか不思議だ。」**という疑問を持ち続けたからである。実は全員の子供たちがこのような疑問や興味を持ち続け、解決していったかと言えばそうではないが、この「エネルギー保存」に関わる考え方はクラス全員に大きな刺激を与え、その後の様々な学習にも役に立った（影響を与えた）覚えがある（P306の参考資料参照）。

4.「重さ」と「力」の捉え方…「見方」

　学習指導要領の目標を見てみると、てこの規則性を「力を加える位置や力の大きさとてこの働きとの関係」から考えるとあり、おもりという言葉はない。ここは、**あくまで「力」について考える単元**なのである。したがって、先にこの単元の典型的な展開例（重たいおもりを持ち上げる等から出発する）を書いたが、それに沿えば、どこかで**「おもりの重さ」＝「力」と置きかえる必要**がある。おもりが力を出すということは、5年の「振り子の運動」でも経験済みだが、それも想起させながら、「おもりも手で押す力も、共に物を動かすエネルギーを出す点では同じだ」という「見方」に導く必要がある。その理解のため、台秤に重りを載せた実験と、台秤を手で押し下げる実験とを対比させる活動などが考えられるが、**その実験の意味と必要性をしっかり児童につかませる必要がある。**

5.「多面的に考える」「考え方」から、「より妥当な考えをつくりだす」「問題解決の力」を育てる…「考え方」

　この単元の「考え方」は、「多面的に考える」であり、自然の事物・現象を、互いの予想や仮説、複数の観察や実験から多面的に考える、ということである。

　具体的には、てこの体感実験やてこ実験器を使った実験、おもりを力に置きかえて行う実験、釣り合いのきまりを見つける実験など、複数の実験から得られた結果を多面的に考えることであり、そこから育てたい「問題解決の力」とは、各自の見方や考え方から検討して、

より妥当な考えをつくりだしていく力、ということではないだろうか。そして、この「より妥当な考え」の基準になるのが「実証性・再現性・客観性」であることは前章でも述べた通りである。

　ところで、この**「より妥当な」**という意味は、「合っているように思える考えの中でも、より良い」というような意味だと自分には思われる。例えば「おもりをつるす作用点の位置を変えるだけで持ち上げる力が変化する事実」に対して、「作用点の位置を変えると、そこに下げた重りの重さが変わるのかな？」等と考え、実際に重りの重さを量ってみても当然変わらない。そこで、「なぜだかは分からないが、重りの位置を変えるだけで、力点で持ち上げるために必要な力の大きさが変わる」というのがこの時点での「より妥当な考え」ではないかと思われる（なぜだかは分からないが、が「考え」）。つまり、しっかりした理由はわからないけれど、どうもそう考えた方が**「よりもっともらしい」**ということではないだろうか？これは中学に行ってモーメントを学習しないと、またエネルギー保存則が理解できないと完全には納得できないことだが、そんな、「事実」だけではない、今後の学習にもつながる「考えの芽ばえ」を持たせることも、「より妥当な考え」として大事ではないかと、個人的には思われる。

　これについては、第Ⅴ部直観やイメージ、発想を育てる学びの実現の第1章「新たな価値」のその先へ、これからの学びへの提言の5.「事実の"理解"」を納得させる「イメージ」（P372）で、更に検討してみる。

6.「てこの釣り合い」の解釈…前回の学習指導要領との違い

　前回の学習指導要領を見ると下のように、今回の学習指導要領の「知識・技能等」のねらいとして書かれているアの（ア）（イ）の前に、アとして、次の文章がある。

ア　水平につり合った棒の支点から等距離に物をつるして棒が水平になったとき物の重さは等しいこと。

イ　今回の（ア）と同じ

ウ　今回の（イ）と同じ

（平成20年　学習指導要領解説　理科編から）

　前回、最初に書かれていたこの内容は、今回どうなったのだろうか？見てみると、今回の（ア）の解説の中に、次のような文がある。

　…てこがつり合うときにはそれらの間に規則性があることを捉えるようにする。その際、1カ所で支えて水平になった棒の支点から左右に等距離の位置に物をつり下げ、両側の物の重さが等しいとき、棒が水平になってつり合うことも捉えるようにする。

（平成29年　学習指導要領解説　理科編から　下線筆者）

比べてみれば分かるように、前回は「①水平につり合った棒の、②支点から等距離に物を
つるして、③棒が水平になったとき④物の重さは等しい。」で、今回は「①水平になった棒
の、②支点から左右に等距離の位置に物をつり下げ、④両側の物の重さが等しいとき、③棒
が水平になってつり合う。」である。つまり、**前回と今回では③と④が入れ替わっている。**
これは何を意味しているのだろうか？

〔「てこ」の単元の変遷〕

　そこで、この部分に関する表記について、過去の学習指導要領を見てみた。

　平成元年の学習指導要領には4年生に「天秤」の単元があり、その目標の中に「ア　て
んびんの支点から等距離に物をつるして棒が<u>水平に釣り合ったとき</u>、<u>物の重さは等しい。</u>」
という、前回のアの内容があり、平成11年にはこの単元がなくなってその内容が5年生の
「てこのはたらき」の単元に含まれ、次の平成20年にはそのまま6年生の単元に移行して
いる（その際に、ウの規則性は加わったが）。

　このように学習指導要領の変遷を見てくると、前回の学習指導要領にあった「釣り合った
時、重さは等しい」というのは、平成元年の**物の重さを量りたい「天秤」の学習からきてい**
ると考えられる。

　しかし、「てこ」の規則性から考えれば、**天秤はてこの特殊な場合**（支点から左右の「重
さ（力）と腕の長さが、それぞれ同じ」）と考えられる。したがって、今回の（ア）のように
一般的な「てこの規則性」から入り、その規則性を使った<u>特殊な例として</u>、「等距離で同じ
重さなら釣り合う」と、「てこが釣り合う規則性」も扱うということにしたのだと思われる。
そのきまりが、「天秤」という重さを比較する道具に活用される、ということであり、そこ
を教師も勘違いしないようにしないと、単元の目標が曖昧になる危険性があるだろう。

　てこは元々は「重さの測定（釣り合い）ではなく、小さな力で持ち上げる」ことをねらっ
ており、その際役に立つ規則が「てこの規則性」なのである。

〔エネルギーとしての「力」の捉え方（ここまでのまとめ）〕

　3年「風とゴムの力のはたらき」、5年「振り子の運動」、6年「てこの規則性」を見
ると、3年で「物を動かすはたらき」としての「力」の存在を実感すると共にそれを理
科的用語として共通理解し、5年では、その「力」そのもの、の扱いについては触れて
いないものの、「おもりが重いので、振れようとする力（或いは勢い）が大きくなって
周期は速くなる」等、「重さと振れやすさ」の関係等を「エネルギー的に見る見方」が
大事になってくると考えられる。

　ここでは実験結果から、振り子の周期は振り子の長さで決まるという単なる結果の導
出だけでなく、それを自分なりに納得するような力やエネルギーに対する見方の育成が
大事になってくると思われる。

　そして6年のてこの学習では、「力」から、モーメントという「能力（エネルギーと
は違うが、同じように働きかけるもの）」自体の捉えへの気付きが大事になってくる。
ここは、てこでは力点が変わって「軽く持ち上げられる」ようになっても、「かたむけ

る働き自体は変わらない」という、エネルギー保存の法則にもつながる大事な見方・考え方を育てる単元と言えるだろう。

　このように、**学年を経るにしたがって、「エネルギー」としての「力」の捉え方を、その見方・考え方の育ちと共に育成していくこと**が大切であると考えられる。

〔参考資料〕　〔「エネルギー保存則」の理解について〕

　P303上の四角枠で、てこの釣り合いの式を納得するための「エネルギー保存則」を授業で導き出した経験を書いたが、そこで書いたように、スッキリと皆が納得したわけではなかった。

　右はある児童（Y児）のレポートの一部である。レポートにある「ミステリー通信」とは、レポートを互いに共有する理科通信である。

　レポートの上の図は、地球などの大きなものを持ち上げる場合や、遠足で長い距離を歩いたりした経験からのスケールの大きな場合で、Y児は遠足の経験から、Aでは長い距離を歩くが緩やかな登りで力は少なく、Bでは急な登りですごい力がいるけど、歩く距離は少なくてすむとして、この2つの方法に「かかる力はいっしょなのだと思う

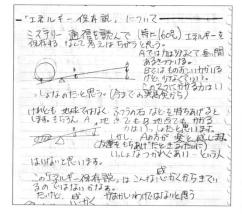

（今までの経験から）」と書いている（P372参照）。この「かかる力」とはエネルギーのことと考えられ、ここに力とエネルギーの混乱が見られるが、一応「エネルギー保存則」は認めている。

　一方下図は普通の石を持ち上げる場合で、「A、B地点ともかかる力はいっしょ（エネルギーは保存しているの意味か？）」だが、「Aの方が楽と感じます。」と友達を持ち上げた実験から、"いっしょなつかれぐあい…という人はいないと思います。この「エネルギー保存則」は、こんな感かくからきているのではないかなあ。だけど、感かくがおかしいわけではないと思う"と結論づけている。ここでも「力」と「エネルギー」の混乱が見られるが、上図で納得した「エネルギー保存則」を、ここでは"感かくがおかしいわけではないと思う"と否定している。

　地球規模と石を持ち上げる場合とを別々に考えることに、「大人の物理」に慣れてしまった自分は違和感を感じるし、そこに論理の一貫性がない課題も感じるが、考えてみれば「感覚」を大事にするこの捉え方は、とても大事なものではないかと思われる。「エネルギー保存則」を、どう「力」のように感覚的に捉えられるのか？それが今後の課題と感じた。

　この実践は、このレポートも含めて「力」について、そして「エネルギー」について、教師も子供たちも、共に様々に考える良い機会になったと思われる。

第2章 見えない「エネルギー」を主として扱う単元（中学年を主に）

第1章で考えた「エネルギー」として実感しやすい「力」に比べて、実感しにくい「音」、「磁石」、「電流」という「エネルギー」について扱う、中学年領域を中心に検討してみる。

4. 「音の性質（3年）」
…単元間や小・中学校間のつながりを意識したい単元

1. 学習指導要領の目標

> 　光と音の性質について、光を当てたときの明るさや暖かさ、音を出したときの震え方に着目して、光の強さや音の大きさを変えたときの違いを比較しながら調べる活動を通して、次の事項を身に付けることができるよう指導する。
> 　　ア　次のことを理解するとともに、観察、実験などに関する技能を身に付けること。
> 　　（ウ）　物から音が出たり伝わったりするとき、物は震えていること。また、音の大きさが変わるとき物の震え方が変わること。※（ア）（イ）は光に関係するため省略
> 　　イ　光を当てたときの明るさや暖かさの様子、音を出したときの震え方の様子について追究する中で、差異点や共通点を基に、光と音の性質についての問題を見いだし、表現すること。
> 　　　　　　　　　　　　　　　　　　　　　　（学習指導要領解説理科編の目標、下線筆者）

〔見方・考え方〕
（1）見方…「エネルギーの捉え方」＝主として量的・関係的な視点
（2）考え方…「比較する」＝差異点や共通点を明らかにする

2.「光」と「音」をひとまとめにした理由…「見方・考え方」から考える
　「音の性質」は、今回の学習指導要領の改訂で新しく入った単元。これまでも扱っていた「光」と合わせて、**「光と音の性質」**とひとまとめに書かれており、共に「エネルギーの捉え方」に関する内容で、中学校1年の学習とつながっている。
　なぜひとまとめにしたのだろうか？
（1）「見方・考え方」について…光の単元と「見方・考え方」を比べると次ページ表のよう

になると考えられる。

「光」の単元は、鏡などを使って光を当てる量（エネルギー）を変えると、明るさや暖かさが変わるのに対し、「音」の単元では、音は物をたたくなどして音が出たときに物が震える。また、音の大きさが変わると、物の震え方も変わる。

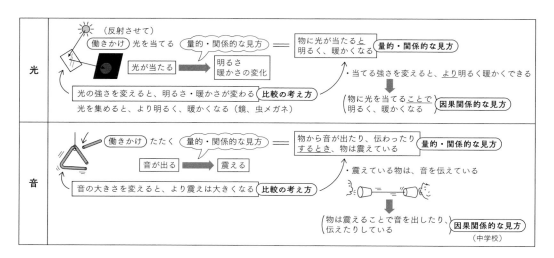

このように、「光」の単元では、「物に光が当たると、明るく暖かくなる」ことから、「物に光を当てたときの、明るさや暖かさ」に注目して（視点）、「光の強さを変えたときの明るさと暖かさの関係（見方）」を比較しながら考える（考え方）ことになる。

それに対して「音」の単元では、「物から音が出たり、伝わったりするとき、物は震えている」ことから、「物から音が出たり伝わったりするときの物の震え」に注目して（視点）、「音の大きさを変えたときの震えの大きさの関係（見方）」を比較しながら考える（考え方）ことになる。

(2) 両単元の特徴…このように、「光」、「音」単元とも、風の「力」などの場合とは異なり、光や音という、**如何にも「エネルギー（力）」を出した、という「感覚（実感）」のない**のが共通した特徴ではないだろうか。それを「比較」することで、それぞれの反応における差異点や共通点を基に、エネルギーとしての性質を考えていこうとするのが共通したねらいと考えられる。

つまり、この「光」と「音」の単元は、共にエネルギーに関するこれまでの「力」とは異なる働きかけをして、対象の変化の差異点や共通点を比較しながら考えるという点では、同じような単元と言えるのではないかと考え、ひとまとめにしたのではないかと思われる。

「光」にしろ「音」にしろ、その「エネルギー」は、例えば風の力による車の走った距離、てこを持ち上げるおもりの重さなどと異なり、「エネルギー」としてはっきり実感できないばかりか、その大きさも数値化して明確に表されるものではなく、「明るくなった、暖かくなった」や「音が大きくなった、小さくなった」等という、感覚として捉えられるものという特徴があり、一層エネルギーとして捉えにくいと思われる点も共通している。

5年の「てこ」では、同じく感覚として捉えたおもりを持ち上げる「力」をバネばかり等

で数値化する。したがってこの３年でも、暖かさを温度計で数値化する、震えを太鼓の上のビーズの振動の大きさで可視化するなどの手立てを含めて、エネルギーとして捉える「見方」が、大事になってくると考えられる。

　そういう共通性も踏まえて、光と音をひとまとめにしたのではないだろうか。

3.「因果関係」という「見方」からの検討

(1)「光」と「音」の表現の比較

　目標で気になった部分がある。それは冒頭の「光を当てたときの明るさや暖かさ」と「音を出したときの震え方」という表現の対比である。これを比較すると、上表のように思えないだろうか？

	エネルギーの出し方	対象の変化
光	（対象に）当てる	明るくなる、暖かくなる
音	（対象から）出す	震える

　2. で考えたように、「光」にしろ「音」にしろ、その「エネルギー」を考える場合、実感しにくい面はあるものの、「何らかの働き掛け（光を当てる、音を出す）に対する反応」という見方で現象を見る（実感する）ことで、「エネルギー（働き掛けとしての）」を実感しやすくなると思える。

　そう考えればこの冒頭の文は上表のように、光は「当てることで、明るくなったり暖かくなる」、音は「出すことで、物は震える」という**因果関係**を表しているようにも思える。

　しかしこの冒頭の文が表しているのは、2. で考えたように、例えば光で言えば「光が当たる」と「明るくなる、暖かくなる」という**「量的・関係的な見方」**であり、このような因果関係的な「見方」ではなく、音に関してはこの捉えは「間違い」でもある（音が出たから震えたのではない）。

　では、どうして自分はこのように考えてしまったのかと言うと、それは「音を出したときの震え方」の「音を出した」が、「光を当てた」に対応すると考えたからである。

　本当は前図のように、対象から「音を出して震えさせた」のは、「（対象を）たたいた」からであり、その結果として「音が出た」のである。これを前と同じように表にすると、下表のようになる。この表を見れば、この単元でのねらいとして、音は「出すことで、物は震える」という**因果関係的な捉えは間違い**だということが分かる。

	エネルギーの出し方	対象の変化
光	（対象に）当てる	明るくなる、暖かくなる
音	（対象を）たたく	音が出る（出す）、震える

(2)「因果関係」的な見方…小学校と中学校の関係

　以上を頭において、再度目標の「(ウ) 物から音が出たり伝わったりするとき、物は震えていること。また、音の大きさが変わるとき物の震え方が変わること。」を読むと、確かにこの「とき」という表現からは、「震える（振動する）ときに音は出たり伝わる」と、「振動」と「発音」は、事実と事実の**並列関係**で示していることが分かり、原因と結果の因果関係（振動することで音が出る）までは扱っていないことが分かる。続く解説を読むと、それがよりはっきり書かれている（次ページ参照）。

（途中から）物から音が出たり伝わったりする**とき**は物が震えていることや、音が大きい**とき**は震え方が大きく、音が小さい**とき**は震え方が小さいといった、音の大きさが震え方に関係していることを捉えるようにする。

（平成 29 年小学校学習指導要領解説から、下線筆者）

　つまり、ここでつかむのは「音の発生や大きさと震え方の**事実関係**」という「見方」である。それに対して中学校では、「音についての観察、実験を通して、音は物体の振動によって生じその振動が空気中などを伝わること、音の大小や高低は発音体の振動の振幅と振動数に関係することを見いだして理解させることがねらいである。（平成 29 年中学校学習指導要領解説 P32 から、下線筆者）」とあり、「音は振動によって生じる」という、原因と結果の**因果関係的な**「見方」が明確になっている。

4．小学校で「音の発生」を扱う際の留意点

　以上から、小学校では学習指導要領の表記のように、「音が出る時には震えている」「音の大きさと震え方は関係している」という「事実関係」だけをつかめば良いと考えられる。

　しかし実際の授業では子供たちから、「物をたたいて音を出すと（その結果）物が震える。」、「音が消えると（その結果）震えも止まる。」等のような、「発音から震えが生じる」等の、因果関係を意識したような発言が出される（本人がその関係を意識しているかどうかは別として）ことが多い。時には「たたいて震えさせると音が出る」等と、結果的には正しい考えも出されることもあるが、これも勿論因果関係的な考えであり、本人がそれを意識しているかどうかも別である。

　考えてみればこれまで教師は、（自分も含めて）理科では「原因と結果の因果関係的な見方」を大事に指導してきたのではないだろうか？（「どうしてそのようなことが起こったと考えるの？」等の問いかけ）

　その点から考えれば、このような因果関係を意識した発言が子ども達から出てくるのは**寧ろ自然ではないか**と思われる。小学校の学習指導要領ではこの単元では扱わないから、因果関係は無視をする等という訳にはいかないだろう。また、因果関係的な見方が小学校でも大事になってくることは、学習指導要領理科編 P13 にも「原因と結果」という表現で紹介されている。そもそもここで「因果関係的な見方」が子供たちから出てくるとしたら、それは「現象を分かりたい（納得したい）」という思いからだろう。では、この因果関係的な見方を扱わないとしたら、**本時で子供が「わかった！」と実感することは何だろうか？**

　そこで、この因果関係的な発言について、特に間違った因果関係的な発言などについて、授業ではどのように扱えば良いのだろうか？その手立てについて、以下に自分の考えを述べてみたい。

(1) 光の単元での「見方・考え方」を生かす

　多くの教科書では光単元を音の単元の先に扱っているが、その学習指導要領の解説には

「物に日光を当てると、物の明るさや暖かさが変わることを捉えるようにする」と、確かに事実関係の把握ととれる書き方がされているが、同時にこの「と」は、因果関係的に捉えることもできそうに思える。事実子供たちは、「光を多く当てることで（エネルギーを増やす）、明るくなったり暖かくなるのだ。」と、この「当てると」を因果関係的に意識して考えることで実験結果を説明し、納得しようとすることが多い（それを教師も黙認することも多いのでは？）。

　また学習指導要領の解説では続けて、「また、虫眼鏡では、日光が集まったところを小さくすると明るさや暖かさが増し、黒い紙などが焦げることがあることも捉えるようにする。（下線筆者）」とある。この事象を見ると、「日光の光は明るさや暖かさを持っているから、それを集めると明るさや暖かさが増して、黒い紙などが焦げることがある。」と、やはりこの「と」を因果関係的な見方で納得したくなる気持ちも分かる。

　しかし、改めて目標の文章を読むと、**「事実関係」を表しているだけ**、ということが分かり、学習指導要領の内容を踏まえてまとめた前図を見ても、確かに光の単元では、「物に日光を当てると、物の明るさや暖かさが変わることを捉えるようにする」と、「日光」と「明るさや暖かさ」を量的・関係的な見方から比較して、「事実の関係」で捉えようとしており、「物に日光を当てることで、物の明るさや暖かさが変わることを捉えるようにする」という因果関係までは目指していないと考えられる。その点から考えれば、光の単元での「わかった」の実感とは、「光には、明るさと暖かさの２つのはたらき（エネルギー）があるのだ。」という認識から来るものと考えられる。

　このように考えれば、「音」の単元で「発音」と「振動」間の因果関係が出にくいようにするには、**「光」単元での、このような捉え方（事実と事実の関係で見ていく「見方」）を意識して指導していくことが大事**だと考えられる。

　そのような見方で光単元における子どもの対象への働き掛けを見てみると、「光を当てる」という「事実」による「働き掛け」の結果、対象が明るくなったり暖かくなるという「事実」の変化が「起きる」ことから、**「働き掛け」と「変化」の間の、事実的な「因果関係」的「見方」**で現象を捉えていることが分かる。

（2）「因果関係」を生かした「見方」指導の可能性

　同じように考えれば、この音の単元における子供の発音体への働きかけは、「大きく、または小さく物をたたいたり、はじいたり」という活動であり、その働き掛けの結果、発音体が「大きく、又は小さく震えて、大きな音や小さな音が出る」という現象も、十分因果関係的に捉えられる可能性があることになる。

　つまり、活動（エネルギーの出し方）とその結果の事実（対象の変化）との因果関係に注目すれば（右表、前回の表との違いに注意）、物を「たたいたり、はじいたり」したことで「物が震えているときには、同時に音が出たり伝わったりしている」という、「働き

	エネルギーの出し方	対象の変化
光	（対象に）当てる	明るくなる（と同時に）暖かくなる
音	（対象を）たたく	音が出る（出す）（と同時に）震える

かけ（原因）」とその「結果」の間の、つまり**事実間の「因果関係」**を子供たちに掴ませることができるのではないかと思われる。

　これは、“「震えの大きさ」と「音の大きさ」にはどのような関係があるのかを見ていく”という「見方」ではなく、“「たたいたりはじいたりする」エネルギーの出し方と、「音の震えと大きさ」にはどのような関係があるのかを見ていく”という「見方」を大事にしていくということである。

　これは、言うなれば、「物が震える<u>ことで</u>音が出ている」という、中学校で扱う「真の原因と結果の因果関係」の一歩手前の、「たたいたり、はじいたりという働き掛け」と「震えて音が出る」という、「働き掛けと現象の間の因果関係」と言えるだろう（「はじく」という「働き掛け」により、「震え」と「発音」という「現象」が起こると考える）。

　つまり、光の単元で、「光を反射させて物に当てる」という「働き掛け」により、「物に光が当たると、明るくなったり暖かくなったりする」という「現象の間の因果関係」の見方に整理されていれば、その見方や考え方が音の単元でも生かされるのではないかと考えられる。「明るくなると暖かくなる」の間の因果関係を考えるのではなく、「光を当てることによって、対象物は明るくなって暖かくなる」という因果関係を考えた光の捉えと同じく、「物が震えると音が出る」という因果関係を考えるのではなく、**「物をたたくことによって、対象物からは音が出て、震える」という因果関係を考える**ということである。**この因果関係をつかんだ時、子供は一定の「わかった、できた！」を実感するのではないだろうか？**

　また、この事実関係をつかむ際に、「光」で「暖かさ」というエネルギーを温度計で数値化したように、ここでは「音」の大きさを変化させた際の、輪ゴムの「振動の幅の変化」や、太鼓の皮上に置いたビーズの「弾み方の違い（高さ等）」などを視覚化、数値化させて観察するなどすることが、音のエネルギーを実感する際に大事になってくるだろう。

5. 音を「出す」、「伝える」働きと「振動」の関係

　学習指導要領の目的には、「物から音が<u>出たり伝わったりする</u>ときは物が震えていることや、」とある。つまり物の震えを、「音が出る」場面と「音を伝える」場面から捉えるということだと考えられる。

　額面通り受け留めれば、この単元では、「音が出るときには、物が震えている」、「音が伝わるときにも、物が震えている」というように、「震え（振動）」は、物が音を出す際<u>にも</u>、音を伝える際<u>にも</u>起きている」と、「震え」を、それぞれ「音が出る」ときと「伝える」ときの２つの場合で確認することになるが、これらを並列的に理解することで良いのだろうか？

　そこで、これまでは「音が出る」場面について考えてきたが、「音を伝える」場面について見てみると、「音を伝える活動としては、鉄棒や糸電話などを使うことなどが考えられる（解説編 P35）」とある。

　例えば糸電話の活動で考えてみる。次ページ図のように、Ａさんが声（音）を出すと、紙コップの底が震えて（①）、その「震え」が糸を伝わって（②）、Ｂさんの紙コップの底まで

たどり着き、そのコップの底を震わせる（③）。その結果、Bさんの紙コップからAさんの声がBさんに聞こえることになる。

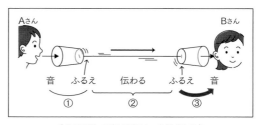

〔糸電話で音が伝わる仕組み〕

この一連の「糸電話で音が伝わる仕組み」を、目標にある①「音が出るときには、物は震えている」と、②「音が伝わるときにも、物は震えている」に対応させてみると、どうなるだろうか？

まず、「Aさんが声（音）を出すと、Aさんの紙コップの底が震える現象（①）」は、①「音が出るときには、物は震えている」に対応するだろう。次にBさんにはAさんの声が聞こえているという事実と、コップをつなぐ糸が震えているという現象から、②「音が伝わるときにも、物（糸）は震えている」に気付くだろう。つまり、音がコップの底を震わせて、その震えが糸を伝わってBさんに届き、それが音となって聞こえたということである。

この「事実」と「現象」のつながりを詳しく見てみると、Aさんが声を出して震えた紙コップの底の震え（①）が、「糸を伝わって（②）Bさんの紙コップの底までたどり着き、Bさんのコップの底を震わせる」という「現象」によって、Bさんの紙コップからAさんの声がBさんに聞こえる（③）」という「事実」になる。

つまり、この「震えが伝わる」という「見える現象」と「離れた所でも聞こえる」という「事実」を結び付けているのは、②「音が伝わるときにも、物は震えている」ということになる。

6. 子供が「わかった、できた！」と実感するのは？

先に、「物をたたくことによって、対象物からは音が出て、震える」という因果関係をつかんだ時、子供は一定の「わかった、できた！」を実感するのではないだろうか？と書いた。それに加えてここでは、そうして出た音は、「伝わるときにも震えている」ということをつかむことになる。こうした事実を加えることで、より深い「わかった、できた！」が実感できるのだろうか？

②「音が伝わるときにも、物は震えている」に気付くことによって、子供たちは「糸電話の間をつないでいる糸の震えが、音を運んでいるのではないか？」等と考えるのではないだろうか？つまり、Aさんの「声」という音が、コップの底、糸、再びコップの底を震わせることでBさんに伝わったという解釈である。

このように考えれば、①と②をつないで、「物をたたくことによって、対象物からは音が出て震え、その震えは音を運んでいる」と糸電話の原理を理解し、「わかった！」と、実感し、納得するのではないだろうか？

勿論ここまで踏み込めば、中学で扱う「音と振動の因果関係」まで触れる可能性もあるだろうが、例えば糸電話で話をしている時、間に立っている人には声（音）は聞こえないが、つないでいる糸は振動していて相手には声（音）が伝わっている。そこで糸をつまんで糸の

震えを止めると、Aさんのコップの底は震えているのにBさんのコップの底は震えなくなり、音も聞こえなく（伝わらなく）なることから、「震えが音を運んでいるのではないだろうか？」等というような、発音と伝導をつなげたような気付きや考えも出てくるのではないだろうか。

　これらの実験から、何をどう気付かせ考えさせるかは、学級の子供たちの実態に合わせて扱っていけば良いのではないかと思われる。

7．教科書の表記を見てみる

　令和6年度改訂の教科書[56]を見てみると、多くの教科書で「音を伝える」ことをつかむために「糸電話」を扱っているが、殆どがその糸電話のコップをつなぐ「間の糸の震え」のみに注目している。しかしいくつかはコップの底の震えの観察も扱っており、中には声（音）が紙コップの底を震わせ、それが糸を伝って聞く方の紙コップの底を震わせることで音が伝わることを説明しているものもあった。

　6．で述べたように、中学校の内容を考えた場合、どこまで扱うかの検討は慎重に行うべきだろうが、「音の性質」という単元名から考えても、「伝わり」と「音」の関係を、どう考えるかは大事な問題ではないかと思える。自分が気になるのは、「音が出る時の震え」と「音を伝える時の震え」の、学習内容のつながりが子供に見えなくなってしまわないかと言うことだ（つながりは考えなくても良いという考え方もあるだろうが）。

　小学校では発音と震えの間の因果関係については扱わないということだが、今回の教科書改訂[56]では、例えば前回の「糸電話は、どうして音を伝えることができるのでしょうか。」という課題が、今回は「糸電話は、どのように音が伝わるのでしょうか。」に変わった教科書や、前回のまとめの「物が震えることで、音は伝わります」が、「音が伝わるとき、物は震えている」（下線筆者）に変わった教科書が見られた。何れも「因果関係」的に感じられる表現から、「事実関係」的な扱いをより意識した変更になっているのではないかと考えられる。

　勿論、どの教科書が良いとか悪いということではなく、この「音が出る時の震え」と「音を伝える時の震え」の関係をどう扱うかは、読者の皆さんで考えていただきたいが、大事なのは教師が、「子供たちの考えには因果関係的な捉えはないのか、捉えているとしたらどのような因果関係を元に子供たちは考えているのか？」を把握しながら、それを子供たちの実態を考慮しながら、どう生かして、子供たちが納得する形で授業を展開していくかということではないかと思われる。

8．本単元の「エネルギーの捉え方」としての価値

　このように考えてきた結果、本単元の「エネルギーの捉え方」という「見方」からの価値は最初にも書いたように、これまで「エネルギー」とは考えてこなかっただろう「光」や「音」を、風やゴムの力の「力」と同じような「エネルギー」として捉えるという「見方」をすることではないかと考えられる。

以上からこの単元は、仮に「光の性質」の単元を先にやったとしたら、そこで育てた見方や考え方を「音の性質」でも生かしていくことが大事と考えられる（逆も同等）。そのように考えれば、目標にある「光の強さや音の大きさを変えたときの違いを比較しながら調べる」の「比較しながら」という「考え方」は、それぞれの単元内で比較しながら考えるという本来の意味に加えて、単元間でもその見方や考え方を比較しながら考える、というようにとっても良いのではないかと思えるがどうだろうか？

5. 「磁石の性質（3年）」…磁石が示す様々な性質から、「磁力」という目に見えない遠達力について探究していく単元

1. 学習指導要領の目標

> 　磁石の性質について、磁石を身の回りの物に近付けたときの様子に着目して、それらを比較しながら調べる活動を通して、次の事項を身に付けることができるよう指導する。
> 　ア　次のことを理解するとともに、観察、実験などに関する技能を身に付けること。
> 　（ア）　磁石に引き付けられる物と引き付けられない物があること。また、磁石に近付けると磁石になる物があること。
> 　（イ）　磁石の異極は引き合い、同極は退け合うこと。
> 　イ　磁石を身の回りの物に近付けたときの様子について追究する中で、差異点や共通点を基に、磁石の性質についての問題を見いだし、表現すること。
>
> （平成29年学習指導要領解説　理科編の目標から）

〔見方・考え方〕
（1）見方…「エネルギーの捉え方、エネルギーの変換と保存」＝主として量的・関係的な視点）
（2）考え方…「比較する」＝差異点や共通点を明らかにして比較する

2. 「エネルギー」としての磁力をイメージ化、見える化することの意義

　ここでの「見方」である**「エネルギーの捉え方」**とは、「空間を離れていても届く」し、「間に（鉄以外の）物が挟まっていても届く」、「離れれば離れるほど弱くなる」など、これまで知っている「力」とは異なる「磁力の捉え方」のことだろう。そして**「エネルギーの変換と保存」**とは、「磁石の持つ力（エネルギー）」である「磁力」が、「鉄を引き付ける力」や、「磁石同士で引き合ったり、退け合ったりする力」、「鉄を磁石にする力」など、様々にその姿を変えながら（変換する）、存在している（保存している）ということだろう。

　そんな目に見えない磁力の性質を捉えるために、**「量的・関係的な視点」**として、「磁石と鉄の間の距離と引き付ける力の大きさの関係」や、2つの磁石の間に働く磁力の向きを、互いのN極とS極同士の関係から調べるという**「見方」**が大事になってくる。

　したがってこれらの活動の際、様々に働きを変えて働く磁石の力を実感させるために、

「イメージ図」として「磁石の力（磁力）」をイメージして描かせたりして力のイメージを自分なりに持たせたりすることも一つの有効な手立てと考えられる。

　ここでの「**考え方**」である、**差異点や共通点を明らかにした比較については**、磁石の力を複数の対象に働き掛けて、そこから磁力の力の働き方の差異点や共通点を比較したり、磁石と物の距離によって変わる力の大きさをクリップの数で数量化し、表やグラフに整理するなどの見える化を図ることが考えられる。

　そのような活動をする中で、「エネルギー」としての、「鉄を引き付ける力」や、「磁石同士で引き合ったり、退け合ったりする力」、「鉄を磁石にする力」などを捉えることができるだろう。

3. 前回との違いから今回のねらいを考える

〔今回〕磁石の性質について、磁石を身の回りの物に近付けたときの様子に着目して、それらを比較しながら調べる活動を通して、次の事項を身に付けることができるよう指導する。

（ア）磁石に引き付けられる物と引き付けられない物があること。また、磁石に近付けると磁石になる物があること。

〔前回〕磁石に付く物や磁石の働きを調べ、磁石の性質についての考えをもつことができるようにする。

ア（**物には、**）磁石に引き付けられる物と引き付けられない物があること。また、（**磁石に引き付けられる物には、**）磁石に付けると磁石になる物があること。

（今回と前回の学習指導要領解説　理科編の目標から、下線、○囲み、かっこの付加は筆者）

（1）「磁石自体の性質を調べる」という意識が強くなった

　前回は「磁石に付く物や磁石の働きを調べ、磁石の性質についての考えをもつ」とあるように、磁石の性質を考えるために、「磁石に付く物」や「磁石の働き」を調べる、というように、調べる物が2つ（磁石に付く物と磁石）並列で書かれているが、今回は「磁石の性質について、」と、**調べる対象は「磁石の性質」**だと明確に書かれている。

　また、具体的な内容を示している今回の（ア）と前回のアを比べても、今回は前回の文にある「物には、」や「磁石に引き付けられる物には、」というような、磁石の性質を調べるための「物」の記述がなくなったことで、**より磁石の力そのものに目標を焦点化している**と思われる。では「磁石そのものの力」とは、どのような力なのだろうか？

（2）「空間を伝わる磁力（エネルギー）」として「磁石の力」を捉える

　「磁石の性質そのものを調べる」意識が強くなった、つまり磁石の力自体を調べる意識が強くなったと書いたが、それに関係してもう1つ前回の学習指導要領と比べて大きな違いがある。それは、前回は「磁石に**付ける**と磁石になる物があること」だったが、今回は「磁石に**近付ける**と磁石になる物があること。」となったことだ。

　鉄釘を磁石に付けると、鉄釘は磁石になる。これは前回でも扱ったが、今回は「鉄釘を磁石に付けなくても、**近付けただけで磁石になる（その結果、磁石に付く）。**」ということだ。

これはまさに、**「磁力」**とは、「空間を隔てて伝わるエネルギー（力）の働き」、つまり**「遠達力」であること**を示している。しかもその力は、前回もあった「離れた鉄を引き付ける力」だけでなく、「離れた鉄を磁石にする力」ということである（後から述べるが、この2つは実は同じ力である）。

　以上から考えると、今回考える「磁石の力」とは、この「空間を隔てて働く磁力」という捉えを、より強調した（重要視した）ものではないかと思われる。

　この「遠達力」としての磁力の捉えを意識していることは、今回の解説に「その際、磁石が物を引き付ける力は、磁石と物の距離によって変わることにも触れるようにする。」を新たに加えたことからも分かる。この現象自体は、おそらくこれまでも授業で扱ってきたのではないかと思われ、なぜ今新たにこの内容が加わったのかと不思議に思われる方もいると思われるが、これが改めて加わったということは、**「空間を伝わる磁力（エネルギー）」としての「磁石の力」のイメージを、子供たちにより実感させるため**ではないかと思われる。つまり、「磁石から離せば離すほど、鉄を引き付ける力は弱くなる」という「事実の認識」だけでなく、そこから「この力」の持つ性質、つまり空間を隔てて働き、離れるほどその働きは弱くなるという、**遠達力としての「磁力の性質」を捉えさせよう**ということではないかと思われる。

（3）「磁石の力」を捉える姿とは？

　このように見てくると、この単元では**「磁石の力を、磁力という目に見えないエネルギー面から捉えていく見方」**を大事にしていると考えられる。つまり、これまでの風やゴムの持つエネルギー、4年で扱う光や音の持つエネルギーという様々な形の「力」のエネルギーを考えていく意識のつながりの中で、また違った形の「磁力」の持つエネルギーを考えていこうということである。

　したがって、この単元で扱う磁石の様々な性質（鉄を付ける・引き付ける、磁化する、力が空間を伝わって届く、同極・異極間の吸引・反発反応、南北を向く等）を、それぞれ磁石の持つ個別の性質や事実としてバラバラに捉えるのではなく、**「磁石のエネルギー（力）」の、様々な現れ方の違い**として捉えることが大事だと思われる。そして、「様々な現れ方の違いとして捉える」ということは、言葉を変えれば、後からも述べるように、これらの性質は**「同じ磁力という力が、異なる姿で現れた現象だ」**という捉えをすることを意味している。

　その捉えができるためにも、前述したように、これまでの「力」とはまた違う、見えない磁力の性質を捉え、そこから「磁力」をエネルギーとして実感させるための「イメージ図」を描かせたりしながら、これらの現象を説明させたりする活動を進めていくことも大事になってくるのではないかと思われる。

　その際、忘れてならないのは、この磁力を「エネルギー」として**実感する**ということである。上記の様々な磁石のエネルギー（力）を示す実験を行う際は、その「引く力、引き合う力、退け合う力、離れていても働く力」などの、エネルギーとしての捉えの実感を大切にしたいものである。勿論そのための「**力の実感**（引っぱられる、退けてくる、離れるほど弱くなる等）」は、何より大事になってくる。その実感から「力のイメージ」が、例えばイメージ図の表現などとして現れてくると考えられる。

4．この磁石の捉えは、これまでの学習活動をどのように変えるか？

（1）「磁石に付く物、付かない物」調べ、という活動について

　このように磁力を捉えるなら、これまで単元の導入でよく見られた「磁石に付く物、付かない物を調べよう」等という活動は、例えば「磁石に引き付けられる物、引き付けられない物を比べて、磁石の性質を調べよう」等となることがより適切だと思われる。つまり、調べる対象は「物そのもの」ではなく、「磁石に引き付けられる物調べ」を通しての「磁石の性質」である。そしてそれは「引き付ける」という現象に注目してである。

　学習指導要領の目標には、前回も今回も「磁石に引き付けられる物と引き付けられない物があること。」を捉えるとあり、その表現は変わらないが、今回はその「力（磁力）」が、空間を隔てた「引き付ける力」として「磁石」から出ている、という点をより大事にしているのではないだろうか？つまり、「磁石に付くまでの引き付けられる様子（力）」への気付きが重要になってくると思われる。

　その気付きのためには、例えば最初の活動の学習課題を、「磁石に付く物、付かない物調べ」ではなく、「磁石が引き付けるのは、どんな物だろうか？」等として、磁石を主語にした引き付けられる物探しを行うという意識にすることも考えられるだろう。

　そうは言っても、子供にとってみれば、磁石の力は「物をくっ付ける力」に見えるだろうし、活動は「付く物、付かない物の仲間捜し」になってしまい、結局は「鉄製の物が磁石に付く」等と、「物」が主語のまとめになりがちである。

　子供が言う「物をくっ付ける力」を、無理矢理「引き付ける力」と強調しすぎるのも問題だろうし、活動していればどうしても「何が磁石にくっ付くか？」等と「物」の方に意識が向くのも無理はないだろう。

　したがって、磁石に付く物調べをしていく中で、磁石は単に物を「付ける」だけでなく、「離れた所から物を引き付けてくっ付ける」力があること等に気付かせた上での仲間分けが大事になってくると思われる。そして、その「鉄を引き付ける磁石の力」という捉え方を、その後の学習でも生かしながら深めていきたいものである。そのためにも、先に述べた「磁石の力を実感する活動」の大事さが分かる。

　このような活動が先に述べた、磁石の様々な性質をそれぞれ個別の事実としてバラバラに捉えるのではなく、「磁石のエネルギー（力）」の、様々な現れ方の違いとして捉えるということになるだろう。

　このように考えるなら、この学習の最初に、例えば「磁石にはどのような力があるのだろうか？」のような、「単元全体を通して追究していきたい、磁石を主語とした大きな学習課題」を設定し、その解決に向けて単元の授業が展開していく流れも考えられるのではないかと思われる。

（2）「磁石に近付けると磁石になる物がある」について

　これまでは「磁石に付けると磁石になる物があること。」を扱っていたが、今回の学習指導要領では「磁石に近付けると磁石になる物がある」と、磁石の磁化する力を「遠達力」として捉える必要がある。したがって、「磁石本体から離れた所に、磁石にする力が出ている」

ことを見つけることが大事になるだろう。これは（1）で書いたことにもつながってくる。

　ところが今回の教科書（平成29年度版）[56] を見てみると、主要5社とも「磁石に釘など
を付けてから外した物は磁石になっている」ことだけを扱っており、「磁石に近付けた物が
磁石になっている」ことには触れていない。その理由はなぜだろうか？おそらくは目に見え
ない「遠達力」としての「磁力」の存在を直接捉えることの難しさからではないかと思われ
るし、その他の実験や観察からも、この「遠達力」としての「磁力」の存在に気付かせるこ
とができるという考えからかもしれない。（自分の勝手な想像だが）。

　何れにしても、先に書いたように、例えば「磁石にはどのような力があるのだろうか？」
のような単元を貫く学習課題から入れば、子供たちは徐々に「目に見えない磁石の力」をイ
メージして学習を進めていくだろうし、それを表すイメージ図も学習を進めていく中で変
容、深化していくだろう。「電気の通り道」と並び、見えない「エネルギー」を扱う単元と
して考えても、「遠達力」としての「磁力」の存在に気付かせることは重要ではないかと思
われる。そこで今回の教科書改訂の様子も見てみることにした。

〔令和6年度版使用教科書の記述から〕

　新学習指導要領実施から初めて改訂された主要5社の教科書[53] を見てみると、いくつか前回か
らの変更点に気付かされる。まず、最初に「磁石に付く物」を調べる際の課題が、これまでの「ど
んな物が磁石に付くのだろうか。」といったものから、「どのような物が磁石に引き付けられるで
しょうか？」のような、「引き付けられる」という**遠達力を意識した**記述が全体的に目立つ（下線
筆者）。このような変更から、今後、単元全体を貫く「磁石の性質を調べていこう」という意識を
より大事にするとすれば、「付く物調べ」ではなく、「見えない」磁力の性質を調べていこうとい
う意識がさらに強くなってくると思われる。

　また「離れていても、磁石は鉄を引き付けるのだろうか？」、「磁石が離れていても働く力につ
いて、気付いたことを話し合いましょう」等のような記述も多く見られ、ここでも磁石の遠達力
をより意識していることが分かる。

　中には「磁石に引き付けられた鉄は、直接付いていなくても磁石になります（下線筆者）」とい
う記述と共に、透明プラスティック容器に入れた磁石に、その外側の底から鉄釘を付け、その釘
が磁石になっていることを検証している実験を扱う教科書もあるが、「磁石に近付けると磁石にな
る物がある」という事実を直接扱っているのはこの1社だけで、他は「磁石に引き付けられた鉄
は、磁石になる」を、「ひき付けられて付いた鉄」と解釈したり、または「磁石に付いた鉄は、磁
石になる」ことを扱っている。

　これらから、磁石の目に見えない遠達力の存在を大事にしている点は共通しているが、「磁石に
近付けると磁石になる物がある」を、どのように解釈するかが今後、授業者個々にとって大事に
なってくるだろう。その意味で、どの教科書が良いかどうかではなく、比較しながら自分の考え
るより良い授業の在り方の参考にしていくことが大事ではないかと考えられる。

〔磁石にはどんな力があるのだろうか？〕

　本文中で、「離れた鉄を引き付ける力」と「離れた鉄を磁石にする力」は、実は同じ力であると述べたが（P316）、その解説をする。

　子ども達に、学習の最後に「磁石にはどんな力があることを見付けましたか？」と聞いたら、何と答えるだろうか？「鉄を引き付ける力」、「Ｎ極とＳ極で引き合ったり、退け合ったりする力」、「鉄を磁石にする力」、「南北を向く力」などが挙がるのではないだろうか。

　しかし中には、「南北を向く力」は、地球という大きな磁石と方位磁針の小さな磁石の、「Ｎ極とＳ極同士で引き合ったり、退け合ったりする力」と同じだ！と気付く子もいるだろう。また、かなり難しいが、磁石に鉄が引き付けられて付くのは、<u>磁石と離れていた鉄が、空間に伝わっている磁石の力によって磁石になったために</u>、磁石同士が引き付けられて付くためだ、と気付く子もいるかもしれない。つまり、「磁石に<u>引き付けられる</u>物」とは、「磁石に<u>近付ける</u>と磁石になる物」のことで、その物（鉄）を磁石に近付けると磁石になり、その結果、その物は磁石同士が引き合う力で磁石に付くということになる。

　このように、磁力を目に見えない遠達力と捉えることで、そのエネルギーとしての力の見方から、最初は異なって見えていた数々の磁石の性質を、その子なりに総合的にイメージして捉えることができるだろう。

　このイメージ化については、第Ⅴ部　直観やイメージ、発想を育てる学びの実現の第1章「新たな価値」のその先へ、これからの学びへの提言の5.「事実の"理解"」を納得させる「イメージ」（P372）でも触れる。

　ただし学習指導要領解説では、「磁石に引き付けられる物には、磁石に近付けると磁石になる物があることを捉えるようにする。」と述べられているように、この2つの間の因果関係までは扱わず事実関係までの理解だと思われる点にも注意したい。

6. 「電流の働き（４年）」…２つの「関係性」を考えさせる絶好の単元

1. 学習指導要領の目標

　<u>電流の働き</u>について、電流の大きさや向きと乾電池につないだ物の様子に着目して、それらを関係付けて調べる活動を通して、次の事項を身に付けることができるよう指導する。

　ア　次のことを理解するとともに、観察、実験などに関する技能を身に付けること。

　（ア）乾電池の数やつなぎ方を変えると、<u>電流の大きさや向きが変わり</u>、豆電球の明るさやモーターの回り方が変わること。

　イ　電流の働きについて追究する中で、既習の内容や生活経験を基に、電流の大きさや向きと乾電池につないだ物の様子との関係について、根拠のある予想や仮説を発想し、表現すること。

（解説から）

（途中から）ここでは、児童が、電流の大きさや向き、乾電池につないだ物の様子に着目して、それらを関連付けて、電流の働きを調べる活動を通して、（以下略）

ア　乾電池の数を1個から2個に増やしたり、つなぎ方を変えたりしたときの豆電球やモータの動作の様子に着目して、これらの変化と電流の大きさや向きとを関係付けて電流の働きを調べる。これらの活動を通して、電流の大きさや向きと乾電池につないだ物の様子との関係について、既習の内容や生活経験を基に、根拠のある予想や仮説を発想し、表現するとともに、乾電池の数やつなぎ方を変えると、電流の大きさや向きが変わり、豆電球の明るさやモーターの回り方が変わることを捉えるようにする。（以下略）

（平成29年学習指導要領解説理科編の目標、解説から　下線筆者）

〔見方・考え方〕

（1）見方…「エネルギーの変換と保存」＝主として量的・関係的な視点

（2）考え方…「（関係付けて調べる活動を通して）自然の事物・現象について追究する中で、既習の内容や生活経験を基に、根拠のある予想や仮説を発想し、表現すること」

・「見方」と「考え方」の両方に、「関係」という言葉が含まれているが、この違いは何だろう？それを検討しながら、本単元における「見方」と「考え方」をはっきりさせたい。

2.「見方」、「考え方」双方にある「関係」の違い

　目標の冒頭に、「電流の働きについて、電流の大きさや向きと乾電池につないだ物の様子に着目して、それらを関係付けて調べる活動を通して、次の事項を身に付けることができるよう指導する。」とある。

　前半の「電流の大きさや向きと乾電池につないだ物の様子に着目して」とは、「電流の大きさや向き」がどのように変わると、「乾電池につないだ物の様子」はどのように変わるか？という「関係的な見方」に着目してということであり、この「着目して」は「エネルギーの捉え方」としての、主として量的・関係的な視点からの「見方」と言えるだろう（そこには、原因と結果などの因果関係はない）。

　それに続く「それらを関係付けて調べる活動を通して、」の「関係付ける」は、冒頭の「電流の働きについて」から考えると、前半の「見方としての関係」を、「電流の働き」に関係付けて考えることで、「変化とそれに関わる要因を結び付けて考えること（理科解説書P14の「考え方」における「関係付ける」の解説）」に当たり、この関係付けは「考え方」と考えられる。

　つまり、**同じ「関係」という表現でも、前半の「見方」と、その関係を通して考える後半の「考え方」とでは意味が異なる**ことに留意すると共に、それらの関係性に注目することが大事だと考えられる。同じ言葉でも「見方」と「考え方」で意味が異なることについては、P191や、P291の「風やゴムの働き」でも述べた。

3. 「見方」、「考え方」を生かして、どう「目標」につなげるか?

　それでは、これらの「見方・考え方」を生かして、どのように目標を実現させていけば良いのだろうか?改めて目標の「(ア)乾電池の数やつなぎ方を変えると、<u>電流の大きさや向きが変わり、豆電球の明るさやモーターの回り方が変わること。</u>」を読むと、ここには下表の①と②の関係(変えるもの、変わるもの、変わること)が並列的に書かれており、一見すると、ここには「見方」の関係だけが書かれているようにも見える。しかし、2.で考えたように、実はここには「見方・考え方」の2つの「関係」が書かれている。ポイントは、**「電流の大きさや向き」は「目に見えないもの」だ**ということである。

　つまり下表のように、「見えるもの」としての「電池の数やつなぎ方」と、同じく「見えるもの」としての「豆電球の明るさやモーターの回り方」の関係は**「見方」**と考えられ(**関係①**)、「見えるもの」としての「電池の数やつなぎ方」と、「見えないもの」としての「電流の大きさや向き」、そして同じく「見えないもの」としての「電流の大きさや向き」と、「見えるもの」としての「豆電球の明るさやモーターの回り方」の関係は、その「見方」を元にして、**「見えない電流の大きさや向き」を、「どのように捉えるか」**に関係した**「考え方」**ではないかと思われる(**関係②**)。

　そう捉えると、変えるものから変わるもの、変わることとつながる矢印①、②の関係は、単なる「見方」の関係ではなく、変えるものとしての「乾電池の数やつなぎ方」は**「見えるもの」**、それを変えたことによる変わることである「豆電球の明るさやモーターの回り方」も**「見えるもの」**であり、その間を関係付けている変わるものとしての「電流の大きさや向き」は**「見えないもの」**と考えられ、以上をまとめるとここでは、**関係①にある「見えるもの同士の変化の関係(見方)」を、「見えないもの(電流)」との関係②で理解しよう(考え方)」**というのがねらいであり、その関係を作っているのが、目標の冒頭にある「電流の働き」と言う関係になっていると考えられる(下表参照)。

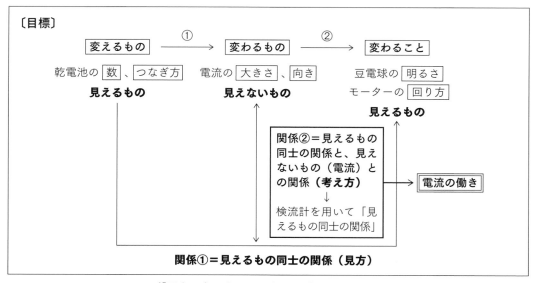

〔「見方・考え方」から考えた「電流の働き」〕

したがって、続く解説に「ここでは、児童が、電流の大きさや向き、乾電池につないだ物の様子に着目して、それらを関連付けて、電流の働きを調べる活動を通して、（以下略）」とあるのは、関係②の、「見えない電流の大きさや向き」と、「見えるもの同士の関係」である関係①の様子に着目して、これらを関係付けて「見えない電流の働き」を調べる、ということと考えられる。

　このことは、その下からの（ア）の説明でより具体的に書かれている。説明前半の、「乾電池の数を1個から2個に増やしたり、つなぎ方を変えたりしたときの豆電球やモータの動作の様子に着目して、これらの変化と電流の大きさや向きとを関係付けて電流の働きを調べる。」の、「これらの変化」とは表の関係①（見えるもの同士の関係＝見方）であり、これと、続く「電流の大きさや向きとを関係付けて電流の働きを調べる。」とは、表の関係②（見えるもの同士の関係と、見えないものとの関係＝考え方）から「電流の働き」を調べるということと考えられる。

　そして、「これらの活動を通して、電流の大きさや向きと乾電池につないだ物の様子との関係について、（途中略）乾電池の数やつなぎ方を変えると、電流の大きさや向きが変わり、豆電球の明るさやモーターの回り方が変わることを捉えるようにする。」とある。つまり、この関係②の「考え方」によって、「見方」だけの関係に見えた関係①が「考え方」の関係になり、納得できると言えるのだろう。

　その際に、この②の関係を、「目に見える関係」とするのが、その下に書かれている「簡易検流計などを用いて、これらの現象と電流の大きさや向きとを関係付けて調べるようにする。」ことではないだろうか？つまり、「乾電池の数やつなぎ方を変えると、豆電球の明るさやモーターの回り方が変わる」という現象（目に見える現象）に、「電流の大きさや向きが変わる」という「目に見えない」関係付けを行うために、「簡易検流計などを用いて」、目に見える関係付けとして示している、と考えられる。

4.「電気の働き」から「電流の働き」に変化

　今回、単元名が前回学習指導要領の「電気の働き」から、「電流の働き」に変わった。「電気」から「電流」に変わったことで、何が変わったのだろうか？

　今回の目標は、「（ア）乾電池の数やつなぎ方を変えると、電流の大きさや向きが変わり、豆電球の明るさやモーターの回り方が変わること。」とある。そして解説には、「電流の働きについて、電流の大きさや向きと乾電池につないだ物の様子に着目して、それらを関係付けて調べる活動を通して、次の事項を身に付けることができるように指導する。（下線筆者）」とある。

　つまり、「電流の働きを、その大きさや向きと、乾電池につないだ物の様子との関係から捉えよう」としている。先にまとめた表で見ると、目標には図中の「変えるもの」「変わるもの」「変わること」をつなげた矢印の関係が書かれており、解説には、その関係を成り立たせるための「見方」と「考え方」の関係、特に「変わるもの（見えない電流）」と「変わること（明るさや回り方という目に見えるエネルギーの現れ)」の関係が書かれている。

と言うことは、3. で考えた「見方」、「考え方」を大事にした表現で書かれていると言えるだろう。つまり「目に見えるもの同士の関係性（明るさや回転数の変化）＝「見方」」を、「目に見えない電流の大きさや向き」と関連付ける（「考え方」）ことで、「電流の働き」について調べていくというねらいであり、したがって単元名を「電流の働き」としたのだろう。

　では、前回の「電気の働き」では、どうだったのだろうか？

　前学習指導要領の目標は「ア　乾電池の数やつなぎ方を変えると、豆電球の明るさやモーターの回り方が変わること。」だった。これは上の表で言うと、「変えるもの（見えるもの）」と「変わること（見えるもの）」の関係、つまり見えるもの同士の関係が目標ということになる。では、前回の学習指導要領には「電流の働き」がなかったのかというと、勿論そうではなく、続く解説には以下の文章がある。

　ア　①乾電池の数を1個から2個に増やして豆電球を点灯させたり、モーターを回したりすると、その明るさや回転数が増す場合と、乾電池1個につないだときと変わらない場合があることなどから、②電球の明るさやモーターの回り方の変化を電流の強さと関係付けながらとらえるようにする。また、乾電池の向きを変えるとモーターが逆に回ることから、電流の向きについてもとらえるようにする。（以下略）

（前学習指導要領解説理科編の解説から、下線、番号筆者）

　目標と比較すると（前学習指導要領解説理科編 P36）、解説前半の①部分が「目標」部分で、解説ではそれを受けて②で、この「見える事象の関係」を、「見えない」電流と関係付けている。この関係付けは、今回の学習指導要領での関係付けと同じであることが分かる。

　したがって、前回と今回で大きく内容が変化した訳ではないが、敢えて言えば前回は、「乾電池の数やつなぎ方」と「豆電球の明るさやモーターの回り方」という、**「見えるもの同士の関係（見方）」を理解する（目標）ために**「電流」の存在を考えていたのに対して、今回は目標の前文に「電流の働きについて、電流の大きさや向きと乾電池につないだ物の様子（見方）に着目して、それらを関係付けて調べる活動（考え方）を通して、」とあるように（かっこ内は筆者）、このような働きをする**「電流そのもの」を「見方・考え方」を通して捉える**ことが目標と考えられる。

　つまり、単元名が今回「電気の働き」から、「電流の働き」に変わったのは、目に見えない**「電流」というエネルギーそのものを学びの対象として捉えたい**ということを表しており、そのための**「見方・考え方」の育成を明確にしている**と考えられる。

5. 「電流の働き」を捉える手立て

　では、この目に見えない「電流」そのものを捉えるため、授業で留意したいことは何だろうか？ここでは3点、提案しておきたい。

(1) 3年「電気の通り道」との関連を意識した「電流」への気付き

　同じ電気を扱う単元として、3年で「電気の通り道」がある。ここでは目に見えない電気

の通り道を「回路」という「目に見える」形で理解させることがねらいである。その際、回路に紙などの不導体が入る場合や、ほんの僅かでも回路が切れていれば、豆電球が点かないことに気付く。これらの事実から子供は、「回路（導線）に電気が通ると豆電球が点く」と考えるだろう。つまり、まだ「電気の流れ＝電流」までの意識はなくても、**「通り道」としての回路の必要性**（一回りにつながっている）に気付くことがここでは大事になる。したがってこの考えに則れば、３年時の学びでは、例えば教師の方から「電気はどのように流れているのか？」等、「電流」の意識を持たせて、矢印などでその流れをモデル化させて描かせるなどの手立ては必要ないと思われる（子供から出てくればそれを否定する必要はないが）。

　このような３年での学びを踏まえて、電気の流れである電流の考え方は、４年になって、電池の数やつなぎ方などを変えると豆電球の明るさの変化やモーターの回転方向が変化する等から、子供の方から自然に或いは必然的に出てくるものと思われる。つまり、「電気を通すもの」としての回路としてつながっているという３年の学びに加えて、４年では乾電池の数やつなぎ方の違いによる「電気の量」や「流れる方向」が意識化され、それが「回路を流れる電流」という意識につながると思われる。

　その点では、「流れの方向」が意識しやすい「モーターの回転方向」の違いなどから入った方が、単元の流れとしては分かりやすいのではないかと考えられる。

　このような「電気」から「電流」への子供自身の気付きを大切に、３年から４年につながる電気の学習を進めていきたい。その意味では、本単元で「電流」という言葉（理科用語）を使うタイミングが大事になってくると思われる。

〔３年生「電気の通り道」との関係〜学年を超えた系統性の大事さ〕

　学習指導要領３年生「電気の通り道」の内容はほとんど前回と同じだが、気になるのが解説で、「(ア)１個の乾電池と１個の豆電球などを導線でつないだときの、つなぎ方と豆電球などの様子に着目して、それらを比較しながら、豆電球などが動作するつなぎ方と動作しないつなぎ方を調べる。(下線筆者)」とあることです。

　これに相当する前回では、「乾電池と豆電球と導線を使い、豆電球が点灯するつなぎ方と点灯しないつなぎ方を比較し、回路ができると電気が通り、豆電球が点灯することをとらえるようにする。(下線筆者)」とあります。

　比べると、今回の「豆電球などが動作するつなぎ方」という表記は、何だかもってまわったような表現で、前回の方が「自然で直接的な書き方」に見えないでしょうか？どうしてこんな表現にしたのでしょう？

　そこで考えなければならないのは、これに続く４年生「電流のはたらき」では、「電気の働き」から「電流の働き」に変わった理由として、本文で書いたように、**「電流」という「見えない電気の流れ」**のイメージを大事にしているからだと考えられるということです。

　では、そこにつながる３年生での「電気の通り道」では、何を大事にすべきでしょうか？

　今回の３年生「電気の通り道」のポイントは、「電気の通り道ができることで電気をつけたり、

モーターを回したりなどの『動作』を起こすことができる」ということです。つまり、「電流が通ること」による「働き」は、必ずしも豆電球でなくてもよく、点くという動作に限る訳でもないので、「豆電球などを動作させるはたらき」としたのではないでしょうか？そして、この「電流を通す通り道」が「回路」です。

　ですから、大事なのは**「電気は、通り道ができると『動作』することができる」**ということです。そして、そのようにしてできた「電流の通り道」を「回路」というのです。

　したがって、敢えて言えば大事なのは「電流は通り道ができれば動作する」、そうしてできた「通り道を回路と呼ぶ」ということで、そう捉えれば、「電気の通り道（回路）と電気による動作の関係」の意識を大事にすることが何より肝心だと思います。このように考えると、改めて「電気単元」の、学年を超えた系統性の大事さが、見えてくるように思われます。

（2）図を用いた表現の活用

解説を読むと以下の記述がある。

> 　ここでの指導に当たっては、電流の大きさや向きと乾電池につないだ物の様子について考えたことを、図を用いて表現したり、「電流」、「直列つなぎ」、「並列つなぎ」という言葉を使用して説明したりするなど、電流の働きについて考えたり、説明したりする活動の充実を図るようにする。
>
> （学習指導要領解説理科編の解説から、下線筆者）

　（1）で考えたように、「電流」＝「電気の流れ」の、その流れる様子（量や方向）は目に見えない。その見えない電流の存在や働きを考えるのに、図を用いての表現が有効と考えられる。これまでもこの単元の学習では、回路図などを描いて考えてはきたが、そこに目に見えない電流の働き（流れる方向や大きさ）も矢印などで加えて、直列つなぎや並列つなぎ等における電流の働きを視覚的、実感的に捉えさせることが、回路図を形式的な理解に留まらせないためにも重要になってくると考えられる。

（3）「検流計」を提供する際の、子供の意識の重要性

　この単元で初めて検流計を使うが、その導入には気を付けたい。ここでは前に述べたように、「見えるもの」同士の「変えるもの」と「変わること」の関係から、見えない「変わるもの」としての「電流」の存在に気付く「考え方」が大切になる。

　例えば、モーターで走る車の走る方向が電池の向きで変わることに気付いた子供たちがその原因を考えた時に、電気の流れを思い付いて、「電気の流れが反対になるからではないか？」と予想したとする。そこで、「では、電気の流れの方向が分かるこの検流計で調べてみよう。」と、検流計を提供したとする。

　この展開は、子供の意識の流れに沿って、子供の主体性を大事にした機材の提供のように見えるが、本当にそうだろうか？

　少し理屈っぽい言い方になるが、この場合、まずは本当に回路の中に電気が流れているのか？が問題になる。そして、それが流れていたとしても、電池を入れ替えることでその流れ

の方向が逆になるのか？が次に問題となる。気を付けたいのは、3年生で見つけたのは「電池とモーターを回路につなげた時に、モーターが動作する」という事実であり、その回路の中で電気が流れているかどうかという吟味はしてこなかったということだ。

　そう考えれば、「電気の流れが反対になるからではないか？」という子供の予想には、実は「回路の中で、電気は本当に流れているのか？」と、「流れていたとしたら、電池の向きを変えるとその流れの方向も変わるのか？」の2つの「検証しなければならないこと」が含まれていることが分かる。そのことに気付かせ、このような問題意識をきちんと子供と共有した上で、調べてみることが大事ではないだろうか？

　具体的には、例えば「本当に回路に電気は流れているのかな？それを確かめることがまず大事だね。そして流れているとしたら、その流れの方向は電池の向きを変えると変わるのかな？次にそれを調べることが大事だね。これらを調べるために、電気が流れているかどうか、そして流れているとしたらどの方向に流れているかを調べることのできる検流計を使って調べてみよう。」等と投げかけることが、真に子供の主体的な学びに沿ったことになるのではないだろうか？随分理屈っぽく、また教師主導のような展開に見えるかもしれないが、子供の見方・考え方、主体性を大事にするとは、必ずしも子供自身が発した言葉をそのまま使うということではないと考える。

　第6節の2.「主体的な学び」に取り組む際の留意点（P223）で、"子供たちが「自分（たち）の考えた仮説に基づいて追究し、そこから見付けた「自分たちの結論」が、教師の想定した「本時の目標」に重なる、という授業観"が大事であると書いたが、この場合で言えば、この「子供たちの考えた仮説」の真の意味を、教師の教材研究の力で解釈し、「真の子供の仮説」として整理し、子供たちに気付かせてやることが大事だと考えられ、その結果、「子供たちの結論」が、「本時の目標」に重なると考えられる。

〔エネルギーとしての「音、磁力、電流」の捉え方〕

　音も磁力も電流も、そのままではなかなか「エネルギー」として実感はしにくい。音は光と比較しながら、「働き掛ける（たたく）」ことで「振動して音が出る」ということから、磁力ではその引き合う力や退け合う力、離れていても働く等の現象を「力」として実感することから、そして電流では、電球を明るく点けたり、モーターを回転させる等の現象を、その強さの変化を見たり実感したりすることから、それぞれ「エネルギー」として実感させたい。

　そして電流の場合は、その明るさや回転数、回転方向の変化等を「電気の量や流れる方向の違い」と捉え、そこから「電気の流れ＝電流」の存在に気付かせたい。

　また、ここで扱った中学年段階と他学年間の系統性で見れば、「光」や「音」は、中学校の「光と音」単元との系統性を考慮することが重要である。

　また、「磁力」と「電流」は、やがて「電磁力」という互いに関連した関係にあることに気付く流れを大事に考えながら、3年の「磁石の性質」では、「磁力」という「空間を隔てて伝わる見えないエネルギー（力）」の働きを意識して指導することが大事に

なり、4年の「電流の働き」では、「乾電池の数やつなぎ方（見えるもの）を変えると、電流の大きさや向き（見えないもの）が変わり、豆電球の明るさやモーターの回り方が変わる（見えるもの）という、「見えるもの」同士の関係を、「電流という見えないもの」が介在してつなげていくという、見えない「電流」の捉えをより意識した指導を大切にしていきたい。

そして、電磁石を扱う5年の「電流がつくる磁力」では、この「共に目には見えない磁力と電流のはたらき」を、その「見えないもの同士の関係」に気付かせながら考えさせることで、より科学的な学びに向かわせ、その学びが中学校での「電流」、「電流と磁界」の学習につながっていくようにしていきたい。

例えば具体的には、自分はこれまで「電磁石は普通の（永久）磁石と同じような性質があるのだろうか？」等の「永久磁石と電磁石の性質比較」を意識した学習課題で電磁石の性質調べを行い、「電磁石も鉄を引き付けたりN、S極がある点は同じだが、電流の向きを変えると極が変わったり、電流が切れると磁石でなくなる点は異なる」等、永久磁石との比較を主とした結論を得る授業をしていた。

しかし今回の検討から考えると、ここで大事なのは3年生から続いて追究してきた**「電流の働き」の更なる見方の深まり**だろう。つまり、「電流という見えないもの」は、「見えない磁力」を生み出す働きがあり、しかもその働きは、コイルにより空間的に隔てられた鉄心に触れずにその周りを流れることで、鉄心に「磁力」を生じさせて鉄心を磁石にする、という働きがあるということが分かる。

この、3年生から追究してきた**「空間を隔てて働く磁力」**が、同じく空間を隔てた**「電流の働き」によって生じる**という、電気と磁気の関係やその不思議さに気付くことこそが、単に永久磁石と電磁石の共通点や差異点に気付くということよりも重要なねらいであると考えられる。

したがって、**その追究に子供たちの意識が向くような学習課題の開発に、これから向かうべきではないだろうか？**

このような、大きな学びの流れを、子供の「見えないエネルギーの捉え」を大事に意識しながら、それぞれの場面で「何を学ばせたいか」を考えて指導していくことがこれから益々大切になってくるだろう。

「粒子」を主として扱う単元

7. 「空気と水の性質（4年）」…力を加えた際の「手応えと物の変化」の関係性を考えさせたい単元

1. 学習指導要領の目標

> 　空気と水の性質について、体積や圧し返す力の変化に着目して、それらと圧す力とを関係付けて調べる活動を通して、次の事項を身に付けることができるよう指導する。
>
> 　ア　次のことを理解するとともに、観察、実験などに関する技能を身に付けること。
>
> 　（ア）閉じ込めた空気を圧すと、体積は小さくなるが、押し返す力は大きくなること。
>
> 　（イ）閉じ込めた空気は圧し縮められるが、水は圧し縮められないこと。
>
> 　イ　空気と水の性質について追究する中で、既習の内容や生活経験を基に、空気と水の体積や圧し返す力の変化と圧す力の関係について、根拠のある予想や仮説を発想し、表現すること。
>
> （平成29年学習指導要領解説理科編の目標、下線筆者）

〔見方・考え方〕

（1）見方…「粒子の存在」＝主として質的・実体的な視点

（2）考え方…「関係付ける」＝変化とそれに関わる要因を関係付ける

2. 「圧す力」と「圧し返す力」の関係…「見方・考え方」からの考察

　上の目標には、「空気と水の性質について、体積や圧し返す力の変化（関係①）に注目して、それらと圧す力とを関係付けて（関係②）調べる活動を通して、次の事項を身に付けることができるよう指導する。」とある（下線、括弧書き筆者）。

　これについて考えてみる。

(1)「圧す力」と「押す力」の違いに注意

　ここで扱うのは「圧す力」である。「おす」には、「押す」と「圧す」があるが、辞書で調べると、「物に触れて上や横から力を加える場合」には一般的に「押す」を使うが、圧迫などの意では「圧す」も使う（広辞苑）とあり、この場合のように「圧力を加える場合」は

「圧す」を使うと考えられる。

　「空気」という目に見えない「物」を「おす」活動から入る本単元は、その「圧す」という「圧力を加える実感」から、<u>空気の存在と性質を実感すること</u>が大事と考えられる。そして、閉じ込めた空気を「圧迫した場合」は「手応え」を感じる。

　つまり「閉じ込めた空気を<u>おす時の力の大きさと、その空気からおし返してくる力の大きさ</u>」に着目する本単元では、「圧す」を使うのが適当と考えられる。逆に言うと、ここでは、空気の圧迫に伴う「圧す力」や「圧し返してくる力」について実感することが大事と考えられる。したがって単なる漢字の違いではなく、その意味の違いを子供たちが実感できる<u>体験からの学びの出発が大事</u>と考えられる。

(2)「圧す」の理科的特性…「質的・実体的な粒子の存在」としての「見方」

　では、「圧す」の特性は何か？それは「手応えがある」という点だろう。そして「手応え」が発生するのは、圧す物が**「閉じ込められた空間」**の中にあり、その空間の中に**「保存された数の粒子」**が保存して存在しているからである。

　この単元の「見方」は「粒子の存在」で、主として質的・実体的な視点での捉えが大事だが、ここで言う「質的・実体的な視点」とは、<u>「物によって異なる性質があるのではないか（空気と水の質の違い）、見えない物でも実体として存在しているのではないか（空気の実体）」</u>という視点だろう。このような視点による**「粒子の存在」としての見方によって、この「手応え」が説明できる**ことが大事になってくると考えられる。

(3)「圧す力」と「圧し返す力」の関係…「考え方」に注目

　粒子が閉じ込められた中で、保存された数の粒子としてある（**「見方」**）場合、それはどんな振る舞いをするのだろうか？それを考えるのが**「考え方」**になる。

　右図の左にあるように、最初は大気の圧力と、粒子が閉じ込められた袋内部の圧力とが釣り合って安定している状態だが、外から「圧す力」を加える

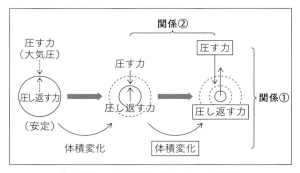

〔圧す力により変化する2つの関係〕

と、右矢印先の2つ目の図（中央）のように、袋は「圧す力」で圧し縮められて体積が小さくなると<u>同時に</u>、袋内には外に同じ大きさの「圧し返す力」が生まれる。この関係が図中の**「関係①」**であり、この関係は変化しているどの状態においても成り立っている。つまり、さらに圧す力を増すと、さらに右矢印先の3つ目の図になり、体積はより圧し縮められて小さくなり、同時に袋内から圧し返す力もより大きくなる。そこで、この「圧す力の変化」と、それに伴う「体積や圧し返す力の変化」を関係付けて考えるのが図の**「関係②」**になる。

　つまり、関係①は「圧せばその分体積が縮小し、その結果圧し返す力が生まれる」という**「作用・反作用」**の関係であり、関係②は「その圧す力をさらに増せば、体積の縮小もさら

に増し、その分圧し返す力も更に大きくなる」という**「変化の関係」**と考えられる。この「圧す力」と、物が「圧し返す力」の「変化の関係」を、どのように子供に価値付けていけば良いのだろうか？そこで、前回の学習指導要領と比較して考えてみることにした。

(4) 前回との違い…「手応え」の捉え方

　前回の目標には、「閉じ込めた空気及び水に力を加え、その体積や圧し返す力の変化を調べ、空気及び水の性質についての考えをもつことができるようにする。」とある。また解説には、「容器に閉じ込めた空気を圧し縮めたときの手ごたえや体積変化を調べ、空気は圧されると体積が小さくなるが、元に戻ろうとして手ごたえが大きくなる性質があることから、空気の体積変化と圧し返す力とを関係付けてとらえるようにする。（下線筆者）」とある。

　この解説には「手応え」という、観察者（子供）の感覚が書かれてはいるが、それはあくまで目標にある、観察対象としての空気の「圧し返す力」測定のためである。つまり、**「空気の圧し返す力の変化」**を、**「空気が元に戻ろうする時の手ごたえの変化」**として捉えるとしている。

　それに対して今回は、「体積や圧し返す力の変化に注目して、それらと圧す力とを関係付けて調べる活動」とある。つまり今回は、空気という対象の「体積変化とそれに伴う圧し返す力の変化」に対応し、それらと児童自身がそれを**「圧す力」を自覚して、その関係を調べる**という「考え方」が加わったのではないだろうか。

　つまり、空気が「圧し返す力」は前回と同様に今回も「自分の手応え」として感じるのだが、前回はそれはあくまでも「空気が圧し返す力」としての捉えであり、今回はその「空気が圧し返す力」に対応して**自分がその力を「圧し返す力」を、「圧す力」（ややこしいが）として意識する**という、**学びの主体者としての自分を自覚している**ことになると考えられる。つまり、前回は対象としていた物の「体積変化とそれに伴う圧し返す力の変化（この物が圧し返す力は自分が感じてはいるのだが）」という**「物主体の変化」**という「見方」が主だったが、今回は「対象としている物の体積と圧し返す力の変化の関係（見方）」を、（それを圧し返して均衡を保とうとする自分が物を）「圧す力」という**「対象の変化と自分との関係（考え方）」**からの実感を大切に捉えていると考えられる。

　そのように考えると、前回も今回も「手応え」という表記はあるが、前回はそれが専ら「物から圧し返してくる手応え」という意味だったのに対し、今回は**「物から圧し返してくる手応え（前回の意味）に対して、こちらがさらにそれを圧す力としての手応え」**の実感を強調し、「空気の体積や圧し返す力の変化と、自分が圧す力との関係性」という、「見方」からの「考え方」への気付きを強調したのではないかと考える。解説に「力を加えたときの手ごたえ」とあるのも、そのような意味ではないかと考える。

　以上の考察から感じるのは、今回の本単元の目的には、対象に働きかけたことによる「見方」からの、自己の関わりから生まれる「考え方」を大事にする、「主体者としての自分」の実感や意識をより明確にしていこうというねらいがあるのではないかと考えられる。ここにも今回大事にしている「主体者」としての学びの重要性、つまり資質・能力の**「学びに向かう力、人間性等」の育成が意識されている**のではないだろうか（P83で述べた「学びに向

かう力・人間性等」の解釈にもつながる)。

3. 何を大事に指導していけば良いか？…授業の進め方

　では、2. で述べたような「主体者としての自分の実感」を大切に授業を進めるには、どのようにしたら良いのだろうか？ここでは次の4点から授業改善について提案したい。

(1) 粒子の保存性に注目

　2. の考察から、本単元では、空気と水とでは異なる「圧す手応え」を、その理由も含めて「実感」できることが重要になってくる。その実感とは、最終的には上の学習指導要領にある「体積や圧し返す力の変化に注目して、それらと自分が圧す力とを関係付けて調べる活動」につながる。例えば空気で言えば「圧す力を大きくすると、体積はより小さくなって、圧し返す力はより大きくなるので、それを圧し返す自分の力も大きくなる」という関係である。その実感のために重要なのが「閉じ込めた粒子の保存性」の実感である。

　授業の展開で、最初に「閉じ込めた空気を、圧してみよう」等という体感から入る場合があるが、それは「閉じ込めた」ことによる「圧す」を実感してほしいからだろう。しかし最初から「閉じ込めた」の意味や意義も分からない子供たちに「閉じ込めた」と言葉だけで強調するのも無理があるだろう。例えばビニル袋に空気を閉じ込めて互いに圧し合いっこ等をしたりして空気の弾力を実感する活動等をする中で、空気が漏れたりしたらうまくいかない、できるだけ小さくすると弾力が大きくなる等の体験を生かしながら、子供たちの中から「圧した時の弾力を感じるには、**空気を閉じ込めることが大事だね**。」と気付かせたいものである。

(2) モデル図の活用

　体感を共有し、保存性を意識させる学びにしていくには、見えない粒子（空気）をモデル的に表現するモデル化で理解を深めることも大事になってくるだろう。空気のモデル化と言うとすぐ「粒子モデル」が思い浮かぶかもしれないが、その形にこだわる必要はない。

　ここでの「見方」である「粒子の存在」の「粒子」は、何れ中学、高校では分子や原子などの粒子モデルに結び付くものという意味での「粒子」と考えられ、ここで大事なのは「主として質的・実体的な視点」としての「保存性」と考えられる。

　したがってモデル図は、子供と教師の共通理解による、個々のイメージに基づいたより良い表現で良いと思われるが、その評価のポイントは（1）で述べた「保存性」と「変化に伴う空気の圧し返す力の変化」になるだろう。

　例えば粒子モデルで言えば、変化の間中**「粒子の粒の数が変化していないこと」**と、**「体積変化に伴う空気モデルの形変化の妥当性**（粒の大きさや間隔の変化の様子など）」になるだろう。

(3) 注射器実験の意味

　例えば空気でっぽうで試した後に、注射器を使って「閉じ込めた空気はおされると体積は変わるのだろうか？」等という活動が組まれることがある。これは、空気でっぽうで気付いた空気の体積変化を、目盛りのある注射器を使って数値化して、より詳しく（正確に）確か

めようというねらいだけではないと考える。この活動で忘れてはならないねらいは、空気でっぽうでは一瞬で玉が飛んでしまい、「圧す力」と、それによる「体積や圧し返す力の変化」の関係が分かりにくかったことをはっきりさせようということではないだろうか。

つまりこの実験では、注射器のピストンを「圧す力と、それに伴って圧し返してくる力（手応え）の関係」、そしてそれをさらに圧していこうとする**自分の「圧す力」の自覚の変化との関係を、それらに伴う「体積変化」の関係**と合わせて見ていくことが大事になると思われる。したがって、注射器の「目盛り」の変化（手を離すと元の目盛りに戻るか等）にも注意したいが、数値化に伴う**「手応え」**と**「空気の体積変化」**の関係の検証も、忘れてはならないだろう。

(4)「とじこめた水」の扱い

空気で試した後、空気のかわりに水を注射器に入れて、ピストンを圧すとどうなるかを調べる活動がある。結果は「水は圧しても体積は変わらないことから、水は圧し縮められない（指導要領 P48）」ということで、教科書のまとめもそのようになっているが、ここまで検討してきた、同じく学習指導要領にある「体積や圧し返す力の変化に注目して、それらと自分が圧す力とを関係付けて、空気と水の性質を調べる活動（指導要領 P47、下線筆者）」から考えれば、この水の場合も体積変化だけでなく、圧し返す力と自分が圧す力の関係、つまり**「手応え」にも着目すべき**ではないだろうか？「どれだけ圧しても体積は変わらない」だけでなく、その際の「硬い」、「圧しても体積が変わらないから硬い」、「圧しても体積が変わらないということは、水は圧す力と同じ力で圧し返しているのかな？」、「水は、体積が変化しなくても押し返す力を出しているのかな？」等、空気の場合の「体積と圧し返す力」の関係とはまた違う関係を、水の性質として実感することも大事ではないだろうか？これは中学校の、机や壁を圧した際の「作用・反作用」の学びにもつながると思われる。

(5)「エネルギー」領域の「力」との関連

1、2章で「エネルギー」領域の「見方」に関する単元を考えたが、粒子単元であるこの単元でも「空気の力（エネルギー）」の存在が重要になってくる。ここまで学んできた3年「風とゴムの力のはたらき」での「力」概念の導入、「光と音の性質」、「磁石の性質」などで考えてきた「力」に対する考え方を、ここでも生かしていくことが大事になるだろう。

8. 「水のすがたと温度（4年）」…「エネルギー保存」の見方を基に、事象を「関係付ける」考え方が大事な単元

1. 学習指導要領の目標

> 金属、水及び空気の性質について、体積や状態の変化、熱の伝わり方に着目して、それらと温度の変化とを関係付けて調べる活動を通して、次の事項を身に付けることができるよう指導する。
>
> ア　次のことを理解するとともに、観察、実験などに関する技能を身に付けること。
>
> （ウ）水は、温度によって水蒸気や氷に変わること。また、水が氷になると体積が増えること。

イ　金属、水及び空気の性質について追究する中で、既習の内容や生活経験を基に、金属、水及び空気の温度を変化させたときの体積や状態の変化、熱の伝わり方について、根拠のある予想や仮説を発想し、表現すること。

（平成 29 年学習指導要領解説理科編の目標、下線筆者）

〔見方・考え方〕

（1）見方…「粒子のもつエネルギー」＝主として質的・実体的な視点

（2）考え方…「関係付ける」＝変化とそれに関わる要因を関係付ける

　この単元は、「粒子の持つエネルギー」という見方を大切にしている。これは「粒子」概念という「化学的」な見方と同時に、「エネルギー」という「物理的」な見方も大事にしていると考えられる。具体的にはどういうことだろうか？

（1）「粒子」概念を大切にすることの意味…大切にしたい「見方」

　「粒子」的な見方を大切にするからといって別に、水や水蒸気を「粒」として考えろ、ということではないと考える（理由は 7.「空気と水の性質（4 年）」で述べた通り）。水が熱せられて水蒸気になって見えなくなっても、その後、冷えて見える湯気に変わり、最終的にまた見えない水蒸気になるというように、その姿が次々に変わっても、常に「物」として「ある（存在する）」という、**「保存概念」が大事**だということだろう。「粒子」の「見方」としてある「主として質的・実体的な視点」とは、このような見方につながる視点のことだろう。

　したがって、そのような視点を大事にした上で、その見えない変化の様子を、例えば表現しやすい「水や水蒸気の粒」や「水や水蒸気の広がりによる濃淡の違い」等で考えるというのが、ここで言う「粒子概念を大切にする」という意味だろう。

（2）「保存概念」を大切にした温度と事象の「関係付け」…大切にしたい「考え方」

　この単元の最も理解が困難な内容の一つが、「沸騰した水の中から出てくる泡の正体は水蒸気だ」という事実の納得だろう。今回の学習指導要領でも、平成 11 年改訂、その後の改訂に続いてこの事実を挙げ、「この泡を水の中から出てきた空気であると考えている児童がいる。」と児童の実態（素朴概念）を挙げ、「この泡を集めて冷やすと水になることから、この泡は空気ではなく水が変化したものであることに気付くようにする。」と、納得して理解するための「手立て」が具体的に解説されている。

　このように、子供の陥りやすい「考え」を具体的に紹介し、長年に渡って具体的にその対策法まで学習指導要領段階で書かれ続けているのは、他単元と比べても異例ではないかと思われるが、それも以前からこの**「泡＝空気説」が、子供たちの変容しにくい素朴概念の代表的事例として知られている**からだろう。

　そのように強固な素朴概念が、ここに書かれている**「泡を集めて冷やすと水になる」という事実確認だけで本当に変容するのだろうか？**自分はその変容にはこの事実だけでは不十分で、**「保存概念」に基づいた「見方」を大切にした、温度と事象の「関係付け」という「考え方」が必要になってくる**と思うのだが、それについて、次に述べる。

2. 実験結果という事実だけで、子どもは変容（納得）するか？

　学習指導要領に書かれている「泡を集めて冷やすと水になる」という事実だけで、「泡の正体は空気ではなく水である」と子どもの考えは変容するのだろうか？これは「事実（泡の正体は水だった）は、考え（泡の正体は空気だ）を変容できるのか？」という大きな問題につながるが、村上陽一郎氏が「新しい科学論」[57]等でも言っている構成主義的な考え方である、"事実は理論をたおせるか"にも通じる大きな問題と考えられる。

　ここでは、子供たちが実験結果から、集めた泡の正体が「水だった」と事実をつかんでも、「その事実に納得する」ことができていないという考えの上に立ち、したがって「泡＝空気説」が、実験後でも子供たちの中に依然として残るのではないかと考える。したがってその結果として、学習からしばらく時間が経った後には、再び「やっぱり泡は空気ではないか？」、「泡の中の一部分は、実は空気ではないか？」等といった考えに戻ってしまうのではないかと考える。

　つまり、「事実」はあっても、**その納得がなければ**、理論は倒せないのではないかと考えられる。では、この場合、どうすれば「泡は水（が変化した物）だ」という事実を子ども達に納得させられるのだろうか？

3. 「泡＝空気」の考えを変容させる「見方」

　自分は、「泡＝空気」の考えを変容させるには、「泡を集めて冷やすと水になる」という事実に加えて、「エネルギー的な保存」の「見方」が必要ではないかと考える。ここで言う「エネルギー的な保存の見方」とは、「温度をエネルギー的に捉える見方」ということである。それは具体的には次のような見方である。

　水を熱していきながらその様子を観察する実験をしていると、水温はどんどん上がっていくが、100℃近くになるとどれだけ熱しても温度は上がらないことに気付く。そして同時に、水中から泡がどんどん生まれてくる様子が見られる。

　しかし子供たちは、この事実には気付いても、このままではその現象の意味することにはなかなか気付かず、「温度」という**「目盛り」**と、「水の状態変化」という**「事実」**を関係付けて、事象を「水は100℃近くになると、どれだけ熱してもそれ以上水温は上がらず、中から泡が激しく出てくるようになる。」という**「現象」**として捉えるだけになりがちである。

　実はここでは、「温度」として現れている**熱源からの「エネルギー」が、このような「水の変化」を起こしているのだ、という見方・考え方に気付く**ことが、この事象の意味を捉えるには必要だと思える。

　具体的には、例えば子供たちが、熱し続けている間の「熱源からの火のエネルギーはどこに行ったのだろうか？」等というような疑問を持つと、100℃近くになると同時に泡が盛んに出続けることの観察から、「泡（水蒸気）を作ることに、そのエネルギーが使われているのかもしれない。」等という考えにも結び付くのではないかと考えられる。

　では、「温度」をこのように「エネルギー」として捉えるには、どうしたら良いのだろうか？例えば、今はあまり使われなくなったアルコールランプを熱源に使うと、熱し続けてい

る間にそのアルコールが減っていく様子から、加熱時にはエネルギーが使われ続けていることを実感することができ、エネルギーの消費による温度変化（目盛りの上昇）と、水の様子の変化とを関係付けて捉える考え方（100度近くになると、熱し続けているエネルギーが泡を作ることに使われるため、それ以上水温は上がらない）が子供たちの中から出てくる可能性がある（自分の実践でも経験済み）。

　また、必ずしもアルコールランプ等を用いなくても、熱し続けても温度が上昇しないことに子ども達が疑問を持ち始めたら、教師から「熱し続けている間の熱源のエネルギーはどうなったのかな？」などと問いかけることもできるだろう。ただし、ここで急にこのようなエネルギー的なことを投げかけても、それまでに温度をエネルギーとして捉える見方が子ども達にない場合は、子ども達は面食らうだけだろう。

　したがってここまでの学びにおいても、エネルギー的な見方を大事にした単元の展開が重要になってくるだろう。

　上記の目標では省略したが、（ア）金属や水、空気の温度変化と体積変化の比較、（イ）金属や水、空気の熱せられた時の温まり方の違い、を扱う際にも、温度をエネルギーとして捉える見方が重要になってくると考えられ、そのような学びを踏まえた上での本時の位置付けが大事になってくると思われる。

　では、このような「熱エネルギーと水の状態変化」の関係への気付きが大事だという点を踏まえて、より具体的な手立てについて考えてみよう。

4.「泡は水蒸気」を納得させるには

　いくら温度についてエネルギー的な見方をしたとしても、水中から泡が出てくることの観察だけでは「熱し続けている間の火のエネルギーは、水の中から空気を出すことに使われた」等という考え方もできる（実際、子供たちの多くは、魚が水中で生きていることから、水中には空気（酸素）が溶けていることを知っている）。

　そこで大事になってくるのが、「湯気」の扱いを含めた「温め続けている間の水の状態変化への意識」ではないかと思う（次ページ図参照）。

　熱し続けると水面から湯気が上がってくる。その正体を探ると、これは水だということが分かる（冷やしたスプーンを湯気に当てると表面に水滴が付く、というような実験から）。一方、温め続けると、水はどんどん減っていくことも分かる（水位が下がってくる）。

　これらの事実から考えられるのは、「水位が下がって減った分の水が、湯気になって外に出て行ったのではないか」ということだ。ここには「物（水）の量的な保存概念」という「見方」がある。

　そこでその見方を確認すべく、水の行方を観察していると、水面と湯気の間に「透明な空間」のあることに気付くだろう（下図のビーカーの左横に記した透明部分）。大事なのは、この透明部分の存在と、湯気の正体が水だと分かった事実とを合わせて考えると、水の「量的な保存概念」から考え、水面から湯気の間の「透明な空間」には、「水が湯気に変化する途中の状態が存在するはずだ」という「予想」ができることである。

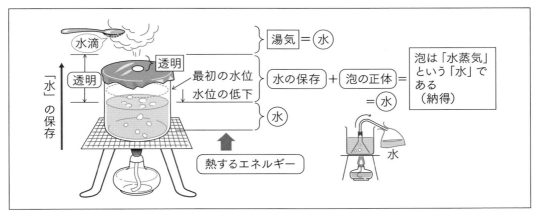

〔泡の正体は「水蒸気（水）」の捉え方〕

　そんな見方で再度詳しくこの透明部分を観察してみると、湯気はアルミの蓋の穴から出ているのではなく、穴の少し上の空間（上図の、穴の上の 透明 部分の上）から出ていることに気付く。（実は、フラスコ内の水面上部にもある）

　つまり、水面と湯気の間の「透明な部分」には、「水が形を変えた物」があり、それがその上で「湯気に姿を変えているのだ（保存概念）」、ということに気付く。この「湯気になる前の透明な部分に存在する物」が「水蒸気」である。そして、この「透明な部分」に「気体（水蒸気）」を送り込んでいるのが「泡」なのであり、それを作り出しているのが「温度」というエネルギーだという関係になると考えられる。

　このように、**「水（見える）→水蒸気（見えない）→湯気（見える）」という変化の過程を、「保存概念」を根拠として考え、観察させる**ことが大事だろう。

　このような「保存概念」に基づいた活動と、**「泡を冷やすと水になった」という事実を総合して考えさせる**ことで、初めて「泡は水が正体の水蒸気だ」と納得できるのではないだろうか？

　つまり、先に紹介した村上陽一郎氏が言うように、**「事実だけでは理論をたおせない」**と考えられる。同じく、今回の学習指導要領改訂に伴う理科教育の在り方について、かつて文部省（当時）の初等中等教育局の理科の教科調査官だった角屋重樹氏も、次のように述べている[58]。

---

①現象はそれを説明する理論が存在して初めて意味を抽出でき、それが事実となっている、と考えることができる。つまり、Toulmin（1978）の考え方のように、事実は理論という視点によって事象から抽出された意味であるといえる。

②事実はそれを説明する理論が変われば異なってくる、と考えることができる。つまり、事実は理論によって変わると考えることができる。

（「なぜ、理科を教えるのか」P31　下線筆者）

　ここでは「事実」を、「理論」という「考え方」の視点から見た**「意味」である**、と言い

切っている。

　ここに来て、平成元年の改訂辺りから明らかになってきた理科教育のパラダイム変換は、「科学は人間が創造したものであり、人間が自然を解釈したものととらえる考え方がある。自然の対象によって、自然の調べ方や方法が違い、多様であり、科学は暫定的で、変動していると考える人がいる。」というパラダイム変換の胎動による捉え方（P153参照）から、「事実とは、考え方に基づく意味である」という今回の学習指導要領の捉え方にまで変わり、定着してきたと考えられる。

　この経緯を考えれば、「泡を集めて冷やすと水になるという事実から、泡の正体は空気ではなく水であると気付かせる」という今回の学習指導要領の記述も、単にこの実験事実からだけから捉えるということではないと考えられ、その読み取りに注意しなくてはならないと思われる。

　なお、実際の授業でどのように展開していけば良いかについては、第V部　直観やイメージ、発想を育てる学びの実現の第1章「新たな価値」のその先へ、これからの学びへの提言の6.「イメージ」を生む「ひらめきや直観、発想」（P373）で、さらに詳しく検討してみる。

〔事象（現象）と事実、それをつなぐ理論〕

1．2つの「事実」の捉え方

　角屋氏は、「事実はそれを説明する理論が変われば異なってくる」と述べているが、この「事実」とは、私達が「実験結果の事実」等と一般的に呼ぶ「事実」とはやや異なると思える。

　例えば振り子の周期と重りの重さの関係の測定結果は（誤差などの検討は別とすれば）、誰でも「重さによって周期は変わらない」という「同じ実験結果」と言うだろう。その実験結果を私達は「事実」と捉え、それが人によって変わるということはないと考えてきた。

　ところが、よく使われる例だが、例えば医者が肺のレントゲン写真を見て癌細胞という「事実」を見付ける一方、同じ事象を示す写真を見ても私達一般人には、その「事実」を「見付ける」ことができない。この違いは、専門家である医者は、癌細胞が在るという「事実」を見付けるための「理論」と「能力」を持っており、私達は持っていないからである。

　また、当然、癌細胞とは何かを説明する理論が異なってくれば、対象が癌細胞かどうかという「事実」も変わってくるだろう。これが、「事実はそれを説明する理論が変われば異なってくる」ということになるのだろう。

2．「振り子」の周期の「事実」

　では先の、振り子の周期の場合の「事実」は、どう考えるべきだろうか？振り子の場合は、誰でも「重さによって周期は変わらない」という「同じ実験結果（事実）」になる、と先に書いたが、ガリレオが「振り子の等時性」を言う前は、アリストテレスの言う「思い物ほど速く落ちる」という「理論（考え方）」が信じられており、それに基づいた「事実」を人々は信じていた。

　この「事実」を見付けた「理論」は、石の落下はそれが元あった地球の中心に戻ろうとするという、つまり物体は全てそれぞれの物体が本来あるべき場所へ戻ろうと自発的運動をするという、「目的論的説明」を基盤とした考え方に基づいている。そして、落体の速度は重さ（動力）に比例

すると考えていた（「科学哲学への招待」[59] P44 以下同書から）。

　しかしそれなら重さが一定ならば落下速度もずっと一定のはずだが、それについては、落下するにつれてそれに抵抗する空気の層が薄くなり抵抗が減少して速くなる、或いは元あった場所（地球）に近づくにつれて自然的傾向が強まり速度が増す、というような擬人的説明も行われた（同P46）。

　この「事実」の捉え方は、今の私達からすれば非科学的な戯言のように聞こえるかもしれないが、物体の落下を含む壮大な「アリストテレス的自然観」の中では、これが合理的に解釈できる「事実」だったと考えられる。

　2000 年近く続いたこの自然観を覆したのが、近代力学の礎を築いたガリレオだった。彼の、「事実」は「実験」に基づくという考え方が、これまでと大きく異なる点と考えられる。「事実は、実験によって検証される」という、今日の我々なら「当たり前」と思われる考え方がここから生まれたのである。

　したがって、先に書いたように、今日私達は、振り子の周期と重りの重さの関係の測定結果を受けて、誰でも「重さによって周期は変わらない」という「同じ実験結果」を言うだろうし、その実験結果を私達は「事実」と捉え、それが人によって変わるということはないと考えてきたが、これは「実験により事実を捉える」という、ガリレオ的な自然観に基づいた「事実」の捉え方だったのだ。

　このように考えれば、先に、"角屋氏は、「事実はそれを説明する理論が変われば異なってくる」と述べているが、この「事実」とは、私達が「実験結果の事実」等と一般的に呼ぶものとはやや異なると思える。"と書いたことは実は間違いで、この"私達が「実験結果の事実」等と一般的に呼ぶ"「事実」も、実は「実験から事実を捉える」という自然観から捉えられた「事実」で、この場合も「事実はそれを説明する理論が変われば異なってくる」可能性があると言えることが分かる。「事実」の捉え方を今一度確認、了解して、授業に望むべきだろう。

　そのように考えれば、今日私達が当たり前のように捉えているガリレオの「事実の捉え方」も、大きな「科学革命」と呼ぶことができるだろう。

3.「事実」の捉え方による「自然観」の限界

　一方、同じく「科学哲学への招待」[59] では、「ガリレオは振り子の等時性や落体の法則を発見した天才であると同時に、生き生きとした直接経験の世界、すなわち生活世界を「数式の衣」で覆い隠してしまった、というのである。（P66）」というフッサールの言葉を引用している。

　ガリレオの有名な言葉に「宇宙という書物は数学の言葉で書かれている」というものがあるが、ガリレオは「実験結果」を「事実の根拠」とすべく、それを「数式」で現したと言えるだろう。それが今日の科学の素晴らしい発展の基礎を築いた点から、彼の業績は偉大な「科学革命」と言っても過言ではないと思うのだが、ここで思い出したのは、P157 の〔「科学」の捉え方について②〜「科学の進歩」を考える〜〕で書いた、中谷宇吉郎の次のような言葉である。「今日の科学の進歩は、いろいろな自然現象の中から、今日の科学に適した問題を抜き出して、それを解決していると見た方が妥当である。もっとくわしくいえば、現代の科学の方法が、その実態を調べるのに非常に有利であるもの、すなわち自然現象の中のそういう特殊な面が科学によって開発されているの

である。（人間は）自然界から現在の科学に適した面を抜き出して、法則を作っているのである。」

つまり、今日の科学は、**自然現象の中から数学で現すことのできる「もの」のみを「事実」として捉え**、発展しているということである。

やがて未来において次の「科学革命」が起こり、私達が「アリストテレス的自然観」に基づいた「事実の捉え方」から今日の捉え方に変わったように、新たな自然観に基づいた「事実の捉え方」に変わるかもしれない。

そのように考えるなら、そのことも意識しながら、そしてそのような自然を見る眼の実現の可能性も大事にすると共に、しかし「アリストテレス的自然観」から今日の「実験に基づく自然観」に変化してきた中でも、ずっと共通してこれらの自然観を捉えてきたのは**「私達人間自身の捉え方」**だという点を忘れないでおきたい。

そして、この「私達人間自身の、自然の捉え方」が「科学における事実」の捉えを形作っていくということは、これまでも、そしてこれからも変わらないという点を確認しておきたいと共に、そこにはその捉え方による故の限界もあるということを常に意識し、謙虚で検証的に自然に向かい続けることが大事だと思われる。

5. 実験装置の「意味」を理解して実験することが大事

このように考えてくると、「こんな予想を検証したいから、このような実験装置にする」という子供自身の実験装置への意識が、改めて大切だと思える。

勿論、どのような実験においても、その目的を考えた実験装置を用意することが大事だが、ここでは特にその重要性を実感させることができるだろう。具体的に考えてみる。

水を温めた時の様子を観察するということで、実験装置を考える場合、子供たちは、家でやかんでお湯を沸かしていた時のことを想起して考えていたとする。すると子供たちからは生活経験から、①水温の上昇、②水量の減少、③湯気や泡が出たりする現象の変化等が予想として出されるだろう。そこで実験は、①に対して温度計の使用、②に対しては最初の水位に印を付けておく、③に対しては中がよく見えるよう透明なビーカーを使い、やかんの蓋や注ぎ口の代わりに、穴の空いたアルミホイルをかぶせる等の実験装置を組み立てることになる。その結果、4. で述べたような水蒸気の正体を見つけることができるのである。教科書に実験はこうしなさいと書いてあるからそのような実験装置を組み立てるということではなく、**子ども達の予想と関連付けて行う**ことが、より一層大事になる単元と言えるだろう。

〔「温度」と「熱」〕

今回の目標の中に、「熱の伝わり方に着目して（下線筆者）」の一文がある。また、今回扱った単元とは異なるが、同じ目標の中の「(イ) 金属は熱せられた部分から順に温まるが、水や空気は熱せられた部分が移動して全体が温まること。(この目標は前回と同様)」の説明部分には、「金属、水及び空気を熱したときの熱の伝わり方に着目して、それらと温度の変化とを関係付けて、金属、水及び空気の温まり方を調べる。(下線筆者)」とある。前回の学習指導要領にも「熱する」

等の表現はあったが、「**熱**」**そのものを扱った表現はなかった。**

　上記の説明は、「金属、水及び空気の温まり方を、熱の伝わり方に着目して、温度の変化とを関係付けて調べる。」ということで、「熱」と「温度」を区別して捉えており、「熱が伝わることで温度が変化し、その変化の仕方が、金属、水及び空気の温まり方（の特徴）として現れる」という関係をつかむことがねらいと考えられる。どうして今回は「熱の伝わり方」を導入したのだろうか？

　自分はこれを読んだとき、これまで見てきたような「力」や「音」、「光」、「磁力」や「電気」等を扱う単元全体を通して感じる、「**目に見えないエネルギー**」**の理解を一層進める**という今回の学習指導要領の方針を、この単元でも「**熱**」**という**「**目に見えないエネルギー**」の存在をより大事にすることで、進めていこうとしているのではないかと感じた。同時に、ではこれまで扱ってきた「温度」とは一体何だろうか？という疑問も改めて湧いてきた。

　「温度」はエネルギーではないのだろうか？熱エネルギーの量を示す数値なのだろうか？改めて「温度」と「熱」の違いについて検討してみる必要を感じた。そこで、「熱」と「温度」について少し検討してみた。書物によってその説明が若干異なるものもあるが、ここではそれぞれの説明の共通する部分をできるだけ確認して検討していきたい。

1．温度

　日常的には体温を計って「熱がある」等と言うが、「温度」と「熱」は違う。「温度」とは、「**その物質を構成している粒子がもつ平均エネルギー**」のこと。温度は、粒子がどれだけ速く振動したり動き回っているかを示しており、温度は、こうして動いている粒子の平均速度である。つまり、物質を構成する粒子１つに注目し、その粒子が持つエネルギーの平均値が「温度」と言える。ここから、「**温度はエネルギー**」と言える。

2．熱エネルギー

　それに対して、その物質全体に着目したのが「熱エネルギー」である。「熱エネルギー」とは、物質中の粒子全体のエネルギーを指す。したがって、同じ温度で体積の違う物質があった場合、その「温度（というエネルギー）」は同じでも、「熱エネルギー」は異なってくることになる。

3．熱による物体の変化

　高温の物体から低温の物体に熱が移動すると、低温の気体や液体の分子は熱エネルギーを得て、より自由に動くことができるので、互いにぶつかったり跳ね返ったりする勢いが増す。固体では、電子の結合力によって相互に結び付いた原子が熱エネルギーを得て、より大きくブルブル振動することになる。気体の分子が容器の中で飛び回る際に壁にぶつかる力が圧力で、したがって温度を上げると分子の速さが増して、壁に加わる圧力は大きくなる。

4．熱と熱エネルギーの違い

　ここでややこしいのは「熱」と「熱エネルギー」の違いである。本によって解説がやや異なると書いたのもこの部分である。ここでは「熱と温度の科学」、「万物を駆動する四つの法則」[60]等の書物を参考に、自分なりの例をあげて考えてみる。

　熱いお湯の中に冷たい金属球を入れると、金属球の温度が上がる。これは金属球がお湯から熱をもらって金属球の内部エネルギーが増えたということである。「エネルギー」とは「ある状態

（温度）において、物質が持っている能力」と定義されている。したがって、お湯に金属球を入れて金属球の温度が変化しているときは、まだ状態が決まっていないので、温度が変化する際に出入りする熱は、物理学的にはエネルギーとは呼べない。つまり、金属球に伝わったお湯からの「熱」とは、金属球の「内部エネルギー」を増加させる働きがあるもの、と考えられる。言葉を変えれば「熱とはプロセスである」と言える。**熱はエネルギーの移動の仕方**であり、エネルギーの一形態でないばかりか、流体でもないし、物でもないと言える。

　このように見てくると、自分の理解で言えば、科学で言う「熱」とは、高温の物体から低温の物体に「熱エネルギー」が移動するはたらきであると言えば良いのではないかと思われる。

5. これからの授業で注意したいこと

　少し細かで、また曖昧な点も含めて「温度と熱」について書いてきたが、それは、これらの解釈を受けて、自分のこれまでの取り組みへの反省も込めて、これからの授業について考えていかなければならないと思ったからである。以下にそれらについて述べる。

①熱と熱エネルギーの扱いから考えて、授業で大事にしたいこと

　これまでも物の温まり方の授業などでは、よく子供たちから「熱が伝わって…」等の表現が、温まり方の説明等で出てきた。その度に自分は「見えない熱などという言葉を使うのは止めて、見える温度の変化で説明しなさい」等と言ってきた記憶がある。言葉の本来の意味は別として、「熱」は日常的に使っている言葉で、使いたくなる子供の思いは当然である。その「熱の伝わり方」が、今回は入った。

　したがってこれからは、**「見えないエネルギー」の理解を一層進める**という点で、**「熱の出入り」**に着目し、それによる物の**「温度変化」**と、その変化の仕方による物の**「温まり方」**の関係をつかむことが大切だと思われる。つまり、金属の温まり方などでは、「見える熱源の位置」と「（蝋の溶け方などで）見える温度変化」という「見えるもの同士」の関係からだけから「物の温まり方」を考えるのではなく、「見える熱源の位置」からの「見えない熱の伝わり方」を考え、それと「（蝋の溶け方などで）見える温度変化」との関係から「物の温まり方」を考えるという、「間にある見えないエネルギーのはたらき」を含めて考えることになる。そこでは、温度変化とエネルギーの出入りによる変化という「因果関係」的な捉えも、より意識されてくるのではないかと思われる。

〔熱を意識して考えさせる意義〕

　単元は異なるが、「物の温まり方」の単元で、子供たちから「熱」の意識を出させる意義について考えてみる。

　まず、「温度変化の測定」は、「熱の伝わり方」を調べる「手段」、またはその「結果」と捉える。これまでの「熱せられた部分は温度が上がるので、物の温まり方を調べるために、温度変化を調べる」でも良いように思えるが、「熱せられた部分は温度が上がる」ということは、「熱せられた」部分の変化を「温度変化」という手段で調べているということになり、知りたいのはその「熱の伝わり方」という捉えである。

　そうすると、温まり方を考えるとき、例えば「温度がこのように変わるから、このように温まっていく」というイメージ図ではなく、「熱がこのように伝わるから温度がこのように変わっていって、温まっていく」というように、**根拠がしっかりと描けるイメージ図**になると思える。

例えば金属板の熱の伝わり方のイメージ図も、図①のような「等高線のように広がっていく図」がよく見られるが、これは「温まった部分が、どう広がっていくか」という「温度の広がり方」の図にも見え、熱を意識した〈金属板に熱はどのように伝わっていくか〉という課題になれば、このような図ではなく、×印の熱源から放射状に熱が時間的に広

①温度の広がり方　②熱の時間的伝わり方

がって伝わる図②（図中の矢印）のようになるはずである。そして、その熱の伝わり方による温まり方の広がりが、この等高線（図②の点線）のように描けると思われる。

　金属の板ではこのように、「熱の伝わり方」と「物の温まり方」は似ていたが、水や空気の場合では「熱の伝わり方」と「物の温まり方」は大きく異なる（熱源の近くから熱は伝わり温めるという点では同じだが）。

　このように見てくると、「熱の伝わり方」を調べるのと「物の温まり方」を調べるのとでは、やや捉え方や考え方が違ってくると思われる。この２つの違いからも分かるように、今回は「元々の温める原因となる熱の伝わり方」を検証したい、つまり、よりエネルギー的な見方を大事にしたいということだと思われる。

〔「熱の伝わり方」を意識させるために〕

　では、子供たちに「熱」を意識させるためにはどうしたら良いだろうか？１つは、変な言い方だが「金属を主体にして考える」ことが大事だと思われる。例えば「金属板は、熱した部分から順に温まる」という表現ではなく、「金属板は、熱せられた部分から順に温まる」とする。そう考えれば、「熱によって熱せられた」と、「熱」の意識が出やすいと考えられる。そのように考えれば、例えば先の〈金属板に熱はどのように伝わっていくか〉よりも、〈熱せられた金属板に、熱はどのように伝わっていくか〉が、より良いように思われる。

②改めて「温度」を捉える意味を考える

　このように書いてくると、何だか「熱エネルギー」の大事さばかりが強調されてくるようにも感じるが、「温度」も立派な（？）エネルギーである。自分はこれまで何となく、「熱」がエネルギーで、「温度」はその「測定値」のような間違った捉え方をしてきた。今回明らかになったような「温度」や「熱」、「熱エネルギー」それぞれのきちんとした理解は、勿論子供たちには無理だしまた不要でもあるだろうが、教師はこのような理解を基に、今度は逆に「熱の伝わり方」に重きを置きすぎて、例えば「温度」を単なる結果を表す数値のような捉えをすることのないようにしたいというのが、自分の経験からの思いである。

9. 「物の溶け方（5年）」…「なくならない（保存）」の意味を「重さの保存」から考える単元

1. 学習指導要領の目標

> 　物の溶け方について、溶ける量や様子に着目して、水の温度や量などの条件を制御しながら調べる活動を通して、次の事項を身に付けることができるよう指導する。
>
> 　ア　次のことを理解するとともに、観察、実験などに関する技能を身に付けること。
>
> 　（ア）物が水に溶けても、水と物とを合わせた重さは変わらないこと。
>
> 　（イ）物が水に溶ける量には、限度があること。
>
> 　（ウ）物が水に溶ける量は水の温度や量、溶ける物によって違うこと。また、この性質を利用して、溶けている物を取り出すことができること。
>
> 　イ　物の溶け方について追究する中で、物の溶け方の規則性についての予想や仮説を基に、解決の方法を発想し、表現すること。
>
> （内容の取扱い）
>
> > 　（2）内容の「A 物質・エネルギー」の（1）については、水溶液の中では、溶けている物が均一に広がることにも触れること。
>
> （平成29年学習指導要領解説理科編の目標から、下線筆者）

〔見方・考え方〕

（1）見方…「粒子の保存性」＝主として質的・実体的な視点

（2）考え方…「条件を制御する」＝変化とそれに関わる要因を関係付ける

2. 大事なのは「なくならない＝保存」概念〜前回の「見方」との比較〜

(1)「知識・技能」の順番に注目

　「物の溶け方」単元では、前回の学習指導要領と同様に、習得する知識・技能は、（ア）物が水に溶けても、水と物とを合わせた重さは変わらないこと、（イ）物が水に溶ける量には、限度があること、（ウ）物が水に溶ける量は水の温度や量、溶ける物によって違うこと、の3つである。

　しかし前回とは順番が違い、前回は（イ）（ウ）（ア）の順番だった。今回最初に来た（ア）は「重さの保存」を示しており、この単元の見方が「粒子の保存性」に当たる事を考えれば、（ア）の「重さの保存」が大変重要で、今回全単元を通して大事にしていると考えられる「エネルギー」概念との関係から考えても、それを最初にしたのではないかと考えられる。では、単に順番を変えただけだろうか？

　そこで、この（ア）に当たる前回のウの解説部分を読んでみると、「物を溶かす前と後でその重さは変わらないことをとらえるようにする」ということで、"重さは変わらない"と

いう**「事実関係」**の把握に終わっているのに対して、今回の（ア）の解説では、「溶けた物の行方についての予想や仮説を基に、解決の方法を発想し、表現するとともに、物が水に溶けても**なくならず**、水と物とを合わせた重さは変わらないことを捉えるようにする。」とある。つまり今回は、まず「溶かした**「物の行方」としての「保存」**を大事にしていると考えられる。前回も今回も「重さの保存」を大事にしているのに変わりはないが、今回はそれに加えて、と言うより**その基となる「物自体の保存」**自体、つまり、重さも含めて**「物としてなくならない（エネルギー的な保存の見方）」**という点を大事にしているように思える。この違いは、具体的にどのようなものだろうか？

（2）「重さの保存」の意味すること

前回は「事実としての重さの保存」を捉えるのが目的だった。今回は物が水に溶けた時の「行方」を考え、それが「なくならない」ことを**「重さの保存」で捉える**のが目的である。この違いは何だろうか？

食塩を水に溶かすと消えて見えなくなるが、それを見た子供たちからは「食塩の粒はどうなったのかな？なくなってしまったのかな？」等の疑問が出されるだろう。つまり、"物としての存在"の「行方」に関する疑問がまず出される。その疑問を検証するための**有力な「手立て」**の１つが**「重さの変化」の検証**と考えられる。

このように考えると、「行方についての予想や仮説を基に、解決の方法を発想し、表現する」活動は、**「重さの変化はないのか？」**という検証が**最終的な目的ではなく**、**「粒はなくなったのかな？なくなっていないとしたら重さは変わっていないはずだ。それを検証しよう」**というのが目的であり、その検証のための、**物の行方を探る問題解決的な授業展開が大事になってくる**と思われる。

このように考えれば、この「重さの保存」自体は、「物の保存」を保証する大事な要素（従って知識・技能の（ア）に位置付いている）ではあるが、**「物の保存」そのものを意味しているのではない**、という捉えが大事ではないだろうか？

では、なぜ「物の保存」そのものが大事なのかと言えば、それが「粒の行方はどうなったのかな？」という、子供の自然な「知的好奇心」からの「見方」を刺激する素朴な、しかし本質的な疑問と思われるからであり、第Ⅱ部でも書いたように、その子供からの疑問に即しての授業展開が、子供の主体的な問題解決学習を実現していくと考えられるからである（P83で述べた「学びに向かう力・人間性等」の具体化例）。

以上から考えれば、この（ア）の「重さは変わらない」は、単なる「重さの保存」という「事実」として扱うだけでなく、「溶けた物の行方についての予想や仮説を基に、解決の方法を発想し、表現するとともに（下線筆者）」と解説にあるような主体的な問題解決活動によって「物の保存」につながる「知識（概念）」として捉える必要があるのではないかと思われる。

3．問題解決を支える「仮説」と「モデル図、イメージ図」

では、（ア）の解説にある「これらの活動を通して（溶かす前後の重さ比べの活動）、溶け

た物の行方についての予想や仮説を基に、解決の方法を発想し、表現するとともに、物が水に溶けてもなくならず、水と物とを合わせた重さは変わらないことを捉えるようにする。」を、具体的に考えてみる（下線、かっこ内は筆者）。

　一般的に「**予想**」が直観的な要素が強いのに対して、「**仮説**」は「ある予想を立てた場合、その理由や根拠までを持った仮定」の場合が多いと考えられるが、何れにしてもここでは、「溶けて見えなくなった物の行方」についての自分なりの予想や仮説を出し、それを基に重さ調べという解決の方法を発想する展開となっている。

　また、解説の後半には「さらに、物が溶けるということを、図や絵などを用いて表現したり、「水溶液」という言葉を使用して説明するなど、物の溶け方について考えたり、説明したりする活動の充実を図るようにする。（下線筆者）」とある。

　この図や絵は、何のために描くのかというと、上に書いた「溶けて見えなくなった物の行方」を考えるためであり、それは「物が溶けるとはどのようなことか？」と考えるためでもある。その意味で、ここでモデル図やイメージ図を描かせることは大事だと思われるが、それは「溶けて見えなくなった物の行方」を考えるためであり、そこから「溶けるとはどのような現象か」を考えるためのものであり、この最終的なねらいが曖昧だと描かせる意味はなくなるだろう。

　したがって、実験後には、実験前に描いたモデル図やイメージ図から想定した結果が実験から得られたかを検証し、その結果を元に、それまでのモデル図やイメージ図の改善や訂正をする場面が必要になってくるだろう。そのようにして、「物の溶け方」についての自分の考えやイメージを深めていくことが大事になってくる。

　また、モデル図やイメージ図を描かせる際は、4年生の「空気と水の性質」で空気をモデル化して考えた経験などを生かしたら良いだろう。ただし、「物を粒として現したモデル図に統一」する必要はない。色の濃淡で物の存在を現す子もいるだろう。大事なのは個々の子ども達の「見えない物の行方」の捉え方で、それが「その子の"溶ける"というイメージのモデル化による現れ」と言える。また、「見方」として「粒子の保存性」とあるのは、中・高校で、その見方が分子などの粒子につながることと、物としての「実体（重さがある等）」を大事にする、ということだと考えれば良いのではないかと思え、必ずしも「粒子」として現す必要はないことは前述した通りである。

　なお、このモデル化、イメージ化は、水の温度や量という条件を制御して行う実験方法や、その結果を理解する「考え方」にも効果的だと思われる。

4. 新しく入った「均一に広がる」の扱い方

　（内容の取扱い）として、水溶液の中では溶けている物が均一に広がることに関する文言が新しく入った（上記解説文中）。これは、これまでの中1からの移行だが、解説に「溶けている物が均一に広がることにも触れるようにする。」とあるように、扱いは軽い感じもする。しかし「物の行方」を意識して追究していく展開では、単に重さの保存だけでなく、どのように水中に在るのかという均一性も**大事な「物の行方」追究の要素**になる。その意味で

この（内容の取扱い）が加わった意味は大きいと思われる。ここでもモデル図は有効な手段で、粒子モデルに限らず濃淡モデルなど、子どもから出されたモデル等を生かして、「物が溶ける、均一に広がる」とはどのようなことかの豊かなイメージ化を図りたいものである。

10. 「水溶液の性質（6年）」…多面的取り組みによる自分なりの納得が大事な、6年生としての学習にふさわしい単元

1. 学習指導要領の目標

水溶液について、溶けている<u>物</u>に着目して、それらによる水溶液の性質や働きの違いを<u>多面的</u>に調べる活動を通して、次の事項を身に付けることができるよう指導する。

ア　次のことを理解するとともに、観察、実験などに関する技能を身に付けること。

（ア）水溶液には、酸性、アルカリ性及び中性の<u>もの</u>があること。

（イ）水溶液には、気体が溶けている<u>もの</u>があること。

（ウ）水溶液には、金属を変化させる<u>もの</u>があること。

イ　水溶液の性質やきまりについて追究する中で、溶けている<u>もの</u>による性質や働きの違いについて、<u>より妥当な考えをつくりだし、表現する</u>こと。

（解説）

（ア）水に溶けている物に着目して、水溶液の違いを<u>多面的</u>に調べる。これらの活動を通して、水溶液の性質について、<u>より妥当な考えをつくりだし、表現する</u>とともに、水溶液には、酸性、アルカリ性及び中性の<u>もの</u>があることを捉えるようにする。その際、水溶液には、色やにおいなどの異なる<u>もの</u>があることや、同じように無色透明な水溶液でも、溶けている<u>物</u>を取り出すと違った物が出てくることがあることなどから、<u>水溶液の性質の違いを捉えるよう</u>にする。<u>また</u>、リトマス紙などを用いて調べることにより、酸性、アルカリ性、中性の三つの性質にまとめられることを捉えるようにする。

（前回の解説）

ア　水溶液には、色やにおいなどの異なる<u>もの</u>がある。また、同じように無色透明な水溶液でも、溶けている<u>物</u>を取り出すと違った物が出てくることがある。<u>このようないろいろな水溶</u>液をリトマス紙などを用いて調べ、色の変化によって酸性、アルカリ性、中性の三つの性質にまとめられることを<u>とらえるようにする</u>。

（学習指導要領解説理科編の目標、下線筆者）

〔見方・考え方〕

（1）見方…「粒子の結合」、「粒子の保存性」＝主として質的・実体的な視点

（2）考え方…「多面的に考える」＝自然の事物・現象を複数の側面（互いの予想や仮説、複数の観察や実験）から考える→より妥当な考えをつくりだす

2.「多面的な考え方」を生かし「より妥当な考え」を作る問題解決の力の育成が大事な単元〜前回の学習指導要領と比較して考える〜…「考え方」

　本単元で目指す「問題解決の力」、つまり「思考力・判断力・表現力等」は、育てたい「考え方」である**「多面的に調べる活動を通して多面的に考える」**を通して、自然の事物・現象について追究する中で、「**より妥当な考え**をつくりだし、表現すること」である（P15の「資質・能力」表参照）。

　これに対して前回の学習指導要領の「問題解決の能力（今回の「考え方」に相当する部分が含まれる）」は、「**推論しながら調べる**」である。この、「**推論しながら調べる**」と、今回の「考え方」である「**多面的に調べて考え、より妥当な考えをつくりだす**」を比較することで、今回のねらいをより明らかにしていきたい。

(1)「推論しながら調べる」と「多面的に調べる活動を通して多面的に考え、より妥当な考えをつくりだす」の比較

①「多面的に調べ、多面的に考える」とは…「推論しながら調べる」と比較して

　（ア）水溶液には、酸性、アルカリ性及び中性の<u>もの</u>があること。について考えてみる。この目標自体の表現は今回も前回も同様だが、前回の解説では（上記の解説文を参照）、水溶液による色やにおいなどの違いや溶けている物の違いなどを挙げて、「<u>このようないろいろな水溶液をリトマス紙などを用いて調べ…三つの性質にまとめられることをとらえるようにする。</u>」とあるように、水溶液によって「色やにおい、溶けている物の違い」など様々な違いがあっても、<u>それらの水溶液は酸性、アルカリ性、中性という三つのカテゴリーに仲間分けできるのだ！</u>という「液性による仲間分け」の素晴らしさを、それを「推論しながら調べる」ことを通して認識させることがねらいだったように思われる（少し誇張した捉えかもしれないが、少なくとも自分はそのような思いで授業をしていた）。

　それに対して今回の解説を見ると、「水溶液には、酸性、アルカリ性及び中性のものがあることを捉えるようにする。<u>その際、水溶液には、色やにおいなどの異なるものがあることや、同じように無色透明な水溶液でも、溶けている物を取り出すと違った物が出てくることがあることなどから、水溶液の性質の違いを捉えるようにする。</u>」とある。つまり、前回と同様に液性の違いを捉えることが目標で、その際にそれを「推論して調べる」ことも大事だが、「その際」に様々に見つけた色やにおいなどの違い自体も、水溶液の性質の違いとして捉えることも大事なねらいとしていると思える。それが今回の「<u>多面的に調べ、考える</u>」ということではないだろうか？

　つまり、リトマス紙などによる色変化の違いから、液性の違いを「推論して調べ」て捉えることも、色やにおいなどの違いからその性質の違いを捉えることも、水溶液の性質を捉えるという面からは<u>同じように大事な</u>「多面的な調べ方や考え方」だとして、**「推論して調べる」も含めた上での「多面的な調べ方や考え方」が、今回の大事にしたい「考え方」ではないか**<u>と思える。</u>

　今回は、「<u>また、</u>リトマス紙などを用いて調べることにより、酸性、アルカリ性、中性の三つの性質に<u>まとめられる</u>ことを捉えるようにする。」と、前回自分がより大事と考えてい

た「分類できる」ということが、「また」として書かれている。したがって、「液性によって分類できることを捉える」ことも大事だが、それよりも、それも含めて水溶液の性質を多面的に捉えることをより大切にしているように思える。

つまり、子ども達が持つ自分たちの最初の見方である、色やにおい、溶けている物の違いなどから水溶液を仲間分けして考えようとする「多面的な考え方」に加え、そのような「考え方」と比較してより科学的で汎用性の高い「考え方」である**「液性による仲間分け」**という考え方にも気付かせ、**これらを合わせて水溶液の液性を、より「多面的に捉える」**というのが、今回の「多面的に調べ、考える」のねらいではないかと考えられる。そのように考えれば、自分たちの最初の捉えも大事にするという、**子供の主体的な学びをより重視した捉え**にもつながってくると思える。

②「より妥当な考えを持つ」とは

「多面的に調べた」結果を総合して、そこから6年生の問題解決的な力としての「より妥当な考えを作り出す力」を用いて「結論」を導き出すことになる。

しかし6年生ともなると、そう簡単に明確な結果が出る事象ばかりとは限らないだろう。例えば水溶液が「酸性、アルカリ性、中性」の3種類に分けられそうだと「水溶液の液性による分類」について、より妥当と思われる考えを持っても、「本当に全ての水溶液がそうだろうか？」という疑念は残る（真面目に取り組んだ児童ほどそうだろう）だろうし、それが「より科学的な姿勢」とも言えるだろう。

また、別の場面だが、「気体が溶けた」という「事実」も、どう捉えたら良いのか、なかなか納得できないこともある（3. で説明する）。

さらに「水溶液による金属の化学変化」を扱う場面では、これは全く新しい捉え方で、この変化（別の物質になり、水素を出す）をどう納得したらよいかについても悩むことだろう。

そこで、これらの場面においては、これまでの学習結果と矛盾しないような**「より妥当な考えを持つ」**ことが重要になってくる。

ここで大事なのは、児童自身が「このように考えれば、これまでの学習結果と矛盾することはないので納得できる。」と、「自分なりの解決」を持てることである。この**「納得」**が、**「妥当な考え」の基盤となる**だろう。そして、その上で大事なのは、「この解決は自分なりの妥当な考えだが、決してこれ以外は考えられないといった決定的なものではない。より妥当な考え（解決）があるかもしれない。」と自覚することではないだろうか。

なぜなら、それが、観察や実験結果から「科学的に結論を導き出す（考察する）」ことの真の意味であり、姿勢でもあると考えられるからだ。ひいては、「科学とは、これまでの結果と矛盾しない考えをきまりや法則とする営みだが、より的確な解釈が出たり、また、これまでの解釈とは矛盾する結果が出れば、解釈を考え直す必要がある。科学はそのようにして発達してきたのだ。」という、前章で述べた**「科学の捉え方」**にも気付かせることが、今後の学習にとって、とても大事なことだと考えられるからだ。

③「多面的に調べ、多面的に考え」て、「より妥当な考えを持つ」とは

このように見てくると、**いろいろな見方・考え方から「多面的に調べて、多面的に考え」、**

その結果から「より妥当な考えを持つ」という、科学本来の問題解決の力を小学校最後の学年でしっかり育てることが本単元の大事なねらいと思える。

　勿論、その追及の姿勢は6年生に限ったことではないが、より意識し、重点的に育成していこうということだろう。また「多面的に調べて、多面的に考える」という姿勢は、個人の中でもあるだろうし、学級内の他の人や班からの情報、ひいては他学級からの情報も生かしながらということもあるだろう。それを生かした授業改善も考えられるだろう（例えば理科室に掲示してある他学級の「学びの足跡」を、自分たちの学級の学びに生かすなど）。

④「多面的に調べ、多面的に考える」の留意点

　「多面的に調べる活動を通して多面的に考える」という「考え方」は、必ずしも「複数の観察や実験を行い、そこから多面的に考える」ということだけではない。

　同じ観察や実験活動であっても、その調べ方や考え方に「多面性」がある、ということでもある。そこに学習者の主体性や個性が出てくることが大事だろう。

　逆に言うと、様々に形が異なるように見える観察や実験をしていても、そのねらいや考え方が同じようであれば、それは「多面的に調べ、考えた」活動とは言えない場合もあるだろう。

3.「多面的な調べ方、考え方」を生かした「より妥当な考えを作る」の例～「二酸化炭素は水に溶けるのか？」は、どうやって納得するか？～

> （イ）の解説途中から…水溶液には気体が溶けているものがあることを捉えるようにする。その際、①水溶液を振り動かしたり温めたりすると、気体を発生するものがあることや、②発生した気体は再び水に溶けることを捉えるようにする。さらに、③水溶液を加熱すると、固体が溶けている場合と違って、何も残らないものがあることから、溶けていた気体が空気中に出ていったことを捉えられるようにする。
>
> （平成29年学習指導要領解説理科編の解説、下線、番号筆者）

　（イ）は、「水溶液には、気体が溶けているものがあること。」を扱っている。その際上記のように、①から③の3つの実験を行っている。これらを「多面的な調べ方、考え方」という面から考えてみる。

　まず①の「水溶液を振り動かしたり温めたりすると、気体を発生する」実験からは何が分かるだろうか？それは、「水溶液の中には気体が入っていた」という事実だろう。ここでよく実験に使われる炭酸水を例にすれば、「炭酸水の中に二酸化炭素が入っていた」ということが分かる。しかしこの実験で「入っていた」ことは分かっても、それが「溶けていた」と言えるだろうか？

　5年で学んできた「物の溶け方」では、塩が水に溶けた時のように、「水溶液中にあっても見えない。そのままでは出てこない。」状態が「溶けた状態」だった。

　ところが炭酸水は最初から水溶液中に泡が見え、どんどん出てきているようにも見える。そこから「泡になって出てくるということは、気体は単に中に入っているだけで、溶けてい

たとは言えないんじゃないか?」等と考えることもできそうだ。

そこで気体は溶けているのかの「多面的な調べ方」として、〔本当に、二酸化炭素は水に溶けて炭酸水になっているのか〕を検証する②の実験が必要になってくる。

その検証とは、逆に、発生した二酸化炭素を水に入れると、溶けて炭酸水になるのかを調べる実験である。例えばペットボトルに水と二酸化炭素を入れて密封して振ると、ペットボトルが凹んで、中の水は炭酸水のように泡が出てくるようになる。

子ども達はこの結果をどう受けとめるだろうか?水からは、最初の炭酸水のように二酸化炭素の泡がボコボコ出てくるのが見える。この観察だけからは、「本当に二酸化炭素は水に溶けた」とは言えないかもしれない(最初の観察と同じ)。しかし、ペットボトルが大きく凹んだことから、その部分にあった二酸化炭素が水の中に入ったことが分かる。これらから、何だか溶けたと言ってもよさそうに思えるが、本当に溶けていたと言って良いのだろうか?と、先の「入った」からはやや「溶けた」に近い感覚を伴った、そんな捉えが出てくるのではないだろうか?

この時に、物が溶ければ液体の性質が変化することを先に学習していれば、この二酸化炭素を「入れた」水が石灰水で濁ることや、リトマス反応で酸性を示すようになることから「やはり二酸化炭素は水に溶けたのだ。そのことで液体の性質が変わったのだ。」と納得できそうだ。そして③は、「気体」として溶けていたことの「確かめ」ともなるだろう。

このような展開により、最初の実験からの「炭酸水の中には二酸化炭素があった(存在)」という考えから、「炭酸水の中には二酸化炭素が溶けていた(状態)」へと、「より妥当な考え」になると考えられる。

この二つ目の実験を、単に「①の実験から炭酸水の中には二酸化炭素が溶けていたことが分かったから、今度は逆思考の②の実験で、二酸化炭素を水に溶かしてみよう」等という、形式的な検証を求める意識による展開として進めては、「より妥当な考え」という一段高まった理解には届きにくいと思われるし、「溶ける」を検証する「多面的な実験」とは言えないだろう。

4.「もの」と「物」の違いに注意

目標を読むと、「溶けている物に着目して」のように「物」と書かれている箇所と、「(ア)水溶液には、酸性、アルカリ性及び中性のものがあること。」と「もの」と書かれている箇所がある。「物」は、「食塩、二酸化炭素、銅」など、具体的な「物」を表しており、「もの」は「そういう性質があるもの」という、「捉え方による分類」を表していると考えられる(それは前回も同じ)。その見方で5年の「物の溶け方」の目標や解説を見てみると、全て「物」であることが分かる。その意味では6年になり、「物」の性質について、より一般的な「もの」としての捉え方をすることが大事になってくると思われる。

これについては、第Ⅴ部 直観やイメージ、発想を育てる学びの実現の第1章「新たな価値」のその先へ、これからの学びへの提言の11.「納得した理解」の捉えの確認(P381)でも検討する。

11. 「燃焼の仕組み（6年）」…「多面的に」調べ「より妥当な考え」を
つくり出す単元

1. 学習指導要領の目標

> 　燃焼の仕組みについて、<u>空気の変化に着目して</u>、物の燃え方を<u>多面的に</u>調べる活動を通して、次の事項を身に付けることができるよう指導する。
> 　ア　次のことを理解するとともに、観察、実験などに関する技能を身に付けること。
> 　（ア）植物体が燃えるときには、空気中の酸素が使われて二酸化炭素ができること。
> 　イ　燃焼の仕組みについて追究する中で、物が燃えたときの空気の変化について、<u>より妥当な考え</u>をつくりだし、<u>表現する</u>こと。
> （解説から）
> 　（ア）植物体が燃えるときの空気の変化に着目して、植物体が燃える前と燃えた後での空気の性質や植物体の変化を<u>多面的に</u>調べる。これらの活動を通して、燃焼の仕組みについて、<u>より妥当な考え</u>をつくりだし、表現するとともに、植物体が燃えるときには、空気中に含まれる酸素の一部が使われて、二酸化炭素ができることを捉えるようにする。（以下略）
> （前回の目標）
> 　物を燃やし、<u>物や空気の変化を調べ</u>、燃焼の仕組みについての考えをもつことができるようにする。
> 　ア　植物体が燃えるときには、空気中の酸素が使われて二酸化炭素ができること。
> （前回の解説から）
> 　ここでは、物の燃焼の仕組みについて興味・関心をもって追究する活動を通して、<u>物の燃焼と空気の変化とを関連付けて</u>、<u>物の質的変化</u>について推論する能力を育てるとともに、それらについての理解を図り、<u>燃焼の仕組みについての</u>見方や考え方をもつことができるようにすることがねらいである。（以下略）
>
> 　　　　　　　　　　　（平成29年、20年学習指導要領解説理科編の目標、解説、下線筆者）

〔見方・考え方〕
（1）見方…「粒子の存在・結合」＝主として質的・実体的な視点
（2）考え方…「多面的に考える」＝自然の事物・現象を複数の側面（互いの予想や仮説、複数の観察や実験）から考える→より妥当な考えをつくりだす

2.「見方」を鍛え、育てる絶好の単元

　学習指導要領には、「領域」によって重点的に育てたい「見方」の特徴的な「視点」が、次ページの表①のように整理されているが、注意したいのは授業の際、その領域に重点的な見方の視点だけを意識するのではなく、子供たちの見方の視点そのものを大事にしながら、子ども達の意見なり活動を見ていくことと思われる。

特に6年では、小学校の理科の総まとめとしても、様々な見方を駆使して考えることができるような子どもの育成に心がけたい。それがこの単元で目指す「多面的に考える」につながり、そこから「より妥当な考えをつくりだす」ことが可能になると思われる。

　この単元は、全体としては「粒子」的な見方を大事に扱う単元だが、例えば表②のように様々な見方が重要になってくることに留意が必要である。

領　域	特徴的な視点
エネルギー	「量的・関係的」
粒　子	「質的・実体的」
生　命	「共通性・多様性」
地　球	「時間的・空間的」

※他にも「原因と結果」「部分と全体」「定性と定量」などもある

〔表① 領域ごとの「見方」の特徴的な視点〕

現象・活動	子どもの想定される「見方」	「見　方」
集気瓶の中に火を付けたろうそくを入れてしばらくすると消えてしまう	・空気が悪くなった ・空気の性質が変わった ・空気がなくなった	**「質的」**な見方 **「質的」**な見方 **「量的」**な見方
酸素や二酸化炭素の割合と性質を調べる	・機体の質の違いを定量的に考える	**「質的」**な見方 **「定量的」**な見方

〔表② 現象や活動に働く特徴的な「見方」〕

　また、「見方」については、第2章でも述べたように、「このような見方をしなさい」と教師が指導するのではなく、児童が「自ら持っている見方を生かしたり、伸ばしたりしていくこと」が肝心になる（考え方も同様）ことから、なおさら教師は単元での重点的な見方を大事に意識しながらも、児童が持つ様々な見方を大切に、それを生かしながら学習を進めていくことが大事となる。

　したがってこの単元は、**小学校理科における様々な「見方」を鍛え、育てる、総まとめの絶好の単元の一つ**と考えて取り組むこともできるだろう。

3．"多面的に考える"「考え方」を貫く、「空気の変化」に着目

　一方この単元では、様々な予想や仮説、複数の観察や実験結果を基に、"多面的に考える"「考え方」の育成が求められているが、そのポイントは「空気の変化」に着目することだと考える。

　前回の目標には「物や空気の変化を調べ」とあり、「物（燃焼物）」と「空気」双方の変化を観察の対象としている。解説には、「物の燃焼と空気の変化とを関連付けて、物の質的変化について推論する能力を育てるとともに、それらについての理解を図り、燃焼の仕組みについての見方や考え方をもつことができるようにすることがねらいである。」とある。つまり、"燃焼という現象の際の、「物」と「空気」それぞれの変化を調べることで、物の燃焼と空気の変化とを関連付けて考え、物の質的変化を考えるとともに、燃焼の仕組みを理解する"ということで、「物や空気の変化を調べ」、「物の質的変化（燃焼物の質的変化）」を推論することが、燃焼の仕組みを理解することに大きく関係するねらいになっていると考えられる。

　それに対して**今回の目標では、「空気の変化に着目して、物の燃え方を多面的に調べる」**と書かれて、**空気の変化が主**となっており、イにあるように「物が燃えたときの空気の変化について、より妥当な考えをつくりだし、表現すること」がねらいとなっている。解説でも

（ア）を読めば分かるように、「空気の変化に着目して」と、空気の変化に着目している。それに対して、前回の学習指導要領では、上に引用したように「物の質的変化」についての推論が挙げられている。では燃えた後の植物体の変化について今回はどう扱っているかというと、「燃えた後の植物体の様子も変化していることを捉えるようにする。」という表現に留まっている。

　つまり今回は、植物体が燃える際の **「空気の質的変化（化学変化）」に、より着目し**、それを捉えるために、その変化に関わる「空気の性質や植物体の変化」を多面的に調べることで、物の燃え方について、より妥当な考えをつくりだすことができることがねらいだと思われる。

4.「見方・考え方」を視覚化することで考えが深まる「モデル図」の活用

　以上考えてきたように、今回「空気の質的変化」への追究意識が強まったことで、目標の「物が燃えたときの空気の変化について、より妥当な考えをつくりだし、表現すること。」の重要性が一層明確になってくる。その実現には、「多面的に調べた結果からの見方・考え方を生かして、燃焼の仕組みについての、より妥当な考えをつくり出す」というつながりが大事になってくるのだろう。

　そこで、そのつなぎを可能にしてくれるのが **「表現すること」** ではないかと思われ、ここではそのための **「空気の変化のモデル図」活用** を提案したい。

　1. 2. で述べたような「見方」や「考え方」を大事にした場合、「物が燃える前と燃えた後の空気の変化のモデル図」は、どのようなものになるのだろうか？ここでは、その評価観点から考えてみたい。

　右のモデル図を例に考える。物を燃やして、「酸素の量が減って、二酸化炭素の量が増えた、窒素の量に変わりはなかった」という実験結果から、右のモデル図のように、燃焼前（左図）から燃焼後（右図）

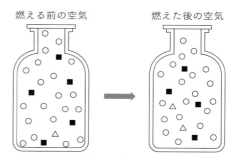

〔モデル図の一例〕

に、「質的・量的な見方」として ■ の酸素が減って（5 → 4）、△ の二酸化炭素が増え（1 → 2）、○ の窒素の量に変化はない（20）と考えられる。なお、このモデル図の数の増減量は傾向を示すだけで、実際の量ではない。〔質的・量的な見方〕

　次に大事なのは、気体全体の量は燃焼前後で変化していないという事実である。ここでは燃焼前後で、全体の数は26で不変（保存）となっている。〔量的な見方〕

　このようにして描いたモデル図だが、ここでの全体の数の26はどのようにして出てきたのだろうか？それは、最初の気体の混合比が「酸素：窒素：二酸化炭素＝5：20：1」となっていたことによる。特に、酸素と空気の燃焼実験前の割合が、約「1：4」になっている（気体の1/5が酸素）ことが大事である。二酸化炭素の量はごく僅かなので、1つとして

ある。〔量的な見方〕

　そしてもう一つ評価したいのが、このモデル図の解釈についてである。この図の燃焼実験後の酸素の減り方を見ると、物が燃えなくなっても「燃焼後に酸素が全部なくなっているわけではない」ことに気が付く。この結果から、**「消えたのは酸素がなくなったからではなく、減ったことによる」**ことが分かる。〔量的な見方〕

　以上のように、①気体変化の質的・量的な見方（気体自体が変化し、その気体の量が変わること）、②気体変化の量的な見方（燃焼前後の全体の量の保存）、③変化前後の量的な見方（気体毎の燃焼前後での量的変化）、④変化後の量的な見方（特に酸素が存在していること）の４点の「見方」からモデル図を評価していくことが大事ではないかと考えられる。

　そしてそのモデル図から①から④の「見方」を「多面的」に総合し、どのように「妥当な考え」をつくり出していけるか（「考え方」）が大事になってくるだろう。

〔参考〕　　〔「より妥当な考えをつくりだし、表現すること」の意味〕

　目標に上記の文章があるが、これは「より妥当な考えをつくりだして、それを表現すること」という思考と表現の順番の意味ではないと考える。つまり、頭の中だけで考えた思考が大事であり、それを目に見える形で表現することにも価値がある、ということではないということだ。

　次のエピソードがある。著名な理論物理学者のファインマンがノーベル物理学賞受賞後のインタビューで、インタビュアーが、ファインマンが書いた一束のメモやスケッチに触れ、この資料はファインマンが残した「日々の作業の記録」だと述べたのに対しファインマンは、「私は実際に、紙の上で作業したんです。」と答えている。インタビュアーが「作業はあなたの頭の中でなされたけれど、その記録がここに残っているということですよね。」と言うとファインマンは同意せずに、「いや、これは記録ではないんです。作業なんです。作業は紙の上でしなければならない。そしてこれはその紙だ、ということです。わかりますか？」と答えたというエピソードである。

　後に「拡張した心」という理論で創作作業に対する見方を書いた哲学者のクラークは、「ファインマンは実際に、紙の上で思考していた。紙とペンで作られるループは、ファインマンのものとして特徴的だと私たちが考える、思考やアイデアの流れを形作る物理的な過程の一部なのだ」と主張している（「脳の外で考える」）[61]。

　このエピソードが示す**「メモやスケッチをかくこと自体が考えていることそのもの」**という捉えは、ファインマンの有名な「ファインマンダイアグラム」として私たちも実感することができるが、日頃の授業で子供たちがモデル図やイメージ図を何回も描き直しながら考えている姿や、レポートを推敲しながら書いている日常の姿に接している私たちから見れば、この捉えは自明のことと思われる。

　その意味で、「より妥当な考えをつくりだし、表現すること」とは、**「考えを作り出しながら、表現していること、表現することでより良い考えを作り出していること」**と、**捉えたい**。これは、私達が子ども達と改めて確認し、共通理解したい大事な点と思われ

る。その意味では、先に書いた「モデル図」の評価についても、「出来上がったモデル図」を評価するだけでなく、そこまでの個々のモデル図に現された思考の変容の軌跡こそ評価していくべきだろう。

　また、現在の、互いの情報の共有や比較を容易にするためのパソコン活用などの授業においては、時としてモデル図やイメージ図がパソコン上で安易にまたは雑に（手描きと比べて）描かれ、保存されずに消去されているように思われる時もあり、今後、そのより良い活用の在り方も検討していく必要があるのではないかと思える。

5. 「見方・考え方」が育っているか、検証する1つの方法

　以上のようにして育ててきた「見方・考え方」が子ども達の身に付いているかを見てみる1つの方法として、下のような問いに答えさせる方法が考えられる。

> 問い「酸素50%、二酸化炭素50%の人工空気をつくって、その中でろうそくを燃やした。燃え方は、次のどれだろう？
> 　①空気より激しく燃える、②空気よりは燃えない、③空気と同じくらい燃える

　答えは①の「空気より激しく燃える」である。子どもの中には、「二酸化炭素は物が燃えるのを邪魔している」と考える子がかなりいる。邪魔するのではなく、「物を燃やす働きがない」だけで、そこは窒素と同じである。大事なのは「酸素の量（割合）」であり、これもモデル図に描いて考えていけば理解できると思える。ここにも「モデル図」を扱う「良さ」があると考えられる。

　以上、第3章「粒子」を主とした単元のまとめをする。

〔「粒子」の存在、保存性とエネルギーの関係〕

　4年生の「空気と水の性質」では、力を加えた際の「手応え（実感）と物の変化」の関係性が大事であり、「水のすがたと温度」では、外から加える「見えない」熱エネルギーと、それによる水の状態変化を、関係付けて見ていく見方が大事になる。この間、「手応え」から「温度」、そして温度が示す「熱エネルギー」へと、共に見えないエネルギーがまず「存在する」ことの実感から始まり、その「エネルギー保存」という見方の育成を大事に、「エネルギー」と物の変化を「関係付ける」考え方が大事になってくる。

　その考え方育成のためには、**何より体感を大事に**、そこから実感する**見えない力の大きさや方向を矢印で表したり**、熱エネルギーの移動と現象の変化とを関係付け、その様子を目に見える形の**イメージ図で表したりして**、互いに見方や考え方を共有したり討論し合ったりする等、**表現することが大事**になってくるだろう。

　5年生の「物の溶け方」では、溶けて見えなくなった物が「なくならない」の意味を、その物自体の「保存」から考えることが大事である。3年生で学習した「物と重さ」

では、形を変えても重さは保存されることを学んだ。この5年の単元ではその学びを生かして、「姿が見えなくなっても重さは保存される」ことから、「物自体が見えなくなっても存在している」ことを捉えることが大事であるが、「重さ」に限定せず、その**「物自体の保存」を捉えさせること**がこれからは重要になってくるだろう。その理解のためにも、見えない「物」の存在をモデル図で表しながら現象を理解（説明）していく手立てが有効になってくると思われる。

6年生の「水溶液の性質」、「燃焼の仕組み」も、共に見えない「溶けている物」による溶液の変化や、燃焼による「気体」の質的変化を、現象を見ながら検討していく単元であり、ここでもモデル図で様子の変化を表しながら現象を理解（説明）していく手立てが、一層有効になってくるだろう。

特に6年では、様々な現象の現れから「どう解釈して、自分なりの妥当な考え」を作り出していくかが重要になり、そのための「有効な手立て」としても**モデル図の変容による考えの深まりが一層重要**になってくると考えられる。

このように見てくると、「粒子」を主とした単元においては何れも、「モデル図」や「イメージ図」を活用した取り組みが有効であることが分かり、その学年や単元間の関係を考えた有効な活用法の開発が大事になってくるだろう。

今後は「粒子」領域における見方・考え方のつながりを考えながら、学年間を通してどんな力を育てていけば良いのか、検討していく必要があると思われる。

第4章　「生命」を主とした単元

ここでは、5年の「**植物の発芽と成長**」単元を例に考える。

12.　「植物の発芽と成長（5年）」…「条件制御」の「考え方」を鍛える絶好の単元

1．学習指導要領の目標

> 　植物の育ち方について、発芽、成長及び結実の様子に着目して、それらに関わる条件を制御しながら調べる活動を通して、次の事項を身に付けることができるよう指導する。
> 　ア　次のことを理解するとともに、観察、実験などに関する技能を身に付けること。
> 　（イ）植物の発芽には、水、空気及び温度が関係していること。※（ア）（ウ）（エ）は省略
> 　イ　植物の育ち方について追究する中で、植物の発芽、成長及び結実とそれらに関わる条件についての予想や仮説を基に、解決の方法を発想し、表現すること。
> （解説から）
> 　（イ）（途中から）発芽には水、空気及び<u>適当な温度</u>が関係していることを捉えるようにする。
> 　　　　　　　　　　　（学習指導要領解説理科編の目標、解説、下線筆者）

※ここでは、「条件制御」の考え方に最も関係する（イ）に絞って考えてみる。

〔見方・考え方〕
（1）見方…「生命の連続性」＝主として多様性と共通性の視点
（2）考え方…「条件を制御する」＝制御すべき要因と制御しない要因を区別しながら計画的に観察・実験などを行う

　理科をある程度指導した経験のある教師なら、5年生の「種の発芽単元と言えば条件制御！」と即答する程、この単元は、観察や実験の際に大切な「条件制御」を学ばせるのに最適な単元と考えるだろう。しかしこの単元の前にも、「条件を揃える」という意味では、これまで多くの実験や観察で行ってきている。<u>改めてこの単元で「条件制御」の何を鍛えるのかを考えてみたい。</u>

2.「条件統一」と「条件制御」の違い…「考え方」

　これまでも３年の「物と重さ」では、同じ体積の粘土の形を変えたり、４年の「金属、水、空気と温度」では、ラップをするかしないかの条件以外を揃えた水を入れたコップを用意して、水蒸気の存在を検証する実験をしたりしており、条件を揃える必要性を扱うのはここが初めてではない。考えてみれば比較実験には「条件を揃える」ことが必須である。では、ここで言う「条件制御」という「考え方」の何に注目すべきなのだろうか？

　それは、**「予想を検証するために必要と思われる複数の条件のうち、今回の実験では何の条件の制御に目を向けるか」**という「考え方」を意識しながら実験を進めていくことではないかと思える。

　例えば４年の「金属、水、空気と温度」の単元では、「水は蒸発するかしないか」という予想を確かめるために、ラップをかけたコップとかけないコップの比較実験をする。調べる予想は「蒸発するかしないか？」の１点だけであり、したがってそれは、ラップの有無で検証できる。

　しかしこの単元では、種を発芽させるのに必要と予想される条件はいくつも考えられる。温度、空気、水分、光、養分、土…。その中で、例えば「温度」という条件を検証する場合、「発芽するのに温度が関係するという予想を検証するには、他に予想として考えられる空気や水分、光などの他の条件は揃えておく必要がある」という理解が大事になってくる。これは調べたい「条件（蒸発するかしないか）」が１つしか考えられない蒸発の実験とは異なり、他の多くの予想の条件を「制御」して行う必要がある、ということである。

　自分は長い間、この単元の実験で条件を揃えることを、子供たちの前で「条件制御」と言ったり「条件統一」と言ったりしてきた。子供には「制御」という言葉は難しいと考え、両者とも大体同じ意味だと勝手に捉えて、「統一」という言葉を優先させてきたこともある。

　しかし、上記の比較から考えると、この２つは異なることがわかる。広辞苑によると、「制御」とは「①相手が自由勝手にするのをおさえて自分の思うように支配すること。②機械や設備が目的通り作動するように操作すること。」とある。

　つまり、発芽条件の実験では、いくつも考えられる「発芽の条件」の候補の中から１つを選んで、その条件が「勝手に作用することをおさえて、こちらの目的通りの設定で実験できる」ように「制御」する（例えば、水を与える、与えない）ことが必要であり、これは上記の「制御」の①の捉え方に近いと思われる。そして、その他の、例えば温度や空気などの条件は、①の実験対象に対して全て同じになるように揃えることが必要になる。これは上記の②に当たるのかもしれない。つまり「条件を制御する」ということは、このような**複数の条件の元での、検証したい条件の在り方を「制御」し、その他の条件を揃えるように「制御」**するということだと考えられる。

　それに対して自分がこれまで使っていた「条件統一」という言葉には、「その他の条件を揃える＝統一する」というニュアンスばかりが強く、調べたい条件を検証するには、「その条件をどのように制御すべきか」という見方が弱かったように思える。それは、「予想される調べたい条件」が主に１つだったからだろう。

高学年になってから扱う単元を考えれば、特に「生命」や「地球」領域では、多くの条件が変化の要因として総合的に関係してくる事象が多く展開されている。それらの単元で、考えられる多くの条件（予想）の中の１つだけを「制御」して検証するという考え方は、この後の学習にますます必要になってくると考えられ、ここがそれを正式に扱う最初の単元としての価値があると思われる。

　「制御」とは、「揃える」という静的な取り組みではなく、目的通りの条件で実験できるよう**「コントロールする」という動的、積極的な取り組みである**ことを、子供たちと共に実感することが大事だろう。

3. 真の「条件制御」の難しさ…「考え方」

　このように大事な「条件制御」だが、正確に行うことはなかなか難しい。例えば「光」という条件を考えてみると、これは１つの「制御する条件」と言えるだろうか？植物に当たる日光の光には、実は「温度と明るさ」という２つの条件が含まれている。したがってそれを意識して、温度と明るさを区別して考えないと、適切な条件制御はできないだろう。

　また、例えば温度の検証実験では、多くの教科書は部屋と冷蔵庫などの場所で温度を制御して、部屋では箱をかぶせて冷蔵庫の中と同じく暗くして、明るさの条件を揃えて実験している。これは「光」の「明るさ」の条件を揃えて、「光の温度」面での検証をしていることになる。しかし、光の「明るさ」という条件を揃えるためなら、「明るさ」という条件を削って揃えるのではなく、例えば冷蔵庫の中に入れた一方を懐中電灯などを中に入れて明るく照らす等、「明るさを加えて揃える」という方法も考えられるのではないだろうか。子ども達から、このような方法が出てくる可能性もあり、そんな場合、**「条件制御の方法は必ずしも一つではない」**ことに気付くことも大事になってくると思われる。

　また「土」など、より多くの条件（明るさ、水分、養分、温度等）を含むものが予想として出されてきた時の条件制御は、より難しく、また多彩な方法も考えられるだろう。

　この「光」や「土」の条件のように、**「一つの条件と考えていたものが、実は複数の条件の集合体だったこと」**に気付く経験は、今後の学習での条件制御を考えた時に特に大事だと思える。しかし「条件制御」の大事さや考え方を子ども達に理解させることが大事だからといって、最初からあまりに複雑な「制御実験」を考えさせるのも不適切だろう。

　また、逆に、条件制御の実験を最初から「分かりやすく」パターン化して提示し、温度、水分、空気の条件の検証実験を機械的にこなすよう設定してしまうのも問題ではないかと思える。

　したがって、「条件制御」を本格的に学ぶスタートに当たるこの単元で、上に挙げた「光」や「土」のようなことにすぐに気付かせ、それに取り組ませることは難しいだろうが、後からの単元との系統性も考え、「この単元ではここまでは扱おう」と計画的に進めることが大事ではないかと思える。（5. これからの「真正な学び」、〔意外と難しい「条件制御」〕（P362）を参照）。

4.「適当な温度」の意味…「見方」

　発芽には水、空気及び適当な温度が必要と、学習指導要領にも教科書にも記載されている。どの教科書も、「温度条件を実験した結果、冷蔵庫では発芽しませんでしたが、室温では発芽しました。そこで発芽には適当な温度という条件が必要」等と結論付けているが、この**「適当な温度」とは何だろうか？**

　それは実験した頃の「室温（20℃位）」のことだろうか？それとも、冬が終わった「春の頃の温度」だろうか？そんなことをあまり意識せずに、教科書にある「理科用語」として、「適当な温度」とまとめてはいなかっただろうか？

　「適当な温度」とは**「その植物が発芽するのに適切な温度」**のことである。したがって、右表に挙げた例のように、植物毎に異なっている。この表を見れば、「適当な温度」は決して「室温」でも「春の頃の温度」でもないことが分かる。

適　温	適した植物
低温性 （15〜18℃）	ガザニア、バーベナ、プリムラ、ペチュニア等
中温性 （18〜22℃）	インパチェンス、コスモス、サルビア、パンジー、ベコニア、マリーゴールド等
高温性 （22〜25℃）	アサガオ、オジギソウ、オシロイバナ、コリウス、ニチニチソウ、ホオズキ等

〔各植物が発芽する「適当な温度」〕

　本単元の「見方」である「多様性と共通性の視点」から考えれば、植物の発芽には「温度条件がある」という「共通性」と、その値は「植物によって異なる」という「多様性」のあることに注意が必要だろう。

　なお、この「温度」は、「気温」ではなく「地温」であることにも注意が必要である。この「適当な温度」の条件を求める「深い学び」の実践例は拙著「主体的・対話的で深く、新学習指導要領を読む[4]」のP155に紹介してあるので、参考にしていただきたい。

5.　これからの「真正な学び」

　今回の学習指導要領では、「本当に分かるとは、使える知識を身に付けること」という捉えが大事にされていると考えてきた。理科でもそのような、教室の中だけでなく生活や本当の自然の中で使える知識の習得が大事になってきている。

　それを大事にした学習が「真正な学び」という形で今注目されているが（P252参照）、この単元では導入場面がその「真正な学び」実現のために特に重要になってくると考えられる。

　例えば単元の導入で、シャーレの中の脱脂綿の上に置いた種子を提示して、「この種子を発芽させる条件を考えてみよう」等という導入は、一見シンプルで、予想やその検証のための条件設定も考えやすそうにも思えるが、その日常生活から離れた不自然に条件を制御した導入は、前章でも考えてきた、主体的な学習推進に最も大切な児童の知的好奇心や追究の興味・関心を損なう恐れがあるだろう。

　そこで、実際の環境にできるだけ即した状況で考えていこうというのが「真正な学び」の一つの特徴だが、そのようにすれば、先にも述べた「土」や「光」など、複数の条件が含まれたものが「条件」として子ども達から出てくる可能性がある。

その結果、一見授業が複雑化しそうにも思える。しかし、例えば「土」なら土の「発芽条件」としての捉えを「教材研究（或いは理科的な捉え）」として教師が適切に持っていれば、土の条件には、光や水、空気や温度など複数の条件が混在していることへの気付きにより、それらを整理して考えることで、児童の追究意欲や意識が一層向上し、結果として学習が一段と深まることも期待できる。

教科の専門性を生かした教材研究に基づく、<u>自分の学校の環境や子ども達の履修、実態、そして今後の学習計画とのつながりなどを考えながら、より目の前の子ども達に合った「真正な学び」</u>ができるように、カリキュラムを工夫することが大事ではないかと考える。

〔意外と難しい「条件制御」〕

3. 真の「条件制御」の難しさでは、複数の条件が関係する場合の「条件制御」の難しさを考えたが、そもそも現象にはいくつの条件が関係しているのか考察する難しさもある。

有名な科学者であるダーウィンの行った実験について、寺田寅彦が書いた「とんびと油揚[74]」という随筆にそれは詳しい。概略を紹介すると、とんびがはるか上空から地上の小さなねずみなどの姿（生きているか死んでいるか等）を目で捉えるのは、網膜の画像の解像度から言っても無理で、したがって嗅覚によるものではないかと考えられるが、その嗅覚が極めて弱いのではないかということを検証するダーウィンの実験を、寺田は条件制御の面から考察している。

実験は、数羽の禿鷹コンドルを壁の根元に一列につなぎ、その前方に紙包みにした肉を下げて通った所、鳥は無関心で、そこで肉の包みを近付けた床上に置いても気付かないので、一羽の足元まで持っていくと、初めて包み紙をつつき始めたというものだった。この結果からダーウィンは、禿鷹コンドルの嗅覚は弱いと推論しているが、寺田はそれは「はなはだ非科学的」だろうと書いている。と言うのも、壁の前面に肉片を置いても、その場所の気流の状況によっては肉片から発生する揮発性のガスは、壁の根元の鳥の頭部には殆ど達しないもしれないし、足元まで持ってきて初めてつつき出したのも、嗅覚ではなく視覚のみの結果からだとも言い切れないと書いている。さらに寺田は、試験用の肉片を持ち込む前にその場所の空気が汚れていたら、人間にはわからなくても鳥にはずっと前から肉の臭いか類似の臭いがしていて、それに慣らされて刺激に対して無感覚になっていたかもしれないし、鳥が食欲を刺激され捕獲動作を誘発するには、嗅覚だけでなく視覚或いは他の感覚なりの、もう1つの副条件が必要かもしれないと考え、さらには、匂いを含んだ空気が静止しているのと動いているのとでは、その刺激も違うかもしれないと考えを進めていっている。

このように、「匂いが原因か？」という1つの要素の検証だけでも、そのための条件制御はかなり難しいことが分かる。ダーウィンのような大科学者でも間違える条件制御の完璧さを、科学者ではない子供たちに求めるのは無理で、寧ろ授業で教師が大事にすべきは、その厳密性というより、原因となる様々な要素（可能性）を考えてできるだけ科学的な実験を行おうとし、結果を踏まえて、<u>「他の条件も結果の要因として考えられるのではないか？」等とあれこれ考えを巡らせる、「科学的態度や思考力」</u>の育成ではないかと思われる。

第5章

「地球」を主とした単元

　ここでは、3年の「太陽と地面の様子」の中の「太陽の位置の変化」を中心に、小学校における太陽や月、星の位置変化の学習について考えてみる。

13. 「太陽、月、星の位置変化（3、4、6年）」の単元

1. 学習指導要領の目標から（3年）

> 　太陽の位置を午前から午後にわたって数回調べ、太陽の<u>位置</u>が東の方から南の空を通って西の方に<u>変化する</u>ことを捉えるようにする。
>
> （今回の学習指導要領　理科編　解説P43　下線筆者）
>
> 　太陽の位置を午前から午後にわたって数回調べ、太陽が東の方から南の空を<u>通って</u>西の方に<u>動く</u>ことをとらえるようにする。
>
> （前回の学習指導要領　理科編　解説P31　下線筆者）

　この単元で、前回の学習指導要領と比べて**大きく変わったのは上の部分**である。極端に言えば、前回までの**「天動説（太陽が動いている）」**的な捉えが、今回は**「地動説**（太陽は動いているのではなく、動いて見える）」的な捉えに変わったように見える（実はそうではないことは後から説明）。<u>これまで**「太陽は東の方から昇り、南の空を通って西の方に沈む」**</u>と教えてきたが、これからはどのように指導していけば良いのだろうか？

（1）「地動説」を教える必要はない

　今回このように変わったのだから、「実は地球の方が動いていて、太陽が動いて見える。」等と、地動説に基づいて指導しなければならないと考える人もいるかもしれないが、そのようなことは学習指導要領のどこにも書いてない。

　さらに解説には、「児童が太陽の位置の変化を調べる際には、<u>地球から見た太陽の位置の変化を扱うものとする</u>（解説書P44、下線筆者）。」と書かれている。

　つまり、ここに書かれているのは、「太陽の<u>位置</u>が東の方から南の空を通って西の方に<u>変化する</u>」という**「観察事実」**だけである。それを基に、<u>勝手に「太陽が動いて」等と、天動説に基づくような物言いをしないよう気を付けることがまず大事だと思われるし、逆に、地</u>

動説に基づくような物言いをするのも、同様に適切ではないと思われる。

　つまり、本単元における「時間的・空間的な視点」からの「見方」は、**「観察事実に基づいた見方」** ということになる。そして「比較する」という「考え方」は、午前と午後の、校舎の影の位置の変化を比較したり、時間毎の棒の影の位置の変化を比較したりすることで、そこから「位置の変化の規則性」を見付けることにあると考えられる。

（2）なぜ今回「太陽の位置の変化」なのか？

　しかし、これまでずっと「太陽の動き」で説明してきたのを、なぜ今回「観察事実」で説明するようになったのだろうか？推測だが、それは **「観察結果（事実）を大事にする（観察できるのは位置の変化）」** ことを、小学校の天体学習を通して、改めて重要視したからではないだろうか？それは、決して、小学校から「地動説」に気付かせるということではないと思われる。そのことを天体学習の系統性から考えてみる。

2. 天体教材の学習のスタートとしての「太陽の位置の観測」

　3年での太陽の位置の観察結果を重視した姿勢は、その後の天体学習にも大きく影響する。

　4年の「月や星の見え方」単元では、これまでの「地球から見た月は、東の方から昇り、南の空を通って西の方に**沈むように見える**」という表記が、今回の学習指導要領では、「月は三日月や満月など日によって形が変わって見え、1日のうちでも時刻によって**位置が変わることを捉える**ようにする。」となっている。

　月の観測も「昇り、通り、沈むように見える」という「動きの観測」から、「位置の変化の観測」に変わっている。つまり、「月は、東の方から昇り、南の空を通って西の方に沈むように<u>位置が変化する</u>」と、「月の動きの観測」ではなく「月の位置変化という観測事実」として扱うべきではないかと思われる。

　この「地球から見た位置変化」という捉え方は、6年の「月の形と太陽」の学習にもつながってくる。ここではこれまでの学習指導要領も今回も、「地球から見た太陽と月の位置関係で扱うものとする」と、従来から「位置変化」を扱っている。

　以上から考えると、今回の変更によって小学校の天体に関する扱いは、**「観察による位置の変化に統一した（再確認した）」** と考えられそうである。

3. 実際の授業での扱い

　とは言っても、3年の「太陽の位置の変化」では、観測結果として子ども達からは「太陽が東から南の方に動くと」とか「太陽が南から西の方に移動すると」などの表現が出てくるのは自然なことだと思われる。

　3年「音の性質」単元の、3.「因果関係」という「見方」からの検討（P309）でも書いたように、「ではその結果からどんなことが考えられる？」等と、実験や観察結果から、その解釈を大事にした理科の授業をしてくればする程、そんな声も出てくるだろう。

　そんな時は、「本当に太陽は動いているの？」等と、子供の思考を混乱させるような言い方ではなく、**「観測した事実で説明すると、どんなことが言えるかな？」** 等と、**「事実で語ら**

せる」ようにしたら良いと思われる。それには、そんな問いかけが子ども達に違和感を持って捉えられないように、事前に観測するための学習課題として、「太陽の位置は、1日のうちでどのように変わるのだろうか」等、位置の変化の事実で答えられるようなものに設定しておくことが大事になると思われる。

　なお、この件については第Ⅴ部　直観やイメージ、発想を育てる学びの実現の第1章「新たな価値」のその先へ、これからの学びへの提言の1.「事実の"理解"」だけで良いのか？で更に詳しく考えてみる。

4. 基本的な「方位概念」の理解が大事

　この単元を進めるにあたっての基本的な「知識（概念）」として大事なものの1つに「方位」の捉え方がある。学校にはよく「南玄関」とか、「北階段」などの名称がある。例えば子ども達を「南玄関」まで連れて行って、「南ってどこ？」と聞いたら、子ども達はどう答えるだろうか？少なくない数の子が「ここ」と答えるという調査結果もある[62]。

　社会科でも「方位」は扱っているが、実は「方角」は、捉えにくい概念の1つと言えるだろう。上記のように「南玄関」、「北階段」などの名称があれば、なおさらだろう（「南玄関」、「北階段」などの名称は、校舎全体の中の位置関係としての方角）。

　観察の前に校舎図などを示し、「方角」の意味を理解させてから、太陽の位置や影の位置の変化の学習を進めたいものである。

〔理科で鍛える「実感覚」と「見方」の関係〕

　P151で理科で大事な実感として、見る、聞く等の五感以外に、時間的・空間的実感の重要性も挙げ、これら実感は、「感覚」から「認知」を生み出し、自然認識を深めるためのものであり、所謂「知識」等の頭の良さとは異なる「実感覚（造語）」で、自然認識を深めるため、これらの「実感覚」を育てる重要性を述べた。ここで扱った「方位」の「感覚」も、空間的実感の1つとしての「実感覚」と考えられるだろう。

　ところで、学習指導要領理科編の「見方」の説明には、"「地球」を柱とする領域では、主として時間的・空間的な視点で捉えることが、それぞれの領域における特徴的な視点として整理することができる（P13）。"とある。つまり、ここで扱った「方位」の捉え方は、まさにこの「空間的な視点」になるだろう。ということは、学習指導要領の言う「視点」とは、自分の考える「実感覚」と言えるのだろうか？

　P199の〔「見方」のまとめ〕では、「視点」とはあくまでも「どのように対象を捉えるか」という対象の捉え方であり、「見方」とは、では今回は対象を「どのような視点で捉えるか」という「視点の捉え方」ではないかと考えた。時間的・空間的な視点だけでなく、「量的・関係的な視点、質的・実体的な視点、共通性・多様性の視点」も、考えてみれば、全て「人類がこれまで培ってきた感覚（実感覚）」ではないかとも思われる。勿論それらは、いつまでも知識や思考力と切り離されたものではなく、それらに影響されながら「見方」として高まっていくことだろう。これからも「実感覚」について考えていきたい。

〔参考資料〕　　　　　〔方位に関する児童の意識調査から[62]〕

　1994年に小学校5年生の児童22人を対象に行った認識調査の一部を紹介する。現6年生の「月と太陽」の内容は、当時は5年生に「太陽と月」単元があり、そこで月や太陽の動きや形変化を扱っていた。

1. 調査方法

　右のような方位の明示されている部屋に一人ずつ入り、中央に立って質問者からの問いに答える。

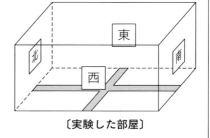

〔実験した部屋〕

2. 調査内容と結果

　質問①「南の方位を指さしてください。」

　　（結果）　22名全員が正解

　質問②（教師が南の斜め上を指し）「この方位は何と言えばいいでしょう？」

　　（結果）　・南（13人）　・南の上（5人）　・南の北の方（3人）　・南ではない（1人）

　質問③（部屋の隅の「南」の札の前に立たせて）「南の方位を指さして下さい。」

　　（結果）　・南の札の方向（20人）　・自分の足元の辺り（1人）

　　　　　　・人によって異なる（その人の手を水平にした高さが南になる）（1人）

　質問④（部屋の隅の「南」の札の前に立たせて）「足元の方位は何ですか？」

　　（結果）　・南（11人）　・南の下（5人）　・南ではない（3人）　・分からない（3人）

　質問⑤（右図のP点に立たせて）「北の方位はどこですか？」

　　（結果）　・正答（真正面を指す）（7人）

　　　　　　・誤答（「北」の札の方向を指す）（15人）

　　　　　　　→では、「真正面」の方位は？

　　　　　　　　・「北東」（14人）　・「東」（1人）

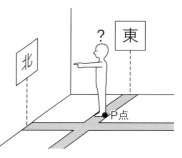

3. 結果からの考察〔考えられる児童の方位に関する素朴概念〕

　①方位の中心を不動のものと捉えがち…地面に書いた方位の線の中心点から移動しても、「自分の立っている所が方位の中心である」という意識がなく、元の方位で考えがちである。この捉えは、子供たちの中に、非常に強い誤概念となって存在している。

　②方位と高さの混同が見られ、高くなるほど方位が曖昧になる…そのため、空にある太陽の位置などの3次元的な方位測定が曖昧になる。

　③方位の示す範囲のイメージがバラバラである…「南」と言っても、その1点だけを指す場合や、上下左右のある広がりを持って捉える捉え方など、様々である。

　④形式的、概念的な捉えをしがちである…「方位」や「高度」、「南中」などの言葉は知っていても、その意味は曖昧だったり、地球は丸いという知識だけから、「北の先は（地球は丸いから）南だ」など概念的な捉えをする場合もあった。

　　・随分昔の調査だが、現在は課題は改善されているのだろうか？再度調査したいものである。

綜合編

「理論編」を基にした「実践編」での検討から見えてきた「これからの学び」について考える。特に、理科学習での「直観やイメージ、発想を育てる学び」の重要性、そして「納得」の在り方から、「これからの知識の再構成」について考える。そして、人間ならではの「問題解決の能力」である**「創造的能力」**の育成により、「人間の学び」として理科の**「教科の本質の美しさ」**を実感し、**「自然のありようとしての自分（人間）」**を、そして**「自然」を愛す**ることのできる子供を育成することが、「新たな価値の実現」のその先を目指す、これからの理科教育の方向性ではないかと提案する。

直観やイメージ、
発想を育てる学びの実現

第1章 「新たな価値」のその先へ、これからの学びへの提言

　第Ⅲ部までの検討で、「新たな価値」を獲得できる「人間としての学び」には、**「知識の再構成」を実現させていく「実感」**こそが必要であり、その「わかった、できた」という「納得の実感」と、「わかった、できた」という「自己肯定の喜びの実感」を子供自らが獲得していけることが、これからの授業で大事になってくるのではないかと考えてきた。そして、その原動力となるのが、人間なればの**「知的好奇心」**ではないかと考えてきた。

　さらに、この学びを進めて行くにはどうしたら良いかを検討するために、続く第Ⅳ部では具体的な単元を対象に考えてきたが、それを踏まえてこの第Ⅴ部では、「新たな価値」の獲得に向けた取り組みを再検討してみることで、もう一歩先の、言うなれば「人間としての学び」に必要なことについて、自分なりに考え、本書のまとめとしたい。

1. 「事実の"理解"」だけで良いのか?

　第Ⅳ部最後の「太陽、月、星の位置変化（3、4、6年）」の検討では、これまで「太陽の動き」で説明してきたことを、今回「観察事実」で説明するようになったのは、**「観察結果（事実）を大事にする（観察できるのは位置の変化）」**ことを、小学校の天体学習を通して改めて重要視したからではないだろうか？と考えてきた。そして子供たちが混乱しないよう、学習課題も「太陽の位置は、1日のうちでどのように変わるのだろうか」等と、位置の変化の事実で答えられるようなものに設定すべきではないかと書いてきた。

　しかし、授業展開のこちら側の「理屈」はそうであっても、子供の「思い（捉え）」は、「観察結果」から、「太陽は〜のように動いている。」或いは「動いているように見える」等

と、「事実の解釈をしたくなる」のではないだろうか？

　こちらが考えた子供の発達段階に沿ったカリキュラムに沿って、「良かれと思って」、まずは「事実の確認が大事」と指導しても、そしてそれが「できるだけ子供にとって自然に受け入れられるように」学習課題や授業展開を工夫しても、それは「本来の子供の学びの実感に、そして学びの喜び」につながるものなのだろうか？

2. 子供（人間）は本来「解釈」したくなる存在

　これからの学びでは、「知識の再構成」を実現させていく「実感」こそが必要であるという自分の考えに立てば、この「事実の解釈をしたくなる」子供の「思い」は無視できないのではないかと思われる。

　第Ⅳ部の「音の性質（3年）」の検討でも、4. 小学校で「音の発生」を扱う際の留意点、の項目で（P310）、"考えてみればこれまで教師は、（自分も含めて）理科では「因果関係（原因と結果の関係）的な見方」を大事にした指導をしてきたのではないだろうか？その点から考えれば、このような因果関係を意識した発言がこの「音の性質」の学習場面で子供たちから出てくるのは寧ろ自然ではないかと考えられる。"と書き、「光の単元」を生かして、子供の因果関係的な見方を生かすような手立てを考えてきた。では、この「太陽の位置」では、どう考えられるだろうか？

3. 「太陽の位置」を「影の位置」から推測することの重要性

　実はこの「太陽の位置」を扱う内容は、学習指導要領には「太陽と地面の様子（下線筆者）」に含まれている。各教科書の「単元名」を見ても、「太陽とかげを調べよう」、「かげと太陽」等、地面にできる「かげ（の位置）」との関係で、太陽の位置が扱われている。身近に観察できるかげはどんな所にできるのかを調べて太陽との関係に気付かせ、その太陽とかげの向きの関係を調べることで、かげの向きが変わるのは、太陽の位置が変わるからだと、あくまで「太陽の位置変化に対応したかげの位置変化」の解明が、問題解決の流れのように思える。

　つまり、「かげの位置が変わるのは、それを作る太陽の位置が変わるからである。」という「かげの位置」と「太陽の位置」の間の因果関係を掴むのが、この単元における学びの中心であり、その因果関係を子供に納得させるのが、遮光板などを用いて太陽の方を向きながらその方向を指さした時に、その「真後ろ」に、観察者の影が「いつも」できているという事実だと考えられる。つまり本単元のねらいは、「太陽の動きを調べるための位置変化の観測」にあるのではなく、「日陰は、太陽の位置変化に対応してできている」ことを捉えることにあると考えられる。

　この「日陰と太陽の位置変化の因果関係」を大事に指導することで、「太陽の動き」という子供の意識がなくなるわけではないだろうが、少なくともこの単元における「わかり」

が、「太陽の位置の変化」という事実の把握だけに終わるのではないという捉えは、授業者として大事ではないだろうか？この単元は、決して「因果関係」的な見方を否定しているわけではない、ということである。

4. 「事実の"理解"」だけで納得できるのか？

では、「振り子の運動（5年）（P295）」の単元ではどうだろうか？そこでは、振り子の周期を決めているのは振り子の長さだという事実をつかむことがねらいだったが、ここでの因果関係的な見方はないのだろうか？

そこでは、振り子の周期がおもりの重さで変わるかどうかの予想場面で、子供たちからは「おもりが重いので、振れようとする力（或いは勢い）が大きくなって周期は速くなる」や、「おもりが重いので、振れようとする力（或いは動き出そうとする力）が小さくなって周期は遅くなる」等の、「力」を意識した相反する予想が出てくるのではないかと書き、これらは「重さと振れやすさ」の関係をエネルギー的に見た、自分なりの量的・関係的な視点で捉えた「見方」と言えるだろう、と書いた（P299）。

これらの因果関係的な「見方」は、「おもりの重さで振り子の周期は変わらない」という実験事実を前にどうなるだろうか？

P333の「水のすがたと温度（4年）」単元の「泡の正体」で考えた、村上陽一郎氏の"事実は理論をたおせるか"と同様、この結果を得たからと言って、直ちにこれらの因果関係的な見方は変わらない（納得できない）と思われる。やや理屈っぽくその解答を書けば、おもりの重さで振り子の周期が変わらない理由は、「ガリレオの落体の法則（重さが変わっても、落下する速度は変わらない）」の「納得」に行き着くことになる。

つまり、重い物には、その重さに応じた大きな重力が働くが、重い物はその分「慣性質量（動かすのに必要な力）」も大きくなるので動きにくく、結局この両者の関係から、落下する速度は重さに関係なく同じになる、というものである。そして、振り子は糸につながれてはいるが、基本的には「物の落下運動」と同様の現象と考えられるということである。（落下運動は斜面上の落下運動に対応でき、その斜面を"湾曲"させれば、振り子運動になる、という考え方）。

この説明を見ると、「重い物には、その重さに応じた大きな重力が働く」という考え方は、先の子供たちの「おもりが重いので、振れようとする力（或いは勢い）が大きくなって周期は速くなる」の予想に通じ、「重い物はその分慣性質量（動かすのに必要な力）も大きくなるので動きにくくなる」は、同じく子供たちの「おもりが重いので、振れようとする力（或いは動き出そうとする力）が小さくなって周期は遅くなる」という予想に通じることが分かる。

つまり、子供たちの見方による考えは、**決してでたらめの思いつきではなく、「ちゃんと日頃からの自然現象を自分の目で見たり、自分で感じたりした」**上でのもので、**物理の法則にも則っていた**ことがわかる。これらの考えを「合体」して考えさせる機会を設ければ、子

供たちも自分たちなりに実験結果が「納得」できるのではないだろうか？

　勿論「重力」や「慣性質量」などの用語は必要なく、教師が子供たちのこのような理解を基に実験結果を子ども達の実態に合わせて「解釈」してあげれば、またはその方向に導いてあげれば、子供たちは自分たちの「解釈」の不足分を互いに補い合い、事実を「納得」できるのではないだろうか？

〔何のための「予想」か？〕

　ここでは、子供たち個々の見方に基づいた「予想」の大事さを考えてみたい。予想には、予想したこととは異なる事象を見せることによる、学習への意欲付けのねらいのあることもあるが、この単元の、振り子の周期は何によって決まるのか？等の予想では、それだけでなく、個々の子供の「見方」に基づく予想を出させることで、その検証に適した観察や実験方法を考え追究していく問題解決活動の見通しを持たせるという、大事な働きもある。

　自分は、この問題解決活動の真の解決には、自分の「予想」に対する「納得」が必要なのではないかと思う。この「納得」には、自分の予想が合っていた、違っていたという「結果の納得」だけでなく、「なぜ合っていたのか、違っていたのか」という「理由の納得」も含まれる。この、「問題解決活動の最後を締めくくる理由の納得」のためにこそ「予想」の存在意義があるような気がする。

　因みに今回の教科書（平成29年度版）[56] を見てみると、4社が「自分なりの見方に基づいた予想（「おもりを重くすると、ふりこが左右にゆれる速さが速くなると思う」等）」を紹介し、1社は「観察結果や自分なりの見方」を紹介して、そこから自分なりの予想を立てさせ、実験する展開となっていた。

　何れも、個々の子供の「見方」に基づく予想による、問題解決活動を重視していることが分かる。

　では、大事な結果の納得についてだが、「結果のふりかえり」ということで、「見通しとちがう結果になったときは、実験が計画どおりにできたか、計画が予想を確かめる方法だったか」を振り返らせ、その結果が正しかったことから結果を「納得」させる流れや、「実験を見直そう」の設定、または「考察」で、「予想通り、予想と違って…」等、予想を振り返っての納得の場面の設定など、何れも「事実の納得」を意識し、重要視していることが分かる。

　但し、これらによって、子供たちが最初に抱いた「予想」の「事実的な納得（合っていた、間違っていた）」はできても、**「理由の納得（どうしてそうなるのか？見方の変容）」にまでは至っていないだろう**と思える。そこまでを教科書に求めるのは難しいのかもしれないし、この学習段階では適していないのかもしれないが、実際の授業においては教室の子供たちの実態に合わせ、どのような「納得」を求めて取り組むことが良いのかを考え、実践していくことが大事ではないかと思われる。

　（補記）「おもりの重さによって、振り子の周期は変わらない」という事実の確認は、「落体の法則」、つまり重力の法則の理解につながる大事なことである。

　しかし、「変わらない」という事実(法則)の納得は、なかなか難しい。P296の「3.「実験活動」の意味を考える大事な機会」で書いた様々な手立てを打っても、結果の少しの誤差

でも気になる子供もいるだろうし、何より帰納的な実験結果からの納得では限界がある（全てを検証するのは不可能で、1つでも例外が見つかれば正しいとは言えなくなる）。その点でも、単なる「結果の数値」だけでなく、**振り子の動きの観察に基づく、子供たちの実態に合った「結果の納得」が大事**なのではないかと思われる。確かにそのような「納得」は難しいが、しかしそれは、これからの学び（中学校）である、「重さの違いによる落下速度への影響」の理解に大いに関係してくるだろう。学習指導要領の目標には「（ア）振り子が1往復する時間は、おもりの重さなどによっては変わらないが、振り子の長さによって変わること（下線筆者）。」と、本来振り子の周期を決めている「振り子の長さ」よりも、変わらない「おもりの重さ」を先に書いているが、これは、その納得の難しさや重要さゆえではないかとも思ったが、これは考え過ぎかもしれない。

5. 「事実の"理解"」を納得させる「イメージ」

　このように考えてくると、「事実」としての「きまりや法則」が納得できるには、やはり何らかの「自分なりのイメージによる納得」が必要ではないかと思える（これは大人の場合も同様）。

　3.「てこの規則性（6年）」の検討でも（P300）、"重さ（力）と（距離）を掛け算したものが、てこの左右で常に一定であるというきまりは、「釣り合いのきまり」を見つけただけで、「真の釣り合う理由」を見つけたわけではない。この疑問の真の解決はエネルギー保存則に待たねばならない（P302）"と書いた。

　子ども達は、例えば秋の遠足で地域の山を登るのに、最短距離で登れる急な登山道と、緩やかだがくねくねと曲がる長い登山道のどちらを選ぶか等の経験から、「最短道は、距離は近いが急坂で登りにくくて疲れ、緩やかな道は登りやすいが長くてやっぱり疲れる。どちらも結局疲れやすさ（エネルギーの消費）は同じではないか？」等の経験から、「エネルギー保存則」をイメージして、「釣り合いのきまり」を納得できると考えられる。そして、この納得が、「傾けようとする働き（モーメント）」の理解を実感させ、習得を可能にしていくのではないかと考えられる（P306の参考資料を参照）。

　同じ事は、5.「磁石の性質（3年）（P315）」で書いた「磁石の力」にも言える。P320の〔磁石にはどんな力があるのだろうか？〕で書いた"「磁石に引き付けられる物」とは、「磁石に近付けると磁石になる物」のことで、その物（鉄）を磁石に近付けると磁石になることで、その結果、その物は磁石同士が引き合う力で磁石に付くということになる。"は、実は自分自身が教師に成り立ての頃、実際に実感して**「見付けた」**と感じたことである。

　「見付けた」とは大袈裟だが、磁石の磁力や磁界については当然「知っている」と思っていた自分だが（一応理学部物理学科出身）、磁石に鉄釘を近付けた時の様子をイメージした時、初めて磁石から空間に広がる「磁界」の中に鉄釘が入った瞬間に鉄釘が磁化され、その結果磁石の磁極と、磁石になった鉄釘の磁極とが引き付け合うことで「鉄が磁石に付くように**見える**」ということに気付いた（実感した）。

実は、この時点で「磁石同士が引き合っていた」のであり、それが「磁石が鉄を引き付けたように見えていた」のである。この「空間に広がる磁石の力（磁界）の存在」を、「鉄を磁化する力」として実感する「直観やひらめき、発想」により、磁石と鉄釘の相互作用の関係が「目に見えるようにイメージできた」ことが、この理解を実感として可能にしたのではないかと考えられる。その瞬間、これまで何度も見慣れてきた「鉄釘が磁石に付く現象」が、全く異なった現象として見え、「分かった、納得した」という強い実感につながったことを覚えている。

6. 「イメージ」を生む「ひらめきや直観、発想」

では、このようなイメージを可能にする「ひらめきや直観」、そして今回の学習指導要領の問題解決学習での「見通しをもつ」際に新たに加わった「発想」（P213）を生むものは、何だろうか？

「納得」が難しい典型例として考えた 8.「水のすがたと温度（4年）（P333）」での「水蒸気」の存在の理解場面を思い出してみると、それは、P337 の〔泡の正体は「水蒸気（水）だ！」の捉え方〕の図にまとめたように、「見えない」水蒸気の存在を、「見える水面（正体は水）と、その上方の見える湯気（正体は水）の間にはさまれた見えない空間」に「ある」、と「イメージ」できることにより、そこから「保存概念から考えて、その空間に『見えない水』が存在しているはず」だという「直観やひらめき」が生まれ、それを検証する実験方法を「発想する」ことと考えられ、その検証実験の結果、その見えない空間には「水蒸気と名付けられる『もの』」の存在があるという理解につながり、温度変化による水の姿変化の「イメージ」が実感できると考えられる。

ここで、「直観やひらめき、発想」の前に「イメージできることが大事」と書いたが、それは、温められた水の「見える水面とその上方の見える湯気」の関係の図からもわかるように、「その間の見えない空白部分の存在」に気付くのは、「物質保存」の概念に基づく「直観やひらめき」からだが、その元となるのはこのイメージ図からだと考えられるからである。但し、やはり最終的な水の状態変化の「イメージ」が完成するのは、「直観やひらめき、発想」の後と考えられる。

ここには理解を可能にする 2 つのポイントがあると思われる。

1 つは、まず「イメージ」を生むための**「見える図の活用」**である。これまでもモデル図やイメージ図の効用については度々書いてきたし、P355 の〔「より妥当な考えをつくりだし、表現すること」の意味〕では、ファインマンを例に、「メモやスケッチをかくこと自体が考えていることそのもの」ということを述べてきた。

したがって、「見える図の活用」は、決して「考えやイメージ」を「表現するためのもの」だけではなく、「考えやイメージを生み出す、または成長させるためのもの」と捉えることが大事だろう。その際、忘れてはならないことがある。それはこの「大事な図」に、「何を描き込むか」、そして「何を読み取るか」ということである。

そこで、この「イメージ」を完成させるために２つ目として大事になってくるのが、この例の場合で言うと、**「エネルギー保存」という考え（概念）への気付き**ではないだろうか。この考えがあるからこそ、水面にあった「水」が熱するにしたがって減り続けた事実、そしてその「水面の少し上」に「正体が水である湯気が出続けている」という「現象」に、事実を描き込みながら気付くことができ、「では、減り続けた水はどこへ行ったのだろう？水面から離れたその上に現れた湯気はどこから出てきたのだろう？」と疑問が生まれ、そこで水面と湯気の間に意識が向いて、そこに**「見えない空間」があることを発見し、その水と湯気の間の見えない空間には何があるのだろう？、何かがあるはずだ！」**と、水面と湯気の間にはさまれた「見えない部分」に注目した「ひらめきや直観」が生まれ、その「図」が描ける（気が付く）ことから、それを検証する実験方法を「発想」することができ、その実験結果から、「エネルギー保存」という考えに基づいた「イメージ」による、「水蒸気」の存在の「分かり、納得」が生まれると思われる。

　この「水面と湯気の間にある空間」の存在に気付くのが、図示することによる、ビーカーのアルミのふたの穴と湯気の間の**「透明な部分」への気付き**からだろう。本来、この透明な部分（水蒸気）は、水面上からずっと続いているのだが、**湯気に変化する「見えないものが見えてくる」境界に着目する**ことでこの気付きが生まれる。そこに「エネルギー保存」の考えがプラスされ、「ひらめき」が生まれるのだろう。

　この２点からの検討から、「水面、空間、湯気」の関係の「イメージ」を生むのが、「エネルギー保存」という考え（概念）から見た「観察」ということになるが、この「エネルギー保存」という「概念」と「現象」を結び付ける、子ども達の中にある「ひらめきや直観、発想」を生むのが、その観察を元にして描く「見える図の活用」ではないかというのが自分の考えである。

7.「ひらめきや直観、発想」と「イメージ」、そして「図」の関係

　この例で言うと、やがて「エネルギー保存」等という「概念」につながるような、それも含めての「ひらめきや直観、発想」が、水を温めていく現象を観察、そしてそれを図示していく中で、「水面、透明な空間、湯気」の関係の「イメージ」を生み出し、「見えない空間」に存在する「水蒸気」に気付かせることになる。つまり、ここでは、「ひらめきや直観、発想」と「イメージ」、そして、それを促し現している「図」が、互いに密接に関連し合いながら、新たな知識の再構成と概念の習得につながっていると考えられる。

　そして、「ひらめきや直観、発想」が「イメージ」として「視覚化（頭の中や図の形で）」した時に、直感的に「分かった、納得した」と感じるのではないだろうか？その関係を現したのが、右の図である。

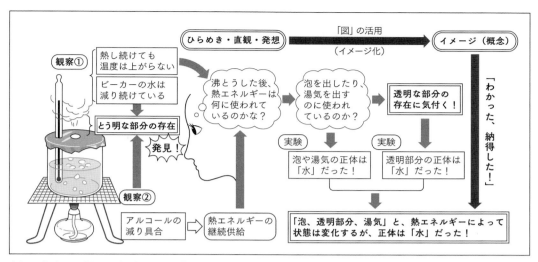

〔水の沸騰する様子の観察からの「ひらめき・直観・発想」と「図」、「イメージ」の関係〜「水のすがたと温度（４年）」単元を例に〜〕

　　観察①（実験の観察）と**観察②**（アルコールの減り具合）から、「沸騰した後の熱エネルギーの行方に疑問を持ち、「水面と湯気」の間をつなぐ「透明な空間」の存在に気付く。

〔「納得」は「因果関係」からだけでしかできないのか？〕

　ここまでの議論では、自然事象における「因果関係」をつかむことが「納得」につながると考えてきたが、「納得」するには「因果関係」しかないのだろうか？

　ニュートンは、物と物との力の関係は、地上の物体だけでなく、宇宙の至る所でも成り立つと考え、ケプラーの３法則全てを導き出す「万有引力の法則」を発見した。これに対して当時のデカルトの後継者たちは、これを「魔術」と呼んで批判しました。地球と月が引き合うには、その間に運動を伝える紐のような媒質があるべきであり、その媒質なしに力が働くのは、まるで魔術ではないかと言う考えでした。その媒質としてデカルトは、太陽から渦のように流れが出て地球に到達する「渦流」というアイデアを出しました。つまり、**「理由（因果関係）」がなければ納得できない**ということです。

　これに対してニュートンは、有名な「私は仮説をつくらない」として、「なぜ万有引力が働くのか」の考察を敢えて放棄しました（「死ぬまでに学びたい５つの物理学[63]」P37）。

　このニュートンの姿勢は、**「なぜ」を問うことを敢えてしないということで、「因果関係を考えない」ということ**と考えられます。この因果関係的な解決は、その後アインシュタインが「重力場」の概念を導入して約230年後になされます。

　この経緯を見ていくと、自然現象の理解における「因果関係的に納得（理解）したい」という思いは、やはり強力だと思われます。同じく、光が真空の空間を「波」として伝わる事実を、宇宙空間に満遍なく広がる「エーテル」の存在から考えようとしたのも、同じことと考えられます（結局否定されますが）。

　しかし一方で、私たちはニュートンの「万有引力の法則」に、そこまで違和感を持つことなく

「納得」して使ってきたことも事実です。それは、この法則が、あまりに見事に様々な現象を説明してきたからだけでなく、ケプラーの3法則全てを統合したという「論理的な納得」があったからではないでしょうか？

本文で、振り子の周期（例えばおもりの重さによって周期は変わらない）を納得するための、「因果関係的な捉え（重さの影響が周期にどんな影響を与えるのか）」を大事にする取り組みを紹介しましたが、角屋氏の「なぜ、理科を教える[58]か」には、「理科学習をどのように計画していくのか」の項で、「説明できない自然現象から問題を見いだす」例として、2つの振り子を提示し、それぞれ「おもりの重さ」も、「糸の長さ」も、「振れ幅」も全部異なるようにして振らせてその振れ方の違いから、**「何が（周期の）違いを生んでいるのかな？」**と問う展開を紹介しています（P56）。

この現象から子ども達は、「おもりの重さかな？糸の長さかな？それとも振れ幅かな？（重なる予想も考えられる）」と疑問を持ち、実験から「糸の長さ（だけ）だった」と分かり、**「納得」**するのではないでしょうか？本文の例と違うのは、本文では、「おもりの重さは周期に関係するのか？」と、「おもりの重さ」だけを対象としたため、「どうしてそう考えるか」という「予想（理由）」が出やすいのですが、この場合は、「（3つの条件のうち）何が（周期の）違いを生んでいるのかな？」と疑問を持つことで、「重さだと思う」などの、選択した予想が出され、「では、どれが正しいか実験してみよう」という展開になりやすいと思えます。

勿論この展開でも、「なぜそう考えるの？」と聞いたり、考えたりすることもできるし、それもあるでしょうが、それぞれの条件毎に予想するよりは「出にくい」ように感じます。

このように書くと、このやり方は何だか小手先の手法で誤魔化しているように聞こえるかもしれませんがそうではなく、「何を子供たちの納得として」単元のねらいを達成させるかの、1つの手立てではないかと感じました。

単元の目標に達する「納得」を、どのようにしていけば良いのか、それはいつも「因果関係」だけで良いのか？何より自然事象（提示する教材も含む）に対峙した際の子ども達の意識を大事に、これからも考えていかねばならないと思われます。

8. 「ひらめきや直観、発想」を「再構成すること自体」の意義、そして 「主体性」〜「わかる」ことと、「わかった！」という実感〜

このように考えてくると、「ひらめきや直観、発想」、そしてそれに伴う「イメージ」を育てることが何より大事と考えられ、それが「育つ」とは、「分かる、納得する」ことで、それはこれまでの捉えで言えば「再構成する」ことになるだろう。

これまでの検討で自分は、「分かった、できた」という「納得した理解」、つまり知識の再構成が何より大事だと述べてきたし、それを実現させるための「主体性」の育成が、これからの教育では何より大切になってくると考えてきた。

その考えに変わりはないが、ただ、ここまでの検討から、この「分かった、できた」とい

う「納得した理解」自体と同じか、もしかしたら考え方によってはそれ以上に大事になってくるかもしれないと思えることが出てきた。それは「知識を再構成すること自体の実感」、つまり「わかった！」という**実感自体の意義**である。

　上で言えば、その単元での「納得した理解」獲得のための「主体性」の育成だけでなく、これからの学びにも生きてくる「主体性」の育成自体にも、それに負けない意義があるのではないかということだ。分かりにくい書き方だが、これからの理科の学びを含めた、**学びへの「主体性」自体の育成の意義**ということである。

　これは第Ⅳ部の冒頭で、"「新たな価値」を獲得できる「人間としての学び」には、「知識の再構成」を実現させていく「実感」こそが必要であり、その「わかった、できた」という「納得の実感」と、「わかった、できた」という「自己肯定の喜びの実感」を子供自らが獲得していけることが、これからの授業で大事になってくるのではないかと考えてきた。そして、その原動力となるのが、人間なればの「知的好奇心」ではないかと考えてきた（P368）。"と考えたことにつながると思われる。

　これまで「納得した理解」が何より大事だと述べてきたのは、あくまでその単元の学びで知識を再構成することで得た「内容的に納得した理解（内容がわかった、できた、納得した）」そのものと、その獲得に伴う充実感だった。しかしここで言う「知識の再構成」を実現させていく「実感」とは、知識を再構成する瞬間の、敢えて言えば「わかった！」という、まさに「ひらめきや直観、発想からイメージを創り出す」瞬間の感覚的な実感のことである。勿論その実感には、その学びに関する具体的な知識の再構成に関する「内容的な理解や納得に関する実感」も含まれており、その実感と全く切り離されるものではないが、うまくは言えないが「ひらめきや直観、発想からイメージを創り出した瞬間」の、**「感覚的な、"わかった"というひらめきの実感」そのもの**のことであり、その実感やそれを自ら獲得した経験が、それからの学びをさらに進めたり広めたりしていく際の**意欲や自信の原動力**となる、**主体性を喚起するもの**になるのではないかと考えられる。

9. 「ひらめきや直観、発想」のイメージ化から考える「再構成すること」の意義

　これまで、「知識の再構成」が学びにとってなくてはならないものだと当たり前のように考えてきた。しかし、改めてなぜ「知識の再構成」が学びにとって重要なのだろうか、自ら再構成しなくても、「必要な知識（要素）」を与え、再構成させる（指導する）ことでは駄目なのだろうか？と考えてみると、それとの違いは、**「自分で再構成する」ことには「自分が見つけた、考え付いた」という実感が伴う**ことに気付いた。

　勿論「必要な望む知識」を与えると言っても、ここまでの議論から当然わかるように、頭からその内容を教え込むのではなく、「本人が理解できるように」必要な知識を与えるということである。その結果、「これまでの考えや概念が、新しい事実などを加えることで再構成され、より汎用的で統一的に解釈できる考えや概念になる」という内容的理解による内容

的実感を得ることになるだろう。しかし、これだけでは「自分が見つけた、考えついた」という実感は得られないのではないだろうか？そして、この、**「自分が見つけた、考え付いた」という実感こそ**が、その後の学びを高めるという「成果」に結び付くと考えられる。

この「自分が見つけた、考え付いたという実感」が、どうして「自分で再構成する」ことで得られるかというと、それは人が、「それまでの見方・考え方や経験に基づいた既有の知識や概念」をそれぞれ持っており、それに基づいて考えるだけでは解決しないことに気付くことで、「自分がわかりたい！（自分事の課題となる）」という動機を持って、課題に取り組む存在だからだろう。この「分かり」への「主体性」の現れが、「知識の再構成」という形で解決したときに、「内容的実感」と共に「自分が見つけた、考え付いた」という実感が湧き、次の学びへの、つまり「再構成する」という**「学び自体」への意欲を高める**ことにつながると考えられる。

したがって、より豊かで深い学びのためには、その見方や考え方などを自ら変え、自ら知識を再構成することが必要になってくると考えられる。

そしてその再構成の結果、この「再構成された知識」の「良さ、素晴らしさ」、そして再構成できた時の「喜びの実感」が、「自分が見つけた、考えついたという実感」と共に、**これからも「知識を再構成した学びを続けていこう」という原動力になる**と考えられる。

このように「再構成すること」の意義を考えてみると、そこには、先に書いた**「内容的な理解や納得に関する実感（内容自体の理解も含む）」**と、**「感覚的な"わかった"というひらめきそのものの実感」**の２つが含まれていると考えられる。

このような、「具体的な知識を獲得した際の実感」や、「感覚的な"わかった"というひらめきそのものの実感」を、自らの「学びの再構成」で得たという経験が、それからの学びをさらに進めたり広めたりしていく際の意欲や自信の原動力、つまり学びの主体性を喚起するものになるのではないかと考える。

そう考えるとこの「知識の再構成」は、そんな人間の学びの特性に沿った「学び方」と言えるのではないだろうか？

10. AIにはない「人間の学び」の特性

このように考えてくると、人としての学びの特性が見えてきたように思える。

つまり、ここで考えた「ひらめきや直観、イメージ」からの「再構成」に至る過程は、**AIなどにはない「人間の学びの特性」**ではないかと気付いた。それは人間特有の「わかった、ひらめいた！」という「わかりの実感」として現れてくるものである。

言うなれば人間は、常に**「完全ではない既有の知識や考え、概念」**を持っていて、しかも**その実感があるからこそ**、その知識や考え、概念が新たな事象などに出合い否定されることで、「分かりたい！」という思いが生まれ、**「より良い知識や考え、概念」を「再構成」しながら学びを深めていこうとする特徴を持つ存在**なのではないかということだ。

最近のAIは囲碁や将棋にしても、過去の膨大なデータを基に、「より良い手」を改善し

ながら作りだしていると言われているが、それは単に「過去の手と勝率との関係」から、「より勝率の高い手」を、膨大な試行錯誤から選んでいるだけであり、人間の場合の、「ひらめきや直観、イメージ」から「再構成」への、"自覚的で意欲的な"取り組みの手を考えるとは、全く異なると考えられる。

このように見てくると、人間の学びにとって大事になってくるのは、「今自分が持っている知識や考え、概念などは決して完全なものではない」という、**「学びへの謙虚な姿勢と自覚」**、それと、これまでの知識では説明できない事象に出合った際に、「これまでもそのような事象に出くわした時に実感した、解決へのひらめきや直観、イメージが湧いた際の喜び」を思い出し、「何とか説明が付くように、粘り強く考えていこう」とする**「意欲的な取り組みの姿勢」**ではないだろうか。

このような取り組みへの意欲が湧いてくるのは、先に書いた「内容的な理解や納得に関する実感（内容自体の理解も含む）」と、「感覚的な"わかった"というひらめきそのものの実感」により、自らの力で学びを再構成してきたという人間なればこその特性である「自信」が持てたからだろう。

また、その取り組みの過程では自分とは異なる見方や考え方に基づいて考えている他の人々の意見も謙虚に参考にしていこうとする態度も生まれてくるだろう。

このような、**「学びへの謙虚な姿勢と自覚」**と、ひらめきや直観、イメージに伴う**「意欲的な取り組みの姿勢」**、そしてそこから生まれる**「自信（何とか解決できそうだ）」**こそが、**「人間としての学び」**の特徴であり、それこそが、「知識の再構成」による「納得した理解」**を支える**のではないかと考えられる。

先に、知識を再構成した結果の、内容的に「納得した理解」とは異なる（関係はするが）「知識を再構成すること<u>自体の意義</u>」、つまり「わかった！」という実感自体の『<u>「感覚的な、ひらめきの実感」</u>そのものこそが、それからの学びをさらに進めたり広めたりしていく際の原動力となる、<u>主体性を喚起するもの</u>になると考える。』と書いたが（P377）、これがそれに当たるのではないだろうか。

「失敗は成功の母」という古い諺がある。一般的には「失敗をしても、それを反省し欠点を改めていけば、かえって成功するものだ。（広辞苑）」という、「失敗も無駄ではない、失敗してもガッカリせずに頑張ろう」というような意味に取られることが多いように思われるが、以上のように考えてくると、失敗（これまでの考えではうまくいかない）が**あるからこそ「再構成」の必要性や取り組みへの意欲が生まれる**のであり、人はその解決策を、「これまでの古い見方・考え方」を変えようしながら様々に試行したり、他人と関わり交流したりすることで獲得しようと試みる存在であるという、**人の学びの特性をうまく表した**諺ではないかと思われる。

そして、その解決策を見付けた時の「イメージ」が、「<u>新たな見方・考え方</u>」で世界（自然）を見る目を与えてくれるのであり、それを得た「ひらめきや直観」自体の感激や実感が、そして新たな見方で見ることができた世界（自然）の有り様（内容的な感激や実感）が、そこから続く、次の<u>学びへの原動力</u>となっていくのではないだろうか。

このように考えれば「失敗は成功の母」は、実は、**「失敗したからこそ、自己の分かりを再構成しながら学んでいくことができる」**という、**「人の学び」の本質を現した前向きな諺**ではないかと、改めて考えさせられた。

　同じように考えられるのが、「教室は間違うところだ」という、これも教育者の間ではよく知られた言葉だろう。一般には「教室は、お互いに間違えながらみんなでより良い答えを見付ける場所なんだから、間違えることは恥ずかしくないよ。」というような、気弱な子も励ます意味と考えられるが、自分はもう１つ積極的に、**「間違えるような学習でなければ、学ぶ意義はない。教室は間違えるべきところだ」**という意味と捉えたい。

〔「主体的・対話的な学び」と黒板〕

　P356では、「現在の、互いの情報の共有や比較を容易にするためのパソコン活用などにおいては、時としてモデル図やイメージ図がパソコン上で安易にまたは雑に（手描きと比べて）描かれ、保存されずに消去されているように思われる時もあり、今後、そのより良い活用の在り方も検討していく必要があるのではないかと思える。」と書いた。

　上で「失敗は成功の母」を検討した際の、人間の学びにおける、「失敗を生かした自己の考えの再構成」のための、自分の学びの見直しと他者の考えとのより良い関わり方の在り方を考えていた際、「数学者たちの黒板[64]」という本に出合い、パソコンの活用と黒板の意義について考えさせられた。

　この本は世界の著名な109人の数学者達（日本人も１人含まれている）が、研究と黒板の関わり合いを書いたエッセイ集で、文章と実際の板書の写真が載せてある。その数学的な内容は難しすぎて自分には殆ど分からないが、多くの数学者達が共通して書いているのは、数学を研究する上での「黒板」の重要性である。これは、私たちが授業で子供たちと黒板を使って学びを探究する上での重要性と重なると思われる。

　その重要性の１つは「自己の考えを見つめ直し深めるため」にであり、もう１つは「研究者仲間と議論する際の共通場面」としての重要性であると述べている。この最初の重要性は授業における子供たちの「主体的な学び」に、２つ目は「対話的な学び」に、そして両方で「深い学び」につながると思われる。

　しかし、なぜ「黒板」でなければならないのだろうか？

　例えばアナ・バリバヌは、「黒板の好きなところは、とてもシンプルで、手触りがよい点だ。黒板に書くと、チョークがすり減るのを通して、その質感が感じられる。スペースが限られているため、まとまりのない言葉を際限なく書き綴ることはできない。黒板はそのシンプルさゆえに、私たちの考えにも、同様のシンプルさと明快さをもたらすのだ。黒板を使っていると、自分のアイデアから意味のあるものを抜き出さねばならない。（P222、下線筆者、以下同様）」と書いている。

　ジョン・モーガンは「（ホワイトボードや様々なハイテクボードなどの）ハイテク機器のどれをとっても、数学を考え、それを他人に提示する媒体としては、上質の黒板に敵わない。（中略）コンピュータで準備されたスライドをプロジェクタに映しながら行われる方法は、洗練された提示法ではあるが、私は、話者が黒板に書かねばならないことで、ペースが制約される方がよいと思

う。このような骨の折れる作業のために、情報を伝える速さは遅くなるが、聴衆が内容を理解できる割合が増えるので、本当にプラスだと思う。(P192)」と書いている。

　同じことはロネン・ムカメルも「黒板は、現代のコミュニュケーション形態が持つ、大きな落とし穴を埋めるものだ。発表者は黒板に現れるすべてのものを物理的に書かねばならないため、黒板でのコミュニュケーションは、人間の思考の速さで行われる。(P78)」と書き、ピーター・ウォイトは、「100年後も、数学者が依然としてチョークと黒板を使っていることは間違いないだろう。(P178)」と書いている。

　自分は現役を退いた年配者として、昔を懐かしがって思うわけでは決してないが、そして数学者の板書と先生方の板書、そして子ども達の板書やノート、或いはパソコン上における表現を、同じレベルで論じるわけでもないが、黒板を用いた、チョークがすり減る質感を感じ、表現する内容を吟味し、思考する速さで書き、読み取ることで可能になる**「自分の頭で考え、筆圧を感じながら自分の思考の速さで書き、それを自分たちで交流しながら学んでいく」**という**「分かりのための手順」**に伴う実感は、**数学者も児童の学習も同じと考えられるのではないか**と思われる。

　現役時代、発言に伴う板書のため前に出てきた子供が、ゆっくりモデル図やグラフなどを黒板に描いているのにじりじりして見ていた記憶もあるが、それを我慢した後の発表は、その子の解決へのイメージが込められていて、授業を大いに活性化したことが何度もあった。

　そのうち、理科では実験や観察中にOHPシートに主要な内容を描き込み、発表の際に「肝心な内容（モデル図のポイントやグラフの結果など）」を描き加えながら同時進行で説明したり、以前のモデル図や結果等を書いたシートと入れ替えながら見比べて発表する等の方法をとることで無駄な時間も少なくなり、上記にある「情報を伝える速さと、それを理解する速さ」のバランスが取れ、授業が深まった記憶がある（OHPシートはいまや絶滅教具だが）。

　この経験から考えれば、パソコン活用などにおいても、その場でモデル図やイメージ図の一部を描き込みながら考えや結果を発表したり、以前の物と見比べたりしながら説明したりすることが、理解の共有化を促すためにこれから大事なのではないかと思われる。

　このように、児童が自己の考えを見つめ直し深めるための、そして仲間と議論する際の共通場面の空間を与えるものとしての黒板の役割を考えた時、少なくとも先生方は板書する際に、そして様々な教育機器を活用される際に、上記の言葉を気に留めたら良いのではないかと思う。

11. 「納得した理解」の捉えの確認

　以上の、「わかった！」という実感を得ること自体の意義を学びの価値に加えることで、理科の授業における「納得した理解」の捉えを再度考えてみる。

(1)「内容」として「納得した理解」の捉え方の拡張

　一つは、「納得した理解」を求める際、**「必ずしも"正しい知識"の再構成をねらうことがその真の目的でははない」**ということの理解である。

例えば「水溶液の性質（6年）（P347）」での金属が溶ける現象の解釈では、いろいろな見方・考え方から「多面的に調べることを通して」、その結果から「より妥当な考えを持つ」という、科学本来の問題解決の力を育てることが重要であり、中学校で学ぶ「正しい化学反応」の"正しい知識"を得て、「分かる」こと自体が学習の目的ではなかった。勿論、だからと言って何でも良いということではなく、この場合の「学習の価値」は、これまで自分達が考えてきた「物理的な溶ける」という「考え方」に、溶液と溶媒が化学反応する、つまり相互作用して互いが変化する「化学的な溶ける」という「考え方」を新しく加えるということである。つまり、これまでの「物理的な溶ける」という概念に、「化学的な溶ける」という「考え方」を加えて「溶ける」という概念を「再構成」できる点に、学習の価値があると考えられる。そして、このような「再構成ができる」こと自体に学習の意義があり、それが所謂「正しい化学反応であるかどうか」は、この際問題にならないということである。だからこそ、再構成によって、それぞれの子が「より妥当な考えを持つ」ことが大事になってくるのだと思える。**敢えて言えば、「正解を求める」学びではなく、「納得解を求める」学びということである。**

　したがって、ここで期待される「より妥当な考えを持つ」学びとは、自分なりの見方・考え方に基づく科学的な問題解決活動を通して、上記のように、化学的な考え方に基づいて再構成された知識を獲得できる学びではないかと考えられる。

　ここで確認しておきたいのは、この6年の難しい単元だからこそ、上記のような「より妥当な考えを持つ」学びが大事になった、ということではなく、これは全ての学年の学びに共通する、ということである。

　多くの学びでは、「内容的」にも共通理解された「知識」がゴールとして習得されることになる。ただ、その場合でも大事なのは、結果的に「同じ知識」を得たとしても、それを得るための個々の子供の学びは、それぞれの子にとって「より妥当な考えを持つ」学びだったということである。この水溶液の単元では、その「妥当な学び」が、より典型的な形として出ると考えたら良いのではないだろうか？

（2）「わかった！」という実感自体の意義

　（1）で述べた再構成した知識の習得における「より妥当な考えを持つ」ことができるとは、つまりは「個々の子供の見方・考え方、主体性を大事にする」ことである。それを可能にする、つまり個々の子供たちが「自分の見方や考え方を大事に、主体的に観察、実験し、考えていきたい」と考えるようになるには、何が必要だろうか？自分はそれを、先に述べた、**知識を自分が「再構成すること自体」の実感**ではないかと考える。

　水溶液の例で言えば、水溶液と金属の反応を説明するために、あれこれモデル図を用いて考え、その現象を説明できる合理的な化学反応の考え方に気付いた時の驚きや喜びそのものの実感である。「ひらめきや直観、発想」を得た瞬間の驚きや喜びと言えるかもしれない。勿論それは「気付いた内容（化学反応）」にも関係するのだが、先にも書いたように、この「分かった！」という「ひらめきや直観、発想」は、敢えてその感覚自体が、「今後も、この

喜びの感覚を味わいたい。もっと学んでいきたい。」という強い思いを抱かせる「実感」につながると考えたい。また、この「分かった！」という実感自体が不十分であったとしても、「今分からなくても、取り組み続ければ、そのうち分かるのではないか」という思いも強くしてくれるのではないかと考えられる。そして、新たな考え方に気付いた自分自身の「成長」にも、喜びや自信を与えてくれるものではないかと思われる。

この「分かった！」という「ひらめきや直観、発想」は、何度も言うが「内容の理解」があってのことで、(1) に書いたことと関係はするが、その理解を感覚的に（後から整理された理論的な理解という意味ではなく、単なる感覚という内容を伴わないものでもない）「イメージ」として受け取るということであり、(1) とは敢えて分けて考えたい。言うなれば 9. で述べたように、「ひらめきや直観、発想、そしてそこからイメージ化できたこと」**そのものの喜び**である。

このように考えれば、この 2 つの「知識を再構成すること自体の意義」の捉え方は、この単元に限らず、また理科の学びに限らず、全ての学びにも共通して言えるのではないだろうか？

12. 個々の好奇心から始まる、主体的な学び
〜経験、知的好奇心、ひらめき・直観、そして創造性〜

ここまで様々に考えてきた「人間の学び」を、理科を切り口に、ここで一度まとめておきたい。

理科においては、まず何より自然事象を見たり、聞いたり、触れたりする「身体的経験」からの「実感覚」による「解釈」が何より重要である。その「解釈」が、「事実という意味付け」として受けいれられる過程が「学び」と考えられる。

この「学び」の過程を抜きにした「学習」は、AI による学習と違いがなくなってしまうのではないだろうか？

その学びによる「実感」により、これまでの自己の「見方・考え方」が刺激され、その「限界や矛盾」に気付き、「不思議だ、分かりたい」という「知的好奇心」を起こし、様々なアプローチを行う中で、既習の知識や概念を再構成するような「ひらめきや直観」により、「自分なりに再構成できた、より妥当な考え」を持つことができるようになる（学びの過程）。

この時、これまで考えてきた「分かった、できた」という「納得した内容の実感を伴う理解」に加え、その「再構成できた時の実感や喜び」自体も重要になってくるのではないかというのが、今回の学習指導要領で提言されている「新たな価値」に対する自分の捉えである。

このように見てくると、「再構成された知識の意義」と、「知識を再構成すること自体の意義」の 2 つを実現した「新たな価値」としての「知識の再構成」を実現するには、子供自身がその「再構成」をしなくてはならないということが分かる。

子供自身が再構成を行うことの意義は先にも書いたが（P377）、改めてその意義を考えると、人（教師）に教えてもらったのでは、その子自身がそれに気付いて生み出す「ひらめき

や直観」が、そしてそれが示す、言葉になる以前の「イメージ」が、その子の脳内に浮かんでこないからと考えられる。それでは、それぞれの子が、その子なりの「より妥当な考えを持つ」ことで得られる再構成された知識は獲得できないし、何より「自分が気付いた、ひらめいた！」という「知識を再構成すること自体の意義」を与えてくれる実感を得ることができないだろう。

　このように考えてくれば、この**「再構成」を「自分自身がする、したくなる」というのが、これまで自分が大事と考えてきた「主体性」ではない**かと思い当たった。

　つまり、ここまで述べてきた一連の「学びの姿」こそが、「主体的な取り組みによる学び」そのものと言えるだろう。そして、この**「主体性」を促進するのが、個に応じて様々な方向性がある「知的好奇心」ではない**かと言うのが、これからの学びについての自分の提言である。

　P378で、“人間は「わかりたい！」という動機を持って、課題に取り組む存在”と考えたが、この「分かりたい」という意識の働きの源流が、この「知的好奇心」ではないかと考えられる。

　そして、元々が個によって様々な方向性を示す「知的好奇心」から生まれるのが個の「主体性」であり、それを生かすことで「新たな価値」につながる「知識の再構成」が可能になる学びが実現するならば、元々の**「個の多様性」**こそ、これからの学びでは大事にしていくべきではないかと考えられる。

　さらに学習者は、こうして得た「知識の再構成」により「主体的な学び」の重要性を実感することで、より「今後も自分自身の力で課題に取り組みたい」という思いが強くなり、それが益々「知的好奇心」を高めるという「学びの深まりのサイクル」を創り出すことになるだろう。

　このように見てくると、この「学びの深まりのサイクル」を可能にする「知的好奇心」は、単なる「知的」ではなく、これまでの自分の見方・考え方を揺さぶるような「知的好奇心」である必要がある。

　そうなる決め手は、P284の〔「記号接地問題」と「自然に基づく理科学習」〕で書いた「まるごとの対象についての身体的な経験を持」つこと、つまり最初に述べた、「自然事象を見たり、聞いたり、触れたりする身体的経験」から生まれた、これまでの自分の見方・考え方を揺るがす「知的好奇心」だと言えるだろう。そこから“自分なりの「事実」の解釈に基づいた自然現象の解釈”が生まれると考えられる。

　このように考えれば、この「知的好奇心」から生まれたひらめきや直観により再構成された「知識（概念）」は、**“自分にとって”「創造性」のあるもの**と考えられるのではないだろうか？

　以前、「創造性」と「好奇心」を比較して、好奇心の方が創造性より価値があるのではないかと書いたが（P247）、ここに至って、**「知的好奇心」から生まれた再構成された「知識（概念）」こそが、“自分にとって”「創造性」あるもの**と考えられるのではないかと思われ、「知的好奇心」と「創造性」は、どちらがより大事という関係ではなく、「学びの深まりのサイクル」を形成する、同じように大事なものと考えられるのではないかと思われる。

こうして生まれる「学びへの謙虚な姿勢」と「意欲的な取り組みへの姿勢」こそが、「人間の学び」の特性と言えるのではないだろうか。

13. 「資質・能力の三つの柱」の獲得と「新たな価値の実現」、その先へ

以上の議論を、学習指導要領に戻って振り返ってみると、以下のように考えられるのではないだろうか？

今回の学習指導要領では、"「新たな価値」を生み出すことが期待され（学習指導要領解説P1)"、今回の改訂の基本的な考え方として、「知識の理解の質を更に高め、確かな学力を育成すること（同P3)」とした。

ここまでの自分の理解としてこの「知識の理解の質を更に高め」とは、これまで「知識の理解」とは既存の「知識」に、新たな「知識（要素）」を「思考力・判断力・表現力等」を働かせることで結び付け、「知識の再構成」を実現させるという「学びの在り方」として理解してきたが、今回、その理解には「学びに向かう力、人間性等」という、学習者の「主体性」も重要になってくる、という提言ではないかと思える。

しかし、これまでも学習者の主体性は「学ぶ」ためには必要不可欠で大事だと考えてきたと読者の皆さんは言われるかもしれないが、今回はそれを、**「資質・能力の三つの柱」の1つとして位置付けている**点に注目したい。つまり「主体性」は、「知識の再構成」が**できるように**意欲付けや動機付けをしたり助けたりする、**という位置付けではなく、「知識の再構成」**ができるようになるためにそれ自体獲得すべき**「必要な能力」として位置付いている**ということである。その結果、「知識・技能の再構成」の中にも、「主体性（学びに向かう力・人間性等）」が含まれることになり、その結果得られる「再構成された知識・技能」は、これまでのものとは質が異なると考えられる。それが「新たな価値」生み出すことにつながっていくのではないかと考える。

したがって自分は、この「新たな価値」を生み出していく今回新たに見直した「主体性」の価値を、単に「実感や喜び」等という「心情的な面」だけに囚われることなく、それを実現させている**「内容的な理解」**と合わせての**「主体性」**と捉えたい。

これまでも教育界では、「知識が大事か考え方が大事か」等、二項対立の捉え方が問題になったことがあった。そこから考えれば、今度は「主体性こそ大事」ということで、知識や技能、思考力・判断力・表現力等が疎かにされる危険性も考えられる。「資質・能力の三つの柱」ということで、この三者が共に学びのためには同じく大事だという位置付けだが、その関係性が曖昧になる恐れがある。

自分はこれまで、この三者の要は、「主体性」に最も関係する「学びに向かう力、人間性等」ではないかと考えてきたが、ここに来て、この「学びに向かう力、人間性等」を核に、この三者を結び付けているのは「知的好奇心」ではないかと思い当たった。**「知的好奇心」こそ、「知識、思考力、主体性」の三つの資質・能力全てを包み込む、子供自身の中から生**

<u>まれてくるもの</u>だからだ。

　そのように考えれば、これからの学びでは「知的好奇心」の捉え方と、その育成の在り方が大事になってくるのではないかと、個人的には思っている。

　そしてそれが、「新しい価値」を実現させていくことに、そして更にその先の学びの実現につながっていくのではないかと考えている。そのことを念頭に、これから議論を進めていきたい。

14. 「知的好奇心」を育成する「自由研究」の在り方から、「授業」を考える

(1)「良い自由研究」とは？

　先に、「主体的」に関する指導の在り方について、「学習課題」は子供が作るのか、教師が作るのか？という議論において、「自由研究」のテーマの在り方について考えた（P79）。

　その際、自由研究の質を大きく左右すると思われる「良いテーマ」を、必ずしも「子供の口から出させる」ことが大事ではないが、その後の追究が自分事となっていくように仕組んでいく（支援していく）ことが大事になってくると書いたが、「知的好奇心」の重要性から、これを再度考えてみる。

　「良いテーマ」とは、例えば「飲み残しの茶碗の中のお茶は、しばらく経つと茶碗の内側に幾筋もの年輪のような線を付けるのはなぜか？」（同じように蒸発していくなら、規則的な筋はできないのではないか？）、「ゴム動力の模型飛行機のプロペラを巻いていくと、突然ゴムのこぶができるのは何故か？」とか、「団扇であおぐと、なぜ正面が涼しくなるのか？（大きく揺れる団扇の左右が涼しくなっても良いのではないか？）」など、「本当だ、不思議だ、謎を知りたい」等と子供が思うようなテーマである（何れもこれまで子供たちと扱ってきたテーマである）。

　勿論、子供自身がこのような「良いテーマ」を見付けてくることもあるが、現実にはこのようなテーマを子供自身が見付けるのは至難の業である。そこでこちらとしては、そのようなテーマを「子供自身が見付けた」と思わせるような場面設定を考えたり、見付けるような働きかけを工夫したりしてきたことも多い。

　では当時、だれが見ても「不思議だ、面白い」と思えるこのようなテーマを、わざわざ子供自身に見付けたと思わせるようにしたのはなぜだろうか？改めて当時の自分の働きかけを考えてみると、それは、ここまで述べてきた「知的好奇心」が、自分の学びである「自由研究」を推進していくエネルギーになる、と当時から無意識に考えていたからだろう。「**なぜこのようになるのだろう？」という内からの「知的好奇心」が、子供の「主体的な問題解決活動」を促すのである。**

　しかしそのようにして「本人の知的好奇心」から出発した研究も、その多くは途中で追究の壁にぶつかる。もっと言うと、ぶつからずにスムーズに進む研究は、結局は「良い研究」にならないことが多い（先にも述べた、「再構成」の意義）。

(2)「知的好奇心」を持続させる大切さ

　例えば研究のスタートとして、茶碗にできるお茶の縞模様は、昼間と夜間の温度変化の差による蒸発量の違いからできるのではないか？と予想して追究した結果、縞模様の間隔や付き方の観察から、そうではないことが分かる。では、何が蒸発量の差に影響を与えているのだろうか？そして、そもそも縞模様ができるのは、液体の蒸発量の差なのだろうか？

　このような、予想とは異なる結果から追究の先が見えない壁にぶつかって途方に暮れる。そんな時には、当初高まった「知的好奇心」も低下しがちになる。

　そうであるなら、最初のテーマ設定において、あまりにも「子供自身が見付けた」と思わせることに執着しなくても良いのではないかと思うようになった。勿論、露骨にテーマを与えるということではないが（それでは「知的好奇心」に基づく子供の主体的追究が弱くなってしまう）、子供自身に「面白い、不思議だ！取り組んでみたい。」と思う気持ち、すなわち「知的好奇心」が湧くのなら、スタートはそれでも良いのではないかと思うようになった。

　なぜなら、上記のように、一筋縄では解決できない「良いテーマ」の場合は、追究の途中で必ず当初は思いもかけなかった壁にぶつかるからである。

　寧ろ大事なのは、そのような壁に当たったときの「追究の姿」である。それは、指導の教師にお伺いを立てるのではなく、「何とか自分（達）の手で解決の糸口をつかみたい。」という主体的な思いにつながる姿であり、「恒温状態でも縞模様はできるのか？」とか、「お茶以外でも、コーヒーや醤油、絵の具などでも出来るのだろうか？」などと、解決の糸口を何とか探ろうと、様々な問題解決活動につなげていこうとする<u>粘り強い、諦めない取り組みの姿</u>である。

　このような姿は、それまでの授業（理科に限らず）や自由研究における、知的好奇心に基づいた主体的な取り組みにより成果が得られたという「実体験」から実現するのではないだろうか。

　先に、課題にぶつからずにスムーズに進む研究は、結局は「良い研究」にならないことが多いと書いたのは、**スムーズに進む研究には、このような「自己の主体性（あきらめずに粘り強く取り組んでいこうとする姿）」を高めていく機会が生まれてこない**からで、結果的には「当初の想定（予想や見通し）」を超えた「思いがけない気付きや発見」が生まれないからである。

　勿論このような「壁」にぶつかった場合も、全く子供の主体性に任せて露頭に迷わせるわけではなく、先のテーマ決定の場合と同様に、適切な支援も必要にはなってくるだろう。そして、ここにおいても子供自身が「自分自身が悩んで、解決への方向性を見付けた」という主体的な思いを抱くことが大切だと思われる。

　それに関して、「良い研究」の条件としてもう１つ、経験的に言えることだが、「教師の想定通りに進まない研究」という条件もあげられると思える。

　そもそも、解決の見通しが全く立たないような研究を子供にさせるのは無責任だが、良い研究になる場合は、自分の経験上、途中で指導する教師の方も「こんなはずではなかった」と困るような想定外のことが起こることが多い。予め想定した「解決」に向けて子供を誘導

するのではなく、子供も教師も、共に未知なる「解決」に向かって悩み、主体的に取り組む時、初めて本当の問題解決活動による「自然の真の姿」を見付けることができるのではないかと思う。

　このような取り組みを続けていくことで、子供は、自身の「知的好奇心」に基づいた「主体的な問題解決活動」を進めていくことができ、たとえ途中で追究の壁に当たっても、何とか乗り越えていけるのではないかという「粘りの態度」と「実感」が持てるのではないかと考えられる。

（3）「自由研究」の在り方から、「授業」を考える
〜「見方・考え方」と「知的好奇心」、「主体的な学び」と「問い」

　自由研究によるテーマ設定の在り方は、授業における学習問題や問題解決活動の在り方に示唆を与えてくれる。

　授業における「研究のテーマ」に当たるのは「学習課題」だろう。適切な学習課題を児童が設定できればそれに越したことはないが、なかなか難しい。そこで、そのような設定を児童ができるだけ**「自分たちの気付きから設定した」と思えるような手立て**を打つことが重要になる。それは場の設定であったり、そこからの教師の「問い」であったりするだろう。

　それが適切に働けば、児童は「これまでの見方・考え方」を基に、「知的好奇心」を持って学習対象に「主体的」に関わり（問いかけ）、その結果からの「ひらめきや直観、発想」などを「イメージ化」することで、理科の求める「問題解決学習」が進めることができるだろう。

　これが可能になるポイントの1つは、教師の、この児童に関係する「見方・考え方」も「知的好奇心」も、そして「ひらめきや直観、発想」も、全て「児童自らが育てるもの」ということの自覚である。つまり、これらの共通基盤にあるのが、そして現れる姿が「主体的」ということである。

　自分がこれまで「主体的である」ことこそがこれからの学びの本質だと幾度となく言ってきたことの、具体的な姿がここに見えてきた。単に児童が自ら動いているというような「形」ではなく、このような**内容を伴った姿が真の「主体的」**と考えられる。

　そして次に大事なのは、このような「内容を伴った主体的」を実現させるのが、この場合で言えば、適切な学習課題を「主体的に設定できる」ような、教師の適切な「働き掛け」だということである。北　俊夫氏が「授業における「問い」とは何か」という文[65]で、教師の「問い」と子供の「問い」の違いを述べている。

　それによれば、大事なのは教師の発問構成にあり、多くの授業は教師の「問い」に対する答えを言わせて終わりになるが、大事なのはその「答え」を踏まえて新たな疑問に導くことだと言っている。

　ここで大事なのは、この「新たな疑問」が、真に子供が抱く、つまり学習対象に「主体的」に関わる「子供自身の問い」になることではないだろうか。

　そのように考えれば教師は、問題解決を子供への問いかけによりすぐに求めるのではな

く、子供の知的好奇心から生まれる主体的な問題解決活動の実現こそを目指し、そこに向かう「子供の問い」の実現を大切に考えながら、単元や学年を通して適切な場の設定や問いを繰り返し支援し続けることが大事ではないかと考えられる。したがって、例えば教師からの「問い」に対する、子供たちからの対応としての様々な「問い」が出てきたとしても、それを教師が「新たな疑問」として一つにまとめてしまったのでは、真の「子供の問い」ではなくなってしまうだろう。

　勿論、教師からの「問い」に対する子供たちの「問い」が、次の「学習課題」の形で設定され授業が進められていくことを考えれば、現実的には個々バラバラの学習課題であってはならないが、その「学習課題」が一人一人の子供たちにとって「自分の問い」になっていることが何より大事だろう（教師がまとめたとしても）。

　そうなることで子供は追究の過程で「自らの問い」を持ち続け、自らの問題解決活動を進めることができ、その追究の経験の中から、子供たちの中には「自分（達）の力で解決できるんだ！」という、「自己肯定感」が徐々に育まれてくるのではないかと考えられる。

　したがって教師は、子供の知的好奇心から生まれる主体的な問題解決活動の実現を大事にしながら、その完璧をすぐに求めるのではなく、その育成を大切に考えながら単元や学年を通して適切な場の設定や問いを繰り返し支援し続けることが大事であり、そうすることで、子ども達には「自分（達）の力で解決できるんだ！」という、「自己肯定感」が徐々に高まってくるのではないかと考えられる。これは、いろいろな場面で何とか問題解決を自分たちの力でできたのだという、言うなれば、「根拠のない自己肯定感（自分の造語）」とも言えるものだろう。

　先の自由研究の例で言えば、なぜ縞模様ができるかは分からないが、「恒温状態なら縞模様はできるのか？」とか、「お茶以外でも、コーヒーや醤油、絵の具などでもできるのだろうか？」などと、解決の糸口を何とか探ろうとする様々な取り組みをしていく中で生まれてくる、「きっといつかは解決の糸口を見つけることができるだろう」という根拠のない自信であり、「自分（達）にはそれができる力があるはずだ」という「根拠のない自己肯定感」である。

　そしてこの「根拠のない自己肯定感」は、P378の“10. AIにはない「人間の学び」の特性”で書いた、「今自分が持っている知識や考え、概念などは決して完全なものではない」という、「学びへの謙虚な姿勢と自覚」に基づいた、「解決への可能性への信頼」から生まれてくるのではないかと思われる。

　これは、P376の「8.「ひらめきや直観、発想」を「再構成すること自体」の意義、そして「主体性」」の中で、「ひらめきや直観、発想からイメージを創り出した瞬間」の、「感覚的な、"わかった"というひらめきの実感」、つまり知識を「再構成すること自体」の実感の重要性を述べたことに通じると考えられる。

　つまり、これは分かった時の「分かった内容それ自身」の実感とはある意味切り離された、「今後も、この喜びの感覚を味わいたい。もっと学んでいきたい。」という強い思いを抱かせる、「分かる喜びそのものの実感」であり、それは、この「実感」を積み重ねること

で、「今分からなくても、取り組み続ければ、そのうちきっと分かるのではないか」という**「粘り強く取り組んでいくことへの手応えへの根拠のない自信」、つまり「根拠のない自己肯定感」**を生み、それがこれからの学びへの取り組みを支え、それが新たな見方や考え方に気付く自分自身の「成長」にもつながり、学びへの喜びや自信を与えてくれるものではないかと思われる。

　問題解決の取り組みの中で困ったとき、どうしていいか分からなくなった時、この「今分からなくても、取り組み続ければ、そのうち分かるのではないか」という前向きな思い、そして新たな考え方に気付いた時の、自分自身の「成長」に感じた喜びや自信などに基づく「根拠のない自己肯定感」の育成こそが、これからの授業では大事になってくるのではないかと思われる。

　そして、その取り組みのスタートになるのが、個々の主体性の育成につながる「知的好奇心」の育成になると考えられる。

〔自分の考える「自己肯定感」〕

　日本人は「自己肯定感」が低いとはよく言われることである。学習においても「自己肯定感」を高めることが大事とよく言われる。

　しかしここまで考えてきた結果、学び、特に理科の学びにおいて大事なのは、「自分は理科ができる。理科が得意だ」というような積極的な「自己肯定感」ではなく、これまで述べてきたような「きっといつかは解決の糸口が見つかるだろう」という<u>根拠のない自信</u>を持つことであり、「自分（達）には解決できる力があるはずだ」という「<u>根拠のない自己肯定感（自分の造語だが）</u>」を持てることではないかと思える。

　そしてそれは、ここまで本来の「人間の学び」の特性と考えてきた「学びへの謙虚な姿勢」と「意欲的な取り組みへの姿勢」から生まれてくるものではないかと思うのがどうだろうか。勿論そこには、前述した、教師による「適切な場の設定や問いを繰り返し支援し続ける」等のはたらきかけによって育まれる、「自分の力で分かった、解決できた」という経験知が何より大事になってくる。その結果生まれてくるのが、真の「理科が好き」という思いではないかと思われる。

15．「知識の再構成」の捉え直し　〜「再構成された知識の意義」と、「知識を再構成すること自体の意義」の統合〜

　ここまで、「知識を再構成する」ことの意義を、その「論理」としての内容自体の意義と、再構成すること自体の価値の２面から考えてきたが（当然その２つは深く関係している）、この２つの関係についてもう少し考えたい。

　「新・数学の学び方」にある、数学者の深谷賢治氏の書いた「論理の歌が聞こえますか[66]」に、以下の文がある。

> 　ただの音符のつらなりから「歌」が聞こえなければ、よい演奏はできないように、論理のつらなりから、「歌」を読み取って感動すること、これが理解することなのだと思います。
> 　ですから、演奏が創造的な行為であるのと同じように、理解することも、創造を伴います。同じ音符のつらなりから聞き取る歌が演奏者ごとに異なり、それぞれの演奏者が自分なりの「歌」を聞き取ってこそ、演奏が成立するのと同様に、数学を学んだときに、理解すること、つまりそこから読み取る「歌」は、一人一人違っているはずなのです。そして、書いた人が考えてすらいなかったことを読み取ることも、全く可能であり、それが本当の深い読みなのだと思います。
> （P24、下線筆者）

　これは数学について書かれた文章だが、「論理の連なりから歌を読み取る」のは、「科学（理科）」でも同じだと思える。自分の言葉で言えば、「科学（理科）の論理」を理解するということは、自分なりの捉え方を大事にした**「創造的な理解」**に基づく理解であり、したがってそこには「自分が理解した」のだという「知識を再構成できたこと自体の意義」があり、結果としての「再構成された知識の意義」が実感できるのだと思われる。

　このように捉えた時、以下の文も目に留まった。

> 　理解するとは一回ごとに違ったことが起こる創造的な行為で、どうやればうまくいくかは分からないし、こうやれば必ずうまくいくというやり方はないのです。理解してもらうために、数学を説明するときには、もちろん自分の理解を説明するしかないのですが、それは、聞き手に同じように理解してもらうためでは必ずしもありません。聞き手が、その人なりの理解を作るための手助けをすることしかできないのです。（P32）

　これは授業する際の、とても大事な指摘だと思える。**結局理解は「一人一人」異なっており（勿論教師も含めて）、「実証性、再現性、客観性」に基づく「共通理解」はできるものの、それが個々の「理解の全て」ではない**、ということだ。
　そのことを頭において子供を理解し指導していくことが何より重要なのだろう。
　これが、P149で書いた「学びの主体性、持続性にどう取り組んでいくべきかを考える」の、自分なりの回答である。

> 〔「自然に親しみ」実現のための一つの手立て〕
> 　ここでは「知識の再構成」に当たって、数学における「創造的な理解」と理科との類似性を考えてきたが、理科では「自然」という、必ずしも論理だけでは割り切れないものを対象にしている点が数学とは異なるだろう。しかし、だからと言って、小学校理科の目標の冒頭にある「自然に親しみ」が、論理と切り離された単なる感情的なものとされてしまったのでは、ここでの議論が生きなくなるだろう。
> 　中学校ではこの「自然に親しみ」が、「自然の事物・現象に関わり」に相当し、「自然に親しみ」

が単に心情的に親しみを持つだけでなく、「問題解決活動」が実現できる「主体的な学び」として関わることが大事になってくる（P217参照）ことが分かる。

　そこまで厳密に考えた訳ではないが、自分は初任の頃から「小さな事にも気付く目、感動する心」を学級経営の柱に、目（事象＝観察→論理につながる）と心（感動）の関わり合いを大切に、子供たちと活動してきた。その活動の1つに、詩の制作活動がある。今回は理科の、それも「自然」に関したものから、いくつか紹介する[73]。

花

顔を上げると
川上さんが二ヶ月も前に
持ってきた
小さくて黄色いキクが
しおれかけてはいるけれど
力強くさいている
自然の生命力は
すごいなあ。

終わりの会

雲

秋晴れのよい天気
空には真っ白な雲が
ぽっかり
ういている

雲―。
空にういている白いもの
白いものはなに？
改めて聞かれると
水じょう気が…
さっぱりわからない

いつも見なれている雲
あれはいったいなんなのか
僕にはわからない
わかっているようで
わからない
ちゃんと身についた
知識をもちたい

※この頃は、6年の理科に「ろうそくのほのお」の単元があった。

ミカンの秘密

「サクッ」
ミカンを割ると
白いすじが、
いっぱいついている。
すじが実の中へ、
すいこまれるかのように
びっしり何本もついている
まるで人の血管みたいだ
小さくても
ばかにできないと思う。

おじいちゃんの誕生日
今日は、おじいちゃんの誕生日
みんなでケーキをたべた
理科を思い出しながら
ロウソクの炎を見ていた
「ろうがたれるからもう消そう」
おじいちゃんがいう
「ろうの気体が燃えているから
だいじょうぶ」
ぼくはいった
おじいちゃんは
79才になりました

　本書で重要視した「真正な学び」実現のためにも、これらの詩に表れている「観察」と「心情」の、問題解決的なバランスがとれた関わりによる「自然に親しみ」の在り方が大事になってくるのではないだろうか。

　何れの詩においても、理科的な「観察」に基づいた「心情」が表されており、「雲」に書かれている「知識」は、単なる「事実としての知識」ではなく、「自分なりの納得」からの「創造的な理解」に基づく、「生きた知識」と言えるのではないだろうか？

第2章 「納得」の在り方から、「これからの知識の再構成」を考える

第1章では、私たちが目指す「人間の学び」を、「知識の再構成」とは何か？それはどのようにして実現するのか？という点から明らかにしてきた。

しかし、この「知識の再構成」に関して、科学（理科）という面から具体的に考えた場合、新たな疑問が湧いてきた。それについて検討してみる。

1. 科学（理科）の学びにおける数学の役割、「納得」の在り方から、「これからの知識の再構成」について考える

なぜ科学（物理）のきまりは、数学で表されるのか？と疑問を持ったことがある。ここまでの考察から考えれば、それは「数学という<u>規則正しい表現</u>で表される現象を、自然現象から切り取って表したから」と言えるだろう。したがって、数学で表される「現象」は、<u>自然現象のごく一部を示しているに過ぎない</u>。そしてそれは、その規則性から<u>美しい表現</u>として表されることになる。

しかし、だからと言って、「自然のきまりそのもの」が、「美しい」という保障はどこにもないのだが、このような取り組みをしていく中で（授業においても）、つい**単純で美しい「結果」こそが科学的真理ではないか**と子供たちは思ってしまうのではないだろうか。また私達も、既存のきまりや法則に基づいたように聞こえる子供たちの規則正しく見える予想や考えを（実は子供たちもそれらの内容をあまり知らずに既存情報を引用していることも多い）、自分の考えにこだわり、必ずしもスマートには説明できない子の意見（そこには、その子なりの見方や考え方が生かされていることも多いのだが）よりも優先的に扱ってしまうことがあるのではないだろうか。

科学と数学の関係を振り返って見れば、ギリシャ時代のピタゴラス学派は、数学的な宇宙論を構想して「万物は数からなる」と考え、宇宙の現象は全て数的な調和によって構成されていると捉え、美しい数学の原理こそ万物の原理であると考えた。

そして「ピタゴラスの定理」という素晴らしい定理を発見したにもかかわらず、それによる「醜い無理数の発見（「科学の発見[33]」P35）」を秘密にして封印した。ここころから、<u>「科学の法則は美しくあるはずだ」</u>という考え（思い込み）が広く生まれてきたのではないかと思われる。

「数学に魅せられて、科学を見失う[67]」には、「理論が数学的に正しいことは、それが正しい理論であることの必要条件でしかない（P12）」という言葉がある。

これは、本書で"「実証性や再現性、客観性」は、理科（科学）の「真理」を担保するものではなく、「理科を学ぶ子供たち（人間）が、自分たちが創り上げてきた理論や法則を公認し共有できる、共通理解のための必要条件」だと言えるだろう。（P124）"と自分が書いたことに通じるのではないかと考えられる。つまり、本書で考えてきた「実証性や再現性、客観性」が成立するからといって「科学」として正しいかどうかはまた別だという「科学」と「科学的」の関係に関する考えが、この書籍で言う「理論が数学的に正しいことは、それが正しい理論であることの必要条件でしかない」に対応していると考えられ、「数学的に正しいこと」が、イコール「数学として正しい」ということではないということを言っているのだろう。

では、「科学（理科）」における「実証性、再現性、客観性」は、「共通理解のための必要条件」という役割以上のものではないかというと、P132 の（2）「科学的」の真の意味で書いたように、そうではなく「実証性、再現性、客観性」は、「科学的」かどうかを見極める単なる機械的な検証の手続きではなく、それは、考えている「学習集団（社会）の"主観的な"共通理解」に基づく手続きと言えるのではないかと考えられる。そしてそこでは、検証する人（社会）の「主観的な捉え（考え方、自然観など）」が検証に影響してくると考えられる。

つまり、「実証性、再現性、客観性」は、検証する人（社会）の「科学」に対する「主観的（社会的）な捉えの共通理解に基づく検証方法」と考えるべきであり、そのもの自身は「科学」ではないが、その検証結果から人（社会）の捉えとしての「科学」の豊かな考えや追究が生まれてくるものと考えられる。

2. 現代科学における「納得」の在り方から、「これからの知識の再構成」について考える

以上のように考え、自分は「人としての捉え」を促す「知的好奇心」の重要性や、それによって達成できる「自分なりの学び」の充実感や、次の学びへの意欲を、「人間の学び」として大事に考えてきた。そして、それに対するのが「AI の学び」であり、人間の学びと対峙するものと考えてきたが、ここにきて新たな疑問が湧いてきた。

それは、例えば量子力学の解釈問題である。急に内容が現代物理学に飛んでしまったと戸惑う読者もいるかと思うが、もう少し我慢して読んでもらいたい。

自分は量子力学については全くの素人なので、巷にある一般書の知識の域を出ないのだが、それによると、物質を作る小さな「量子」（光もその1つ）には、元々波にも粒子にもなるという2つの側面があり、どちらかを決めるのは観測者だということである。「量子の状態は観測するまでは決まっていなくて、観測して初めて決まる！」という考え方である。

比喩で言えば、例えば東京とロサンゼルスに住む人に「赤色と白色の球それぞれ1個を、

何れか１個ずつ」を送るとする。東京の人が箱を開けて赤色だったら「ロサンゼルスの方は白色だな。」と分かる。ロサンゼルスの人も同様である。

ところが量子の世界では<u>送る前の球の色は決まっておらず、東京の人が箱を開けた瞬間に色が決まる</u>。それが赤なら、その瞬間にロサンゼルスの方は白色に決まる！つまり、最初の２つの球は色が決まっておらず（波にも粒子にもなるように）、赤と白の２つの色の性質を同時に持っていることになる！

普通は、送られてきた箱の中の球の色は、箱を開ける前から赤か白かが決まっているけれども分からないだけで、開けて調べることで色が分かると考えるのだが、量子の世界では、調べるまでは「赤か白かは決まっていない」というのである。

このように、両方の性質を同時に持っていることを、「性質がもつれている（関係している）」と考えて、この状態を「量子もつれ」と言う。

この考え方に反対したのが、相対性理論で有名なアインシュタインである。彼は、「あなたが見ているときだけ月はそこに存在しているのか？」と質問し、物の性質は測定とは関係なく、その性質は最初から決まっているはずだと考えた。例えばこの２つの球がとんでもなく遠くにあるなら、一方の色が測定された瞬間、もう片方の色が決まるというなら、その間には「何かが光より速く」伝わっていると考えられないだろうか？アインシュタインはこれを「薄気味悪い遠隔作用」と呼んでいた。

しかし現代の物理では、これは情報をやりとりしているわけではなく、「もつれている」だけなので光速の制限には矛盾していないと考えている。そして2022年、この「量子もつれ」が実際にあることを3人の学者が実験を通して確認し、ノーベル物理学賞を受賞した。

この受賞に限らず、この量子力学の正しさは多くの実例から示されており、今や私達の生活にとってなくてはならないものとして色々な場面で活用されている。

しかし、中にはやはりこの量子の「解釈」に釈然としない科学者もいるようだが、現実は多くの科学者が、<u>その解釈に関心を持つより、その活用に努めているようである</u>。今回、実験によってその確かさがより明確になったのならなおさらだろう。

以上、小学校理科とは大きく異なる量子力学について長々と書いてきたのは、もし「役に立つ、実験結果がその正当性を示す」ということから、「なぜ量子の世界ではこのような不思議な振る舞いを起こすのか？」というような疑問を持たずにこのまま研究を進めていくとしたら、或いは<u>「実験結果から確かにそうだと分かったから」その理由の納得については、とりあえず脇に置いておくとしたならば</u>（現在の量子力学における科学界の趨勢はそのようだが）、<u>それはAIの示す「有効な情報」を、その理由や根拠を考えずにそのまま鵜呑みにして活用していくこととあまり変わりはないのではないか</u>と思ったからだ。ここに、私たちがこれまで大事にしてきた**「知識の再構成」による学びはあるのだろうか？**

この議論はあまりに暴論のように、また現代科学を知らない素人の極論のように聞こえるかもしれないし、小学校理科の指導とは懸け離れていると思われるかもしれないが、例えば本書でも例としてあげた「てこの釣り合い」のモーメントの公式を、所詮「そうなる」という<u>「実証性、再現性、客観性」</u>に基づく実験事実だけで納得することで良いのか？（この単

元で理由を理解させるかどうかは別として）とか、「ふりこの周期とおもりの重さの関係」について当初持っていたそれぞれ個々の「自然の捉え方」から考えた予想の、納得の仕方などを考えれば、決して関係のない話とは言えないのではないだろうか等の疑念が湧いてくる。

　この疑念は、これまでも様々な場面で言われてきた、近年身近に見られる多くの電子機器（テレビやパソコン、テレビゲームなど）の原理や仕組みも分からないのに、それに対して何の不思議も持たずに使っていることへの漠然とした危機感にも通じると考えられる。

　「わかった！」という実感に基づく「知識の再構成」からなる「より妥当な考えを持つ」ことなしに、これらの自然現象や電子機器などの原理や仕組みを「わかったつもり」になっているとしたら、それは考え方によっては「わかった！」という実感なしに「答え」を導くAI より、始末の悪い「理解の仕方」ではないだろうか？

　このように見てくると、「創造力」の源である「人間なればの好奇心」が指し示す、「分かりたい（理解したい）」という「納得」の在り方について、最近のAI による脅威以前から、私達人間の学びはこのままで良いのだろうかと警鐘を与えてきたのではないかと思われる。

〔全てを「納得」することができるのか？〕

　このように考えてくると、では現代に生きる私たちは、そして子供たちは、例えば身の回りにある様々な電子機器の原理や仕組みも分からず、何の不思議も持たずに暮らしていていいのか？という疑問が湧いてくる。しかし、実際全ての物に疑問を持ち、理解し納得していくことは現実には不可能だろう。

　そこで思い出したのが、P284 で考えた〔「記号接地問題」と「自然に基づく理科学習」〕についての議論である。そこでは、ことばの意味を本当に理解するためには、その習得する言葉が身体に直接接地していなければならないが、全てのことばが直接接地していなければならないかと言うとその必要はなく、「最初の一群のことばが身体に接地していればよい」ということだった。

　ここで言う「ことばの意味を本当に理解する」は、科学で言えば「その科学的な意味付けを本当に理解する」、つまり「納得する」ということに対応するだろう。

　そう考えれば、科学の基礎を扱う小・中学校の「理科」学習において、「不思議だ、どうしてだろう？」等と興味や疑問を持ち、自ら追究していく中で「自分なりに理解し、納得する」こと、**つまり「学び」が身体に直接接地すること、そしてその経験を通して「学び」を実感すること**こそが、この時期の学習に何よりも大切なことではないかと思われる（理科学習に限らない）。

　そして、そのような学びを実現していくことで、その後の様々な「原理や仕組みも分からない電子機器」についても、必要に応じて調べたり、また興味を持って積極的に接したりすることで、適切な活用や対応が出来るのではないかと思われる。そのような子供たちを育てることが、「義務教育」としての理科を担当する私たちの大事な「義務」ではないかと思う。

　授業に話を戻すと、何を持って「学び」における「納得」とするのか、それは当初の疑問を解決し、好奇心を満たし、さらに次の学びへとつながる「創造力」をかき立てるのものではないだろうか？それは、「分かった！」という知識の再構成なしに実現するものなのだろ

うか？

　指導案を見ていると、単元の、或いは本時の目標に、学習指導要領に書かれている「目標」そのものを記載している場合がある。そしてその下の教材観や指導観に「子供に分からせるために」等として手立て等が書かれていることが多い。しかし、学習指導要領に書かれている「目標」そのものの記述が、本当に授業者が子供に「分からせたい」目標としての<u>自分なりの表現になっているのだろうか</u>？そして、その記述が、「子供に分からせるための手立て」と整合性や納得を伴ってつながっているのだろうか？（随分傲慢な書き方に見えるかもしれないが、そこはこれまで自分が書いてきた指導案も含めての反省と検証事項としてご容赦願いたい）

　「令和の日本型学校教育」で「個別最適な学び」を打ち出したのは、「主体的・対話的で深い学び」を実現するためだと先に書いたが、その前提として、指導者としての教師自身が「何を分からせたいのか」をしっかり持つことが必要不可欠であることは、言うまでもない。その意味では、**教師の頭の中で、「分からせたい知識の再構成」が、明らかになっている必要がある**。

　このように考えてくると、「人間の学び」について改めて考えることは、私達の授業とも無縁ではないような気がする。

〔「みんな違って、みんないい」と「理科（科学）」の関係〕

　「実証性、再現性、客観性」は、「科学的」かどうかを見極める単なる機械的な検証の手続きではなく、考えている学習集団（社会）の「“主観的な”共通理解」に基づく手続きと言えるのではないかと、「実証性、再現性、客観性」と「主観→主体性」を結び付けて考える自分の捉えを先に書いたが、勿論それは、実証的な「実証性、再現性、客観性」に基づいたデータなり根拠があってのことである。その前提なしに、学ぶ子供たちの主体性に基づいた捉えや考えが無条件に「みんな違って、みんないい」ということでは勿論ない。

　しかし、その考えが強くなりすぎると、「みんな違って、みんないい」が、価値の多様化や「個を大切にする」という教育の流れから（それ自身の捉えは正しいと思えるが）、どのような考えでも良いというように過大に解釈されれば授業の展開に混乱を来すということで、客観的で分かりやすい「実証性、再現性、客観性（これは自分が考えてきたものではない機械的な捉え）」にのみ根拠を置いて理科を考えようとする極端な捉え方も出てきそうに感じる。これは、求めたい「創造性」とは真逆な方向である。

　「みんな違って、みんないい」に関係する、理科学習における主体性についてはP104の〔空虚な「主体性」であってはならない〜主体性について考える②〜〕でも考えたが、「思考力・判断力・表現力等」の育成に基づかないような空虚な「主体性」重視（単なる情緒的、感情的なもの）に陥らないことは大事だが、逆にこのような機械的な手続きに陥らないことにも注意したい。

「人格を持つ個としての存在」
…人間の最も大きな強み

　ここまでの本書の検討から言えるのは、理科（科学）とは真理の探究が目的ではなく、人間として学び合う者同士の、理科（科学）的な問題解決活動を通しての個々の理解と互いの共有を目指すことがその目的であり、理科学習とはその働き掛けを通して、個々が各々の知的好奇心を生かして、より主体的に、自然に働き掛ける喜びを得る営みではないかと考えられる。

　この、「学びの深まりのサイクル」の出発点と考えられる「知的好奇心」について、アインシュタインに以下の言葉がある[68]。

　「わたしには、特殊な才能はない。ただ、熱狂的な好奇心があるだけだ。」、「好奇心には、それ自体に存在理由があります。」

　また、「私は、理詰めで考えて新しいことを発見したことはない。」という言葉も述べている。

　本書では、今回の学習指導要領の冒頭に書かれている「自ら知識を概念的に理解し、思考し始めているとも言われている人工知能」に対し、「人間の最も大きな強み」とは何かを考えるのが、全体を貫く大きな課題でもあった。

　ここまで、理科教育を検討してきての自分の結論としては、**「学びへの謙虚な姿勢と自覚」**を持ち、**「意欲的な取り組みの姿勢」**を持ち続けることのできる**「人間の学び」のできることが、「人間の最も大きな強み」**ではないかと考える。

　言葉を変えれば、**「人格を持つ個としての存在」**こそが、人が人たる存在理由ではないかと思える。

　「人格」を辞書で引くと、「自律的意志を有し、自己決定的であるところの個人。（広辞苑）」という記述がある。

　つまり人間とは、個々が「自分なりの意志」を持ち、それに基づいて「自分なりに決定」する、できる存在である。それに対してAIは、「自ら知識を概念的に理解し、思考し始めている」ように見えるが、実は「自ら」という「人格（自己の意識）」を持っておらず、したがって自ら決定することはできない（その自覚がない）。

　先に、チャットGPTの文章には「考え（思想）」がなく、その文章は確率的に「ありそうな（関係する）事項」を、「整合性がありそうに」つなげただけの文章と考えられる（P282）と書いたが、この「人格論」から考えれば、チャットGPTには「人格（AI格？）」がないのに、「いかにもありそうに表現できる」という、チャットGPT最大の特徴が、実はチャッ

トGPTが人間には決して追いつけない最大の弱点であり課題だということが分かる。

　そのように考えれば、東京大学や京都大学の学長などが生徒に向けて、「自分の頭で考えること」の大事さを訴えているという報道（P286）も、「自分の人格を持て、磨け、大事にしろ」ということではないかと思える。そして、この「人格」を自ら形作っていく「創造力」の原動力が、「人間なればの好奇心」ではないだろうかと自分は考えたい。

　しかし、その「創造力」の源である「人間なればの好奇心」が指し示す、「分かりたい（理解したい）」という「納得」への危機が、P393から述べた量子力学の解釈問題を始め、身近な電子機器の仕組みについても、何の疑問や興味も持たずに使用し続けているように、AIによる脅威以前から、私達人間の学びに迫ってきているのかもしれない。

　これからも私達は、人間の人間たる特性である「好奇心」と「学び」の在り方について考え、子供たちがこれからも「人間として、創造的に学び続けていける喜び」を感じ続けて行けるよう、努めていかねばならないのではないかと思われる。

むすびにかえて　これから求める「問題解決の能力」とは？
〜「自然のありよう」を愛し求め続ける、「知的好奇心」に基づく「創造的能力」の育成〜

　最後に、再度「主体的・対話的に深く、理科学習指導要領を読む」というテーマに戻って、これからの理科教育について、これまでの検討を踏まえて自分の考えをまとめたい。

〔「実証性、再現性、客観性」と「わかる」の関係〕

　ここまでの議論を振り返ると、理科で大事にしてきた「実証性や再現性、客観性」は、実は理科（科学）の「真理」を担保するものではなく、「理科を学ぶ子供たち（人間）が、自分たちが創り上げてきた理論や法則を公認し、共有できる、共通理解のための必要条件」だと考え、「論理的」が「数学そのもの」ではないのと同様に、理科における「実証性、再現性、客観性」も、「科学そのもの、理科そのもの」ではなく、その「論理性」を担保するものと考えてきた。

　つまり学習者が、学びの対象としての自然現象の「実証性、再現性、客観性」を論理的に保障したからと言って、その自然現象を、その学習者が「分かった」とは言えないということである。それは「科学的」だと「分かっても（検証されても）」、「科学が分かった」とは言えないということである。

　では、「理科（科学）が分かる」とは、どのようなことなのだろうか？

〔「実証性、再現性、客観性」の捉え直し〕

　これまでの自分は、そして誤解を恐れずに言えば多くの先生方も、「理科学習の本質は、自然現象を対象にした論理的な扱い方、学び方を身に付けることである。」と考え、それが実現できることを「理科が分かる」ことと考えてきたのではないだろうか。

勿論、その考えは全くの間違いではないだろう。「実証性、再現性、客観性」を検証することで、対象の捉え方が「科学的であるかどうか？」を論理的に検証することは、理科（科学）にとって非常に重要なことであり、そこから新たな「理科的きまりや法則」を見付けることも含めて、そのための力を育成することは、理科学習の重要な部分でもあるだろう。

　しかし、本書でこれまで何回も書いてきたように、その検証自体は「理科（科学）」ではないと考える。その検証を通して、**自分なりの「自然の捉え方（自然観）」をつかむ**ことが、そして、それが個々の子ども達の見方や考え方を育て、生き方をよりよく支援してくれることこそが、理科であり、それが「分かる」ということで、そのことが理科学習の真の目的と考えられる。

　その考えに基づいて、先に“「実証性、再現性、客観性」は、検証する人（社会）の「科学」に対する「主観的（社会的）な捉えの共通理解に基づく検証方法」と考えるべきであり、その検証結果から人（社会）の捉えとしての「科学」の豊かな考えや追究が生まれてくるべきものと考えられる（P393）”。と書いた。

　つまり、「実証性、再現性、客観性」は、その検証による「事実の確認（論理的）」のみが独立して“ある”というものではなく、それに“目を付けた”人の「捉え」の上に立っての“事実”と考えられる（例えば「ガン細胞」とはどのような物かを捉えられる眼でレントゲン写真を見ることで、初めて「ガン細胞」の存在という“事実”を見付けることができるように）。

　結局、「実証性、再現性、客観性」は、単なる「科学的」かどうかを機械的に検証するものという捉えではなく、その結果を「科学」として受け入られるかどうかの判定までを含めた、或いは関係したものと考えるべきではないかと思われる。

　その「判定」が、「それに“目を付けた”人の「捉え」の上に立って」と上に書いたことである。そして「科学」は、その「判定」まで含めた検証から生まれるものであり、P391で“「実証性、再現性、客観性」に基づく「共通理解」はできるものの、それが個々の「理解の全て」ではない、ということだ。”と書いたことに通じるのではないだろうか。

　つまり、**「科学的」と判定しても、個々の捉える「科学」は、それを基盤としながらも「個々のイメージ（創造）した科学観に基づく」、それぞれに異なったもの（「実証性、再現性、客観性」に基づく「共通理解」はある）ではないだろうか？それはまた、これからの「科学」を創造していく豊かな源ともなると考えられる。**

〔「科学」の捉え方〕

　このように考えれば、人間の捉える「科学」の在り方（学習指導要領で「科学とは、一つの文化として考えることができる」と述べている）を元にして、自然事象を「実証性、再現性、客観性」を元に捉えるのが「科学の在り方」だと考えられる。

　反面、このように考えてくると、「やはり科学は人間が創り上げたものであり、自然にはその“ありよう”等というものはなく、全ては人間が創り上げてきたものなのだ。」というような極端な考えが出てこないかとの危惧も生まれる。

そのような危惧を述べたのが、「科学の発見」のスティーブン・ワインバーグ氏の「科学のプロセスのみならずその結果までも、特定の文化や社会的環境が人工的につくりだしたのだ、と説明しようとする社会構成主義者」という意見（P159）だろう。そしてその危惧に答えたと考えられるのが、中谷宇吉郎氏の、「自然界に法則というものがあるかないかという点については、証明できることではないが、法則があると仮定して組み立てた科学が、今日のように発展し、つぎつぎと自然に対する新しい知識が得られているという意味では、法則が実際に存在するといってもよい（P161）」という考えであり、ポアンカレ氏の「科学はわたしたちの目の前で、日々有効に働いている。これは科学が実在の何かを教えてくれているのでなければ起こりえないことだ。ただし、科学の手が届くのは、単純な教条主義者が思っているように物そのものではなく、物と物の関係だけである。（P163）」という考えだろう。

　以上の考察から自分は、「科学の真理」は、自然界に宝物のようにあるのではないが、「自然のありよう」としての何らかの「姿」が自然の中にあるからこそ、「そこから何らかの規則性や一般性を求めよう」という「人間の持つ科学観」に基づいた「自然のありよう、科学のありよう」が導かれてくると考えてきた（P165）。

　ここで、これまでの議論を確認したのは、「実証性、再現性、客観性」に基づく「文化としての科学」の「ありよう」を、ワインバーグ氏の言う「その結果までも人工的なもの」と捉えてしまわないかという懸念が改めて湧いてきたからである。

　と言うのも、ワインバーグ氏は、社会構成主義者への批判としてこれを書いていたが、現在私たちが「学びの基本」として考えていこうとしている「構成主義的学習観」の立場を、ここで明確にしておく必要があると感じたからだ。

　私たちが考える学習観は、上記のポアンカレ氏や中谷宇吉郎氏の言う、「自然のありよう」を、「文化としての人の捉え方」を元に、「実証性、再現性、客観性」に基づいて捉えていくのが科学だという「科学の捉え方」に立っているという点を確認したい。

　この捉え方に基づく「学習」は、人という人格に基づく「学習」で、AI等の唱える「学習」とは根本的に異なることは既に述べたが、ここに来て、同じ人が唱える学びに対しても、ひとつの懸念が生まれてきた。

　それは、話は飛ぶようだが、古代ギリシャにいた弁論術に長けたソフィスト達を思い出したからだ。彼らは、「真実や価値は人の見方によって異なるため、絶対的な真理は存在しないという相対主義の立場」を取っていた。彼らは「重要なのは、本当に正しいのかどうかよりも、弁論によって相手に正しいと思わせ、説得することだ」と考えていた。そんなソフィストの相対主義的な思考を批判したソクラテスは、青年を堕落させた罪で死刑判決を受けてしまう[69]。

　この話をここで思い出したのは、この相対主義的な考え方が、「自然には真理などは存在しない。全てはそれを受け取る人間の捉え方（文化）の問題だ」という極端な相対主義の考えにつながり、「本当の自然のありようなどはなく、全ては人間の捉え方（文化）のありようになる。」という考え方につながる思考の展開に似ていると感じたからだ。ワインバーグ

氏の言う「科学のプロセスのみならずその結果までも、特定の文化や社会的環境が人工的につくりだしたのだ」という考えへの危惧でもある。

　では、科学における「自然のありよう」に対応する、「真実を求めようとする」ソクラテスの考えはどうかと言うと、「自分は無知であることを自覚することで、真理を求める情熱を呼び起こすことができる。[69]」と考え、問答法によって真理を求め続けたことだと言える。「真理」を求め続けるということは「知りたい」という情熱があればこそでありそこには「知的好奇心」が強く働いていたに違いない。

　「哲学（philosophy）」と言う言葉は、「知恵（sophy）」という言葉と「愛する（philo）」という言葉からできたと言われている。つまり「哲学」とは「知恵を愛する」ということになる。ところがソクラテスは上述のように、「自分は無知であることを自覚することで、真理を求める情熱を呼び起こすことができる。」と言っている。

　つまりソクラテスの愛する「知恵」とは、構成主義が生まれる前の「再構成できない固定化され知識」でも、ソフィスト達に代表される、極端な相対主義に基づく「人間の考えだけで形成された知識」でもない、決してたどり着けない、しかし少しずつでも近づいていけるような「真理」のことではないだろうか？

　それを求め続けるのは、「いつまでたってもその真理にはたどり着けないかもしれないと自分の無知を自覚し、しかし、そのことを自覚しているからこそ、その真理を愛し、求め続ける情熱を呼び起こすことができる。」からではないだろうか？

　ソクラテスが考えた「真理」が、科学で考える「自然のありよう」に対応する、と考えれば、"人間は自然のありようについて、まだまだ分かっていないし、そこに到達することはできないかもしれないが、そのことを自覚しているからこそ、その「自然のありよう」を愛し、「科学」という、人の考えた「方法（考え方、概念も含めて）」で、少しでもそれを解き明かしたい"という「知的好奇心」が湧き、求め続ける情熱が呼び起こされてくるのではないだろうか？

　そのように考えた場合、AI の学びと人の学びの根本的な違いは、AI にはこの人の学びにある、「愛し、解き明かしたい自然のありよう」という「意識」はなく、「結局科学は、人間が文化として作ったもの。」だから、AI がそれを（より機能的に）代用して作ることができる、という"仕組み（意識ではない）"で動作していると考えられる（設計した人間が、そのような意識を持っているかは別として）。

　つまり「意識」のない AI は、「自然のありよう」を愛し、知的好奇心を持ってそれを解明し続けようとする「情熱」を持つことができないと考えられる。

　したがって私たち人間は、このソフィスト達の相対主義的な思考につながるような、「結局科学は、自然のありようも含めて人間が文化として作ったものだ。」というような極端な考え方に陥ってしまうことなく、「自然のありよう」を愛し、だからこそ、それを求め続ける「知的好奇心」を持てることが重要だと考えられる。

　その意味でも、学習指導要領の○「自然の事物・現象についての問題を科学的に解決する」について（P16）部分はしっかり読む必要があるし、特に「科学とは、人間が長い時間

をかけて構築してきたものであり、一つの文化と考えることができる。」の一文を、<u>自分なりにしっかりと捉えて読む必要がある</u>と思える。

〔「技術」としての「科学」の捉え方〕

　ところで、この「科学」について、P158で扱ったスティーブン・ワインバーグ氏の著書「科学の発見」に、以下のような記述があった。「現代科学は自然というものに合わせてうまくチューニングされた<u>技術</u>であり、未だ不完全とはいえ、この<u>技術</u>はちゃんと機能している。それは世界について確かな事実を知るための実践的な方法である。この意味で、<u>科学とは人類に発見されるのを待っていた技術なのである（下線筆者）</u>」。この文章を検討した際、この「技術」という言葉が気になっていた。そしてその段階では、"自然のありようにうまくチューニングされた"科学は、「特定の文化や社会的環境」に影響されることで、一直線にその「自然のありよう」を発見することにはならないが、それでも世界について確かな事実を知るための<u>「実践的な方法」</u>としての「技術」として発展していく、という考え方に立って「技術」という表現を捉えてきた。したがってこの「技術」は、「科学技術」等と呼ばれる「技術」ではなく、「科学自体の有り様」を示していると考えたのだ。

　しかし、「技術」という言葉を敢えて使ったことに、今ひとつ納得がいかなかった。そんな時、以下の文章[70]を読み返す機会があった。

（数学者の岡潔の哲学的に聞こえる講義を聴いた後で）

　今の私は、確かに数学には哲学の側面があると思っている。なぜなら数学もまた、出発点では<u>人間が考える</u>学問だから、その背景には常に曖昧模糊とした哲学が存在するからだ。哲学がないと、いい数学は生まれない。その意味では当時、岡先生がいわれたことは、現在の段階まで来て、ある程度私には理解できるのだ。

　しかし、あくまでも数学は哲学ではないのだ。数学の哲学的側面で貢献しても、それは数学の業績とは言えない。数学には、明確に<u>技術的側面</u>がある。あるいは、数学にしかない独特の<u>技術</u>が存在するのである。哲学はなければならないが、その哲学が地上に返って、そうした<u>技術</u>の中で構築されないと、数学の業績とはならないのである。

　数学は、そのような意味で、<u>技術を超えてはならない</u>のだ、と私は思う。

　とはいうものの、岡先生から私は後年問題を解く上で大切なことを示唆されたのである。先生は、やはり偉い数学者だった。

（「学問の発見」P138　広中平祐著、下線筆者）

　著者の広中平祐氏は日本人で2人目のフィールズ賞をとった著名な数学者だが、彼も数学には技術的側面がある、と「技術」という言葉を使っている。

　これを読むと、数学は「人間が考える」哲学としての側面を持ちながら、それが「数学」として構築されるには、人間が考える曖昧模糊とした「哲学」を出発点としながらも、それに対比する形での技術的側面が必要だと言っているようだ。つまり「技術」とは、曖昧模糊

とした「人間の考え」を、「数学」という「技術」によって、ある意味「共通理解して使えるもの」として構築していく取組と考えられる。

　この「技術」の意味を、先のワインバーグ氏の文章に当てはめて読めば、「現代科学は自然というものに合わせてうまくチューニングされた技術」という表現は、数学と違って「自然」という対象がある科学（理科）は、その「自然のありよう」を人間は直接つかむことはできないが、「科学」という「技術＝捉え方」によって、その姿を、より良く「共通理解して使えるもの」として捉えることができる、という意味ではないかと思われる。

　つまり、「科学とは人類に発見されるのを待っていた技術なのである」という表現は、「自然のありよう」に迫るために、人類が考えた共通理解するための「技術」が「科学」であり、それは「自然のありよう」から導かれる、人間に「発見されるのを待っていた技術」と言っているのではないかと思われる。

　したがって、「科学」は人間なればこそ発見できる「技術」であり、当然AIにはそれを発見することはできないと言えるだろう。

〔これから求める「問題解決の能力」の捉え方〕

　以上のような捉えから生まれるのが、第1章の15. でも書いた「人格を持つ個としての存在」である人間の最も大きな強みとしての、人間なればの「知的好奇心」から生まれる「創造力」であることを考えれば、この**「創造力」を、自分はこれから育むべき「問題解決の能力の核心」**と呼びたい。

　このような考えの上に立ち、これからの理科で求められる「問題解決の能力」としての「資質・能力の三つの柱」について最後に考えてみたい。

　実は今回の理科学習指導要領に「問題解決の能力」という用語はない（と思う）。前回の学習指導要領には「問題解決の能力」の用語があるが、それは今回の「考え方」に相当する。そして今回、「資質・能力の三つの柱」の中の「思考力・判断力・表現力等」は、「問題解決の力」として示されていることは既に述べた（資料の表参照）。

　このように見てくると、自分なりの「自然の捉え方（科学観）」をつかむという、理科学習の真の目的を達成するための「問題解決の能力」である「資質・能力の三つの柱」の中の、これまでも大事にしてきた「知識・技能」や、「問題解決の力」に当たる「思考力・判断力・表現力等」に加え、今回もう1つの能力として位置付いた**「学びに向かう力、人間性」**の育成こそが（勿論他の2つの資質・能力の育成とも関連付けながら）、これからの、知的好奇心に基づいた創造力としての「問題解決の能力」を育むため、最も重要になってくるのではないかと思われる。

　つまり、「自然のありよう」を、「人格を持つ個としての存在」である人間の最も大きな強みとしての、人間なればの「知的好奇心」から見つめ、そこから生まれる主体性に支えられた「創造力」を元に「科学」として「自然を捉える」ことが、これから大事になり、これが私たちが求める「自然のありよう」を愛し、その解明を求め続けるこれからの理科教育の方向性を指し示しているのではないかと考えられる。

この「科学」として「自然を捉える」とは、ここまで述べてきたように、個々の主体的な学びによる「創造力」を元に、自分なりの「自然の捉え方」を持つ、つまり「科学」を捉える科学観を持つということである。

そして、その個々の主体的な学びによる「創造力」を育み育てていく出発点となるのが、観察や実験による実体験により育まれる「実感覚＝実感による感覚」ではないだろうか（P151）。今一度、このような面から理科学習における観察や実験の意義を吟味してみる必要があるだろう。

そして、ここから今回の学習指導要領理科の真の目的は、目標である三つの資質・能力を育成することで、「科学的に解決する」ことを目指すという文脈と捉え、そのようにして「科学的な問題解決能力」を身に付けることで、自分なりの「自然の捉え方」、つまり「自分なりの自然のありよう」＝「科学観、自然観」を育てていくこと、そしてその取り組み過程の「科学」も含めて「自然のありよう」を愛することこそが理科学習の真の目的であると考え、それがこれからの子供たちの「人間の学び」を実現していくことになるのではないかと考えられる。

〔理科の学びが求める「自然（自分も含めて）のありよう」を愛する学び〕
今回の学習指導要領解説の全ての教科に共通する最初のページにある総説の、1 改訂の経緯及び基本方針には、以下の文章がある（同書 P17 参照）。

（途中から）思考の目的を与えたり、目的の良さ・正しさ・美しさを判断したりできるのは人間の最も大きな強みであるということの再認識につながっている。

（平成 29 年学習指導要領解説　理科編 P1　下線筆者）

この一文を読んだとき、「目的の良さ、正しさ」を判断できるのは、確かに AI にはできない人間ならではの学びの強みだと理解できたが、「目的の美しさ」の判断については、確かに美術の美しさ等は AI には感じられないだろうとは思うが、「目的の美しさ」とはそもそも何かが判然としなかった。

しかしここまでの検討から、理科に限っての思いだが、「目的の美しさの判断」とは、**「自然のありようを愛する」思いがあってこそできる**ものではないかと思い当たった。愛する自然に向かう学びだからこそ、その学びの目的には「美しさ」、自分なりに言葉を変えれば「焦がれるもの」が伴うのではないだろうか。そのように考えれば、その思いはその前に書かれている「目的のよさ・正しさ」の判断にも大きく関係するのではないかと思い当たった。

先に〔教科の良さや美しさを実感して欲しいというねらい（P255）〕で、合田哲雄氏の、「数学の先生は、どうしても数学的な良さや美しさを伝えたいと思われるかもしれませんが、それを全員が直感的に理解できるとは限りません。数学的な見方・考え方を働かせた社会課題の解決など、社会生活に引き寄せて授業をしていただきたいと思います（下線筆者）。」という文を紹介し、これは理科でも考えなければならない問題だと書いた上で、これは、社

会問題の解決の<u>ための</u>学習を目指すということが最終的なねらいではなく、その学びによって、その教科が社会問題の解決に役立ったという事実から、改めてやはり<u>その子なりの教科の本質の良さや美しさを実感して欲しい</u>ということがその趣旨ではないかと思われる。と自分の思いを書いたが、この実感して欲しい「教科の本質の美しさ」が、ここで言う「美しさ」ではないかと思い至った。そしてその美しさは決して、数学で表されることのみの美しさでないことは、これまでの議論からも明らかだろう。

　このように考察してきた結果、最終的には、**「自然のありようを愛する」ことが、理科の学びのスタートでありゴールでもあり、それを求め続けるのが理科学習の目的である**というのが本書の自分の結論であるが、この「愛する」という一見情緒的にも思える表現には、**「主体的」に取り組みながら自然や他者と対話し、協働し、「学びに向かう力、人間性等」という「資質・能力」を、「思考力・判断力・表現力等」を駆使し、「知識・技能」等を育みながら育成していくという、人にしかできない学びこそ**、これから求められる学びの姿ではないか、という「人間としての学びの在り方」の特性が込められていると考える。

　そして、そのような学びを通して、最終的には**「自然のありようとしての自分（人間）」を、そして「自然」を愛し、その「美しさ」を実感する**ことこそが、これからの理科学習の真の目的ではないかと自分は考える。

〔自分の考える、これからの「理科学習」の方向性〕

　個の学びを大切にした、構成主義的な考え方に基づく「分かり」につながる「知識を再構成する学び」の実現を、「知識・技能」と「思考力・判断力・表現力等」という２つの資質・能力との関係だけでなく、「学びに向かう力、人間性等」という資質・能力も、知識の再構成を含む学びの過程に位置付けることで、問題の発見から解決、そして更なる問題への挑戦へと向かう、個々の好奇心に基づいた「科学的に解決する」問題解決学習の実現を目指すことが大事である。

　その際の決め手になるのは、この三つの資質・能力をつなぐ「見方・考え方」の育成である。そして、こうした個の育成には、それに関わる学びの集団や社会の関わりが大切であり、またその関わり合いが、学びの集団や社会自体の価値も高めてくれる。

　そして、このような学びを通して目指すのは、理科の「教科の本質の美しさ」の実感であり、最終的には**「自然のありようとしての自分（人間）」を、そして「自然」を愛する**ことのできる子どもの育成こそが、これからの理科学習の真の目的ではないかと考える。

〔最終的な目標「科学的に解決する」と、「資質・能力」育成の関係について〕
〜AIの時代にこそ必要な「非認知能力（学力）」という考え方について〜

　教育界では、「非認知能力（学力）」の育成が、AIが急激に進化している今こそ大事だという意見が、そして「資質・能力の三つの柱」の中の「学びに向かう力、人間性等」こそがこの「非認

知能力」に当たるという意見も聞かれるように思える。

　勿論この意見は、AIに対抗するという意味ではなく、人間なればの学びを生かすためというねらいからの意見と認めた上で、少し考えたいことがある。

　それは、前にも書いた二項対立的な考え方についてである。例えば「資質・能力」の「知識・技能」は「点数で表すことができる認知能力」、それに対して「学びに向かう力、人間性等」は「点数にできない非認知能力」等という捉え方になりがちではないかということについてである。

　ここまで検討してきた結果、自分は「知識・技能」も、結局は点数で表すことができない能力と考える。勿論テストなどをすれば「点数」は出るし、レポートを書いてもA、B、C判定などはできるだろうが、それが「知識」の全てではないということだ。その子の知識の「根底」には、本人も明確に言語化できないようなイメージを伴った「知識（の源）」があるはずだし、それがそれからの学びの源泉にもなると思える。それが「学びに向かう力、人間性等」に刺激されて、「思考力、判断力、表現力等」によって、より広く、深く変容していくと考える。

　したがって、「知識・技能」の全てが「非認知能力」とは勿論言わないが、全てが「認知能力」と決めつけるのも良くないのではないかと考える。

　同時に「学びに向かう力、人間性等」を、「知識・技能」という内容的なこととは切り離された「自制心や忍耐力、コミュニケーション力等」と形式的、限定的に捉えることにも疑問を感じる。このように、あまり決めつけた捉え方をしない方が良いのではないかという点で、先の二項対立的な考え方が頭に浮かんだ。

　このように考えれば、先に"理科では資質・能力の(1)、(2)、(3)を育成することが「最終的な目標」と言うよりは、その育成を通して「自然の事物・現象についての問題を児童が科学的に解決する」ことのできることが、最終的な目標と考えられるのではないだろうか？"と、資質・能力の育成と科学的な解決をある意味分けて考えて書いたが（P136（5）「資質・能力」育成と「科学的に解決する」の関係）、ここまでの議論を踏まえると、この三つの資質・能力は、「認知能力」、「非認知能力」というようなばらばらなものではなく、互いに認知的、非認知的に重なり合い、互いに相互作用しながら育成されていくものであり、その一体的な育成がすなわち「科学的に解決する」ことになるのではないかというのが、自分の結論である。

　以上を踏まえ、これまでの議論をまとめ、「これからの学び」への自分の提言も含めて、P279の〔「新たな価値」実現への理科教育の展開（案）〕を改訂したのがP412の一覧図である（以下、図を見ながら読んで欲しい）。

〔人間なればの「知識の再構成」による「理科の学び」〕

　知識を再構成して学びを深めていくことこそが人間なればの学びであると捉え、一覧図の上半分では、これまでも考えてきた「既習の知識から新たな知識を再構成する、脳内の働き」についてまとめた。

　まず自然事象に「実感覚」と「観察・実験」によって働き掛ける。こうして「再構成された知識（概念）」の獲得に向かう学習は、この学びが「知的好奇心」から始まる主体的な人の学びであ

ることの重要性と、「事実」を「自然事象の解釈」による「意味付け」と捉える点が、今回の検討を踏まえて重要と考える。

こうして、既習の知識（概念）と新たな知識（要素）の間の「矛盾」から、「分かりたい」という「知的好奇心」に基づく問題解決学習がスタートする。具体的には、これまでの知識の再構成を促すのが、これまでの「見方・考え方」により構成された知識（概念）と、新しい「知識の要素」を結び付ける「新しい見方・考え方」であり、この「新しい見方・考え方」が、三つの資質・能力①〜③を、「教科の本質」に関する「科学的な見方・考え方（主に資質・能力①、②に関係する）」と、「児童の意識面」に関する「主体的な見方・考え方（主に資質・能力③に関係する）」という二つの側面から、結び付けることになる。

これを具体的に実現する問題解決学習が「主体的・対話的で深い学び」であり、それは個々の子供が「本当に分かる」ことを目指しているということを強調するのが、「個別最適な学びと協働的な学び」を目指す「令和の日本型学校教育」と位置付けられる。

こうして、「知識の理解の質を更に高める」ための「人間としての学び」を実現していくのが今回の学習指導要領が目指す「新たな価値の実現」につながると考えられる。

そして図の下半分からは、それに基づいてこれから目指す「人間としての学び」についての自分の考えをまとめてみた。

その基本的な方針は、これまで考えてきたように、**人間の最も大きな強みとしての人間なればの「知的好奇心」を学びの出発点とし、そこから生まれる"人間としての「創造的な学び」の実現を、問題解決学習のゴールとする**ことである。（一覧図の下半分の、これから目指す「人間としての学び」の四角囲み）

一覧図にあるように、出発となる知的好奇心は、大きく「知りたい！（なぜだろう？解いてみたい）」という**主体性からの取り組み**と、「考えたい！」という、新たな価値を生み出していく、**人間なればの創造性面**からの取り組みにつながる。

「知的好奇心」から左に出ている「主体的な取組みによる学び」は、「知りたい！」という「知的好奇心」から生まれる「ひらめき、直観、発想」などの「主体的」なイメージ化の発想から生まれる、「実証性、再現性、客観性」に基づいた**「科学的」**な学びにつながる。

一方、右に出ている人間なればの創造性からの「新たな価値を生む学び」は、「考えたい！」という「考える楽しみ」から生まれる実感を伴う学びであり、それは「分かった、できた」等の、解決が「ひらめいた！直観的に分かった！イメージできた！」等、内容理解に伴う価値の実感であると共に、「（解決が）ひらめいた！直観的に分かった！イメージできた！」など、解決できたことそのものの実感、つまり**「心情的」な価値の実感**につながる。

一覧図を見ればわかるように、この「主体性」からの学びは「イメージ化」から「科学的」に、「創造性」からの学びは「科学的」から「イメージ化」につながっており、心情的な捉えから理論的な捉えにつながる「主体性」と、逆に理論的な捉えから心情的な捉えにつながる「人間なればの創造性」による学びの、この両者の学びが融合することで、「自分なりに再構成できる」という**「創造性」**に基づく**「人間の学び」**が実現し、それが**「理科の創造」**につながると考える（このように明確に分けられるものではないだろうが、考え方として）。

これが、これから求められる「新たな価値の実現の先」、つまり**「これから目指すべき人間としての学びの在り方」**ではないかと自分は考える。

〔学習指導要領における「創造性」〕
～「価値教育」との関係を考える～

　学習指導要領で「創造性」はどのように書かれているのだろうか。総則編[1]では、第3章　教育課程の編成及び実施の第1節　小学校教育の基本と教育課程の役割の「2　生きる力を育む各学校の特色ある教育活動の展開」の「(1) 確かな学力」で、"学校教育法第30条第2項に規定された事項に加えて、「個性を生かした多様な人々との協働を促す。"とあり、続く「(2) 豊かな心」の①豊かな心や創造性の涵養で、"本項では、道徳教育や体験活動、多様な表現や鑑賞の活動等を通して、豊かな心や創造性の涵養を目指した教育の充実に努めることを示している。創造性とは、感性を豊かに働かせながら、思いや考えを基に構想し、新しい意味や価値を創造していく資質・能力であり、豊かな心の涵養と密接に関わるものであることから、本項において一体的に示している。"と書かれており、ここで創造性に言及している（P23、下線筆者）。

　これを読むと「(2) 豊かな心」で初めて創造性に触れているように見えるが、自分はここまでの検討から、(1) の確かな学力面としての「個性を生かした多様な人々との協働」学習の重視は、これが今回学校教育法の規定事項に加えてと書かれている点から考えても、今回重要視していると思える確かな学力面を支える個の「主体性」の重視を指していると考えられ、これは、自分が「創造的な学び」の出発点と考える、個々の多様な「知的好奇心」を生かした協働的な学びの重要性に対応していると考えたい。そして (2) では、その「創造性」の心情的な面である「豊かな心の涵養」との密接な関係を述べていると捉えたい。

　そう考え、敢えて自分のまとめ（P412）と対応させれば、(1) の「確かな学力」は、「分かった、できた」等の解決に伴う学力であり、「ひらめいた！直観的に分かった！イメージできた！」等の内容理解に伴う各自の個性を生かした、多様な人々との協働的な学びによる「人間なればの創造的な学び」によるものであり、(2) の「豊かな心」は、「(解決が) ひらめいた！直観的に分かった！イメージできた！」など、解決できたことそのものの実感、つまり「主体的な取り組み」による「心情的」な創造的学びの価値の実感と考えられないだろうか。

　そして、この両者の学びが融合することで、「創造性」とは下線を引いたように、感性を豊かに働かせた知的好奇心に基づく思いや考えを基に構想された、新しい意味や価値を創造していく資質・能力であり、豊かな心の涵養と密接に関わるものであり、それによって「人間の学び」が実現すると考えられ、それが「一体的に示している。」という表現になるのだろう（まとめの図参照）。

　しかし、このように考えてきた結果、自分が本書で大切と考えてきた個々の多様な「知的好奇心」からの「創造的な学び」の「創造性」が、学習指導要領では「2　生きる力を育む各学校の特色ある教育活動の展開」という、「特色ある活動」という枠組みの中で触れられていることに、何となく「軽い扱い」のように感じてしまう（自分の読み方が違っていたのかもしれないが）が、そんな時、奈須正裕氏の「混迷の時代の価値教育」という文章に出会った[70]。

そこでは、近年、「行動の一般的な指針として、または、意思決定をした信念や行為を評価する際の判断規準として使われる原則や基本的確信、思想、基準、生き方（ライフスタンス）を教授したり学習することを意味する言葉（江原武一）」を意味する「価値教育」が重視されてきており、日本ではこれまで主に道徳の時間を要として、学校の教育活動全体を通じて進めてきたと書かれている。さらに、「OECDは、最近、スキルとしてのコンピテンシーさえも、より上位の目標であるウェルビーイング、つまりより良く生きることの手段にすぎないとの位置付けを明示するようになった」と書かれ、「人間の尊厳、さらには生命の根源に対する異形の念といった深さまで届く価値教育が今、切実に希求されていると思うのである。」と書かれている。

　我田引水のようだが、この「スキルとしてのコンピテンシーも良く生きることの手段」と位置付けるという捉え方は、自分の「人間なればの創造的な学び」と「主体的な取り組み」から、「人間としての創造的な学び」を考えるという捉えに通じるのではないかと思いたい。

　そう考えれば、この「創造性」がこれまで主に考えられてきた（と思われる）「確かな学力」だけでなく、道徳に深く関係する「豊かな心」との関係から書かれているということも納得できそうだ。またそれが、「特色ある教育活動の展開」として書かれているのも、この「確かな学力」と「豊かな心」をどう教育活動の中で展開し、創造力を育んでいくのかということから考えれば、ある程度納得がいく。しかし、個人的な思いで言えば「創造力」は、この「価値教育」との関係から考えても、これからますます大事になってくるのではないかと思われる。

〔「ブラタモリ」と、「チコちゃんに叱られる」の学び〕

　NHKが放送する「ブラタモリ」と「チコちゃんに叱られる」は、両方とも人気教養番組で（残念ながら「ブラタモリ」は一旦終了となったが）、どちらも毎回「へぇー」と感心し、目から鱗の学びを実感できる番組だが、その「学び」は、ちょっと異なる感じがする。

　自分の思い込みで言うと、「ブラタモリ」の学びは、本文で書いた「知りたい！」という「知的好奇心」からの「ひらめき、直観、発想」などの「主体的」なイメージ化の発想から生まれる、「実証性、再現性、客観性」に基づいた「科学的な」学びが中心で、一方「チコちゃんに叱られる」の学びは、気付かされた意外な疑問に対して、「考えたい」という「考える楽しみ」から生まれる実感を伴う学びであり、「分かった、できた」等、解決が「ひらめいた！直観的に分かった！イメージできた！」等、内容理解に伴う価値の実感が強いような気がする。

　例えば「ブラタモリ」では、「すべての道は敦賀に通ず？」等というようなその回のテーマが最初に出されるが、正直はあまりピンと来ない（タモリ自身もそう）。半信半疑で進めていき、最後に「なるほど」と疑問の回収で納得はするが、それは展開の大きな軸であり、醍醐味はむしろそれぞれの場所（単なる道路や風景だったりもする）や施設で、タモリがその「知的好奇心」から気付いた「ひらめき、直観、発想」等の素晴らしさではないだろうか？それは、何でもないような道の傾きや、普通は気付かない風景の違和感、そこらに転がっている石などを「面白い」と感じ、そこから「知りたい！」と主体的に気付きや発見が生まれてくる「知的好奇心」からの学びと考えられる。また、坂道や鉄道など本人ならではの「こだわり」も、「個別最適な学び」におけ

る、個性を生かす「学習の個性化」に通じるのではないだろうか。

　一方チコちゃんの方は、例えば「同じ40度なのに気温の40度は熱くて、お風呂の40度は丁度いいのはなぜ？」等のように、普段気にしていないことでも、改めて問われれば「言われてみれば不思議だ」というような展開が多い。これは、主体的に問題を見付けたのではなく与えられたものだが、その意外性や不思議さから「考えたい！」という、これも「知的好奇心」が湧いてくる。そして解決した時には、「分かった！納得した！」という内容理解を伴う実感から、新たな価値を生む学びにつながっていくと考えられる。

　自分が大事と考えてきた「知的好奇心」に基づく学びを、「ひらめきや直観」からと、「内容理解」からの両者に無理に分ける必要はないが（図でも、タモリに近い「主体的な取り組みによる学び」、チコちゃんに近い「新たな価値を生む学び」とも、心情的な部分と内容的な部分が含まれている）、この２つの側面から、あるべき「知的好奇心」の生かし方、育て方を考え、人間としての「創造的な学び」の実現を図っていくことが大事ではないかと考える。

　以上の考察をまとめれば、「知りたい！」という「知的好奇心」から生まれる、「主体的な取り組みによる学び」と、「人間なればの創造性」から生まれる「新たな価値を生む学び」の繰り返しにより、子供には「取り組めば何とかなる、より妥当な考えを持つことで、自分なりの解決の道が開ける。」という「根拠のない自己肯定感」が生まれ、「今後も自分自身の力で考え、学び続けたい」という思いが生まれてくると考えられる。

　以上を見てくると、人間の「人格を持つ個としての学び」は、「自然が持つ科学の真理に当たるようなもの」は人間には永遠に分からないが、それを見つけようとする人間の働き掛けに基づく「自然の捉え方、科学の在り方」は徐々に進歩していくと考える「学びへの謙虚な姿勢と自覚」、そして「根拠のない自己肯定感」に支えられた知的好奇心に基づく「創造的で意欲的な取組への姿勢」により、徐々に進んでいくと考えられる。

　この「学びへの謙虚な姿勢と自覚」、そして「意欲的な取り組みへの姿勢」は、共にAIにはないものである。

　こうした学びを通して理科の「教科の本質の良さや美しさ」を実感し、最終的には**「自然のありようとしての自分（人間）」**を、そして**「自然」を愛する**ことのできる子供を育成することが、人間としての「創造的な学び」をし続けることのできる子を育成する私たちの役目であり、それがこれから求められる「人間の学び」ではないかという考えに至った。これからも考え続けたい。

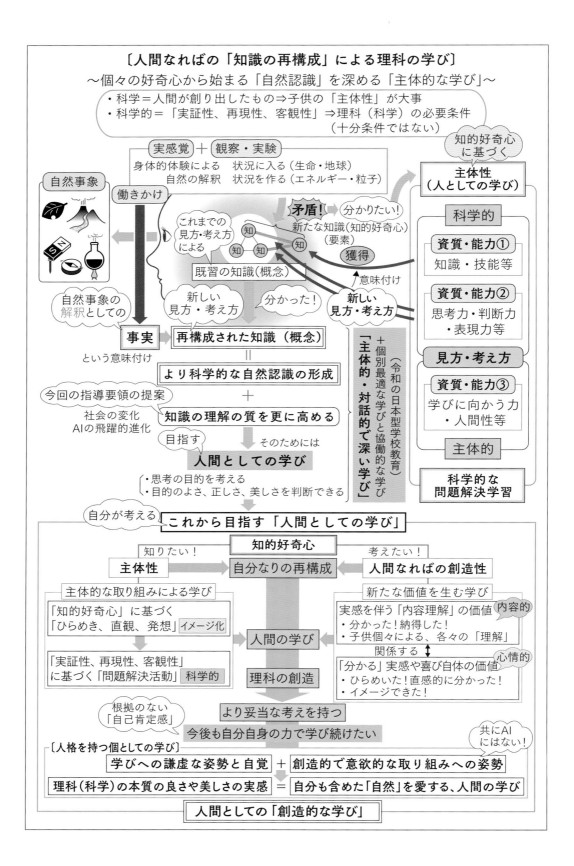

おわりに

〜これからの人間の学びについて〜

　本書を書くきっかけになったのは、前著「主体的・対話的で深く、新学習指導要領を読む」[4] で宿題となった「新たな価値」の一層の理解が気になっていたからです。

　前著では、これまでの学習指導要領でも述べられていた「知識の再構成」という構成主義的な学習観に、「知識の理解の質を更に高め」という今回の学習指導要領のねらいを加えた、「自分の人生や生活を豊かにしてくれる」価値こそが「新たな価値」ではないかと考え、それを実現できるのが、個々の多様性に基づく「主体性」により実現する「人間なればこその学習」ではないかと考えました（前著の「終章これからの学びとは…「新たな価値」の獲得に向けて」参照）。

　そこでは、「主体性」という「学びに向かう力、人間性等」に対応する「資質・能力」を今回の学習指導要領で「能力」として加えることで、初めて「知識の理解の質を更に高め」という「知識の理解」が真に実現できると考えました。

　しかし、ここまではまだ「理屈」段階の理解と感じ、それを今回、「理科」という教科で具体的に考え、「新しい価値」の意味を一層明らかにしたいと思ったのが、本書を書いた1つめの理由です。

　もう1つの理由は、「理科」という教科を、もう一度根本から考え直したいとこれまで思っていたことです。「学校の理科校門を出でず」と揶揄されてきた理科教育は、社会との実利的な関係を深めることで認められるのがその本当のねらいなのだろうか？そもそも理科（科学）とは、どのような学問で、人間に何を与えてくれるのか？

　そんな疑問が現役時代からずっとありました。また、「実証性、再現性、客観性」が「科学的」である条件と言われますが、それは「科学」である条件とどう関係するのだろうか？そんな漠然とした疑問もありました。

　そのような疑問から始まり、本書で「科学としての理科」という面からも考察してきた結果、1つ目のねらいだった「新たな価値」の理解と、2つ目のねらいだった「理科」教育のねらいが、実は「人間なればこその学習」という面で一致することに気付きました。

　これは、昨今のAIという「人間のような学び方」をするように見える機械の登場による、人間の学びとはそもそもどのようなものかという問い直しからの気付きという面も大きいと思われます。

　先日「「理解」はどう変わるか瀧雅人氏に聞く[71]」という文章を読みました。瀧氏は機械学習の専門家です。自分なりの読みで、読み間違いや思い込みもあると思いますが、彼がまず言うのは「機械学習とはコンピュータ上に実装された帰納推論」ということです。「帰納推論」と言うのは、「有限個の事例だけを観察して普遍的に成り立つ法則を見出すこと」です。考えてみれば、人間の「科学」も、「有限個の事例だけを観察して普遍的に成り立つ法

則を見出す」帰納理論に基づいています。

　本文でも書いてきた中谷宇吉郎の「今日の科学の進歩は、いろいろな自然現象の中から、今日の科学に適した問題を抜き出して、それを解決していると見た方が妥当である。(P161)」や、ポアンカレの「良い実験とは、単なる孤立した事実とは別のことを教えてくれる実験である。予測させてくれる実験、言い換えると、一般化を許す実験である。なぜなら、一般化をせずに予測することは不可能だからだ。(P163)」という言葉やその考えに基づいたグラフ化にもそれは現れています。

　では、この人間の帰納推論と機械学習の帰納推論とは何が違うのでしょうか？

　瀧氏は、人間の科学とは自然科学において、「そもそも少ないデータしか得られないので、そこに強い帰納バイアスをかけて、良い予測や世界の理解を得ようとする」科学で、その結果、<u>「観測した現象を、シンプルな法則とかコンパクトな数式とか、人間が把握可能なサイズのものに押し込めることを僕らは「理解」と呼び、そういう説明を見いだすことを「現象を理解した」と思ってきたわけですが、それは人間の脳や、その上に実装されている知性に課せられている色々な制限条件のもとで物事を把握するうえで都合がよいからです。」</u>と述べています（下線筆者）。

　それに対して「帰納バイアスを極力少なくして、そのかわりにデータは大量に用意しようというのが、深層学習に代表される機械学習のアプローチです。」と述べています。

　したがって、「極力データだけから普遍法則を導き出そうとする機械学習は、人間がその意味を理解するのは困難だとしながらも、それはもう、<u>科学の新しい「理解」と言っても良いのではないか</u>」と語っています（下線筆者）。

　私たちがこれまで考えてきた「理解」とは、人間にとって「都合が良い理解」と言うと何だか否定的に聞こえるかもしれませんが、言葉を変えればこれは「人間なればの理解」とも言えるでしょう。理科学習（科学）で言えば、有限個の事実しか把握できない現実に基づいて検討するならば、それは帰納的な取り組みしか考えられず、その取り組みから何らかの「納得できる」きまりや法則を導き出そうとするのが人間の「創造」であり、「現象の理解」と考えられます。

　したがって、私たち人間の学びとしては、この「人間なればの理解」を進めていくことが、これからも益々大事になってくると思われます。

　同時に、機械学習による新しい形としての「理解」もこれから役立てていくようになるでしょうが、瀧氏が最後に「AIが結果を正確に予測してくれるようになったとしても、<u>科学者はその理由を理解しようとすることを諦めないでしょう</u>（下線筆者）。」と書いている点に、ほっとすると共に、大いに共感します。なぜなら、本文でも述べたように、それが「人間なればの理解」であり、人間としてあることの証拠だと思うからです。

　また、「ヒトの言葉、機械の言葉[72]」で川添愛 氏は、「機械の言葉を通して、ヒトの言葉を見つめ直す」ということで、「人間の言葉の本質を探る上で、機械の言葉との比較が良いきっかけの一つになることは間違いありません。そういった意味で、今は人間の言葉に対する理解が進む大きなチャンスなのかもしれません。(P248)」と書いています。

「人間なればの理解」を大切に、それに「AI（機械学習）による理解」も単なる結果だけを受けとめるのではなく、人間の理解に結び付けようとする「働き掛け」をしていくことが、これからの「人間なればの学習」と言えるのではないでしょうか。

　そんな取り組みの中から、「新たな人間なればの理解」が生まれてくるかも、「新たな価値」を超える「人間なればの学びの価値」、「新たな科学（理科）」が生まれてくるかもしれません。

　本書の初稿を書き上げてしばらく後の令和6年1月1日の午後、石川県の能登地域をマグニチュード7.6、震度7の巨大地震が襲いました。自宅のある金沢市でも震度5弱の立っていられない揺れに、机の下に潜り込んでじっとしていることしかできませんでした。地震はいつ来るのか、どれ位の規模なのか、未だにそれに答えられる「科学の力」はありません。

　決してたどり着けない「自然のありよう」を求め続ける「科学」ですが、それを創ったのは、同じ「自然」の造形物である「人間」です。そこから考えれば、本書のまとめで書いた、自分（人間）も含めての「自然のありようを愛する」ことが、理科の学びのスタートでありゴールでもあり、それを求め続けるのが理科学習の目的であると考えるとしたら、今の能登の人達に「自然のありようを愛する」ことができるでしょうか？また、それを私たちは言うことができるでしょうか？

　しかし、この災害から立ち直れるとしたら、それはやはり、同じ自然の造形物である「主体的である自分や自分たち」を愛し、自分たちが「協働」することで創り上げることができる「団結の力」や「近代科学の成果物」を信じ、それらを愛し、活用することによってのみ可能ではないかと思います。

　そしてそれは、人工物であるAIには決してできない、人間なればこその学びの成果と考えられます。人間は、「AI（機械学習）による理解」も生かしながら、「巨大地震の予知や防災」に「科学」として少しずつでも近づいていけることを信じています。1日も早い能登の復興を願っています。

　話が壮大になってしまいましたが、ここで思い出した詩があります。自分が若い頃に担任していた六年生の学級で、当時は理科にあった「ろうそくの炎」の学習をしていた際の、ある児童の詩です[73]（右）。

　随分昔の話になりますが、今でも時々「理科」や「科学」について考えていると、ふっとこの詩が頭に浮かんできます。

　これからますます変化していくだろうAIと共に生きていく時代。「科学」とは、「こんなものなのだ」と「実証性、再現性、客観性」という「科学的」である条件によって客観的に定義されるものではないでしょう。

> 　科　学
>
> 暗やみの中のろうそくの炎
> 青い部分はすきとおっている
> 明るい太陽みたいな部分は
> 光りがやいて
> ぼんやり辺りを照らしている
> ふうと　息をはくと
> ゆらゆらっと
> 思い出したみたいに大きくゆれる
> 全然　根きょはないのだけれど
> なぜか「科学」という言葉を思い出した
> きっとこの言葉は
> こんな炎を見て作られたのだろう
> 「科学」というのは　神秘的なものです

科学とは、この詩の炎の美しさの奥にある決して解明し尽くされない「科学のありよう」を、神秘性と共に「人類の文化」として共有、進化していく中で、主体的に創造されていくもので、それを愛し、その解明を目指した「人間の学びとしての知性」、そしてその知性を育むことができる人間（自分自身）そのものを愛することが、人間としての学びとしての「科学」ではないかと思います。

　先日、こんな夢を見ました。大リーグの大谷翔平が大きな田んぼで米を作っています。同じ米どころ福島出身の農家の若者が、その田んぼの美しさに惚れて、自分の田んぼを作り直します。大谷の田んぼと比べれば決して大きくはないのですが、そこからは、以前より質・量ともに良い米がとれるようになります。

　目が覚めた後、変な夢だなと思いながらもこんなことを考えました。この若者が大谷の田んぼの美しさにひかれて自分の田んぼを作り直したのは、学びで言えば、友達と共に学びながら、友達の学びの良さ（敢えて言えば"美しさ"）に気付き、自分の学びを高めていくということでしょう。

　本書では「協働」の学びの大切さを考えてきましたが、そこには「互いに協力して学び合いながら、互いが高め合う」学びのあることが大切でした。この夢の、「美しさに惚れて」を学びという面から考えると、そこには「相手（対象）の考えや生き方の良さ（美しさ）」に気付くことができる「自分のこれまでの学び」があり、その上に立って「自分の考えや生き方の良さ（美しさ）」を高めることができるという、単なる内容的な良さへの気付きという学びだけでなく、本書で考えた「創造的な学び」があると考えられます。

　このように考えると、これは「協働」と言うよりも「協創」の学び（互いが互いの学びを創り出す）と言って良いのかもしれません。夢には現れませんでしたが、これは、若者の創造的な働きを見た大谷が、それに刺激されてさらに美しい田んぼ（人生、生き方）を創るということも含みます（大谷ならきっとそうするでしょう！）。

　「協働」を超えた、「競争」ではない「協創」の学びが、これから求められるのではないかと思います。

　今後も考え続けていきたいと思います。

　最後に、今回本書をまとめるに当たって、前回同様真摯に対応していただき、何度もしつこい校正に付き合っていただいた編集の五十嵐康生氏を始め、東洋館出版社関係者の方々に感謝申し上げます。

　そして、今回の出版に際しても、そしてこれまでの自分の生活においても、常に心身共に支え続けてくれた妻洋子に改めて感謝します。

〔参考文献〕

1　小学校学習指導要領解説　総則編（平成29年告示）平成30年2月28日　文部科学省
2　小学校学習指導要領解説　理科編（平成29年告示）平成30年2月28日　文部科学省
3　小学校学習指導要領解説　理科編（平成20年）平成20年8月31日　文部科学省
4　「主体的・対話的で深く、新学習指導要領を読む」新保　修　東洋館出版社　令和3年
5　諮問「初等中等教育における教育課程の基準等の在り方について」平成26年 下村博文文科大臣
6　「幼稚園、小学校、中学校、高等学校及び特別支援学校の学習指導要領等の改善について（答申）」
　　平成28年　中央教育審議会
7　小学校学習指導要領解説　総則編（平成20年告示）平成20年8月31日　文部科学省
8　「幼稚園、小学校、中学校、高等学校及び特別支援学校の学習指導要領等の改善について（答申）」
　　平成20年1月17日　中央教育審議会
9　学校教育法（昭和22年3月31日公布）学校教育法の一部を改正する法律（平成30年5月25日）
10　第15期中教審答申「21世紀を展望した我が国の教育の在り方について」（平成8年7月）
11　「資質・能力と学びのメカニズム」奈須正裕　東洋館出版社
12　国研ライブラリー「資質・能力理論編」国立教育政策研究所　東洋館出版社
13　「授業を変える」米国学術研究推進会議編著　北大路書房
14　「授業を創る」大村はま　国土社
15　「展望日本型理科教育〜過去・現在・そして未来〜」日置光久著　東洋館出版社
16　小学校学習指導要領指導書　理科編（昭和43年告示）昭和43年7月　文部省
17　小学校学習指導要領指導書　理科編（昭和53年）昭和53年5月　文部省
18　「小学校新しい学習指導要領とその解説 理科」武村重和、清水堯編集　初等出版株式会社
19　平成元年学習指導要領指導書　理科編（平成元年）平成元年6月15日　文部省
20　平成11年学習指導要領解説　理科編（平成11年）平成11年5月31日　文部省
21　「コンピュータ＆エデュケーション15号」構成主義が投げかける新しい教育 2003年　関西大学
　　久保田賢一
22　「科学哲学」サミール・オカーシャ著、岩波書店
23　「科学革命の構造」トーマス・クーン著、みすず書房
24　「石川の自然」紀要第59号　第22集　地学編（10）石川県教育センター　新保修著
25　「見えないきまりや法則」を「見える化」する理科授業　日置光久・村山哲哉・全小理石川大会
　　実行委員会編著（編集委員長　新保　修）明治図書
26　「天才数学者たちの超・発想法」早稲田大学高等学校教諭　柳谷晃著、大和書房
27　「怠け数学者の記」小平邦彦著　岩波書店
28　「21世紀のカリキュラムはこうなる！」広島大学教授　武村重和著　明治図書
29　「小学校新しい学習指導要領とその解説 理科」武村重和、清水　堯著　初教出版株式会社
30　「文化としての科学／技術」村上陽一郎著　岩波書店
31　「文化としての科学」を願う　日本経済新聞 2022年7月24日朝刊
32　「科学哲学への招待」野家啓一著　ちくま学芸文庫
33　「科学の発見」スティーブン・ワインバーグ著　文藝春秋
34　「科学の方法」中谷宇吉郎著　岩波書店
35　「科学と仮説」アンリ・ポアンカレ著　ちくま学芸文庫
36　「構造主義科学論の冒険」池田清彦著　毎日新聞社刊
37　「科学革命とは何か」都城秋穂著　岩波書店
38　「岩波講座 教育の方法 6 科学と技術の教育」P60　岩波書店など多数

39 「初等教育資料」2018年10月号　文部科学省

40 「理科の授業を形づくるもの」鳴川哲也著　東洋館出版社

41 「伝記世界を変えた人々19　アインシュタイン」フィオナ・マクドナルド著　偕成社

42 「未来の科学者たちへ」大隅良典、永田和宏著　角川書店

43 「役に立たない」科学が役に立つ　エイブラハム・フレクスナー、ロベルト・ダイクラーフ著　東京大学出版会

44 「令和の日本型学校教育」の構築を目指して〜全ての子供たちの可能性を引き出す、個別最適な学びと、協働的な学びの実現〜（答申）令和3年4月22日　中央教育審議会

45 「役に立たない」研究の未来　初田哲男著　柏書房

46 「探究する精神」大栗博司書　幻冬舎新書

47 「日本経済新聞」2023年2月26日朝刊

48 「学習指導要領「次期改訂」をどうする 検証教育課程改革」渡辺敦司著　ジダイ社

49 「アインシュタイン好奇心からすべて始まる」茂木健一郎監修　PHP

50 「学習指導要領の趣旨の実現に向けた個別最適な学びと協働的な学びの一体的な充実に関する参考資料（令和3年3月版）」文部科学省初等中等局教育課程課

51 「教育課程部会における審議のまとめ（令和3年1月25日　中央教育審議会初等中等教育分科会教育課程部会）」

52 「言語の本質」今井むつみ、秋田喜美著　中公新書

53 「AIVS. 教科書が読めない子どもたち」新井紀子著　東洋経済

54 「ChatGpTにはこんな数学パズルで勝てる」M. バーテルズ　日経サイエンス2023年8月号

55 「マッハ力学」エルンスト・マッハ著　講談社

56 「平成29年度版・令和6年度版小学校理科教科書（東京書籍、啓林館、学校図書、教育出版、大日本図書）」

57 「新しい科学論」村上陽一郎著　講談社ブルーバックス

58 「なぜ、理科を教えるのか」角屋重樹著　文溪堂

59 「科学哲学への招待」野家啓一著　ちくま学芸文庫

60 「熱と温度の科学」石原顕光著、日刊工業新聞社、「万物を駆動する四つの法則」ピーター・アトキンス著、早川書房

61 「脳の外で考える」アニー・マーフィー・ポール著　ダイヤモンド社

62 小学生の「太陽と月」の認識とその教材化に関する研究　平成6年度石川県教育研究所連絡協議会研究発表会　新保　修

63 「死ぬまでに学びたい5つの物理学」山口栄一著　筑摩選書

64 「数学者たちの黒板」ジェシカ・ワイン著　草思社

65 授業における「問い」とは何か　北　俊夫 内外教育2023年1月20日号

66 「新・数学の学び方」小平邦彦編　岩波書店

67 「数学に魅せられて、科学を見失う」ザビーネ・ホッセンフェルダー著　みすず書房

68 「アインシュタイン ひらめきの言葉」アルバート・アインシュタイン著　ディスカヴァー・トゥエンティワン

69 「世界でいちばん素敵な哲学の教室」平原　卓監修　三才ブックス

70 「学問の発見」広中平祐著　講談社ブルーバックス

71 「理解」はどう変わるか瀧雅人氏に聞く　日経サイエンス2023年10月号 日経サイエンス社

72 「ヒトの言葉　機械の言葉」川添　愛　角川新書

73 「夏休み一人一研究論文集」昭和61年度・6年3組　はぐるま学級

74 「寺田寅彦随筆集　第四巻」小宮豊隆編、「とんびと油揚」岩波文庫

【著者略歴】

新保 修（しんぼ・おさむ）

　1954年生まれ。石川県理科協会事務局長。金沢大学理学部物理学科を卒業後、金沢市内の公立小学校、国立金沢大学附属小学校に勤務、その後石川県教育センター（現石川県総合研修センター）指導主事を経て、金沢市内小学校で教務主任、教頭を経て野々市市、金沢市で校長を務めた後、退職。その後、金沢子ども科学財団に１年、金沢市教育委員会学力向上アドバイザーとして４年間勤務。これまで主に理科教育を中心に取り組み、授業研究と共に児童の自由研究の指導にも長年取り組んできた。主な著書に、『自然に問いつづける理科の授業』（共著、ぎょうせい）、『理科重要用語300の基礎知識』（共著、明治図書）、『理科授業を面白くするアイデア大百科７力学のアイデア』（編集責任者、明治図書）、『「見えないきまりや法則」を「見える化」する理科授業』（編集責任者、明治図書）、『主体的・対話的で深く、新学習指導要領を読む』（東洋館出版社）など。

主体的・対話的で深く、
理科学習指導要領を読む
「科学」と「科学的」から考える、人間なればの「理科」の学習

2024（令和6）年7月25日　初版第1刷発行

著　　　者：新保　修
発　行　者：錦織　圭之介
発　行　所：株式会社　東洋館出版社
　　　　　　〒101-0054　東京都千代田区神田錦町2丁目9番1号
　　　　　　　　　　　　コンフォール安田ビル2階
　　　　代　表　電話03-6778-4343　FAX03-5281-8091
　　　　営業部　電話03-6778-7278　FAX03-5281-8092
　　　　振替　00180-7-96823
　　　　URL　https://www.toyokan.co.jp

装幀・本文デザイン・印刷・製本：藤原印刷株式会社

ISBN978-4-491-05615-9
Printed in Japan

著者・新保修の類書紹介

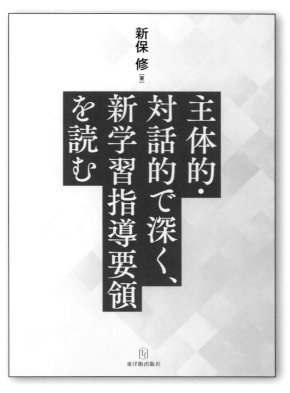

主体的・対話的で深く、新学習指導要領を読む

はじめに

　今回の学習指導要領改訂では「学習」ではなく、「学び」という言葉が使われています。「学びの地図」や「主体的・対話的で深い学び」等の言葉も使われ、そこには「授業の主体は子どもである」というメッセージが強く表れていると感じます。これらの状況を踏まえ、今回の学習指導要領改訂は、「教える」という教師主体から「学ぶ」という「子ども主体」の教育への大改革で、中には学制発布以来の大改革だ!と書く本もありますが、現場の皆さんの実感はどうでしょうか?

　今(これまでもそうでしたが)、現場は忙しいです。特に、新型コロナウイルス禍という今までにない難しい課題も突きつけられています。そんな課題はなかった自分が現役の頃も、学習指導要領が改訂されても総則を読むことは殆どありませんでした。ところが退職して、幸い読める時間ができ、読む必要のある職務になって、前文を含む「学習指導要領」及びその解説である「総則編」を読んでみると、如何に自分は分かっていなかったのかに初めて気付きました。結論から言うと、特に今回の改訂では「総則編(前文、総則及び解説編を含む、以下同じ)」を読まないことには、「教科編」だけでは「真の改訂の意味」を掴むことは難しいと実感しました。自分の不勉強な現役時代をさておいて、今回こそ現場の皆さんには「総則編」を読んで欲しい、読まなければならないと強く感じています。(はじめにより抜粋)

［書誌情報］本体価格：1,980円（税込）　頁数・判型：292頁・Ｂ５判　出版年月：2021年10月26日

東洋館出版社
〒101-0054　東京都千代田区神田錦町2-9-1 コンフォール安田ビル2階
TEL:03-6778-7278　URL:https://www.toyokan.co.jp